Horst Marquardt
Herr, du treuer Gott

Horst Marquardt

Herr, du treuer Gott

Andachten für jeden Tag

Redigiert von
Frank Mikolajczak

ERF

Brendow Buch Kunst Verlag

Ein Verzeichnis der Abkürzungen sowie eine Übersicht der Andachten nach Bibelstellen finden Sie im Anhang ab Seite 524.

Die Deutsche Bibliothek – CIP-Einheitsaufnahme

Marquardt, Horst:
Herr, du treuer Gott : Andachten für jeden Tag /
Horst Marquardt. – Moers : Brendow, 1994
(Edition C : C ; 419)
ISBN 3-87067-565-9
NE: Edition C / C

ISBN 3-87067-565-9
Edition C, C 419

Der Abdruck der Bibelzitate nach der Übersetzung von Martin Luther in der revidierten Fassung von 1984 erfolgt mit Genehmigung der Deutschen Bibelgesellschaft in Stuttgart.
Einbandgestaltung: Ralf Simon und Magda Wüstner, Wetzlar
Printed in Germany

Vorwort

Ein äthiopisches Sprichwort sagt: „Den Dschungel in deinem Herzen kannst du nicht selber roden. Den Acker deines Lebens kannst du nicht selber bestellen. Das Wort, das dir hilft, kannst du dir nicht selber sagen."

Viele Menschen beginnen ihren Tag mit einem solchen Wort. Sie lesen die Losung der Herrnhuter Brüdergemeine, sie vertiefen sich in einen Abschnitt der Bibel, sie hören eine Sendung des Evangeliums-Rundfunks. Und erleben immer wieder, daß ein Wort sie trifft, daß es korrigiert und tröstet, daß es aufdeckt und heilt, daß es Zuversicht schenkt, daß es in Bewegung setzt. Ein Wort von Gott, weil Menschenworte in ihrer Wirkung begrenzt sind. Diese allerdings können helfen, das eine Wort Gottes zu verstehen und anzuwenden.

Dieses Buch enthält Rundfunkandachten, geschrieben und gesprochen von dem, der dem Evangeliums-Rundfunk 33 Jahre lang ein unverwechselbares Gepräge gegeben hat: Horst Marquardt. Als Theologe und Journalist ist er Fachmann in Sachen Inhalt und in Sachen Form. Bis heute gehören seine Beiträge zum festen Bestandteil des ERF-Programms. Zum 65. Geburtstag schenkt ihm „sein" ERF dieses Buch. Es enthält sozusagen die Essenz aus 34 Rundfunkjahren. Frank Mikolajczak hat sich tage- und nächtelang in viele tausend Manuskripte vertieft. Herausgekommen ist dieses Andachtsbuch. Ein Buch, das natürlich viel mehr sein will als nur eine Dokumentation. Diese Andachten weisen über den Tag hinaus, weil sie Worte behandeln, die sich niemand selber sagen kann, Worte mit Ewigkeitsdimension, Worte von Gott.

Ich habe Horst Marquardt in mehr als 20 Jahren als unermüdlichen Schaffer, als kühnen Denker, als engagierten Beter kennen- und schätzengelernt. Dabei ist er für mich ein väterlicher Freund geworden und in manchen Lebensbereichen auch so etwas wie ein Vorbild. Ich erinnere mich an eine Sitzung, in der er Ernst Modersohn zitierte: „Das Dengeln der Sense säumt das Mähen nicht." Vielleicht faßt dieser Satz das Leben und die Arbeit Horst Marquardts besonders treffend zusammen. Wer intensiv dengelt, also schleift, kann auch intensiv mähen.

In diesem Sinne wünsche ich allen, die in diesem Buch lesen und mit ihm leben, fröhliches Dengeln.

Wetzlar, im Sommer 1994

Jürgen Werth
Direktor des Evangeliums-Rundfunks

Januar

1. Januar

„... in welchem verborgen liegen alle Schätze der Weisheit und der Erkenntnis.“ Kol. 2, 3

Das ist wohl eine der kühnsten Aussagen über den christlichen Glauben, die der Apostel Paulus in seinem Brief an die Gemeinde in Kolossä gemacht hat. Er schreibt, daß in Christus alle Schätze der Weisheit und der Erkenntnis verborgen liegen. In Christus, das ist fast so etwas wie eine Ortsbestimmung. Ich will das einmal vergleichen. Wenn ich sage: „In diesem oder jenem Raum finde ich Wärme und Geborgenheit“, dann bin ich räumlich an diesen Raum gebunden, ich sitze z.B. in diesem Raum und bin dadurch geschützt. In Christus sein, das heißt gleichsam in den Raum Gottes hineintreten, in seine Dimension, von ihm umgeben sein. Aber um in Christus zu sein, bedarf es eines ganzen Entschlusses. In ihm sein, das heißt Geborgenheit, das heißt Überwindung aller Halbheit, das heißt im Zentrum sein.

Das Wort „Weisheit“ wird in der Bibel verschieden angewendet. Das Neue Testament versteht unter Weisheit vor allem eine besondere Gabe des Heiligen Geistes oder eine gelegentliche Geistwirkung, die den Menschen über jedes Maß menschlicher Einsicht hinaus erleuchtet zur Erkenntnis von Dingen und Menschen oder ihn zu vollmächtigem Reden und Handeln befähigt. Weisheit übersteigt die Fähigkeiten des alltäglichen Lebens. Sie ist eine Gabe Gottes und die Fähigkeit, den göttlichen Willen in die irdischen Entscheidungen hineinzutragen. In diesem Zusammenhang spricht die Bibel übrigens keineswegs nur von den Auswirkungen der Weisheit für das irdische Leben. Schon im Alten Testament finden wir Aussagen darüber, daß auf dem erwarteten Heilskönig, „der Geist des Herrn, der Geist der Weisheit und des Verstandes ruhen wird“ (Jes. 11, 2). Es ist tröstlich zu wissen, daß in der Bibel Heil, Weisheit und Klugheit als inhaltliche Fülle des Glaubens für die Heilszeit verheißen werden.

Noch steht die Wiederkunft Christi, des Heilskönigs, aus. Erschreckend viel Unheil herrscht in der Welt, weil die meisten Menschen nicht nach Weisheit, sondern nach Wissen suchen. Man meint, Wissen sei Macht. Es ist deshalb sehr nötig, darauf hinzuweisen, daß in Christus alle Schätze der Weisheit und Erkenntnis verborgen liegen. Mit „Schätze" sind natürlich keine real greifbaren Schätze gemeint. Auch Wissen ist ja nicht unmittelbar mit den Händen zu erfassen, aber die Auswirkungen sind zu spüren. Und dort, wo Schätze der Weisheit und der Erkenntnis sind, gibt es auch Auswirkungen.

Wohl dem, der erkennt, daß Jesus Christus sein Herr ist. Wohl dem, der dem Herrn Jesus im Glauben die Lebensführung überläßt. Auf die persönliche Beziehung zu Gott wird es auch im neuen Jahr ankommen!

2. Januar

„Ich bin dein, hilf mir; denn ich suche deine Befehle."

Ps. 119, 94

Was für eine Aussage: „Ich bin dein." Das kann ein armer sterblicher Mensch zu dem großen, ewigen Gott sagen. Ungeheuerlich eigentlich, angesichts der wenigen Jahre, die uns auf dieser Erde vergönnt sind. Und da stellen wir kleine Wesen uns dann hin und sprechen diesen großen, mächtigen Gott an, der uns eingeladen hat, zu ihm zu kommen, und dürfen ihm sagen: „Ich bin dein!"

Der Apostel Paulus hat den Korinthern einmal geschrieben: „Ihr aber seid Christi, Christus aber ist Gottes" (1. Kor. 3, 23). Damit sind wir, wenn wir Christus gehören, auch zugleich Teil Gottes. Wie tröstend. So viele Menschen in vielen Religionen und Gebieten dieser Welt haben ja versucht, von sich aus Zugang zu Gott zu finden. Sie sind allemal gescheitert. Die Botschaft von Christus hingegen ist die frohe Kunde, daß der Mensch nichts tun kann und nichts zu tun braucht, um zu Gott zu kommen, sondern daß Gott sich ihm genaht hat und sagt: „Ich will, daß du mein Eigentum bist." Was für eine Aussage! Christus hat sein Leben für mich gegeben, darum gehöre ich ihm, jetzt und in alle Ewigkeit.

Paulus schrieb den Korinthern darüber hinaus: „Gott aber sei Dank, der uns den Sieg gibt durch unsern Herrn Jesus Christus" (1. Kor. 15, 57)! Nicht alle Menschen auf dieser Erde sind der Meinung, daß Jesus Christus den Sieg behalten wird. Und manchmal zweifeln sogar die Christen daran. Woran liegt das nur? Warum fehlt uns dieses Siegesverständnis, dieser Glaube, daß unser Herr am Ende den Sieg behält? Vielleicht deshalb, weil wir so jämmerliche Vertreter dieses großen Christus sind. Es gibt ja so viel egoistischen Glauben, der nur an sich denkt, und nur sein eigenes Wohlergehen und Fortkommen bedenkt. Doch die Kraft zum Leben kann nur der haben, der sich wirklich eng an Jesus Christus bindet, den großen Sieger.

Wenn wir mit dieser Gewißheit, daß Jesus siegt, in den neuen Tag hineingehen könnten, dann brauchen wir doch eigentlich vor nichts Sorge oder Furcht haben. Aber vieles will uns gerade diese Gewißheit rauben. Wir müssen uns darum immer wieder auf das Unmittelbare unseres Glaubens besinnen. Dieses Leben ist nur ein Durchgang, nur eine kurze Zeit von einigen Jahren, die uns geschenkt sind. Darum kommt es so sehr darauf an, daß man sie sinnvoll nutzt. Gott möchte, daß wir mit ihm verbunden bleiben in Ewigkeit.

3. Januar

„Denn ihr seid wiedergeboren nicht aus vergänglichem, sondern aus unvergänglichem Samen, nämlich aus dem lebendigen Wort Gottes, das da bleibt." 1. Petr. 1, 23

Der 1. Petrusbrief wurde ursprünglich an eine Gemeinde gerichtet, der Verfolgung drohte. Mancherlei Anfechtungen waren über diese Gemeinde gekommen. Die Gläubigen mußten damit rechnen, als Übeltäter verleumdet zu werden. Der Brief ist wahrscheinlich kurze Zeit nach dem großen Brand geschrieben, der im Jahre 64 ganz Rom zu vernichten drohte. Obwohl vieles dafür spricht, daß Kaiser Nero selbst das Feuer gelegt hatte bzw. legen ließ, wurden die Christen beschuldigt, den Brand verursacht zu haben. Ihnen und den Juden konnte damals jedes beliebige Verbrechen in die Schuhe geschoben werden.

Mit seinem Brief möchte Petrus die Männer und Frauen, deren Leben gefährdet ist, stärken. Jederzeit hatten sie damit zu rechnen, daß man ihnen um ihres Glaubens willen nach dem Leben trachtet. Diese verfolgte Gemeinde ermuntert Petrus zum Lob. Sie damals und uns heute soll dieses biblische Wort daran erinnern, daß Christus nicht nur am Kreuz zur Vergebung der Sünden gestorben ist, sondern daß er lebt, damit Menschen aller Zeiten, die ihm vertrauen, Hoffnung haben können. Wer dem auferstandenen Jesus vertraut, hat einen ganz neuen Lebenshorizont, und darum loben wir unseren Herrn.

Nur wenige Abschnitte des Neuen Testaments enthalten eine derartige Fülle christlicher Grundgedanken wie der 1. Petrusbrief. Aber eine der wesentlichsten Aussagen ist sicher doch die über die Wiedergeburt. So wie die leibliche Geburt keine persönliche Leistung des Kindes ist, das in die Welt hineintritt, so ist die Wieder- oder Neugeburt nach dem Willen Gottes auch nicht von der persönlichen Leistung des Menschen abhängig. Es ist ein Werk des Heiligen Geistes. Der Mensch läßt sich in Beschlag nehmen von Gott. Der Wiedergeborene wird so zugleich, noch in dieser Welt, Erstling einer neuen Schöpfung. Wir loben Jesus Christus, der aus uns eine solche Neuschöpfung machte.

Wer wiedergeboren ist, unterliegt nicht länger, sondern lernt zu überwinden, sich selbst, die Sünde, den Satan und die Verhältnisse, die ihm zu schaffen machen. Gott bewirkt das, weil der auferstandene Jesus bereits in der Herrlichkeit lebt und dem Wiedergeborenen noch in dieser Welt Anteil an der himmlischen Herrlichkeit geben will. Petrus drückt das mit den Worten aus: „Wir sind wiedergeboren zu einem unvergänglichen und unbefleckten und unverwelklichen Erbe, das aufbewahrt wird im Himmel für euch“ (1. Petr. 1, 4).

Ich wünsche Ihnen das mutmachende Wissen: Der Auferstandene kommt wieder! Und darum die trostreiche Gewißheit, daß dieser Auferstandene durch die Wiedergeburt einen neuen Lebenshorizont schenkt. Und ich wünsche Ihnen die unvergängliche Freude darüber, daß uns der Auferstandene zu seinen Erben gemacht hat.

4. Januar

„Er ruft mich an, darum will ich ihn erhören; ich bin bei ihm in der Not, ich will ihn herausreißen und zu Ehren bringen."

Ps. 91, 15

Je länger ich an Jesus Christus glaube, desto stärker wird mir bewußt, welch ein Vorrecht es ist, jederzeit mit dem Höchsten reden zu können. Am Anfang des Tages, während des Tages oder abends. Wenn es Anlaß zum Gebet gibt, faltet man die Hände, fängt an, mit Gott zu reden, und weiß, daß er hört. Welch ein Geschenk!

Unseren Gott, den majestätischen Herrn, den Allerhöchsten, dürfen wir jederzeit anrufen; er sagt niemals: „Ich habe jetzt keine Zeit. Ich habe gerade Wichtigeres zu tun." Seine Liebe fordert uns vielmehr dazu auf, von seinem Angebot Gebrauch zu machen und jederzeit zu beten.

Ich habe in meiner Bibel einen Zettel, auf dem einige Probleme oder Namen von Menschen stehen, die gesagt haben: „Bete doch für mich." Es ist faszinierend zu sehen, wie nach einigen Wochen, manchmal Monaten, ein Anliegen nach dem anderen gestrichen werden kann, weil Gott die Gebete erhört hat oder weil irgendeine Wendung eingetreten ist. Dann ist das Danken angesagt. Es hat mich allerdings oft beschämt, daß ich viel zu wenig danke, wenn ich zuvor etwas sehnlich erbeten habe. Das Bitten fällt allemal leichter. Haben Sie schon einmal probiert, ganz bewußt beim Beten nur zu danken, jeden neuen Satz anzufangen mit „Ich danke dir"? Es ist interessant, wie schnell sich in dieses Danken wieder Bitten einschleichen.

Ein Volk braucht aber nicht nur Beter, sondern auch Menschen, die sich in Ehrfurcht vor Gott neigen. Solche Menschen haben dann auch Achtung vor seinem Wort, denn sie wissen: „Des Herrn Wort ist wahrhaftig, und was er zusagt, das hält er gewiß" (Ps. 33, 4). Und: „Wenn er spricht, so geschieht's; wenn er gebietet, so steht's da" (Ps. 33, 9).

Wohl dem Volk, in dessen Mitte Menschen leben, die vor Gott Ehrfurcht haben und sich die Achtung vor seinem Wort erhalten haben, die sich nicht über dieses Wort stellen, sondern sich diesem Wort unterordnen. Wir wollen Gott danken, daß er uns sein Wort gegeben hat. Wenn wir uns auf Gottes Wort besinnen und unser Gebet auf sein Wort gründen, dann werden wir sehen, wie verheißungsvoll es ist.

Ich denke, wenn wir bewußter beten, leben wir beschenkter. Lassen Sie uns beten in der Gewißheit: Ja, ich weiß, Gott hört Gebet.

5. Januar

„Was ist der Mensch, daß du seiner gedenkst, und des Menschen Kind, daß du dich seiner annimmst?" Ps. 8, 5

Der Mensch mit seiner Ganzheit von Leib, Seele und Geist ist in der Welt ein einmaliges Sonderwesen. Am 18. Tag nach der Empfängnis beginnt das menschliche Herz zu schlagen. Alle Organe sind vorhanden. In der sechsten Woche kann die Gehirntätigkeit des Ungeborenen mit Hilfe eines Elektroenzephalogramms festgehalten werden. Mit acht Wochen könnte das Baby schon nach einem Gegenstand greifen, den man ihm in seine Hand legt. Was ist der Mensch, daß du seiner gedenkst?

Aus der Bibel wissen wir, daß Gott sich dem Menschen zuneigt. Jeder Mensch ist eingeladen, sich mit hineinnehmen zu lassen in Gottes Gedanken. Es sind Gedanken der Liebe. Der biblische Ausdruck dafür ist Gnade. Begnadigt ist, wer begreifen lernte, daß Gott Jesus in diese Welt gesandt hat, damit keiner verlorengeht.

Gott sandte Jesus in die Welt, weil er seiner Menschenkinder gedachte und weil er sie annehmen will. Das geschieht in dem Augenblick, in dem sich ein Mensch des Abstandes zwischen sich und Gott bewußt wird und darunter zu leiden beginnt. Diesen Abstand nennt die Bibel Sünde. Damit nichts Trennendes zwischen Gott und Mensch stehenbleibt, ließ Gott Jesus Christus sterben, „als wir noch Sünder waren" (Röm. 5, 8). Wer sagen kann: „Danke, Herr Jesus, daß du für mich gestorben bist", den nimmt Gott an.

„Was ist der Mensch, daß du seiner gedenkst und dich seiner annimmst?", das gilt es zu hören. Gott wirft den Menschen nicht etwa in die Welt hinein und überläßt ihn seinem Schicksal. Er streckt ihm durch Jesus Christus gleichsam die Hand entgegen und ruft ihm zu: „Ich hole dich heraus aus aller Schuld. Ich berge dich in allen Stürmen. Ich leite dich, wenn du mit sehenden Augen doch nicht siehst, wo du hingehst." Darum können und dürfen wir beten: „Herr, ich danke dir, daß du meiner gedenkst und dich meiner annimmst. Amen."

Der Schöpfer hat dem Menschen seine einmalige Stellung innerhalb der Schöpfung gegeben. Nur ein wenig fehlt ihm zur Gottheit. Das mag die tiefe Ursache dafür sein, daß der Mensch, der sich nicht vom lebendigen Gott annehmen läßt, selbst wie Gott sein will oder sogar meint, Gott spielen zu können. Die Gottähnlichkeit – wie es Psalm 8 sagt – nutzt dem Menschen nichts, wenn er sich von seinem Schöpfer nicht annehmen läßt. Dem aber, der sich von Gott annehmen läßt, wird Kraft geschenkt für diesen Tag und für den nächsten, und für den, der dann kommt. Darum können und dürfen wir beten: „Herr, ich danke dir, daß du meiner gedenkst und dich meiner annimmst. Amen."

6. Januar

„Er hat uns selig gemacht und berufen mit einem heiligen Ruf, nicht nach unsern Werken, sondern nach seinem Ratschluß und nach der Gnade, die uns gegeben ist in Christus Jesus vor der Zeit der Welt.“ 2. Tim. 1, 9

Gerettet! Das ist eine Vokabel, die im Neuen Testament immer wieder auftaucht. In den älteren Lutherbibeln steht dann oft „selig“ oder „selig werden“. Es ist doch eigenartig, daß wir im geistlichen Bereich so selten eine überschäumende Freude über das Gerettetsein haben. Paulus konnte sich noch freuen. Er wußte, was es heißt, dem Gegenspieler Gottes ausgesetzt zu sein. Paulus hatte in jungen Jahren sein ganzes Wissen benutzt, um gegen die Christen zu kämpfen. Wie hat es ihn erschüttert, als er eines Tages begriff, daß er auf dem falschen Weg war. Das geschah bei dem ihn verwandelnden Erlebnis vor den Toren der Stadt Damaskus. Jesus Christus begegnete ihm auf eine übernatürliche Weise und besiegte seine falsche Religiosität. Paulus ließ sich von Jesus retten. Und das bestimmte fortan sein Reden, Schreiben und Handeln.

Wir brauchen mehr Menschen, die sich wirklich auf Jesus verlassen, weil sie entdeckt haben, welche Kraft seine Vergebung für ihr Leben ist. Woher erwächst diese rettende Kraft? Aus der Erkenntnis, daß der Satan keine Macht mehr über mich hat. Wenn die Menschen wüßten, wie verhängnisvoll der Einfluß Satans ist, wären sie sehr viel vorsichtiger und wünschten nichts sehnlicher als ihre Rettung. Gott hat uns gerettet, das heißt, er hat uns auch frei davon gemacht, unser Schicksal aus den Sternen lesen zu müssen. Keiner braucht abhängig zu sein von einem Hufeisen, das er über die Tür hängt. „Dazu ist erschienen der Sohn Gottes, daß er die Werke des Teufels zerstöre“ (1. Joh. 3, 8). Diese Aussage des Neuen Testaments unterstreicht unsere Rettung.

Gerettet sein, das heißt ferner, daß der Tod die Macht über uns verloren hat. Sicher, wir werden auch sterben, aber die unendliche Furcht, die Menschen oft angesichts des Todes überfällt, hat über den geretteten Menschen keine Macht mehr. Er weiß, daß er nie tiefer fallen kann als in die Hand seines Herrn. Gott hat uns gerettet und berufen mit seinem heiligen Ruf. Jeder Gerettete weiß, daß Gott ihn beim Namen gerufen hat. Damit sagt Gott gleichsam: „Ich habe dich in Beschlag genommen. Du gehörst nun mir. Ich laß dich nicht mehr los. Laß du auch mich nicht mehr los."

Ich wünsche Ihnen einen frohmachenden Tag in der Gewißheit: Gott hat mich gerettet und berufen mit einem heiligen Ruf. Sie und ich, wir wollen die Kraft erbitten, so etwas nicht nur zu hören und uns an einem solchen Satz zu freuen, sondern daraus auch die Konsequenzen zu ziehen.

7. Januar

„Zuletzt, liebe Brüder, freut euch, laßt euch zurechtbringen, laßt euch mahnen, habt einerlei Sinn, haltet Frieden!"

2. Kor. 13, 11 a

Eine wichtige Aufgabe für alle Christen ist, bei allem, was geschieht, Freude zu bewahren. Eine Frau sagte kürzlich: „Hach, wenn ich in meine Gemeinde gehe, habe ich gar keine Freude. Schon wenn ich von zu Hause losgehe, kommt ein Unwohlsein über mich." Wenn man natürlich von vornherein meint, daß es nichts bringt, in die Gemeinde zu gehen, dann kann es auch nichts bringen. Viel hilfreicher ist es zu sagen: „Welch ein Vorrecht, daß ich heute wieder mit meinen Geschwistern zusammensein kann." Wir dürfen Gott auch bitten, uns Freude zu schenken, wenn sie uns fehlt. Der Grund zur Freude ist unsere Berufung durch Christus.

Obwohl viele Christen in der Gemeindemitarbeit wissen, daß sie auf der Seite des Siegers stehen, kommen sie sich vor, als kämpften sie für eine verlorene Sache. Das ist immer dann der Fall, wenn wir zu sehr auf unsere Verhältnisse und Probleme sehen. Das ist menschliche und geistliche Unvollkommenheit. Gott möchte vielmehr, daß sein Volk vollkommen wird. Die Schrift geht davon aus, daß das Vollkommene schon da ist. Wir sind in

Christus bereits vollkommen. Nun schauen wir natürlich auf uns und stellen fest: „Wo ist da Vollkommenheit?" Aber das ist die Spannung, in der der Glaube lebt: vollkommen und doch Stückwerk. Wir sind schon vollkommen, aber noch nicht am Ziel. Wir sind insoweit vollkommen, wie wir Christus Raum gewähren in unserem Leben.

Wenn der Heilige Geist mahnt, dann entsteht nicht nur Schmerz über die erkannte Sünde, sondern es erwächst auch Trost und Gewißheit. Man weiß, der Herr wird weiter führen und Wachstum schenken. „Mahnen" heißt im neutestamentlichen Sinn soviel wie „ermutigen", eine Botschaft in das Herz eines Menschen zu sagen. In diesem Sinne sind wir alle Ermahner, denn Christen wollen ja den Menschen die Botschaft von Jesus ins Herz sagen.

Des weiteren heißt es: Habt einerlei Sinn, haltet Frieden! Heute wird ja bis in die Gemeinden hinein die Vielfalt gerühmt. Man muß alles diskutieren und möglichst viele Meinungen gelten lassen. Doch Gott kann uns nur in dem Maße segnen, wie es gelingt, diese eine Meinung zu gewinnen. Da behält dann nicht einer recht, sondern da wachsen Erkenntnisse zusammen aus mancherlei Meinung und Wissen. Und wir sollen in Frieden miteinander leben, d.h. keiner Bitterkeit Raum geben, keine Haßgefühle im Herzen haben und nicht neidisch sein. Wo Frieden ist, da ist das Äußere und Innere geordnet. Dort hat ein Mensch das richtige Verhältnis zu Gott und zu seinen Mitmenschen.

8. Januar

„Sagt Dank Gott, dem Vater, allezeit für alles, im Namen unseres Herrn Jesus Christus." **Eph. 5, 20**

Wenn ein Mensch zum Glauben an Gott kommt, wird er mit dem Heiligen Geist erfüllt. Eine Frage, die Christen dann immer wieder beschäftigt, heißt: „Gibt es etwas, womit ich den Heiligen Geist dämpfe?" Gedämpft wird der Heilige Geist durch Undankbarkeit. Je weniger dankbar ich bin, desto weniger kann der Heilige Geist in und mit meinem Leben tun.

Sagt Dank Gott, dem Vater, allezeit für alles, im Namen unseres Herrn Jesus Christus. Die Worte „im Namen unseres Herrn Jesus Christus“ sind nicht nur eine fromme Floskel. Sie wollen vielmehr sagen: Wenn du nicht danken kannst oder dir nicht nach Danken zumute ist, dann tue es im Namen Jesu.

Ich möchte Sie ermutigen, das Danken zu üben. Vor Jahren einmal gab meine Frau mir und den inzwischen erwachsenen Kindern ein kleines Heftchen. Wir nannten es das Dankheftchen. Es war ein ganz schlichtes Vokabelheft. Auf die Titelseite hatte meine Frau geschrieben „Danke“. Sie ermunterte uns alle, daß wir doch täglich aufschreiben sollten, wofür wir danken könnten. Ich habe damals gedacht, wenn wir das schon machen, dann wollen wir es auch richtig machen. Ich versuchte, jeden Tag fünf Gründe zu finden, für die ich danken kann. An vielen Tagen konnte ich für viel mehr Dinge danken als nur für fünf.

Das verstehe ich unter „Dank üben“. Darüber nachzudenken, wofür ich Gott danken kann, und es dann auch zu tun. Wenn Sie kein kleines Heftchen haben, nehmen Sie doch ein Blatt Papier. Sind Ihnen fünf Gründe zuviel, dann halten Sie zwei oder drei fest. Sie werden überrascht sein, wie sehr es Sie selbst bereichert, wenn Sie sich darüber Rechenschaft abgeben, wofür Sie Gott danken können. Dank üben! Wer dankt, der atmet innerlich durch. Vielleicht geht es Ihnen dann so, wie es mir manchmal ging, daß Sie gar nicht den nächsten Tag erwarten können, um wieder alles aufzuschreiben, was Sie bewegte. So etwas übt, das verändert Sie.

Unser Dank ist der Maßstab unserer Gottesnähe oder Gottesferne. Wir nähern uns Gott, wenn wir ihm danken für alles und allezeit, wenn wir ihm Dank opfern und wenn wir Dank üben.

9. Januar

„Jede Züchtigung aber, wenn sie da ist, scheint uns nicht Freude, sondern Leid zu sein; danach aber bringt sie als Frucht denen, die dadurch geübt sind, Frieden und Gerechtigkeit. Darum stärkt die müden Hände und die wankenden Knie.“ Hebr. 12, 11–12

Schon mancher ist bitter enttäuscht worden, wenn er entdeckte, daß es in einer christlichen Gemeinde sehr menschlich zugehen kann. Er hatte gehofft, unter Christen keinen Klatsch und Tratsch zu finden und keinen Neid und Zank, doch diese Hoffnung ist nicht erfüllt worden. Sollte man über diesen Mißstand schweigen? Nein! Wir reden darüber; das Neue Testament tut es auch. Gott möchte nicht, daß seine Gemeinde Spiegelbild des menschlichen Verhaltens und der irdischen Zustände ist. Die Gemeinde soll vielmehr einen Eindruck vermitteln von Gottes schöner, kommender Herrlichkeit.

Damit die Gemeinde das von Gott gesteckte Ziel erreicht, greift Gott erziehend mit ein. Der Hebräerbrief ermahnt alle, die müde sind, den nicht zu vergessen, der allen Müden Kraft schenken will: Jesus Christus. Wenn du müde im Glaubensleben bist, dann denke daran, daß es sicher Menschen gibt, die noch müder sind als du. Ihnen fehlt die geistliche Kraft. Sie schleppen sich nur noch über die Runden. Kümmere dich um sie, bete für sie, sage ihnen von Jesus, übernimm geistliche Verantwortung, und du wirst erleben, daß den anderen geholfen wird und du deine Müdigkeit verlierst.

Gott möchte, daß Menschen, die ihm vertrauen, seine Gegenwart erleben. Das Neue Testament sagt: „Den Herrn sehen“. Dieses geistliche Erleben ist an zwei Voraussetzungen geknüpft: dem Frieden und der Heiligung nachjagen. Dem Frieden nachjagen, das heißt: den Frieden mit allen, denen ich begegne und mit denen ich lebe, wirklich wollen. Der Heiligung nachjagen heißt: Bewußt wollen, daß man in seinem Glauben wächst. Heiligung ist ein Prozeß, durch den das Leben eines glaubenden Menschen in wachsendem Maße in das Leben Jesu Christi umgestaltet wird.

Wer in der Heiligung leben will, erfährt, daß Gott ihn in einen geistlichen Reifeprozeß hineinnimmt. Wer von Gott geheiligt wird, sucht die Nähe Gottes und möchte so innig wie möglich mit dem Herrn verbunden sein. Er bekommt einen Blick für die Not anderer Menschen und wird bereit, sich um sie zu kümmern.

Frieden und Heiligung sind Gottes Werk an uns. Wir können sie nicht machen, aber begehren und erbitten. Ich möchte mit Ihnen beten: „Lieber Herr Jesus Christus, du bist für mich gestorben, damit ich leben kann. Darum brauche ich das Gericht nicht zu fürchten. Habe herzlichen Dank dafür! Zwar lebe ich noch auf dieser Erde, doch gibst du mir jetzt schon Anteil an deiner Herrlichkeit. Danke! Gib mir offene Augen für deine Gegenwart. Hilf mir, daß ich mich durch nichts abbringen lasse von dir. Amen."

10. Januar

„Aber wie schwer sind für mich, Gott, deine Gedanken!"
Ps. 139, 17 a

Haben Sie so oder so ähnlich auch schon gedacht? Wozu das alles, was beabsichtigt Gott damit? Es ist wichtig, immer wieder über die elementaren Fragen des Lebens nachzudenken. Doch – zu begreifen ist Gott nicht!

Von Gerhard Tersteegen, dem großen christlichen Denker, stammt der Satz: „Ein begriffener Gott ist kein Gott." Damit fallen alle Hilfskonstruktionen, die sich Menschen gemacht haben. Man hat z.B. sehr gerne von dem „guten Vater über dem Sternenzelt" gesprochen. Wer sollte das sein? Ein übergroßer Weltgeist, den manche die „Vorsehung" nennen? Einer, der sich in einer lokal begrenzten anderen Welt aufhält und von dort in unseren Raum hineinwirkt? Gott ist nicht lokalisierbar, weder hinter den Sternen noch über den Sternen. Das Neue Testament sagt von Gott, daß er in einem Licht wohnt, „da niemand zukommen kann" (1. Tim. 6, 16).

Viele Enttäuschungen gegenüber Gott resultieren daher, daß Menschen sich eine ganz persönliche Vorstellung von ihm gemacht haben. Gott hat gesagt, daß wir uns kein Bildnis von ihm machen sollen. Damit sind nicht nur Statuen und Bilder gemeint, sondern auch die gedanklichen Vorstellungen. Wir meinen oft, mit irgendeinem Bild Gott besser verstehen zu können, aber wäre es nicht redlicher, wir würden häufiger davon sprechen, daß wir sehr mißverständliche Vorstellungen von Gott haben?

Was wäre das für ein Gott, den wir begreifen könnten? Was wäre das für ein Gott, den wir sehen könnten? Nichts würden wir mehr von ihm erwarten, und nichts könnte uns mehr in seinem Wirken überraschen.

Niemand kann uns die Zweifel verwehren, die in Herz und Gedanken kommen. Aber es gibt einfach Führungen, die wir nicht verstehen. Sicher, die Bibel weiß etwas davon, daß Menschen „hernach", zu einer Zeit, die Gott setzen wird, alles erfahren und Antworten bekommen auf tausend Fragen. Im Augenblick aber wird es so bleiben, daß selbst der Glaubende in mancher Situation ohne Antwort bleibt und nur hinnehmen kann, was ihm begegnet. Die Frage, warum Gott so unbegreifliche Wege führt, ist in der Regel zu der Stunde, in der sie gestellt wird, nicht beantwortbar. Erst viel später entdeckt mancher Mensch, daß auch in seinem Leid ein verborgener Sinn enthalten war.

Ich möchte mit Ihnen beten: „Allmächtiger Gott, wie schwer sind für mich deine Gedanken. Wie schwer ist es für mich, Nachrichten zu ertragen, in denen völlig wehrlose und unschuldige Menschen umkamen. O Herr, gib Weisheit und Licht in mein Denken hinein. Amen."

11. Januar

„Bleibet fest in der brüderlichen Liebe!“ Hebr. 13, 1

In manchen Gemeinden gibt es Probleme, weil ein einheitliches Verständnis der Heiligen Schrift fehlt. Die einen sagen: „Die Bibel ist Gottes Wort.“ Andere sagen: „Die Bibel enthält Gottes Wort.“ Solange einer die Autorität des Wortes Gottes respektiert und sich unter die Heilige Schrift stellt und nicht über sie, kann ich ihn lieben und mit ihm Christus bezeugen. Für mich allerdings ist die Bibel Gottes Wort.

„Bleibet fest in der brüderlichen Liebe.“ Ich will dieses Wort heute als Auftrag Gottes hören und zu befolgen bemüht sein. Ich erbitte mir dazu Kraft von Jesus Christus selbst, denn in ihm soll ich ja mit meinem Glaubensbruder und mit meiner Glaubensschwester einig sein. Wir sollen gesinnt sein wie er. Das heißt: Lieben, auch wenn ich schon siebenmal Anlauf genommen habe und noch nicht alles geklärt ist.

Es heißt, mich selbst zu kontrollieren, vor allem dann, wenn mir mein Verstand sagt: „Aber um der Wahrheit willen kannst du dir das nicht länger mit ansehen oder mit anhören.“ Denken Sie in solchen Augenblicken daran, daß leider viel Rechthaberei, Geltungssucht und Machtstreben unter der Flagge der „Wahrheit“ segelt. Jesus konnte die Wahrheit sagen und doch lieben!

„Bleibet fest in der brüderlichen Liebe“ bedeutet auch, daß wir dort, wo ein geistliches und fruchtbares Gespräch mit jemandem nicht mehr möglich ist, das Urteil anderer Brüder und Schwestern suchen und um Vermittlung bitten.

„Bleibet fest in der brüderlichen Liebe“ heißt ferner, sich vor einen anderen zu stellen, wenn ihn unbewiesene Anschuldigungen treffen oder wenn er in der Öffentlichkeit schlechtgemacht wird. Es gibt ja wirklich böse Menschen, auch innerhalb der Gemeinde Jesu.

Ich wünsche Ihnen für Ihren Hauskreis, Ihre Bibel- oder Jugendgruppe, für Ihre ganze Gemeinde diese Freude am Miteinander. „Bleibet fest in der brüderlichen Liebe." Meinungsverschiedenheiten mögen auftreten. Das ist unter denkenden Menschen gar nicht zu vermeiden. Solche Verschiedenheit darf aber nicht zur Trennung, Verunglimpfung oder zu böser Stimmungsmache führen. Wir sollten im Glauben vielmehr erwarten, daß Gott durch das Gebet auch Menschen zusammenführt, die nicht in allem übereinstimmen.

Glaube, der sich nicht im Alltag bewährt, ist bloße Theorie. Wir wollen dafür beten, daß Gott uns zu Christen macht, die den glaubenslosen Menschen unserer Tage überzeugend vorleben, wie man miteinander umgehen kann.

12. Januar

„Denn ihr habt nicht einen knechtischen Geist empfangen, daß ihr euch abermals fürchten müßtet; sondern ihr habt einen kindlichen Geist empfangen, durch den wir rufen: Abba, lieber Vater!" Röm. 8, 15

Der Apostel Paulus nennt Gott seinen Vater. Im Text steht die aramäische Form des Wortes Vater, nämlich „Abba", und das wird übersetzt mit „lieber Vater". Wenn es nicht so ungewöhnlich wäre, könnte man es sogar mit „Papa" übersetzen. Aber das würde wohl keiner zu sagen wagen. Wir sind deshalb gut beraten, wenn wir Gott ansprechen als „lieber Vater im Himmel" oder „unser Vater, der du bist im Himmel".

Wer ein gutes Verhältnis zu seinem irdischen Vater hat, der wird dabei keine Schwierigkeiten haben. Wer aber ein gestörtes Verhältnis hat, der freue sich, daß der himmlische Vater ganz anders ist. In der Bibel wird uns erzählt, daß es nichts Schöneres gibt, als sich diesem „himmlischen Vater" zuzuwenden und sich auf ihn zu verlassen. Kann das gelingen, auch wenn jemand zu seinem Vater auf Erden gar kein oder nur ein gestörtes Verhältnis hat? Es wird sicher schwerer fallen.

Ich möchte mich darum jetzt an all jene wenden, die ein gestörtes Verhältnis zu ihrem Vater haben und infolgedessen auch Schwierigkeiten mit dem „himmlischen Vater" haben. Ich möchte Sie bitten, einfach mal zuzuhören, wenn wir Christusleute davon sprechen, daß der „himmlische Vater" ganz anders ist. Er kann alles, und er weiß alles. Er ist in diesem Sinne wirklich ein Über-Vater. Es ist nicht vorstellbar, daß unser himmlischer Vater Fehler macht oder abwesend ist. Er ist immer da, ob wir ihn brauchen oder nicht, ob wir nach ihm fragen oder nicht, ob wir ihm gehorsam sind oder nicht. Es ist zudem nicht vorstellbar, daß Gott wie ein wortbrüchiger, irdischer Vater reagiert. Im Gegenteil: Sein Wort ist wahr und trügt nicht. Man kann sich voll darauf verlassen. Was Gott verspricht, das hält er. Sein Wort hat eine ungeheure Durchschlagskraft. Es trifft das menschliche Herz, es tröstet, es stärkt, es verbindet, es korrigiert, und es macht Mut. Das ist sicher gut zu wissen, denn wir stoßen mit unserem Können und Tun doch immer wieder an die Grenzen der Möglichkeiten. Gottes Möglichkeiten aber sind unbegrenzt, nichts ist ihm unmöglich.

Dieser große Gott will sich mit Ihnen und mir einlassen. Er tut dafür alles, was man sich nur vorstellen kann. Er gibt sein Liebstes, nämlich seinen Sohn, Jesus Christus. Durch die Verbindung mit Jesus bekomme ich direkt Zugang zu Gott. Gott erwartet nicht, daß ich mich ihm unterwürfig nähere. Wer nämlich als Nachfolger Jesu lebt, der hat nicht einen knechtischen Geist empfangen, sondern einen kindlichen, der ohne Scheu von Gott spricht und ihn als Vater anredet.

13. Januar

„Darum werft euer Vertrauen nicht weg, welches eine große Belohnung hat.“ Hebr. 10, 35

Es ist ja eigenartig in unserem Leben, gerade auch im Leben der Glaubenden: Sowie man ein bißchen ins Gedränge kommt, ist man in der Versuchung zu vergessen, was Gott einem durch die Jahre geschenkt und bestätigt hatte. Offensichtlich hat der Schreiber des Hebräerbriefes die Gläubigen gekannt. Er hat gesagt: Die Gefahr besteht schon, daß jemand den Glauben über Bord werfen kann. Und keiner, der ein Christusjünger ist, sollte selbstsicher sagen: Das könnte mir nie passieren!

Es vergeht ja fast kein Tag ohne irgendeine Katastrophe, und das wird so bleiben. Die Preise werden weiter davonlaufen. Aber Gott können wir in jeder Lage vertrauen. Er ist der allein Gewaltige, der König aller Könige und der Herr aller Herren. Gott kann ich vertrauen, auch dann, wenn ich festgestellt habe, daß sich eine wirtschaftliche Bedrohung für mich ergibt. Meinem Gott kann ich auch in solcher Lage vertrauen, denn meine Zeit steht in seinen Händen. Wenn Gott mich auffordert, ihm zu vertrauen, dann will ich gehorchen. Ohne Gehorsam findet der Glaube nicht die Kraft, die ihm in allen Auseinandersetzungen des Lebens abgefordert wird.

Vertrauen ist eigentlich ein Verzicht auf eigenes Handeln. Dem Glauben entspringt die Tat des Gehorsams. Glaube ist mehr auf das Tun ausgerichtet. Vertrauen ist warten, sich dreinfügen, geduldig ausharren. Beides will uns der Herr schenken. Vertrauen, das ist besonders wichtig für die Situationen, in denen ich nichts mehr tun kann, in denen ich zur Untätigkeit gezwungen bin. Aber im Glauben will ich etwas wagen: den nächsten Schritt, das Erleben der nächsten Stunde, das Erleben des nächsten Tages.

Es ist wichtig zu wissen, daß nicht nur das, was mir aus dieser sichtbaren Welt an Verdruß und Widerwärtigkeit entgegenkommt, mir Leid zufügen will. Es sind auch die Kräfte der unsichtbaren Welt da, der Satan mit seinen Helfershelfern. Aber auch in meinem Leben erweist sich Christus als stärker. Ich hoffe, daß wir das mitnehmen in die Tage, die noch vor uns sind: Ich habe einen Herrn, dem ich vertrauen kann in jeder Lage, egal, was noch auf mich einstürmt. Lassen Sie uns in diesem Sinn in die Zeit gehen, die noch vor uns liegt. Wir haben einen großen Herrn, der dafür sorgt, daß keiner zuschanden wird, der auf ihn wartet, der ihm vertraut. ,,Werfet euer Vertrauen nicht weg, welches eine große Belohnung hat!"

14. Januar

„Aus allen Geschlechtern auf Erden habe ich allein euch erkannt, darum will ich auch an euch heimsuchen all eure Sünde." **Amos 3, 2**

Wie oft hatte Gott doch zu seinem Volk gesprochen. Wie viele Möglichkeiten hatte er ihm eröffnet, welchen Freiraum eingeräumt. Die Zehn Gebote waren ja keinesfalls nur Begrenzungen, sondern zeigten auch die ganzen Möglichkeiten zur Entfaltung eines sinnvollen und gesegneten Lebens. Aber offensichtlich war Israel unbelehrbar. Es kam häufig vor, daß ehrliche Leute als Sklaven verkauft wurden, daß man Hilfesuchenden keine Hilfe gewährte und daß man sich mit Ellenbogen-Taktik durchsetzte. Diese Schuld wog um so schwerer, weil Israel erwählt war aus allen Völkern.

Das alles ist nun schon Jahrtausende her. Man kann ruhig auf seinem Stuhl sitzen und solch einen Bericht hören. Vielleicht denkt der eine oder der andere sogar, daß das heutige Israel auch schon wieder viel Schuld auf sich geladen hat. Doch wer so denkt, der reagiert eigentlich nicht richtig. Amos betonte: ,,Dennoch bekehrt ihr euch nicht zu mir, spricht der Herr" (Amos 4, 6). Das ist natürlich das Wort einen Propheten an die Menschen damals. Könnte es nicht auch an viele Menschen unserer Tage gerichtet sein? War und ist wirklich nur Israel unbelehrbar?

Ich möchte mich mit dieser Andacht besonders an diejenigen unter Ihnen wenden, die ganz genau wissen, daß es einen Gott gibt. Er hat uns seine Ordnungen bekanntgemacht, und wir sollen nach diesen Ordnungen leben. Wenn man sich aufmerksam mit Amos und seiner Botschaft beschäftigt, entdeckt man, daß er den Mut hatte, die frömmste Frömmigkeit seines Volkes als ungöttlich zu erklären. Selbstgemachte Frömmigkeit führt nämlich von Gott weg, sie führt zum Tod. Rettung ist möglich, auch in letzter Stunde, aber nur wenn der Weg zu Gott zurückgefunden wird.

Im Grunde genommen greift Amos die ganze alttestamentliche Gemeinde an. Darum ist es nicht abwegig, die Gemeinde des neuen Bundes, also diejenigen, die bewußt Christ sein wollen, zu vermehrter Aufmerksamkeit aufzurufen. Es ist gar nicht so einfach zu begreifen, daß die „schönen" Gottesdienste und Wallfahrten der Israeliten Gott ein Greuel sind. Auch gewohnheitsmäßiges Beten und herkömmliche Festlieder werden abgelehnt. Doch verdammt Amos solche Gewohnheiten nicht nur, er bietet die Botschaft des Lebens an. Er gibt Gottes Wort weiter.

Amos redet, weil Gott ihn dazu beauftragt hat. Gott, der Herr, tut nämlich nichts, ohne daß er es zuvor seine Boten, die Propheten, wissen läßt. Es gehört zum Liebesratschluß Gottes, daß er Propheten beauftragte und daß er bis heute Menschen befähigt, anderen zu sagen, was er will.

15. Januar

„Wohl dem, der nicht wandelt im Rat der Gottlosen noch tritt auf den Weg der Sünder noch sitzt, wo die Spötter sitzen, sondern hat Lust am Gesetz des Herrn und sinnt über seinem Gesetz Tag und Nacht!" Ps. 1, 1–2

Warum fällt es eigentlich vielen Menschen so schwer, Gottes Wirken im Alltag zu erkennen? Gewiß wohl deshalb, weil unsere Gesellschaft sich zu sehr daran gewöhnt hat, auf eigenes Wissen und Können zu vertrauen. Gott und seine Ordnungen sind weitgehend nicht mehr gefragt. Der Glaubende sagt: „Wie glücklich ist, wer sich nicht verführen läßt von denen, die Gottes Gebote mißachten."

Im Berufsalltag geht es scheinbar auch ohne Bindung an Gott, jedenfalls oberflächlich gesehen. Der Regionalbeauftragte eines Unternehmens sagte mir: „Meine Frau und ich lösten uns von der Gemeinde. Wir dachten, wir hätten etwas versäumt, und meinten, das Versäumte nachholen zu müssen. Wir waren viel unterwegs und stürzten uns in manches Vergnügen. Alles, was wir anpackten, glückte uns. Wir hatten Erfolg und genossen Ansehen. Dennoch fehlte uns etwas. Wir blieben im letzten unbefriedigt. Das wurde erst anders, nachdem ich mich bewußt wieder an Gott orientierte und nachdem meine Frau zum lebendigen Glauben an Jesus Christus gefunden hatte."

Wenn in der Bibel von Erfolg oder Glück gesprochen wird, dann ist letztlich vom ganzen Leben die Rede, von den Etappen und dem endgültigen Ziel. Mit eingeschlossen ist der „seelische Haushalt", der ausgeglichen ist. Zu solchem Erfolg kommt niemand, der nur an sich denkt. Gott sagt uns: Du sollst deinen Nächsten lieben wie dich selbst!

Christen sollen ernst machen mit dieser Liebe – in der Familie, im Berufsleben, in der Politik. „Ihr wißt doch, was die Stunde geschlagen hat!" mahnt uns Paulus (Röm. 13, 11). Längst sind sich viele der Großen dieser Welt darüber klar, daß es nicht mehr fünf, sondern zwei vor zwölf ist! Für Christen der Zeitpunkt der endgültigen Rettung so nah wie noch nie. Nah ist aber auch Gottes Gericht, der große Tag Christi. Und noch einmal Paulus: „So laßt uns ablegen die Werke der Finsternis" (Röm. 13, 12). Finsternis oder Dunkelheit – das ist Gottfeindlichkeit, Gewissenlosigkeit, Habgier, sexuelle Zügellosigkeit und vieles mehr.

Kann man dieser Dunkelheit entfliehen? Noch ist es nicht zu spät. Christen sollen keine Theoretiker sein, sondern Praktiker. Sich zurückziehen in sich selbst, das Ausklammern brennender Tagesprobleme, leben, ohne daß ein Unterschied zu merken ist gegenüber gottlosem Treiben – alles das ist nicht nur Theorie, sondern

Dunkelheit! Die Welt aber braucht Menschen, die sich in ihrem Handeln von Christus bestimmen lassen. Er ist Gottes Stimme, Gottes Arm. Und wir sollen es sein, als von ihm Berufene und Geführte.

16. Januar

„Gelobt sei Gott, der Vater unseres Herrn Jesus Christus, der Vater der Barmherzigkeit und Gott allen Trostes, der uns tröstet in aller unserer Trübsal, damit wir auch trösten können, die in allerlei Trübsal sind, mit dem Trost, mit dem wir selber getröstet werden von Gott." 2. Kor. 1, 3–4

Jesus Christus sprach einmal kurz hintereinander zu zwei verschiedenen Menschen. Der Evangelist Matthäus berichtet darüber (Kap. 9). Zu dem einen sagte Jesus: „Sei getrost, mein Sohn, deine Sünden sind dir vergeben", zum anderen: „Sei getrost, meine Tochter, dein Glaube hat dir geholfen." Beides gehört zusammen. Diese doppelte Botschaft ist der eigentliche Trost, den die Heilige Schrift zu bieten hat.

Es tut wohl, wenn sich Menschen um einen kümmern, sooft es einem schlechtgeht. Aber die vielen Phrasen, die da gesprochen werden, die zu durchschauenden Lügen, die eigentlich gar nicht nötig sind, und die offensichtliche Ratlosigkeit, das sind schon Probleme. Es zeigt sich, daß eigentlich nur gestandene Christen der Trostlosigkeit begegnen können. Sie wissen, daß es einen wirklichen Trost gibt, nämlich Gott selbst. Er allein kann die Kraft schenken, die einen Menschen beruhigt, die sein Herz fest macht, die seinen Verstand schärft und die die Liebe schenkt, ohne die keiner einen anderen nachhaltig trösten kann.

Darüber kann man übrigens bereits im Alten Testament entscheidende Aussagen nachlesen, am eindrucksvollsten sicher in der Beschreibung des Propheten Jesaja vom kommenden Messias, dem Friedenskönig. Von ihm heißt es: „Der Herr hat mich gesandt, zu trösten alle Trauernden" (Jes. 61, 1–2). Als dann Jesus

Christus kam, konnte die Welt einige Jahre hindurch sehen, daß er wirklich der Messias war. Er predigte den Elenden, er verband die zerbrochenen Herzen, er verkündete den Gefangenen das Evangelium der Freiheit, und er tröstete die Traurigen.

Jesus konnte sagen: „Selig sind, die da Leid tragen, denn sie sollen getröstet werden." Niemand empfand das als fromme Vertröstung. Menschen erfuhren, daß Leid tatsächlich eine Funktion haben kann im Plan Gottes mit ihrem Leben. Bis heute macht der Glaube diese Erfahrung. Ja, es ist wohl auch so: Nur wer selbst weiß, wie sehr einem Trost fehlen kann und wie köstlich es ist, wenn man dann endlich getröstet wird, nur der kann seinerseits trösten. Wir haben einen Gott, „der uns tröstet in aller unserer Trübsal, damit wir auch trösten können, die da sind in allerlei Trübsal." – Getröstet, um zu trösten!

Wir sind nicht der Messias, aber Helfershelfer Jesu Christi, der der Messias war. Wenn für ihn galt „Er hat mich gesandt, zu trösten alle Trauernden", dann sollten wir begreifen, daß auch wir beauftragt sind, im Namen Jesu Christi zu trösten.

17. Januar

„Ihr aber, liebe Brüder, seid zur Freiheit berufen. Allein seht zu, daß ihr durch die Freiheit nicht dem Fleisch Raum gebt; sondern durch die Liebe diene einer dem andern." Gal. 5, 13

Unser König Jesus Christus liebt uns, und in seiner Liebe können wir den Nächsten lieben. Jesus will uns auf einen königlichen Weg geleiten, indem er uns lieben lehrt. Und er hat uns zuerst geliebt. Als noch nicht an unseren Vater und an unsere Mutter zu denken war, waren wir beschlossen bei ihm, und waren wir geliebt. Seine Liebe war kein Wortgeklingel, sondern Dokumentation. Am Kreuze hat er bewiesen, wie lieb er uns hat. Er hat sein Leben gelassen, damit niemand zweifelt an seiner Liebe.

Und nun geht es durch einen wunderbaren Umwandlungsprozeß. Gott, der himmlische Vater, sagt jedem von uns: „Wenn du meinem Sohn dein Vertrauen schenkst, der für dich und deine Lieblosigkeit gestorben ist, dann will ich von seiner Liebeskraft in dich hineinströmen lassen, daß du auch da lieben kannst, wo du eigentlich hassen möchtest. Seine Liebe hört niemals auf!"

Über alle Tiefen und Höhen und unterschiedlichen Schwankungen meines Gemüts und meiner Seele hinweg, über Versagen und Sieg hinweg, liebt Gott mich. Ich bin ein Geliebter. Nun weiß ja niemand so genau über Sie Bescheid wie der lebendige Gott und Sie selbst. Sie wissen, wer Sie sind. Und doch geliebt! Seine Liebe hört nie auf. Seine Liebe ist unübertroffen, vollkommen. Seine Kraft steht für mich bereit. Er will sie mir schenken, damit ich lieben kann. In die Schwachheit, Fehlerhaftigkeit und Mangelhaftigkeit meines Lebens hinein will er seine Liebe schenken, damit ich in dieser Liebe lebe und sie weiterreichen kann.

Wir können in unserer Liebe nur weitergeben, was wir zuvor von Jesus empfangen haben. Es ist mein herzlicher Wunsch für Sie, daß Sie so offen sind in Ihrem Gemüt und in Ihrer Seele, daß Sie viel empfangen können von der Liebe Gottes. Öffnen Sie Ihr Herz und Gemüt ganz weit. Tun Sie das immer wieder im Gebet und mit Ihren Gedanken. Sagen Sie: „Herr, meine Lieblosigkeit wird überhandnehmen, wenn nicht deine Liebe mich immer wieder erneuert. Laß viel von deiner Liebe in mich hineinströmen, damit auch in meinem Leben möglich wird, wo mir mein Verstand heute noch sagt, daß ich das nie kann. In deiner Kraft und mit deiner Kraft kann auch ich ein Liebender sein. Hilf mir dazu! Hilf, daß ich viel mehr liebe! Amen."

18. Januar

„Gott widersteht den Hochmütigen, aber den Demütigen gibt er Gnade.“ 1. Petr. 5, 5 b

Die Worte „Hochmut“ bzw. „Hoffart“ kommen in unserer Sprache kaum noch vor. Die Sache allerdings sehr wohl. Der Hochmütige hält mehr von sich, als er in Wirklichkeit ist. Hochmut und Hoffart haben in der Bibel immer widergöttliche Bedeutung. Beide Ausdrücke werden z.B. gebraucht, wenn vom Satan, dem großen Gegenspieler Gottes, gesprochen wird. Wenn heute viele Menschen so sein wollen wie Gott, dann deshalb, weil sie sich der Verführung Satans öffnen, anstatt bereit zu werden, sich von Gott führen zu lassen.

Es ist heute ähnlich wie beim Sturz des Satans, den der Prophet Jesaja beschreibt: „Ich will in den Himmel steigen und meinen Thron über die Sterne Gottes erhöhen“ (Jes. 14, 13). Es sind nicht nur manche Politiker, die den „Griff“ nach den Sternen wagen. Was sie planen und tun, ist lediglich immer etwas spektakulärer als das, was der sogenannte „Mann auf der Straße“ tut. Auch viele Menschen ohne politischen Einfluß spielen heute Gott. Sie erheben sich über ihren Schöpfer und verfügen mitleidlos über das Leben anderer Menschen.

Der Satan weiß sehr wohl, wie er sich eines Menschen bemächtigen kann. Er dringt in sein Herz hinein und nimmt es in Besitz. Jesus sagte: „Hoffart kommt aus dem menschlichen Herzen“ (Mark. 7, 22–23). Jeder Versuch und jede Aktion, etwas ohne Gott zu tun, an ihm vorbei oder gegen ihn, ist letztlich Hoffart. Wer meint, sein Leben und die Probleme dieser Welt ohne Gott lösen zu können, der sieht für sich selbst keine Grenzen und sollte sich nicht wundern, wenn er das erlebt, was Petrus in den Worten zum Ausdruck bringt: „Gott widersteht den Hochmütigen.“

Sich seiner Grenzen bewußt werden, das ist Demut. Demut, das ist nicht, sich kleiner zu machen, als man ist, sondern sie ist das konsequente Bekenntnis zur eigenen Nichtigkeit. Es gehört schon Größe dazu, zuzugeben, daß man nicht der ist, der man eigentlich sein möchte. Demut ist die Erkenntnis: Ohne Gott geht es nicht. Ich brauche ihn. Und noch mehr: Ich komme an Jesus Christus nicht vorbei, der ja gesagt hat: „Niemand kommt zum Vater denn durch mich“ (Joh. 14, 6). Demut, das ist eigentlich die Gesinnung Jesu. Wer demütig ist, ist gesinnt wie Jesus. Und genau das ist den Christen aufgetragen. Man kann sich zwar nicht demütig machen, aber man kann um Demut bitten. Den Demütigen gibt Gott Gnade!

19. Januar

„Wir sehen nicht auf das Sichtbare, sondern auf das Unsichtbare. Denn was sichtbar ist, das ist zeitlich; was aber unsichtbar ist, das ist ewig.“ 2. Kor. 4, 18

Das Sichtbare hat seine Zeit, das Unsichtbare bleibt, und darum muß Gott manchmal gegen unsere Erfahrung und gegen unseren Willen und gegen das, was wir für richtig halten, angehen. Für die Heiden im Umfeld der korinthischen Gemeinde war die unsichtbare Welt nicht existent. Und das, was damals für den Heiden gegolten hat, ist heute oft für die Wissenschaft und für aufgeklärte Menschen ebenso. Der normale Mensch unserer Tage gefällt sich darin zu sagen: „Ich glaube nur, was ich sehe. Unsichtbare Welt, alles Quatsch!“ Er steht damit eigentlich auf demselben Standpunkt wie damals die Heiden.

Doch wir Christen rechnen nicht nur mit dem Sichtbaren hier, sondern wir rechnen auch mit dem Unsichtbaren. Es ist die unsichtbare Welt, aus der uns Mut zufließt. Und wir wissen, daß die unsichtbare Welt das Eigentliche ist, die Welt, der wir entgegenstreben, in der wir einmal neu überkleidet werden, in der das künftige Leben sich abspielen wird. Deshalb können wir sagen: Ich baue nicht auf das, was ich sehe, sondern auf das, was jetzt noch keiner sehen kann.

Mit vielen Menschen hier und in aller Welt weiß ich: Gott schenkt Geborgenheit. Letztlich ist in dieser Welt nur Verlaß auf ihn.

Felsenfest kann man sich auf ihn verlassen, auf ihn, den lebendigen Gott.

Damit die Menschen das begreifen, darum ist er zu ihnen bzw. zu uns gekommen. Er ist aus der unsichtbaren Welt herausgetreten, nicht in Gestalt irgendeines Geistes, sondern als Mensch. In Jesus Christus trat Gott in diese Welt, damit niemand sagen sollte: „Der große Gott hat ja keine Ahnung, wie uns kleinen Menschen zumute ist." Jesus Christus hat sehr wohl erfahren, wie uns kleinen Menschen zumute ist. Ihm ging es allerdings nicht um eine Entfaltung des Ichs. Er übte keinen Machtmißbrauch. Er ließ sich auch nicht mit den dunklen, gottfeindlichen Mächten ein, sondern er sagte: Wenn ihr wollt, daß euch geholfen werden soll, dann schenkt mir euer Vertrauen. Habt mich lieb. Glaubt an mich. Ich gebe euch Auskunft über euer Woher und Wohin. Gebt auf, was euch von mir trennt. Stellt euch mir zur Verfügung.

Ich wünsche Ihnen einen ganz neuen Zugang zu diesem lebendigen Gott, der uns in seinem Wort so einladend und überzeugend entgegenkommt.

20. Januar

„Du sollst deinen Vater und deine Mutter ehren, auf daß du lange lebest in dem Lande, das dir der Herr, dein Gott, geben wird." **2. Mose 20, 12**

Aus der Bibel wissen wir, daß Gott allein Ehre gebührt. Aber nun sagt er, dem alle Ehre gebührt: „Du sollst deinen Vater und deine Mutter ehren, auf daß du lange lebest in dem Lande, das dir der Herr, dein Gott, geben wird." Gott teilt also etwas, was ihm allein gehört, mit sterblichen, egoistischen, irrtumsfähigen Menschen. Er läßt alle, die auf ihn hören, wissen: Wer seine Eltern ehrt, erweist zugleich ihm, dem großen Gott, die Ehre!

Vater und Mutter ehren – das ist kein Erziehungstrick, sondern Gottes Gebot. Gott hat dieses Gebot nicht nur Kindern und Heranwachsenden gesagt, sondern vor allem Erwachsenen. Am Sinai hörten dieses Gebot gestandene Familienväter und Frauen, die selbst schon mehrere Kinder hatten. Manche Eltern mögen empfunden haben, daß dieses Gebot zugleich Gottes Anfrage ist: „Was macht ihr mit euren Eltern, wenn sie alt sind? Erweist ihr ihnen die gebotene Ehre?“ Wenn man die hilflosen alten Väter und die durch Schlaganfall gelähmten Mütter sah, konnte schon der Gedanke aufkommen: „Wie sollen die nur die weitere Wüstenwanderung durchhalten?“ Längst schon konnten sie nicht mehr mitarbeiten; nicht einmal die Enkelkinder konnte man ihnen noch anvertrauen. Dennoch sagt Gott: Ehre Vater und Mutter; klage nicht darüber, daß sie dich belasten. Denke an die Zeit, als du ihr Leben beschwertest durch Unwissenheit und Lieblosigkeit. Vergiß nicht, daß sie dich begleiteten, daß sie da waren, wenn du sie gebraucht hat.

Die Weitergabe dieses Gebotes und die Bemühungen, es zu halten, ließ Familien entstehen und wachsen, auch in unserem Kulturkreis. Dies Gebot war gleichsam so etwas wie ein „Generationsvertrag“. Einer sagte es dem anderen, einer trug den anderen. In unserer Zeit hat die Familie vielerorts ihre Bedeutung verloren. Wir wollen beten, daß Gott die Familien wieder dahin führt, daß sie glücklich sind. Gott zeige uns neu, wie gut es ist, wenn Mann und Frau beieinanderstehen in guten und bösen Tagen. Möge Gott es schenken, daß die Zeit bald endet, in der Hunderttausende von Kindern und Jugendlichen aufwachsen müssen, ohne je elterliche Geborgenheit und Ermutigung zu erfahren.

Welch eine Verantwortung für die Christen! Sie sollten vorleben, daß Gottes Gebote Hilfe und nicht Last sind. Christen können von ihrem Herrn die Kraft empfangen, einander immer besser verstehen zu lernen. Sie können in der Ehekrise reifen, anstatt sich scheiden zu lassen. Sie können ihren Kindern ein solches Vorbild sein, daß Söhne und Töchter sich nicht von vornherein abgestoßen fühlen, wenn sie das Gebot hören: Du sollst deinen Vater und deine Mutter ehren!

21. Januar

„Denn unsre Trübsal, die zeitlich und leicht ist, schafft eine ewige und über alle Maßen gewichtige Herrlichkeit.“

2. Kor. 4, 17

Trübsal kann uns ängstigen. Oft kommen auch noch geistliche Anfechtungen hinzu. Man kann sogar ein Verkündiger des Evangeliums gewesen sein, kann vieles für den Herrn getan haben, und dann schießen einem solche Gedanken in den Sinn: Bin ich denn wirklich gerettet? Werde ich wirklich angenommen? Ist das Blut Jesu wirklich auch für mich geflossen? Habe ich wirklich alles bereinigt? Dann ist große Angst und Bangigkeit, und wir erleben etwas davon, daß der letzte Feind, der Tod, da ist; zwar überwunden von Christus, aber immer noch mit einer teuflischen Macht, die meinem Herzen schaden und mir Kraft und Zuversicht rauben will. Aber weil wir eben so Bevorrechtete sind, wollen wir annehmen, auch was wir nicht begreifen.

Ich verstehe eigentlich nicht, wie Menschen ohne den lebendigen Gott mit diesem Abschnitt ihres Lebens fertig werden wollen. Da hilft keine Genialität mehr und keine Originalität. Dann ist man ganz auf sich geworfen. Und wenn wir, die wir Glaubende sind, schon in solchen Augenblicken schwerste Lektionen zu lernen haben, was sollen dann nur die Ungläubigen tun?

Der Zustand der Trübsal ist gleichsam so etwas wie ein Eingangstor hin zur Herrlichkeit. Gott wird das nicht vergessen. Das hat seine bestimmte Funktion in unserem geistlichen Leben. Und je betrübter mir meine Situation erscheint, desto stärker darf ich daran denken, daß Gott mir eine über alle Maßen wichtige oder gewichtige Herrlichkeit bereitet.

Wenn Sie die Bibel vor sich haben, müssen Sie einmal diese Gegensatzpaare hier sehen: zeitlich – ewig, leicht – gewichtig, Trübsal – Herrlichkeit. Die Bibel rückt die Dinge ins richtige Lot, denn der Augenblick erscheint uns oft endlos. Die Qual, die die Schrift leicht nennt, dünkt uns unerhört schwer. Und das, was wir eben als Trübsal bezeichnen, ist in Gottes Augen nicht Trübsal, sondern der Anfang der Herrlichkeit.

Und, gottlob, wenn Trübsal uns niederdrückt, dann gibt uns der Herr entweder in der Trübsal Kraft, oder er bringt uns durch die Trübsal hindurch. Er verläßt keinen, und er läßt auch keinen im Stich. Selbst wenn die Leute vielleicht nicht mehr wissen, was sie uns sagen sollen, weil es uns so schlecht geht; unser Herr hat immer noch ein Wort für uns bereit. Es ist etwas ganz Köstliches zu wissen, daß das natürliche Leben zugrundegeht, aber das Leben, das Gott mir schenkt, jeden Tag erneuert wird. Das ist eben die geheimnisvolle Weise, wie Gott mit den Menschen umgeht.

22. Januar

„Wenn aber dein Bruder wegen deiner Speise betrübt wird, so handelst du nicht mehr nach der Liebe. Bringe nicht durch deine Speise den ins Verderben, für den Christus gestorben ist.“ Röm. 14, 15

In jeder Gemeinde gibt es Starke und Schwache. Das war schon so in der Gemeinde in Rom. Man war dort zu unterschiedlichen Auffassungen darüber gekommen, ob ein Christ Fleisch essen dürfe oder nicht, ob er Wein trinken dürfe oder nicht und ob er bestimmte Tage vor anderen besonders zu achten habe oder nicht. Einige, die in der römischen Gemeinde als Nachfolger Jesu Christi lebten, hatten kein schlechtes Gewissen, wenn sie Fleisch aßen und Wein tranken und sich über bestimmte Feiertage hinwegsetzten. Andere dagegen behaupteten: Wer Jesus lieb hat, darf dieses oder jenes nicht essen oder trinken. Heute hätte Paulus vermutlich auch die Frage erörtert, ob es richtig ist, diese oder jene Musik zu spielen und welchen Stellenwert die politischen Ansichten im Leben eines Christen haben.

In jeder Gemeinde müssen unterschiedliche Überzeugungen ertragen werden. Wenn Christen es nicht schaffen, mit unterschiedlichen Überzeugungen zu leben, ohne sich zu verketzern, wer soll es dann? Aber so ohne weiteres gelingt es nicht, unterschiedliche Überzeugungen beisammenzuhalten.

Daß es dennoch möglich ist, lesen wir im Neuen Testament. Wer sich bewußt auf die Seite Jesu Christi gestellt hat, soll Gedanken, die der andere für richtig hält, nicht verurteilen. Schwache und Starke sind mit dem Herrn verbunden. Allerdings machen sich die Starken über vieles keine Gedanken, während die Schwachen sehr schnell ein schlechtes Gewissen haben. Beide sind davon überzeugt, richtig zu liegen. Beide sehen ihre Haltung als Konsequenz ihres Glaubens.

An und für sich ist uns durch Jesus Christus ein neues Verständnis von rein und unrein, erlaubt und unerlaubt geschenkt. Wenn darüber jeder einmal nachdenken würde, dann käme es erst gar nicht zu manchem Streit, und ein Konflikt wäre schnell gelöst. Dort, wo unter Dank und Gebet Speise bzw. Trank genossen werden, dort, wo Jesus gebeten wird, nicht nur das Fundament, sondern die Mitte zu sein, da ist alles rein. Manche übersehen das und ärgern sich über die Freiheit der anderen. Solcher Ärger kann und muß in der Gemeinde beseitigt werden.

Für gläubige Menschen ist es wichtig, beisammen zu bleiben und anfallende Aufgaben miteinander anzupacken. Dabei sind Spaltungen und unnütze Richtungskämpfe jeder Art zu vermeiden. Wir brauchen Menschen mit einem weiten Horizont und mit einem weiten Herzen, die bereit sind, ihrem großen Herrn wirklich zu dienen.

23. Januar

„Sie waren aber auf dem Wege hinauf nach Jerusalem, und Jesus ging ihnen voran; und sie entsetzten sich; die ihm aber nachfolgten, fürchteten sich. Und er nahm abermals die Zwölf zu sich und fing an, ihnen zu sagen, was ihm widerfahren werde.“ Mark. 10, 32

Jesus war mit seinen Jüngern unterwegs nach Jerusalem. Hinter ihnen lag eine ereignisreiche Zeit, vor ihnen ein Lebensabschnitt, den Jesus sehr genau beschrieb. Er schilderte seine nahe Zukunft: die Gefangennahme, die Verhöre, die Folter, die Hinrichtung. Die Jünger waren erschrocken und hatten Angst. In dieser Situation ist die Bemerkung des Evangelisten Markus recht aufschlußreich: „Und Jesus ging ihnen voran.“ Manches Mal hatte er seine Nachfolger aufgefordert: „Folget mir nach!“

Im Glauben kann man auch heute noch die Aufforderung Jesu „Mir nach“ hören, etwa beim Lesen der Bibel oder beim Hören einer Predigt. Dieses Wort „Mir nach“ ist an Sie gerichtet und an mich. Wer dieser Aufforderung folgt, ist mit Jesus im Glauben unterwegs. Zwar nicht auf dem Weg nach Jerusalem, aber vielleicht einem Lebensabschnitt entgegen, vor dem er Angst hat. Nicht immer haben wir in einer entscheidenden Stunde des Lebens einen Helfer. Gute Freunde, kluge Lehrer oder fromme Berater können uns sicher beistehen. Wie froh kann derjenige sein, der mit jemandem verbunden ist, der sachkundig hilft, wenn man selbst in Bedrängnis geraten ist. Doch ob ich nun einen Helfer finde oder ob ich allein mit dem fertigwerden muß, was auf mich zukommt – mit Jesus kann ich in jedem Fall rechnen. Er ist zwar nicht zu sehen, aber dort, wo er hilft, da gibt es etwas zu sehen.

Die Begleiter Jesu damals wußten: Jetzt begibt sich unser Herr und Meister in Gefahr. Darum geraten sie ja auch in Furcht. Dennoch folgen sie Jesus nach. Das ist beachtlich. Wie überzeugend muß es gewesen sein, was sie bei Jesus sahen und hörten. „Wir bleiben bei ihm. Wir folgen auch dann, wenn es brenzlig wird!“

Ich will mich an diesem Tag stärken und trösten lassen bei dem Gedanken, daß Jesus mir vorangeht. Er ist für mich Bahnbrecher, Schrittmacher, Wegbereiter. Jesus hat seinen Nachfolgern nie einen leichten Weg verheißen. Wohl aber einen Weg, an dessen Ende alles Schwere vergessen sein wird.

Ich möchte mit Ihnen beten: ,,Herr Jesus Christus, sei du auch in meinem Leben derjenige, der vorangeht. Ich möchte dir folgen. Ich weiß, daß du mich einen guten Weg führen wirst, selbst wenn es schwer sein sollte, diesen Weg zu gehen. Ich danke dir, daß das Ergebnis treuer Nachfolge immer Freude ist. Amen."

24. Januar

,,Joasch aber sprach zu allen, die bei ihm standen: Wollt ihr für Baal streiten? Wollt ihr ihm helfen? Wer für ihn streitet, der soll noch diesen Morgen sterben. Ist er Gott, so streite er für sich selbst, weil sein Altar niedergerissen ist." Richt. 6, 31

Viele Geschichten, die uns im Alten Testament überliefert werden, sind von einer außerordentlichen Dramatik. Ich denke etwa an das Buch der Richter. Da wird unter anderem von Gideon gesprochen, einem jungen Mann, der eines Tages beauftragt wird, noch in der gleichen Nacht den Altar des Baal niederzureißen.

,,Baal" ist ein Göttername. Darunter verstand man in Palästina und Syrien Gottheiten, von denen man dachte, daß sie als ,,Besitzer" und ,,Herr" bestimmter Orte und Tiere in heiligen Bäumen, Bergen und Quellen wohnen. Diesen Gottheiten waren Altäre errichtet worden, und einen solchen Altar sollte Gideon niederreißen.

,,Baue dem Herrn, dem lebendigen Gott, einen Altar", wird dem Gideon gesagt. Mit anderen Worten: Beginne ein Neues. Gideon, der durch vorangegangene bemerkenswerte Erlebnisse eine Erfahrung mit dem lebendigen Gott gemacht hat, will ihm gehorsam sein. Er trifft alle Vorbereitungen zum Niederreißen des Altars.

Dennoch überkommt ihn Furcht. Aber mit Gottes Hilfe überwindet er seine Angst und schreitet zur Tat. Er haut den Altar des falschen Gottes um.

Aber dann der nächste Morgen. Die Tat ist nun bekannt. Der niedergerissene Altar versetzt die Bewohner der Stadt in Angst und Schrecken. Es steigt ihnen auch die Zornesröte ins Gesicht. Wer kann so etwas gewagt haben? Man sucht den Täter. Schon bald ist klar, wer den Baal-Altar niedergerissen hat: Gideon. Nun wollen sich die Leute rächen. Doch machen die Verteidiger Baals ihre Rechnung ohne den Vater des Gideon, der bisher keine klare Flagge gezeigt hatte. Er stellt sich auf die Seite des Sohnes. Mit einem sehr weisen Rat verunsichert er die Leute: „Wollt ihr für Baal streiten?“ fragt er seine Mitbewohner. „Wer für ihn streitet, der soll noch diesen Morgen sterben. Ist er Gott, so streite er für sich selbst, weil sein Altar niedergerissen ist.“ Das war eine zwingende Logik, der nicht widersprochen werden konnte.

Auch heute gibt es ähnliche Auseinandersetzungen wie zur Zeit Gideons. Zwar wird Gott seine Diener nicht mehr beauftragen, einen Altar niederzureißen, wohl aber kann es darum gehen, sich von Vorstellungen zu trennen, die nichts mit dem lebendigen Jesus Christus zu tun haben. Daß wir dabei auf den Widerstand erklärter Gegner der Sache Gottes stoßen, soll uns nicht erschrekken. Wir wollen von Jesus die Kraft erbitten, in entscheidungsreicher Stunde treu an seiner Seite zu stehen!

25. Januar

„Denn ich bin überzeugt, daß dieser Zeit Leiden nicht ins Gewicht fallen gegenüber der Herrlichkeit, die an uns offenbart werden soll.“ Röm. 8, 18

In der Bibel wird nicht verschwiegen, daß das Leben eines Christen voller Spannung ist. Immer geht es um ein Einst und Jetzt und um ein Schon-Haben und Noch-nicht-Haben. Mit anderen Worten: Es geht um unsere Existenz hier auf Erden und um unsere ewige Existenz. Es geht um das, was uns zum Glauben geschenkt ist und wir schon haben, sowie um das, was wir immer wieder neu im Glauben und im Gebet erstreben müssen.

Das Rätselhafte unseres Lebens ist nur zu ertragen, wenn wir davon ausgehen, daß es Gott auch dem Christen nicht erspart, in der Spannung des Glaubens zu leben. Es macht einigen zu schaffen, daß sie auf die Herrlichkeit warten sollen und daß hier auf dieser Erde manches so wenig herrlich ist. Noch ist diese Herrlichkeit nicht zu sehen. Gottes Wort verspricht aber, daß der Glaubende Gottes Herrlichkeit sehen wird! Bis dahin ist es für manchen noch ein weiter Weg. Darüber spricht die Bibel ganz realistisch. Sie beschönigt nichts. Nüchtern wird über diese Welt und über unser Leben gesprochen.

Wir sind durch Christus zwar aus der Gewalt des Todes befreit, aber noch leben wir in dieser Welt, also „im Land des Todes", das heißt, wir erfahren noch voll unsere irdische Existenz. Statt „Leiden dieser Zeit" könnte man auch sagen: „die Leiden dieses Äons", also dieses Abschnittes in Gottes Heilsgeschichte. Demgegenüber steht dann die künftige Herrlichkeit, also der künftige Äon. Im künftigen Äon wird die Spannung, die das christliche Leben hier in der Welt kennzeichnet, aufgelöst sein. Darum sagt Paulus, daß das gegenwärtige Leiden nichts ist, verglichen mit der Herrlichkeit, die an den Kindern Gottes offenbart werden soll.

Die Gegner des Christentums setzen hier mit einer sehr harten Kritik ein. Sie sagen, daß die Lehrer und Leiter der Christenheit ihren Gläubigen Sand in die Augen streuen, denn das Reden von der Herrlichkeit sei doch nur eine „Vertröstung auf das Jenseits". Doch Trost ist etwas ganz Wunderbares. Wer getröstet wird, der ist neu gestärkt und zugerüstet. Gott ist es, der den Trost schenkt.

Ich wünsche Ihnen, daß Sie, wie immer auch Ihre Lebensführung ist, Hoffnung im Herzen tragen auf die Herrlichkeit, die Gott denen bereitet hat, die ihm vertrauen.

26. Januar

„Darin übe ich mich, allezeit ein unverletztes Gewissen zu haben vor Gott und den Menschen.“ Apg. 24, 16

Was wissen wir eigentlich über das Gewissen? Das Gewissen schlägt im Augenblick einer unrechten Tat. Ja, es regt sich schon beim Entschluß zur Sünde. Und das Gewissen straft geschehene Untat. Manche Sünde hinterläßt bei einem Menschen fürs ganze Leben Spuren.

Paulus sagt, daß er sich allezeit bemühe, ein unverletztes Gewissen zu haben. Er will also den Heiligen Geist nicht betrüben. Wir müssen bedenken, daß Paulus hier nicht allgemein vom menschlichen Gewissen spricht. Er ist ein von Jesus Christus erneuerter Mensch. Darum hat er auch ein erneuertes Gewissen, und das ist unverletzt.

Paulus verstand das Gewissen als „Empfänger“ göttlicher Weisheit. Wenn ein Mensch Jesus Christus Vertrauen schenkt und alle Sünde an ihn abgibt, indem er diese Sünde bekennt, dann wird er mit dem Heiligen Geist erfüllt. Zugleich mit dem Heiligen Geist wird dem Menschen Weisheit zuteil. Und wer Weisheit empfängt, kann durch Gottes Gnade sein Leben aufrichtig führen.

Wer als bewußter Christ leben will, weiß, wovon jetzt gesprochen wird. Er erinnert sich gewiß an Ereignisse, wo ihm plötzlich bewußt wurde, daß er sich schuldig gemacht hat. Er wußte, wo er gegen Gottes Ordnung verstoßen hatte. Auf einmal tun einem diese Verfehlungen leid, im wahrsten Sinne des Wortes. Ein Mensch, der im Gewissen getroffen ist, leidet darunter, daß er sich schuldig gemacht hat. Er bittet Gott um Vergebung. Im Neuen Testament wird solche Vergebung Reinigung genannt. Wer die Reinigung seines Gewissens erbittet, dem wird mit Worten des Hebräerbriefes versprochen: „... das Blut Christi ... wird unser Gewissen reinigen von den toten Werken ...“ (Hebr. 9, 14). Im Bild gesprochen beschmutzt diese Sünde das Gewissen also nicht nur, sie kann es töten. Doch der Tod Jesu Christi, sein vergossenes Blut, ist die Garantie dafür, daß meinem Gewissen nicht Tod oder

Verletzung drohen. Wenn ich mich auf Christus verlasse und mich im Glauben darauf stütze, daß er für mich gestorben ist, dann schenkt er mir ein unverletztes Gewissen. Ich werde dann nicht länger im Gewissen geplagt, mich treibt nicht länger um, wovon ich genau weiß, daß es nicht richtig war. Gott bringt mich zur Ruhe.

Ich möchte mit Ihnen beten: „Herr Jesus Christus, ich bemühe mich, ein unverletztes Gewissen zu haben, doch mit meinen besten Plänen und Absichten werde ich scheitern, wenn du mich nicht mit deinem Heiligen Geist erfüllst. Tue das doch bitte, tue es jetzt und heute. Ich danke dir dafür. Amen."

27. Januar

„Weidet die Herde Gottes, die euch anbefohlen ist; achtet auf sie, nicht gezwungen, sondern freiwillig, wie es Gott gefällt; nicht um schändlichen Gewinns willen, sondern von Herzensgrund; nicht als Herren über die Gemeinde, sondern als Vorbilder der Herde." **1. Petr. 5, 2–3**

Der Apostel Petrus ermahnte in seinem ersten Brief die Ältesten der Gemeinde: Das sind alle, die den Auftrag haben, die Gemeinde zu leiten. Wenn uns dieses Wort für den Tag gegeben ist, dann ganz gewiß nicht nur als Appell an alle Prediger des Evangeliums. Dieses Wort muß auch die Gemeinde hören. Es geht alle an, die aktiv in der Kirche mitarbeiten.

Wie oft findet sich unter den Gemeindegliedern Rechthaberei, Kritiksucht oder Lieblosigkeit. Man vergleicht den Verkündiger, der das Wort auslegt, mit dem Vorgänger. Ein Prediger, der Widerstand spürt, muß sich manchmal zwingen, seinen Dienst zu tun. Oft steht ihm gegenüber einer als Wortführer der Opposition. Manchmal opponiert eine ganze Gruppe. Nie finden sie ein Wort des Dankes oder der Anerkennung. Und der Prediger sagt: „Ich kann machen, was ich will, sie sind nie zufrieden."

Eine Gemeinde kann von ihrem Hirten nicht erwarten, daß er seinen Dienst gern und ungezwungen tut, wenn sie ihn nicht in Liebe begleitet. Die Gemeinde sollte Gott bitten: „Vater im Himmel, hilf unserem Gemeindehirten, den du berufen hast, daß er seinen Dienst frei, willig und gern tut. Hilf ihm, so zu leben und zu arbeiten, wie es dir gefällt."

Beide, Hirte und Gemeinde, sollen Vorbilder sein. Einer komme dem anderen mit Ehrerbietung zuvor. Einer trage des anderen Last. Grundsätzlich sollte gelten, daß kein Klatsch hinter dem Rücken des Hirten gedeihen darf. Und es darf auch keinen Hirten geben, der an seiner Herde vorbei denkt, lebt oder vielleicht „regiert". Hirte einer Gemeinde zu sein, das ist auch eine Machtposition. Besonders Hirten, die gleich nach dem Studium Verantwortung in der Gemeinde zu tragen haben, tun sich manchmal schwer. Es fehlt die Erfahrung eines Berufsalltags. Die Kanzel ist keine Kommandozentrale. Es gibt leider viel Menschliches unter den Hirten. Mancher forsche Ton erwächst freilich aus der Unsicherheit und aus mangelnder Erfahrung. Mancher Gemeindeleiter macht durch Lautstärke oder Drohung wett, was an Überzeugungskraft fehlt. So soll es nicht sein, denn das Wort Gottes hat Durchschlagskraft genug.

In einer Zeit, in der immer mehr Menschen atheistisch leben, sollen Pastor und Gemeinde um so mehr zusammenstehen. Ihr Gebet sollte sein: „Herr Jesus, gib uns Verständnis füreinander. Laß uns nicht nur von der Liebe reden. Wirke du diese Liebe füreinander in uns. Herr, laß uns dir freiwillig dienen, aus dankbarem und frohem Herzen, nicht als Herren über die anderen, sondern als Vorbilder für alle in und außerhalb der Gemeinde. Amen."

28. Januar

„Oder verachtest du den Reichtum seiner Güte, Geduld und Langmut? Weißt du nicht, daß dich Gottes Güte zur Buße leitet?" Röm. 2, 4

Gottes Güte ist groß. Er hört nie auf, gütig zu sein. Liebevoll und freundlich begegnet er allen, die ihm vertrauen. Mancher von uns nimmt die Güte Gottes als etwas so Selbstverständliches, daß er darüber kaum noch nachdenkt und nur selten dafür dankt. Selbst ein Mensch, der Jesus Christus liebt, steht in der Gefahr, die große Güte Gottes gedankenlos anzunehmen. Darum ist es gut, wenigstens gelegentlich Antwort auf die Frage des Apostels Paulus zu suchen: „Verachtest du den Reichtum seiner Güte?"

Wie anhaltend ist auch Gottes Geduld. Und weil Gott geduldig ist, handelt er nicht mit uns nach unseren Sünden, sondern wartet darauf, daß wir unseren Sinn ändern. Gott gibt uns eine Chance, Dinge in Ordnung zu bringen, die vor ihm oder vor anderen Menschen nicht recht sind. Und eine solche Chance sollte genutzt werden.

Wie überwältigend ist darüber hinaus Gottes Langmut. Langmut kennzeichnet die Gesinnung desjenigen, der jemand, von dem er gekränkt oder beleidigt wurde, auslöschen könnte, es jedoch nicht tut, weil er sich selbst in geduldiger Barmherzigkeit Einhalt gebietet. Wie sieht das bei uns aus? Nutzen wir Machtvorteile aus, um dem anderen eins auszuwischen? Oder lassen wir ihn ungestraft ziehen, obwohl er uns vielleicht beleidigt hat und eigentlich Strafe verdient hätte? Wir lassen uns ja die Langmut eines anderen Menschen gern gefallen, doch selbst sind wir in dieser Beziehung häufig sehr kurzatmig. Wie dankbar sollten wir für die Langmut anderer Menschen sein. Vor allem aber: Wie dankbar sollten wir für Gottes Langmut sein!

„Oder verachtest du den Reichtum seiner Güte, Geduld und Langmut?" Die Frage fängt mit einem „Oder" an. Vorher war davon die Rede, daß kein Mensch das Recht hat, sich selbst zum Richter eines anderen zu machen. Wir können gar nicht zu einem gerechten Urteil kommen, wenn wir unser eigenes Denken und Tun zum Maßstab machen. Es wird allemal eher eine „Verurteilung“ dabei herauskommen. Es steht zwar nicht im Text, aber wir hören es förmlich heraus: Verurteile die anderen nicht. Verachte nicht Gottes Güte, Geduld und Langmut. Gott begegnet dir liebevoll und freundlich. Er wartet in seiner Barmherzigkeit darauf, daß du zu einer Änderung deiner Gesinnung kommst.

Wir wollen beten: „Herr, vergib mir, daß ich deine Güte, Geduld und Langmut oft verachtet oder zumindest zu selbstverständlich genommen habe. Führe mich in deiner Freundlichkeit und Barmherzigkeit zur Umkehr aus Sünde und Schuld. Wenn du den Gesinnungswandel durch deinen Geist nicht selbst bewirkst, werde ich einer bleiben, der die Sünde anderer sieht, seine eigene Schuld aber nicht wahrnehmen will. Davor bewahre du mich doch bitte. Amen.“

29. Januar

„Den Reichen in dieser Welt gebiete, daß sie nicht stolz seien, auch nicht hoffen auf den unsicheren Reichtum, sondern auf Gott, der uns alles reichlich darbietet, es zu genießen; daß sie Gutes tun, reich werden an guten Werken, gerne geben, behilflich seien ...“ 1. Tim. 6, 17–18

Den meisten von uns geht es wirtschaftlich wahrscheinlich besser als den Eltern oder Großeltern. Wir sind vielleicht nicht so reich, wie man es sich gerne wünscht, aber es geht uns gut. Und darauf, sagt Paulus, soll keiner stolz sein. Wir sollen nicht auf den unsicheren Reichtum hoffen, sondern auf Gott.

Den Reichen wird geboten, so viel wegzugeben, daß es weh tut. Wenn ich auf meinem Konto nicht merke, daß ich etwas für Gottes Sache gegeben habe, dann war es kein Opfer. Eigentlich geben wir nur etwas von dem zurück, was Gott in unsere Hände gelegt hat. Er ist es ja, der unsere Hände füllt und unser Leben ausfüllt. Wir sollen darum opfern, nicht im Sinne eines harten

Muß, sondern mit einem fröhlichen „Ich darf“ und „Ich kann“. Dabei erwartet Gott keinesfalls, daß wir über unser Maß geben. Wir sollten unsere Gelder gezielt einsetzen und uns erkundigen, wem wir etwas anvertrauen können und was damit geschieht.

Im Wort für den Tag heißt es ferner, daß wir dankbar genießen können, was Gott uns reicht. Das muß man ganz nüchtern sehen. Ich brauche mich nicht jeden Morgen dafür zu entschuldigen, daß ich auf der nördlichen Halbkugel zur Welt gekommen bin, aber ich kann Gott dafür danken. Es ist ja ein großes Vorrecht, in dem Teil der Welt zu leben, in dem ich auch heute wieder satt werde.

Der Apostel Paulus empfiehlt schließlich, daß wir reich werden sollen an guten Werken, d.h., daß wir Gutes tun sollen. Wir wissen, daß niemand durch das Tun guter Werke vor Gott eine Stellung gewinnt, die ihm den Himmel garantiert. Das geht nur durch den Glauben an Jesus Christus. Aber wer vorgibt, ein glaubender Christ zu sein, der kann nicht leben, ohne Gutes zu tun, sonst stimmt irgend etwas nicht. Gutes tun heißt, daß unsere Gaben wirklich anderen helfen und daß wir gerne geben.

Wir wollen in diesen Tag gehen mit der Bereitschaft, bewußter zu leben und dankbarer zu registrieren, was Gott uns anvertraut hat, und dann auch selbstloser mit anderen teilen, was er uns gab.

30. Januar

„Kaleb aber beschwichtigte das Volk, das gegen Mose murrte, und sprach: Laßt uns hinaufziehen und das Land einnehmen, denn wir können es überwältigen. Aber die Männer, die mit ihm hinaufgezogen waren, sprachen: Wir vermögen nicht hinaufzuziehen gegen dies Volk, denn sie sind uns zu stark.“

4. Mose 13, 30–31

Diese gegensätzlichen Aussagen sind sehr häufig bei glaubenden Menschen anzutreffen. Die einen sagen: „Wir können das schon schaffen“, und die anderen sagen: „Das ist überhaupt nicht zu schaffen.“ Wenn wir daran denken, daß wir als Christenmenschen auf der Wanderung sind in das, bildlich gesprochen, Gelobte Land, dann gelten ähnliche geistliche Gesetze wie zu jener Zeit bei der Einnahme des Gelobten Landes.

Mose hat damals gebetet: „Herr, erbarme dich dieses Volkes. Laß doch deine Kraft wirklich sichtbar werden, auch für den letzten.“ Gott sagt das in gleicher Weise noch heute: „Ich will mich erbarmen. Ich tue das vor allem dadurch, daß ich Sünden vergebe und die empfangene Vergebung zum Tor mache für die Herrlichkeit in der Ewigkeit.“

Christus starb für mich, damit mich nichts hindert, in dieses Gelobte Land hineinzugehen, das Gott mir bereitet hat für den Tag, an dem die Welt neu beginnen wird. In der Offenbarung (Kap. 21, 2) heißt es: „Und ich sah die heilige Stadt, das neue Jerusalem, von Gott aus dem Himmel herabkommen.“ Vom Himmel, d.h. aus der unsichtbaren Wirklichkeit Gottes, wird etwas hervortreten, was man dann sehen kann. Viele tausend Engel werden da sein sowie die Gemeinde der Erstgeborenen, die im Himmel aufgeschrieben sind. Wir werden dann zusammensein mit den Geistern der vollendeten Gerechten, d.h. mit denen, die vorher von Gott als würdig befunden wurden, Teilhaber dieses neuen Jerusalems zu sein. Die werden wir dann sehen. Und es wird dort der Mittler des neues Bundes, Jesus Christus, sein. Auf ihn wird sich alles konzentrieren.

Was in diesem Leben noch auf uns zukommt, wissen wir noch nicht so genau; aber es sind Kundschafter da. Leute, denen Gott den Blick geöffnet hat. Und es ist unser Herr Jesus Christus da, der aus dieser Herrlichkeit gekommen und in unser Elend herabgestiegen ist, um uns zu sagen: „In meines Vaters Hause sind viele Wohnungen. Ich gehe hin, euch die Stätte zu bereiten. Und wenn ich hingehe, euch die Stätte zu bereiten, will ich wiederkommen und euch zu mir nehmen, damit ihr seid, wo ich bin“ (Joh. 14, 2–3).

Darauf will ich mich freuen! Das Schönste kommt also noch. Darum können wir beten: „Halte du mich treu, lieber Heiland, und hilf, daß ich dich in deinem Reden zu mir nie abweise. Du redest in deiner Liebe ja nur etwas, was mir zum Leben hilft und was mir den Weg bereitet, hier auf Erden und in der Ewigkeit. Amen."

31. Januar

„Aber die Kriegsleute der Aramäer waren ausgezogen und hatten ein junges Mädchen weggeführt aus dem Lande Israel; die war im Dienst der Frau Naamans. Die sprach zu ihrer Herrin: Ach, daß mein Herr wäre bei dem Propheten in Samaria! Der könnte ihn von seinem Aussatz befreien."

2. Kön. 5, 2–3

In der Bibel wird einmal von einem Mädchen aus Israel berichtet, das von einer Gruppe aramäischer Soldaten entführt worden war und nun im Hause von Naaman, dem Feldhauptmann des Königs von Aram, Dienst tat. Dieser junge Mensch, wir wissen weder ihr Alter noch ihren Namen, ist ein leuchtendes Beispiel dafür, daß schon junge Menschen ohne Furcht vor anderen Menschen leben können. Sie ist glaubensvoll und zeugnisbereit. Der Glaube dieser Zwangsverschleppten ist so stark, daß sie den Mut hat, in einer entscheidenden Stunde mit ihrer Herrin über ihre Erfahrung mit dem lebendigen Gott zu sprechen.

Wir wissen, was vorgefallen ist. Der Ehemann dieser Frau war an Aussatz erkrankt. Das war etwas sehr Unangenehmes, häßlich Aussehendes und Unästhetisches. Hätte dieser Mann in Israel gelebt, wäre er von den anderen Bürgern getrennt worden, denn der Aussätzige galt für die Dauer der Krankheit kultisch als unrein. Unter den Aramäern war das offensichtlich anders. Die junge Israelitin leidet mit darunter, daß dieser Feldherr sich so plagen muß. Er tut ihr leid. Sie spürt, daß sie nicht helfen kann. Aber sie erinnert sich, daß daheim große Dinge geschehen sind, wenn der Mann Gottes das Wort Gottes weitersagte und im Auftrage Gottes handelte.

Das junge Mädchen muß eine beeindruckende Persönlichkeit gewesen sein. Die Bibel berichtet nicht, daß die Frau des Naaman erst lange diskutierte oder das Mädchen zunächst hinterfragt hat. Die ganze Art des Erscheinens, Auftretens und Redens dieses jungen Menschen aus Israel muß überzeugt haben. Es wird nicht einmal berichtet, daß die Frau den Rat des Mädchens nun ihrem Mann mitteilt. Das wird als selbstverständlich vorausgesetzt. Der nächste Satz ist vielmehr der: „Da ging Naaman hinein zu seinem Herrn und sagte zu ihm und sprach: So und so hat das Mädchen aus dem Lande Israel geredet." Auch der Herrscher des Landes fragt nicht erst lange: „Na, was kann so ein junges Ding schon sagen?" Er sagt zu seinem Oberbefehlshaber: „Dann zieh hin. Ich schreibe dem König von Israel einen Brief." Und so geschah es dann auch.

Der weitere Verlauf der Geschichte ist sehr interessant. Die meisten werden wissen, daß Gott den Propheten wirklich gebraucht, um Naaman zu heilen. Da, wo ich mit Gottes Hilfe meine Menschenfurcht überwinden lerne, ehrt der Herr meinen Glauben. Er kann mich schwaches Werkzeug gebrauchen, um irgendwo anders etwas entstehen zu lassen zu seiner Ehre und zu seinem Ruhm.

Februar

1. Februar

„Auch ich, liebe Brüder, als ich zu euch kam, kam ich nicht mit hohen Worten und hoher Weisheit, euch das Geheimnis Gottes zu verkündigen.“ 1. Kor. 2, 1

Es gibt bei der Weitergabe der Botschaft von Jesus Christus zwei Gefahren. Die eine ist, daß man wesentliche Aussagen unterschlägt und sie durch andere Themen ersetzt. Die andere Gefahr ist, daß das Predigen zu eingefahren ist. Es bleibt bei einer Wiederholung von Richtigkeiten. Doch wir brauchen eine klare, auf Christus bezogene Verkündigung. Wir brauchen das richtige Wort, das große Geheimnis und die wahre Weisheit. Jesus muß in der Mitte unserer Verkündigung stehen. Paulus war entschieden dagegen, daß das geändert wird. Er setzte sich zu seiner Zeit besonders mit den Juden und Griechen auseinander. Die Juden forderten Zeichen statt eines, wie sie meinten, armseligen Wortes in der Predigt.

Heute meinen auch viele, ohne Zeichen und Wunder ginge es nicht. Sie erbitten deshalb besondere Zeichen und Wunder. Dabei gibt es in den Gemeinden und christlichen Familien so viele Zeichen und Wunder, daß es eigentlich beschämend ist, daß wir darüber nicht viel mehr berichten. Unser Gott wirkt doch. Ständig zeigt er uns, ein wie wunderbarer Gott er ist. Wie viele erfahren seine Hilfe bei einem Examen oder bei einer Existenzgründung, bei der Partnerwahl, durch Gesundung, durch die Bewahrung vor Unfall und vieles andere mehr.

Die Griechen seinerzeit fragten nach Weisheit. Die Fleischwerdung Gottes war ihnen widersinnig. Doch Jesus entäußerte sich völlig und wurde ein Mensch wie wir, damit er ein für allemal überall allen helfen kann. Wir wollen das Wort vom Kreuz verkündigen, ob die Botschaft dem Zuhörer gefällt oder nicht. Wir haben als Verkündiger des Evangeliums und als Christen überhaupt das zentrale Geheimnis des Neuen Testaments weiterzugeben, das ist das Erlösungswerk Christi, und den Lauf der Frohen Botschaft zu fördern. Es ist schon geheimnisvoll, daß Christus in diese Welt gekommen ist, um uns zu erlösen. Und es ist geheimnisvoll zu sehen, wie sein Wort um die ganze Welt läuft, d.h. verkündigt wird und Auswirkungen hat.

Der gekreuzigte Christus ist auferstanden und lebt, darum kann er hören, was ich sage; sehen, was ich tue; helfen, wann und wo ich seine Hilfe nötig habe. Jesus Christus hilft leben und glauben. Gott möchte uns so sehr davor bewahren, daß wir auf hohle Worte hereinfallen. Er läßt uns sein Wort hören, denn er möchte nicht, daß wir ausgeschlossen bleiben vom Geheimnis Christi. Er möchte, daß wir erfahren, was Wahrheit und Weisheit ist.

2. Februar

„Weil wir nun wissen, daß der Herr zu fürchten ist, suchen wir Menschen zu gewinnen.“ 2. Kor. 5, 11 a

Durch die Verbindung mit Christus bekommt alles im Leben einen neuen Stellenwert. Der Glaube erfüllt das Leben und gibt Tragkraft. Hoffnung erfreut das Herz. Das Allerschönste ist, daß man endlich aus dem Todesschatten des eigenen Ichs heraustreten kann. Solange ein Leben nicht erneuert ist, sucht der Mensch seine eigene Bequemlichkeit, seinen eigenen Ruhm und sein Ansehen. Er will etwas gelten. Manchmal erhält sich sogar im Leben eines Christen eine unschöne Portion des „alten Ichs“. Wer jedoch erfahren hat, daß das Ich gestorben ist, der sieht auf einmal seine Mitmenschen mit ganz anderen Augen. Und er wird von der Liebe Christi gedrängt, anderen zu berichten, was ihm selbst widerfahren ist.

„Weil wir nun wissen, daß der Herr zu fürchten ist, suchen wir Menschen zu gewinnen“, sagt der Apostel Paulus. Er konnte so viele Menschen zu Christus führen, weil er zutiefst davon überzeugt war, daß Gott diesen Dienst will und braucht. Wer Christus liebt, denkt für und mit dem Nächsten, er kann ihm nicht mehr gleichgültig gegenüberstehen. Er will, daß auch der Nächste die Liebe Christi erfährt.

Es ist schade, daß trotzdem viele Christen über ihre geistlichen Erfahrungen schweigen. Sie sagen niemandem, daß Christus ihr Leben erneuert hat. Solches Schweigen ist Ungehorsam. Christus hat seinen Nachfolgern aufgetragen, ihre lebensverändernde Erfahrung zu bezeugen. Paulus sagt: „Die Liebe Christi drängt uns." Er kann einfach nicht schweigen von dem, was Christus ihm geschenkt hat.

Wir brauchen wieder Christen und christliche Gemeinden, die von der Liebe Christi gedrängt werden und andere Menschen zur Lebenserneuerung einladen. Manche örtliche Gemeinde ist unfähig zum Missionsdienst, weil sie sich unnötige Lasten auferlegt. Da gibt es innergemeindliche Kämpfe, Intrigen, Verleumdungen. In anderen Gemeinden und Gemeinschaften ist es zu einer gewissen Glaubensroutine gekommen. Es geht alles seinen Lauf, aber es bewegt sich nichts mehr. Es scheint manchmal, als habe Gott seine Hand von solchen gleichgültig gewordenen Christen abgezogen. Wieder andere behelfen sich mit Ersatzthemen und Ersatzbeschäftigungen. Das mündet dann oft in politisch einseitige Aktivitäten.

In unseren Kirchen brauchen wir mehr Menschen als bisher, die wissen: Wir sind von Christus gewonnen, geprägt und gesandt. Wenn zu solchem Dienst die Fähigkeit oder der Mut fehlt, dann sollten wir uns wenigstens eines der vielen Hilfsmittel bedienen, die Gott uns in unseren Tagen in die Hand legt, z.B. christlicher Zeitschriften, Bücher, des Radios usw. Ob Sie nicht auch mithelfen könnten, die Sache Jesu Christi bekanntzumachen?

3. Februar

„Und Asa rief den Herrn, seinen Gott, an und sprach: Herr, es ist dir nicht schwer, dem Schwachen gegen den Starken zu helfen. Hilf uns, Herr, unser Gott; denn wir verlassen uns auf dich, und in deinem Namen sind wir gekommen gegen diese Menge. Herr, du bist unser Gott, gegen dich vermag kein Mensch etwas.“ 2. Chron. 14, 10

Die Worte unseres Bibeltextes wurden in einer Zeit gesprochen, die fast neun Jahrhunderte vor Christi Geburt liegt. Damals war Asa König in Juda. Eines Tages sah er sich in eine kriegerische Auseinandersetzung verwickelt mit einem Angreifer aus dem Nordosten Afrikas, den Kuschitern. Die Feinde waren wohlgerüstet, aber Asa nicht unvorbereitet. Dennoch verließ er sich nicht auf seine große Heeresmacht, sondern auf Gott. Noch bevor der erste Pfeil abgeschossen wurde, rief Asa Gott an und betete.

Gott erhörte in jener geschichtlichen Stunde den Ruf eines glaubensstarken Königs. Die Bibel berichtet nicht etwa, daß Asa und seine Soldaten die afrikanischen Aggressoren vernichtet haben, es heißt vielmehr: „Und der Herr schlug die Kuschiter ...“ (2. Chron. 14, 11).

Aufgeklärte Geister, manchmal Religionslehrer oder andere theologisch geschulte Männer und Frauen, haben in den letzten Jahrzehnten versucht, solche Berichte ihres überirdischen Glanzes zu berauben. Das sei alles sehr natürlich, sagen sie. Juda habe eben mehr Soldaten gehabt; sie seien besser ausgebildet gewesen; dieses Volk war nicht so ermüdet durch einen langen Anmarsch wie die Kuschiter; die Juden waren mit dem Gelände besser vertraut usw. Erst spätere Geschichtsschreiber hätten die Geschichte dann ausgeschmückt.

Eigenartig bleibt bei solcher Kritik dann allerdings, warum die biblischen Geschichtsschreiber zwei Kapitel weiter von demselben König Asa etwas ganz anderes berichten. Da gab es neuerlich Krieg, und Asa verbündete sich mit dem aramäischen König Ben-

Hadad gegen sein Brudervolk Israel. Doch das Bündnis sollte nicht die gewünschte Wirkung haben.

Wir freuen uns an der Ehrlichkeit der biblischen Berichterstattung. Einmal Sieg, einmal Niederlage. Allerdings: Niederlage bzw. außerordentliche Schwierigkeiten in der Stunde, in der man sich eben auf Menschen verlassen hat anstatt auf Gott. Sieg, als man Gott um Führung und um seinen Machterweis bat.

Als die Kuschiter kamen, liefen sie nicht nur gegen Juda an. Sie kämpften gegen Gott. Doch wer gegen Gott anläuft, wird immer den kürzeren ziehen. Gegen Gott zu stehen ist eine sinnlose Opposition. Wie mancher mag auch heute bewußt gegen Gottes Willen und Ordnung verstoßen. Dieser Kampf kann nicht gut ausgehen, und mancher wird, wie Asa in späteren Jahren, auf menschliche Bundesgenossen hoffen, aber bitterschwer enttäuscht werden.

Ich will es mit dem jungen Asa halten, der dem lebendigen Gott vertraute und dessen Hilfe erfuhr, als er in großer Bedrängnis betete: „Herr, du bist unser Gott, gegen dich vermag kein Mensch etwas. Amen."

4. Februar

„Denn ich bin gewiß, daß weder Tod noch Leben, weder Engel noch Mächte noch Gewalten, weder Gegenwärtiges noch Zukünftiges, weder Hohes noch Tiefes noch eine andere Kreatur uns scheiden kann von der Liebe Gottes, die in Christus Jesus ist, unserm Herrn." Röm. 8, 38–39

Die Bibel kennt nicht nur die sichtbare Wirklichkeit. Sie weiß auch von dem unseren Sinnesorganen nicht zugänglichen Raum Gottes, also der unsichtbaren Wirklichkeit. Das ist die Welt des Himmels, wo Jesus seit seiner Himmelfahrt ist. Das ist auch der Lebensbereich der Engel Gottes. In der unsichtbaren Wirklichkeit hat außerdem der Satan seinen Machtbereich. Seine Wirksamkeit erleiden wir auf der Erde, also in der sichtbaren Wirklichkeit, besonders schmerzhaft. Der christusgläubige Mensch steht im Kampf mit diesem ,,Fürst der Welt". Doch der Teufel hat nicht die Macht, uns von Christus zu trennen. Christus erweist sich in jedem Fall als der Stärkere.

Wir haben uns zu fragen, ob wir uns in jedem Fall auf die Seite des Stärkeren schlagen oder ob wir den dunklen Mächten und Kräften das Feld überlassen. Paulus macht deutlich, was ihn nicht von Christus trennen kann: ,,Weder Tod noch Leben ..." Der letzte Angreifer auf unseren Glauben ist der Tod. Er ist der ,,letzte Feind", der vernichtet wird (1. Kor. 15, 26). Wenn der Satan könnte, würde er einem Menschen, der sich längst für Gott entschieden hat, noch im Tode in sein Reich der Finsternis zurückziehen.

Des weiteren sagt Paulus, daß ,,weder Engel noch Mächte noch Gewalten" uns scheiden können von der Liebe Gottes. Mit ,,Engel" sind hier nicht die gehorsamen Gottesboten gemeint, von denen z.B. der Hebräerbrief spricht (Hebr. 1, 14). In diesem Zusammenhang spricht Paulus von den Kräften und Mächten, die sich im Machtbereich Satans aufhalten. Es sind alle jene Kräfte, die sich göttliche Macht anmaßen, Unerklärliches bewirken, so daß Menschen den Eindruck gewinnen: Da muß eine Macht sein, der ich mich am besten unterwerfe, damit sie auch künftig hilft. Bei den alten Griechen bewirkte z.B. der Heilgott Asklepios ,,Wundertaten", die man als Krafttaten bezeichnete. Bei den afrikanischen Medizinmännern oder bei europäischen Wahrsagern gibt es ebenfalls ,,Krafttaten", die dem Menschen wie ,,Wunder" erscheinen. Es steht dort aber nicht der lebendige Gott dahinter, sondern Mächte des Abgrunds.

Sofern Sie sich bewußt auf die Seite Jesu Christi gestellt haben, sind Sie ,,Geliebte Gottes". Auch dann, wenn Sie es möglicherweise nicht so empfinden. Nichts kann uns von der Liebe Gottes scheiden. Es gilt für die Zeit unseres Erdenlebens, und erst recht für die kommende Herrlichkeit. Wir sind zwar noch auf der Erde und werden deshalb auch immer wieder Dinge tun, die Gott betrüben, dennoch haben wir schon Anteil an der Herrlichkeit, trotz aller Mangelhaftigkeit und Begrenztheit, denn Christus hat uns ewiges Leben gegeben. Wir haben es jetzt schon!

5. Februar

„Einen jeglichen dünken seine Wege rein; aber der Herr prüft die Geister.“ Spr. 16, 2

Es ist schon ein scheußliches Gefühl, entdecken zu müssen, daß man im falschen Zug sitzt. Zwei- oder dreimal bin ich mit dem Zug in eine Richtung gefahren, in die ich gar nicht wollte. Was für eine Enttäuschung. Aber wie harmlos ist das im Grunde genommen alles. Man kriegt einen Schreck, ärgert sich ein wenig, verliert ein bißchen Zeit und zahlt einen gewissen Geldbetrag drauf, aber der Fehler ist zu korrigieren. Der Gedanke jedoch, ich könnte mein Leben damit vertun, in die falsche Richtung zu fahren, ist besorgniserregend und erschütternd. Ich bin zwar besten Wissens in den Zug eingestiegen, der mich durchs Leben tragen sollte, aber die Frage, ob er in die richtige Richtung fährt, stellte sich mir gar nicht. Wie dumm! Man fährt doch nicht einfach drauflos.

Nur in diesem Lebenszug, um im Bild zu bleiben, kommt nicht gleich ein Schaffner, der mir hilfreich Auskunft erteilt. Unter Umständen fahre ich Jahr um Jahr meines Lebens in die falsche Richtung und merke es vielleicht nicht einmal. Erst am Ende der Tage wird es ein jähes Erwachen geben. Dann wird Gott mir sagen, wie es sich auswirkt, daß ich gar nicht ans Ziel gekommen bin. Jeder Weg eines Menschen scheint ihm ja der rechte zu sein. Wenn mancher Mensch allerdings wüßte, daß sein Weg falsch ist, würde er ihn bestimmt nicht gehen oder fahren. Tatsächlich sorgt Gott dafür, daß jeder hören kann, wo das Ziel ist. „Ich bin das Ziel“, sagt er gleichsam. „Kommt zu mir! Nur bei mir werdet ihr finden, was ihr während der ganzen Lebensreise sucht!“ Bei ihm findet der Mensch Geborgenheit, Liebe und Freude.

Ich will mir nicht nur einbilden, auf dem richtigen Weg zu sein. Ich will Gott bitten, mir durch eindrückliche Zeichen zu verdeutlichen, ob ich es wirklich bin oder ob ich mich irre. Dazu kann er mir Menschen in den Weg schicken oder Ereignisse, er kann mir einen Artikel in die Hand fallen lassen aus einer christlichen Zeitschrift bzw. einem Buch, oder er kann mich eine Radio- oder Fernsehsendung hören bzw. sehen lassen. Ich will ihn bitten, mich vom falschen Weg herunterzuholen und mich auf den richtigen Weg zu leiten. Ich will ihm sagen: „Herr, prüfe mein Herz. Sieh, ob ich auf bösem Wege bin. Prüfe mich jetzt und korrigiere mich, damit ich, wenn ich einst vor deinem Preisrichterstuhl stehe, bestehen kann. Amen."

6. Februar

„Und wenn ich mich rühmen wollte, wäre ich nicht töricht; denn ich würde die Wahrheit sagen. Ich enthalte mich aber dessen, damit nicht jemand mich höher achte, als er an mir sieht oder von mir hört." 2. Kor. 12, 6

Noch immer gehört der Berufsstand des Pfarrers nach dem Arzt zu den geachtetsten. Das ist eigentlich überraschend, denn wenn man so ins Volk hineinhört, sind die einen der Meinung, die Pfarrer kümmerten sich überhaupt nicht um ihre Herde, und die anderen sagen, sie mischten sich überall ein und kümmerten sich um viel zu viele Dinge.

Das ist aber nicht erst eine Erscheinung aus unseren Tagen, das war schon zur Zeit des Apostels Paulus so. Was mußte der sich alles nachsagen lassen! Besonders schwer hatte er es mit der Christengemeinde in Korinth. Dort gab es verschieden geprägte Christen. Einige fühlten sich mehr dem Petrus verbunden, andere dem Apollos, einige bildeten eine „Christus-Gruppe" und wieder andere standen auf der Seite des Paulus. Erschwert wurde die Situation durch verschiedene Personen, die als selbstbeauftragte Propheten und Evangelisten Unruhe in die Gemeinde brachten. Einige dieser selbsternannten Propheten ließen sich rühmen und feiern. Wenig Glanz fiel auf den Reise-Evangelisten Paulus, den sie hinter seinem Rücken schlecht machten und der sich meistens nur brieflich äußern und verteidigen konnte. Eine solche Antwort ist der zweite Korintherbrief.

Vierzehn Jahre bevor Paulus diesen Brief schrieb, hatte er eine eigenartige Erfahrung. Er sah im Geist eine Welt, die man mit den leiblichen Augen nicht sehen kann. Er beschreibt zwar die Dinge und Gestalten der himmlischen Welt nicht, die er schauen durfte, er sagt auch nichts über die Art der Entrückung. Doch was er sieht, nennt er den dritten Himmel und das Paradies (2. Kor. 12, 2).

Paulus schildert, daß er unaussprechliche Worte gehört habe, wie sie ein Mensch auf Erden nicht aussprechen kann. Dabei bleibt offen, ob es sich um eine besondere Offenbarung über himmlische Geschehnisse handelte oder um das Hören einer himmlischen Sprache und himmlischer Gesänge. Es muß jedenfalls gewaltig gewesen sein! Paulus ist sich seiner Menschlichkeit, seines Abstandes zu Gott, seiner Schwachheit schmerzlich bewußt. Er könnte sich bei den Korinthern seiner Visionen rühmen, aber er tut es nicht. Er weiß, daß einzig und allein der Herr zu rühmen ist, der solche Visionen schenkt. Wenn Paulus sich rühmt, dann nur aufgrund der erfahrenen Schwachheit. Nicht besondere Offenbarungen, die er wirklich erlebt hat, sollen ihm zu Ansehen in der Gemeinde verhelfen, sondern das, was andere an ihm sehen: Leiden und Schwachheit!

Der zweite Korintherbrief zeigt, daß das Besondere die Ausnahme ist. Mit Visionen wie der des Paulus kann man keine Gemeinde bauen. Visionen sind nicht der Inhalt unserer Verkündigung. Das Fundament aller gemeindebildenden Bemühungen ist allein der gekreuzigte und auferstandene Jesus Christus, unser Retter und Herr.

7. Februar

„Und ich will den Vater bitten, und er wird euch einen andern Tröster geben, daß er bei euch sei in Ewigkeit: den Geist der Wahrheit, den die Welt nicht empfangen kann, denn sie sieht ihn nicht und kennt ihn nicht. Ihr kennt ihn, denn er bleibt bei euch und wird in euch sein.“ Joh. 14,16–17

Im Johannesevangelium in den Kapiteln 13 bis 17 wird geschildert, wie Jesus seine Gemeinde begründet hat. In vielen Gesprächen hat Jesus seine Jünger darauf vorbereitet, was sie erwartet. Vor allem hat er sehr deutlich unterstrichen, daß er von ihnen scheiden würde. Er nahm von ihnen Abschied und zugleich von einer Welt, die ihn nicht wollte.

Der Heilige Geist setzt das Offenbarungswerk Jesu fort. Paulus schrieb einmal den Korinthern: „Niemand kann Jesus den Herrn nennen außer durch den Heiligen Geist“ (1. Kor. 12, 3). Dieses Wort galt damals und gilt heute. Das Offenbarungswerk wird also fortgesetzt, indem Jünger Jesus als Herrn erkennen und so in die ganze Wahrheit eingeführt werden.

Das ist auch bedeutsam für die Zukunft und für unser Wachstum im Glauben. Wer hier in der Spur bleibt, ist gewappnet gegenüber allen Sonderlehren, die sich oft bis in die christlichen Gemeinden hinein ihre Opfer suchen. Wer in der Spur bleibt, wird auch nicht eigenes Wollen und Wünschen mit der Führung durch den Heiligen Geist verwechseln.

Theoretisch wissen wir Christen das. Doch wie wirkt sich solcher Glaube praktisch aus? Nachfolger Christi müssen dem Heiligen Geist Raum geben. Man muß ihm gestatten, sich zu entfalten. Der Heilige Geist benutzt stille Stunden des Innehaltens, Bibeltexte, Lieder, Ereignisse oder andere Menschen, um uns anzusprechen und sich bemerkbar zu machen. Nicht von ungefähr spricht man von Geistesleitung. Der Heilige Geist wohnt in den einzelnen Gläubigen. Er wird also immer bei den Jüngern sein.

Der Heilige Geist ist auch ein Lehrer der Gemeinde und wird sie an das erinnern, was Jesus gesagt hat. Der Heilige Geist erschließt der Gemeinde die ganze Wahrheit der Christusoffenbarung und führt sie zum Verständnis der Person und des Werkes Jesu. Dabei tritt er nicht als neuer, selbständiger Offenbarer auf, sondern nimmt das, was er der Gemeinde mitzuteilen hat, aus dem Besitz des erhöhten Christus. Alles, was er wirkt, dient der Verherrlichung Jesu. So wird eine Einheit von Lehre und Verkündigung hergestellt.

Der Heilige Geist vermehrt und verbessert darüber hinaus das Verständnis für die Verkündigung Jesu. Er sorgt dafür, daß Jesu Lehre zum Zentrum meines Denkens wird, daß Gott für mich nicht nur eine Idee oder eine Wunschvorstellung oder eine gedankliche Hilfskonstruktion ist. Der Heilige Geist läßt mich Gott als Wirklichkeit erkennen. Und durch den Heiligen Geist weiß ich, daß Gott mir nahe ist.

8. Februar

„Ich will meinen Geist in euch geben und will solche Leute aus euch machen, die in meinen Geboten wandeln und meine Rechte halten und danach tun.“ Hes. 36, 27

Eine Christin hatte im Treppenflur mit einer Nachbarin über die Kinder gesprochen. Beide wußten von ihren Kindern nur Gutes zu berichten. Wie beiläufig sagte die Nachbarin dann doch etwas Negatives über den Lebenswandel des ältesten Sohnes der Christin. Da war es um den Frieden geschehen. „Wie können Sie so etwas behaupten?“ hatte die Christin gefragt. Die Antwort der Nachbarin: „Weil ich es selbst gesehen habe.“ – „Das ist nicht wahr!“ rief die Christin mit lauter Stimme. Aber im Innersten wußte sie, daß es doch wahr ist. Aber sie ärgerte sich darüber, daß es ein anderer Mensch wußte. Hätte sie doch zugegeben, was die Nachbarin ohnehin wußte. Aber nein, sie trumpfte auf und schrie: „Sie sind eine gemeine Lügnerin!“ – „Das muß ich mir nicht bieten lassen!“ antwortete die Nachbarin ebenso scharf. Dann ging sie zu ihrer Wohnung zurück und rief durchs ganze Haus, so daß es alle hören konnten: „Und das will eine Christin sein!"

Peinlich, solche Rededuelle im Hausflur oder auf der Straße. Nicht nur unter Frauen gibt es so etwas. Auch Männer geraten sich in die Haare. Schlimm, wenn man auf einen Gegner nicht nur mit einer Fülle unüberlegter Worte loszieht, sondern sogar handgreiflich wird. Solange sich Menschen gegenseitig wehtun, die ohne Bindung an Gott leben, wundert es weniger; aber daß sich auch glaubende Menschen vergessen, das ist wirklich tragisch.

Als die Juden, das Volk des Herrn, zur Zeit des Propheten Hesekiel in der Verbannung lebten, entheiligten auch sie Gottes Namen unter den Heiden. Man wies sogar mit Fingern auf sie. „Sie sind des Herrn Volk", sagten die Spötter, „und haben doch aus ihrem Lande fortziehen müssen!" (Hes. 36, 20). Die Gegner des Gottesvolkes hätten auch sagen können: „Das wollen nun Leute sein, die zum auserwählten Volk des Höchsten gehören!" Aus solchen Worten sprach Verachtung gegenüber den Juden. Man hörte die anklagende Frage heraus: „Wenn Leute, die vom lebendigen Gott reden, sich so danebenbenehmen, wie könnten wir dann an diesen Gott glauben?"

Gott leidet mit seinem Volk, wenn seine Auserwählten nicht die Kraft aufbringen, ihn durch ihren Lebenswandel zu ehren. Gott weiß, wie gern der Glaubende sich bewähren möchte und doch immer wieder versagt. Darum stärkt er seine Auserwählten in einzigartiger Weise. Er schenkt ihnen ein neues Herz und einen neuen Geist. Er will solche Leute aus seinen Getreuen machen, die in seinen Geboten wandeln, seine Rechte halten und danach tun.

9. Februar

„Als er aber Jesus sah, schrie er auf und fiel vor ihm nieder und rief laut: Was willst du von mir, Jesus, du Sohn Gottes des Allerhöchsten? Ich bitte dich: Quäle mich nicht!" Luk. 8, 28

Heute tun sich viele Leute schwer, den Teufel realistisch zu sehen und davon auszugehen, daß er seine Helfershelfer hat. Die Dämonen gehören zu den teuflischen Helfern, die den Menschen zu schaffen machen, oft ohne daß die Menschen es wissen und wahrhaben wollen.

Es gibt ja bis in den theologischen Bereich hinein Bemühungen, den Menschen unserer Tage verständlich zu machen, was damals geschehen ist. Sie haben vielleicht auch schon gehört, daß gesagt worden ist: Man kann es den Menschen unserer Tage nicht mehr zumuten, davon auszugehen, daß es Dämonen gäbe. Das habe man damals geglaubt; heute müsse man davon ausgehen, daß das, was man als dämonisch ansah, psychische Erkrankungen in ihrer ganzen Vielschichtigkeit gewesen seien. Wir, die wir den Aussagen der Bibel vertrauen, gehen noch immer davon aus, daß es den Teufel gibt und daß er mancherlei Möglichkeiten hat, Menschen zu schaden und sie so zu durchdringen, daß diese Menschen schließlich nicht mehr Herr ihrer Sinne sind.

Es ist interessant: Wenn Jesus mit bösen Geistern zusammentrifft, dann fühlen sich die Geister gequält. Sie können dann nicht mehr so, wie sie wollen. Sie sagen auch hier in unserem Vers zu Jesus: „Ich bitte dich: Quäle mich nicht!" Obwohl erst eine Stimme zu Jesus sprach, rede ich trotzdem von dieser einen Stimme im Plural, denn auf die Frage, wie er denn heiße, sagt dieser böse Geist: „Legion". Das bedeutet, daß viel böse Macht und Kraft hinter ihm steckt. Der Name ist sozusagen ein Hinweis auf „nicht zu zählen".

Das ist also die erste Bitte im Zusammenhang des Textes. Die Dämonen erbitten etwas. Und wie reagiert Jesus? Er erhört die Bitte nicht. Das wäre ja auch eigenartig, wenn er die Bitte böser Geister erhören wollte, obwohl sie ganz harmlos klingt. Aber das ist ja das Schlimme an den bösen Geistern, daß sie sich immer harmlos geben. Diese Bitte der Dämonen wird später auf ganz andere Weise „erhört", als sie wollten.

Jesus Christus hat bis heute die Kraft, jedem unsauberen Geist zu gebieten, daß er aus einzelnen oder mehreren Menschen ausfahre. Wir haben aus der Seelsorge mancherlei Erfahrungen und Berichte über Menschen, die geplagt, dann aber frei geworden sind. Jesus hat Macht über alle Mächte der Finsternis. Und er hat die Macht, auch unserem Volk zu begegnen.

10. Februar

„Euch aber, die ihr meinen Namen fürchtet, soll aufgehen die Sonne der Gerechtigkeit und Heil unter ihren Flügeln."

Mal. 3, 20 a

Neulich sagte mir jemand: „Ich verstehe nicht, daß ihr Christen so viel Wert darauf legt, daß ein Mensch an Jesus glaubt. Ich sehe kaum einen Unterschied zwischen Christ und Nichtchrist. Beide bleiben von Krankheit nicht verschont. Beide haben Sorgen und Ärger mit ihren Kindern. Beide kennen die Existenzangst beim Verlieren eines Arbeitsplatzes." Welchen Unterschied er denn sehen wolle, fragte ich. Seine Antwort: „Wenn ihr Christen von Krankheit verschont bliebet, wenn euch eure Kinder keinen Kummer machen würden und wenn kein Christ seinen Arbeitsplatz verlieren würde, dann könnte ich eher glauben."

Mancher von Ihnen wird Vorstellungen haben, die denen meines Gesprächspartners ähneln oder gar entsprechen. Ich bin allerdings sicher, daß auch unter veränderten Verhältnissen, also wenn gläubige Christen tatsächlich sichtbar bevorzugt würden, es wieder Menschen gäbe, die daran etwas auszusetzen hätten. Dann hieße es vermutlich: „Diese Christen, denen geht es immer so viel besser als uns. Die haben ja gar keine Ahnung, wie schwer das Leben sein kann." Das zumindest kann uns keiner vorwerfen. Wir wissen nur zu gut, wie einem der Schmerz alle Ruhe einer Nacht rauben kann oder daß ein abends zu spät nach Hause kommender

Jugendlicher die ermüdeten Eltern eine halbe Nacht wachhalten kann. Wir haben miterlebt, daß Glaubensbrüder ihr Geschäft aufgeben mußten und anderes mehr.

Gespräche solchen Inhalts sind übrigens gar nicht so originell, wie mancher denken mag. So wurde schon vor über 2000 Jahren diskutiert. Da gab es in allen Berufen Menschen, die der Meinung waren, es lohne sich nicht, dem lebendigen Gott zu gehorchen. Und wenn man es schon täte, dann eigentlich nur im Blick auf ein kommendes Gericht, das man aber für bloßes Gerede hielt. Man lebte munter drauflos und sündigte vor sich hin. Dieser Gesellschaft sagte der Prophet Maleachi: Gottes Gericht kommt bald (Mal. 2, 17 ff.). So wie Gott an das Versprechen seines Segens gebunden ist, so auch an die Ankündigung von Fluch und Gericht.

Über den Segen, der den Gottesfürchtigen verheißen ist, spricht man natürlich lieber. Ganz Großes hat Gott mit denen vor, die ihm vertrauen: Er will Segen herabschütten in Fülle! „Dann", sagt Maleachi, „werden euch alle Heiden glücklich preisen, denn ihr sollt ein herrliches Land sein" (Mal. 3, 12). Noch ist es nicht soweit, daß alle Welt voll Staunen auf die Menschen schaut, die auf Gottes Seite stehen. Doch dieser Tag wird kommen, zur Freude all derer, die an den lebendigen Gott geglaubt und ihr Leben seinem Willen unterstellt haben.

11. Februar

„Denn solange wir in dieser Hütte sind, seufzen wir und sind beschwert, weil wir lieber nicht entkleidet, sondern überkleidet werden wollen, damit das Sterbliche verschlungen werde von dem Leben." 2. Kor. 5, 4

Am Abend hatten wir noch mit meiner Schwägerin telefoniert. Ihr Mann lag, immer elender geworden, seit einem Vierteljahr im Krankenhaus. „Ich weiß gar nicht mehr, was ich beten soll", hatte sie gesagt. „Es geht ihm ja immer schlechter. Am liebsten würde ich beten: ‚Herr, nimm ihn heim!'" Sie sagte, daß wir uns beeilen müßten, wenn wir ihn noch einmal sehen wollten. Am nächsten Morgen fuhren wir früh los, um in der fernen Stadt so bald wie möglich ans Bett des Kranken treten zu können. Als wir das Zimmer betraten, in dem er so viele Wochen gelegen hatte, sahen wir sofort: Er hat ausgelitten. Wenige Stunden zuvor war er sanft und friedlich entschlafen. Was passiert eigentlich, nachdem der Tod eingetreten ist?

Sobald ein Mensch im Glauben an Jesus Christus stirbt, geht sein Geist aus dieser Welt in die unsichtbare Wirklichkeit. Wir leben hier und jetzt in der sichtbaren Welt und Wirklichkeit. Gott hingegen lebt in der unsichtbaren Wirklichkeit. Das ist dort, wo wir auch den auferstandenen Jesus Christus wissen, zur Rechten Gottes. Wir verlassen diese Hütte, dieses Zelt, wenn wir sterben, und bekommen eine neue Wesensgestalt. Unser Leib wird mit einem Zelt verglichen (Luther sagt: Hütte). Ein Zelt kann schnell aufgebaut, aber auch schnell wieder abgebaut werden. Bildlich gesprochen „zelten" wir auf dieser Erde während unseres Lebens. Das ist ein Ausdruck, den wir in der Bibel auch zur Beschreibung des Erdenlebens Jesu finden. Er verließ die Herrlichkeit Gottes und „zeltete" unter uns, den Menschen.

Jesus verließ den Himmel, kam auf die Erde und schlug hier sein „Zelt" auf. Er lebte wie alle anderen Menschen und machte ihnen klar, wie verloren eine Existenz ohne Bindung an den lebendigen Gott ist. Er starb für die Schuld aller Menschen aller Zeiten. Wer das glaubt, dem ist versprochen, daß der Tod nur Durchgang sein wird in jene unsichtbare Wirklichkeit hinein, in der Jesus auf alle wartet, die ihm gehören. Er will sie teilnehmen lassen an seiner himmlischen Herrlichkeit.

Alles Schöne dieser Erde zusammen reicht meines Erachtens nicht aus, um sich vorzustellen, was „Herrlichkeit" bedeutet. Herrlichkeit, das ist Gott in seinem Glanz und seiner Majestät, in seiner Heiligkeit und in seiner unbegrenzten Güte. Für uns Christen ist der Tod kein Ende, sondern der Anfang eines neuen unbeschreiblich herrlichen Daseins. Mit Paulus will ich um Kraft bitten, mein Leben nach Gottes Wohlgefallen zu führen, solange ich hier „zelte".

12. Februar

„Und der jüngere von ihnen sprach zu dem Vater: Gib mir, Vater, das Erbteil, das mir zusteht. Und er teilte Hab und Gut unter sie. Und nicht lange danach sammelte der jüngere Sohn alles zusammen und zog in ein fernes Land; und dort brachte er sein Erbteil durch mit Prassen." Luk. 15, 12–13

Als Jesus dieses Gleichnis erzählte, wollte er darauf hinweisen, daß der jüngere der beiden Söhne von der Ordnung und dem Gesetz abgefallen ist, das Gott gegeben hat. Dieser Abfall, dieses „Gott vergessen wollen um jeden Preis" zahlt sich jedoch nicht aus. Der Sohn sinkt tief. Schließlich vegetiert er nur noch.

Jesus macht klar, was alleine hilft: ein Umdenken. Von dem jungen Mann heißt es später: „Da schlug er in sich!" Erst spät kommt er zu sich, offensichtlich im letzten Augenblick, aber es ist nicht zu spät. Jesus macht deutlich, daß der Mensch erst wieder Hoffnung hat, wenn er entdeckt, daß der unsichtbare Gott mit gleicher Liebe wartet wie der Vater im Gleichnis, der seine Arme ausbreitet und den verlorenen Sohn willkommen heißt.

Wie groß ist die Befreiung, wenn man erst einmal vor Gott ausgesprochen hat: „Vater, ich habe gesündigt; ich war ungehorsam, egoistisch, habe nur meine Lust gesucht! Vergib mir!" Und Gott läßt sich nicht zweimal bitten. „Willkommen bei mir", sagt er, „jetzt bist du zu Hause." Neue Kleider bekommt der Sohn, einen Ring, Schuhe – alles Bilder dafür, daß der Verlorene aufgenommen ist. Mit Recht ist darum auch gesagt worden, daß dieses Gleichnis nicht nur das vom „verlorenen Sohn" ist, sondern vielmehr das „Gleichnis vom liebenden Vater".

Wer dieses Gleichnis liest oder hört, soll froh darüber werden, daß Vergebung der Schuld, wie sie dem jüngeren Sohn zuteil wird, nicht allein Erlaß der Schuld ist, sondern frohe Gemeinschaft mit dem Vater, also mit Gott. Wenn Gott vergibt, hat der ältere Bruder (oder im Bild: die Gemeinde) kein Recht, dem „Heimgekehrten" weiterhin zu grollen oder ihm etwas nachzutragen. Es ist gut zu wissen, daß dieser Gott ein gnädigerer Richter ist als viele strengläubige Menschen.

Ich möchte mit Ihnen beten: „Himmlischer Vater, du hast mir so viel anvertraut, daß ich mir manchmal vorkomme wie einer, der eine große Erbschaft gemacht hat. Hilf mir doch, mit all dem so verantwortungsvoll zu arbeiten, daß ich dir Ehre mache. Danke, daß du Fehlentscheidungen vergibst und daß ich mit meiner Schuld vor dich treten darf. Herr, vergib! Amen."

13. Februar

„Denn tausend Jahre sind vor dir wie der Tag, der gestern vergangen ist, und wie eine Nachtwache." Ps. 90, 4

Tausend Jahre – was für eine lange, im Grunde gar nicht zu überblickende Zeitspanne. Was uns unvorstellbar lang vorkommt, ist für Gott nur ein kleiner Zeitabschnitt. Was hat sich doch alles ereignet an diesem einen göttlichen Tag, der für tausend Jahre steht.

Gott steht über dem allen, ehern, majestätisch! „Ehe denn die Berge wurden und die Erde und die Welt geschaffen wurden, bist du, Gott, von Ewigkeit zu Ewigkeit" (Ps. 90, 2). Das ist noch viel weniger zu begreifen. Gott ist schon immer dagewesen. Nichts, was im Kosmos oder auf der Erde existiert, war vor ihm. Nichts entstand ohne ihn.

Gegenüber diesem Einen und Ewigen stehen die vielen vergänglichen Menschen. Wie hinfällig sind sie. Aus Staub wurde Adam geschaffen (1. Mose 2, 7), zu Staub mußte er wieder werden. Das ganze Leben des Menschen schrumpft zu Staub zusammen. Wie nichtig ist doch das Leben. Wie wenig sind wir eigentlich. Staub in der Zeit. Es lohnt sich, darüber nachzudenken. Gott ist der Herr der Zeit. Er handelt in der Zeit durch Menschen und an Menschen. Die Zeit, die Gott mir anvertraut, bleibt sein Eigentum. Es gehört zur Auflehnung der Welt gegen Gott, daß sie über ihre Zeit selbst verfügen will.

Im Licht der Ewigkeit Gottes ist ein Menschenleben lächerlich kurz. Selbst ein von uns nicht zu überschauendes Jahrtausend ist vor Gott wie der gestrige Tag. Tausend Jahre zählen in Gottes Zeitrechnung wie 24 Stunden. Diese Zeitangabe ist freilich nur ein Bild. Mose, der Beter von Psalm 90, relativiert selbst. Er sagt: „Tausend Jahre sind vor dir wie der Tag, der gestern vergangen ist, und wie eine Nachtwache." Eine Nachtwache im Alten Testament zählt vier Stunden, im Neuen Testament sogar nur drei Stunden.

Die Bibel ist voller symbolischer Zahlen. Es gibt jedoch auch ganz konkrete Zeit- und Geschichtsangaben. Im Blick auf die Zukunft kann ich mich nicht an eine Zahl oder Zeitangabe klammern. Das ist wichtig für alle Christusnachfolger, die ungeduldig auf die Wiederkunft Christi warten. Alle Berechnungen sind bisher gescheitert. Gott wird wissen, warum er mir, dem Staubkörnlein, auf der einen Seite ganz verläßliche Angaben macht und mich andererseits im unklaren läßt. Er ist der Ewige, voller Güte. Er möchte, daß allen Menschen geholfen wird und daß alle zur Erkenntnis der Wahrheit kommen. Was muß das für ein großer Gott sein, daß er sich um mich Staubkörnchen kümmert, mehr noch, daß er mich, wie wir aus Psalm 8 wissen, nur wenig niedriger gemacht hat als sich selbst!

14. Februar

„Denn es sollen wohl Berge weichen und Hügel hinfallen, aber meine Gnade soll nicht von dir weichen, und der Bund meines Friedens soll nicht hinfallen, spricht der Herr, dein Erbarmer." Jes. 54, 10

Den Ausdruck „Bund meines Friedens" verbinden wir als Christen sofort mit Jesus, von dem es im Neuen Testament heißt, daß er mit denen, die ihm vertrauen, einen Bund eingeht und daß er unser Friede ist (Eph. 2, 14). Angesichts der zu erwartenden weltweiten Katastrophen ist ein solches Wort für mich außerordentlich trostreich. Es sollen wohl Berge weichen und Hügel hinfallen, ob durch Naturkatastrophen, durch ein Erdbeben oder durch Explosionen, die Gnade Gottes bleibt! Er, der große Gott, verspricht es.

Diese Verheißung wäre sicher falsch verstanden, wenn wir sie zum Freibrief nähmen, um drauflos zuwirtschaften, etwa nach dem Motto: Was immer auch geschieht, und was immer wir machen – Gott bringt am Ende die Dinge in Ordnung. So darf es nicht gesehen werden. Wer die Schätze dieser Erde bedenkenlos raubt oder bewußt die Umwelt verschmutzt, wer keine Friedenssicherung betreibt, sondern Menschen in Angst und Schrecken versetzt, der versündigt sich gegen Gott. Er erweist sich nicht als ein Mensch, der unter dieser Gnadenverheißung steht. Gerade als Christ soll ich im Blick auf die Lösung der genannten Probleme auf Änderung und Hilfe bedacht sein. Ich soll meine Augen und meinen Mund aufmachen und zu erkanntem Unrecht nicht schweigen. Wenn ich andererseits überall die vergeblichen Bemühungen der Menschen sehe, alles, was ihnen aus der Hand geglitten ist, wieder in den Griff zu bekommen, dann lasse ich mich von dem Gedanken trösten, daß mein Gott die Dinge am Ende ordnen wird und daß er mich an dem Platz, an dem ich stehe, weise machen kann, damit ich das Chaos dieser Welt nicht noch vermehre.

Ich möchte mit Ihnen zusammen der Zukunft getrost entgegensehen, weil Gott seine Versprechungen hält. Wie sehr auf Gott Verlaß ist, haben immer wieder Menschen erfahren, die von anderen Mächten und Kräften dieser Welt enttäuscht worden sind. Wie viele Furchtsame haben sich auf Jesus Christus verlassen und wurden ihre Furcht los. Wie viele Menschen, die in Haß, Zank, Streit und Friedlosigkeit lebten, kamen – nachdem sie die Barmherzigkeit Gottes in Anspruch genommen haben – auch mit anderen Menschen zu einem friedvollen Zusammenleben. Viele Menschen fanden wieder einen Weg, obwohl sie zuvor den Glauben an Gott und die Menschen verloren hatten.

Der Bund, den Gott mit einem durch Christus erneuerten Menschen schließt, trägt durchs Leben und Sterben und bleibt auch in der neuen Welt verbindlich, die Gott versprochen hat zu schaffen, wenn dieser Äon vergehen wird.

15. Februar

„Einen andern Grund kann niemand legen als den, der gelegt ist, welcher ist Jesus Christus.“ 1. Kor. 3, 11

Was ist das für ein Wunder, daß wir beten können. Wir dürfen uns an den wenden, der uns geschaffen hat, an den Herrn über das ganze All. Viele übersehen, wer der ist, mit dem wir sprechen, der uns zuhört und uns antwortet. Es ist Gott, der Allmächtige! Mit ihm zu reden, ist für uns so lebensnotwendig wie das Atmen. Darum ist es auch wichtig zu bezeugen, daß der einzige Grund, der fest ist und bleibt, nicht in uns Menschen selber liegt. Kein Mensch kann einen besseren Grund legen als den, der von Gott gelegt ist. Und dieser Grund heißt Jesus Christus.

Doch was bedeutet es, daß der Grund gelegt ist? Es heißt zunächst einmal, daß Jesus Christus in die Welt gekommen ist: „Dazu ist erschienen der Sohn Gottes, daß er die Werke des Teufels zerstöre“ (1. Joh. 3, 8). Es gibt Menschen, die behaupten: „Den Teufel gibt es nicht. Wer vom Teufel redet, ist in mittelalterlichem Denken verhaftet.“ Wir Christen sehen es anders. Die Zusammenballung von Gemeinheit und Bösartigkeit in dieser Welt ist gar nicht anders zu erklären als durch eine außerordentliche intelligente Macht der Finsternis, die ein Interesse daran hat, die Menschen gegeneinander zu hetzen und alles durcheinanderzubringen.

Die Heilige Schrift läßt keinen Zweifel daran, daß Christi Sterben die Schuldfrage der Menschen löst und daß Christi Auferstehen alle Existenzangst sowie die Angst vor dem Tod und der Sinnlosigkeit des Lebens nimmt. Kein Wunder, daß dem Teufel daran liegt, uns dieses Fundament zu entreißen bzw. dafür zu sorgen, daß Menschen ihr Leben erst gar nicht auf diesem Fundament aufbauen können.

Jesus Christus ist aus dieser Welt in die unsichtbare Herrlichkeit Gottes, in den Himmel, gegangen. Wenn wir auf diese fundamentale Aussage der Heiligen Schrift verzichten wollen, dann wäre das gleichbedeutend mit einem Verzicht auf das Fundament. Die Bibel spricht sehr deutlich von einem irdischen und einem ewigen Leben. Ewiges Leben ist die Verbindung im Glauben mit Jesus Christus, der Hereinbruch der Welt Gottes in unsere Welt. In dem Augenblick, wo ein Mensch zu glauben anfängt, ist er nicht mehr nur irdischen Gesetzen verhaftet, sondern es gelten für ihn bereits göttliche Gesetze. Irdisches geben uns Menschen, Ewiges allein der lebendige Gott.

Ich glaube, daß Jesus Christus mir Stärke für die Gegenwart gibt und meinem Leben Sinn verleiht. Im Vertrauen auf Christus kann ich als Glaubender mutig und stark dem Leben begegnen, denn ich kämpfe jetzt nicht mehr allein gegen eine feindliche Welt. Gott führt mein Leben, deshalb kann mich nichts mehr trennen von der Liebe Gottes, die in Christus Jesus ist.

16. Februar

„Noch viele andere Zeichen tat Jesus vor seinen Jüngern, die nicht geschrieben sind in diesem Buch. Diese aber sind geschrieben, damit ihr glaubt, daß Jesus der Christus ist, der Sohn Gottes, und damit ihr durch den Glauben das Leben habt in seinem Namen." Joh. 20, 30–31

Es ist interessant, wie aktuell oft Aussagen der sogenannten „Glaubensväter" zu lesen oder zu hören sind. August Hermann Francke (1663–1727), der Vater des Pietismus, hat um die Jahreswende 1690/91 einen Lebenslauf verfaßt. Darin berichtet er, daß er wenige Jahre zuvor als 24jähriger in Lüneburg den Auftrag hatte, eine Predigt vorzubereiten. Er hatte als Text Johannes 20, Vers 31: „Diese aber sind geschrieben, damit ihr glaubt, daß Jesus der Christus ist, der Sohn Gottes, und damit ihr durch den Glauben das Leben habt in seinem Namen."

Die Predigtvorbereitung fiel ihm nicht leicht, doch sie führte zu einem großen Umbruch im Leben des Magisters Francke. Er entdeckte, daß christlicher Glaube wirklich nicht ohne Jesus Christus zu haben ist und daß der Mensch durch ihn Zugang zum lebendigen Gott hat. So wie einst Luther an Gottes Gerechtigkeit gezweifelt hatte, so waren August Hermann Francke die Existenz Gottes und die Heilige Schrift als Gottes Wort fragwürdig. Sehr ehrlich hält er fest, was ihm zu schaffen machte. Er schreibt: „‚Bist du, Gott, oder bist du nicht?' Bald kam mir in den Sinn: ‚Wer weiß, ob auch die Heilige Schrift Gottes Wort ist!'" Dann erfuhr er in einer schlaflosen Nacht, „daß es einen persönlichen Gott gibt" und daß dieser lebendige Gott sein „Vater" ist. Francke dazu: „Er erhörte mich plötzlich."

Diese Erfahrung haben vor und nach ihm auch andere Menschen gemacht. Sie zweifeln deshalb nicht an der Existenz Gottes und sehen die Heilige Schrift als sein Wort an. Wer an Jesus glaubt, wird von Gott angesehen als eine neue Kreatur. Darum können Christen auch sagen: „Wir sind schon Gottes Kinder; es ist aber noch nicht offenbar geworden, was wir sein werden. Wir wissen aber: Wenn es offenbar wird, werden wir ihm – dem Herrn Jesus Christus – gleich sein; denn wir werden ihn sehen, wie er ist" (1. Joh. 3, 2). Wenn man einmal richtig nachdenkt, kann man es wirklich kaum begreifen, daß dieser große König, Jesus Christus, mir seine Güte zuteil werden lassen will. Wie sehr sollten wir darauf bedacht sein, daß sein Name großgemacht wird.

Ich möchte mit Ihnen beten: „Ich sehe, lieber Vater im Himmel, deine Liebe. Ich begreife, daß du dich in Christus für mich geopfert hast. Du willst mein Leben groß anlegen. Es soll an nichts fehlen. Ich will durch Christus mit dir verbunden leben. Hilf dazu! Du versprichst, das gute Werk, das du begonnen hast, zu vollführen. Ich danke dir dafür. Amen."

17. Februar

„Denn ich hatte große Freude und Trost durch deine Liebe, weil die Herzen der Heiligen erquickt sind durch dich, lieber Bruder." Philem. 7

Ja, es erquickt, wenn man Menschen kennenlernt, die sich Jesus Christus ganz ergeben haben. Sie scheinen selten geworden zu sein in unserer Zeit, und doch gibt es sie. Jeder, der sich danach sehnt, einem aufrichtigen Christen zu begegnen, sollte Gott darum bitten, daß er selbst befähigt wird, solches Christentum zu leben. Wir sollten nicht darunter seufzen, daß es so wenig vorbildliche Christen gibt, vielmehr darum bitten, daß Gott seine Erwählten nicht losläßt, sondern weiter an ihnen arbeitet und etwas aus ihnen macht.

Christen müssen dazu beitragen, daß es anders wird in dieser Welt, heller, lichter und schöner. Doch Gott kann sie nur gebrauchen, wenn sie abgeschieden von dem leben, was sonst zählt. Wir wollen uns jedoch nichts vormachen, denn selbst in der Gemeinde Jesu finden sich Probleme. Es gibt dort Menschen, die uns zu schaffen machen. Nicht von jedem werden wir sagen können, daß er uns „köstlich" ist. Dennoch sollte stärker in unserem Bewußtsein verankert sein, wieviel Segen wir durch Männer und Frauen empfangen haben, die mit uns glauben, und wie oft sie uns erquickt haben. Dabei beeindruckten uns sicher die am stärksten, deren Glaubensleben nicht nur Theorie war, sondern bei denen man im praktischen Alltag immer wieder spürte: Jawohl, so leben Menschen, die mit Jesus verbunden sind; so reagieren sie, so helfen sie, so lieben sie.

Es kommt darauf an, daß wir den Willen Gottes erkennen, gerne tun und damit rechnen, daß wir nach seinem Willen gestaltet werden. Das ist das Beste, was uns geschehen kann. Das heißt dann nicht etwa Ausschaltung unseres Willens, sondern Veredlung für unseren Willen, sozusagen Hilfe zum Wollen. Wir müssen sicher viel öfter darum bitten, daß wir bereit bleiben, unseren Willen seinem Willen unterzuordnen. Nur so kann es zu dem erfüllten Leben kommen, das Gott seinen Kindern verheißen hat.

Und nur so werden wir dahin kommen, daß wir einst vor seinem Thron als Erlöste in die vollkommene Herrlichkeit hineingehen werden.

Für uns heute ist das noch unvorstellbar, und doch aufgrund der Heiligen Schrift zu glauben. Mehr noch, wir werden nicht nur mit allen Glaubenden vor seinem Thron sein, sondern wir werden ihn dann sehen, wie er ist. Aber das hat er uns schon hier im Glauben angeboten. Möge Gott an diesem Tag eine große Bereitschaft in uns wecken, näher mit ihm verbunden zu sein, und mehr eins zu sein mit ihm.

18. Februar

„Jesus antwortete: Mein Reich ist nicht von dieser Welt. Wäre mein Reich von dieser Welt, meine Diener würden darum kämpfen, daß ich den Juden nicht überantwortet würde; nun aber ist mein Reich nicht von dieser Welt." Joh. 18, 36

Mich hat dieses Wort gepackt. Wir lesen es in der Regel häufiger in der Passionszeit. Es handelt sich um einen Satz, den der Herr Jesus ausgesprochen hat, als die Verhandlung vor dem römischen Statthalter Pilatus geführt wurde. Die führenden Leute des Volkes hatten dafür gesorgt, daß Jesus inhaftiert wurde und es zu diesem Verhör kam. Dem Statthalter war zu Ohren gekommen, daß man Jesus als den erwarteten König bezeichnete. So fragte er ihn: „Bist du der König der Juden?" Da gab ihm Jesus zur Antwort: „Mein Reich ist nicht von dieser Welt."

Jesus sagt also, daß er über ein Reich Verantwortung trage, das nicht von dieser Welt ist, d.h., er besitzt keinen Boden, der verlorengehen kann, und kein Eigentum, das man rauben kann. Darum befehligt Jesus auch keine Armee. Äußerlich gesehen braucht ihn also keine Großmacht dieser Welt zu fürchten. Kein Wunder, daß die, die über die Armeen verfügen oder die Geldwirtschaft dieser Welt beeinflussen, sich nicht imponieren lassen von diesem König. „Der will über uns herrschen?" spottet man seit 2000 Jahren. Gerade die Mächtigen nehmen ihn nicht ernst.

Ein Reich, nicht von dieser Welt – das zeigt sich nicht zuletzt auch darin, daß Jesus offensichtlich keine Lehre verbreitete, die dem Geschmack der Massen entgegenkam. Daher ist seine Anhängerschaft immer eine „kleine Herde" geblieben. Diese Herde allerdings wußte, daß ihr Herr Jesus Christus tatsächlich ein König ist. Jesus hat das dem Pilatus damals auch gesagt: „Du sagst es. Ich bin ein König. Ich bin dazu geboren und in die Welt gekommen, daß ich die Wahrheit bezeugen soll. Wer aus der Wahrheit ist, der hört meine Stimme" (Joh. 18, 37).

Als einer der Mitarbeiter Jesu, der Apostel Johannes, schon ein alter Mann war, hatte er eine Vision. Er sah im Geiste jenes Reich, das nicht von dieser Welt ist, vor seinen Augen. Er sah durch den Geist Gottes die neue Welt und Menschen aus allen Stämmen und Sprachen, aus allen Völkern und Nationen vor dem Throne Gottes versammelt, dazu Tausende von Engeln, eine unübersehbare Zahl. Und er hörte alle Geschöpfe im Himmel, auf der Erde und im Meer laut mit einstimmen in den Lobgesang: „Lob und Ehre und Weisheit und Dank und Preis und Kraft und Stärke sei unserm Gott von Ewigkeit zu Ewigkeit! Amen" (Offb. 7, 12).

19. Februar

„Denn ihr ertragt gerne die Narren, ihr, die ihr klug seid!"
2. Kor. 11, 19

Das muß damals ein ganz eigenartiger Vorgang in der Gemeinde zu Korinth gewesen sein. Der Apostel Paulus schreibt: „Ihr ertragt gerne die Narren." Das waren Menschen, die die Gemeinde geknechtet haben, die ihre Brüder und Schwestern ausnutzten, die die Leute, geistig gesehen, gefangennahmen, die andere erniedrigten und die sie ins Gesicht schlugen (2. Kor. 11, 20). Diese falschen Apostel waren jüdische Gelehrte, vielleicht auch Rabbiner.

Paulus stellt sich gegen gesetzliche Tendenzen. Er wußte, daß die Erfüllung einiger besonderer Vorschriften Gott nicht wohlgefällig ist. Er machte klar, daß vor Gott alle Menschen gleich sind und daß keine noch so gewaltsame Leistung das Verhältnis zwischen Gott und Mensch klären kann. Nur das Blut Jesu Christi macht rein von aller Sünde. Das in die Welt hineinzusagen, diese frohe Botschaft weiterzusagen, hat die Welt nachhaltig geprägt.

In unseren Tagen kann man eine neue Gesetzlichkeit feststellen. Es gibt z.B. nicht unmaßgebliche Kräfte im deutschen Protestantismus, die den Eindruck erwecken, als wenn irgendeine politische Einstellung mehr wert sei als eine andere, oder als wenn eine bestimmte Beurteilung der Vorgänge innerhalb der Weltwirtschaft größere Berechtigung habe als eine andere. Auch im Katholizismus gibt es ähnliche Tendenzen.

Es ist schlimm, daß manche Christen so wenig Unterscheidungsvermögen haben und sich in die Irre führen lassen. Heute wie auch damals gilt: Jesus Christus macht frei, darum muß jeder aufmerken, wenn er durch Verführer in seinem Glauben geknechtet wird. Da kann doch etwas nicht stimmen! Unser Herr freut sich z.B. bestimmt über unsere Opferbereitschaft. Er macht uns sogar Mut, für seine Sache etwas zu geben. Aber in dem Augenblick, wo man merkt, daß Menschen einen ausnutzen, muß man hellwach sein! Dann stimmt etwas nicht.

Jesus will uns im positiven Sinn gefangennehmen, unser Denken, unser Wollen, unsere Phantasie. Er möchte Herr sein in unserm Leben. Dadurch wird in jedem Fall eine Entwicklung zum Guten eingeleitet, zum Positiven, zum Erfreulichen. Jesus gibt Kraft. Wenn uns aber jemand anderes gefangennimmt und uns Freude und Gewißheit raubt, dann stimmt etwas nicht! Christus hebt aus dem Schmutz, führt aus der Sünde heraus, macht frei und froh.

Paulus warnte die Korinther: Laßt euch keinen anderen Jesus predigen! (2. Kor. 11, 4). Das ist eine Warnung, die bis heute gilt. Wer in Jesus nicht mehr den sieht, der in die Welt gekommen ist, um von der Sünde frei zu machen, um den Menschen Gottes Willen kundzutun, wer in Jesus nicht den sieht, der zur Vergebung der Sünde gestorben und auferstanden ist, wer nicht wahrhaben will nach dem Zeugnis der Heiligen Schrift, daß Jesus wiederkommen wird, der predigt einen anderen Jesus.

20. Februar

„Alle Bitterkeit und Grimm und Zorn und Geschrei und Lästerung seien fern von euch samt aller Bosheit." Eph. 4, 31

Im Epheserbrief, Kapitel 4, stehen sich Zorn und Versöhnlichkeit gegenüber. Zorn, das ist der heftige, leidenschaftliche Unwille gegen irgend jemanden und hängt in der Regel zusammen mit Wut, Beleidigung oder Streit. Zornige Männer und Frauen soll es sogar in christlichen Häusern geben. Früher war häufiger von zornigen Männern die Rede. Inzwischen begegnen wir längst auch zornigen Frauen. Zorn ist schlecht, ob er nun im Herzen eines Mannes oder einer Frau tobt. Dabei ist Zorn von vornherein noch nicht einmal Sünde. Er ist dennoch keine erstrebenswerte Eigenschaft. Die Heilige Schrift sagt: „Zürnt ihr, so sündigt nicht." Paulus geht davon aus, daß schon mal Zorn in einem Herzen sein kann. Wir machen es uns sicher zu einfach, wenn wir sagen: „Zorn = Sünde". Aber die Gefühlsäußerung des Zorns, selbst wenn es ein sogenannter „gerechter Zorn" wäre, ist etwas sehr Gefährliches.

Nun versuchen natürlich manche, mit dem Zorn auf ihre Weise fertig zu werden. Manche fressen den Zorn in sich hinein und blockieren sich dann; sie verschließen sich – am bekanntesten in der Form des Schmollens. Das Schmollen, das Beleidigtsein, ist die harmlos scheinende Form des Zornes. Durch Zorn verletzt man andere oder schadet seinem eigenen Körper bzw. der Seele und setzt destruktive Kräfte frei. Es gibt auch die Möglichkeit, daß man dem Zorn Luft macht und platzt.

Die Heilige Schrift hat eine Fülle von wunderbaren Empfehlungen: „Steh ab vom Zorn und laß den Grimm" oder „ein Narr zeigt seinen Zorn alsbald". In der Bibel steht auch, wer als Mensch im

Zorn lebt, tendiere immer wieder zum natürlichen, unerlösten Menschen. Das heißt, wer auch als Erlöster zornig ist, holt immer wieder ein Stück alte Welt in sein Leben herein. Ein nachdenkenswertes Wort steht in den Sprüchen: „Wie eine Stadt mit durchbrochenem Wall ist der Mann, der sich selbst nicht beherrscht.“ Wer zornig ist, gibt dem Teufel Raum. Das aber wollen wir nicht und dürfen deshalb kindlich bitten: „Lieber Herr Jesus, erweise du deine Macht in meinem Leben und nimm den Zorn weg. Vielleicht hat der Zorn eine Ursache, dann laß mich die Ursache finden, laß mich darüber stille werden, laß mich die richtigen Gespräche führen, laß mich das Meine tun, damit diese Situation entkrampft wird. Bitte erweise doch deine Macht. Amen.“

21. Februar

„Sorgt euch um nichts, sondern in allen Dingen laßt eure Bitten in Gebet und Flehen mit Danksagung vor Gott kundwerden!“ Phil. 4, 6

Das scheint doch die einfachste Sache der Welt zu sein. Man muß sich nur wundern, daß so wenige Menschen diesem Rat folgen. Woran mag das liegen? Es ist doch nicht zu begreifen, daß viele sich so sehr sorgen, daß sie dadurch krank werden.

Es gibt auch in christlichen Gemeinden Menschen, die sich förmlich sorgen wollen, denen etwas zu fehlen scheint, wenn sie nicht irgendeine Sorge haben. Sie brauchen das irgendwie zur Selbstbestätigung. Aber Gott hat Besseres zu bieten, als daß er seine Kinder mit Sorgen leben läßt. Haben Sie den Mut, Ihre Sorgen vor Jesus auszusprechen, und werfen Sie sie in Gedanken wirklich ab. Wenn ich Sorgen habe, und manchmal kommen ja gleich mehrere zusammen, dann bete ich und sage: „Lieber Herr, du hast mir gesagt, ich kann dir meine Sorgen abgeben. Das tue ich jetzt. Dies Problem und jenes, ich gebe es in deine Hände und bitte dich, mache mich frei davon.“ Wenn mich dann doch wieder eine Sorge anspringen will, dann bete ich weiter und sage: „Lieber Herr, noch hast du sie mir nicht ganz abgenommen. Nimm sie mir doch ab."

Ich möchte nun aber nicht den Eindruck erwecken, als sei ich als Prediger des Evangeliums immer sofort von Sorgen frei. Trotz dem habe ich doch oft erfahren, daß man seine Sorgen bei Jesus Christus wirklich los wird. Darum können wir uns miteinander Mut machen, immer neu zu erproben, daß unser Herr ein Sorgenträger ist. Wir dürfen und können unsere Sorgen bei ihm abwerfen. Das müssen wir allerdings lernen und ständig neu üben.

Der Teufel ist es, der dafür sorgt, daß wir uns sorgen. Die Bibel sagt, daß er wie ein „brüllender Löwe" umhergeht oder sich in einen „Engel des Lichts" verstellt. Das heißt also, er kommt entweder mit ungeahntem Aufwand, mit verführerischer großer Macht und vielleicht auch mit lauter Stimme irgendwelcher Menschen, deren er sich bedient, oder er kommt auf die feine, höfliche, vornehme Tour, hintenherum, vielleicht wieder durch Menschen, von denen wir gar nicht meinen, daß sie Handlanger des Satans sein könnten. Aber ob wir nun massiv beeinflußt werden, damit wir uns sorgen, oder auf die sanfte Tour angegangen werden, nie kommen die Sorgen von Gott. Immer sollen sie uns von Gott wegbringen.

Ein schönes altes geistliche Rezept heißt: „Mach aus Sorgen ein Gebet!" Der Satan aber sagt: „Statt zu beten, sorge dich!"

22. Februar

„Wie wollen wir entrinnen, wenn wir ein so großes Heil nicht achten, das seinen Anfang nahm mit der Predigt des Herrn und bei uns bekräftigt wurde durch die, die es gehört haben?"

Hebr. 2, 3

Das Bibelwort ist ein ernster Appell an alle Christen. Es geht nicht nur darum, die ewig gültigen Grundwahrheiten zum wiederholten

Mal zu hören und sich bewußtzumachen, was sie für einen selbst bedeuten. Zum Beispiel der Opfertod Jesu zu unserer Erlösung, seine Gegenwart und Nähe als auferstandener Herr, das Schöpferwalten Gottes und seine erhaltende Kraft oder unsere Heiligung. Es geht auch um die vielen Aussagen zum Thema „geistliches Wachstum" bzw. „Wachstum im Glauben". Das geht jedoch nicht, ohne sich täglich Zeit zu nehmen für Gottes Wort, indem man es liest oder hört und sich innerlich damit beschäftigt.

Praktisch kann es jedem passieren, daß er die Rettungstat Jesu mißachtet. Wie kommt es dazu? Es fängt in der Regel ganz harmlos an. Man hört nicht mehr richtig hin, was Gott einem sagt. Da wird vielleicht gelacht statt nachgedacht, wenn jemand ein warnendes Wort spricht. Ein anderer sitzt vielleicht in einer Kirche oder im Gemeindesaal, hört aber gar nicht richtig zu, was dort in der Predigt oder auch durch manches Lied gesagt wird. Oder einer macht seine tägliche Bibellese aus Routine; kaum hat er die Bibel zugeklappt, weiß er nicht mehr, was er gelesen hat.

Wer auf das Wort Gottes achtet, hält es hoch und hält es fest. Wie gut behalten wir doch Liebenswürdigkeiten und Schmeicheleien, die unser Ohr erreichen; wir erinnern uns solcher Komplimente manchmal noch nach Jahren. Wir halten das Gesagte hoch. Sollten wir das nicht vielmehr beim Wort unseres Gottes so machen, sein Wort hochhalten und festhalten? Warum haben wir unbedingt daran festzuhalten? Es geht darum, daß wir das uns von Gott gesetzte Ziel nicht verfehlen. Das Ziel des christlichen Lebens ist nicht nur, Glauben zu gewinnen und Glauben zu halten, sondern auch: Frucht zu bringen gemäß dem Wort Jesu: „Ich habe euch erwählt und bestimmt, daß ihr hingeht und Frucht bringt und eure Frucht bleibt" (Joh. 15, 16).

Gott hat das ewige Heil des Menschen an sein lebendiges Wort gebunden. Sein Wort hat immer etwas mit Jesus zu tun. Wer sich mit Jesus verbindet, wird nicht scheitern. Mit Jesus verbindet sich, wer Gottes Wort liest, bedenkt, darüber betet und danach tut – das heißt zugleich: zu Jesus gehen, sich in Gedanken und im Gebet mit ihm verbinden, ihn bitten zu helfen, das zu tun, was als richtig erkannt wurde. Keiner, der Jesus vertraut, muß scheitern! Im Bild gesprochen: Seine starke Hand hält fest!

23. Februar

„Der Gott der Hoffnung aber erfülle euch mit aller Freude und Frieden im Glauben, daß ihr immer reicher werdet an Hoffnung durch die Kraft des Heiligen Geistes.“ Röm. 15, 13

Mancher mag unser Textwort als Segensspruch am Ende eines Gottesdienstes wiedererkennen. Aber das Wort ist mehr als eine feierliche Abschlußformel. Wer mit Christus lebt, ist nicht ohne Hoffnung. In der Bibel ist „hoffen“ immer der Ausdruck größter Gewißheit. Wenn Paulus von „hoffen“ spricht, dann ermuntert er die Empfänger seiner Briefe, von Gottes Handeln das wirkliche Leben zu erwarten. Er bezeugt, daß es sich lohnt, auf Christus zu hoffen, selbst dann, wenn es, rein menschlich gesprochen, nichts mehr zu hoffen gibt.

Christliche Hoffnung ist keine billige Hoffnung. Sie erkennt Schwierigkeiten und berücksichtigt Erfahrungen des Lebens. Christliche Hoffnung ist die Zuversicht, die alles sieht und alles erduldet und dennoch nicht verzweifelt, weil sie auf Jesus Christus gegründet ist.

Wer diese Hoffnung hat, kann sich freuen. Wenn wir Christen von „freuen“ sprechen, dann meinen wir mehr als sich vergnügen oder unterhalten und ein paar frohe Stunden haben. Christliche Freude ist unabhängig von äußeren Dingen. Gott legt sie in uns hinein. Da mögen die Verhältnisse rund um uns herum recht trostlos sein. Es mag zum Verzweifeln oder zum Weinen sein – dennoch kann mich der Gott der Hoffnung mit aller Freude erfüllen.

Es wächst mir dann eine Seelenkraft zu, die zweierlei ermöglicht. Entweder ich schicke mich in die Verhältnisse, die ich um mich herum erkenne, bejahe sie und beuge mich unter die Gegebenheiten, oder ich gewinne die Kraft, sie zu verändern.

Wer sich von Jesus Christus mit Hoffnung beschenken läßt, der weiß auch, was Friede ist. Ich meine jetzt nicht den oft beschworenen Weltfrieden, sondern den Frieden des eigenen Herzens. Dieser Friede kann uns allerdings geraubt oder vorenthalten werden. Entweder weil wir voller innerer Spannung sind oder weil uns Vorgänge außerhalb unserer selbst zu sehr beanspruchen oder gar gefangennehmen. Dieser Friede kann uns aber auch geschenkt werden.

Aus dem Glauben erwachsen Hoffnung, Freude und Friede. Das sind ganz existentielle Kräfte, die unser Herr uns erleben lassen will. Wichtig ist, daß wir ihm sagen: „Lieber Herr, wenn du das schenken willst, dann laß mich erleben, daß Hoffnung, Freude und Friede auch für mich bereit sind. Amen."

24. Februar

„Ihr aber seid das auserwählte Geschlecht, die königliche Priesterschaft, das heilige Volk, das Volk des Eigentums, daß ihr verkündigen sollt die Wohltaten dessen, der euch berufen hat von der Finsternis zu seinem wunderbaren Licht."

1. Petr. 2, 9

Wir sind auserwählt! Doch warum hat Gott gerade mich erwählt? Warum hat er mir die Augen geöffnet? Warum kann ich glauben, daß mit dem Tode nicht alles aus ist, sondern daß es nach dem Tode weitergeht? Jesus Christus sagt: „Wer mein Wort hört und glaubt dem, der mich gesandt hat, der hat das ewige Leben und kommt nicht in das Gericht, sondern er ist vom Tode zum Leben hindurchgedrungen" (Joh. 5, 24). Diesen Jesus Christus erkennen heißt Gott erkennen.

Von Gott erwählt sein bzw. zu seinem Volk gehören ist allerdings nicht gleichbedeutend mit: von ihm mit Wohlstand überschüttet werden und vor jeglicher Krankheit oder jedem Unfall verschont bleiben. Das Ziel eines christlichen Lebens ist nicht Wohlstand, sondern daß Gott zu seinem Recht kommt. Er erwählt sich ein

Volk, um der Welt zu zeigen, daß er der Herr der Welt ist und der Herr über jedes einzelne Leben. Zu diesem Volk zu gehören, ist Gabe und Aufgabe zugleich. Gott in seiner Größe kommt dem Menschen entgegen. Er beruft ihn, damit der Berufene anderen Menschen Gottes Heiligkeit bezeugen kann.

Christen sind auch das königliche Priestertum. Ich habe priesterliche Menschen in verschiedenen Gemeinden kennengelernt, die durch ihre Güte und Hingabe leuchtende Vorbilder für andere sind. Leider bleibt es oft bei einzelnen solcher „Priester" und „Priesterinnen", obwohl eigentlich alle Glieder der Gemeinde aufgerufen sind, auf solche Weise Priesterdienst zu tun. Es sähe in den Gemeinden und Jugendkreisen sicher ganz anders aus, wenn wir mehr „Priestertum aller Gläubigen" fänden.

Christen sind das heilige Volk. Die Grundbedeutung von „heilig" ist: anders, verschieden. Christen sind dazu ausersehen, anders zu sein als die übrigen Menschen. Der Unterschied besteht darin, daß sie sich dem Willen Gottes ergeben und sich seinem Dienst weihen.

Schließlich sagt Petrus: Christen sind das Volk des Eigentums. Wer weiß, daß er zum lebendigen Glauben an Jesus Christus kam, ist nicht länger ein Kind dieser Welt. Er ist „Gottes Kind" geworden. Er gehört ganz und gar Gott. Ob es Menschen sind, die vielen bekannt sind, oder ob sie völlig unbekannt sind, von Gott aus gesehen haben sie Wert, Würde und Größe. Sie gehören ihm! Wer weiß, daß er Gottes Eigentum ist, der soll anderen sagen, was Gott für die Menschen getan hat. Er soll bezeugen, daß keiner im Dunklen, im Unheil zu bleiben braucht. Alle Menschen können Jesus als das „Licht der Welt" entdecken.

25. Februar

„Und er sprach: Ein Fürst zog in ein fernes Land, um ein Königtum zu erlangen und dann zurückzukommen. Der ließ zehn seiner Knechte rufen und gab ihnen zehn Pfund und sprach zu ihnen: Handelt damit, bis ich wiederkomme!“

Luk. 19, 12–13

Gott hat dem Menschen Gaben des Körpers und des Geistes gegeben, damit er sie nützt. Er soll mit dem Anvertrauten „wuchern“. Dieser Ausdruck findet sich im Lukas-Evangelium. Dort erfahren wir auch, daß der Mensch eines Tages zur Rechenschaft gezogen wird. Er hat dafür Rede und Antwort zu stehen, was er mit den ihm anvertrauten Gaben gemacht hat. Er ist für das, was Gott ihm anvertraute, verantwortlich. Es kommt dabei nicht so sehr auf die Größe der Gabe an, als vielmehr darauf, wie er mit den anvertrauten Pfunden „gewuchert“ hat. Die Arbeit, die der Mensch tut, soll zum Segen des Nächsten und zur Ehre Gottes geschehen.

Die Arbeit ist ja an sich nicht Bürde; sie wurde es erst durch die Sünde. Nicht die Arbeit als solche steht unter dem Fluch, sondern die fruchtlose Arbeit, symbolisch gefaßt in den Begriff „Dornen und Disteln“. Sie sind dem Menschen verheißen, nachdem er sich im Ungehorsam gegen Gott aufgelehnt hat. Arbeit hat seither diese Spannung, der niemand entgehen kann: Segen und Fluch. Dieser Gedanke zieht sich durch die ganze Bibel. Das Neue Testament preist die körperliche Arbeit nicht etwa mit überschwenglichen Tönen, sondern nimmt die Arbeit als etwas Selbstverständliches hin. Es wertet sie hoch, ja, bestätigt sie als etwas, was Gott will, weil sie für den, der arbeitet, viel Wertvolles bringt, aber es kennt auch die Mühe der Arbeit.

Da tröstet es mich ungemein, daß Gott zwar auch nach unserer Leistung fragt, daß er uns aber nicht danach beurteilt. Gott sieht das Herz an. Er will wissen, ob wir ihm gegenüber treu sind und ob wir mit dem, was er uns anvertraut hat, das Beste machen. Aber an keiner Stelle der Heiligen Schrift sind wir durch ihn aufgefordert, uns bis zur Selbstaufgabe auszupumpen. Gerade das Gegenteil ist der Fall. Jesus lädt alle die ein, die mühselig und beladen sind, zu ihm zu kommen, um bei ihm die Ruhe zu finden, die woanders nicht geboten wird.

Entscheidend ist, daß ich die Gaben, die Gott mir geschenkt hat, zur Entfaltung bringe. Entscheidend ist, daß ich treu bin, nicht auf Kosten meines Nächsten lebe und mir immer wieder dessen bewußt werde, daß ich für Gott arbeiten darf, aber daß er mir auch die Möglichkeit verliehen hat, mir mein tägliches Brot zu erwerben.

26. Februar

„Es hatte aber Kisch, der Vater Sauls, die Eselinnen verloren. Und er sprach zu seinem Sohn Saul: Nimm einen der Knechte mit dir, mach dich auf, geh hin und suche die Eselinnen.“

1. Sam. 9, 3

Wenn jemand von sich selbst denkt, was er für ein prächtiger Kerl und schöner Mensch sei, dann ist das nicht viel wert. Wenn aber andere die Vorzüge eines Menschen preisen, dann zählt das schon. Was den jungen Saul auszeichnete, das lobten andere! Er war schöner als andere junge Männer des Landes und sicherlich stärker, weil er einen Kopf größer war als die anderen.

Die Stattlichkeit und seine äußeren Vorzüge hatten ihn aber nicht eitel gemacht. Man konnte mit ihm rechnen, wenn etwas schiefging. Eines Tages z.B. war sein Vater in Bedrängnis gekommen. Eselinnen waren entlaufen. Wir wissen nicht, wie viele Eselinnen es waren, die davonliefen. Immerhin sieht er die Lage als so kompliziert an, daß er nicht nur irgendeinen Knecht auf die Suche schickt, sondern seinen eigenen Sohn.

Warum wohl erwähnt der Schreiber dieses biblischen Berichtes solche scheinbaren Nebensächlichkeiten? Denkt man ein wenig nach, entdeckt man eine grundsätzliche Wahrheit für das Leben eines Menschen, der durch Christus an Gott gebunden ist. Auch sogenannte Nebensächlichkeiten können entscheidend sein für unser Leben. Unser Bericht ist ja bekannt geworden als der über den

Mann, der sich auf den Weg machte, einige Eselinnen zu suchen und statt dessen eine Königskrone fand. Es ist also keine Übertreibung, wenn der Christ sagt: Jedes Ereignis meines Lebens, jeder Weg, jeder Auftrag kann einen besonderen Sinn haben und früher oder später spezielle Auswirkungen zeigen. Was wissen wir schon, ob nicht gerade diese oder jene Sache in einer Stunde oder in wenigen Tagen in besonderer Weise gebraucht wird?

Gott verfolgt einen Plan mit dem Leben des jungen Sauls, über alle Erfolglosigkeit der zunächst nicht gefundenen Eselinnen hinweg. Hinter allem scheinbar vergeblichen Planen und Suchen steht Gottes Plan und seine Führung. Das wird bei Saul nachträglich sehr deutlich sichtbar. Gott macht uns mit diesem Bericht Mut zu begreifen: Erfolg fällt keinem in den Schoß. Es geht auch nicht ohne Mitarbeiter und das Befolgen guter Ratschläge.

Wer in diesem Augenblick etwas Bestimmtes sucht, der lasse sich jetzt an den Helfer verweisen, auf dessen Wort Himmel und Erde hören: Jesus Christus. Sie können ihn mit folgenden Worten betend ansprechen: ,,Herr, ich suche schon so lange vergeblich. Vergib falsche und eigene Wege. Vergib ausgeschlagenen Rat. Vergib, daß ich verächtlich auf Geringere schaute. Bitte hilf mir jetzt, durch wen oder durch was es auch immer sei. Amen." Wissen Sie, was Jesus dem Suchenden verspricht? Er wird finden!

27. Februar

„Halleluja! Danket dem Herrn; denn er ist freundlich, und seine Güte währet ewiglich." Ps. 106, 1

Eigentlich sollte man denken, daß es einer solchen Aufforderung nicht bedarf. Menschen sollten doch von sich aus bereit sein, dem, der ihnen alles gegeben hat, zu danken. Doch dies ist eine geistliche Erkenntnis. Der Mensch tut sich schwer, seinem Schöpfer zu danken. Und wer Gott nicht dankt, vergißt sicher, auch manchem Menschen zu danken, selbst wenn dieser Dank verdient hätte.

Umgekehrt gilt: Wer einem anderen Menschen nicht dankt, mit dem er zu tun hat, dem fällt es auch schwer, Gott zu danken.

Es ist sehr schwer, mit Menschen umzugehen, die nicht danken können oder wollen bzw. das Danken verlernt haben. Wer nicht dankt, macht sich ja selbst arm. Psalm 106 gibt uns einen erschütternden Anschauungsunterricht über menschliches Fehlverhalten. Es wird die Geschichte des Volkes Israel nacherzählt, nicht ganz chronologisch, aber doch nicht weniger eindrucksvoll. Nach erfahrener Wohltat vergißt Israel erneut Gottes Werke und wartet nicht auf seinen Rat (Ps. 106, 13). Anstatt dankbar zu sein, aus der Hand des Feindes in Ägypten befreit zu sein, stellt Gottes Volk Forderungen!

Kommt uns das nicht bekannt vor, anstatt zu danken zu fordern? Dabei hätten wir alle so viel Grund zum Danken. Aber Danken will gelernt sein. Viele wissen es und sind bereits von Herzen dankbar. Aber sehr viele Menschen unserer Tage danken nicht. Ihnen möchte ich gern ein paar Anregungen geben. Man kann dafür danken, daß wir von Gott reden und zu ihm beten können oder daß wir in einer Gesellschaft leben, in der niemand verfolgt wird, der sich öffentlich zu Gott bekennt. Wir können Gott auch danken für unsere Freiheit und den Frieden, für die gute Versorgung, für Gehalt, Lohn, Rente, Arbeitslosengeld oder -unterstützung. Und selbst der ganz Arme, einer am Rande der Gesellschaft, hat noch mehr als vergleichbare Gruppen in anderen Teilen der Welt. Gehen Sie einmal Ihren Tag oder Ihre Woche durch, alles Tun, alles Erleben. Wenn Sie bewußt nachdenken, werden Sie bald merken, daß Sie gar nicht aufhören können mit dem Danken. Aber Danken will gelernt sein. Ich muß danken wollen.

Möge Gott Sie und mich davor bewahren, daß wir undankbar in den Tag gehen. Ich möchte ihm wirklich danken und möchte mir das sagen lassen von all denen, die vor mir geglaubt haben: Danket dem Herrn, denn er ist freundlich, und seine Güte währet ewiglich. Wer dankt, erweitert seinen Horizont und lebt bewußter. Ja, Danken macht Freude. Fangen wir doch jetzt an, gleich!

28. Februar

„Ich habe den guten Kampf gekämpft, ich habe den Lauf vollendet, ich habe Glauben gehalten; hinfort liegt für mich bereit die Krone der Gerechtigkeit, die mir der Herr, der gerechte Richter, an jenem Tag geben wird, nicht aber mir allein, sondern auch allen, die seine Erscheinung liebhaben.“

2. Tim. 4, 7–8

Auch wenn wir uns ganz bewußt auf die Seite Jesu stellen, kann es sein, daß Menschen uns verkennen. Das haben andere bereits vor uns erlebt, z.B. Paulus. Wie oft ist er während seines Lebens verkannt und geschmäht worden. Seine Landsleute haben ihn wiederholt für einen Menschen erklärt, der nicht wert wäre, leben zu dürfen (Apg. 22, 22). Das heidnische Gericht hat ihn mehrmals durch öffentliche Auspeitschung der bürgerlichen Ehre beraubt. Im Rückblick auf sein Leben sagt er dazu: „Ich habe den guten Kampf gekämpft, hinfort liegt für mich bereit die Krone der Gerechtigkeit.“

Paulus weist darauf hin, daß in der Ewigkeit eine merkwürdige Umkehrung eintritt. Der um Jesu willen verachtete Mensch wird dort mit der höchsten Ehre angetan. Mit dem Bild eines ans Ziel gelangenden, siegreichen Wettläufers in den griechischen Sportkämpfen vergleicht Paulus das Los, das in der andern Welt seiner wartet. Wie wurde ein Sieger in jenen Wettläufen von Tausenden bewundert. Ein Siegeskranz wurde ihm überreicht, und er war der gefeierte Held des Tages.

Paulus sieht im Glauben ebenfalls einen Siegeskranz für sich bereitliegen. Er, der Gefangene, sieht schon die Krone, die ihm zuteil wird. Welch eine Ehre. Wenn doch jeder, der sich des Bekenntnisses zu Jesus schämt, an die Stunde der Ankunft in jener Welt denken würde, wo alle Schmach um des Herrn willen sich in eine wunderbare Ehre verwandeln wird! Dort werden wir sehen, was es bedeutet hat, daß wir zu denen gehörten, die hier sagen konnten: „Es ist in keinem andern Heil als nur in Jesu Namen.“

Wie verpflichtend sollte doch diese Glaubenshaltung sein. Dennoch muß manches bei Gotteskindern registriert werden, das ihren Herrn nicht ehrt. Dazu gehört z.B. die Uneinigkeit im Volke Gottes. Spaltungen unter den Gläubigen bereiten viel Not. Und doch ist es falsch, über die Zerrissenheit der Heiligen nur zu klagen. Paulus sieht darin auch etwas Gutes: Die Rechtschaffenen werden offenbar. Wo gar keine Spaltungen sind, da laufen die Unbewährten leichter mit und werden schwerer erkannt. Doch die Bewährten sollen offenbar werden. Das sind die Leute, die sich nicht ständig hin und her wenden, sondern deren ruhiger, stetiger Wandel im Glauben auffällt. Es gibt bewährte Christen, die sind wie ein Wegweiser, auf dem man liest: „Hin zum Herrn!" Wenn doch auch in unserem Bewußtsein deutlich würde: Der Herr ist es, um den es geht!

29. Februar

„Desgleichen hilft auch der Geist unserer Schwachheit auf. Denn wir wissen nicht, was wir beten sollen, wie sich's gebührt; sondern der Geist selbst vertritt uns mit unaussprechlichem Seufzen." Röm. 8, 26

Gilt das nicht auch für unser Beten? Mancher Beter ist sich seiner Ohnmacht bewußt. Doch die eigene Begrenztheit braucht niemanden zu bedrücken. Sie ist keine Schande. „Ohne Macht" zu beten, hilflos vor Gott zu treten, das ist richtig. Der „ohnmächtige Beter" sucht viel eher Gottes Ehre und nicht sein eigenes Wohl.

Das Beten fällt uns schwer, weil wir nie wissen, was letztlich das Beste für uns ist. Darum mischt sich auch in ernsthaftes Beten viel Irrtum. Manches, was wir erbitten, läßt Gott einfach nicht zu, obwohl wir es uns so sehr wünschen. Eigentlich ist das nicht schwer zu begreifen, denn auch Eltern verbieten ja ihren Kindern, was für sie schädlich ist. Sollte Gott es mit uns anders machen?

Richtiges Beten hat richtiges Denken und Handeln zur Voraussetzung. Wer nicht richtig denkt, kann auch nicht richtig beten. Und wer dem Willen Gottes entgegenhandelt, kann ebenfalls nicht richtig beten. Es kommt also auf richtiges Denken, richtiges Handeln und richtiges Beten an.

Nicht wenige Menschen denken schlichtweg falsch. Sie denken falsch von ihrer Umgebung und von sich selbst. Manche halten von sich überhaupt nichts. Andere veranschlagen das, was sie selbst sind und können, viel zu hoch. Falsches Denken führt zu falschem Tun. Wer z.B. mit dem Auto unterwegs ist und auf der Autobahn eine bestimmte Ausfahrt verpaßt, dem kann es passieren, daß er einige Zeit braucht, bis der Fehler wiedergutgemacht ist. Er muß vermutlich zurückfahren, bis er wieder dort angelangt ist, wo er den Fehler machte. Auch im Leben ist das so. Wer nicht abbiegen oder halten will, obwohl das richtig wäre, kommt nicht dort an, wo er eigentlich hin will.

Wer sich in allen Dingen an Christus wendet, mit ihm spricht, an ihn denkt, auf ihn bezogen handelt, hat gute Voraussetzungen fürs Beten. Wäre es nicht schön, richtig beten zu können? Leider wissen wir, wieviel falsche und unmutige Gedanken häufig das Beten erschweren. Doch trotz aller Mangelhaftigkeit weiß doch der Heilige Geist, wo unsere Schwächen und Nöte sind. Deshalb hilft er uns. Er betet für uns auf eine Weise, wie wir es mit unseren Worten nie könnten. Wer sich Christus zuwendet und ihn im Gebet bittet, ihm zu helfen, zu dem kommt er mit seiner Kraft und seinem Geist!

März

1. März

„Tut nichts aus Eigennutz oder um eitler Ehre willen, sondern in Demut achte einer den andern höher als sich selbst.“

Phil. 2, 3

Die beiden Feinde einer gesegneten Gemeindearbeit sind der Eigennutz und die Ruhmsucht. Der Eigennutz fragt: „Nutzt es mir oder uns etwas?“ Die Ruhmsucht fragt: „Wird mein Name auch laut genug genannt? Werde ich auch nicht übersehen?“ Eigentlich sollte beides durch den Glauben an Christus weggenommen sein. Christus ist ja für unsere Sünde gestorben, auch für unseren Eigennutz und unsere Ruhmsucht.

Es ist erschütternd, daß wir dennoch offensichtlich Ecken haben in unserem Leben, in denen sich der Unrat sammelt. Auch in einem erlösten Herzen hat dieser Schmutz seine Bedeutung, indem er verunreinigt, vergiftet und schmälert, was Christus für uns getan hat. „Tut nichts aus Eigennutz oder um eitler Ehre willen“, sagt Paulus. Das fängt an in der Sonntagsschule bzw. im Kindergottesdienst. Das gilt des weiteren für den Jugendkreis. Wie oft klappt's da nicht, weil einer ruhmsüchtig ist! Und es gilt natürlich für den Chor einer christlichen Gemeinde oder das Presbyterium bzw. für die Leitungsgremien. Zu einem fruchtbaren Miteinander in der Gemeinde kommt es, wenn wir dem Nächsten Platz einräumen. „In Demut achte einer den anderen höher als sich selbst“, heißt es im Neuen Testament.

Der Hochmütige hält mehr von sich, als er in Wirklichkeit ist. Der Demütige ist jedoch nicht einer, der sich kleiner macht, als er ist, sondern der ein konsequentes Bekenntnis zur eigenen Nichtigkeit hat, weil er von der Größe Christi überwältigt ist.

Der Demütigste, der je lebte, war Jesus selbst. Wir werden es ihm sicher nie gleichtun können. Man kann sich nicht demütig machen, aber Gott sorgt dafür, daß wir gedemütigt werden. Wir sollten dann nicht aufbegehren. Die Demut ist eine Art Aufrichtigkeit, ein Stehen in der Wahrheit. „Dem Demütigen gibt Gott Gnade“ (1. Petr. 5, 5). Demütig ist, wer sich ganz bewußt unter die gewaltige Hand Gottes stellt im Bewußtsein seiner eigenen Unwürdigkeit und Nichtigkeit. Nur in der Lebens- und Sterbegemeinschaft mit Jesus lernt der Mensch auf alle angemaßte Größe und auf allen Selbstruhm zu verzichten.

Es ist wichtig, daß wir uns immer wieder selbstkritisch fragen: „Wo achte ich mich höher als den anderen und mache darum ein Miteinander unmöglich? Wo sehe ich nur auf das Eigene und baue dadurch Fronten?“ Es soll unsere Bitte sein: „Heiliger Geist, wirke du in mir. Herr Jesus Christus, hilf, daß ich mich selbst zurücknehmen kann. Himmlischer Vater, gib du mir Kraft, meinen Nächsten an dem Platz zu akzeptieren, an den du ihn gestellt hast. Amen.“

2. März

„Wer zu mir kommt und hört meine Rede und tut sie – ich will euch zeigen, wem er gleicht. Er gleicht einem Menschen, der ein Haus baute und grub tief und legte den Grund auf Fels. Als aber eine Wasserflut kam, da riß der Strom an dem Haus und konnte es nicht bewegen; denn es war gut gebaut.“

Luk. 6, 47–48

Selbst Menschen, die nicht in den Kindergottesdienst gegangen sind oder zur Kirche gehen, ist diese biblische Geschichte vom Bauen eines Hauses irgendwie vertraut. Damals war es offensichtlich so, daß man sich irgendeinen Bauplatz suchen konnte. Wer dabei nicht aufpaßte und am richtigen Platz baute, dem konnte es passieren, daß er zum Beispiel im Sommer sein Haus in ein sandiges Strombett hineinbaute, das ohne Wasser war. Im Winter jedoch wurde aus dem trockenen Flußbett schnell ein reißender Strom. Wer klug war, suchte von vornherein einen felsigen Untergrund, obwohl es sich darauf schwieriger bauen ließ. Doch wenn dann die Winterstürme kamen, wurde seine Mühe reichlich belohnt. Sein Haus stand fest und sicher da.

Jesus will mit dem Gleichnis sagen: Unter euch gibt es einige, die gestalten ihr Leben auf einem falschen Fundament. Sie hören zwar mein Wort, aber sie handeln nicht entsprechend. ,,Besser ist es", sagt Jesus, ,,wenn ihr wie die Menschen seid, die auf Felsengrund gebaut haben. Sie nämlich haben Gottes Wort gehört und entsprechend gehandelt." Der törichte Mensch hingegen scheut die Mühe, dem Worte Gottes gemäß zu leben. Er ist kurzsichtig. Er meint, es ginge schon alles in Ordnung, wenn er nicht viel schlechter sei als andere Menschen, sich ordentlich aufführe, sich nichts zuschulden kommen lasse usw. Es gibt ja so viel kluge Sprüche dieser Leute. Aber – es sind die klugen Sprüche von törichten Menschen.

Der kluge Mann dagegen scheut keine Mühe. Jesus erinnert mit diesem Gleichnis daran, daß sein Wort oft unserem Denken und dem, was wir im allgemeinen tun, widerspricht. Was er von uns verlangt, erscheint unmöglich. Er erwartet zum Beispiel, daß wir ihm uneingeschränkt vertrauen, daß wir seinem Wort gehorchen, daß wir nicht Böses mit Bösem vergelten und vieles andere mehr. Trotzdem ist diese ,,Bauordnung", auf festem Grund zu bauen, die beste Lebensordnung.

Was Jesus in seinem Gleichnis als Unwetter schildert, ist bei uns vielleicht ein Verkehrsunfall oder die lange Genesungszeit nach einer Operation. Dann zeigt sich nämlich, daß es uns nichts nützt, Gottes Wort bloß zu kennen oder davon zu wissen. Etwas Festes muß der Mensch haben, worauf er bauen kann, damit ihn nicht der Sturm umfegt. Gott schenke es Ihnen, daß Sie auf Felsengrund stehen. Mit anderen Worten, daß Sie Gottes Wort kennen, hören, liebbehalten und auch den Weisungen dieses Wortes entsprechend leben.

3. März

„Siehe, der Hüter Israels schläft und schlummert nicht."
Ps. 121, 4

In einem Segensspruch, den man oft am Ende eines Gottesdienstes hören kann, heißt es: „Der Herr segne dich und behüte dich!" Ein solches Wort ist der freundliche Zuspruch unseres Gottes. Er will uns damit etwas aufschließen, das sich allen menschlichen Vorstellungen entzieht. Nun ist hier im Wort aus Psalm 121 eine Formulierung, die Gottes Größe mit Bezug auf unsere menschlichen Bedürfnisse deutlich zu machen versucht. Es ist ja überhaupt nicht vorstellbar, daß Gott einschlafen könnte. Er ist eine urgewaltige Kraft, der wir alles verdanken. Er muß nie ausruhen und ist in seiner nie erlahmenden Kraft immer da.

In der weltweiten Radiomission erleben wir das auf eine vielfältige Weise. Von unserem afrikanischen Sender in Swasiland sendeten wir z.B. ganz früh am Tag Radioprogramme nach China, wenn es dort Tag wurde. Dann drehten wir die Antennen ein bißchen und sendeten als Ergänzung für unseren Sender auf Sri Lanka nach Indien. Und wenn dann die Sonne weiterwanderte und es in Afrika Tag wurde, dann sind die Antennen auf die Ostküste Afrikas gerichtet worden, und später noch ein bißchen weiter nach Mittelafrika. So gingen wir sozusagen mit unseren Antennen mit. Das ist nun sicher nur ein schwaches Bild für das, was hier von unserem Gott gesagt wird. Er geht immer mit den Menschen mit, wo sie auch leben. Er ist immer da. Überall kann ich ihn ansprechen. Er schläft und schlummert nicht.

Bewachen, bewahren, behüten wird er mich von jetzt an bis in Ewigkeit. Das zieht sich in einer ganz wunderbaren Weise durch diesen Psalm. Und wenn es dann doch mal anders geht, als wir erhoffen, wenn Menschen kommen und sagen: „Wo hat er denn da gewacht, als vor Jahren z.B. diese fünf Missionare in Südamerika ermordet wurden von den Aucas?" Mancher wird die Geschichte kennen. Da hat hinterher ein impertinenter Reporter sich an eine der Witwen herangemacht und gesagt: „Nun, liebe Frau, war es nicht völlig illusorisch und umsonst, daß Ihr Mann und die anderen dort hingingen und starben?“ Da hat die Frau den Reporter eine Weile angeschaut und gesagt: „Wissen Sie, Sie werden es vielleicht nicht verstehen: Zumindest hat Gott es meinem Mann nicht ermöglicht, ungehorsam zu sein!“

Wir wollen ganz vorsichtig sein mit unserem Urteil, wenn wir meinen, da habe Gott nicht gewacht. Unser Gott hält die Wacht. Er hat uns versprochen, nicht zu schlafen und auch nicht zu schlummern. Er ist da. Und wenn eine Sache einen Ausgang nimmt, den wir nicht erhofft und erwünscht haben, dann dürfen wir dennoch getrost sein und wissen: Er ist bei uns, und er will weiter bei uns bleiben. Ich wünsche es Ihnen, daß Sie das immer wieder ganz neu erfahren.

4. März

„Halleluja! Lobet den Herrn! Denn unsern Gott loben, das ist ein köstlich Ding, ihn loben ist lieblich und schön.“ Ps. 147, 1

Psalm 147 ist in einer Stunde des Gelingens geschrieben worden. An einem Tag des Sieges. Der Beter lobt Gott. Er hat geholfen. Jerusalem konnte wieder erbaut werden. Das Volk, das vorher zerstreut war, ist wieder beisammen. Gott hat seine heilende Kraft erwiesen; zerbrochene Herzen wurden wieder geheilt und verwundete sind genesen.

An Tagen, an denen alles gelingt, können wir ebenfalls frohen Herzens zu Gott beten und ihn loben. Aber wie ist es in den Zeiten, die uns nicht gefallen? Da fühlt sich mancher den Anforderungen nicht mehr gewachsen. Man ist z.B. gesundheitlich angeschlagen, oder Freunde haben einen enttäuscht. Was dann? Auch dann gilt: „Unser Herr ist groß und von großer Kraft, und unbegreiflich ist, wie er regiert“ (Ps. 147, 5).

Das ganze Kommen, Leiden, Sterben und Auferstehen Christi ist im Grunde genommen unbegreiflich. Warum hat Gott keinen anderen Weg zur Erlösung der Menschen gewußt als Tod und Auferstehung seines Sohnes? Wir wissen es nicht. Es ist sein Plan und sein Wille. Genauso unbegreiflich ist, daß Jesus Christus uns entgegenkam, uns das Herz abgewann und uns Glauben schenkte.

Ich möchte aber davor warnen, sich manches im Glauben zu leicht zu machen. Immer wieder entdecke ich im Gespräch mit anderen Christen, daß jemand sehr oberflächlich glaubt. Vieles scheint wie einstudiert oder auswendig gelernt. Manches ähnelt einer Phrase. Doch mit Phrasen kommen wir im Glaubensleben nicht aus. Was wir brauchen und lernen müssen, ist, daß wir staunend vor Gott stehen, fragend, aber anbetend. Und daß wir uns von ihm die Kraft erbitten, ja zu seiner Führung zu sagen, das heißt, daß wir bereit sind zu reifen und uns erziehen zu lassen.

Durch Christus an Gott zu glauben, das ist die Voraussetzung dafür, nicht zu verzweifeln, wenn wir nicht auf alles eine Antwort wissen oder verstehen können, was Gott in unserem Leben zuläßt. Es ist Kennzeichen einer besonderen Reife, wenn ich stille werde vor Gott und nur noch stammeln kann: „Es ist mir unbegreiflich, wie du regierst." Auch aus solchem Beten kann ein Mensch neu dankbar werden, daß er diesen Gott kennt und daß er im Innersten seines Herzens weiß, daß Gott sich um ihn kümmert.

Wenn ich seine Führung auch oft nicht verstehe, will ich dennoch glauben, daß er mich liebt und daß ich später einmal erkennen werde, was ich jetzt noch nicht verstehe. Voller Ehrfurcht will ich diesen Gott anbeten, der die ganze Welt in Händen hält. Ich will es tun, obwohl mir auch in Zukunft unbegreiflich bleiben wird, wie er regiert. Und ich will es lobend tun, in dem Wissen, daß der, der jeden Stern mit Namen nennt, auch mich kennt.

5. März

„Denn siehe, Finsternis bedeckt das Erdreich und Dunkelheit die Völker; aber über dir geht auf der Herr, und seine Herrlichkeit erscheint über dir.“ Jes. 60, 2

Haben Sie sich schon einmal in einer dunklen Höhle verirrt? Da verliert man die Orientierung, das Zeitgefühl, und Furcht beschleicht einen. Man hat nur einen Wunsch: „Gäbe es doch Licht; käme ich doch heraus!“ Im übertragenen Sinn tappen die allermeisten Menschen in der Dunkelheit herum. Sie sehen kein Ziel, und sie suchen einen Weg, oft einen Ausweg. So sieht es jedenfalls die Bibel. Die Welt liegt im Finstern, bis sich jemand von Jesus Christus, dem Licht, erleuchten läßt.

Aus der Bibel ersehen wir, daß das Licht in einem ständigen Kampf gegen die Finsternis steht. Die Bibel sagt nicht, wo das Dunkel herkommt, sie stellt nur fest, daß es dunkel ist. Sie sagt uns aber, wie es Licht werden kann, nämlich durch Jesus Christus. Er hat die Herrlichkeit bei Gott aufgegeben, wurde Mensch und stieg in das Dunkel dieser Welt. Er brachte Licht in diese Welt, damit keiner im Dunkeln bleiben muß. Es besteht die großartige Möglichkeit, daß sich ein Mensch an Jesus wendet und sagt: „Herr Jesus Christus, ich bin im Dunkeln. Ich sehe meinen Weg nicht, ich sehe höchstens meine Schuld. Vergib sie mir doch, und nimm mich hinein in dein Licht. Schenke mir deine Gnade, deine Zuneigung. Laß mich deine Wahrheit erleben. Ich möchte mir und anderen Menschen nichts vormachen müssen. Amen.“

Viele in der Welt bestätigen, daß ein solches Gebet erhört wird. Wer so betet, erhält Antwort. Er weiß auf einmal, daß er Gottes Kind ist. Und er weiß, daß er Anteil an Gottes Herrlichkeit hat. Gottes Kinder bezeugen, daß eine geistliche Erfahrung die andere ablöst. Die Bibel sagt: Wir können Gnade um Gnade nehmen, also von einer Zuwendung Gottes zur anderen kommen. Das ist eine so umwerfende Erfahrung, daß sich einer, der Gottes Kind geworden ist, wirklich wie neu geboren weiß. Er hat eine neue Existenz. Das Leben beginnt gleichsam nochmal.

Darum binden wir uns im Glauben an Jesus. Wer sich auf Jesus Christus verläßt, hat unmittelbar Zugang zu Gott. Gott ist für ihn nichts Dunkles mehr, nichts Geheimnisvolles. Zwar wohnt Gott in einem Licht, in das niemand hinein kann, in das auch niemand hineinsehen kann, aber wer sich von Christus erleuchten läßt, der findet aus der Dunkelheit heraus. Und wer selbst erleuchtet ist, kann dazu beitragen, daß auch andere Menschen aus der Dunkelheit ans Licht kommen.

6. März

„Der Gott aller Gnade aber, der euch berufen hat zu seiner ewigen Herrlichkeit in Christus Jesus, der wird euch, die ihr eine kleine Zeit leidet, aufrichten, stärken, kräftigen, gründen.“ 1. Petr. 5, 10

Ein sehr bekannter Vers, den viele ältere Christen noch kennen werden, heißt: „Leiden, wer ist deiner wert? Hier heißt man dich eine Bürde, droben bist du eine Würde, die nicht jedem widerfährt.“

Das Leiden hier auf dieser Erde ist eine Bürde, jawohl. Und das gilt für jeden, der vom Leid getroffen ist. Es ist verständlich, daß jeder sich freut, dem eine Leidenslast abgenommen wird. In der Regel aber ist das Kennzeichen des Leidens, daß es immer größer wird und immer schwerer wiegt. Auch mancher leidende Christ ist dann in die teuflische Versuchung hineingenommen, Gott abzuschwören und zu sagen: „Was nutzt mir denn mein Glaube, wenn ich doch so leiden muß?“ Es gibt leider keine allgemeingültige Antwort auf die Frage: „Warum muß ich so leiden?“ Wie mancher ist geplagt von den Stimmen aus der Tiefe, aus dem Kerker der Schwermut. Wie mancher muß leiden unter der Grausamkeit ungerechter Menschen um ihn herum. Oder denken wir nur an alle, die unschuldig um ihres Glaubens willen verfolgt werden. „Hier heißt man dich eine Bürde!“ Und nun kommt das, was die Gegner des Christentums ja eine Vertröstung aufs Jenseits nennen: „Droben bist du eine Würde!“ Spötter mögen der Meinung sein, daß sich solcher Glaube nicht lohnt, der hier nur Belastung ist und Bürde. „Was wissen wir", so fragen sie, „was einmal im Himmel ist? Wer weiß schon, was ‚droben' sein wird?" Wohl kaum prallen woanders Glaube und Unglaube so hart zusammen wie über der Frage des Leides.

Es steht jedoch Erfahrung gegen Fehlen einer Erfahrung. Die großen Glaubenswahrheiten der Heiligen Schrift sind alle Erfahrungstatsachen, die von uns Menschen nacherlebt werden können, wenn auch nur innerhalb der Schranken unseres Erdenlebens. Wer aber eine Glaubenswahrheit erfahren hat, der weiß, daß er gleichsam mit der göttlichen Wirklichkeit in Berührung gekommen ist. Darum ist für uns auch dieser Satz „droben bist du eine Würde" nicht so etwas wie ein billiger Wechsel auf eine ferne, ungewisse Zukunft, sondern vielmehr die Beschreibung eines Erlebens mitten im Alltag. Hier wirft die Ewigkeit ihre Strahlen voraus.

Worin besteht diese Würde? Sie besteht in dem Glanz, der vom Kreuz Jesu Christi auf jedes Leiden fällt, das sich ihm weiht. Matthias Claudius hat einmal gesagt: „Wir sind nicht umsonst in diese Welt gesetzt. Wir sollen hier reifen für eine andere Welt." Ich will darum Menschen, die durch Leiden geführt werden, nicht bedauern, sondern daran denken, daß Gott das Leid seinen Auserwählten zumutet. Und ich will daran denken, daß dort, wo Gott eine Last auferlegt, auch von ihm die Kraft gegeben wird, diese Last zu tragen.

7. März

„Wenn nun der Geist dessen, der Jesus von den Toten auferweckt hat, in euch wohnt, so wird er, der Christus von den Toten auferweckt hat, auch eure sterblichen Leiber lebendig machen durch seinen Geist, der in euch wohnt." Röm. 8, 11

Für ziemlich viele Menschen ist Jesus Christus nicht real. Sie meinen, seine Existenz würde nur behauptet, ähnlich wie die vom Aschenputtel. Sie sagen, er sei nur ein volkstümlicher Held wie z.B. der Siegfried der Nibelungensage oder so etwas. Die meisten Menschen lernen heute so gut wie nichts über Jesus und sein Wirken, über sein Leiden und sein Sterben.

Zudem werden von bekannten Persönlichkeiten die unsinnigsten Gedanken von einer Seelenwanderung oder von der Reinkarnation in die Welt gesetzt. Ein nicht unbeträchtlicher Prozentsatz der Leute glaubt das. Doch die Bibel kennt solche Lehren nicht. Wir müssen sie darum als unbiblisch und ungöttlich abtun. Wovon die Bibel aber spricht, das wird oft nicht gesagt, oder man will es nicht wahrhaben: Es gibt eine Auferstehung zum Gericht und zum Leben. Wer den Geist Christi in sich hat, der wird zum Leben auferweckt. Er ist ein Geretteter und gehört zu Gott, nicht nur in dieser Zeit, sondern auch in Ewigkeit.

Der Römerbrief vermittelt wiederholt einen Eindruck davon, was es heißt, als Christ zu leben. Das geht allerdings nicht ohne eine gewisse Spannung. Was fleischlich ist, kann nicht geistlich sein. Andererseits ist auch der geisterfüllte Mensch nicht ohne fleischliche Regungen. Darum ermahnt Paulus, daß der Christ in dem von Christus geschenkten neuen Leben dem Geist Raum gebe, damit die fleischliche Gesinnung überwunden wird. Spannung, d.h. innere Unruhe, schafft die Erkenntnis, daß sich im Leben eines Christen gleichsam zwei Äonen treffen, also zwei göttliche Zeitabschnitte.

Wir leben jetzt in einem Äon, der bis zur Wiederkunft Christi reicht. Wenn Christus die neue Welt errichtet, dann beginnt ein neuer Äon. Durch die Auferstehung Christi ragt dieser neue Äon schon in diesen Äon hinein. Im Leben eines Christen treffen sich also die beiden Äonen und drücken ihm diesen doppelten Charakter auf. Der Christ lebt noch „im Fleisch“, aber nicht „nach dem Fleisch“ (2. Kor. 10, 2–3). Sein äußerer Mensch erhält sein Gepräge davon, daß er im alten Äon lebt, darum ist der Leib dem Tode unterstellt, der Sünde wegen. Im Geist aber gehört er schon dem neuen Äon an, obwohl aus dem Fleisch allerlei Ansprüche aufsteigen. Wenn der Mensch diesen Ansprüchen folgen würde, bedeutete dies, daß er den alten Weg zurück in die Knechtschaft unter dem Tod geführt würde. Als Christen sollen wir aber nicht mehr nach dem Fleische leben, sondern nach dem Geist.

8. März

„Und wenn ich prophetisch reden könnte und wüßte alle Geheimnisse und alle Erkenntnis und hätte allen Glauben, so daß ich Berge versetzen könnte, und hätte die Liebe nicht, so wäre ich nichts.“ 1. Kor. 13, 2

Auch noch so viele Geistesgaben sind unnütz, wenn die Liebe nicht dazukommt. Die Liebe, die Agape, führt den Menschen weg von sich selbst, während andere Geistesgaben, wie alle Begabungen überhaupt, das Selbstbewußtsein aufwerten. Geistesgaben können falsch genutzt werden. Das geschieht, wenn derjenige, der eine oder mehrere Gaben hat, sie für sich nutzt, zur eigenen Erbauung oder Ehre. Schnell wird einer auf diese Weise groß und entwickelt sich falsch. Die Liebe ist die einzige Gabe, bei der das eigentlich nicht möglich ist. Man kann sich nicht von Gott mit Liebe beschenken lassen, um dabei selbst größer zu werden. Liebe führt immer weg von einem selbst.

In unserem Wort für den Tag wird die prophetische Rede erwähnt, die besondere Gabe also, auch für den Augenblick zu erkennen, was Gott getan haben möchte. Es wäre schön, wenn viele Christen in der Gemeinde diese Gabe hätten. Nun sagt Paulus: Selbst wenn die prophetische Gabe vorhanden ist, und es fehlt die Liebe, dann ist sogar diese Gabe nichts wert.

Auch das intellektuelle Wissen ohne Liebe gilt in Gottes Augen nichts. Das heißt nun nicht, daß Paulus dagegen wäre, daß wir etwas wüßten. Wissen ist gut und wichtig. Die moderne Gesellschaft wäre nicht möglich ohne das Anwachsen des Wissens. Bei Gott zählt allerdings nur ein Wissen, das durch die Liebe geläutert ist. Unser Herr bewahre seine Gemeinde vor Leuten, die viel wissen, aber ihr Wissen nicht in der Liebe weitergeben können.

Selbst wenn so viel Glaube da wäre, daß sogar Berge versetzt werden könnten, und die Liebe fehlte, so wäre das nichts! Glauben ohne Liebe ist unnütz. Er kann sogar grausam sein, verletzend und schneidend. Wir haben ja in den Gemeinden immer einen oder zwei, die genau zu wissen meinen, wie die anderen zu leben haben. Solchen Kritikern müßte man selbst etwas sagen. Wem die Liebe fehlt, der schweigt manches Mal, wo geredet werden müßte. Wem die Liebe fehlt, der redet jedoch auch häufig zu rasch und unüberlegt.

Sicher müssen wir uns in der Liebe üben, mit Gottes Hilfe – nicht aus eigener Kraft. Unser Herr sorgt dafür, daß wir mit seiner Hilfe hier oder dort zuwege bringen, was wir aus eigener Kraft keinesfalls gekonnt hätten. Und dabei darf uns ein Wort leiten wie dieses: „Lasset uns ihn lieben, denn er hat uns zuerst geliebt" (1. Joh. 4, 19). Weil er uns geliebt hat, darum können wir ihn lieben. Und weil wir ihn lieben, darum können wir unseren Nächsten lieben. Jesus Christus verwandelt unser Herz und macht uns ihm ähnlich.

9. März

„Darum werden wir nicht müde; sondern wenn auch unser äußerer Mensch verfällt, so wird doch der innere von Tag zu Tag erneuert." 2. Kor. 4, 16

Dieses Bibelwort ist eigentlich so großartig, daß man lange, lange darüber reden müßte. Ich empfehle Ihnen sehr, beim nächsten Spaziergang oder bei Ihrem nächsten Gespräch einmal mit Ihrem Gesprächspartner über diesen Satz nachzudenken: Wenn auch unser äußerer Mensch verfällt ...

Wir nehmen ja unsere Krankheiten und unsere Leiden und unsere Schmerzen so wichtig. Das ist auch zu verstehen. Die Schmerzen, die ich habe, die hat eben ein anderer nicht. Aber es steht nirgendwo, daß wir als 70jährige noch so fit sind wie als 20jährige oder daß bei einem 74jährigen das Gedächtnis noch so funktioniert wie beim 14jährigen.

Nein, wir müssen nicht so tun, als wenn uns da etwas besonders Schlimmes widerfährt, sondern wir wollen ganz nüchtern sehen, daß der äußere Mensch verfällt. Die Schmerzen und Plagen, die uns Not bereiten, sind eben ein Stück dieses äußeren Verfalls. Der große Gott, der uns ein wenig niedriger geschaffen hat als sich selbst, hat es in seiner Weisheit so beschlossen.

Der gewöhnliche Mensch würde sagen: „Weil mein äußerer Mensch verfällt, verliere ich den Mut. Macht gar keinen Spaß mehr, das Leben. Ich werde müde." Aber der Glaubende sagt: „Obwohl der äußere Mensch verfällt, werde ich nicht müde, verliere ich nicht den Mut. Aber nicht etwa, weil ich nun ein seelischer Kraftprotz bin, sondern weil der Herr mir diesen Glauben schenkt."

Der Glaube trägt, wenn die Seele kraftlos ist, wenn man aufgeben will, wenn man keine Freude mehr hat. Er trägt, auch wenn der Geist ratlos ist, denn Gott schenkt überschwengliche Kraft. Darüber freue ich mich. Denn es ist die Kraft der Auferstehung, die er in mich hineinlegt. Auferstehungskraft, das, was er seinem lieben, einzigen Sohn hat zuteil werden lassen, das steht mir auch zur Verfügung. Wir wissen, daß der, der den Herrn Jesus auferweckt hat, auch uns auferwecken wird. Und das fängt nicht erst an jenem Tag der Auferstehung an, sondern es heißt ja: „Wer dem Sohn Gottes glaubt, der hat das ewige Leben."

Unser Glaube ist wirklich keine Theorie, sondern erfahrbare Kraft, die Möglichkeit schlechthin, das Leben zu meistern.

10. März

„Ich habe deinen Namen den Menschen offenbart, die du mir aus der Welt gegeben hast. Sie waren dein, und du hast sie mir gegeben, und sie haben dein Wort bewahrt.“ Joh. 17, 6

Ist Ihnen schon einmal aufgefallen, wie unterschiedlich Christen von Gott dem Vater und dem Sohn Jesus Christus sprechen? Die einen reden vom lieben Gott bzw. vom Herrgott. Von Jesus Christus wird einfach als Jesus gesprochen oder vom Herrn Christus. Sind alle diese Namen und zum Teil auch Würdebezeichnungen eigentlich austauschbar? In welchem Verhältnis steht der Herr Jesus Christus zu Gott?

Jesus Christus betete einmal zu seinem Vater im Himmel und sagte: „Ich habe den Menschen“ – er meinte damit seine Jünger – „deinen Namen kundgetan.“ Welches war dieser Name Gottes, von dem die Jünger bis dahin nichts wußten oder den sie nicht in den Mund zu nehmen wagten? Es ist die Anrede Gottes als Vater. Bereits aus dem Alten Testament mußte den Jüngern diese Anrede bekannt gewesen sein. Der Prophet Jesaja betete einmal: „Du, Jahwe, bist unser Vater; ‚Unser Erlöser‘, das ist von alters her dein Name“ (Jes. 63, 16). Gott ist hier der Vater des Volkes, aller Juden also, nicht zuerst der einzelnen Israeliten. Anders ist es in der neutestamentlichen Gemeinde. Hier kann jeder Mensch Gott mit Vater anreden. Das kann richtig verstanden allerdings nur derjenige tun, der Jesus zum Herrn seines Lebens erwählt hat.

Warum aber trägt unser Herr eigentlich gerade den Namen Jesus? Weil er uns errettet hat aus unseren Sünden (Matth. 1, 21). Jesus, oder hebräisch „Jehoschua“, heißt ja auf deutsch übersetzt: „Jahwe, der Herr, ist (unsere) Rettung.“ So liegt eben in diesem Namen die Fülle dessen beschlossen, was uns der Herr mit seinem Sterben und mit seiner Auferstehung erworben hat. Im Namen Jesus kommt der ganze Sieg des Auferstandenen, die ganze Vollmacht des regierenden Christus zum Ausdruck. So unterliegt es keinem Zweifel, daß die Hölle nur vor diesem einen Namen zittert: Jesus.

Von hier aus kann es gewiß nur als eine wohlüberlegte Strategie des Feindes angesehen werden, daß er im Laufe der Jahrhunderte dafür gesorgt hat, daß in der Christenheit der Name Jesus so in den Hintergrund getreten und wie mit einem Schleier bedeckt worden ist, daß man die leuchtende Herrlichkeit und die lösende Kraft dieses Namens vielfach nicht mehr gesehen und erfahren hat. Das darf nicht so bleiben. Es geht um etwas ganz Grundsätzliches und Wesentliches. Es wird für die Zukunft der Christenheit entscheidend viel davon abhängen, ob man zurückfindet in die Welt des Neuen Testaments, d.h. zum Herrn Jesus Christus selbst, dem Auferstandenen, der da ist, der da war und der da kommt.

11. März

„Von der Hoffnung habt ihr schon zuvor gehört durch das Wort der Wahrheit, das Evangelium, das zu euch gekommen ist, wie es auch in aller Welt Frucht bringt und auch bei euch wächst von dem Tag an, da ihr's gehört und die Gnade Gottes erkannt habt in der Wahrheit." Kol. 1, 5 b–6

Daß das Evangelium weltweit Kraft hat, Menschen zu verwandeln, und daß dieses Evangelium Hoffnung schenkt, die nirgends sonst zu finden ist, das schreibt der Apostel Paulus den Kolossern. Kolossä war eine kleine wohlhabende Stadt in Kleinasien mit einer lebendigen christlichen Gemeinde. Aus ihr stammten einige der Mitarbeiter des Apostels Paulus, die im Neuen Testament namentlich erwähnt werden.

Paulus nennt in seinem Brief an die Kolosser das Evangelium „das Wort der Wahrheit". Jesus selbst ist, wie wir aus dem Johannes-Evangelium wissen, das Wort. In aller Welt wird von ihm erzählt. Wo Menschen bewußt das Wort hören, wo sie also auf Jesus hören, da geht es voran, da entsteht Neues. Das Evangelium Christi ist das Wort der Wahrheit und bringt den Menschen nicht nur Vermutungen über Gott, sondern Gewißheit.

Evangelium heißt: Frohe Botschaft. Aber was ist denn das Frohmachende an dieser Botschaft? Dieses: daß Gott die Menschen liebt und ihr Freund sein will. Das Evangelium bewirkt, daß der Mensch ein richtiges Verhältnis zu Gott bekommt. Dabei ist das Evangelium grenzenlos. Es ist weder auf ein Volk noch auf eine Rasse beschränkt, noch an eine bestimmte Klasse gebunden oder an bestimmte Verhältnisse. Das Wort der Wahrheit im Evangelium ist auch in aller Welt da. Paulus will sagen: Das Evangelium wird nicht nur den Menschen in Kolossä angeboten, es ist auch in anderen Teilen der Welt zu hören und bringt Frucht und wächst. Es ist eine schlichte historische Tatsache und Erfahrung, daß das Evangelium die Kraft besitzt, das Leben eines einzelnen Menschen zu ändern oder das Leben ganzer Völker.

Das Evangelium bringt Frucht, heißt es in unserem Bibelwort. Wir wollen sein Wachstum in unserem Land und in unserem Leben an diesem Tag nicht hindern. Im Gegenteil, vielleicht fällt uns ein, wo bzw. wem gegenüber wir uns für die Verbreitung des Wortes der Wahrheit einsetzen können. Dabei darf uns ermutigen, daß nicht wir es sind, die Frucht bringen müssen. Das Wort selbst bewirkt Frucht und Wachstum. Daran sollten wir öfter denken, und darüber sollten wir uns freuen.

Ich wünsche Ihnen einen von Gott begleiteten Tag, der Sie erfahren läßt, was es bedeutet, wenn wir das Wort der Wahrheit, das Evangelium, hören und befolgen.

12. März

„Der Engel des Herrn lagert sich um die her, die ihn fürchten, und hilft ihnen heraus.“ Ps. 34, 8

Wer über Engel spricht, sollte bedenken, daß in der Bibel nicht nur von unserer sichtbaren Welt die Rede ist, sondern auch von einer unsichtbaren Welt, einer unsichtbaren Wirklichkeit. In dieser unserem leiblichen Auge nicht zugänglichen Welt leben die

Engel – übrigens auch die Dämonen. Letztere als Helfer des Satans. Die Engel sind Helfer und Boten Gottes.

Paulus hat den Korinthern einmal geschrieben, daß es sehr verschiedene Leiber gebe, stoffliche und himmlische, natürliche und geistliche. Verschiedentlich berichtet die Bibel davon, daß Engel Geistleiber haben. Mit diesen sind sie weder an einen Ort noch an die Zeit gebunden. Gott macht seine Diener zu Winden, heißt es in Psalm 104, Vers 4. Das ist ein bildhafter Hinweis auf die Schnelligkeit der Engel, die ungehindert kommen und gehen können, erscheinen und verschwinden. Allerdings sind sie nicht allgegenwärtig. Das ist nur Gott. Wenn Engel mit Menschen in Verbindung getreten sind, so nahmen sie gelegentlich einen menschlichen Leib an.

Aus dem Neuen Testament wissen wir, daß Engel „dienstbare Geister" sind, ausgesandt, um denen zu dienen, die gerettet werden sollen (Hebr. 1, 14). Wer sind diese, die gerettet werden sollen? Das sind wir. Zu unserer Hilfe sendet Gott ja nicht nur Engel. Er hat, damit die Menschen errettet werden, sogar seinen einzigen Sohn nicht verschont, sondern hat ihn für uns dahingegeben. Gott hat ein Interesse daran, daß wir bei ihm bleiben, seine Sache bekanntmachen und ihm in Ewigkeit gehören.

Vielleicht gehen Sie in Gedanken jetzt einmal in Ihrem Leben zurück. Denken Sie an Bewahrung auf Reisen, Bewahrung an Maschinen, im Haus oder Garten, im Betrieb. Wie mancher ist vor dem unbedachten Überqueren einer Straße bewahrt worden, wurde durch eine unsichtbare, aber starke Hand gleichsam zurückgerissen. In seiner Freundlichkeit schenkt Gott den Beistand seiner Engel auch solchen Menschen, die sich noch nicht bewußt auf seine Seite gestellt haben. Aber versprochen hat er diese Hilfe allen, die ihm vertrauen. Das Bibelwort, das wir gerade betrachten, sagt es: „Der Engel des Herrn lagert sich um die her, die ihn fürchten." Das heißt, er lagert sich um die her, die in Ehrfurcht vor Gott leben.

Ich möchte heute so leben, daß der lebendige Gott sieht, wie lieb ich ihn habe und daß ich ihn ehre. Wollen Sie das auch tun?

Lassen Sie uns Gott danken für die Helfer, die wir nicht sehen und die doch in seinem Dienst stehen.

13. März

„Wir haben aber diesen Schatz in irdenen Gefäßen, damit die überschwengliche Kraft von Gott sei und nicht von uns.“
2. Kor. 4, 7

Ich wünsche mir Zeugen Christi, die über den Dingen stehen, die unangreifbar, unerschütterlich in ihrer Glaubensüberzeugung, vorbildlich im Verhältnis zu anderen Menschen und in ihrem Lebensstil sind. Der Alltag zeigt allerdings: solche Wünsche sind Illusionen und Theorie. Gott vertraut den Schatz des Evangeliums unansehnlichen (irdenen) Gefäßen an, Menschen, damals wie heute. Keiner soll darum in der Gemeinde viel von sich selbst halten. Wenn etwas gelingt, danken wir Gott; mißlingt es, fragen wir nach unserem Versagen. Paulus hatte ein Ja zu dieser Begrenzung. Er sah darin wohl auch eines der Erziehungsmittel Gottes, der uns jederzeit bewußtmachen möchte, daß die überschwengliche, d.h. die überströmende Kraft von ihm kommt und nicht aus uns. Gott ist es, der den Kraftlosen stärkt.

Paulus hatte mit der Gemeinde in Korinth viel Kraftraubendes und Schmerzliches erlebt. Trotzdem vertraute er ihr. Korinth war, wie jede andere Gemeinde auch, eben keine Schar der Vollendeten, sondern eine Schar von Menschen, die der Rettung und Erlösung bedurften. Paulus beurteilte sie nicht nach moralischen Maßstäben; für ihn zählte, daß sich die Korinther mit Christus verbunden wußten.

Gemeinde Jesu ist nie Idealgemeinde. Auch wiedergeborene Menschen denken und leben nicht ohne weiteres „aus dem Geist“. Nicht unsere Vertrauenswürdigkeit, sondern das treue Handeln Gottes in uns erweist sich als prägend. Weil Christus der Inhalt seines Lebens war, bezeugte Paulus, daß er von Christus geprägt war. Christus sprach aus seinem Zeugnis, aus seiner Verkündigung, aus seinem Leben, und das nutzte der Heilige Geist, um die zu prägen, die sich ebenfalls dem Wort von der „Versöhnung in Jesus Christus" öffneten. Es sind Beschenkte; Menschen, die den Mut nicht verlieren, auch in schwieriger Lage.

Es bleibt wohl die größte geistliche Erfahrung, die ein Mensch machen kann: Christus hat mich erleuchtet; er überwindet die Finsternis. Ich bin von Christus beschenkt – dafür danke ich ihm. Ich bin von Christus geprägt und zum Zeugen bestimmt. Jeder Christ wird das auf seine Weise erfahren.

14. März

„Gott aber kann machen, daß alle Gnade unter euch reichlich sei, damit ihr in allen Dingen allezeit volle Genüge habt und noch reich seid zu jedem guten Werk." 2. Kor. 9, 8

„Gnade", das ist ein Herzwort evangeliumsgemäßen Glaubens und immer ein Hinweis auf das freie Geschenk Gottes, ganz im Gegensatz zu Lohn. Nicht, wenn wir oder weil wir z.B. reichlich geben, antwortet Gott mit neuem Reichtum, sondern reich gibt er aus seiner Gnade. Gnade, das hat immer etwas mit göttlicher Zuneigung zu tun. Es ist vor allem aber ein Hinweis darauf, daß Gott sich uns zuneigt ohne unser Verdienst und unsere Würdigkeit.

Gott kann ferner machen, daß wir in allen Dingen allezeit volle Genüge haben. Das ist das große Geheimnis: sich genügen lassen, genug haben. Nicht wie so viele Menschen, die immer mehr haben wollen, die nie genug bekommen können. Er, unser Gott, wird dafür sorgen, daß mir genügend Zeit zur Verfügung steht, daß ich genug Kraft habe, daß ich genug Geld habe – das alles aber nicht nur, damit ich ein genügsames Leben führe.

Aus dem Glauben muß die richtige Tat erwachsen. Umgekehrt geht es nicht. Keiner kann durch sein Tun Gott gefallen. Aber unser Herr kann sehr wohl dafür sorgen, daß unsere Worte die richtigen sind, so daß andere merken, daß wir sie lieben, trösten, aufmuntern, ihnen vergeben. Und er, unser Herr, sorgt auch dafür, daß wir das Richtige tun. Daß wir noch freundlich sein können, obwohl wir vielleicht müde sind, geduldig sind, wo wir aufbrausen möchten, daß wir helfen und mittragen, obwohl wir vielleicht selbst nach Hilfe Ausschau halten. Gott aber kann machen, daß allerlei Gnade euch reichlich sei, daß ihr in allen Dingen volle Genüge habt, daß ihr reich seid zu allerlei guten Werken.

Unser Geben ehrt Gott und führt andere zum Dank. Das finde ich ganz großartig, daß Menschen Gott für das danken, was wir ihnen bringen. So haben wir durch unser Schenken Teil an der Verherrlichung Gottes. Die Ehre und die Herrlichkeit Gottes sind ja das letzte Ziel und der letzte Sinn alles christlichen Empfangens oder Handelns.

Darüber müßte man sicher noch mehr nachdenken: Was ehrt Gott? In welchem Verhältnis stehen meine Spenden und die Ehre Gottes zueinander? Helfe ich nur einem bzw. mehreren Menschen, oder ehre ich Gott? Was soll die kleine Gabe in der Kollekte, obwohl ich durchaus eine größere hätte geben können? Warum gestatte ich mir selbst so viel und stelle Gott so wenig zur Verfügung?

15. März

„Macht sichere Schritte mit euren Füßen, damit nicht jemand strauchle wie ein Lahmer, sondern vielmehr gesund werde.“
Hebr. 12, 13

Ich habe neulich ein bißchen über unsere Füße nachgedacht. Ich hatte im 12. Kapitel des Hebräerbriefes gelesen: „Darum stärkt die müden Hände und die wankenden Knie und macht sichere Schritte mit euren Füßen.“ Mir wurde bewußt, daß dieser Vers nicht buchstäblich gemeint ist, sondern daß seine Aussage bildlich zu verstehen ist. Angesprochen sind ja nicht nur Menschen, die noch flott zu Fuß sind, sondern auch solche, die nicht mehr laufen können, die nur noch im Bett liegen oder die auf den Rollstuhl angewiesen sind. Sie können im geistlichen Sinn ebenfalls sichere bzw. feste Schritte machen.

In der Bibel steht „Fuß“ oft für den ganzen Menschen. So wollte Saul z.B. von den Sifitern wissen „an welchem Ort der Fuß des David weilt“ (1. Sam. 23, 22), eigentlich eine umständliche Beschreibung. Er hätte ja gleich fragen können: „Sagt mir, wo ist David?“ Doch unser Sprachgebrauch ist ähnlich wie damals. Wenn man etwa sagt „Jemand lebt auf großem Fuß“, dann hat das nichts mit der Größe seiner Füße zu tun, sondern ist ein Hinweis darauf, daß jemand über seine Verhältnisse lebt.

Im Leben mancher Menschen spielt der Aberglaube eine besondere Rolle. Der Abergläubige warnt, es solle niemand mit dem linken Fuß zuerst aufstehen. Das bringe Unglück. Ich habe mich einmal kontrolliert. Ich steige jeden Morgen mit dem linken Fuß zuerst aus dem Bett und wüßte nicht, daß es mir besser ginge, wenn ich zuerst den rechten hinaussetzte. Für uns als Christen ist es völlig unbedeutend, ob wir zuerst mit dem linken oder mit dem rechten Fuß aufstehen. Viel wichtiger ist Gottes Zusage, daß er unsere Füße auf weiten Raum stellen will (Ps. 31, 9). Das heißt, daß Gott mir durch den Glauben große Möglichkeiten zur Lebensentfaltung gibt. Der Glaube hilft mir z.B., meine Persönlichkeit zu erkennen und zu entwickeln. Er bewahrt mich zugleich davor, ein nur auf mich bezogenes Leben zu führen. Und der Glaube hilft mir, auch den anderen zu entdecken und die damit verbundenen Möglichkeiten gemeinschaftlichen Tuns.

Ich möchte Gott jedenfalls bitten, daß er meine müden Hände und meine wankenden Knie stärkt und daß er mich sichere Schritte mit meinen Füßen machen läßt; daß er mir hilft, meine Füße zu seinen Mahnungen zu lenken (Ps. 119, 59) und daß er meinem Fuß alle bösen Wege verwehrt (Ps. 119, 101). Er schenke es, daß ich nie vergesse, daß sein Wort meines Fußes Leuchte ist (Ps. 119, 105).

Vielleicht setzen Sie diese Überlegung einmal fort. Nehmen Sie sich eine Konkordanz und lesen Sie nach, was alles zu dem Begriff „Fuß" gesagt wird, oder schreiben Sie auf, was Ihnen alles in Verbindung mit dem Begriff „Fuß" einfällt. Sicherlich entdecken Sie dann selbst manches Gleichnis.

16. März

„Denn wir wissen: Wenn unser irdisches Haus, diese Hütte, abgebrochen wird, so haben wir einen Bau, von Gott erbaut, ein Haus, nicht mit Händen gemacht, das ewig ist im Himmel." 2. Kor. 5, 1

Die Menschen des Neuen Testaments sind Menschen der Gewißheit. Wer das Evangelium an Menschen heranträgt, die nur dem Namen nach Christen sind, wird auf Sätze wie diese stoßen: „Na ja, so genau kann man das doch nicht wissen, ob man in den Himmel kommt." Oder: „Ich hoffe, daß ich mal in der Ewigkeit sein werde."

Wir sind unseres Glaubens gewiß! Das ist eines der Kronworte des Apostels Paulus, das immer wiederkehrt. Wir haben eine frohe Gewißheit, die uns keiner nehmen kann!

Zu wissen, man geht der Herrlichkeit entgegen, ist eine Glaubenserfahrung, die jeder selbst machen muß. Aber wenn er sie gemacht hat, dann ist das eine Erfahrung, die alle anderen aufwiegt. Wir nennen solche Erfahrung Heilsgewißheit. Heilsgewißheit haben heißt nicht, daß wir nun keine Kümmernisse mehr hätten, keine Schmerzen, keine Beschwerden – auch als Menschen mit Heilsgewißheit kennen wir das Zittern und das Bangen.

Heilsgewißheit ist nicht zu verwechseln mit Selbstsicherheit. Gotteskinder sind nicht selbstsicher, sondern sie sind ihres Heils gewiß. Das ist ein ganz großer Unterschied. Und auch in einem Herzen, das seines Heils gewiß ist, kann es ein Ringen geben um dieses und um jenes. Ganz besonders setzt dieses Ringen ein, wenn ein Gotteskind weiß: Jetzt habe ich nur noch eine begrenzte Zeit zu leben. Auch Gotteskinder werden angesprungen von dieser Furcht vor der letzten Wegstrecke, wenn dieses irdische Haus, dieses Zelt, wie es hier eigentlich heißt, abgebrochen werden muß. Da müssen wir ganz nüchtern bleiben, denn der Tod ist, so sagt es die Heilige Schrift, nicht ein Freund, sondern der letzte Feind. Aber obwohl der Tod der letzte Feind ist, setzt er keinen Schlußpunkt, sondern er ist Durchgangsstation.

Jedes Glied der Gemeinde Jesu erwartet eine neue, höhere Leiblichkeit, wobei Leiblichkeit im Himmel eigentlich nur ein Hilfsausdruck ist. Wir werden in eine Herrlichkeitsgestalt verwandelt werden. Sie ist vergleichbar der Gestalt des Herrn am Ostermorgen, eine Gestalt, die keiner Vergänglichkeit mehr unterworfen ist, für die Zeit und Raum keine Gesetzmäßigkeiten mehr sind.

Denn wir wissen: Wenn unser irdisches Haus, diese Hütte, abgebrochen wird, so haben wir einen Bau, von Gott erbaut, ein Haus, nicht mit Händen gemacht, das ewig ist im Himmel.

17. März

„Jesus antwortete und sprach zu ihm: Was ich tue, das verstehst du jetzt nicht; du wirst es aber hernach erfahren.“

Joh. 13, 7

Vor dem Passahfest, als Jesus schon wußte, daß seine letzte Stunde nun bald gekommen war, versammelte er seine Jünger noch einmal um sich. Was er nie zuvor getan hatte und keiner erwartete, weil es die Aufgabe der Sklaven war, das tat Jesus: Er wusch seinen Jüngern die Füße. Das ist jener Augenblick, den ich mit dem Satz überschreiben möchte: Petrus versteht seinen Herrn nicht. Petrus sagte, als Jesus zu ihm kam: „Herr, du wäschst mir die Füße?“ Und Jesus antwortete ihm: „Was ich tue, das verstehst du jetzt nicht; du wirst es aber hernach erfahren.“

Wie mag es dem Petrus ums Herz gewesen sein, als Jesus ihm diesen geheimnisvollen Satz sagte? Er hatte gleich eine Antwort bereit. Er möchte nicht, daß Jesus ihm die Füße wäscht. Aber

Jesus macht ihn darauf aufmerksam, daß es hier nicht nur darum geht, daß einmal einer dem anderen die Füße wäscht. Vielmehr möchte Jesus bildhaft darstellen: So, wie ich euch die Füße wasche und damit den Schmutz von euch nehme, so möchte ich eurem Herzen und eurer Seele wohltun. Sie sollen gewaschen werden. Es soll aller Schmutz weg. Das freilich läßt sich nicht mit Wasser und Seife tun. Das muß auf eine andere Weise geschehen. Jesus deutet es an: „Du wirst es später erfahren." Dieses „später" war in jenem Fall „ein paar Tage später". Da hing Jesus am Kreuz, und Petrus begriff, daß Jesus zur Vergebung der Sünde sterben mußte.

Ich bin zutiefst überzeugt, daß bis heute jenes Geschehen bei der Fußwaschung bedeutsam ist für unseren Glauben. Wie oft läßt Gott irgendeine Situation in unserem Leben zu. Wir verstehen beim besten Willen nicht, warum dies gerade an dem Tag, zu jener Stunde und an einem bestimmten Ort geschehen ist. Gott in seiner freundlichen Fürsorge weiß das wohl. Ihm geht es ja immer um das Heil unserer Seele. Er weiß, was uns guttut und was uns schadet. Selbst wenn wir bestimmte Zusammenhänge nicht durchschauen und uns Schwierigkeiten unüberwindlich scheinen, so soll doch dieses Jesuswort in unserem Herzen klingen: „Was ich tue, das verstehst du jetzt nicht. Du wirst es aber später erfahren."

Mit diesem Wissen möchte ich durch diesen Tag gehen. Ich bin froh, daß mir mein Herr einige Dinge verschlossen hält. Ich bin aber zutiefst davon überzeugt, daß er sie zu gegebener Stunde aufschließen wird, dann, wenn es für mich Zeit ist, dann, wenn es für mich richtig ist. Darum freue ich mich, daß er mich sieht, für mich sorgt und mich segnet.

18. März

„Da antwortete ihm Simon Petrus: Herr, wohin sollen wir gehen? Du hast Worte des ewigen Lebens; und wir haben geglaubt und erkannt: Du bist der Heilige Gottes.“

Joh. 6, 68–69

Eine der beeindruckendsten Geschichten im Neuen Testament ist sicher die Speisung der Fünftausend. Ich hätte dabeisein wollen. Was muß das für ein Erleben der Nähe Gottes gewesen sein. Mich wundert es gar nicht, daß nach diesem Ereignis die Menge Jesus zum König machen wollte. Das wäre doch etwas, einen an der Spitze zu haben, der immer dafür sorgt, daß wir nie Hunger leiden. Aber Jesus läßt sich nicht verführen durch den Wunsch der Masse. Im Gegenteil. Er zieht sich auf einen Berg zurück und geht in die Einsamkeit.

Nach der so imposanten Schilderung von der Speisung der Fünftausend kommt der niederschmetternde Bericht von der mangelnden Bereitschaft vieler, an Jesus zu glauben. So sehr das Volk Brot für den Magen annahm – Brot für die Seele lag ihnen nicht so. Als Jesus darauf hinwies, daß er derjenige sei, der Brot für die Seele bringen könne, er dafür allerdings sterben müsse, da waren viele mit ihm nicht mehr einverstanden. Es heißt im Johannes-Evangelium, daß nach dieser Predigt sich viele seiner Nachfolger von ihm abwandten und fortan nicht mehr mit ihm gingen (Joh. 6, 66). Da fragte Jesus seine zwölf Jünger: „Wollt ihr auch weggehen?“ Und Petrus antwortet für sie alle: „Herr, zu wem sollten wir gehen? Du hast Worte des ewigen Lebens, und wir haben geglaubt und erkannt, daß du der Heilige Gottes bist.“

Das ist der Unterschied zwischen Jüngern und der Masse. Die Masse braucht immer Sensationen. Sie braucht etwas für den Magen, die Augen, die Ohren oder für das Gefühl. Aber einzelne Menschen lassen sich vom lebendigen Gott rufen und bis in jenen Bereich hinein helfen, der ihr innerstes Wesen ausmacht. Die zwölf Jünger hatten das verstanden. Sie begriffen, daß es nicht nur um das Vergängliche geht, sondern um das Unvergängliche. Die Bibel macht uns klar: Wer an den Sohn Gottes glaubt, der empfängt jetzt schon ewiges Leben. Damit bekommt das Leben eine neue Dimension, die durch nichts zu übertreffen ist. Ewiges Leben innehaben, das heißt, über unmittelbaren Lebensanschluß an den lebendigen Gott zu verfügen. Das heißt, sich getragen zu wissen vom Höchsten. Das heißt, ein Ziel sowie Halt und Zuflucht im Leben zu haben.

Zu viele Menschen erwarten immer das Besondere von Gott. Ich möchte lieber den Zwölfen gleichen. Selbst wenn vielleicht sogar etwas passiert, was mir nicht gefällt, will ich glauben: Mein Herr tut für mich das Richtige. Mit ihm habe ich Anschluß an die Ewigkeit. Er hat Worte des ewigen Lebens, und die sind durch nichts zu überbieten.

19. März

„Ich denke an Gott – und bin betrübt; ich sinne nach – und mein Herz ist in Ängsten.“ Ps. 77, 4

„Ich denke an Gott – und bin betrübt“, das erscheint uns nicht wie ein Glaubenssatz. Normalerweise müßte es doch wohl heißen: „Ich denke an Gott und bin nicht betrübt.“ So jedenfalls stellt es sich jemand vor, der nicht weiter nachdenkt über den Glauben und seine Voraussetzungen.

Asaph, der uns als Schreiber des 77. Psalms bekannt ist, kennt die Voraussetzungen des Gespräches mit Gott. Er weiß, daß man Gott anrufen kann, wenn man in Not ist. Deshalb sagt er zu Beginn seines Gebetes: „Ich rufe zu Gott und schreie um Hilfe, zu Gott rufe ich, und er erhört mich.“ Asaph weiß, daß es eigentlich keine andere Möglichkeit gibt, aus der Not herauszukommen. Er sagt sich: „Wenn sich der lebendige Gott nicht um mich kümmert, wer sollte es dann tun?“ Obwohl er so betet, sicher gestärkt durch Erfahrungen aus früherer Zeit, spricht er: „Meine Seele will sich nicht trösten lassen“ (Ps. 77, 3).

Ob das das Problem ist? Es wäre eigentlich Trost da, aber „meine Seele will sich nicht trösten lassen". Wie ehrlich ist dieser Mann. Der Glaube an Gott ist nicht so etwas wie ein Heilpflästerchen für alle Nöte. Glaube erspart es mir nicht, die Probleme und Schwierigkeiten in ihrer ganzen Größe zu sehen. Dabei kann es durchaus sein, als fühle man sich von den Schwierigkeiten erdrückt und als gäbe es keinen Weg aus der Dunkelheit heraus.

Oft sind die Probleme, so wie ich sie sehe, so groß, daß sie alles überwuchern. Doch weil die Sorgenberge größer sind als der Glaube, den ich in meinem Herzen trage, will sich die Seele nicht trösten lassen. Dann kommen wir dahin, wo Asaph auch war: Ich denke an Gott und bin dennoch betrübt. Warum? Weil ich Gott so wenig Raum gebe in meinem Herzen. Dort ist ja für so vieles Platz, leider auch für Kümmernisse und Sorgen. Vielleicht denken Sie jetzt: „Das kenne ich. Ich wollte mit Gott sprechen, aber selbst in mein Beten hinein verfolgten mich die Sorgen. So verging mir das Beten."

Asaph macht sich nicht frömmer, als er ist. Er ist ganz ehrlich. Auch wir müssen ehrlich sein und dürfen nicht so tun, als gäbe es für den Glaubenden keine Probleme mehr. „Ich denke an Gott – und bin betrübt." Dieser Satz scheint eigentlich trostlos, scheint die Aussage eines Deprimierten zu sein. Aber daß Gott uns einen solchen Satz in seinem Wort zumutet, läßt mich erkennen, daß gerade das ehrliche Bekenntnis dieses Mannes auch zutiefst tröstreich ist. Ich muß weder Gott noch mir selbst etwas vormachen. Ich darf vor Gott so erscheinen, wie ich bin, mit aller Schwäche, Unzulänglichkeit und allen Zweifeln.

20. März

„Als er aber an das Hoftor klopfte, kam eine Magd mit Namen Rhode, um zu hören, wer da wäre. Und als sie die Stimme des Petrus erkannte, tat sie vor Freude das Tor nicht auf, lief hinein und verkündete, Petrus stünde vor dem Tor.“

Apg. 12, 13–14

Petrus, eine Säule der frühen Gemeinde, wurde verhaftet. Seine Hinrichtung ist beschlossene Sache. Da befreite Gott diesen Apostel auf eine sehr eigenartige, übernatürliche Weise. Bei ihm ist ja kein Ding unmöglich. Aber er tut nicht alles, wovon wir meinen, daß er es tun müßte. Gott handelt nach seinem Willen und Ratschluß, während wir in der Regel nur wählen, was uns angenehm erscheint. Bei der Befreiung des Petrus deckt sich das, was sich die Menschen so sehnlich wünschen, mit dem Willen Gottes. Es gefällt Gott, Petrus für die weitere Verkündigung des Wortes zu erhalten. Doch ereignet sich das Eingreifen Gottes nicht von ungefähr.

Dem Zusammenhang des Textes ist zu entnehmen, daß die Gemeinde versammelt war, um zu beten. Die Christusgläubigen rechnen mit dem Eingreifen Gottes. Noch wissen sie nicht, ob er eingreifen wird, und können sich nicht vorstellen, was Gott tut. Viele werden gesagt haben: „Herr, befreie Petrus doch. Bring ihn wieder zu uns.“ Doch während die Gemeinde noch um die Befreiung des Petrus betet, ist er schon befreit. Das Gebet ist bereits erhört, und der Erwartete steht vor der Tür. Eine Magd namens Rhode eilt zur Tür, als es klopft. „Wer ist da?“ will sie wissen, und Petrus nennt seinen Namen. Als Rhode hört, daß der, für dessen Befreiung sie noch beten, bereits vor der Tür steht, vergißt sie vor Freude zu öffnen. So groß kann die Freude über eine Gebetserhörung sein, daß man vergißt, das Nächstliegende zu tun. Rhode eilt hinein in die Versammlung und unterbricht das Gebet. Sie ruft, vermutlich mit lauter Stimme: „Unser Gebet ist erhört. Petrus ist wieder da!“

Was antworten die frommen Beter? „Du bist nicht recht bei Sinnen.“ Aber die Magd läßt sich nicht beirren. Sie besteht darauf, daß es so ist. Endlich öffnet man die Tür. Petrus kann hereinkommen. Alles redet durcheinander, und er winkt ihnen mit der Hand, daß sie schweigen sollen. Dann erzählt er, was Gott mit ihm getan hat und wie er ihn aus dem Gefängnis herausführte.

Machen wir nicht manchmal in unserem geistlichen Leben ähnliche Erfahrungen? Wir bitten Gott anhaltend um irgend etwas. So ganz können wir nicht glauben, daß Gott erfüllen wird, worum wir ihn bitten. Aber dann ist seine Güte und Gnade doch so groß, daß das Erwartete und Geglaubte geschieht. Wie beschämend ist das immer wieder neu, die Treue Gottes und mein Kleinglaube.

21. März

„Da wir nun gerecht geworden sind durch den Glauben, haben wir Frieden mit Gott durch unsern Herrn Jesus Christus.“
Röm. 5, 1

Menschen ohne Verbindung mit dem lebendigen Gott sind, so steht es in der Bibel, verlorene Menschen. Aber Gott will nicht, daß auch nur ein Mensch verlorengeht. Darum kam er den Menschen entgegen. Er stieg herab auf ihr Niveau. In der Menschwerdung Jesu tritt Gott hinein in das Dunkel dieser Erde. Jesus Christus stellt sich den Menschen gleich. Mehr noch: Weil Gott die Feindschaft der Menschen gegen ihn nicht einfach auf sich beruhen lassen kann, sondern Auflehnung bestrafen muß, nimmt Jesus alles auf sich, was Menschen Gott je angetan haben und was sie ihm antun werden. „Ich nehme die Strafe auf mich, die ihr verdient habt“, sagt Jesus. „Ich sterbe an eurer Statt.“ Warum hat er das getan? – So ist immer wieder gefragt worden. Antwort: Weil es keinen anderen Weg gab, wie Gott sich hat mit der schuldigen Menschheit versöhnen können.

Das ist das Kernstück des christlichen Glaubens: Jesus Christus starb für mich, als ich noch ein Sünder war. Ich glaube das. Weil ich das glaube, sieht Gott mich an, als hätte ich nie zuvor gesündigt. Im Neuen Testament steht dafür ein besonderer Ausdruck:

gerechtfertigt oder gerecht geworden. Jesus Christus starb für mich, damit ich mit Gott, oder sagen wir besser: damit Gott mit mir in Frieden leben kann. Dieser Friedensschluß hat ungeheure Konsequenzen. Durch Jesus Christus bekommen wir nämlich Zugang zum lebendigen Gott.

Jedem begegnet Gott auf seine Weise, damals wie heute. Es ist überwältigend, erfahren zu können: Gott schenkt mir Glauben. Auch Glaubende haben „Warum-Fragen". Doch gibt es keinen Grund, als Glaubender zaghaft und verschämt vom Glauben als einer der Möglichkeiten zur Lebensbewältigung zu sprechen. Glauben ist vielmehr die Möglichkeit schlechthin. Glauben ist das große Angebot Gottes. Es ist seine Gnade, sein Entgegenkommen, daß wir auf einmal entdecken: Es kommt nicht mehr auf meine Vergangenheit an; es kommt auch nicht darauf an, ob es mir im Augenblick gutgeht oder weniger gutgeht, vielmehr will Gott mir den Blick öffnen für die Zukunft, die er mir zugedacht hat. Paulus schreibt den Römern: „Wir rühmen uns der Hoffnung der zukünftigen Herrlichkeit, die Gott geben wird" (Röm. 5, 2). Die Hoffnung, die Jesus Christus den Menschen anbietet, ist eine unermeßlich große und frohe Hoffnung, die Hoffnung, neben der es nichts Vergleichbares gibt.

Christen können mit Hoffnung leben, und diese auf Christus gegründete Hoffnung läßt nicht zuschanden werden.

22. März

„Als aber Kephas nach Antiochia kam, widerstand ich ihm ins Angesicht, denn es war Grund zur Klage gegen ihn."

Gal. 2, 11

Irgendwie haftet dem Wort „Korrektur" etwas Negatives an. Man empfindet es als Makel, korrigiert zu werden. Dabei kann man jeder Korrektur durchaus Positives abgewinnen. Wenn ich z.B. mit meinem Wagen unterwegs bin und sehe an einer bestimmten Kreuzung ein heraneilendes Fahrzeug nicht, mein Beifahrer aber ruft: „Paß doch auf, da kommt einer!“, dann bin ich dankbar für diese Kritik.

Auch große Leute bedürfen der Korrektur. Wir sehen das z.B. bei Petrus. Paulus war ihm in Antiochia begegnet und hatte mit ihm unter vier Augen zu reden, denn Petrus hatte sich schuldig gemacht. Er aß zusammen mit den Heiden, zog sich aber von ihnen zurück, als fromme Juden aus Jerusalem kamen. Er befürchtete, daß die Judenchristen ihm Vorhaltungen machen könnten. Mit ihm heuchelten auch die anderen Juden am Ort, selbst Barnabas, einer der Getreuen. Paulus durchschaute das. Er sagte darum Petrus und den anderen, daß sie nicht richtig nach der Wahrheit des Evangeliums handelten.

Petrus nahm die Kritik an. Wie reagieren wir auf Kritik? Soll ich mal einige der üblichen Reaktionen nennen? Da ist z.B. die Ablehnung. Ich tue so, als habe der Kritisierende Unrecht. Eine andere Möglichkeit ist, sich zu rächen, d.h. nur darauf zu warten, daß ich dem Kritiker heimzahlen kann, was er mir angetan hat. Oder ich versuche, mein Fehlverhalten zu rechtfertigen. Man kann natürlich auf Kritik auch hören. Man kann die Argumente des Kritikers prüfen und zu der Erkenntnis kommen: Er hat ja recht. Wohl dem Kritisierten, der dann Einsicht zeigt und zu einem neuen Verhalten kommt.

Mir erscheint das Verfahren sehr wichtig, das hier von Paulus gewählt wurde. Erst spricht er mit Petrus unter vier Augen. Dann sagt er öffentlich noch einiges. Er stürzt seinen Bruder also nicht unvorbereitet in Verlegenheit, sondern er spricht erst einmal selbst mit ihm und sagt ihm: „Die Sache, um die es geht, ist so wichtig, daß wir sie nicht nur unter uns klären können, sondern wir müssen öffentlich darüber reden.“

Wenn ich meinen Bruder kritisiere, dann sollte deutlich werden, daß der Christus, der in mir lebt, auch durch mich spricht. Umgekehrt gilt, daß wenn derjenige, dem ich etwas sage, Christ ist, dann sage ich ja nicht nur dem Menschen etwas, sondern ich weiß: Auch in ihm wohnt Jesus. Darum sollte ich meine Gedanken und Worte wohl überlegen. Daß wir immer wieder solche von Christus erfüllten Kritiker finden und auch unsere Kritik als vom Geiste Christi geprägt erkannt wird, das schenke der treue Gott Ihnen und mir.

23. März

„Denn Gottes unsichtbares Wesen, das ist seine ewige Kraft und Gottheit, wird seit der Schöpfung der Welt ersehen aus seinen Werken, wenn man sie wahrnimmt, so daß sie keine Entschuldigung haben." Röm. 1, 20

Wer Gottes unsichtbare Kraft nicht erkennt, dem entgeht das Größte, was einem Menschen in seinem Leben angeboten ist. Wer den lebendigen Gott nicht ehrt, schafft sich selbst Mächte, die er verehrt. Menschen machen sich Götzen, die sie anbeten und denen sie Opfer darbringen, damit ihre eigenen Pläne, Träume und Absichten gefördert werden. Das alles geschieht nicht um Gottes, sondern um ihrer selbst willen. Und das eben ist das Grundübel allen Heidentums: der Mensch setzt sich an die Stelle Gottes.

Man könnte über die mangelnde Bereitschaft des Menschen, Gott wahrzunehmen, hinweggehen, wenn der Unglaube nicht unter dem Zorn Gottes stünde. „Gottes Zorn wird vom Himmel her offenbart über alles gottlose Wesen und alle Ungerechtigkeit der Menschen" (Röm. 1, 18). Es überrascht mich nicht, daß die Rettung durch Jesus Christus viele Menschen nicht mehr anspricht, wenn ihnen keiner sagt, daß sie verloren sind. Aber wer an ihn glaubt, der ist gerettet. Er ist dem Zorn Gottes entrissen und kommt nicht ins Gericht. Aus der Bindung an den lebendigen Gott gewinnt ein Mensch Einsicht, Kraft und Liebe, die Probleme dieser Zeit anzugehen und mit Gottes Hilfe zu meistern.

Warum diese wunderbare Botschaft immer wieder unterschlagen, vergessen oder verdunkelt wird, bleibt im Grunde unerklärlich. Alle könnten es sehen, daß es einen lebendigen Gott gibt, denn Gottes unsichtbares Wesen, das ist seine ewige Kraft und Gottheit, wird seit der Schöpfung der Welt ersehen aus seinen Werken.

Wir müssen neu lernen, es aller Welt zu sagen: Der unsichtbare Gott, dessen Kraft jeder Mensch empfangen kann, hat sich zu erkennen gegeben in Jesus Christus. Er ist das Ebenbild des unsichtbaren Gottes (Kol. 1, 15). In Jesus Christus trat Gott aus seiner Unsichtbarkeit heraus. Gott schenkt dem Menschen die Möglichkeit, ihn zu erkennen, damit er im Jüngsten Gericht seine Schuld nicht abstreiten kann.

Gottes unsichtbares Wesen, das ist seine ewige Kraft und Gottheit, wird seit der Schöpfung der Welt ersehen aus seinen Werken. Wir suchen Gott nicht hinter der Schöpfung. Er hat sich ja nicht hinter seine Schöpfung zurückgezogen und dort verborgen. Wir glauben an einen lebendigen und dauernd wirksamen Gott, der von Anbeginn der Welt in das menschliche Leben eingegriffen hat. Wir glauben an einen Gott, der in seinen Werken seine ewige Macht und göttliche Herrlichkeit offenbart.

24. März

„So haben wir doch nur einen Gott, den Vater, von dem alle Dinge sind und wir zu ihm; und einen Herrn, Jesus Christus, durch den alle Dinge sind und wir durch ihn." 1. Kor. 8, 6

Der allmächtige Gott ist der Ursprung aller Dinge. Das haben schon die Christen in Korinth erkannt, die mutig gegen falsche Auffassungen ihrer Zeit opponierten. Damals stellte sich das Problem der Vielgötterei. Es gab z.B. Zeus, den Herrscher auf dem himmlischen Thron, oder Hades, den Gott der Unterwelt. Viele, viele andere Götter gab es darüber hinaus in Korinth und in Athen. Dort war sogar ein Altar dem unbekannten Gott geweiht, weil man Sorge hatte, man könnte eine Gottheit vergessen und dadurch beleidigen. Die Griechen haben diesen Göttern Jahrhunderte hindurch mit ihren Kulthandlungen gehuldigt. Da gab es die Reinigung, das Opfer, Gebete und Weihungen. Einigen Göttern wurden in der Regel Speisopfer gebracht, zeitweilig so reichlich, daß der Tempel das übriggebliebene Fleisch verkaufte.

Das bereitete manchen Christen in Korinth Glaubensschwierigkeiten. Sie wollten kein Fleisch essen, das den Göttern geweiht worden war. Der Apostel Paulus sagte ihnen, daß es „keinen Götzen gibt in der Welt und keinen Gott als den einen“ (1. Kor. 8, 4). Diese Aussage hat aber nicht allen Christen geholfen. Einige waren sehr sensibel. Ihnen gegenüber zeigte Paulus Verständnis für ihre innere Unruhe und sagte: „Was man da opfert, das opfert man den bösen Geistern und nicht Gott. Nun will ich nicht, daß ihr in der Gemeinschaft der bösen Geister seid“ (1. Kor. 10, 20).

Solche Aussagen haben die Christen damals akzeptiert. Sie wußten nur zu gut, daß es Mächte gibt, die den Menschen verführen wollen. Auch die Christen unserer Tage wissen es. Jeder Mensch ist daher eingeladen, sich von Jesus Christus führen und sich nicht von den Mächten und Kräften dieser Welt verführen zu lassen. Es gibt nur einen Gott, den Vater, von dem alle Dinge sind, und einen Herrn, Jesus Christus, durch den alle Dinge sind. Dieser Herr hat die Erde gemacht. Sie ist nicht etwa durch einen Urknall entstanden. Gott schuf diese Welt!

Ich will mich an diesem Tag darüber freuen, daß hinter allem Geschehen in der Natur Gottes Schöpferkraft steht. Ich verneige mich vor dem, dem ich mein Leben verdanke und in dessen Hand ich mein Leben gelegt habe. Ich verneige mich vor dem, der eines Tages auch meinem Leben Einhalt gebieten wird. Er hat mich gewollt und hat mich wissen lassen, daß es ihn gibt. Er will, daß alles in meinem Leben Bezug gewinnt auf ihn. Weil er mich gemacht hat und mein Ursprung in ihm ist, deshalb bin ich sein und bleibe ich sein.

25. März

„Bittet, so wird euch gegeben; suchet, so werdet ihr finden; klopfet an, so wird euch aufgetan.“ Matth. 7, 7

„Wie betet man?“ haben die Jünger eines Tages ihren Meister gefragt. Als Antwort betete Jesus mit ihnen zum ersten Mal das

„Vaterunser“. Danach erzählte er die eigenartige Geschichte von dem Mann, der nachts unerwartet Besuch bekommt, nichts zu essen hat und daraufhin jemand anders aus dem Schlaf holt, um sich Brot zu leihen (Luk. 11, 1–13). Jesus vergleicht den himmlischen Vater mit dem Mann, der die nächtliche Ruhestörung erträgt und sich nicht darüber beklagt, daß der Bittsteller reichlich unverschämt ist. Im Gegenteil: Der Gestörte gibt, worum er gebeten wird. Der Mensch, der in Panik gerät, weil er meinte, ohne Brotvorrat seinen Gast nicht versorgen zu können, wird von Jesus sogar als vorbildlich hingestellt, weil er das feste Vertrauen hat: Mir wird geholfen werden. Er bittet um Hilfe, weil er weiß: Ich schaffe es alleine nicht. Er sucht den richtigen Helfer, weil nur der wirklich helfen kann. Er klopft an, weil er weiß: Ich muß zu erkennen geben, daß ich Hilfe brauche.

Als Mitarbeiter, Hörer und Freunde des ERF wollen wir ebenfalls bitten, suchen, anklopfen. Wir wollen unseren himmlischen Vater darum bitten, uns weiterhin zu helfen. Nur mit seiner Hilfe wird es gelingen, Menschen in Asien, Afrika, Amerika und Europa solche Sendungen anzubieten, die wirklich Lebens- und Glaubenshilfe bieten.

Aus Indien, wo die Bevölkerung Jahr um Jahr um über 13 Millionen wächst, entstehen durch die Radiomission Woche für Woche etwa zwei Hauskreise oder christliche Gemeinden. In einem Ort des Bundesstaates Gujarat waren durch die Sendungen so viele Menschen zum Glauben gekommen, daß der Bau eines Versammlungsraumes unumgänglich war. Woher das Geld nehmen? Nur etwa 2 000 DM waren nötig. Das aber ist ein sehr großer Betrag für die Menschen dort. Unsere Freunde folgten dem Rat Jesu: bitten – suchen – klopfen. Der Leiter von Vishwa Vani, unserer indischen Partnerorganisation, schreibt: „Ich war gerade zu Hause angekommen, als ein Geschäftsmann anrief und mir sagte: ‚Ich werde zwei Versammlungsräume finanzieren!‘“ Der Brief des indischen Radiomissionars schließt: „Bittet ihr doch Gott, daß wir mehr Telefonate dieser Art erhalten!“

Doch wir brauchen nicht nach Indien zu schauen. Tag für Tag erfahren auch in unserem Kulturkreis Menschen über das Radio, daß der lebendige Gott sie liebt und sich um sie kümmert. Sie bitten Gott – sie suchen ihn – sie klopfen bei ihm an und erfahren, daß Gott Gebete hört und erhört.

26. März

„Laßt uns die Hauptsumme aller Lehre hören: Fürchte Gott und halte seine Gebote; denn das gilt für alle Menschen.“

Pred. 12, 13

Sehr viel Papier wurde schon bedruckt, um das Verhältnis der Menschen untereinander zu regeln. Kein Bereich des menschlichen Lebens wurde dabei ausgenommen. Wir kennen das bürgerliche Recht, das Staatsrecht, internationales Recht sowie Schul- und Betriebsordnungen. Auch die Bibel enthält eine Vielzahl von Regeln und Ordnungen. Unübertroffen aber sind und bleiben die Zehn Gebote. In wenigen Sätzen ist alles gesagt, was für das Verhältnis des Menschen zu Gott und für das Verhältnis von Mensch zu Mensch gilt.

Sich nach Gottes Ordnung zu richten, engt nicht etwa ein, wie manche argwöhnen. Es macht frei. Das Leben nach den Geboten Gottes versetzt einen Nachfolger Christi in eine königliche Freiheit und bewahrt ihn vor dem Diktat der Umwelt und des Bösen.

In Israel, aber auch in der christlichen Gemeinde steht die Überzeugung fest, daß sich Gott zu seinem Willen bekennt, indem er an dessen Befolgung die Gewährung von Segen und Leben knüpft, dessen Mißachtung dagegen mit seinem Fluch verfolgt.

In unserer Zeit fürchten viele Menschen Gott nicht. Sie nehmen ihn nicht ernst. Sie befolgen seine Gebote nicht. Sie machen sich lustig über den Höchsten. Anstatt sich an seine Verordnungen zu halten, ersinnen sie eigene Gesetze, zu deren Erklärung oft viele, viele Seiten benötigt werden. Viel Ungöttliches fließt in die menschliche Gesetzgebung hinein.

Wir können nicht erwarten, daß Gottes Ordnungen respektiert werden, wenn wir nicht ganz treu das erfüllen, was Gott von uns erwartet, nämlich ihn von ganzem Herzen zu lieben und unseren Nächsten wie uns selbst. Der lebendige Jesus Christus hilft uns dabei durch praktische Anregungen zum Tun, wie etwa die Aufforderung: „Alles nun, was ihr wollt, daß euch die Leute tun sollen, das tut ihnen auch“ (Matth. 7, 12)!

Das gelingt sicher nicht ohne Willensanstrengung. Wir werden allerdings sehr rasch entdecken: Der Wille allein genügt nicht, wenn Christus nicht unserer Schwachheit mit seinem Geist aufhilft. Wenn uns die Sorge überfallen will, daß die Kraft zum Einhalten der göttlichen Ordnung nicht reicht, dann wollen wir uns vertrauensvoll an Jesus Christus wenden. Er ist gekommen, um uns mit Gott zu verbinden, um das auf sich zu nehmen, was wir nicht können. Diese Botschaft gilt allen Menschen. Gott will, daß allen geholfen werde und daß keiner im Gericht umkomme.

27. März

„Ist nun bei euch Ermahnung in Christus, ist Trost der Liebe, ist Gemeinschaft des Geistes, ist herzliche Liebe und Barmherzigkeit ...“ Phil. 2, 1

Es ist schon eine Tragödie, daß die Institution, die der Welt zeigen könnte, wie Menschen unterschiedlicher Auffassung friedlich miteinander leben, nämlich die Kirche Jesu Christi, in sich nicht einig ist. Sie will zwar das Miteinander und nicht das Gegeneinander, aber wie kommt es zu einem fruchtbaren Miteinander?

Dadurch, daß wir den Heiligen Geist wirken lassen. Es kommt dort dazu, wo Ermahnung in Christus ist. Die Aussage „ermahnen“ wird oft falsch verstanden. Im Neuen Testament heißt „ermahnen“ soviel wie ermuntern, und zwar so, daß sich dem anderen das Herz auftut für die Frohe Botschaft.

Wo wir dem Heiligen Geist Gelegenheit geben, wirksam zu werden, entsteht ferner Trost der Liebe. Es gibt ja so viele Christen, die gerne getröstet werden wollen, aber nur wenige, die bereit sind, selbst zu trösten. Wenn ich selbst viel intensiver bereit bin, den Kummer eines anderen mitzutragen und sein Leiden zu erleichtern, dann sehe ich von mir ab und kümmere mich um den anderen und fange an für ihn zu beten bzw. für ihn zu sorgen. Und das wird ihn trösten.

Unlängst hatte ich sehr schwere Verhandlungen zu führen. Tage darauf schickte mir jemand, der in der Verhandlung seine Position nicht hatte behaupten können, ein Kärtchen mit einigen lieben Worten und dem Satz „Ich möchte Ihnen danken und sagen, wie sehr mir das geholfen hat. Ich schreibe es Ihnen, weil ich denke, daß Sie sich auch einmal über Zuspruch und Anerkennung freuen." Und wie ich mich gefreut habe. Hier hat tatsächlich einer „Trost der Liebe" gespendet, wie es Paulus den Philippern empfahl. Wo Menschen so denken, handeln, reden und schreiben, da kann sich der Heilige Geist entfalten, und es kann zur Gemeinschaft des Geistes kommen.

Sie müßten einmal eine Hauptvorstandssitzung der Evangelischen Allianz miterleben. Da kommen Personen aus völlig unterschiedlichen kirchlichen Kreisen und Benennungen zusammen, um über geistliche Fragen unserer Zeit nachzudenken und darüber zu sprechen, wie es zu Lösungen kommen kann. Es ist beeindruckend zu erleben, wie dort gemeinsam auf Gottes Wort gehört wird und man miteinander betend vor den Herrn tritt. Das ist Gemeinschaft des Geistes!

Ich wünsche Ihnen eine Gemeinde, in der Sie eine Gemeinschaft des Geistes erleben. Außerdem wünsche ich Ihnen eine Ehe und Familie, in der Sie eine Gemeinschaft des Geistes erleben.

28. März

„Er hat uns errettet von der Macht der Finsternis und hat uns versetzt in das Reich seines lieben Sohnes, in dem wir die Erlösung haben, nämlich die Vergebung der Sünden.“

Kol. 1, 13–14

Wenn ein Reich gegen das andere gesiegt hatte, dann war's im Altertum üblich, die ganze Bevölkerung eines besiegten Landes irgendwo hinzuführen, weit weg von der Heimat. Eine solche Verpflanzung ganzer Völker war typisch im Altertum. Der Apostel Paulus gebraucht im Brief an die Kolosser die geschichtliche Erfahrung einer solchen Versetzung als Bild. Sein Bild will sagen: Wenn Christus sich als Sieger im Leben eines Menschen erweist, dann wird dieser Mensch versetzt. Christus macht es freilich ganz anders als die militärischen Sieger. Sie führten aus der Heimat in die Fremde. Christus versetzt aus Schmutz und Schuld in die Reinheit und Vergebung. Gott hat die Kraft, einen Menschen aus dem Reich der Finsternis in das Reich seines lieben Sohnes zu versetzen. Diese Versetzung eines Sünders in das „Reich des lieben Sohnes“ ist jedoch keine zwangsweise Umsiedlung, sondern Rettung.

Viele Menschen leben unter seelischem Druck, weil sie noch im Reich der Finsternis sind. Sie gehören zu Satan, oft ohne dies zu wissen oder zu wollen. Es ist die Aufgabe der Nachfolger Jesu Christi, andere Menschen auf die Ursache eines bedrückten Lebens aufmerksam zu machen. Aus der Bibel wissen wir, daß ein Mensch, der sich nicht aus dem Reich der Finsternis herausholen läßt, unter Druck bleiben wird. Schon in alter Zeit kannte man den Zusammenhang, schuldig und darum bedrückt zu sein. David betete einmal: „Unsere Missetat drückt uns hart. Du wollest unsre Sünde vergeben“ (Ps. 65, 4). Er wußte also, daß Sünde bedrückt und daß dieser Druck weicht, wenn Gott die Sünde vergibt.

Wer noch in der Gewalt des Satans ist, oder wie es der Kolosserbrief andeutet, noch von der Macht der Finsternis geblendet ist, der tappt gleichsam im Dunkeln und stolpert fortwährend, weil er nicht weiß, wo es langgeht. Finsternis ist hier gleichbedeutend mit

„nichts von Christus wissen“ oder „nichts von ihm wissen wollen“. Wer sich nicht aus der satanischen Bindung befreien läßt, bleibt unter Druck. Solcher Druck wirkt sich unterschiedlich aus, etwa in Angst, Lebensunsicherheit oder einer Form seelischer Krankheit.

Um zu verdeutlichen, was er sagen will, braucht Paulus noch ein anderes Bild. Er erinnert an die Sklaverei. Wer als Sklave leben muß, kann nicht machen, was er will. Der Sklavenhalter hat das Sagen. Viele Menschen sind unter die Macht des Satans versklavt. Nicht einmal ihr eigener Wille gehört ihnen noch. Der Böse kann einen Menschen vollständig mit Beschlag belegen. Gott aber will aus dieser Sklaverei herausführen. In Jesus Christus kann ein Mensch frei werden.

29. März

„Denn da durch einen Menschen der Tod gekommen ist, so kommt auch durch einen Menschen die Auferstehung der Toten.“ 1. Kor. 15, 21

Im Neuen Testament ist uns versprochen, daß jenes neue Leben, das dem Herrn Jesus bei seiner Auferstehung gegeben wurde, auch denen gegeben werden soll, die ihm glauben. Geistlich gesehen, haben wir schon jetzt neues Leben. Denken wir nur daran, wie wir vor dem Gläubigwerden gelebt haben und was sich alles änderte, seitdem wir bewußt zu Christus gehören. Bis in unsere Gedankenwelt hinein ist etwas ganz Neues geworden.

Warum sprechen wir darüber so selten? Manche meinen, man könne es dem „modernen Denken“ nicht zumuten. Als wenn die falsche Theorie von der Reinkarnation für den modernen Menschen leichter zu glauben wäre. Zu viele Christen geben die wahre Lehre nicht weiter, deshalb bleibt für manche falsche Lehre Platz. Sie dringt ins seelische Vakuum unserer Mitmenschen. Vielleicht schweigen wir auch, weil in der Tat Auferstehung, neues Leben und neuer Leib sehr geheimnisvoll ist. Selbst die Bibel ist sparsam und zurückhaltend mit entsprechenden Hinweisen. Doch selbst wenn mehr gesagt würde, könnte unser Verstand es gar nicht fassen. Andererseits scheinen die wenigen präzisen Aussagen der Heiligen Schrift für manche schon zu viel und zu hoch zu sein.

In der Tat, da sind manche Fragen. Was geschieht z.B., wenn einer stirbt? Wo bleibt er dann? Ist alles aus, wenn der Leib ins Grab gelegt wird, oder geht es weiter? Wo und wie geht es weiter? Die Heilige Schrift deutet an, daß das, was an einem Menschen unvergänglich ist, bleiben und in die Nähe Christi gerückt wird, noch nicht in die volle Herrlichkeit, doch mit Empfinden und mit Erinnerung, ohne irdische Gebundenheit an Zeit und Raum. Luther hat einmal gesagt: „Es wird dann sein, wenn wir erwachen am Jüngsten Tag, als würden wir vom Schlaf erwachen."

Schlaf – wir gehen zu Bett, und ein paar Stunden später werden wir wach, und eigentlich kann man's gar nicht fassen, daß man einige Stunden nichts gemacht hat, als still zu liegen und zu atmen. Die Zeit ist zusammengeschrumpft. Auf der Uhr kann man zwar sehen, wie viele Stunden man geschlafen hat, aber mehr auch nicht. Und ähnlich wird es sein, wenn am Tage Christi das neue Leben beginnt. Es ist der Geist, der bleibt, den kein Grab und kein Krematorium fesseln kann. Das, was an Unvergänglichem in uns ist, vergeht nicht. Es wird überkleidet werden mit neuem Leben. Wer Jesus Christus vertraut, der soll Anteil haben an der Kraft seiner Auferstehung. Das hat er versprochen. Und diese Kraft trägt durchs Leben.

30. März

„Durch den Glauben wollte Mose, als er groß geworden war, nicht mehr als Sohn der Tochter des Pharao gelten, sondern wollte viel lieber mit dem Volk Gottes zusammen mißhandelt werden als eine Zeitlang den Genuß der Sünde haben.“

Hebr. 11, 24–25

Mose wollte nicht länger unter den bisherigen Verhältnissen weiterleben. Für ihn war der Glaube nicht der erstbeste Weg. Das Leben des Mose war ja weder hoffnungslos noch unerfüllt. Er brauchte keinen Ausgleich für Erfolge, die das Leben versagt hatte. Das Leben des Mose war auch nicht langweilig. Er kannte die Abwechslung bei Hof, und er nahm an der kulturellen Entwicklung seiner Zeit teil. Auch lernte er den Duft der großen, weiten Welt kennen, wenn die Auslandsvertreter bei Hof eintrafen. Mose war also ein Mann von hoher Stellung, Bildung und Kultur, sicherlich auch ein Mann, der einen gewissen Reichtum hatte. Er wurde wie ein Königssohn gehalten, daher hatte er zahlreiche Vorrechte und war gewiß an ein luxuriöses Leben gewöhnt. Er wohnte ja im reichsten Land der damaligen Welt.

Gott brauchen – die einen sehen das als Schande an und als ausgesprochenen Ausdruck menschlicher Schwachheit. Für die anderen ist es das Größte, was man sich vorstellen kann. Mose wollte bewußt aus allem heraus, was ihn hinderte, Gott treu zu sein. Ihn hat die Gottesferne offensichtlich Tag und Nacht umgetrieben. Er stellte sich dieser Frage. Er diskutierte nicht so lange, bis ihm keine andere Möglichkeit mehr blieb, als Gott zu verleugnen. Mose erwählte lieber, mit dem Volk Gottes Drangsal zu erleiden, als einen augenblicklichen Vorteil von der Sünde zu haben. Eines Tages erkannte er, daß, wenn er sich von seinem Volk löste, er sich versündigen würde. Er gehörte diesem Volk zwar durch Geburt an, nun aber hatte Gott ihm klargemacht: Du gehörst nicht nur aufgrund deiner Tradition zu diesem Volk, ich möchte, daß du ganz bewußt Glied deines Volkes wirst. Seither wußte Mose in seinem Gewissen, daß das Volk Gottes seine Welt ist und er dort seinen Platz habe.

Wenn jemand den Willen hat, aus der Gottlosigkeit herauszukommen und bereit wird, sich Glauben schenken zu lassen, dann entdeckt er, daß das Glauben eine fröhliche Sache ist und ein unendlich getrostes Vertrauen. Wenn ein Mensch sich mit Christus eingelassen hat, dann ist der ganze Mensch von dem Glauben erfüllt. Mit dem Verstand wird Christus akzeptiert, das Gefühl sagt mir, daß ich Christus liebe, meinen Willen ordne ich dem des Herrn Jesus unter. Das ist übrigens der letzte Schritt, ohne den Glauben nicht möglich ist.

31. März

„Mein Vater, ist's möglich, so gehe dieser Kelch an mir vorüber; doch nicht wie ich will, sondern wie du willst!"

Matth. 26, 39 b

Gott hat bestimmte Gesetze, nach denen er diese Welt erschaffen hat und regiert. Ein Gesetz ist das von Saat und Ernte. Es gilt nicht nur für Getreide, sondern auch für die Menschen. Was der Mensch sät, das wird er ernten. Weil wir jedoch in den wenigen Jahren, die uns auf dieser Erde geschenkt sind, relativ wenig Vernünftiges, Wertvolles und Beständiges säen, können wir kaum damit rechnen, etwas Wertvolles zu ernten. Aber nun sagt Gott in seinem Wort: „Ich möchte, daß diese Geschöpfe, die ich eigentlich als Krone der Schöpfung gedacht habe, auch ans Ziel kommen. Ich will sie nicht vernichten. Ich sehe ihre Unfähigkeit, meinen Willen zu tun. Ich lade darum das, was sie verbrochen haben, auf meinen lieben Sohn Jesus. Ihn sehe ich dann als den, der alle Sünde der Welt getragen hat. Und jeder, der diesem Jesus Glauben schenkt, soll so angesehen werden, als hätte er nie gesündigt."

Das ist eine gewaltige Botschaft! Vielen Christen sind diese Aussagen allerdings so vertraut, daß ihr Inhalt sie kaum noch berührt. Größtes und Heiligstes ist für sie selbstverständlich geworden. Wohl den Menschen dagegen, die immer wieder neu empfinden, was Jesus für sie getan hat, und die dementsprechend leben.

Damals, im Garten Gethsemane, hat Jesus seine Jünger gebeten, mit ihm zu wachen. Die Jünger aber waren zu schwach und zu müde. Jesus mußte ganz allein mit dem Ernst der Stunde fertig werden. Dann hat er jenen Satz gesprochen, der schon sehr vielen Menschen geholfen hat: „Mein Vater, ist's möglich, so gehe dieser Kelch an mir vorüber; doch nicht wie ich will, sondern wie du willst!"

„Ist's möglich, so gehe dieses Leiden, dieses bittere Sterben an mir vorüber", das ist die menschliche Natur in Jesus, die hier so dringlich bittet. Im gleichen Augenblick aber kommt der göttliche Charakter seines Wesens zum Tragen: „Doch nicht wie ich will, sondern wie du willst." Jesus wußte, daß solches zu geschehen habe, damit die Heilige Schrift, das, was schon vor seinem Kommen in diese Welt geschrieben war, erfüllt würde. Seither hat es manchen Leidenden getröstet, wenn man ihm sagt: „Nicht mal dem Herrn Jesus blieben bittere Stunden erspart. Auch er mußte sich in den Willen Gottes fügen."

Eines bleibt stets Gewißheit in den Herzen der Glaubenden: Wir sind im Auftrag Gottes unterwegs. Er gibt das Ziel an. Und unter seiner Leitung werden wir ans Ziel kommen. Ich wünsche Ihnen, daß Ihr Aufbruch in diesen Tag in dem felsenfesten Glauben geschieht: Mein Herr bringt mich ans Ziel. Das ist ganz gewiß!

1. April

„Und er ist gekommen und hat im Evangelium Frieden verkündigt euch, die ihr fern wart, und Frieden denen, die nahe waren.“ Eph. 2, 17

Gottes auserwähltes Volk, dem er immer nah war, soll Frieden in Christus finden. Alle anderen Nationen, sie werden die Fernen genannt, sollen ebenfalls mit Christus zu einem Leben des Friedens kommen.

Wenn zwei Parteien sich nicht einigen können, ist der sicherste Weg zu einem Ausgleich der Weg über einen Mittelsmann, den beide lieben. Und eben das bewirkt Christus. Er ist unser Friede. Die gemeinsame Liebe zu Christus bewirkt, daß sich die Menschen untereinander lieben. Jesu Blut ist der Preis dieses Friedens, denn das Kreuz ist der große Erwecker der Liebe.

Wenn wir als Nachfolger Christi darauf hinweisen, daß es nicht wirklich zum Frieden unter den Menschen, auch unter den Völkern, kommen kann ohne Besinnung auf Jesus Christus, glauben viele dies nicht. Dabei ist Gott so freundlich. Er lädt immer wieder ein. Wenn die Menschen nicht begreifen, daß Christus der große Friedensbringer ist, wenn sie nicht auf die guten Boten hören, die mit der guten Botschaft von den „Bergen“ kommen, dann kann Gott auch schmerzhafte Lektionen verordnen. Ich wünsche keinem solch schmerzhafte Lektionen. Es bleibt ja unbegreiflich, daß die Menschheit sich der Botschaft Gottes verschließt, daß sie die Friedensboten nicht hören will.

Für Sie und für mich bleiben angesichts eines solchen Wortes wie das, was uns für diesen Tag geschenkt ist, eigentlich nur dreierlei. Einmal, wach zu bleiben und immer damit zu rechnen, daß eine Entwicklung eintreten kann, wie sie eigentlich keiner erhofft noch erwartet, und dennoch in Gott getrost zu sein. Zweitens, auf die

Botschaft derer zu hören, die als Boten des Friedens unterwegs sind und, bildlich gesprochen, „von den Bergen kommen", also aus der Höhe, im Auftrag Gottes. Drittens zu prüfen, ob der eine oder der andere von uns nicht selbst solch einen Botendienst zu übernehmen und hinzugehen hat, um das Wort unseres Gottes weiterzureichen.

Eine wertvollere Botschaft gibt es nicht als die, der Welt zu sagen, daß Christus gekommen ist und durch das Evangelium Frieden verkündigt hat. Durch das Evangelium und nicht durch allerlei Friedenspläne, Friedensabsichten, Friedensbewegungen und dergleichen mehr. Wirklichen Frieden gibt es nur durch die Botschaft von Jesus Christus. Er allein ist der Friedensbringer. Viele, die ursprünglich Christus fern waren, haben das verstanden und akzeptiert. Sie haben, weil sie sich ihm zuwandten, Frieden gefunden. Hoffen wir, daß sich noch viele dieser Botschaft öffnen. Ich wünsche Ihnen einen friedvollen Tag.

2. April

„Heile du mich, Herr, so werde ich heil; hilf du mir, so ist mir geholfen; denn du bist mein Ruhm." Jer. 17, 14

Wenn wir Gott mit diesen Worten anrufen, dann sind wir nicht die ersten, die so bitten. Wir reihen uns ein in eine unermeßlich lange Kette von Menschen, die das Eingreifen Gottes erfahren haben. Die Bibel berichtet darüber in einzigartiger Weise. Ein Volk, das das Eingreifen Gottes so erfahren hat wie kein anderes Volk, ist Israel. Nur weil es um das Handeln Gottes in der Vergangenheit seiner Geschichte wußte, konnte dieses Volk seine Zukunft mit Hoffnung und Mut in Angriff nehmen. Die Zukunft war ja verheißen. Ohne den Glauben an die Verheißung wäre Israel noch immer ein verlorenes, zukunftsloses Volk gewesen, über das alle anderen Völker triumphiert hätten.

Die Erfahrung Israels ist weitgehend auch die Erfahrung der Christenheit. Christen bekennen sich zu ihrem Herrn, der zur Rechten

Gottes sitzt und der doch zugleich der wiederkommende Herr ist. Er wird kommen, um die Lebenden und die Toten zu richten. Darum können Christen jeder noch so dunkel scheinenden Zukunft voller Hoffnung entgegengehen.

„Heile du mich, Herr, so werde ich heil; hilf du mir, so ist mir geholfen." Gott so anzurufen ist auch ein Bekenntnis. Wer so ruft, gesteht seine eigene Schwäche ein. Er weiß, daß er am Ende ist mit allem, was er vermag, und setzt seine Hoffnung einzig auf den, der als der lebendige Gott immer wieder bereit ist, sich den Menschen zuzuneigen. In Psalm 145 heißt es von Gott: „Kindeskinder werden deine Werke preisen und deine gewaltigen Taten verkündigen. Sie sollen reden von deiner hohen, herrlichen Pracht und deinen Wundern nachsinnen; sie sollen reden von deinen mächtigen Taten und erzählen von deiner Herrlichkeit; sie sollen preisen deine große Güte und deine Gerechtigkeit rühmen" (Verse 4–7). Voll Güte und Erbarmen ist der Herr. Voll grenzenloser Liebe und Geduld. Der Herr ist gut zu einem jeden. Er hat Erbarmen mit allen seinen Geschöpfen. Daran wollen wir denken, wenn wir uns unserer Schwäche bewußt sind.

Im Neuen Testament finden wir einige Berichte der Zeitgenossen Jesu über die Hilfsbereitschaft des Gottessohnes. Wie oft haben sich ihm Kranke zugewandt und gerufen: „Herr, hilf mir!" Nie hat Jesus den Hilferuf Notleidender überhört. Wir bekennen als Christen, daß unser Herr ein lebendiger Herr ist, der in der unsichtbaren Wirklichkeit Gottes regiert und darum auch heute den Ruf derer hört, die Hilfe brauchen. Wir wissen allerdings, daß man nicht immer nur bitten kann, sondern daß man ganz bewußt auch Zeiten zum Danken finden muß. Machen Sie doch diesen Tag zu einem Tag des Dankes!

3. April

„Wenn aber dies Verwesliche anziehen wird die Unverweslichkeit und dies Sterbliche anziehen wird die Unsterblichkeit, dann wird erfüllt werden das Wort, das geschrieben steht: Der Tod ist verschlungen vom Sieg. Tod, wo ist dein Sieg? Tod, wo ist dein Stachel?" 1. Kor. 15, 54–55

Sofern das Kreuz an einer Halskette nicht als ein Bekenntniszeichen getragen wird, ist es eigentlich bedauerlich, daß es für viele zu einem bloßen Stückchen Modeschmuck degradiert worden ist. Für uns Christen bleibt das Kreuz zentrale Aussage, zentrales Geschehen. Am Kreuz starb Jesus zur Vergebung der Sünde aller Menschen aller Zeiten. Deshalb sind wir nicht traurig, wenn wir vom Kreuz reden, sondern freuen uns. Wir sind unserem Herrn Jesus Christus dankbar. Jesus ist nicht nur als das Lamm Gottes am Stamm des Kreuzes verblutet, um damit die Sünde der Menschheit zu sühnen, sondern er ist auch auferstanden. Er hat den Tod überwunden. Er sitzt jetzt in der unsichtbaren Wirklichkeit Gottes. Und von dort wird er einst kommen. Alle Menschen werden ihn dann sehen.

An vielen Stellen der Bibel kann man das nachlesen. Eine der gewaltigsten Aussagen findet man im ersten Brief des Apostels Paulus an die Korinther im 15. Kapitel. Dort wird einiges gesagt über das Thema „Sterben – und was dann?" Es heißt schließlich zum Ende dieses Kapitels: „Wenn aber dies Verwesliche anziehen wird die Unverweslichkeit und dies Sterbliche anziehen wird die Unsterblichkeit, dann wird erfüllt werden das Wort, das geschrieben steht: Der Tod ist verschlungen vom Sieg. Tod, wo ist dein Sieg? Tod, wo ist dein Stachel?" Kein Wunder, daß der Christ voller Glaubenshoffnung sein kann. Der Tod ist nicht das Letzte. Alle Reiche und Gewalten, alle Macht der Finsternis können Jesus nicht aufhalten, sein Sieg ist gewiß.

Das ist keine Aussage der Überheblichkeit, sondern eine Aussage des tiefsten Glaubens, eine Erfahrung, die 2000 Jahre Christenheit bestätigen. Darum gibt es auch immer wieder Menschen, die ihr ganzes Vertrauen Jesus geben. Sie haben erfahren, daß er sie in die Freude führt, in den Frieden, in die Freiheit. Und darum vertrauen sie ihm, nicht nur während einiger Minuten, nicht nur an einigen Tagen oder in den bangen Minuten des Lebens, sondern der Wunsch ist da, das ganze Leben Jesus anzuvertrauen.

Wie sieht das denn aus, wenn man sich prägen läßt von Jesus, dem Lamm Gottes? Es müßte sich eigentlich für alle Bereiche unseres Lebens auswirken. Der von Christus geprägte Mensch lebt und denkt einfach anders. Wer erfahren hat, daß Jesus der beste Freund ist, der wird sich immer wieder voller Dankbarkeit an diesen Freund wenden und Jesus danken, daß er den Weg zum himmlischen Vater gebahnt hat.

4. April

„Ich sage euch aber: Wer mich bekennt vor den Menschen, den wird auch der Menschensohn bekennen vor den Engeln Gottes." Luk. 12, 8

Woran liegt es eigentlich, daß man so selten mit bekenntnisbereiten Christen zusammentrifft? Der Christ scheint bei geistigen Auseinandersetzungen von vornherein benachteiligt zu sein. Er soll z.B. geduldig zuhören können. Die Richtigkeit seiner Argumente soll er nicht lautstark hinausposaunen. Wenn ihm Unrecht geschieht, soll er nicht Böses mit Bösem vergelten. Sogar seinen Feind soll er lieben! Aber wer schafft es schon, die Erwartungen zu erfüllen, die man an einen Christen stellt? Trotzdem ist es wichtig, diese Erwartungen nicht zu enttäuschen, denn weniger das Bekenntnis mit Worten ist gefragt – das natürlich auch –, als vielmehr unser Verhalten. Unser Tun und Lassen ist mitunter viel eher geeignet, ein Bekenntnis abzulegen, als gut durchdachte Predigten und passende Bibelworte.

Jesus erwartet nicht nur Mut zum Bekenntnis. Er sagt auch, wie jeder seiner Nachfolger zu einem mutigen Bekenner werden kann. Was gehört dazu? Zunächst einmal: sich selbst gegenüber ehrlich sein; nicht heucheln; sich nicht anders geben, als man ist, nicht stärker, klüger, frömmer. Vor Gott liegt alles offenbar. Jeder Gedanke ist ihm bekannt. Verstellung lohnt sich daher nicht, sie ist unnötig. Gott weiß sowieso, wer wir sind, was wir sind und wie wir zu ihm eingestellt sind.

Des weiteren: Seine Sache vertreten. Je mehr wir daran denken, daß er uns brauchen will, desto leichter wird es uns fallen, öffentlich von ihm zu reden. Man muß ja mit bestimmten Zielvorstellungen an Begegnungen mit anderen Menschen und an die Gespräche herangehen. Jesus traut seinen Freunden zu, daß sie ihn in der Öffentlichkeit repräsentativ vertreten. Da Jesus seine Jünger Freunde nennt, darf man annehmen, daß er ihnen vertraut. Das macht zugleich stark und getrost, denn wenn Jesus mir vertraut, dann habe ich wirklich keinen Grund, ihm zu mißtrauen.

Daher gehört zu einem mutigen Bekenner auch: Jesus vertrauen! Es mag sein, daß wir Führungen und Aufträge unseres Herrn nicht verstehen. Gerade dann aber, wenn Zweifel plagen und wenn wir viele Fragen haben, wollen wir daran denken, daß sogar scheinbar Sinnloses im Plane Gottes begründet ist. Mit dem Verstand ist schwer zu fassen, daß Gott alles weiß, daß Gott sich um alles kümmert. Er sieht auch mich, meinen Geist, meine Seele, meinen Leib. Er sieht jeden Menschen.

Jesus sagte seinen Nachfolgern, daß ihr Bekenntnis gebraucht werde. Wer spürt, daß auch er seinen Herrn bekennen müßte, andererseits aber weiß, daß ihm der Mut fehlt oder die Erfahrung, der bitte Gott in kindlichem Vertrauen um Führung, um einen Wegbegleiter und auch darum, daß im richtigen Augenblick das gesagt wird, was der Sache Jesu am dienlichsten ist.

5. April

„Er aber ging hin in die Wüste eine Tagesreise weit und kam und setzte sich unter einen Wacholder und wünschte sich zu sterben und sprach: Es ist genug, so nimm nun, Herr, meine Seele; ich bin nicht besser als meine Väter." 1. Kön. 19, 4

Im ersten Buch der Könige hören wir von einer unsagbar schwierigen Stunde, in der der Prophet Elia eine gottfeindliche Regierung gegen sich hatte. Unter allen Hofbeamten stand nur einer zu ihm. Elia war ganz auf sich gestellt, obwohl zuvor so viele von ihm beeindruckt waren, als er in außerordentlicher Weise bei einem Gottesurteil am Karmel in der Kraft Gottes handelte. Anschließend ließ Gott noch ein großes Wunder geschehen. Nach einer langen Zeit der Trockenheit regnete es wieder, nachdem Elia Gott um Regen gebeten hatte.

Doch nun wird Elia gejagt. Die heidnische Königin Isebel läßt keinen Zweifel daran, daß sie ihn töten will. Als er das merkt, kriegt er es mit der Angst zu tun. Er rennt davon, um seine nackte Haut zu retten. Er, der Mann, der eben noch siegte und Wunder erlebte. Elia rennt in die Wüste und hofft, dort nicht gefunden zu werden. Elia, der eben noch so voller Kraft war, der sich als ein Mann Gottes erwies, ist nun auf einmal einer, dem die Kräfte schwinden. Er kommt an eine Stelle, wo nur ein Busch steht, ein Wacholderbusch. Der bietet ein bißchen Schatten. Elia hat genug vom Leben. Er spürt, daß er innerlich abstirbt, daß seine Seele kraftlos wird. Er sagt: „Es ist genug, so nimm nun, Herr, meine Seele; ich bin nicht besser als meine Väter."

Es hat ja jeder so seinen „Wacholderbusch", nicht wahr? Wo gehen Sie hin, wenn Sie meinen, nicht mehr weiterzukommen? Wir sollten wissen, daß diese Stimmung für den, der im Glauben steht, nicht das letzte ist. Elia erfährt, daß ein Engel kommt, der ihn anrührt und zu ihm spricht. Wenn Sie wieder unter Ihrem „Wacholder" sitzen, dann rechnen Sie doch damit, daß Gott auch für Sie einen Engel hat, der kommt. Wer unter dem „Wacholderbusch" sitzt und mit dem rechnet, was Gott gibt, dessen Glauben bewährt sich.

Auch über uns wird noch manche Nacht fallen, vielleicht schneller, als uns lieb ist, vielleicht intensiver, als uns lieb ist. Mein Heiland ist vorausgegangen und hat mir den Weg gebahnt. Das kann mich trösten. Und vielleicht macht es Gott in der nächsten schwierigen dunklen Stunde meines Lebens ähnlich mit mir wie mit Elia. Dann will ich mit ihm rechnen und zugleich daran denken, daß die Mitte der Nacht der Anfang des Tages ist. Gott sei mit Ihnen!

6. April

„Und er sprach: Jesus, gedenke an mich, wenn du in dein Reich kommst! Und Jesus sprach zu ihm: Wahrlich, ich sage dir: Heute wirst du mit mir im Paradies sein.“

Luk. 23, 42–43

Offensichtlich ist einer der beiden Übeltäter, die rechts und links von Jesus am Kreuz hingen, zur Einsicht gekommen. Es muß ihm bewußt geworden sein, wie verfehlt und töricht sein Leben war. Er weist sogar den anderen zurecht. Lukas schildert den Gesinnungswandel des Räubers, der sicher vielen Menschen Schaden zugefügt hat. In der Stunde am Kreuz rief er: „Jesus, gedenke an mich, wenn du in dein Reich kommst!“ Er muß also zuvor schon manches von Jesus gehört haben. Er begreift, daß dieser am Kreuz hängende Gottessohn der Messias ist. Er ist der, auf den alles Volk wartet und der die große Wende in Israel bringen soll.

Die Bitte, mit Jesus in Gottes Reich hineingenommen zu werden, beantwortet Jesus mit dem Versprechen: „Wahrlich, ich sage dir: Heute wirst du mit mir im Paradies sein.“ Der Verbrecher hatte sich also nicht geirrt, als er über der Dornenkrone eine Königskrone sah. Allen Lästerungen und allen Spott trug der am Kreuz leidende Jesus. Er antwortete keinem der Peiniger. Aber das Gebet eines Räubers ließ er nicht ohne Antwort. Jesus versprach diesem Mann weit mehr, als er begehrte und erbat. Er versprach ihm das Paradies, und zwar noch am selben Tag und in der Gemeinschaft mit ihm.

Für mich bleibt in der neutestamentlichen Geschichte von den Verbrechern am Kreuz die Erkenntnis, daß es niemals zu spät ist, sich Christus zuzuwenden. Es gibt manches im Leben, wo wir sagen: „Dafür ist es jetzt zu spät.“ Doch das gilt nicht, wenn sich ein Mensch Jesus Christus zuwenden möchte. Nie ist es zu spät. Keiner ist zu jung oder zu alt.

Nun könnte natürlich der eine oder andere denken: „Fein, wenn ich auch noch in der letzten Stunde meines Lebens zu Gott kommen kann. Dann lebe ich bis dahin noch drauflos.“ Da niemand weiß, wann seine letzte Stunde schlägt, ist es besser, diese Entscheidung heute zu fällen, vielleicht mit ähnlichen Worten wie der Verbrecher am Kreuz: „Herr Jesus, du bist ohne Schuld gestorben. Du hast damit die Strafe auf dich genommen, die jeder Mensch verdient, der sich gegen Gott auflehnt. Vergib mir, was ich getan habe. Laß mich jetzt schon wissen, daß ich dir gehöre und daß mich nichts von dir trennen kann. Amen.“

7. April

„Das sage ich euch, damit meine Freude in euch bleibe und eure Freude vollkommen werde.“ Joh. 15, 11

Die gute Nachricht, die uns Jesus durch seine Boten ausrichten läßt, ist eine Nachricht der Freude. Ich kann sie hören und erfassen. Sind Sie schon mit hineingenommen in den Sieg Jesu Christi? Haben Sie diese Freude in Ihr Herz hineingelassen? Wir können natürlich die Freude nicht machen. Ich kann mich nicht durch einen seelischen Klimmzug froh machen, etwa indem ich mir selbst auf die Schulter klopfe und sage: „Heute wollen wir mal recht fröhlich sein.“ Das geht nicht. Aber ich kann meinem Herrn Jesus Christus sagen: „Lieber Herr, ich möchte gerne etwas von der Freude ausstrahlen, die du denen versprochen hast, die an dich glauben.“

Als Jesus noch auf dieser Erde war, sagte er zu seinen Jüngern, nachdem er mit ihnen über seine Sendung und Aufgabe gesprochen hatte: „Das sage ich euch, damit meine Freude in euch bleibe und eure Freude vollkommen werde." Das muß man sich mal richtig vorstellen. Jesus will dafür sorgen, daß die Freude, die er schenkt, vollkommen ist, das heißt, durch nichts mehr überboten werden kann und durch nichts überboten zu werden braucht. Kein Wunder, daß alle die, die sich von Jesus getragen wissen, froh darüber sind, daß ihnen ihre Schuld vergeben ist. Sie müssen sich nicht mehr schämen über das, was in ihrem Leben nicht korrekt gewesen ist. Sie freuen sich, daß sie von ihm die Kraft empfangen, so zu leben, daß Gott geehrt wird. Denn das ist ja eigentlich der Sinn unseres Lebens: Gott soll geehrt werden, und dem Nächsten soll geholfen werden.

Wir haben als Christen den Auftrag, diese Welt etwas lichter zu machen, Freude hineinzutragen in all das Dunkel. Ich wünsche Ihnen, daß es Ihnen mit Gottes Hilfe gelingt und daß Sie über diesem Auftrag so richtig froh werden. Dort, wo christliche Freude aufleuchtet, weicht das Dunkel. Viele Menschen haben es heute schwer, von der Osterhoffnung zu leben, von der wir in dieser Zeit besonders sprechen. Wir haben aber wirklich Grund, uns über die Auferstehung unseres Herrn und Heilandes zu freuen.

Wir haben so viel Grund, zu danken für die Freude, die Gott uns bereiten will durch Jesus Christus, seinen lieben Sohn. Die Bibel ist voll davon, daß es das vergossene Blut Jesu ist, also der Tod Jesu, der Menschen frei machen kann. Wir können uns freuen, weil wir durch Christus aus der Macht Satans befreit sind und daß wir im Glauben nicht alleine stehen, sondern daß andere mit uns glauben und wir mit anderen dem großen Ziel entgegengehen, der Herrlichkeit Gottes, wo nur noch Freude sein wird.

8. April

„Der Herr verzögert nicht die Verheißung, wie es einige für eine Verzögerung halten; sondern er hat Geduld mit euch und will nicht, daß jemand verloren werde, sondern daß jedermann zur Buße finde.“ 2. Petr. 3, 9

In aller Welt bekennen Christen Sonntag für Sonntag: Christus ist am dritten Tag auferstanden von den Toten. Ostern wird uns die Bedeutung dieses Satzes ganz besonders bewußt. Am dritten Tag auferstanden – das erinnert an ein einmaliges Geschehen, an einen bestimmten Tag, an einen bestimmten geschichtlichen Augenblick. Am dritten Tag wurde Jesus Christus auferweckt. Dieser Satz ist zur Mitte des christlichen Glaubensbekenntnisses geworden.

Jesus Christus ist nicht einfach am ersten oder zweiten Tag nach der Grablegung wieder auferstanden. Er war wirklich tot gewesen. Sein Leben war wirklich zu Ende. Er trug unsere Schuld bis in sein bitteres Ende hinein. Wer das glaubt, dem wird die Schuld vergeben. Er beginnt noch einmal zu leben. Jeder, der ihm vertraut, verbindet sich mit Gott. Die Auferstehung Christi ist Gottes Einbruch in unsere irdische Welt des Vergehens. Ostern signalisiert: Der Tod ist nicht das Letzte.

Die Auferstehung Jesu ist darum nicht in den Kreislauf der Natur einzuschließen. Der wiederholt sich jedes Jahr. Wohl haben die Heiden versucht, im Wechsel der Jahreszeiten ein Sterben und Wiedererstehen ihrer Götter zu sehen. Aber Christi Auferstehung paßt in dieses naturgebundene Schema nicht hinein. Sein Sterben und Auferstehen ist nicht ein Gesetz der Natur, sondern ein Ereignis der Geschichte. Mit dieser Auferstehung überwindet Jesus den Tod. Jeder, der sich an den gekreuzigten und auferstandenen Jesus Christus bindet, wird bewahrt vor der Sinnlosigkeit einer von Gott gelösten Existenz.

Als ich unlängst einen jungen Christen fragte, was ihm Ostern bedeutet, sagte er: „Daß ich eine Zukunft habe!“ Weil wir Christen getrost in die Zukunft schauen können, darum begehen Christen, seit Jesus auferstanden ist, jeweils den ersten Tag der Woche als „Tag des Herrn". Sie feiern so im Grunde genommen jeden Sonntag Ostern. Sie tun das im fröhlichen Wissen: Jesus Christus, unser Herr, lebt!

Mit der Auferstehung Jesu begann ein neuer Abschnitt der Heilsgeschichte. Er war der Erste, der das Grab verließ. Alle, die ihm angehören, werden folgen, wenn er wiederkehren wird. Dann wird das Ende kommen, „wenn er das Reich Gott, dem Vater, übergeben wird, nachdem er alle Herrschaft und alle Macht und alle Gewalt vernichtet hat" (1. Kor. 15, 24).

Es berührt uns nicht, daß Spötter fragen: „Wo bleibt die Erfüllung des biblischen Versprechens, daß Jesus Christus wiederkommen wird?" Auf diese Frage ist schon Petrus eingegangen: „Der Herr verzögert nicht die Verheißung, wie es einige für eine Verzögerung halten; sondern er hat Geduld mit euch und will nicht, daß jemand verloren werde, sondern daß jedermann zur Buße finde."

9. April

„Denn es ist erschienen die heilsame Gnade Gottes allen Menschen und nimmt uns in Zucht, daß wir absagen dem ungöttlichen Wesen und den weltlichen Begierden und besonnen, gerecht und fromm in dieser Welt leben."

Tit. 2, 11–12

Vor einigen Jahrzehnten war die Voraussage modern: „Wir werden uns zu einer Rasse von Übermenschen entwickeln." Das Ideal schien ganz nah vor uns zu liegen. Nach den Erfahrungen des Zweiten Weltkrieges und seiner Folgen wurde ersichtlich, daß dieser Optimismus als veraltet gelten muß. Heutzutage taucht eine verschwommene Hoffnung auf, das Ideal würde vielleicht eines Tages aus dem Weltraum zu uns kommen. Es müßte doch noch andere Lebewesen geben, die vielleicht viel besser seien als die Menschen dieser Erde. Das Ideal liegt also immer noch vor uns, wenngleich nicht mehr so greifbar nahe.

Zu viele Menschen sind damit beschäftigt, in die falsche Richtung zu schauen. Das Ideal ist bereits da! Das vollkommene Leben ist schon gelebt worden. In Jesus Christus sehen wir die Größe, zu der ein Mensch aufsteigen kann. Bei ihm sehen wir in allem Vollkommenheit. Wenn wir das Leben Jesu betrachten, wie es in den Evangelien geschildert wird, können wir das sehen. Es ist zu phantastisch und ungewöhnlich, als daß es sich jemand ausgedacht haben könnte. Ganz abgesehen davon, daß vier Evangelisten völlig unabhängig voneinander darüber berichtet haben. Jesu Leben ist vollkommen. Es gibt kein anderes Wort dafür.

In diesen österlichen Tagen freuen wir uns über das, was uns mit der Auferstehung Jesu Christi geschenkt worden ist. Das Beweismaterial für seine Auferstehung ist nicht auf das erste Jahrhundert beschränkt. Es ist bemerkenswert, daß die Überzeugung von der Auferstehung Jesu und seiner Existenz bis zur Stunde in den Jahrhunderten gewachsen ist, im Gegensatz zu den meisten historischen Ereignissen, die im Laufe der Zeit langsam verblassen. Heute treffen wir zwar nicht Petrus, Johannes, Paulus oder die 500 Gläubigen, die versichern konnten, daß Jesus lebt, aber Millionen in der ganzen Welt können es, weil sie ihn kennen.

Wir sind beim Evangeliums-Rundfunk in der glücklichen Lage, immer wieder von Menschen zu hören, die uns bestätigen, daß sie Jesus kennengelernt haben. Wieviel Freude spricht aus diesen Berichten. Wie viele Menschen wohl bestätigen können, in den Jahren seit Bestehen des Evangeliums-Rundfunks durch diese Sendungen zu neuem Leben gefunden zu haben. Aber nun ist ja der ERF nur ein Instrument unseres Gottes. Auf wieviel andere Weise erreicht er Menschen: durch Zeltmissionen, Saalevangelisationen, Zeitschriften, Bücher, oder durch Gespräche von Mensch zu Mensch. Allemal entsteht große Freude, wenn jemand bestätigen kann: „Ich habe jetzt Jesus Christus kennengelernt. Ich weiß, daß er auferstanden ist und auch in mein Leben hineinwirken kann."

10. April

„Und Abraham nahm das Holz zum Brandopfer und legte es auf seinen Sohn Isaak. Er aber nahm das Feuer und das Messer in seine Hand; und gingen die beiden miteinander."
1. Mose 22, 6

Zwei Menschen schuf Gott am Anfang, einen Mann und eine Frau. Als die Sintflut kam, sollte Noah von jeder Art zwei mit in die Arche nehmen. Zwei sind auch nötig zu einer Freundschaft. So war es bei David und Jonathan. Jesus sandte später immer zwei seiner Jünger hinaus, damit sie anderen erzählten, was sie mit ihm erlebt hatten. Bei anderer Gelegenheit sagte Jesus, wo zwei oder drei in seinem Namen versammelt seien, da sei er mitten unter ihnen. Es gibt noch weitere Stellen in der Heiligen Schrift, die davon berichten, was zwei miteinander erleben können.

Ein bekanntes Beispiel sind Abraham und sein Sohn Isaak. Gott hatte Abraham endlich einen Sohn geschenkt. Und nun prüft Gott ihn und seinen Glauben. Abraham wird aufgefordert, seinen Sohn Isaak zu opfern. Nur kurze Zeit nachdem er den unbegreiflichen Auftrag bekommen hat, bricht er mit seinem Sohn auf. Er lädt dem jungen Isaak das Holz auf, nimmt selbst Feuer und ein Messer in die Hand. Dann heißt es im biblischen Bericht: „... und gingen die beiden miteinander." Welch eine inhaltsreiche Aussage. Sie werden sicher schweigend nebeneinander hergegangen sein. Der Vater grübelnd und voller Sorge, der Sohn betroffen, vielleicht vorausahnend, daß etwas Ungeheures geschehen wird. Der Sohn durchbricht das Schweigen und fragt: „Vater, wo ist das Schaf zum Brandopfer?" Abraham antwortet: „Mein Sohn, Gott wird sich ersehen ein Schaf zum Brandopfer." Aber ein Schaf ist weit und breit nicht zu sehen. So baut Abraham einen Altar, schichtet das Holz auf und legt seinen Sohn obenauf.

Wer diese Geschichte nicht kennt, wird spätestens an dieser Stelle entrüstet sein. Was für ein Gott, der die beiden da miteinander gehen läßt und sie in eine solche Probe führt! Da tröstet noch nicht einmal, daß der Engel des Herrn Abraham schließlich gebietet, dem Knaben nichts zu tun. Gott sieht nämlich, daß Abraham ihn fürchtet und aus Ehrfurcht vor seinem Gebot sogar den einzigen Sohn opfern würde. Der Gehorsam des Vaters rettet den Sohn. Isaak darf weiterleben.

Entrüstung beim Bibellesen darf nie das letzte sein. Wer die Bibel liest, wird an vielen Stellen entdecken, daß Gott in den Herzen der Menschen ein tiefes Verständnis für das weckt, was er vorhat. So ist z.B. die Isaak-Geschichte eine Illustration zur Passion Jesu. Als Jesus seinen Opfergang antritt, da wird sichtbar, daß Gott seinen eigenen Sohn nicht verschont. Er gibt Jesus dahin, damit er für die Sünder der ganzen Welt stirbt. Gott hat Abrahams Glauben gelohnt, der Sohn wurde nicht getötet; aber sich selbst schonte Gott nicht!

11. April

„Denn das Wort vom Kreuz ist eine Torheit denen, die verloren werden; uns aber, die wir selig werden, ist's eine Gotteskraft.“ 1. Kor. 1, 18

Wer die Bibel aufmerksam liest, entdeckt, daß das Grundverderben dieser Welt die Trennung des Menschen von Gott ist. Keine menschliche Anstrengung oder Leistung konnte oder kann daran etwas ändern. Nach Gottes Plan und Willen gibt es keinen anderen Weg aus dem Unheil der Menschheit als das Kreuz. Nur durch Jesus Christus findet der Mensch aus allem Elend und Leid heraus. Nur durch Jesus Christus als göttliche Kraft und göttliche Weisheit.

Die Weisheit Gottes ist denen verborgen, die sich selber für weise halten. Gerade aber, wer sich selbst für weise hält, verfehlt Gott in Wirklichkeit. Jesus wies bereits zu seinen Lebzeiten auf das Kreuz hin, an dem er einmal sterben würde. Das Kreuz ist ein Geheimnis, das allen Menschengedanken entgegensteht. Es paßt in kein Konzept. Welcher Mensch gibt schon gerne zu, daß er ohne Jesus verloren ist? Wer hat den Mut zuzugeben, daß er Hilfe braucht, weil er sich alleine nicht helfen kann?

Der Apostel Paulus wurde nicht müde, immer wieder auf die Hilflosigkeit und Erlösungsbedürftigkeit des Menschen hinzuweisen. Er sagte, ein Mensch komme erst dann ans Ziel, wenn er sich selbst nicht länger für weise halte, sondern die Weisheit Gottes begehre und das Geheimnis Gottes kennenlernen wolle. Gott lädt die Menschen ein, sich dem Kreuz zuzuwenden und anzuerkennen, was Jesus am Kreuz getan hat. Das geschieht, indem ein Mensch darum bittet, daß das Leiden und Sterben Jesu sich auch im eigenen Leben kräftig erweisen möge. Wer diesem am Kreuz gestorbenen Jesus Christus vertraut und zu ihm spricht, als stünde er neben ihm, wer ihm alle seine Schuld überläßt, der erfährt Vergebung, und Vergebung macht das Leben neu.

Weil die Gemeinde Verkörperung des Wollens Jesu ist, darum hat sie die Zeiten überdauert und wird sie auch weiter durchstehen. Wer Jesus ist, was er tat, warum er gekreuzigt wurde, steht in der Bibel. Die Gemeinde sagt es weiter. Sie sagt es aller Welt, und sie sagt es so, daß Tag für Tag, Woche für Woche auf der ganzen Welt Menschen zu diesem Jesus Christus finden.

Die Gemeinde Jesu hat nur eine kleine Kraft. Darum ist es nötig, daß sie zusammensteht, um die ihr aufgetragenen Aufgaben zu erfüllen. Seien oder werden Sie ein treuer Mitarbeiter in der Gemeinde des gekreuzigten und auferstandenen Jesus Christus.

12. April

„Da wurden ihre Augen geöffnet, und sie erkannten ihn. Und er verschwand vor ihnen.“ Luk. 24, 31

Als die Emmausjünger mit Jesus auf dem Weg waren, mit ihm sprachen, aßen und beteten, dauerte es eine geraume Zeit, bis sie in dem Fremden ihren Herrn und Meister erkannten. Schlagartig wurden ihre Augen geöffnet, und sie erkannten ihn.

Mir geht es ähnlich. Zwar kann ich Jesus nicht so begegnen wie seinerzeit die beiden Wanderer auf dem Weg nach Emmaus. Aber im übertragenem Sinn gibt es solche Begegnungen durchaus. Beim Bibellesen, bei Gesprächen, beim Hören von Musik oder beim Singen. Für mich ist Jesus Freudenbringer, Mutmacher und Tröster. Jesu Gegenwart kann beglückend sein. Aber sie kann auch bedrängen. In solchen Stunden empfinde ich mein Unvermögen. Dann kann ich Jesus nur um Vergebung bitten, daß ich ihm nicht noch mehr zur Verfügung stehe.

Am stärksten empfand ich das in den Slums von Nairobi. Moses M., ein früherer Zuchthäusler, hatte mich mitgenommen. Dreizehnmal hatte er hinter Gittern gesessen, unter anderem wegen eines Banküberfalls. Er war ursprünglich bei der Fluggüterüberwachung angestellt gewesen, dann aber an Alkohol geraten. Seitdem war es mit ihm bergab gegangen. Eines Tages brachte ihm ein Gefängnismissionar eine kleine Schrift mit, die die Abgründe des menschlichen Herzens und die Retterliebe Jesu schilderte. Diese Lektüre schlug bei ihm ein. Gott benutzte sie, um Moses' Leben zu verändern. Er wurde im wahrsten Sinne des biblischen Wortes ein neuer Mensch. Danach suchte er nun eine sinnvolle Tätigkeit. Niemand wollte den vielfach Vorbestraften anstellen. Aber eines Tages kam es ihm so vor, als spräche der lebendige Jesus zu ihm: „Kümmere dich um Menschen, denen noch geholfen werden kann." Seither betreut er elternlose Kinder in den Slums. Die Stadtverwaltung gab ihm ein kleines Stück Land inmitten der Elendshütten. Dort baute er eine laubenähnliche Gebetshütte, höchstens sechs mal drei Meter groß. Zeitweilig kümmert er sich dort um 90 bis 100 Kinder auf einmal. Dann fällt in der kleinen Hütte nichts mehr auf den Boden, so eng gedrängt sitzen und stehen die Kinder beieinander. Als ich ihn besuchte, waren etwa 50 Jungen und Mädchen versammelt. Sie sangen und beteten, angeleitet von Moses' Frau und einer Mitarbeiterin. Ich habe selten die Anwesenheit des auferstandenen Jesus so gespürt wie in jener Hütte.

Ähnliches empfinde ich oft, wenn ich Briefe von Hörern unserer Sendungen lese. Ich lasse mich mit hineinnehmen in die Gedanken derer, deren Leben Sinn bekommen hat, seit sie sich an Jesus orientieren, seit ihnen die Augen geöffnet wurden. Und ich begegne ihm selber ganz neu.

13. April

„Siehe, wie fein und lieblich ist's, wenn Brüder einträchtig beieinander wohnen!“ Ps. 133, 1

Ein Vater hatte sieben Söhne. Er war alt geworden und spürte sein Ende nahen. Es bereitete ihm Kummer, daß die Söhne so uneinig waren und ständig miteinander in Fehde lagen. „Wenn sie sich nicht einigen“, sagte sich der Vater, „ist mein Lebenswerk gefährdet.“ Darum rief er seine Söhne eines Tages zusammen, um ihnen ins Gewissen zu reden.

Er hatte einige dicke Stöcke mitgebracht. Jeder der Söhne sollte einen zerbrechen. Mit einiger Anstrengung schafften die jungen Männer das auch. „Seht“, sagte der Vater zu seinen Söhnen, „ähnlich wie jeder von euch seinen Stock zerbrach, so seid ihr selbst auch gefährdet. Wie leicht seid ihr zu zerbrechen! Legt einmal eure Stäbe zusammen und bindet ein Band herum, so daß sie fest aneinanderruhen. Dann versucht, sie zu zerbrechen.“ Einer nach dem anderen versuchte es, aber es wollte nicht gelingen. Die sieben Stäbe, aneinander gebunden, waren nicht zu zerbrechen.

Dieses Gleichnis veranschaulicht sehr gut die geistliche Wahrheit der Gemeinschaft. Der einzelne ist schnell verletzt und enttäuscht, am Ende vielleicht sogar zerbrochen. Aber dort, wo man zusammenhält, wo miteinander geglaubt, gelebt und gearbeitet wird, ist man stärker und nicht so leicht zu zerbrechen.

In der Bibel geht es um Gemeinschaft der Christen untereinander, z.B. in der Gemeinde, und um Gemeinschaft in Ehe und Familie. Dort, wo christliche Gemeinschaften gesund sind, nutzt das auch einem Volk. Wenn ich hier den Ausdruck „Christen“ verwende, dann spreche ich von denen, die engagiert mit Christus leben wollen und die nach seinen Geboten fragen, egal ob sie katholisch oder evangelisch sind, ob sie zur charismatischen Bewegung gehören oder evangelikal sind. Wichtig ist, daß man die eigenen Erkenntnisse nicht überbetont und dem anderen nicht Geistlichkeit abspricht, sondern daß das betont und beachtet wird, was verbindet.

Darum ist es so wichtig, die Christen aufzurufen, vorbildlich zu denken und zu wirken. Wenn es den Christen nicht einmal gelingt, ihre Grenzen bzw. Gräben zu überwinden und zusammenzustehen, dann bleibt für die Nichtchristen, d.h. für die Mehrheit der Bevölkerung, noch weniger Hoffnung.

Gemeinsamkeit der Brüder und Schwestern ist etwas Erstrebenswertes; „Denn dort verheißt der Herr den Segen" (Ps. 133, 3). Auch die schönste und beste Gemeinschaft nützt am Ende nichts, wenn Gott seinen Segen vorenthält. Wo Christen aber zusammenstehen und ihrem Herrn Jesus Christus gemeinsam vertrauen, da wird er sie erleben lassen, daß ihm nichts unmöglich ist.

14. April

„Aber Jesus schrie abermals laut und verschied."

Matth. 27, 50

Man hat sich mit den Kreuzen abgefunden. Bereits für geringe Probleme hat unsere Sprache den Ausdruck „das ist schon ein Kreuz" oder „man muß sein Kreuz tragen". Das läßt vergessen, daß die Kreuzigung bei den Römern eine furchtbare Strafe war. Einen Menschen zu kreuzigen war eine der grausamsten Arten, ihn zu bestrafen. Während vieler Stunden, vielleicht bei tropischer Hitze, am Kreuz zu hängen, das führte zu unerträglichen Qualen. Richter, Verurteilte und Zuschauer empfanden diese Art der Bestrafung zudem als außerordentlich schändlich und bitter.

Der Gedanke an eine schändliche Hinrichtung wird in unseren Passionsliedern aufgegriffen, wo oft vom Leiden Jesu gesprochen wird. Obwohl eigentlich alle Menschen schändlich gesündigt haben bzw. noch sündigen und darum bestraft werden müßten, legte Gott in seiner unbegreiflichen Liebe die Strafe auf den einen, der nichts verbrochen hatte. Ihn trifft der göttliche Fluch. Es ist eigentlich sehr, sehr traurig, daß wir uns mit diesem Geschehen abgefunden haben und es uns nur noch selten erschüttert. Wir ahnen kaum noch das Schreckliche und Unbegreifliche, das auf solchem Sterben lag.

Christus ist gestorben. Es hat schon in der frühen Christenheit Versuche gegeben, dieses Geschehen zu erklären, obwohl es im Grunde genommen ja nicht zu erklären oder zu verstehen ist. Man sagte im sogenannten Doketismus, Jesus sei nur zum Schein am Kreuz gestorben. Die Doketisten, die auch Christen sein wollten, sagten: „Es ist unvorstellbar, daß Jesus gestorben sein soll. Er hat nur so getan, als ob er stürbe. In Wirklichkeit ist er gleich zu Gott gegangen." Das Neue Testament sieht es anders. Jesus ist nicht vom Kreuz in den Himmel gegangen, in die unsichtbare Wirklichkeit Gottes, sondern er ist wirklich gestorben. Und er hat das an unserer Statt getan. Er ist an unserer Statt gestorben.

Wie soll man das verstehen? Wir müßten nun eigentlich viel Zeit haben und in einer Gesprächsrunde sitzen, um über diese biblische Wahrheit nachzudenken und einander im Glauben weiterzuhelfen. Wir würden dann entdecken, daß es kein dogmatischer Trick ist, sondern biblische Grundkenntnis, wenn Christen sagen, Jesus sei wahrer Mensch und wahrer Gott gewesen. In seiner menschlichen Natur stirbt er wie jeder andere Mensch. Er stirbt diesen verfluchten Tod am Kreuz, damit wir nicht länger unter dem Fluch Gottes leben müssen. Es ist eine gewaltige Botschaft, daß Erlösung nur möglich ist durch den Tod, nicht etwa durch gedankliche Anstrengungen. Weil Gott aber nicht den Tod des Sünders will, lädt er die Strafe auf den Sündlosen, auf Jesus. Wer diesem Jesus vertraut, kommt nicht ins göttliche Gericht, sondern hat ewiges Leben.

15. April

„Laßt kein faules Geschwätz aus eurem Mund gehen, sondern redet, was gut ist, was erbaut und was notwendig ist, damit es Segen bringe denen, die es hören." Eph. 4, 29

In diesem Bibelwort stehen sich unnützes und gottgefälliges Reden gegenüber. Mit unserer Wiedergeburt geht der Trieb zum Reden nicht verloren. Wer vor seiner Bekehrung eine Plaudertasche war, wird auch nachher leichter mit dem Wort umgehen als Leute mit „schwerer Zunge". Alles, was wir sagen, wird uns einmal präsentiert werden, auch jedes unnütze Wort. Das zu wissen, hat schon manchen so erschreckt, daß er am liebsten tagelang gar nichts mehr gesagt hätte. Doch dann sündigen wir möglicherweise desto kräftiger mit den Gedanken. Nein, wir dürfen schon reden, aber mit Verstand.

Für das geistliche Wachstum ist es entscheidend, daß wir Worte bewußt einsetzen. Worte, die heilen, stärken, trösten und reinigen. Worte, die Leben vermitteln, die Mangel überwinden, die aufbauen. Wir sollen reden, was den anderen nützt. Wenn wir dem Geist Gottes genügend Raum lassen in unserm erneuerten Leben, dann wird Gott dafür sorgen, daß wir in allen Stücken wachsen, auch im Blick auf unser Reden. Und das ist ein Trost für alle, die unter ihrer lockeren Zunge leiden. Ich kenne Gotteskinder männlichen und weiblichen Geschlechts, die sagen: „Ich leide ja so unter meinem losen Mundwerk." Doch Gott kann das heiligen. Wir können beten: „Lieber Herr Jesus, laß mich allezeit etwas Vernünftiges reden. Laß mich nicht verdrossen schweigen, wo andere auf mein Wort warten. Aber laß mich zu Ende kommen, damit andere auch mal drankommen. Stoppe meinen Redefluß, wo ich in der Gefahr stehe, törichtes Zeug zu reden. Sorge du bitte dafür, daß kein faules Geschwätz aus meinem Mund geht, daß meine Rede niemanden verletzt und mein Reden nicht zersetzend wirkt. Amen."

Vertrauen Sie Gott, und bekennen Sie ihm Ihre Schuld. Jede Zuchtlosigkeit ist eine Absage an das Walten des Heiligen Geistes. Jede zuchtvolle Reaktion jedoch bestätigt, daß wir dem Geist

Gottes Raum geben. Darum wagen wir's, die Wahrheit gegen die Lüge zu setzen und versöhnlich zu sein, wagen die dienende Liebe und bemühen uns um die aufbauende Rede.

Beachten wir auch den letzten Vers aus dem 4. Kapitel des Epheserbriefes. Hier geht es darum, daß wir freundlich, herzlich und vergebungsbereit sein sollen. Freundlich gesinnt sein, d.h., daß man ebensosehr auf das Wohl seines Nächsten wie auf das eigene Wohl bedacht ist. Herzlich ist, wer wirklich einem anderen zugewandt ist. Und vergebungsbereit sein, d.h. davon ausgehen, daß Gott dem anderen etwas vergeben hat und daß ich es deshalb nicht immer wieder neu auftischen muß. Wo uns dies gegeben ist, daß wir dem anderen freundlich, herzlich und vergebungsbereit gegenübertreten, wachsen wir geistlich!

16. April

„Ist aber Christus nicht auferstanden, so ist unsre Predigt vergeblich, so ist auch euer Glaube vergeblich."

1. Kor. 15, 14

Ostern – das ist der wunderbare Glanz und Ruf: „Du sollst leben und nicht sterben!" Jesus Christus ist ja bei seiner Auferstehung nicht in das vorige Leben zurückgekehrt, wie z.B. der Jüngling zu Nain oder Lazarus. Die beiden sind wieder in ihre alten Körper zurückgekehrt und mußten dann noch einmal sterben. Jesus hingegen hatte einen neuen unirdischen Leib. Er ist in ein Leben auferstanden, das keinen chemischen oder biologischen Gesetzen unterworfen ist. Dieses Leben ist damit auch außerhalb der Todesmöglichkeiten.

Aus der Bibel wissen wir, daß Jesus sichtbar wiederkommen wird. Mit seinem Auferstehungsleib kann er in der sichtbaren und in der unsichtbaren Welt Gottes zugleich sein. Die Botschaft von der Auferstehung Jesu ist wie das erste Kapitel eines Buches, das erst noch geöffnet werden wird. Das wird zu der Zeit sein, wenn Jesus Christus wiederkommt. Es ist Gottes große Freundlichkeit, daß er uns im Glauben auch Geheimnisse einräumt. Gott ist zwar kein Geheimniskrämer, aber er mutet uns zu, daß einige Dinge nur angedeutet werden. Es ist doch bezeichnend, daß z.B. die Kreuzigung Jesu von vielen Menschen miterlebt wurde, von Angehörigen und Bekannten, von Soldaten, Feinden und Spöttern. Die Auferstehung aber hat keiner miterlebt. Viele jedoch haben den Auferstandenen gesehen und davon berichtet.

Wir lesen zu Ostern in unserer Familienandacht 1. Korinther 15. Dort sind alle aufgezählt, die den auferstandenen Jesus gesehen haben. Zuletzt waren es noch 500 Männer. Zu der Zeit, als Paulus das schrieb, haben viele von ihnen noch gelebt. Sie haben den Auferstandenen gesehen. Damit war für sie die Frage „Wie ist Auferstehung denn möglich?“ nicht mehr wichtig. Wenn wir anfangen, über die Auferstehung zu reden, dann können wir nur stammeln. Sie ist eben ein einmaliges Ereignis, mit nichts zu vergleichen, sie geht über unser Fassungsvermögen hinaus. Es hat sicher einen tieferen Sinn, daß viele die Kreuzigung mit angesehen haben, die Auferstehung aber nicht.

Noch leben wir auf dieser Seite des Todes, aber einmal werden auch wir sterben und auferstehen. Das ist die eigentliche Botschaft des Evangeliums. Hier liegt der Kern. Ich habe als junger Mann nie verstehen können, wenn die Älteren davon sprachen, daß sie sich freuen auf den Heimgang und auf das Bei-Jesus-Sein. Jetzt rede ich auch so. Ich glaube, es ist eine ganz große Freundlichkeit Gottes, unsere Freude auf die eigene Auferstehung zu mehren. Je länger man im Glauben steht, desto mehr fängt man an, sich darauf zu freuen.

Ostern, das heißt: Gott öffnet die Tür zum Leben. Nicht der Tod hat das letzte Wort, sondern der allmächtige Gott!

17. April

„Als es aber schon Morgen war, stand Jesus am Ufer, aber die Jünger wußten nicht, daß es Jesus war.“ Joh. 21, 4

Heute möchte ich mich vor allem an solche unter Ihnen wenden, die in der letzten Nacht schlecht geschlafen haben. Vielleicht sind Sie kaum eingeschlafen, als Sie wieder hochschreckten, lagen dann lange wach, hörten hier oder dort ein Knacken im Haus, und es stürzten viele Gedanken über Sie herein. Das machte Sie immer wacher. Sie haben daran gedacht, daß Gott helfen könnte, aber immer wieder waren auch Angst und Sorge da. Dann wurde es endlich Morgen.

Vielleicht ist es ein ähnlicher Morgen, wie ihn die Jünger einmal nach der Auferstehung Jesu am See Tiberias erlebten. Sie hatten zwar in den vorangegangenen Stunden nicht auf ihren Lagern geruht, sie waren vielmehr die ganze Nacht auf dem See beschäftigt gewesen. Aber sie hatten nichts gefangen. Und nun ruderten sie mit langsamen Schlägen dem Ufer zu, müde, enttäuscht, zerschlagen. Sie waren also in einer ähnlichen Verfassung wie jemand, der in der ganzen Nacht wachlag und – wie man so sagt – kein Auge zumachen konnte. Nun wich die Nacht, und „als es schon Morgen wurde“, näherten sich die Jünger dem Ufer. Dort stand Jesus und erwartete sie. Die Jünger wußten aber nicht, daß es Jesus war.

Ob man nachts gearbeitet hat und morgens müde heimkehrt oder ob man nachts krank und sorgenvoll kaum ein Auge zugemacht hat und morgens mit Seufzen den neuen Tag begrüßt – die wenigsten sind auf eine Begegnung mit dem Auferstandenen gefaßt. Wir können ihn natürlich ohnehin nicht so sehen wie die Jünger damals, denen Jesus im Auferstehungsleib begegnete. Aber wir können den Auferstandenen in seinem Wort erkennen oder in einem Lied, vielleicht auch in einem Ereignis. Doch häufig sind die Augen, auch die eines Nachfolgers, gehalten.

Ich mußte bei der Vorbereitung dieser Andacht daran denken, daß sich der auferstandene Herr mitunter durch bestimmte Führungen unseres Lebens als gegenwärtig erweist. Eine Tür, die er für uns unerwartet öffnet, kann Zeichen seiner Gegenwart sein. Ein anderes Mal ist es möglicherweise ein unerfüllter Wunsch, eine verschlossene Tür sozusagen. Auch das kann seine Gegenwart signalisieren.

Heute wollen wir eine neue Bereitschaft gewinnen, unserem Herrn völlig zu vertrauen. Alle, die Jesus Christus gebeten haben, Herr ihres Lebens zu sein, die können getrost annehmen, was ihr Herr ihnen zuteilt. Und wenn der nächste Schritt auch völlig im Dunkeln liegt, der Herr sieht weiter. Im Vertrauen auf ihn kann ich weitersehen und weitergehen, ganz getrost, was auch kommen mag. Möge Sie diese Gewißheit durch diesen Tag geleiten!

18. April

„Weiter, liebe Brüder, betet für uns, daß das Wort des Herrn laufe und gepriesen werde wie bei euch.“ 2. Thess. 3, 1

Gerhard Tersteegen hat einmal die Prediger mit Orgelpfeifen verglichen, die einen Ton geben sollen. Er erklärte, daß es das innige Gebet derer sei, die Gott vertrauen, die den Wind erzeugen. Ohne diesen Wind gibt keine Orgelpfeife einen Ton. Und das kann eine noch so schöne und berühmte Orgel sein. Die ganzen Orgelpfeifen aus der Verkündigergalerie des Reiches Gottes blieben ohne wirklichen Ton, wenn die „Windmacher“ nicht da sind und eindringlich beten.

Ich erleichtere mir das Beten, indem ich meine Gebetsanliegen konkretisiere. Es ist besser, einen Verkündiger beim Namen zu nennen, als nur zu sagen: „Nun segne alle Verkündigung in unserem Lande hin und her.“ Das kann man natürlich auch sagen, aber es ist besser, wenn man die Gebetsanliegen konkretisiert, d.h. vorher darüber nachdenkt, für was gebetet werden soll. Beten erfordert Konzentration, deshalb ist es hilfreich, einen Zettel zu haben, auf dem man sich notiert, für wen man beten will.

Eindringliches Beten ist geistliche Arbeit. Es könnte sein, daß intensives Beten deshalb oft so viel Widerwillen hervorruft, weil der Mensch im allgemeinen ja keine besonders anstrengenden Arbeiten liebt. Doch wo Fürbitte getan wird, da läßt Gott Außerordentliches geschehen.

Häufig beten Christen leider nur in Zeiten der Krise anhaltend. Doch das ist nicht recht. Kraft für den Tag erwächst uns nur aus treuem, anhaltendem Gebet. Sie wird uns allerdings nur in dem Maß zuteil, wie wir sie für andere erbitten. Wenn mein Egoismus bis ins Gebetsleben hineingeht, daß ich z.B. immer nur sage: „Herr, schenke mir doch ..." und nicht immer wieder neu für andere bete, dann wird auch das, was Gott mir an Erleben schenkt, sehr gering sein.

Es hat mich sehr bewegt, als ich von einer Diakonisse las, die in einem Krankenhaus in Süddeutschland arbeitet und dort den Kassettendienst des ERF benutzt. Sie wissen vielleicht, daß der ERF viele Krankenhäuser mit Kassetten beliefert, deren Botschaft über die Hauslautsprecheranlage die Kranken erreicht. In dieses Krankenhaus kam ein achtzigjähriger Mann, vom Tode gezeichnet. Aber er war noch aufnahmefähig, und die Diakonisse konnte ihm eine der Sendungen vorführen. Dann, nach einigen Tagen, hat der Mann gesagt: „Schwester, beten Sie doch mit mir!" Und während sie mit ihm betete, entschlief er in Frieden.

Sie sehen, es lohnt sich, gezielt für eine Diakonisse zu beten. Aber es ist wichtig, daß man sie dann auch beim Namen nennt. Es ist wichtig, sich auch wirklich jemanden vorzustellen, der in einer solchen Verantwortung steht und heute vielleicht jemandem den letzten Dienst aus dieser Welt in die andere erweist.

19. April

„Da fragte ihn Pilatus: So bist du dennoch ein König? Jesus antwortete: Du sagst es, ich bin ein König. Ich bin dazu geboren und in die Welt gekommen, daß ich die Wahrheit bezeugen soll. Wer aus der Wahrheit ist, der hört meine Stimme.“

Joh. 18, 37

Jesus Christus kam in diese Welt, um die Wahrheit zu bezeugen. Er kam, um den Menschen die Wahrheit über Gott zu sagen, die Wahrheit über die Menschen und die Wahrheit über das Leben. Mit dem Kommen Jesu war die Zeit des Umhertastens, der Vermutungen und halben Wahrheiten vorbei. Jesus kam, um den Menschen die volle Wahrheit zu sagen. Das ist einer der Gründe dafür, warum Menschen Jesus entweder völlig bejahen und akzeptieren oder verneinen und ablehnen. Entweder erkennt jemand die Wahrheit an, oder er lehnt sie ab. Jesus ist die volle Wahrheit. Er hat seine königliche Aufgabe immer nur durch das Wort – das ist ein anderer Ausdruck für Wahrheit – und nicht durch äußere Machtmittel erfüllt. Er hat immer die Entscheidung für oder gegen seine Königswürde als Entscheidung für oder gegen das Wort Gottes, also die Wahrheit, behandelt.

Daß Jesus ein König ist, der nicht über ein geographisch festzulegendes Land regiert, hat u.a. zur Folge, daß man seine Anhänger unter allen Völkern findet und unter allen Rassen. Jeder, der weiß, daß er zu Jesus Christus gehört, fühlt sich als einem Volk zugehörig. „Wohl dem Volk, dessen Gott der Herr ist“, lesen wir in der Bibel (Ps. 33, 12). Man kann dadurch schon hier auf dieser Erde einen Eindruck davon bekommen, wie sich das einmal auswirken wird, wenn Jesus sein ewiges Reich aufrichten wird. Wer sich diesem König unterstellt hat, der hat eine eigenartige Entdeckung gemacht: Er bekam auf einmal Kraft, sein Leben in dieser Welt zu meistern, wie er sie vorher nicht hatte. Und er erhielt eine Hoffnung, die weit über diese Welt hinausreicht. Wer bereit wird, Jesus als König, d.h. als Herrn über sein Leben zu akzeptieren, der ist in dieser Welt gesegnet.

Wir wollen uns heute ganz neu darüber freuen, daß wir einen König haben, den niemand absetzen kann, so sehr er sich auch bemühen mag; daß wir einen König haben, dem man kein Land wegnehmen kann und dessen Herrschaft nicht erschüttert werden kann. Alle, die sich darauf freuen, einmal in der neuen Welt Gottes mit einzustimmen in das Lob, das diesem König gilt, die können schon heute singen: „Jesus Christus, König und Herr, sein ist das Reich, die Kraft, die Ehr. Gilt kein andrer Namen heut und ewig. Amen."

20. April

„Darum, wer diese meine Rede hört und tut sie, der gleicht einem klugen Mann, der sein Haus auf Fels baute."

Matth. 7, 24

In der Werkstatt einer indischen Stadt saß einmal ein Schneider. Plötzlich trat ein Gast herein. Er suchte ein kurzes Gespräch, appellierte an den christlichen Glauben des Schneiders und an die gleiche Stammeszugehörigkeit und bat um Hilfe. Die Regeln jenes Stammes besagten, daß man jemandem, der in Not sei, helfen müsse, allerdings nur einmal im Leben. Der Fremde erwartete nun von dem Schneider eine finanzielle Weiterhilfe. Der war hin- und hergerissen. Er wußte genau, daß der Fremde dieses Geld vertrinken würde. Wie gern hätte er ihm die Hilfe versagt. Aber dann gab er ihm Geld mit den Worten: „Ich weiß zwar, daß du dieses Geld vertrinken wirst; aber weil das nun der Brauch unter uns ist, will ich dir helfen. Du sollst jedoch wissen, daß ich jeden Tag für dich beten werde, bis du vom lebendigen Gott dein Leben ändern läßt." Lachend zog der Fremde davon. Der Schneider hielt sich an seine Zusage und betete jeden Tag für den Fremden. Nach einigen Wochen kam der zurück und sagte: „Ich werde deine Worte nicht los. Das Geld, das du mir gegeben hast, habe ich noch vertrunken, aber seither habe ich keinen Alkohol mehr zu mir genommen. Ich komme nicht zur Ruhe. Ich muß ständig daran denken, daß du dafür betest, daß ich ein neues Leben beginnen soll. Ich will tatsächlich nicht mehr so weiterleben wie bisher. Hilf mir doch!"

Wie froh war da der Schneider, daß er in seinem Gebet nicht müde geworden war. Es gab ein langes Gespräch zwischen den beiden, und der Schneider wies seinem Stammesgenossen den Weg zu Christus.

Wir erfuhren diese Geschichte, weil der Schneider ein Hörer von Sendungen unseres internationalen Partners Trans World Radio ist und einem Mitarbeiter sein Erlebnis erzählt hat.

Ist es nicht großartig, wenn ein Mensch begreift: Ich habe bisher falsch gelebt und kein Fundament für mein Leben gehabt. Ob Sie dieses Fundament „Felsengrund" oder anders nennen, das ist gleich. Etwas Festes muß der Mensch haben, worauf er bauen kann, damit ihn nicht die Stürme des Lebens umfegen. Gott schenke es Ihnen, daß Sie auf Felsengrund stehen, d.h., daß Sie sein Wort kennen, hören, liebbehalten und auch den Weisungen dieses Wortes entsprechend leben.

Wie kommen wir dazu, dem Wort Gottes gemäß zu leben? Ich kann es nur immer wieder versuchen, z.B. indem ich bete: „Herr Jesus, ich habe dein Wort gehört und gelesen. Ich weiß so viel von dir und von dem, was ich eigentlich tun müßte. Hilf mir, von jetzt an viel mehr davon in die Tat umzusetzen. Amen."

21. April

„Es wird gesät in Niedrigkeit und wird auferstehen in Herrlichkeit. Es wird gesät in Armseligkeit und wird auferstehen in Kraft." 1. Kor. 15, 43

Man kann sich das nur schwer vorstellen: auferstehen. Wie soll das auch zugehen? Die meisten denken: Tot ist tot; verbrannt ist verbrannt. Das ist aber nur die eine Seite des Geschehens, noch nicht die andere, die zukünftige. Aller Skepsis, allem Unglauben und aller Ungewißheit bietet der erste christliche Missionar, Paulus, die Stirn. Für ihn ist die kommende Auferstehung unumstößliche Gewißheit. Er weiß: Wir werden auferstehen, denn Jesus

Christus ist am Ostertag auch auferstanden. Der Auferstehungsglaube ist das Herzstück des christlichen Glaubens. Christen wüßten über Tod und Leben nach dem Tod nichts Sinnvolles zu sagen, wäre Christus nicht auferstanden. Das ist keine Vertröstung auf ein besseres Jenseits. Wenn wir von der Auferstehung sprechen, dann in der frohmachenden Gewißheit, daß es einen neuen Beginn geben wird unter neuen Bedingungen. Unser jetziges Leben ist zeitlich, kurz, anfällig, eigentlich nur ein Durchgang. Einem „Hauch" ist es zu vergleichen, sagt die Bibel (Hiob 7, 7). Darum vergeht es auch so schnell. Was wir hier zurücklassen, sind sterbliche Überreste. Im Grab liegen Gebeine. Aber der Mensch ist mehr als Knochen, Muskeln, Haut und Gehirn. Das, was an ihm unvergänglich ist, wird einmal mit einem neuen Leib überkleidet werden.

Die Bibel vermittelt keinen Fahrplan für diese Ereignisse. Aber die Reihenfolge der Auferstehung ist klar. Als erster ist Christus bereits auferstanden. Ihm folgen werden bei seiner Wiederkunft alle, die ihm gehören, die ihm vertraut haben, die wissen: Wir sind durch Christus erlöst. Danach werden alle auferstehen, die bereits gestorben waren, und diejenigen, die dann noch leben, werden verwandelt werden in einem Augenblick. Sie haben dann dieselbe Erscheinungsform wie die vom Tod Erweckten.

Also, es wird gesät in Schwachheit und wird auferstehen in Kraft. Die Auferstandenen werden nicht krank sein. Dann wird der Krebs keine Macht mehr haben. Kein Herz wird mehr versagen. Kein Schaden die Geisteskraft trüben. Die Auferstandenen werden mit Christus regieren. Dem auferstandenen Menschen wird gelingen, was er sich vornimmt. Er wird nicht mehr Schwankungen oder Anfechtungen im Glauben unterworfen sein. Er wird vielmehr wirklich verbunden sein mit Christus. Er wird mit ihm leben.

Welche Konsequenz hat solcher Glaube? Paulus ging es darum, die Kraft der Auferstehung zu erfahren (Phil. 3, 10). Das kann ich jetzt schon vor dem Sterben, vor der Auferstehung; denn wir haben in Jesus Christus keinen toten Herrn. Er hat allen, die ihm vertrauen, versprochen, an dieser Kraft der Auferstehung Anteil zu geben. Diese Kraft trägt durchs Leben!

22. April

„Aber jene, die einem anderen nachlaufen, werden viel Herzeleid haben.“ Ps. 16, 4

Wem irgend etwas wichtiger ist als der allmächtige Gott oder wer etwas Geschaffenes wie Gott verehrt, muß sich nicht wundern, wenn er enttäuscht wird. Schlaflose Sorgennächte und finstere Gedanken rauben einem die Ruhe.

David will die Namen der Götter in diesem Psalmwort nicht auf die Lippen nehmen. So hoch geehrt ist für ihn der Name Gottes und so verachtet sind die Namen der Götzen.

In einer Zeit, in der viele Menschen um uns herum kein Verhältnis zum lebendigen Gott haben oder seinen Namen leichtfertig und gedankenlos mißbrauchen, muß vielleicht an einige Götzen unserer Tage erinnert werden. Ich wünschte, wir bräuchten sie nicht zu nennen. Doch möchte ich, daß man wirklich versteht, worum es hier in Psalm 16 geht.

Da ist z.B. der Gott „Zuwachs“. Obwohl sogar Institutionen, die nicht im Geruch stehen, die Sache des Christentums zu vertreten, seit langem davor warnen, Industrie und Wirtschaft immer weiter wachsen zu lassen, haben nur wenige den Mut zu sagen: „Jetzt ist aber Schluß! Kein uferloser Ausbau bestimmter Industrien! Keine Erhöhung des Ölbedarfs! Keine ständig wachsenden Löhne und Gehälter!“ Unbeachtet bleibt vielerorts der biblische Rat: „Lasset euch genügen.“

Da ist zum anderen der Gott der „Macht“. Wie viele mißbrauchen ihre leitende Stellung. Sie genießen Macht und Ansehen, lassen ihre Untergebenen aber merken, wie abhängig sie von ihnen sind. Dann ist da noch der Gott des „Alkohols“. Er ruft auf, ihm zu dienen nach dem Motto: „Erlaubt ist, was gefällt und Lust bereitet." Und da ist des weiteren der alles überragende Gott der „Ichliebe".

Welchem von diesen Götzen huldigen Sie? Und wenn nicht diesen, welchen dann? Sind es wirklich nur die Menschen, die ohne Glauben an den lebendigen Gott leben, die solchen „Göttern" verfallen? Steht nicht auch der christusgläubige Mensch in der Gefahr, in den Sog einer dieser Gottheiten zu geraten?

In der Bibel werden falsche Götter gelegentlich „Nichtse" genannt. Sie sind nichts, rein gar nichts gegenüber dem lebendigen Gott. Wer sich nicht Gott ausliefert, sondern anderen Göttern nachläuft, muß seine volle Strafe tragen. Wer aber mit Gott zu tun hat, kümmert sich nicht um die Nichtse. Wer den Herrn allezeit vor Augen hat, kann fest bleiben. Er wird sich nicht an fremde bzw. falsche Götter verlieren. Der freundlichen Führung Gottes wollen wir uns auch weiterhin anvertrauen!

23. April

„Meine Zeit steht in deinen Händen." **Ps. 31, 16 a**

„Zeit ist Geld", heißt es im Geschäftsleben. Da darf keine Stunde vergeudet werden. Jeder Leerlauf ist Verlust. Andererseits kann die Stunde eines guten Geschäftsabschlusses nicht nur das Leben eines Unternehmers und seiner Familie positiv beeinflussen, sondern auch das Hunderter Mitarbeiter, für die er verantwortlich ist und die von seinem unternehmerischen Geschick profitieren.

„Zeit ist Gnade", lesen wir auf mancher Wanduhr. Diese Uhren haben kein Ziffernblatt im üblichen Sinn. Statt der Zahlen stehen die einzelnen Buchstaben des Satzes „Zeit ist Gnade" auf der Uhr. Das könnte ein Wort aus der Bibel sein.

In der Heiligen Schrift wird viel von Zeit gesprochen. Von Gottes Zeit ist da die Rede, von meiner Zeit, von angenehmer und böser

Zeit. Wer sein Leben nach Gottes Geboten ausrichtet, wird in der angenehmen Zeit weder übermütig noch leichtsinnig. Und in der bösen Zeit wird ihn die Last nicht so weit niederdrücken, daß er nicht mehr weiterkönnte.

Unlängst erhielt ich den Brief einer mir bis dahin unbekannten Dame. Die ganze Aufmachung des Schreibens war sehr sauber, nur die Unterschrift war etwas zittrig. Der Brief war von einer Blinden getippt. Ihr Schreiben war ein einziger Dank gegenüber Gott für seine Gnade: „Ich bin ihm dankbar für die Zeit, die er mir schenkt." Ein Beter aus alter Zeit, David, dankte ähnlich. Er sagte: „Meine Zeit steht in deinen Händen."

Wer seine Zeit – diese Stunde, diesen Tag, diesen Lebensabschnitt – aus Gottes Hand nimmt, der weiß sich getragen. Er lebt dann zwar nicht ohne Zweifel und Schwierigkeiten, auch Krankheiten bleiben ihm nicht erspart. Aber die Stunden, Tage und Jahre, die sich für manchen unserer Mitmenschen so quälend dahinziehen, erfährt der Glaubende als Gnade. Unser Wort „Gnade" hatte ursprünglich die Bedeutung von „sich herabneigen". Wer einem anderen Gnade erweist, beugt sich – zumindest im Bild gesprochen – zu ihm hinab. Gott hat das getan in der Sendung Jesu Christi. Tiefer konnte er sich nicht herabneigen. In Jesus wurde er selbst Mensch. Er kam aus seiner unsichtbaren Herrlichkeit – und wurde einer wie wir.

Im Glauben an Jesus gewinnt ein Mensch Kraft und Weisheit, aus jeder Stunde des Lebens das Beste zu machen: zu verzeihen, obwohl man in die Welt hinausschreien möchte, wie ungerecht man behandelt wurde; zu hoffen, obwohl man resignieren möchte; zu dulden, obwohl es über die Kraft zu gehen scheint; endlich zu handeln, obwohl Ereignisse der letzten Zeit gelähmt haben mögen. „Zeit ist Gnade" – für jeden, der seine Zeit aus Gottes Händen nimmt und im Vertrauen auf Jesus Christus das Beste aus jeder Stunde zu machen versucht.

24. April

„Was habe ich dir getan, mein Volk, und womit habe ich dich beschwert? Das sage mir! Habe ich dich doch aus Ägyptenland geführt und aus der Knechtschaft erlöst und vor dir her gesandt Mose, Aaron und Mirjam.“ Micha 6, 3–4

Der Prophet Micha, von dem diese Worte stammen, erlebte die Eroberung und Zerstörung des Nachbarlandes Samaria durch die Assyrer. Er war zutiefst davon erschüttert, daß selbst das Unheil vor den Toren der Stadt die Menschen nicht zur Besinnung brachte. Michas Botschaft setzt sich mit den unerträglich gewordenen sozialen Verhältnissen seiner Zeit auseinander. Er übt auch harte Kritik am Gottesdienst, der in Heuchelei ausgeartet ist. Unerbittlich kündigt der Prophet das Ende Jerusalems und das Ende des Tempels an. Er ruft aber auch zur Besinnung und zur Buße. Das gilt in gleicher Weise für das heutige Bibelwort. Es ist so etwas wie ein letzter Appell. Micha sagt den Leuten: Ihr dreht ja geradezu den Spieß herum. Ihr fragt: „Wie kann Gott uns das antun?“, und seid euch gar nicht bewußt, was ihr Gott antut, was ihr ihm schuldig bleibt!

Micha erinnert sodann an drei besondere Persönlichkeiten: Mose, Aaron und Mirjam. Mose steht dabei als Bild für die königliche Gewalt. Aaron steht für die priesterliche Kraft und Mirjam für die prophetische Stimme. König, Priester und Prophet – diese Dreiheit benutzt Gott immer wieder, um sich den Menschen kundzutun. Diese drei Geschwister setzte Gott in besonderer Weise ein, damit Israel sein Volk werden konnte. Durch Micha ruft Gott nun seinem Volk zu: „Vergeßt nicht, was euch der Herr Gutes getan hat. Er hat euch erlöst. Er hat euch Menschen gesandt, die euch herausgeführt haben aus dem Dunkel eurer Existenz. Warum tut ihr so, als wäre das alles nicht geschehen? Bedeutet euch die Erlösung nichts?“

Wenn es heute einen Micha gäbe, was würde er wohl sagen? Er würde sicherlich die vielen Menschen ansprechen, die nur dem Namen nach Christen sind, aber auch die, die es mit Überzeugung sein wollen. Vielleicht müßte er uns sagen: „Was habe ich euch getan? Warum wendet ihr euch immer wieder ab?“ Micha sagt es nicht nur den Menschen seiner Zeit, sondern auch unserer Zeit: „Denkt daran, was der lebendige Gott euch Gutes getan hat.“ Ich möchte daher aus diesem Wort des Propheten Micha die Lehre ziehen, daß ich meinem Gott gegenüber noch viel dankbarer sein will. Ich will mir dessen neu bewußt werden, daß es erst seit Jesu Erlösungstat für alle Menschen eine Chance gibt, zu Gottes Volk zu gehören. Wenn ich das alles bedenke, dann wird es mir auch nicht schwer werden, mich der vielen Wohltaten zu erinnern, die Gott mir jeden Tag erweist.

25. April

„Und ich will ihnen ein Herz geben, daß sie mich erkennen sollen, daß ich der Herr bin. Und sie sollen mein Volk sein, und ich will ihr Gott sein; von ganzem Herzen werden sie sich zu mir bekehren.“ Jer. 24, 7

Im Jahre 597 vor Christus wurde der junge König Jechonja bzw. Jojachin mit seiner Mutter und den höchsten Würdenträgern des Volkes nach Babel deportiert. Die Weggeführten waren bedrückt. Sie wußten nicht, wie sich ihr weiteres Leben gestalten würde. Die Sehnsucht nach der Heimat verzehrte sie fast. Offenbar haben sie auch darunter gelitten, daß sie die Deportation als ein Gericht Gottes empfanden.

Die Daheimgebliebenen dagegen hatten sich neu arrangiert. Zedekia war König geworden. Obwohl er vertraglich dazu verpflichtet gewesen wäre, Neutralität zu wahren, machte er heimlich ein Bündnis mit Ägypten in der Hoffnung, so politischen Einfluß zu gewinnen.

Ein flüchtiger Beobachter der Szene hätte denken können: Die armen Leute, die da nach Babel deportiert sind, was müssen das doch für schwere Sünder gewesen sein, sonst würde Gott sie ja nicht so hart bestrafen. Und sind das nicht bessere Juden, die da zurückgeblieben sind, die unter Zedekia neue Hoffnung schöpfen und sich sogar mit einer mächtigen Nation verbünden? Doch ganz anders, als die Menschen denken, hat es Gott geplant. Gerade die Weggeführten will Gott gnädig ansehen. Er wird sie wieder in das Land zurückbringen. Er wird dafür sorgen, daß es zum Wiederaufbau kommt und daß diese Menschen nicht verderben. Und wie sollte das geschehen? Gott sagt Jeremia: „Ich will ihnen ein Herz geben, daß sie mich erkennen sollen, daß ich der Herr bin."

Die Gefangenschaft in Babel ist also nicht das letzte in der Geschichte und Zukunft der gefangenen Juden. Gott erreicht bei den Gefangenen durch Gericht, was er den Freien nicht einmal in seiner Gnade schenken kann. Das ist zum Erschrecken. Offensichtlich legt Gott ganz andere Maßstäbe an. Der größte Teil des Volkes wird deportiert, doch das ist nicht das Ende. Alles jammert und ist sich seiner Zukunft nicht gewiß, aber auch das ist nicht das Ende. Mancher mag auf dem langen Zug ins fremde Land krank geworden sein, aber das ist nicht das Ende. Entscheidend wirkt sich vielmehr aus, daß Gott zu den Herzen dieser Menschen spricht und sie mit sich reden lassen! Was aus ihnen wird, entscheidet sich also in ihren Herzen.

Auch was aus uns wird, entscheidet sich im Herzen. Das war nicht nur damals so, zur Zeit des Jechonja, des Zedekia und der Juden in Babel oder der Übriggebliebenen in Jerusalem. Das gilt auch heute noch. Was aus uns wird, entscheidet sich im Herzen. Jesus ging es immer wieder darum, daß sich das Herz des Menschen erneuere. Und das kann nur in der bewußten Hinwendung zu ihm geschehen.

26. April

„Denn wir warten im Geist durch den Glauben auf die Gerechtigkeit, auf die man hoffen muß. Denn in Christus Jesus gilt weder Beschneidung noch Unbeschnittensein etwas, sondern der Glaube, der durch die Liebe tätig ist.“ Gal. 5, 5–6

Den Christen in Galatien wurden vor ca. 2000 Jahren von anderen Christen Vorschriften gemacht. Was man den Christen in Galatien empfahl, war auf dem Hintergrund jüdischer Glaubenstradition verständlich. „Ihr müßt“ – so sagte man ihnen –, „ihr müßt euch beschneiden lassen; denn keiner kann Gott gefallen, der nicht beschnitten ist.“ Der Apostel Paulus wendet sich leidenschaftlich gegen dieses „Du mußt“. Wer sich beschneiden läßt, erklärt er, der lebt noch unter den Vorstellungen des mosaischen Gesetzes, wie es vor dem Kommen Christi gültig war. Wer meint, durch eine bestimmte Tat dem Gesetz tatsächlich Genüge zu tun, der irrt sich. Wer das Gesetz in einem Punkt befolgen will, der muß zugleich das ganze Gesetz erfüllen. Aber wer kann das schon? Keiner kann es!

Heute bedrängt die Christen das Problem der Beschneidung nicht. Es sind andere Fragen. Wie schnell werden aus theologischen Erkenntnissen Gesetze gemacht: „Du mußt noch diese oder jene geistliche Erfahrung machen“, heißt es dann, „sonst ist es um deinen Glauben schlecht bestellt!“ Oder es wird gefordert: „Du darfst dieses nicht anhören und jenes nicht anziehen!“ Du mußt – Du mußt!

Paulus sagt: „Zur Freiheit hat Christus uns befreit. So steht nun fest und laßt euch nicht wieder unter das Joch der Knechtschaft zwingen“ (Gal. 5, 1). Mit anderen Worten: Wer Christus gehört, der ist davon befreit, diese oder jene Vorschrift zu befolgen in der Meinung, dadurch Gott wohlzugefallen. Christen ist durch den Geist Gottes der Glaube ins Herz gegeben, ein Glaube, der sich fest an Gottes Verheißungen hält. Dieser Glaube hat die Hoffnung, daß die Christen der kommenden Gerechtigkeit entgegengehen.

Paulus erklärt im Brief an die Galater, daß die Gerechtigkeit etwas Zukünftiges ist, die dem Glaubenden erst im Endgericht zugeteilt wird. Bei anderer Gelegenheit schildert Paulus die Glaubenden jedoch als jetzt schon Gerechtfertigte. Was stimmt: zukünftig gerecht oder jetzt schon? Zugegeben, das scheint kompliziert zu sein. Fest steht, daß der Glaube die einzige Weise ist, Gerechtigkeit zu empfangen. Wenn ich jetzt glaube – heute und hier –, dann rechtfertigt mich Gott, d.h., er sieht mich dann so an, als hätte ich nie gesündigt. Wer so gerechtfertigt ist, den trägt Christus bis ins letzte Gericht, ja, durchs Endgericht hindurch.

Weil ich an Christus glaube, werde ich allerdings auch nicht untätig bleiben. Glaube wirkt durch Liebe. Was sagt Ihnen das Bibelwort für den heutigen Tag? Wie übersetzen Sie dieses Wort in Ihr Leben? Gott helfe Ihnen, Gott helfe mir, dieses Wort zur Tat werden zu lassen.

27. April

„Als Mitarbeiter aber ermahnen wir euch, daß ihr die Gnade Gottes nicht vergeblich empfangt.“ 2. Kor. 6, 1

Gott hat die Kraft, Menschen so zu verändern, daß seine Gnade aus ihnen herausleuchtet. Es war ja das freundliche Liebeswerk unseres Herrn Jesus Christus, die Trennung aufzuheben, die zwischen Gott und Mensch besteht. Und wo dieser Gegensatz aufgehoben ist, da besteht eine Chance, daß es auch zum guten Verhältnis von Mensch zu Mensch kommt.

Mitarbeiter Gottes werden ermahnt, die Gnade nicht vergeblich zu empfangen. Ist denn so etwas möglich? Das hieße doch, daß einer die ganze Freundlichkeit Gottes kennengelernt hat, daß Gott jemandem eine besondere Wegführung zuteil werden ließ und daß derjenige dann nicht in der Gemeinschaft mit Gott blieb, sondern was ihm an Gnade zugewendet war, abwies und wieder gnadenlos lebte.

Wir werden als Christen im Neuen Testament immer wieder aufgefordert, unser Denken und Tun einer genauen Kontrolle zu unterziehen, es anhand der Heiligen Schrift zu überprüfen und Gott darum zu bitten, daß die Motive sauber sind und daß das Tun in Ordnung ist.

Gnade empfängt vergeblich, wer sichtbare und unsichtbare Sünde wuchern läßt, wie Diebstahl, Trunksucht, Gotteslästerung. Gnade empfängt vergeblich, wer dem Haß Raum gibt oder dem Groll, wer eine Bosheit plant, wer seinen Zorn nicht unter Kontrolle bekommt, wer eifersüchtig oder stolz ist. Wir empfangen die Gnade vergeblich, wenn für andere Menschen durch uns nicht deutlich wird, was Gottes Gnade ist.

Gott ermahnt uns, seine Gnade nicht vergeblich zu empfangen. Solange ein Christ immer wieder vor der Sünde kapituliert und dem bösen Verlangen nachgibt, ist er für Gott nicht voll einsatzfähig.

In einem Mitarbeiter Gottes, und das möchte und sollte im Grunde genommen doch jeder Christ sein, muß Christus sichtbar werden. Gott gibt Gnade zu einem heiligen Leben.

Glaube, der sich nicht im Alltag bewährt, ist bloße Theorie. Wir wollen dafür beten, daß Gott uns zu Christusmenschen macht, die den glaubenslosen Menschen unserer Tage überzeugend vorleben, wie man miteinander umgehen kann. Gott schenke Ihnen und mir Sehnsucht nach seiner Gerechtigkeit sowie die Bereitschaft und die Fähigkeit, das Rechte, d.h. das Richtige, zu tun.

28. April

„Siehe, jetzt ist die Zeit der Gnade, siehe, jetzt ist der Tag des Heils! Und wir geben in nichts irgendeinen Anstoß, damit unser Amt nicht verlästert werde.“ 2. Kor. 6, 2 b–3

Das müßte man viel öfter bedenken. Gibt es nicht manche Minute, manche Stunde, die man einfach vertrödelt? Könnte man nicht im Rückblick auf manchen Tag oder manche Woche sagen: „Du hättest die Zeit besser nützen sollen“?

Eigentlich ist es unbegreiflich, daß alle Zeit, die mir geschenkt wird, Gnade ist. Und Gnadenzeit heißt doch zum Beispiel: Ich habe Zeit, sogar für ungeliebte Pflichten bzw. unangenehme Aufgaben. Das heißt auch, ich habe Zeit, meine Schulden zu begleichen und anderen zu vergeben. Einen Gnadentag oder eine einzelne Gnadenstunde nicht zu verpassen, das heißt: siegen. Wir sind nicht siegreich, wir erfahren nicht, wie gnädig Gott ist, wenn wir unseren Schwächen Raum geben, wenn wir unser Ich zu sehr lieben, wenn wir uns einem anderen überlegen fühlen, wenn wir nicht den Mund halten, wo wir eigentlich schweigen müßten, oder wo wir einfach nicht mit Gott rechnen. Begehren Sie solche Siege? Rechnen Sie damit, daß aus einer Gnadenstunde eine Woche der Gnade, eine Zeit der Gnade werden kann? Mitarbeiter Gottes dürfen das erwarten. Und Gott gibt ihnen die Kraft, entsprechend zu leben.

Außerdem ermahnt Paulus die Mitarbeiter Gottes, sie mögen kein Ärgernis geben. Darum will ich Gott bitten, daß er mich so leben läßt, daß ich durch mein Leben und mein Reden nicht Anstoß gebe und die Sache Christi keinen Schaden nimmt.

Hier können wir wohl nur geistlich und auch charakterlich mehr wachsen, wenn wir uns immer wieder einmal fragen: Gibt es jemanden, den ich ärgere? Wann geschieht das? Wodurch? Kann ich es vermeiden?

Ich habe allerdings schon erfahren, daß sich jemand über einen Mitarbeiter des Evangeliums-Rundfunks ärgerte, und das zu Unrecht. Der Ärger galt eigentlich dem Evangelium an sich. Aber das war letztlich Ärger an Christus. Wie wichtig ist es aber, daß wir persönlich niemandem Anlaß zum Ärger geben. Kaum jemand will wohl absichtlich Anstoß geben. Daß ich dennoch andere verärgern kann, ohne daß ich es beabsichtige, ist eine andere Sache. Darum kann ich Gott nur um Bewahrung bitten, und sofern ich weiß, daß ich Anstoß gegeben habe, um Vergebung bitten.

29. April

„Wir wissen aber, daß denen, die Gott lieben, alle Dinge zum Besten dienen, denen, die nach seinem Ratschluß berufen sind.“ Röm. 8, 28

Wir hatten ihn im Krankenhaus besucht, meine Frau und ich. Immer mehr Metastasen hatten sich im Körper gebildet. Keine Behandlung schien mehr anzusprechen. Es war völlig offen, ob er das Krankenhaus noch einmal verlassen würde oder ob ihm nur noch kurze Zeit auf Erden beschieden war. Wir wollten ihn eigentlich etwas aufrichten und stärken. Aber wie das manches Mal ist, wenn man schwerkranke gläubige Menschen besucht, war es auch hier: Wir gingen gestärkt nach Hause. Zum Abschied sagte der Kranke: „Ich buchstabiere jetzt immer an dem Satz herum: ‚Wir wissen, daß denen, die Gott lieben, alle Dinge zum Besten dienen.‘“

Nachdem wir wieder daheim waren, habe ich diese Stelle aus dem Römerbrief nachgelesen. Was ist das Geheimnis, daß auch heute Menschen eine solche Aussage wiederholen und ihre Wahrheit erfahren?

Wer von Gott geliebt ist, weiß, daß er neues Leben hat, daß er ein „Kind Gottes“ ist. Nicht alle, die sich Christen nennen, sind automatisch Gottes Kinder. Das Neue Testament sagt: „Wer Christi Geist nicht hat, der ist nicht sein“ (Röm. 8, 9). Das heißt doch, daß nicht jedem Menschen alle Dinge zum Besten dienen, sondern daß nur derjenige, der glaubt, erfahren kann, daß alle Dinge zum Besten führen.

Gott wendet uns seine Liebe nicht nur zu, damit es uns in irgendeiner bestimmten Stunde oder zu einer Zeit und Phase unseres Lebens gut- oder bessergeht. All das, was uns zuteil wird, was an uns herankommt, oder auch, was Gott abhält, soll zu unserem Heil dienen, denn dazu hat Gott uns erwählt und berufen. Er möchte, daß wir ihm in Ewigkeit gehören. Weil wir das wissen, wächst auch unser Vertrauen, daß der liebende und allwissende Gott uns nicht etwas schickt, was uns schadet. Ganz klar wird gesagt: „Denen die Gott lieben, dienen alle Dinge zum Besten."

Der Grund dafür liegt allerdings nicht im Menschen, nicht einmal im glaubenden Menschen, sondern bei Gott, in seinem ewigen Ratschluß. Darum weiß ich, was auch einige Verse weiter im Römerbrief ausdrücklich gesagt wird, daß ich als Christ nicht irgendwelchen feindlichen, lebenszerstörenden Mächten preisgegeben bin, sondern daß mir nur das geschehen kann, was Gott für mich bestimmt hat.

Vielleicht kennen Sie jemanden in Ihrem Bekanntenkreis, der ebenfalls erfahren hat, wie wahr es ist, daß denen, die Gott lieben, alle Dinge zum Besten dienen. Und wer sich bedingungslos an Jesus ausliefert und dadurch von Gott neues Leben empfängt, der wird erfahren, daß in seinem Leben alles zu seinem Heil mitwirkt.

30. April

„Ihr sucht in der Schrift, denn ihr meint, ihr habt das ewige Leben darin; und sie ist es, die von mir zeugt." Joh. 5, 39

Es gibt Menschen, die das Evangelium in ihrem Wert erkennen und alles drangeben, um an diesem Evangelium festzuhalten, obwohl sie umgeben sind von Menschen, die mit tiefem Haß erfüllt sind gegen die Heilige Schrift. Ich staune immer wieder, mit welcher Sicherheit viele über dieses Buch reden, die nie hineingeschaut haben. Wie ist das nur möglich? Was immer die Gründe sein mögen, es scheint fast schick zu sein, die Bibel zu verkennen oder gar zu verachten.

Aber wo Gottes Wort verkannt und verachtet wird, da bleibt Ungewißheit, da regiert Ungerechtigkeit, da herrscht Unheil. Wo Gottes Wort verachtet wird, da lebt der Mensch in der Verlorenheit, in der Verdorbenheit und in der Sinnlosigkeit. Wo Gottes Wort verachtet wird, da ist Verwirrung, Verführung und Verbrechen – oder wie die Bibel sagt: Dunkelheit. Doch die Bibel weist Auswege aus der Sinnlosigkeit, der Dunkelheit und aus dem Unheil.

Ich habe für mich selbst mehrere Punkte entwickelt, an die ich mich zu halten versuche. Es gelingt nicht immer, aber sie taugen als „roter Faden". Vielleicht interessiert Sie der eine oder andere Punkt?

Erstens: Gib der Bibel einen festen Platz in deinem Tagesprogramm. Zweitens: Lies nicht nur kleinste Häppchen. Versorge dich öfter mit einer großen Portion. Drittens: Nimm dir Zeit, über das Gelesene nachzudenken. Viertens: Bedenke, daß Gott dieses Buch benutzt, um dich anzusprechen. Fünftens: Antworte durch entsprechendes Denken und Tun. Sechstens: Verliere dich nicht bei dem, was du nicht verstehst. Handle, sobald du etwas verstehst. Was man nicht verstehen kann, läßt man erst einmal so stehen. Wenn man nach einer Weile wieder an diese Stelle kommt, hat man vielleicht längst verstanden, worum es geht. Siebtens: Sprich vor und nach dem Bibellesen mit Gott. Die Bibel sollte man mit Ehrfurcht in die Hand nehmen, vielleicht mit den Worten: „Lieber Herr, jetzt möchte ich wirklich erfahren, daß du zu mir sprichst." Und hinterher kann man sagen: „Danke, das ist aber wieder ganz schön schwer, was ich machen soll. Hilf mir doch, daß es nicht bloß bei guten Absichten bleibt, sondern laß es zur Tat werden." Achtens: Gib die Freude weiter, die Gott dir beim Bibellesen schenkt.

Ich wünsche Ihnen und mir, daß wir weiterhin die unermeßlichen Wahrheiten in der Bibel entdecken. Wahrheiten über Gott und über uns selbst.

Mai

1. Mai

„Und Gott der Herr nahm den Menschen und setzte ihn in den Garten Eden, daß er ihn bebaute und bewahrte.“

1. Mose 2, 15

Gott setzte die ersten Menschen in den Garten Eden, „damit sie ihn bebauen und bewahren“. Darum steht die Arbeit von Anfang an unter dem Segen Gottes. Durch seinen Auftrag ermächtigte der Schöpfer den Menschen, die Natur zu erforschen und sich nutzbar zu machen, nicht aber, sie auszubeuten. Der Mensch bleibt Gott gegenüber dafür verantwortlich, wie er mit der ihm anvertrauten Natur umgeht. Für den Christen ergibt sich aus dem, was die Heilige Schrift zum Thema Schöpfung und Arbeit zu sagen hat, ein klares Ja zur Nutzung dessen, was Gott geschaffen hat, und damit zur Arbeit, und ein ebenso klares Nein zum Müßiggang.

In der Bibel gibt es einen Bericht über eine besondere Arbeit in alter Zeit. Ich denke an den Tempelbau, der von Salomo betrieben wurde. Schon der Vater dieses Königs, nämlich David, hatte Vorsorge für den Bau getroffen. Er hatte für seinen Sohn eine ganze Reihe von Fragen geregelt, so die Finanzierung, die Beschaffung des Baumaterials oder die Heranführung der nötigen Arbeitskräfte. Er konnte darum seinem Sohn Salomo zurufen: „So mache dich auf und richte es aus! Der Herr wird mit dir sein“ (1. Chron. 22, 16). In einem solchen glaubensvollen „Mit Gott fang deine Arbeit an“ liegt im Grunde genommen die Basis wirklichen Segens und Gelingens. Noch immer gilt: „Wenn der Herr nicht das Haus baut, so arbeiten umsonst, die daran bauen“ (Ps. 127, 1).

Mich stärkt dieses Wort ungemein. Signalisiert es doch, daß kein Mensch seine Arbeit ohne Gott zu tun braucht. Gott kann natürlich nur mit dem sein, der ihn an sich heranläßt und wirklich mit ihm rechnet. Wer seine Arbeit gern tut und sieht, daß sie gelingt, der schreibe seinen Erfolg nicht allein sich und seinem Können zu. Er danke Gott, daß er Erfolg geschenkt hat. Wer mit Mißmut an seine Arbeit denkt oder voller Mißmut über seine Arbeitskollegen seufzt, der bete doch und sage: „Herr, mir graut vor meiner Arbeit und ihrer Gleichförmigkeit. Ich habe auch Sorge, wie es mit dem Kollegen X weitergehen soll. Hilf du mir doch bitte. Amen.“ Seien Sie gewiß: Gott kennt sich aus. Er weiß das. Lassen Sie sich Mut machen von dem Gedanken, daß er, der Herr, mit Ihnen sein will. Mit ihm kann ich über mein berufliches Tun sprechen, sowohl vor Beginn einer Arbeit als auch während des Tuns.

2. Mai

„Ihr Frauen, ordnet euch euren Männern unter wie dem Herrn. Denn der Mann ist das Haupt der Frau, wie auch Christus das Haupt der Gemeinde ist, die er als seinen Leib erlöst hat.“ Eph. 5, 22–23

Für Paulus ist die Ehe etwas so Großes, Schönes, Herrliches und Heiliges, daß ihm kein passenderer Vergleich einfiel als der des Herrn Jesus Christus mit seiner Gemeinde. Das ist natürlich eine ganz große Verpflichtung für Christen, denn der Mann ist das Haupt der Frau, wie auch Christus das Haupt der Gemeinde ist, die er als seinen Leib erlöst hat.

Eine christusliebende Frau, so sagt uns dieses Wort des Neuen Testamentes, ordnet sich ihrem christusliebenden Mann unter. Und jede christliche Frau kann sagen: „Ich will das tun bzw. lernen; denn ich vertraue der Heiligen Schrift. Und von dort kommt nichts Falsches oder Schlechtes.“

„Ordnet euch euren Männern unter.“ Dieser biblische Satz ist von christlichen Männern leider immer wieder mißbraucht worden. Die Frau ist keine Küchenmaschine oder schlecht bezahlte Erzieherin der Kinder. Man muß miteinander leben, miteinander arbeiten und miteinander entscheiden. Ein Mann, der seine Frau liebt, faßt daher keine einsamen Entschlüsse. Und um zu wissen, was

Jesus Christus als sein Haupt will, muß er auch seine Gemeinschaft suchen. So wie Christus in der Gemeinde das letzte Wort hat, so soll der Mann in der Ehe entscheiden, aber die Frau soll ihm zur richtigen Entscheidung verhelfen.

Die Ehe ist eine gute und göttliche Ordnung. Das gilt es neu zu entdecken bzw. zu bewahren. Für eine gute Ehe, die man im Angesicht Christi führen will, ist allerdings Vorbereitung nötig. Man muß sich vorher prüfen. Erwarten Sie nicht, daß erkannte Fehler mit der Zeit automatisch wegfallen. Die Ehe ist nicht Endstation, sondern Beginn einer gemeinsamen lebenslangen Aufgabe für Geist, Seele und Leib.

Eine positive Ehe braucht viele gute Gespräche. Da muß man zuhören und hinhören können. Es braucht darüber hinaus abgesprochene Verantwortungsbereiche im Blick auf die Zeiteinteilung, die Aufgabenverteilung und im Blick auf finanzielle Fragen. Eine gute Ehe braucht auch gemeinsame Aktionen. Man kann miteinander spielen und arbeiten, miteinander wandern und reisen, miteinander Gäste haben oder miteinander zu Gast sein. Wichtig ist, daß man etwas miteinander macht.

Wir sollten darum beten, daß wir in unserem Volk und in unseren Gemeinden Ehen haben, denen man anmerkt, daß er an ihr hängt und sie an ihm. Ehe – das heißt: Wir werden miteinander, was wir nach Gottes Plan sein sollen.

3. Mai

„Als ich aber nach Troas kam, zu predigen das Evangelium Christi, und mir eine Tür aufgetan war in dem Herrn ..."

2. Kor. 2, 12

Paulus ist nach Troas gekommen, um dort das Evangelium von Christus zu predigen. Er kam in einen Ort und lernte Menschen mit ihren Bedürfnissen kennen. Es wird nicht anders gewesen sein als heute, wenn ein Seelsorger auf die ihm anvertrauten Menschen schaut und sich überlegt, wie er ihnen dienen kann. Da entdeckt man auf einmal Leute, die sehr viele Sorgen haben, Menschen mit handfesten Problemen. Und doch sagt Paulus gleichsam: „Mir ist eine offene Tür gegeben. Ich kann diesen Menschen dienen. Ich kann ihnen das Evangelium bringen. Sie sind bereit zu hören." Menschen hören voller Sehnsucht, wenn das Evangelium richtig verkündet wird. Das hat der Apostel Paulus damals gemerkt in Troas.

Doch der Verkündiger als solcher kann nicht den Weg in eine bessere Zukunft ebnen. Er kann nur das Wort Gottes anbieten. Er kann sagen, was Jesus getan hätte, und darauf vertrauen, daß der Heilige Geist dieses Wort im Herzen eines Menschen lebendig macht. Vielleicht lesen oder hören jetzt einige Menschen meine Ausführungen, die schon seit langem den Entschluß gefaßt haben, ihr Herz für das Evangelium zu öffnen. Aus der Bibel wissen wir ja, daß ein Mensch, der nicht mit Jesus Christus lebt, auf der Seite des Satans steht. Jeder, der sich aufmacht, um mit Jesus zu leben, geht aus dem Bereich Satans heraus und wird in dem Augenblick eigentlich erst besonders interessant für ihn.

Nun mag es manche geben, denen das wie ein Reden aus dem Mittelalter vorkommt. „Wer glaubt denn noch an den Satan!", so sagen sie. Ich muß mich immer wundern über jene, die mit solcher Entschiedenheit genau zu wissen meinen, daß es keinen Satan gibt. Offensichtlich begreifen sie nicht, wie viele Menschen in ihrer Umgebung gebunden sind an allerlei dunkle Machenschaften. Christus möchte uns davor bewahren.

Wir können im Lichtkreis Jesu leben. Durch Jesus sind wir herausgeholt aus der Macht der Finsternis, wir sind befreit und haben nun wirkliches Leben, Friede, Freiheit und Freude vor uns. Haben Sie vielleicht schon den Eindruck gehabt, Gott wollte Sie herüberholen in seine Freundlichkeit, in sein helles Licht? Haben Sie nicht den Eindruck, daß Sie davorstehen wie vor einer geöffneten Tür? Gehen Sie doch hindurch. Lassen Sie sich einladen. Erleben Sie die ganze Freude, die das Evangelium Menschen vermittelt. Aber bleiben Sie nicht draußen!

4. Mai

„Wahrlich, wahrlich, ich sage euch: Wer mein Wort hört und glaubt dem, der mich gesandt hat, der hat das ewige Leben und kommt nicht in das Gericht, sondern er ist vom Tode zum Leben hindurchgedrungen." Joh. 5, 24

Haben Sie schon einmal mit angehört, wie Menschen versuchen, Trauernde zu trösten? Es gibt eine ganze Reihe von Floskeln und Redensarten, die sicher gut gemeint sind, aber wenig Trost vermitteln, z.B. „Nun hat er seine Ruhe ...", oder „Einmal müssen wir halt alle gehen ..." usw. Trösten kann nur, wer dem zu Tröstenden wirklich helfen will. Am besten trösten Gottes Wort und Gebet. Der Trauernde braucht neben allem guten Menschenwort die Verheißungen Gottes.

Aus der Bibel ist uns bekannt, daß wir nach Gottes Willen sterben. Wir denken dabei z.B. an alle, die sich nichtsahnend daheim verabschiedeten, und dann nie wiederkamen, weil eigene oder fremde Schuld sie in einen tödlichen Unfall verwickelte. Für viele Angehörige stürzt bei einer solchen Nachricht die Welt ein. Andere sind gefaßt. Auch für sie ist es nicht leicht. Doch fühlen sie sich irgendwie getragen. Viele, viele Male haben mir Trauernde gesagt: „Unser Glaube ist eine wunderbare Kraft. Wir werden getröstet." Wer nie nach dem lebendigen Gott fragt, der wird das kaum oder gar nicht begreifen. Wer jedoch in der Abhängigkeit von ihm lebt, der weiß, daß uns dieser Gott genau kennt und daß er keine Fehler macht. Unser Leben beginnt und endet nach seinem Willen.

Aus der Bibel wissen wir auch, daß mit dem Tode keinesfalls alles aus ist, im Gegenteil! Der Sterbende überschreitet zwar die Grenze zwischen sichtbarer und unsichtbarer Welt, zwischen Zeit und Ewigkeit, doch ist die mit dem Tod verbundene Auflösung des Leibes kein endgültiger Abschluß. Im Sterben wird die Einheit von Leib, Seele und Geist aufgelöst. Der Leib wird ins Grab gelegt. Er wird wieder „zu Erde und zu Staub" (1. Mose 3, 19). Auch alles seelische Empfinden hat dann ein Ende. Es bleibt der Geist, jenes Innerste unsers Wesens. Und dieser unser Geist wird bei der Auferstehung der Toten neu „überkleidet", wie Paulus schreibt (2. Kor. 5, 2).

Ein wichtiger Punkt ist in diesem Zusammenhang, daß Gott uns ewiges Leben geben will. Allen Menschen bietet er es an, und zwar jetzt, in dieser Welt, solange derjenige lebt, der die Botschaft hört. Wer ewiges Leben hat, der kommt nicht in das Gericht. Diesem Gericht entgeht man nicht, indem man es verschweigt oder verzweifelt fragt: „Sollte es so etwas wirklich geben?" Nur die innige Verbindung im Glauben mit Jesus Christus bewahrt davor. Er selbst sagte: „Wer mein Wort hört und glaubt dem, der mich gesandt hat, der hat das ewige Leben und kommt nicht in das Gericht, sondern er ist vom Tode zum Leben hindurchgedrungen" (Joh. 5, 24).

5. Mai

„Fürchte dich nicht, du Würmlein Jakob, du armer Haufe Israel. Ich helfe dir, spricht der Herr, und dein Erlöser ist der Heilige Israels." Jes. 41, 14

Man schreibt das Jahr 586 vor Christus. Jerusalem ist von den Babyloniern erobert worden. Die Stadt ist zerstört. Die Juden sind, bis auf einen kleinen Rest, in die Verbannung geführt. Nun leben sie im fernen Babylon, verachtet, drangsaliert. Am Anfang vielleicht verspottet, später hat sie kaum noch einer beachtet. Wen wollten sie auch beeindrucken in dieser imponierenden Hauptstadt eines imponierenden Staates? Sie werden in ihren Zelten gehaust haben. Vielleicht war es möglich, im Laufe der Jahre kleine Hütten oder Häuschen zu errichten. Aber das alles wird in keinem Vergleich gestanden haben zu dem Leben und der Pracht in der Hauptstadt.

Gott tröstete sein Volk und machte darauf aufmerksam, daß vor ihm die Völker geachtet sind wie ein „Tropfen am Eimer" und wie ein „Sandkorn auf der Waage" (Jes. 40, 15). Der Prophet Jesaja sagte: „Alle Völker sind vor ihm (vor Gott) wie nichts und gelten ihm als nichtig und eitel" (Jes. 40, 17). Aber wie das so geht mit Glaubensaussagen: Wenn man selbst im Elend steckt und es den anderen gutgeht, dann erscheint manchem auch ein göttliches Wort nur wie eine schwache Vertröstung. Mancher Israelit mag gedacht haben: Wo ist unser Gott?

Und dann geschieht das Wunder, die große Wende: Vor den Augen der Juden zerbricht das babylonische Reich. Der Perserkönig Cyrus erobert Babylonien. Der Prophet kommentiert das im Auftrage Gottes so: „Ich rufe einen Adler vom Osten her, aus fernem Land den Mann, der meinen Ratschluß ausführe" (Jes. 46, 11). So macht Gott das. Er kann ein Weltreich zerschlagen, auch wenn es mit Mauern geschützt ist, auch wenn es viel Macht und Pracht entfaltet, auch wenn Statuen errichtet werden, Fahnen flattern und Bilder herumgeführt werden. Er ruft sich einen Mann aus fernem Land, der seinen Ratschluß ausführt.

Solchen Glauben Menschen in aller Welt anzubieten, das ist der große Auftrag, der vor denen liegt, die den lebendigen Gott kennen. Damals waren es die Israeliten. Sie sollten dafür sorgen, daß Gottes Ehre wiederhergestellt würde. Heute sind es die Nachfolger Jesu Christi. Sie sollten den Auftrag der Stunde erkennen, Gott die Ehre zu geben. Wenn wir Christen damit nicht anfangen, wie sollen es die anderen lernen, in einer Zeit, in der immer mehr Menschen Gott den ihm gebührenden Platz vorenthalten? Ich wünsche Ihnen und mir viel mehr bewußtes Nutzen der Gelegenheiten, die Gott uns schenkt, um andere Menschen darauf aufmerksam zu machen.

6. Mai

„Danach legte er abermals die Hände auf seine Augen. Da sah er deutlich und wurde wieder zurechtgebracht, so daß er alles scharf sehen konnte." **Mark. 8, 25**

„Blind", das ist in unserem Sprachgebrauch nicht nur einer, dessen Augen den Dienst versagen. „Blind" nennen wir auch einen, der sehenden Auges ins Verderben rennt, oder jemanden, der wider besseres Wissen keine Lehre annimmt. Blinde, die sehend werden, freuen sich. Auch geistig oder geistlich Blinde sind froh, wenn sie nicht länger mit Blindheit geschlagen sind. In seiner Schrift „Vom unfreien Willen", schrieb Martin Luther: „Die Heilige Schrift schildert uns den Menschen als einen, der nicht nur gebunden, elend, gefangen, krank und tot ist, sondern der unter dem Einfluß seines Fürsten, des Satans, zu allem Jammer noch den der Blindheit hinzufügt, indem er sich für frei, glücklich, erlöst, mächtig, gesund und lebendig hält." Noch immer stimmt, was Luther vor so langer Zeit formulierte. Wie viele Menschen bleiben in dieser Blindheit stecken. Wenn sie sich von Jesus helfen ließen, wäre ihnen geholfen.

Der Blinde, den Jesus zu heilen im Begriff war, hatte erst eine bestimmte Sicht – vieles war noch unscharf. Immer wenn Jesus einem Menschen begegnet, ihm gleichsam die Hände auflegt, beginnt etwas Ähnliches. Der Mensch wird einsichtig. Er hat sozusagen ein geistliches „Aha-Erlebnis". Er denkt z.B.: „Aha, wenn Jesus zur Vergebung der Schuld starb, dann ist auch meine Schuld vergeben." Mancher ist schon zu solcher Einsicht gekommen. Doch es genügt für unser Leben nicht, ein geistliches „Aha-Erlebnis" gehabt zu haben. Es kommt darauf an, klar zu sehen.

Der Blinde, der mit Jesus vors Dorf gegangen war, entzog sich nicht der heilenden Hand seines Heilers. Er hielt still und ließ sich sogar ein zweites Mal die Hände auflegen. „Da sah er deutlich und wurde wieder zurechtgebracht, so daß er alles scharf sehen konnte."

Was dem Blinden widerfahren ist, daß kann auch heute auf geistlichem Gebiet geschehen. Durch den Eingriff des Herrn Jesus kann jemand dahin kommen, daß er zurechtgebracht wird und deutlich sieht, woher er kommt und wohin er geht. Er verläßt sich dann auf Gott und weiß sich getragen.

Viele spotteten zu allen Zeiten über solchen Glauben. Sie versuchen nicht einmal, sich mit den Fragen des Glaubens auseinanderzusetzen. Wir Christen glauben, daß es aus dem wachsenden Unheil unserer Welt nur einen Ausweg gibt: Den Glauben an den Heiland der Welt, der allen helfen will, die mit Blindheit geschlagen sind.

Ich möchte mit Ihnen beten: „Lieber himmlischer Vater, danke, daß du damals durch Jesus Christus Wunder getan hast und noch heute tust. Danke, daß ich durch Jesus zu dir kommen kann. Danke, daß ich nicht länger mit Blindheit geschlagen leben muß. Gib du mir bitte die richtige Sicht für diesen Tag. Amen."

7. Mai

„Auch war Gottes Hand über Juda, daß er ihnen einerlei Sinn gab zu tun, wie der König und die Oberen geboten hatten nach dem Wort des Herrn." 2. Chron. 30, 12

In der Bibel lesen wir von Hiskia, den König über Juda, daß er tat, was Gott wohlgefiel. Jeder konnte es sehen. Er hielt nicht nur die Priester an, alles Unreine aus dem Tempel zu entfernen, sondern zog selbst Konsequenzen. Offensichtlich boten weder seine Ehe noch seine Einstellung zum Geld, noch die Ausübung seiner Macht Anlaß zur Kritik. Zumindest über viele Jahre seiner Herrschaft war das so.

Hiskia wußte, daß nichts und niemand größer ist als der lebendige Gott. Darum gelingt auch sein Leben. Mit anderen Menschen, die Gott ebenfalls vertrauten, sang Hiskia Loblieder Gottes und betete ihn an. Er ermunterte das ganze Volk, es ebenso zu tun. Es ist eine alte geistliche Erfahrung, daß Lobpreis nicht nur mit dem Herrn aller Herren verbindet, sondern auch mit anderen Glaubenden. Der Glaube wird reicher und tiefer, wenn Menschen um uns sind, die auch glauben. Von Hiskia heißt es, daß seine Frömmigkeit ganz Jerusalem Freude schenkte. Wo so viel Freude herrscht, ist es nicht schwer, eines Sinnes zu sein. Hiskia und sein Volk waren eines Sinnes.

Nun ist ja das jüdische Volk auch ein Bild für die Gemeinde Jesu. Aus der Erfahrung des Hiskia mit seinem Volk kann die Gemeinde Jesu lernen, daß sie nur dann Bestand hat, wenn sie eines Sinnes ist. Es ist sehr schmerzhaft, wenn dieser eine Sinn nicht da ist. Wohl denen, die sich dann einmal Zeit nehmen, miteinander zu sprechen und zu beten. Vielleicht kann man doch noch eines Sinnes werden. Das Volk Gottes zur Zeit des Hiskia hat seine Entschlüsse einstimmig gefaßt. Die innige Verbundenheit dieses Königs mit seinem Gott wirkte sich auf sein Volk aus. Das gilt auch heute noch für uns und den Lebenskreis, in dem wir wirken.

Christen leben in einer Glaubenstradition, die bis auf Hiskia zurückzuverfolgen ist, nur mit dem Unterschied, daß Christen von Jesus wissen, den Hiskia noch nicht kannte. Hiskia opferte für das Volk, und das Volk brachte ebenfalls Opfer dar. Das war damals der einzige Weg, um glauben zu können, daß Gott Schuld und Unrecht nicht länger ansehen will, sondern vergibt. Hiskia ist vor Gott für sein Volk eingetreten, und Gott vergab dem Volk.

Heute kann jeder, der will, froh werden. Er kann es durch den Glauben, daß Jesus ihm seine Schuld vergeben hat, als er zur Erlösung der Welt am Kreuz starb. Das ist eine Glaubenserfahrung, die noch um ein Vielfaches größer ist als die des Hiskia. Wer an die Vergebung seiner Sünden glaubt, der wird froh, der hat die Vergangenheit bewältigt und schaut getrost in die Zukunft.

8. Mai

„Sie werden euch aus der Synagoge ausstoßen. Es kommt aber die Zeit, daß, wer euch tötet, meinen wird, er tue Gott einen Dienst damit.“ Joh. 16, 2

Nur etwa drei Jahre hindurch war Jesus während seines Erdenlebens in der Öffentlichkeit tätig. Das war eine erfüllte Zeit. Hunderte von Menschen erlebten am eigenen Leib: Dieser Jesus kann alles. Blinde wurden sehend, Taube konnten auf einmal hören, Lahme warfen ihre Krücken weg und konnten wieder laufen,

Gichtbrüchigen nahm Jesus die entsetzlichen Schmerzen, und Traurige gewannen durch ihn neuen Lebensmut.

Dennoch paßte dieser Jesus seinen Zeitgenossen nicht. Er behauptete zum Beispiel, Gottes Sohn zu sein. Das konnten die Theologen nicht hinnehmen. Er sagte, ohne die Glaubensbindung an ihn könne keiner zu Gott kommen. Solche Aussage prallte an der Gleichgültigkeit der Masse ab, die nicht bereit war, dem allmächtigen Gott zu gehorchen.

Einige wenige schlugen sich auf die Seite Jesu. Mit ihnen führte er aufschlußreiche Gespräche. Er spürte, daß sie sich Sorgen darüber machten, was aus ihnen wird, wenn er einmal nicht mehr unter ihnen ist. Er wußte, daß sie Angst hatten vor der Zukunft. Doch Jesus nimmt seinen Jüngern die Angst. Er verschweigt aber nicht, daß es außerordentliche Schwierigkeiten geben wird. Und das gilt für Christi Nachfolger aller Zeiten. Die Welt begnügt sich nicht damit, nur den Hirten zu schlagen. Der Schlag soll auch die Herde treffen. Wenn es bei uns zu Christenverfolgungen kommen sollte, werden ebenfalls Menschen im Namen Gottes darauf dringen, daß Christen gequält, bestraft und getötet werden.

Dann wird es keine sichtbare Gerechtigkeit mehr geben. Die Welt wird weiß schwarz und schwarz weiß nennen. Es wird eine Welt der völlig verkehrten Maßstäbe sein, eine Welt, die das Gute bestraft und das Böse prämiert. Doch Jesus macht seiner Gemeinde Mut: „In der Welt habt ihr Angst; aber seid getrost, ich habe die Welt überwunden“ (Joh. 16, 33).

Wenige Tage nachdem er seinen Jüngern diesen mutmachenden Satz zugerufen hatte, wurde er am Kreuz getötet. Aber das war nicht das Ende! Gott behielt das letzte Wort, und das hieß nicht „Tod“, sondern „Leben“. Christus besiegte den Tod durch seine Auferstehung und Himmelfahrt. „Es ist gut für euch“, sagte Jesus seinen Jüngern, „daß es so kommt. Ich werde euch den Tröster schicken, den Heiligen Geist“ (Joh. 16, 7). Das geschah am ersten Pfingstfest. Der Tröster, der Heilige Geist, ist seither an keinen Ort, an keine Zeit und keinen Raum gebunden. Trost trägt in der Angst, das gilt für alle, die mit dem Heiligen Geist rechnen.

9. Mai

„Der aber Samen gibt dem Sämann und Brot zur Speise, der wird auch euch Samen geben und ihn mehren und wachsen lassen die Früchte eurer Gerechtigkeit.“ 2. Kor. 9, 10

Der Millionär John D. Rockefeller wurde einmal gefragt: „Wie viele Millionen müssen beisammen sein, bis ein Mensch zufrieden ist?“ Rockefeller antwortete: „Noch eine dazu!“

Diese kleine Anekdote zeigt in ausgezeichneter Weise die Gesinnung des Menschen, übrigens nicht nur die von Millionären. Weit verbreitet ist die Erfahrung: Je mehr er hat, je mehr er will. Ein Blick in die Bibel kann uns helfen, eine neue Gesinnung zum Besitz im allgemeinen und zum Geld im besonderen zu gewinnen. Gottes Wort will uns Mut machen, neu bereit zu werden, von dem Besitz, der uns anvertraut ist, mit fröhlichem Herzen abzugeben.

Gott hat seinem Volk immer wieder Ratschläge gegeben, damit es zu keinem Mißverhältnis gegenüber dem Besitz kommt. So wurde z.B. schon das Volk des Alten Bundes aufgefordert, von den „Erstlingen“ Gott zu opfern, also von den ersten Tieren, die geboren wurden, von den ersten Früchten des Feldes. Im Buch der Sprüche lesen wir: „Ehre den Herrn mit deinem Gut und mit den Erstlingen all deines Einkommens“ (Spr. 3, 9). Das wäre sicher in unser Leben zu übersetzen mit: vom ersten Gehalt eines Jahres, von allen Sonderzahlungen wie Urlaubsgeld, vom ersten Lohn, von der ersten Rente, von der ersten Rentenaufbesserung, vom ersten Honorar, und das natürlich nicht einmal, sondern bei jeder wiederkehrenden Ernte, das heißt bei jeder wiederkehrenden Zahlung.

Wichtig ist auch, daß wir gleich geben. Der Gegenspieler Gottes, der Teufel, weiß diese Bereitschaft zu rauben. Mancher hat mir erzählt, daß er innerlich sehr wohl spürte, daß er zu einer bestimmten Stunde etwas hätte geben sollen für Gott und seine Sache, er hat es aber hinausgeschoben und dann viele Male vergessen. Ich kenne solches auch aus dem eigenen Herzen.

Wir sollten, wenn uns der Geist Gottes mahnt, etwas für die Sache Gottes zu tun, nicht erst auf eine bessere Gelegenheit warten oder gar darauf, daß mehr zusammenkommt. Das Gegenteil wird oft der Fall sein. Es wird keine bessere Stunde geben, und möglicherweise vergreifen wir uns sogar an dem, was wir für die Sache Gottes zurechtlegten, weil irgendein persönlicher finanzieller Engpaß eintritt und wir dann meinen, jenes Geld für uns verwenden zu müssen.

Bei allem Geben für die Sache Gottes ist es wichtig, daran zu denken: Wir geben es ihm. Wir geben es letztlich nicht einer Gemeinde, einer Kirche, irgendeiner Institution oder Person. Christen geben vielmehr in dem Glauben, es dem lebendigen Gott selbst anzuvertrauen.

10. Mai

„Weil nun Christus im Fleisch gelitten hat, so wappnet euch auch mit demselben Sinn; denn wer im Fleisch gelitten hat, der hat aufgehört mit der Sünde, daß er hinfort die noch übrige Zeit im Fleisch nicht den Begierden der Menschen, sondern dem Willen Gottes lebe.“ 1. Petr. 4, 1–2

Das Neue Testament fordert uns auf, so gesinnt zu sein wie Jesus Christus. Ist das eine Überforderung? Vielleicht, denn er entäußerte sich, er erniedrigte sich, er ward gehorsam – das alles kann ich nicht von mir aus. Kein noch so ernst gemeinter Willensentschluß kann mir da helfen. Aber ich kann beten: „Lieber Herr Jesus, du entäußertest dich, du hast nicht einmal die himmlische Herrlichkeit festgehalten, als du auf die Erde kamst. Bewahre mich davor, daß ich mich an irdische Dinge verliere. Du hast dich erniedrigt, um mir und aller Menschheit zu dienen. Bitte bewahre mich davor, daß ich mich selbst erhöhe. Verhilf mir dazu, daß ich mich nicht an deinem Wort versündige und ungehorsam bin. Amen.“

Was geschehen kann, wenn jemand gesinnt ist wie Jesus Christus, zeigte im 19. Jahrhundert ein junger Mann, von dem wir heute noch sprechen. Er kostete während des Studiums das studentische Leben voll aus, aber innerlich fühlte er sich leer. Er wollte etwas finden, ,,worauf er leben und auch sterben könne". Sein Bruder Maximilian, der großen Einfluß auf ihn hatte, nahm ihn mit zu einem Bibel- und Gebetskreis, der sich gerade im Tübinger Stift gebildet hatte. Der junge Theologe spottete über diese pietistische ,,Stiftsstunde" und lästerte: ,,Da beten sie wieder, die dummen Pietisten!" Aber dann begab es sich, daß er nach monatelangem geistlichem Suchen während eines Besuches einer solchen Bibelstunde zur Glaubensgewißheit in Jesus Christus fand und Jesus anbetend bekannte: ,,Nur du! Nur du!" Ich spreche von Ludwig Hofacker.

Einen Monat vor Abschluß seiner vierjährigen Studienzeit erlitt Ludwig Hofacker einen Sonnenstich, der ihn einige Monate aufs Krankenlager warf. Er hat sich davon nie wieder erholt. Weitere Krankheiten folgten. In Rielingshausen bei Marbach am Neckar hat er nur kurze Zeit gewirkt. Am 18. November 1890 ist er, nicht einmal dreißigjährig, gestorben mit den Worten: ,,Heiland, Heiland, Heiland." Biographen haben über ihn gesagt: ,,Seine Predigt war kein Ruf, sondern ein Schrei. Er forderte seine Zuhörer sozusagen zu einem ‚Glaubenssprung' auf." Ludwig Hofacker war gesinnt wie Jesus Christus.

Gott richtet sein Reich unter uns auf, unsichtbar, und doch sind bereits Umrisse erkennbar in der Gemeinde Jesu. Wir finden sie in allen Denominationen. Menschen, denen es darum geht, daß biblischer Glaube ins Land getragen wird. Menschen, die Jesus zum Herrn ihres Lebens erwählt haben und die nach den Worten der Heiligen Schrift leben wollen.

11. Mai

„Wir danken Gott allezeit für euch alle und gedenken euer in unserm Gebet und denken ohne Unterlaß vor Gott, unserm Vater, an euer Werk im Glauben und an eure Arbeit in der Liebe.“ 1. Thess. 1, 2–3 a

Paulus konnte der Gemeinde in Thessalonich das Zeugnis ausstellen, daß sie etwas ausstrahlen. Er dankt dafür, auch im Gebet, wie diese Menschen der Christengemeinde in Thessalonich im Glauben wirken.

Thessalonich war eine Hafenstadt, eine heidnische Stadt, eine leichtlebige Stadt, eine Stadt mit großen sozialen Unterschieden. Da gab's im Grunde genommen viele der Probleme, die heute noch unsere Großstädte kennzeichnen, besonders wenn sie Hafenstädte sind. In diese heidnische, leichtlebige Umgebung hinein erwählt sich Gott einige Männer und Frauen und sagt: Ihr sollt dieser Welt in Thessalonich zeigen, wie man mit dem auferstandenen Jesus Christus lebt. Und diese Männer und Frauen lassen sich gebrauchen. Sie haben eine Ausstrahlung.

Bei vielen Christen in unseren Gemeinden gibt es ein eigenartiges geistliches Defizit, das man zusammenfassen könnte unter dem Begriff: „Mangelnde Bereitschaft, im Glauben zu wachsen.“ Da ist eben nicht die Mühe mit dem Glauben verbunden. Solche Christen sind dann oft mit sich selbst nicht zufrieden, kommen vielleicht auch in geistliche Not oder erkranken im Gemüt. Sie werden zu einer Anfechtung in ihrer Familie und Umgebung, auch in ihrer Gemeinde. Sie sind dann oft nur noch geduldet; man schleppt sie mit.

Aber das muß kein Naturgesetz sein, vor allem, wenn man einmal laut darüber spricht. Dann kann man sich fragen: Was bin ich eigentlich für einer? Bin ich jemand, der von seinen Brüdern und Schwestern in der Gemeinde eine Menge erwartet, aber selber immer auf demselben geistlichen Stand stehenbleibt? Manche lassen sich im Blick auf ihr geistliches Leben regelrecht gehen. Sie warten nur darauf, daß immer etwas Übernatürliches an ihnen geschieht. Sie lesen eben morgens nicht in der Bibel, und sie sprechen nicht ihr Gebet. Sie greifen erst zur Zeitung, frühstücken und beten auch dann nicht. Das tun sie nicht nur einen Tag, sondern zwei, drei Tage, daraus werden dann Wochen, und auf einmal sind sie drin in einer Krise, ehe sie es merken.

Es ist ja ein Wunder, wenn uns der Herr in der Finsternis des Unglaubens findet und zu sich bringt. Aber es ist sicher eine Kette von Wundern, wenn wir unsere Bereitschaft signalisieren: Herr, wir wollen uns mühen, denn wir möchten gerne im Glauben wachsen. Wir wollen Ausstrahlungskraft haben! So etwas kann passieren, wenn der Mensch sein Herz öffnet für die Verkündigung des Wortes Gottes, sofern diese Verkündigung in der Kraft Gottes geschieht.

12. Mai

„Und wer nicht sein Kreuz auf sich nimmt und folgt mir nach, der ist meiner nicht wert. Wer sein Leben findet, der wird's verlieren; und wer sein Leben verliert um meinetwillen, der wird's finden." **Matth. 10, 38–39**

Schon mancher, der diese Worte hörte, war der Meinung, daß er dem hohen Anspruch Jesu nicht genügen würde. Wir müssen davor bewahrt bleiben zu meinen, die Nachfolge Jesu sei ein Spaziergang. Keiner kann Christ sein oder werden aus einer Augenblickslaune heraus. Es bedarf einer grundsätzlichen Änderung und bewußten Einstellung, alles Denken und Tun künftig auf Jesus auszurichten. Andererseits aber sollten wir wissen, daß Nachfolge Jesu nicht so schwer ist, daß man unter ihr seufzen müßte. Im Gegenteil. Jesus selbst gibt uns die Kraft, ihm nachzufolgen. Wer Jesus vertraut, wird entdecken, daß er von ihm den besten Weg geführt wird, der vorstellbar ist.

Bevor Jesus diese Welt verließ, hat er seinen Jüngern ganz klare Aufträge gegeben. Er sandte sie gleichsam in die ganze Welt hinaus. Daß noch heute immer wieder Menschen den Wunsch haben weiterzusagen, was Jesus für sie getan hat, ist eine Antwort auf diesen Sendungsbefehl Jesu. Aber viele hat der Sendungsbefehl Jesu auch beunruhigt. Sie sagen: „Ich kann überhaupt nicht predigen. In Fragen des Glaubens etwas sagen, das kann ich einfach nicht." Doch Gott, der die Menschen geschaffen hat, weiß auch, wie sie beschaffen sind. Er weiß, ob einem das Reden leichtfällt oder schwer. Gott erwartet von uns nichts Unmögliches. Es gibt ja so viele Möglichkeiten, auf ihn hinzuweisen. Wer es nicht mit Worten kann, tut es durch eine stille Tat. Das ist manchmal noch viel eindrucksvoller als Reden, das vom Leben nicht abgedeckt ist.

So vieles beansprucht uns ganz. So vieles macht uns müde und kaputt. Bei unserem Herrn dagegen finden wir neue Kraft und neue Freude. Vor ihm müssen wir nicht anders erscheinen, als wir sind. Wir können uns so von ihm einsetzen lassen, wie wir sind. Wichtig ist für Christen die grundsätzliche Bereitschaft, mit ihrem Leben für ihren Herrn dazusein. Früher sprachen Christen öfter davon, daß sie ihr Leben dem Herrn weihen wollen. Das heißt, es ihm ganz zur Verfügung zu stellen. Es täte uns sicher auch heute wohl, wenn wir von Zeit zu Zeit bereit wären, unserem Herrn zu sagen: „Herr, ich weihe mich dir neu!"

Die Nachfolge Jesu gibt uns die Gewißheit, einmal die Herrlichkeit Gottes sehen zu dürfen. Sein Opfer am Kreuz und meine Bereitschaft, ihm zu folgen, sind der Preis für die ewige Herrlichkeit. Jesus versprach nie einen leichten Weg, aber er verhieß einen Weg, an dessen Ende alles Schwere vergessen sein wird.

13. Mai

„Und es wurde ein Mann herbeigetragen, lahm von Mutterleibe; den setzte man täglich vor die Tür des Tempels, die da heißt die Schöne, damit er um Almosen bettelte bei denen, die in den Tempel gingen.“ Apg. 3, 2

Dieser Mann ist also seit seiner Geburt gelähmt. Was wird er für eine Kindheit gehabt haben? Konnte er überhaupt Kind sein? Während andere herumsprangen und herumtollten, war er hilflos. Er mußte immer zusehen. Viele einschneidende Erlebnisse im Leben eines jungen Menschen gingen an ihm vorüber. Wie oft wird dieser Mann gehofft haben, daß sich etwas ändert. Vielleicht haben sich seine Eltern am Anfang noch besonders um ihn bemüht. Vielleicht hat er ein- oder zweimal in seinem Leben jemanden konsultiert, der ärztliche Kenntnisse hatte.

Vermutlich hat dieser Mann Monate zuvor Jesus einmal in Jerusalem gesehen, den also, auf den so viele Juden so große Hoffnungen setzten. Vielleicht hat auch er damit gerechnet, daß Jesus ihn einmal anreden oder anrühren würde. Aber nichts geschah. Im Gegenteil, die große Hoffnung der Juden und auch seine Hoffnung wird enttäuscht. Nicht Auszudenkendes geschieht: Jesus wird ans Kreuz geschlagen. Immer dann, wenn dieser lahme Mensch wieder neue Hoffnung gefaßt hatte, die sich dann doch nicht erfüllte, wurde er sich seines Elends in besonderer Weise bewußt. Hinzu kam, daß er ja nicht den kleinsten Schritt allein tun konnte. Nicht einmal an die Stelle, wo er bettelte, kam er mit eigener Kraft. Er mußte getragen werden.

Im Namen Jesu ist dieser Gelähmte dann geheilt worden. Gleich nach seiner Heilung hört der Bettler die Predigt des Petrus. Nun wird ihm gewiß, was geschehen ist. Er weiß: Grund meines Heils ist Jesus. Er weiß von beidem, von der Errettung seiner Seele und von der Heilung seines Leibes. Das wirkte sich so umwälzend bei ihm aus, daß er lief und umhersprang und Gott lobte. Er drückte damit seine Freude aus und dankte Gott auf diese Weise. Sicherlich ist er auch kein Bettler geblieben, sondern hat nun – im Besitz seiner Kräfte – einen Beruf ergriffen. Ich stelle mir vor, daß der,

der mit solchem Lobpreis seine Gesundheit aus Gottes Hand nahm, auch weiter einer blieb, der Gott gelobt hat.

Vielleicht werden Sie entdecken, daß dieser Lahme für manchen Menschen durchaus wie ein Bild sein könnte oder wie ein Gleichnis. Hinter der körperlichen Lähmung dieses Menschen verbarg sich ja eine geistige oder besser noch: geistliche Lähmung. Jeder, der in der Verbindung mit dem gekreuzigten und auferstandenen Christus lebt, bleibt kein „Bettler". Wer sich im Namen Jesu aus seinem Unglauben herausrufen läßt, aus aller Lähmung, der wird erfahren, welche Kraft in diesem Namen liegt.

14. Mai

„Dafür halte uns jedermann: für Diener Christi und Haushalter über Gottes Geheimnisse." **1. Kor. 4, 1**

Der christusgläubige Mensch soll Verwalter der Geheimnisse Gottes sein. Ein Verwalter soll besten Gebrauch von dem machen, was ihm anvertraut ist. Die Verwalter der Geheimnisse Gottes handeln beispielhaft, wenn sie so vielen Menschen wie möglich Gottes Geheimnisse enthüllen. Gott hält seine Geheimnisse nicht unter Verschluß. Sie sind keine „geheime Kommandosache".

Eines der größten Geheimnisse ist die Erschaffung der Welt, des Kosmos. Ein junger Mann fragte mich einmal: „Was war eigentlich, bevor Gott die Welt schuf?" Ich antwortete, indem ich ihn auf Aussagen der Bibel hinwies: „Gott war immer schon da. Er hat keinen Anfang. Für ihn gibt es auch kein Ende. Er wird immer sein." Der junge Mann schüttelte ungläubig den Kopf. Wie ihm geht es sicher vielen. Solche Aussagen sprengen tatsächlich alle unsere Vorstellungen. Es gibt nichts Vergleichbares. Das Ganze bleibt geheimnisvoll, auch wenn man einiges zu diesem Thema weiß und sagen kann.

Nun kann man weiter fragen: Wenn Gott schon immer war, wenn Gott wirklich alles kann, weiß und sieht, dann bin ich ihm doch auch nicht unbekannt. Seit wann interessiere ich ihn? Und was bedeutet das: Gott kennt mich!?

Im Brief an die Epheser heißt es: „Gott hat uns in seiner Liebe erwählt, ehe der Welt Grund gelegt war. Er hat uns dazu vorherbestimmt, seine Kinder zu sein durch Jesus Christus" (Eph. 1, 4–5). Diese Aussage aus dem Epheserbrief ist allen bekannt, die ihr Vertrauen auf Jesus Christus setzen. Was das aber wirklich heißt, kann man sich wohl kaum vorstellen: Ich bin von Gott vor der Schöpfung der Welt erwählt! Mein Leben ist ein Gedanke Gottes. Es gibt mich, es gibt uns, weil er uns wollte. Er wollte uns, weil er uns liebt. So steht es im Epheserbrief. Wer kann das begreifen? Es ist geheimnisvoll!

Wer weiß, daß Gott ihn erwählt hat, dessen Leben ist der Bedeutungslosigkeit entrissen. Wer weiß, daß er erwählt ist, für den ist Gott nicht nur der Schöpfer, sondern vor allem der Erlöser. Mein Glaube an Christus, mein Vertrauen darauf, daß er für meine Schuld gestorben ist, gibt mir freien Zugang zu Gott. Das gibt Hoffnung. Das gibt Kraft. Das gibt das Recht, den himmlischen Vater um Hilfe zu bitten. Doch bevor der Glaubende Gott seine Wünsche und Hoffnungen vorträgt, sollte er tun, was Paulus damals tat, nachdem er davon geschrieben hatte, daß Christus vertrauen gleichbedeutend ist mit: freien Zugang zu Gott haben. Paulus schrieb: „Deshalb beuge ich meine Knie vor dem Vater. Ihm sei Ehre zu aller Zeit, von Ewigkeit zu Ewigkeit! Amen" (Eph. 3, 14.21).

15. Mai

„Dies ist die Last, die der Prophet Habakuk geschaut hat. Herr, wie lange soll ich schreien, und du willst nicht hören?"

Hab. 1, 1–2 a

Haben Sie schon einmal darüber nachgedacht, was das eigentlich bedeutet, daß der Prophet eine Last spürt? Weil der Prophet in die Zukunft blickt, fühlt er sich bedrückt. Es ist, als läge eine Last auf ihm. Immer wieder hat Gott im Laufe der Jahrhunderte Männern das Auge geöffnet und hat sie etwas sehen lassen, was anderen verschlossen blieb. Prophet zu sein, das ist wahrlich keine reine Freude. Was nützt es schon, wenn man etwas aus der Zukunft erkennt, dann aber merkt, daß da gar nichts Schönes wartet, sondern daß etwas Bedrückendes auf uns zukommt?

Gottesmänner dürfen von ihrer Last sprechen. Wenn Sie ein Mensch sind, der bewußt auf der Seite Gottes steht, dann sind auch Sie eingeladen, Ihre Sorgen nicht mehr in sich hineinzufressen, sondern sie auszusprechen. Habakuk führt ja hier kein Selbstgespräch, sondern bespricht das, was er sieht und ihn so bedrückt, mit seinem Gott. Es gibt eigentlich gar keine andere Möglichkeit, wirklich entlastet zu werden von dem, was einen bedrückt, als durch das Gespräch mit dem lebendigen Gott.

Habakuk leidet mit seinem Volk. Ich habe mich gefragt, ob ich die Not der anderen auch so ernst nehme. Leide ich auch unter der Ungerechtigkeit der Welt? Leide ich unter dem, was mein Volk gerade durchmacht? Bin ich darüber mit Gott im Gespräch? Und zwar nicht nur einmal oder zehnmal oder vielleicht sogar dreißigmal, sondern täglich?

Warum sollte Gott eigentlich mein Gebet ernst nehmen, und warum sollte er etwas ändern, wenn ich ihn nur zwei- oder dreimal um eine Wendung bitte? Sicherlich, Gott weiß auch dann, wenn wir ihm nur einmal etwas sagen, was das Beste ist. Trotzdem möchte er auch sehen, wie ernst wir es meinen. Die Propheten haben uns das vorgemacht. Sie haben unter bestimmten Zuständen wirklich gelitten, und das haben sie Gott gesagt. Sie sind nicht weggelaufen, haben ihre Last nicht abgeschüttelt, sondern haben Gott gebeten, er möge seine Macht und Kraft erweisen.

Wir sollten nicht ungeduldig werden, wenn sich nach einigen Gebeten nicht gleich alles ändert. Gott kann in seiner großen Güte über Nacht einen Wandel bewirken. Bestimmte Dinge muß man jedoch immer wieder vor ihn bringen, so daß man darüber geradezu ermüden kann. Aber wir dürfen wissen: Unser Gott kennt das, er sieht das, und er weiß es. Er erwartet, daß wir treu zu ihm stehen, daß wir nicht aufgeben. Dann wird er sich in der Stunde zu uns wenden, die er für die richtige hält.

16. Mai

„Und wenn diese Tage nicht verkürzt würden, so würde kein Mensch selig werden; aber um der Auserwählten willen werden diese Tage verkürzt." Matth. 24, 22

Der Herr Jesus hat im Blick auf das Ende der Welt von Schrekkenszeiten gesprochen, die so furchtbar sein werden, daß alle Menschen seufzen und voll Verlangen nach einem Ende Ausschau halten werden. Sie werden verschmachten vor Furcht (Luk. 21, 26). Für die Gemeinde Jesu aber hat Gott eine Verkürzung der Zeit versprochen. Wie sich das im einzelnen vollzieht, wird uns in der Bibel nicht gesagt. Jesus sagt jedoch voraus: „Es wird dann eine große Bedrängnis sein, wie sie nicht gewesen ist vom Anfang der Welt bis jetzt und auch nicht wieder werden wird. Und wenn diese Tage nicht verkürzt würden, so würde kein Mensch selig werden; aber um der Auserwählten willen werden diese Tage verkürzt" (Matth. 24, 21–22).

Ich bin so froh, daß dieses Wort in den prophetischen Aussagen unseres Herrn über die bevorstehende Schreckenszeit steht. Der Herr Jesus beschreibt darin sowohl das Ende Jerusalems als auch das Ende des Zeitalters. Dieses Zeitalter geht seinem Ende entgegen. Für die Juden und im Grunde genommen auch für die Christen zerfällt die Zeit in zwei Epochen, in das gegenwärtige und das zukünftige Zeitalter.

In der jüdischen Schau ist das gegenwärtige Zeitalter durch und durch schlecht, kein Mensch ist imstande, eine Besserung herbeizuführen. Geholfen werden kann nur durch das unmittelbare Eingreifen Gottes. Er selbst bewirkt das Heraufziehen eines neuen Zeitalters, der Zeit des Heils. Zwischen beiden Zeitaltern liegt der Tag des Herrn. Die Bibel läßt keinen Zweifel daran, daß es entsetzliche Erschütterungen geben wird, bis die neue Zeit da ist. Das sagt Gott aber nicht, um dem Glaubenden Angst und Schrecken einzujagen. Im Gegenteil, dadurch, daß Gott sich sozusagen in seine Pläne schauen läßt, möchte er ermutigen. Worauf wir uns verlassen können und was uns Mut machen soll, ist die Zusage unseres Herrn, daß er für uns sorgen wird und wir durchkommen. Er verkürzt die Tage, denn er will, daß seine Auserwählten auch ans Ziel kommen.

All dem, was Jesus über seine bevorstehende Wiederkunft sagt, können wir entnehmen, daß Gott die Welt trotz ihrer Verderbtheit nicht fallen läßt. Die Welt bleibt nicht sich selbst überlassen, sondern Gottes Ratschluß vollzieht sich. Bis dahin besteht für die Gemeinde die Gefahr der Entmutigung. Jesus sagt voraus, daß der Unglaube überhandnehmen wird und daß die Liebe in vielen erkalten wird. Der Glaube, der auch unter schwierigen Umständen treu bleibt, wird dagegen von Jesus gepriesen. Da können wir eigentlich nur beten: „Herr, laß mich zu diesen Treuen gehören. Amen."

17. Mai

„Und jedes Geschöpf, das im Himmel ist und auf Erden und unter der Erde und auf dem Meer und alles, was darin ist, hörte ich sagen: Dem, der auf dem Thron sitzt, und dem Lamm sei Lob und Ehre und Preis und Gewalt von Ewigkeit zu Ewigkeit! Und die vier Gestalten sprachen: Amen! Und die Ältesten fielen nieder und beteten an." Offb. 5, 13–14

Durch manche Verkündigung klingt hindurch, daß wir sehr wohl in der Lage sind, unsere Bitten und unseren Dank vor Gott zu bringen. Auch zum Bußgebet oder zur Fürbitte sind wir fähig. Doch wenn wir zur Anbetung aufgefordert werden, dann verstummen wir sehr oft.

Meist nehmen wir dann die Psalmen oder ein Gesangbuchlied zur Hand oder bedienen uns vielleicht der Gedanken von Vätern der Christenheit. Wenn es uns aber einmal geschenkt ist, Gott anzubeten, dann geht durch unser Herz und unser Denken eine Ahnung von der großen Freude, von dieser Himmelsluft, die unser Herr für uns bereithält, wenn wir uns vollkommen aus unseren Niederungen erheben können in der Kraft des Heiligen Geistes. Und deshalb werden wir immer wieder zur Anbetung aufgefordert. Wir berauben uns eigentlich eines ganz wesentlichen Teils unseres geistlichen Lebens, wenn die Anbetung keinen Platz in unserem Beten hat.

Prüfen Sie sich einmal, wie viele Ihrer Gebete spätestens beim dritten oder vierten Satz bei Ihnen selbst, Ihren Angehörigen, bei der Gemeinde oder in einem noch weiteren Sinn vielleicht bei der Welt mit all ihrer Problematik sind. Bei der Anbetung allerdings, und vor allem bei der vollkommenen Anbetung vor dem Thron unseres Herrn, geht es nicht mehr um uns. Es geht auch nicht um unsere Lieben, nicht einmal um die Welt, denn wir sind dann in einer anderen Welt, in der das, was uns heute außerordentlich problematisch und unlösbar erscheint, gar kein Problem mehr ist. Dann geht es nur noch um ihn, den Herrn.

Ich sage dies aus tiefer Überzeugung und mit einer ganz großen inneren Freude. Dann wird der gesamte Kosmos mit hineingenommen sein in die Anbetung Gottes. Verstehen kann ich das nicht, denn ich habe gar keine Kategorien in meinem Denken dafür. Aber ich kann etwas anderes tun, nämlich anbeten: ,,Mein lieber treuer Herr, ich danke dir vom Grund meines Herzens, daß du noch so Großes für mich bereithältst und ich dich preisen darf. Dich, der du in unbeschreiblicher Herrlichkeit regierst, in vollendeter Klarheit, ohne jede Eintrübung, ohne jede Unstimmigkeit, ohne jede materielle oder ideelle Verschmutzung. Amen."

18. Mai

„Gebt uns Raum in euren Herzen! Wir haben niemand Unrecht getan, wir haben niemand verletzt, wir haben niemand übervorteilt.“ 2. Kor. 7, 2

Sie wissen vielleicht, daß im 1. und 2. Korintherbrief von weiteren Briefen an die Korinther die Rede ist. Von dem Brief, der vor dem ersten geschrieben wurde, und von dem, der zwischen den uns bekannten zwei Briefen geschrieben wurde, kennen wir den Inhalt nicht. Im 2. Korintherbrief bezieht sich Paulus auf einen dieser Briefe.

Ich möchte für mein Briefeschreiben etwas lernen von dem Apostel Paulus. Vielleicht geht es Ihnen ähnlich. Ich machte zunächst einmal die Entdeckung, daß Paulus das Herz der Briefempfänger gewinnen wollte. Darum tut er seinen Mitchristen in Korinth kein Unrecht an. Er verletzt sie nicht, und er weiß sich in besonderer Weise mit ihnen im Glauben verbunden.

Dann gibt es noch einen sehr schönen Zug bei Paulus. In jenem Brief, den er zuvor gesandt hat, hat er die Korinther gerühmt. Es gibt eine ganz besondere Form der Frömmigkeit, die manche entrüstend abwehren: Wir dürfen und können doch einander nicht rühmen. Sicherlich dürfen wir es nicht so tun, wie man es gelegentlich unter Menschen findet, die nicht an den lebendigen Gott gebunden sind. Solches Rühmen ist hier nicht gemeint. Wohl aber, daß ich bewußt etwas Gutes über den anderen verbreite, daß ich sein Loblied singe. Das fällt den meisten ja sehr viel schwerer, als sie selbst zugeben wollen. Prüfen Sie sich einmal, ob Sie auch viel eher über den anderen etwas Negatives als etwas Gutes sagen. Paulus, der das Herz der Korinther gewinnen möchte, spricht in ihrer Abwesenheit etwas Gutes über sie. Das ist doch bemerkenswert.

Wenn er an sie denkt, freut er sich, und das klingt auch aus seinem Brief heraus. Das sind geistliche Briefe, mit denen man das Herz anderer gewinnen kann, wenn aus jedem Absatz und aus vielen Worten unsere Freude spricht – unsere Freude über Christus, unsere Freude über unseren Glauben, auch die Freude über andere, die mit uns diesen Glauben teilen.

Gott mache uns zu Gehilfen der Freude für andere Menschen. Er lasse uns so reden und schreiben, daß wir Raum im Herzen des anderen gewinnen, daß er uns liebhaben und liebbehalten kann. Gott lenke Ihre Hand, wenn Sie Ihre Briefe schreiben. Gott mache Ihnen und mir bewußt, daß es nicht der fromme Spruch auf einem Briefbogen ist, sondern daß es auf den Geist des Schreibers ankommt. Er mache uns aber auch zu Briefempfängern, die zu lesen lernen, was der andere uns mitzuteilen hat. In diesem Sinne wünsche ich Ihnen, daß Sie durch Ihre Briefe im Herzen vieler Menschen Raum gewinnen.

19. Mai

„Ich sitze oder stehe auf, so weißt du es; du verstehst meine Gedanken von ferne. Ich gehe oder liege, so bist du um mich und siehst alle meine Wege. Denn siehe, es ist kein Wort auf meiner Zunge, das du, Herr, nicht schon wüßtest.“

Ps. 139, 2–4

In diesem Psalm, den ich zu den schönsten zähle, die es im Blick auf die Sprache und auf die Aussage gibt, wird uns ganz klar gesagt, daß in keinem Zustand ein Entweichen vor Gott möglich ist. Es wird hier vom Sitzen gesprochen. Das ist unser Ruhen. Es wird vom Stehen gesprochen. Das ist in der Regel irgendwie ein Zustand der Vorbereitung. Und es wird vom Gehen gesprochen. Das kann man als ein Bild nehmen für die Ausführung einer Tat. Es wird sogar vom Liegen gesprochen. Das ist der Schlaf. Im Sitzen, im Stehen, im Gehen, im Liegen: Du, Herr, siehst mich!

Gottes Sehen erfaßt die tiefsten Tiefen unseres Seins. Ich weiß nicht, ob Sie sich mal bewußt gemacht haben, was es heißt, wenn die Bibel vom Herzen spricht. Damit meint sie das Zentrum unseres Lebens und Wesens. Den Ort in unserem Sein, wo wir nicht mehr tiefer forschen können, wo wir nur sagen können: Ich. Von dort kommen alle bösen Gedanken. Und genau dahin möchte Gott mit seinem Geist, damit von dort Gedanken kommen können, die ihm gefallen. David sagt: „Es ist kein Wort auf meiner Zunge, das du, Herr, nicht schon wüßtest." Jedes Wort auf unserer Zunge und jeder Gedanke, jedes Lob, jeder Dank, aber auch jede Verwünschung, alles kennt Gott. Überall sind wir von ihm umgeben. „Von allen Seiten umgibst du mich", singt David in diesem Psalm. Niemand soll aber über diesem Wissen der ständigen Nähe Gottes erschrecken, sondern vielmehr froh und getrost werden. Es darf uns gelassen machen. Mein Herr ist da! Mein Herr kennt den Weg, der vor mir liegt.

Wie froh bin ich, daß ich mich hineingestellt weiß in die Schar derer, die Jesus Christus lieben und die von daher ihre Kraft gewinnen. Ich möchte alle, die an diesem Tag etwas Besonderes vorhaben, sehr herzlich grüßen mit der frohmachenden Glaubensgewißheit: Es kommt nicht auf unser Planen und Wollen an, es kommt auch nicht auf die Menschen an, mit denen wir so fest rechnen, es kommt allein auf den Herrn an. Er befindet darüber, ob und wie unsere Zukunft läuft. Wer sich von Gott geführt weiß, der kann den Tag nicht anders beginnen als mit einem Lobpreis.

20. Mai

„Bringt aber die Zehnten in voller Höhe in mein Vorratshaus, auf daß in meinem Hause Speise sei, und prüft mich hiermit, spricht der Herr Zebaoth, ob ich euch dann nicht des Himmels Fenster auftun werde und Segen herabschütten die Fülle." **Mal. 3, 10**

Eine unserer Hörerinnen verunglückte. Die Versicherung zahlte ihr daraufhin eine größere Summe. Aus Dankbarkeit dafür, daß sie ohne bleibenden Schaden aus dem Unfall herausgekommen war, übersandte diese Hörerin den von der Versicherung ausgezahlten Betrag für den weltweiten Dienst der Radiomission des ERF. Sie schrieb dazu: „Ich bin Gott so dankbar und möchte meinen Dank auch sichtbar werden lassen. Weil Sie so vielen

Menschen in so vielen Sprachen von Gott sagen, will ich dabei helfen."

Diese Hörerin steht in einer guten Tradition. Immer schon haben Menschen, die den lebendigen Gott liebhaben, etwas von dem, was er ihnen anvertraut hat, zurückgelegt für ihn bzw. seine Sache. Die Israeliten nannten das „den Zehnten geben". Das mosaische Gesetz schrieb vor, daß Israel seinem Gott den Zehnten „vom Ertrag des Landes und von den Früchten der Bäume" sowie „von Rindern und Schafen" geben sollte (3. Mose 27, 30 ff.). Der Zehnte wurde ins Zentralheiligtum gebracht. Von diesen Gaben lebten die Leviten, also die Tempelhelfer, und auch die Priester selbst, die bei der Landverteilung an die israelitischen Stämme leer ausgegangen waren.

Das war eine bewährte Ordnung. Man gab seinen Zehnten im Glauben, daß diese Anordnung Gottes gut und richtig ist. Jedesmal, wenn eine israelitische Familie ihren Zehnten ablieferte, legte sie zugleich das Bekenntnis ab: alles Land und sein Ertrag gehören dem Herrn aller Herren. Der Gott, der Israel einmal ins Gelobte Land geführt hatte, versorgte es auch in diesem Land. Er ließ es regnen und die Sonne scheinen, er gab Wachstum und Gedeihen. Wer das im Glauben erkannt hat, der wollte diesem Schöpfer danken. Israel tat es mit dem Zehnten.

Das Gottesvolk, das sich seit Jesu Tod und Auferstehung über die Erde ausgebreitet hat, ehrt und liebt diesen Schöpfer ebenfalls. Darum ist es mehr als ein guter Brauch, daß Christen von ihrem Besitz, der ihnen ja nur von Gott geliehen ist, zurückgeben an den, dem sie alles verdanken. Wir sprechen in der Gemeinde vom „Dankopfer". Gott sieht allerdings weniger auf die Höhe des Opfers als vielmehr auf die Gesinnung, aus der heraus gegeben wird. Aus Freude über Gottes unwandelbare Treue kann ich geben. Und warum sollte ich nicht hin und wieder etwas Besonderes tun, also etwas mehr geben als gewöhnlich? Im übrigen gilt in der Bibel: Jeder gebe nach seinem Vermögen. Und: Er gebe gern!

21. Mai

„Und stellt euch nicht dieser Welt gleich, sondern ändert euch durch Erneuerung eures Sinnes, damit ihr prüfen könnt, was Gottes Wille ist, nämlich das Gute und Wohlgefällige und Vollkommene.“ Röm. 12, 2

Viele Menschen unserer Zeit suchen eine „andere Lebensqualität“, eine „neue Einstellung“. Doch der durch den Glauben an Jesus Christus Gerechtfertigte soll sich nicht dem gegenwärtigen Weltlauf anpassen, sondern eine Verwandlung seiner ganzen Existenz an sich vollziehen lassen.

Es ist doch erschreckend und überraschend zugleich, wie viele Menschen nicht gelernt haben, „danke“ zu sagen. Vielleicht haben sie das als Kinder nie gelernt, und darum fällt es ihnen als Erwachsenen ebenfalls schwer zu danken. Leider gilt das auch für Christen, was den Dank gegenüber Menschen und sogar was ihren Dank gegenüber Gott betrifft. Dabei sollten sie Vorbilder im Danken sein.

Paulus hat geschrieben: „Stellt euch nicht dieser Welt gleich, sondern ändert euch durch Erneuerung eures Sinnes.“ Also, wenn alle Welt auch undankbar ist, macht es anders und seid dankbar. Im Philipperbrief lesen wir ein Wort, das ebenfalls in diesem Zusammenhang gehört werden sollte: „Seid so unter euch gesinnt, wie es auch der Gemeinschaft in Christus Jesus entspricht“ (Phil. 2, 5). Was entspricht denn der Gemeinschaft in Jesus Christus? Da denke ich z.B. an die Speisung der Fünftausend. Jesus nahm fünf Brote und zwei Fische, sah auf zum Himmel, dankte und brach's, gab die Brote den Jüngern, und die Jünger gaben sie dem Volk. Er, der Gottessohn, dankt für das Essen, obwohl es ja wenig war, was er in Händen hielt. Und trotzdem dankte er. Sollte das vielleicht das Geheimnis gewesen sein, daß aus dem wenigen nachher so viel wurde?

Sind uns eigentlich Speisen und Getränke noch einen Dank an Gott wert, oder setzen wir uns einfach an den Tisch, rufen uns im besten Falle noch „Guten Appetit“ zu und beginnen zu essen?

Hier beginnt die Dankbarkeit der Christen, im Gegensatz zum Undank der vielen um uns herum, die die tägliche Versorgung als etwas so Selbstverständliches nehmen, daß sie gar nicht daran denken, zu danken.

Christen sollen Gott in einer neuen Gesinnung dienen. Sie können dankbar sein, z.B. für den Frieden, für die Freiheit, für die wirtschaftliche Versorgung u.a.m. Besonders dankbar bin ich als Christ für die Verkündigung des Evangeliums. Wo wäre ich gelandet, wenn Jesus mir nicht in seinem Wort begegnet wäre und meinem Leben eine neue Richtung gegeben hätte? Wie froh bin ich, daß ich bei ihm gelernt habe, dankbar zu sein und gegen allen Undank anzugehen.

Der Heilige Geist hat die Kraft, unsere ganze Existenz zu verwandeln, so daß wir als Christen in einer neuen Gesinnung leben. Wenn Sie als Christ leben möchten, dann leben auch Sie als dankbarer Mensch!

22. Mai

„Du aber, was richtest du deinen Bruder? Oder du, was verachtest du deinen Bruder? Wir werden alle vor den Richterstuhl Gottes gestellt werden.“ Röm. 14, 10

Paulus hat damals den Römern gesagt, daß die Auseinandersetzung ein Ende nehmen müsse. Er appellierte an die Starken, die Situation zu ändern, weil der Schwache, also der, der Forderungen stellt und sagt: „Du darfst nicht essen oder trinken, du darfst diese Musik nicht hören oder jene Sache nicht mitmachen“, sich von den Argumenten des Starken nicht beeindrucken läßt. Der Starke steht jedoch in der Gefahr, den Schwachen zu verderben, indem er sich über das hinwegsetzt, was dem Schwachen so viel Kummer bereitet.

In jeder Gemeinde muß man wissen, daß das Heil nicht am Genuß oder Verzicht hängt. Es sind Glaubensstandpunkte, die da aufeinanderprallen. Sie werden genährt durch unsere Herkunft, durch unsere Bildung und unseren Wissensstand. Doch selbst wenn man alles über ein Thema wüßte, wäre das in einer Konfliktsituation nicht sehr hilfreich.

Jesus Christus möchte, daß der Starke an der Existenz des Schwachen lernt, daß die Liebe in einem Grenzfall auf ein theologisch begründetes Recht verzichten kann! Es geht im christlichen Glauben nicht in erster Linie um das, was uns beliebt, sondern um das, was wir anderen Menschen schulden. Es geht also um ganz andere Dinge, um Gerechtigkeit zum Beispiel. Gerechtigkeit – das heißt, wir geben Gott und den Menschen, was ihnen zusteht.

Es geht im christlichen Glauben auch um Frieden. Friede ist im Neuen Testament nicht nur das Fehlen von Kummer und Trübsal. Dieser Friede hat immer etwas unmittelbar mit Gott zu tun, der die Menschen versöhnt, in erster Linie mit sich selbst (Röm. 5, 1), aber auch mit dem Nächsten. So wird Unfriede beseitigt. Friede ist dann alles, was den Menschen zum Besten dient.

Und es geht um Freude. Freude ist ein von Gott gewollter Grundbestandteil unserer Seele, unseres Lebens. Wo jemand sich freut, weil Gott ihn mit Freude erfüllt, denkt er nicht nur daran, glücklich zu werden; er will vielmehr glücklich machen. Glück, das für andere Unglück und Schmerz bedeutet, ist für einen Christen ganz gewiß keine Freude. Freude ist eine Gabe des Heiligen Geistes. Wer sich von dieser Freude erfüllen läßt – und Gott schenkt sie, wenn wir ihn darum bitten –, der kann nicht mehr traurig sein, nicht bitter und nicht gekränkt.

Wer darauf bedacht ist, daß Gerechtigkeit, Friede und Freude in dem Heiligen Geist in der Gemeinde Platz haben, der dient Christus und tut, was Gott wohlgefällig ist.

23. Mai

„Sei stille dem Herrn und warte auf ihn. Entrüste dich nicht über den, dem es gut geht, der seinen Mutwillen treibt.“

Ps. 37, 7

Das Problem, das Psalm 37 aufgreift, ist aktuell geblieben. Bis heute macht es gläubigen Menschen zu schaffen, daß es den Gottlosen häufig so wohl geht. Oft möchte man aufbegehren und schreien. Wieviel Ungereimtheit ist doch in der Welt. Nur, mit unserem Aufbegehren kommen wir nicht weiter. Der Rat Davids hat darum noch immer seinen Wert. Viele Menschen haben sich danach gerichtet und es nicht bereut.

Im Glauben geht es nicht ohne dieses Stillesein und Abwarten. Nur schwer erträgt unser Ich die entstehende Spannung. Wenn ich schon nicht eingreifen und etwas ändern kann, wenn ich schon nicht den Übeltätern das Handwerk legen kann, dann will ich wenigstens meine Meinung kundtun. Aber Gott sagt: „Sei still, warte.“ Doch warum läßt Gott Menschen, die ihm vertrauen, oft so lange warten? Eine Antwort wäre: Er läßt uns deshalb oft so lange warten, damit wir unsere Ungeduld bezwingen lernen.

Was wissen wir denn schon wirklich vom Lauf der Dinge? Was wissen wir über das Leben dessen, der offensichtlich Unrecht tut? Ob er sich wirklich freut über das, was er dadurch erreicht? Ob er nicht im Innersten unglücklich ist und schlaflose Nächte hat?

Gott vertröstet uns ja nicht, wenn er darauf hinweist, daß die Übeltäter letztlich keine Chance haben. Sie mögen von Zeit zu Zeit Erfolg haben. Sie mögen das eine oder andere Ding drehen – das letzte Wort aber behält Gott. „Unrecht Gut gedeiht nicht“, sagten schon unsere Vorfahren. Mancher mag Unrecht tun und sich auf der höchsten Sprosse seines Erfolges wähnen – das Ende hat er noch nicht bedacht.

Wollen wir es heute nicht neu tun: Uns von unserem Gott darauf hinweisen lassen, daß es sich lohnt, auf ihn zu warten? Dazu braucht es innere Kraft. Gerade wenn ich in bestimmten Lagen nicht aktiv werde, sondern Gott mehr zutraue als mir und seinen Gegnern, kommt mein Glaube zur höchsten Kraftentfaltung.

Wenn die Anfechtung dennoch alle Freude und Zuversicht rauben will, dann bleibt uns noch immer die Bitte: „Lieber, treuer Herr, laß mich mit deinem Heiligen Geist erfüllt zur Stille kommen. Hilf mir, abwarten zu können. Danke, daß deine Führung immer gut ist. Amen."

24. Mai

„Wenn aber jemand auf den Grund baut Gold, Silber, Edelsteine, Holz, Heu, Stroh, so wird das Werk eines jeden offenbar werden. Der Tag des Gerichts wird's klar machen; denn mit Feuer wird er sich offenbaren. Und von welcher Art eines jeden Werk ist, wird das Feuer erweisen." 1. Kor. 3, 12–13

Ich möchte einmal das menschliche Leben mit einem Haus vergleichen. Jedes Haus braucht ein Fundament. Ist das Fundament in Ordnung und in den richtigen Boden hineingesetzt, dann kann man das Haus darauf errichten. Auch das „Lebenshaus" soll ein Fundament haben. Dafür ist Jesus Christus in diese Welt gekommen. Die Bibel macht uns darauf aufmerksam, daß mit ihm ein Grund gelegt ist, wie er nicht besser sein kann. Wer darauf baut, hat Chancen. Was bedeutet das, ein Fundament haben? Warum ist Jesus eine so starke Grundlage?

Weil Jesus Christus in die Welt kam, in dieser Welt starb und weil er aus dieser Welt erhoben wurde. Er kam als Sohn Gottes, damit er die Werke des Teufels zerstöre. Der Teufel will den Menschen weismachen, daß es auch ohne Fundament geht. Darum sorgt er dafür, daß menschliche Weisheit so hoch im Kurs steht. Er zielt immer wieder darauf ab, daß die Menschen meinen, Macht, Leistung oder Geld wären allein ausschlaggebend. Wer nicht auf Jesus Christus sein Leben aufbauen will, gibt dem Teufel Raum, den das Neue Testament den „Vater der Lüge" nennt (Joh. 8, 44).

Wie kann auf dem richtigen Fundament gebaut werden? Paulus nennt zwei Möglichkeiten. Er sagt, man könne mit brennbaren oder mit feuerfesten Stoffen bauen. Der christusverbundene Baumeister hütet sich vor brennbaren Stoffen. Holz, Heu oder Stroh sind Hinweise auf falsche, irreführende Lehre, z.B. die falsche Freiheit undisziplinierter Geschlechtlichkeit. Die Korinther meinten, ihnen sei alles erlaubt. Paulus antwortete: ,,Gewiß, aber nicht alles ist gut für euch" (1. Kor. 6, 12). Richtig auf dem Fundament bauen, das heißt, Jesus Christus in die Mitte des Denkens, Glaubens und Lebens zu stellen. Dazu gehört z.B. der Glaube, von dem Petrus sagt, daß er noch kostbarer ist als Gold (1. Petr. 1, 7). Und es gehört sicher ein Tun dazu, das mit diesem Glauben übereinstimmt.

Im Vertrauen auf Jesus Christus kann ich mutig und stark die Herausforderungen des Lebens und der Zeit annehmen. Wer auf Christus baut, dem ist Bewahrung auch in der Zukunft zugesagt. Wer auf Christus gebaut hat und ,,feuerfeste Stoffe" wählte, über den wird Gottes Güte ausgegossen, weit über alles Berechnen und Ergründen hinaus.

25. Mai

„Aber der Tröster, der Heilige Geist, den mein Vater senden wird in meinem Namen, der wird euch alles lehren und euch an alles erinnern, was ich euch gesagt habe." Joh. 14, 26

Das Wort im griechischen Neuen Testament, das Luther mit ,,Tröster" übersetzte, würde heute besser wiedergegeben mit ,,Helfer". Zu Luthers Zeiten wußte man noch, daß ein Tröster mutlose Menschen wieder zuversichtlich und tapfer macht. Heute bezeichnen wir als Tröster jemanden, der sein Mitgefühl zeigt, wenn ein anderer traurig ist. Der Heilige Geist aber zeigt nicht nur sein Mitgefühl, er will helfen. Dieser Helfer kommt allerdings nicht von selbst. Er muß hereingerufen werden. Wie sich das im einzelnen vollzieht, darüber sprach Jesus vor seinem Tod mit seinen

Jüngern. Er sagte z.B., daß ihn lieben zugleich auch heiße, sein Wort zu halten (Joh. 14, 23).

Sein Wort halten, das heißt sich für Leben und Sterben an den Aussagen der Bibel orientieren. Wer das tut, wird manches nicht länger im eigenen Leben oder im Leben der Familie dulden, weil er weiß: So handelt keiner, der vorgibt, Jesus zu lieben. Er wird andererseits bereit sein, manches zu tun, was er nicht als notwendig erachtete, etwa Hilfs- und Liebesdienste bei Kranken, Freunden oder auch unbekannten Menschen.

Etwas Besseres als den Heiligen Geist, den Helfer, kann Gott uns nicht schenken. Dieser Helfer will unser Lehrer sein. Kein Christ kann nämlich behaupten, die volle Wahrheit zu kennen. Es gilt, immer dazuzulernen. Wer glaubt, er brauche nichts mehr zu lernen, hat noch nicht einmal angefangen, die Lehre vom Heiligen Geist zu begreifen. Der Helfer bringt uns bei, was wir noch zu lernen haben. Der Helfer will uns ferner an alles erinnern, was Jesus gesagt hat. Damit schließt sich der Kreis: Wer Jesus liebt, hält sein Wort. Wer dieses Wort hält, ruft den Heiligen Geist in sein Leben hinein. Wo der Heilige Geist wohnt, da wird der Glaubende belehrt, und da wird er vom Heiligen Geist an alles erinnert, was Jesus gesagt hat. Und das wiederum hilft, Jesu Wort zu halten.

Wir wollen ja, daß der Heilige Geist bei uns bleibt. Nur so kann uns der Weg zum richtigen Verhalten im Leben gezeigt werden. Nur so können wir davor bewahrt werden, vom richtigen Weg abzuweichen. Der Heilige Geist erinnert an das, was der Glaubende niemals vergessen darf, wenn er in den Bewährungsproben des Lebens bestehen will.

Wir wollen beten: „Vater im Himmel, wir danken dir, daß du alle Menschen liebst, die das Wort deines Sohnes Jesus Christus halten. Wir danken dir, daß der Heilige Geist in allen Menschen wohnt, die dir vertrauen und ihre Hoffnung auf dich setzen. Wir danken dir, daß wir mit diesem Helfer das Leben bestehen. Amen.“

26. Mai

„Und er entließ das Volk am achten Tage. Und sie segneten den König und gingen heim fröhlich und guten Mutes über all das Gute, das der Herr an David, seinem Knecht, und an seinem Volk Israel getan hatte.“ 1. Kön. 8, 66

Heute erinnert uns ein alttestamentliches Wort an eine große Veranstaltung, die in Jerusalem stattfand. Es war sicherlich das größte Ereignis, das Israel je gesehen hatte. Nach Fertigstellung des Tempels lud Salomo zur großen Tempelweihe ein. Das sollte der Ort sein, an dem man künftig Gott ehren würde. Der biblische Bericht über die Tempelweihe führt zu dem Hinweis auf ein großes Fest, das gefeiert wurde, und schließt mit den Worten, daß das Volk in seine Hütten zurückging, fröhlich und guten Mutes über all dem Guten, das der Herr getan hat.

Ich habe mich gefragt, was wohl die Leute so fröhlich gemacht hat? Sicherlich schöpfte das Volk Freude und Kraft aus dem Gebet, das Salomo damals gesprochen hat. Er wollte vor allem zum Ausdruck bringen, daß kein Gott dem Gott Israels gleich sei und er natürlich nicht in einem Gebäude wohne, das Menschen gebaut haben. Nicht einmal der Himmel und aller Himmel Himmel können Gott fassen. Aus dem Gebet des Salomo konnte jeder, der zuhörte, erfahren, daß keinem Böses widerfahren soll, der sich an diesen Gott hält. Gott ist so groß, daß nicht einmal ein Fremder, also ein glaubensloser Heide, der sich an Gott wendet, so etwas vergeblich tue.

Sicher hat die Gemeinde dazu „Amen“ gesagt und ihren Glauben singend bekannt. Es ist also eine Atmosphäre gewesen, die auch dem Glaubensschwachen wohltat. Man ist sich neu bewußt geworden, welchen großen Gott man hat und daß man sich auf ihn verlassen kann. Deshalb ging man fröhlich und guten Mutes heim. Es beschämt mich immer wieder, daß der große Gott, der ja unsere Unvollkommenheit kennt, dennoch seinen Plan mit jedem einzelnen Glaubenden macht. Gott ist nicht auf irgendeinen Tempel angewiesen. Er möchte vielmehr, daß jeder einzelne, der an ihn glaubt, ein „Tempel des lebendigen Gottes“ ist (2. Kor. 6, 16) und an vielen Menschen zu sehen ist, wie herrlich Gott führt.

Der Glaube an Jesus Christus und die Liebe zu allen Menschen, die sich zum Volk Gottes zählen, ist es, was uns bis heute fröhlich in den Tag hineingehen lassen kann und uns guten Mut schenkt. Ich werde nur fröhlich an meine Arbeit gehen und nur mit gutem Mut diesen Tag durchstehen, wenn Jesus selbst mir den Glauben an ihn erneuert und mir die Liebe zu anderen Glaubenden schenkt. Wenn er mit seiner Kraft in mich dringt, dann wird es möglich sein, daß Christus auch durch mich verherrlicht wird.

27. Mai

„Jesus spricht zu ihm: Ich bin der Weg und die Wahrheit und das Leben; niemand kommt zum Vater denn durch mich.“
Joh. 14, 6

Der Jünger Thomas, der bekannt geworden ist wegen seiner Zweifel, sagte einmal: „Herr, wir wissen nicht, wo du hingehst; wie können wir den Weg wissen?“ (Joh. 14, 5). Die darauf erwartete präzise Antwort wird allerdings nicht gegeben. Statt dessen sagt Jesus zu ihm: „Ich bin der Weg und die Wahrheit und das Leben.“ Ob mit dieser Antwort das Fragen der Jünger beantwortet war? Ob sie nun ihren Weg klarer vor sich sahen? Wer von uns sieht denn klarer, wenn ihm zugerufen wird, das Jesus der Weg, die Wahrheit und das Leben ist? Erleichtert das Ihr Leben? Kennen Sie dadurch den nächsten Schritt besser?

Wenn ich in eine fremde Stadt komme und nicht gerade einen Stadtplan habe, dann frage ich in der Regel nach dem Weg. Doch meist habe ich Pech. Ich frage einige Passanten, die aber alle nicht in der Stadt zu Hause sind. Dann endlich kommt ein Ortskundiger, aber er ist immer zu Fuß unterwegs und beschreibt den Weg anders als Autofahrer, beachtet Einbahnstraßen nicht und erklärt umständlich. Wie schön ist es dagegen, wenn einer sagt: „Da, wo Sie hinwollen, will ich auch gerade hin. Ich fahre mit, wenn's recht ist, dann kann ich Ihnen zeigen, wo's langgeht." Das ist natürlich großartig, einen Lotsen an Bord zu haben. So findet man schnell den Weg und kommt gut ans Ziel.

Ich nehme diese Erfahrung einmal als Bild, angewendet aufs geistliche Leben. Da fragt ein Mensch: „Wo geht's hin?" Um eine Antwort auf diese Frage zu bekommen, muß man nicht irgend jemanden fragen, um irgendwelche Erklärungen zu erwarten. Wir können Jesus einladen, die Führung zu übernehmen. Er will uns sagen, wo es langgeht. Anhand der Gebote, die er uns gegeben hat, ist das Ziel nicht schwer zu finden und zu erreichen.

Jesus ist der Weg. Warum? Weil er auch die Wahrheit ist. Ich entdeckte, daß die Wahrheit vor allem mir gilt, indem Jesus mir die Wahrheit über mich selbst sagt. Wenn ich die Bibel aufschlage, darin blättere und die Beschreibung des Menschen finde in seiner ganzen Unart, aber auch mit den außerordentlichen Möglichkeiten, die er hat, vor allem mit der Möglichkeit, nicht in der Schuld steckenzubleiben, sondern herauszukommen, dann werde ich ganz froh.

Wie schön, daß uns in der Bibel immer wieder Menschen geschildert werden, die gesagt haben: „Ich erwähle den Weg der Wahrheit." Auch Sie können jetzt beten: „Herr, weise mir deinen Weg, damit ich in deiner Wahrheit wandle. Bringe du mich auf den Weg und laß mich in der Wahrheit leben. Bitte schenke mir ein erfülltes Leben. Amen."

28. Mai

„Und wenn er kommt, wird er der Welt die Augen auftun über die Sünde und über die Gerechtigkeit und über das Gericht." Joh. 16, 8

„Und wenn der Heilige Geist kommt", sagte Jesus, „wird er der Welt die Augen auftun." Auch der Letzte wird dann begreifen, warum Jesus in die Welt kam, warum er starb und auferstand und was es mit seiner Rückkehr zur Erde auf sich hat.

Wenn ein Mensch christusgläubig wird, versiegelt ihn Gott mit dem Heiligen Geist (Eph. 1, 13). Gott setzt gleichsam auf ein solches Leben, das sich ihm weiht, sein Erkennungszeichen: „Er gehört jetzt mir!“ Wem die Augen geöffnet werden, der erkennt, daß die größte Sünde der Menschen der Unglaube ist. Aus ihm erwächst die Auflehnung gegenüber Gott bzw. der Ungehorsam, und daran gehen Menschen zugrunde.

Aber nicht nur der Unglaube ist ein großes Problem, sondern auch die Gerechtigkeit. Wem die Augen geöffnet werden, der erkennt, daß nur einer auf Erden wirklich gerecht war, nämlich Jesus Christus. Alles Reden von der Gerechtigkeit ohne Bezug auf Jesus entpuppt sich früher oder später als bloßes Gerede. Es ist vielmehr so, daß zum Ende der Welt die Ungerechtigkeit überhandnehmen wird und die Liebe in vielen erkaltet (Matth. 24, 12). Aber Gott läßt nicht zu, daß die Ungerechtigkeit das letzte Wort haben wird. Seitdem der Heilige Geist das Denken und Leben der Christusnachfolger bestimmt, wird bereits sichtbar, was Gerechtigkeit ist.

Und noch etwas geschieht mit dem, dessen Augen geöffnet werden. Er muß das letzte Gericht nicht wegdiskutieren oder wegphilosophieren. Er braucht dieses Gericht auch nicht zu fürchten. Er weiß: Jesu Tod und Auferstehung hat den „Fürsten dieser Welt“ besiegt – den Teufel. Er ist die Ursache allen Übels, aller Gemeinheit, aller Trostlosigkeit. „Der Teufel ist besiegt“ – das bleibt der Kern der biblischen Botschaft. Der Heilige Geist kommt, das heißt zugleich: Der Fürst dieser Welt ist gerichtet. Bis zur Wiederkehr Christi bleibt er allerdings gleichsam auf dem Rückzug. Mancher fällt ihm noch zum Opfer, denn er verführt, betrügt und belügt noch immer. Warum er selbst im Untergang noch so viel Macht hat, bleibt ein Geheimnis.

Wir wollen beten: „Lieber himmlischer Vater, im Namen Jesu, deines lieben Sohnes, bitten wir dich, bewahre uns vor jeder teuflischen Verführung. Laß uns erfahren, daß dein Heiliger Geist Glauben schenkt, der alle Ungewißheit überwindet und daß dein

Heiliger Geist die Wahrheit ist, die über alle Lüge siegt. Wir danken dir dafür! Amen."

29. Mai

„Siehe, Gott ist mein Heil, ich bin sicher und fürchte mich nicht; denn Gott der Herr ist meine Stärke und mein Psalm und ist mein Heil." Jes. 12, 2

Gefährlich wird es, wenn man sich an die großen Taten Gottes gewöhnt oder nicht mehr davon erfüllt ist, den Trost, den der Glaube schenkt, anderen anzubieten. Wir wollen Tröstende bleiben und Menschen ermutigen, die sich fürchten und verunsichert sind. In der Bindung an Jesus können wir bekennen: Gott ist mein Helfer, ich bin voll Vertrauen und habe keine Angst. Woher nimmt man dieses Vertrauen?

Wir können Gott vertrauen, denn Gott ist unser Heil. Das ist auch der Grund, warum wir in allem Unheil unserer Zeit so gelassen sein können. Wir wissen, der Heilsbringer ist schon da. Er hat seine Herrschaft angetreten. Deshalb haben wir der Welt mitzuteilen, daß nur durch ihn alles Unheil abgewendet werden kann. Solche Heilsbotschaft dürfen wir nicht für uns behalten. Den Heiland Jesus Christus zu kennen ist ein Vorrecht, das uns immer wieder mit neuer Freude erfüllen und anspornen soll, es anderen zu sagen.

Ich vertraue auch deshalb, weil Gott meine Stärke ist. Stärke oder Kraft ist das Kennzeichen aller Gotteswirkungen in der Schöpfung der Welt, in der Erlösung des Menschen, in der Vollendung der Welt und besonders in den Wirkungen des Heiligen Geistes. Ich erinnere an Apostelgeschichte 1, Vers 8: „Ihr werdet die Kraft des Heiligen Geistes empfangen und meine Zeugen sein." Gott bietet uns diese Kraft in seinem Wort an.

Wir vertrauen unserem Herrn, denn Gott ist unser Psalm oder unser Lied. Ich singe, weil ich danke. Ich singe, weil ich etwas bezeugen will, was mein Herr mir getan hat. Ich singe, weil er mich frohgemacht hat. Das Lied, von dem in Jesaja 12 die Rede ist, soll darauf hinweisen, wie unvergleichlich groß unser Gott ist. Es gibt eine Vielzahl von Gesängen, die ein Zeugnis dafür sind, daß die Menschen, die diese Lieder vor uns gesungen haben, in Freude und Leid Kraft unseres Gottes empfingen und deshalb voller Dank und Lob waren. Wo gelobt wird, wird in der Regel auch gesungen. Die Psalmen machen das sehr anschaulich.

Gott schenke Gnade, daß wir es nie aus den Augen verlieren und aus dem Sinn: Gott ist meine Stärke. Gott ist mein Heil. Gott ist mein Psalm. Darum darf ich Gott bekennen und seinen Namen anrufen. Darum darf ich seinen Namen unter den Völkern bekanntmachen. Darum darf ich zu ihm singen und ihn lobpreisen, denn er hat Großes getan. Und darüber will ich mich freuen und jubeln, denn er wohnt in der Mitte.

30. Mai

„Wer will die Auserwählten Gottes beschuldigen? Gott ist hier, der gerecht macht.“ Röm. 8, 33

Ist das nicht ein einzigartiges Geschenk? Gott macht gerecht! Wir haben uns inzwischen daran gewöhnt, daß über die Ungerechtigkeit dieser Welt Tag für Tag berichtet wird. Dafür sorgen schon die regelmäßig anfallenden Nachrichten über Terror und Mord, Katastrophen und Korruption. Hin und wieder regt uns die eine oder andere Mitteilung noch auf. Meist läßt sie uns aber kalt. Was uns höchstens ärgert, ist das Unrecht in aller Welt. Haben Sie übrigens schon einmal entdeckt, daß man sich selbst in der Regel davon ausnimmt, ungerecht zu sein? Wer hätte schon den Mut zuzugeben, er selbst sei ungerecht?

Mir wird, je länger ich über das nachdenke, was sich in der Welt ereignet, desto klarer, wie recht Paulus hatte, wenn er deutlich macht, daß es ohne Gott keine Gerechtigkeit gibt. Ich gebe dem Kampf um die Gerechtigkeit in der Welt keine Chance. Hier und dort mag sich etwas bessern. Die Tendenz jedoch bleibt Ungerechtigkeit. Ich zitiere einige Stellen aus dem Römerbrief: „Da ist keiner, der gerecht ist, auch nicht einer" (Röm. 3, 10). Die Antwort auf die Frage, wie das möglich sein kann, wird einige Verse später gegeben: „Da ist keiner, der verständig ist." Man ist versucht nachzufassen. Wirklich keiner? Und Paulus antwortet: „Es ist keiner verständig, denn keiner fragt nach Gott. Sie sind alle abgewichen und allesamt verdorben. Da ist keiner, der Gutes tut, auch nicht einer" (Röm. 3, 10–12).

Das ist eine ganz andere Bestandsaufnahme als die des Menschen unserer Tage. Mit welcher Vehemenz wird gegen die Ungerechtigkeit dieser Welt gekämpft, als ob es wirklich möglich wäre, irgendwo mit ungerechten Menschen gerechte Zustände zu schaffen. Mit welchem Aufwand an Kraft und Geist wird gegen Dummheit und Unvernunft gekämpft, aber das Neue Testament sagt nach wie vor: „Da ist keiner, der verständig ist." Daß es so ist, erleben wir Tag für Tag. Es scheint ja inzwischen zum guten Ton zu gehören, nicht nach Gott zu fragen. Eher machen viele noch abwertende Bemerkungen, wie z.B.: „2000 Jahre Christentum haben ja auch nichts geändert." Hat sich wirklich nichts geändert? Ohne die verändernde Kraft des Evangeliums hätten wir vermutlich noch immer mittelalterliche Zustände!

Dort, wo viele einzelne sich als Christen bewähren, wirkt sich das auch gesellschaftlich und kulturell aus. Für uns alle, für Sie und für mich, gilt: Der allmächtige Gott will alles schenken, also auch die Weisheit, Kraft und Einsicht, um diese Welt verantwortungsbewußt zu gestalten.

31. Mai

„Und das Wort Gottes breitete sich aus, und die Zahl der Jünger wurde sehr groß in Jerusalem. Es wurden auch viele Priester dem Glauben gehorsam." Apg. 6, 7

Der Arzt Lukas berichtet darüber, wie sich nach dem Pfingstfest die Botschaft von Jesus Christus in Jerusalem und Samaria ausbreitete. In wenigen Wochen kamen viele Menschen in die christlichen Gemeinden. Man machte sich daher Gedanken, wie die entstehenden Aufgaben zu bewältigen seien. Dabei wurde unterschieden zwischen den Männern, die im Verkündigungsdienst standen, und solchen, die beauftragt waren, diakonisch tätig zu sein. Während die Verkündiger sich um die Evangelisation mühten, um die Weitergabe der Lehre und um das prophetische Wort, kümmerten sich die Diakone um hilfsbedürftige Menschen. Viele aus der Gemeinde haben damals verstanden, daß es den Predigern und Diakonen bei allem Dienst darum ging, daß Gott gerühmt werde. Sein Ruhm war der einzige Zweck ihres Wirkens. Und das bewog immer mehr Menschen, Christ zu werden.

Wer das Evangelium von Jesus Christus weitergibt, geht davon aus, daß es das Wichtigste ist, was es in dieser Welt und unserem Leben gibt. Die Botschaft von Jesus will niemanden unterjochen oder unterdrücken; sie will die Freiheit keines Menschen einschränken. Im Gegenteil, wer sich Jesus Christus ausliefert, wird wirklich frei und kommt zu einem vollen Menschsein. Er wird auch frei für den Nächsten. Nur so können die großen Probleme unserer Welt gelöst werden. Manchmal haben das die Prediger des Evangeliums vergessen. Das ist traurig.

Sobald das Evangelium richtig verkündigt und aufmerksam gehört wird, entdeckt der Zuhörer, daß Jesus nicht nur irgendeine geschichtliche Persönlichkeit war, nicht nur ein vorbildlicher Mensch oder ein Revolutionär. Jesus ist der Mensch überhaupt, das Vorbild für alle. Mit seiner Hilfe wird all das überwunden, was das Leben oft so schwermacht. Sein Wort hat diese Überwinderkraft bis heute. Es überwindet z.B. die Gleichgültigkeit, die Gewissenlosigkeit oder die Gottlosigkeit.

Wir erleben es in unserer Rundfunkarbeit immer wieder, daß Menschen uns schreiben, sie seien beim Hören des Evangeliums aus einer Gleichgültigkeit ihres Lebens herausgerissen worden. Ja, die Botschaft von Jesus Christus überwindet Gleichgültigkeit. Es ist wunderbar zu sehen, wie Jesus durch sein Wort beschenkt. Er bietet Verbindung mit Gott, Vergebung der Sünden und Versorgung im täglichen Leben. Darum braucht der Mensch die Verbindung mit Gott, denn losgelöst von ihm gedeiht kein wirkliches Leben. Wir wollen deshalb nicht müde werden, von Jesus Christus zu reden und zu ihm zu rufen.

Juni

1. Juni

„Um diese Zeit legte der König Herodes Hand an einige von der Gemeinde, sie zu mißhandeln. Er tötete aber Jakobus, den Bruder des Johannes, mit dem Schwert. Und als er sah, daß es den Juden gefiel, fuhr er fort und nahm auch Petrus gefangen.“ Apg. 12, 1–3 a

Mich hat die Geschichte von den beiden Männern der frühen Gemeinde in Jerusalem angesprochen. Eigenartigerweise wird nur bei Petrus gesagt, daß die Gemeinde betete, als er gefangengenommen war (Apg. 12, 5). Aber ich bin sicher, daß die Gemeinde auch gebetet hat, als Jakobus inhaftiert wurde. Herodes Agrippa I., ein Enkel des Kindermörders von Bethlehem, wollte sich bei den Juden lieb Kind machen und ließ ihn darum hinrichten. Sicherlich war Jakobus eine kürzere oder längere Zeit gefangen, eine Zeit, in der die Gemeinde also beten konnte: „Herr, laß doch unseren Gemeindeleiter wieder freikommen.“ Aber es ist, als hätte Gott überhaupt nicht gehört.

Es mag wie ein lähmendes Entsetzen über die Gemeinde gefallen sein, als wenige Tage später Petrus ebenfalls gefangengenommen wurde. Sie beten wieder. Und sie sagen: „Herr, du wirst doch nicht zulassen, daß der auch noch von uns genommen wird.“ Die Gemeinde ist ratlos und betet. Es ist immer gut, wenn unsere Ratlosigkeit in ein Gebet mündet. Beten ist eigentlich das Größte, was wir tun können, und das Beste. Gebet, das ist die höchste Form geistlicher Aktivität.

Gott hört unser Beten. Seine Führung kann allerdings eine Wendung nehmen, die wir nicht erwarten. Wir haben alle schon Predigten darüber gehört, wie das ist mit dem „Gott hört jedes Gebet, aber er erhört nicht jedes Gebet“. Oder man hat uns gesagt: Es gibt eben bestimmte Formen der Erhörung; Gott erhört nicht so, wie wir das erwarten, sondern auf seine Weise. Das ist alles richtig. Und wie immer man das nun auch ausdrücken will: Ich denke, mit dem 12. Kapitel der Apostelgeschichte gibt Gott uns einen ganz realistischen Anschauungsunterricht. Dies Kapitel zeigt, daß Gott ganz anders ist, als wir ihn uns vorstellen, und daß er in der Regel nicht so führt, wie wir das gerne möchten.

Der Mensch fragt: „Wie kann Gott das zulassen?" Doch verstummt diese Frage nicht, wenn wir erkennen, daß Gott das Liebste, was er hatte, seinen Sohn, sterben ließ – und zwar unschuldig sterben ließ? Gott hat auch seines einzigen Sohnes nicht verschont! Das Liebste, was er hatte, gab er dahin. Wie sollte er uns mit ihm, dem Gestorbenen und Auferstandenen, nicht alles geben? Da löst sich das Rätsel. Jesus ist die Antwort auf alle Fragen nach dem Warum. Gewißheit, Trost und Geborgenheit werden mir geschenkt. Ich muß nicht mehr verkümmern in der Ratlosigkeit, wenn ich mich an Christus binde.

2. Juni

„Wir aber haben nicht empfangen den Geist der Welt, sondern den Geist aus Gott, daß wir wissen können, was uns von Gott geschenkt ist." 1. Kor. 2, 12

Die Christenheit feiert Pfingsten, den Geburtstag der christlichen Kirche. Sie feiert auf großen Glaubenskonferenzen und fröhlichen Gemeindeausflügen, vor allem aber in den Gottesdiensten. Zu Pfingsten denkt die Christenheit an die Ausgießung des Heiligen Geistes. Was bedeutet das?

40 Tage nach der Auferstehung Jesu formierte sich die christliche Gemeinde, erst in Jerusalem, später in der Umgebung, schließlich in aller Welt. Seither stehen Christen in örtlichen Gemeinden und in Denominationen zusammen. Sie halten fest an der Lehre der Apostel, sie ermutigen und korrigieren sich in der Gemeinschaft des Glaubens, sie brechen gemeinsam zur Erinnerung an Jesu Tod das Brot, und sie beten miteinander.

Aber noch etwas anderes geschah an jenem ersten Pfingsttag und wiederholt sich seither: Was zuvor kein Auge gesehen hat und kein Ohr gehört hat und was in keines Menschen Herz gekommen ist, bereitete Gott für die, die ihn lieben. Er offenbarte sich durch seinen Geist allen, die er liebt und die ihn lieben, d.h., er hat Dinge mitgeteilt, die vorher nicht bekannt waren. Das hört sich geheimnisvoll an, und tatsächlich, es ist geheimnisvoll.

Seit dem ersten Pfingstfest wissen Christen, daß in dem Augenblick, in dem sich ein Mensch für Gottes Geist öffnet, etwas ganz Neues beginnt. Solcher Mensch ist nicht mehr wie zuvor. Es werden zwei Arten von Menschen beschrieben: natürliche und geistliche. „Natürliche Menschen" sind alle, die ohne Glaubensbindung an Gott ihr Leben führen. Demgegenüber sieht Paulus die sogenannten „geistlichen Menschen". Das sind solche, die vom Geist Gottes berührt sind, bei denen etwas Neues begonnen hat. Der „natürliche Mensch" kann sich kaum vorstellen, daß es so etwas Neues gibt. Er hält solche Neuwerdung für ein überspanntes Wunschdenken oder bestenfalls für fromme Einbildung. Bereits den ersten Christen haben viele verständnislos gegenübergestanden. Und diejenigen, die durch Gottes Eingreifen aus ihrem „natürlichen Menschsein" herausgeführt wurden, taten sich schwer zu beschreiben, was sich mit ihnen ereignet hatte.

Der „geistliche Mensch" kann sich nicht damit abfinden, daß er allein Einblick in Gottes geheimnisvolles Walten bekommen hat. Er wünscht allen Menschen, die noch im „natürlichen Zustand" leben, daß sich der Geist Gottes mitteilt. Darum ruft er in die Welt hinein, daß Gott jedem Menschen seinen Heiligen Geist schenken will. Gott hat dem Menschen seine Existenz nicht geschenkt, damit er seiner Natur gemäß ein paar Jahrzehnte lebt. Er will vielmehr mit seinen Geschöpfen ein Reich aufbauen, das endlich die Sehnsucht aller Menschen stillt: ein Reich des ewigen Friedens und der absoluten Gerechtigkeit – Gottes Reich.

3. Juni

„Ich danke dir mit aufrichtigem Herzen, daß du mich lehrst die Ordnungen deiner Gerechtigkeit.“ Ps. 119, 7

Unlängst stieß ich beim Lesen der Psalmen auf das heutige Wort für den Tag: „Ich danke dir mit aufrichtigem Herzen.“ Einen Augenblick lang fragte ich mich, ob ein Mensch Gott wohl auch unaufrichtig danken kann? Ich denke schon; denn mancher macht ja nicht nur sich selbst und seinem Nächsten etwas vor, er versucht es auch bei Gott. Wie töricht! Gott weiß doch, wer wir sind, was wir denken und wollen. Da möchte ich lieber gleich mit aufrichtigem Herzen danken. Aufrichtig, d.h. dem inneren Gefühl entsprechend. Ich muß mich vor Gott nicht gläubiger geben, als ich bin, auch nicht mutiger, geduldiger oder sanftmütiger. Ich kann beten: „Herr, mein Gott, ich danke dir, daß du mich durch und durch kennst und daß ich mich vor dir nicht zu verstellen brauche. Du weißt, wie klein und angefochten manchmal mein Glaube ist. Danke, daß du Glauben wirkst und erhältst. Ich vertraue dir. Amen.“

David dankte einmal seinem Herrn von ganzem Herzen. Er erzählte Gottes Wunder. Und dies beides, das Danken und das Erzählen der Wunder, machte ihn fröhlich (Ps. 9, 2–3). Lassen Sie uns diesen Tag mit Dank beginnen. Wer nur ein wenig nachdenkt über das, was Gott schenkt, wird überrascht sein, wieviel Grund es gibt, Gott mit aufrichtigem Herzen zu danken!

Unzufriedene Menschen sind in der Regel auch neidisch. Wer neidisch ist, dem fällt das Danken schwer; denn er vergleicht sich mit anderen und sieht sich benachteiligt. Sein Neid verdunkelt ihm den Blick. Das Neue Testament sagt: „Denn wo Neid und Streit ist, da sind Unordnung und lauter böse Dinge“ (Jak. 3, 16). Wer neidisch ist, der hat keinen Blick für Menschen, denen es schlechter geht. Wer in seinem Leben der Unzufriedenheit, dem Neid oder der Habsucht Raum gibt, muß sich nicht wundern, wenn ihm das Danken schwerfällt.

Ich will zufrieden sein mit dem, was Gott mir geschenkt hat. Ich will Gott danken. Wer dankt, gesundet! Wer dankt, wird froh! Wer dankt, lebt zielbewußter. Danken macht das Leben sinnvoll und inhaltsreich. Das gilt schon für unsere Beziehung von Mensch zu Mensch und erst recht für das Verhältnis des Menschen zu Gott. Darum werden wir in der Bibel aufgefordert: „Danket dem Herrn; denn er ist freundlich, und seine Güte währet ewiglich" (Ps. 106, 1). Versuchen Sie doch einmal herauszufinden, wofür Sie alles danken können. Machen Sie es ähnlich wie die Gemeinde in alter Zeit. Für alles, wofür sie danken konnte, rief sie Gott an. Sie wußte: Er ist freundlich, und seine Güte währet ewiglich!

4. Juni

„Denn wir wollen euch, liebe Brüder, nicht verschweigen die Bedrängnis, die uns in der Provinz Asien widerfahren ist, wo wir über die Maßen beschwert waren und über unsere Kraft, so daß wir auch am Leben verzagten." 2. Kor. 1, 8

Es ist eigentlich nichts Besonderes, wenn ein gläubiger Mensch in Schwierigkeiten gerät. Dem Apostel Paulus widerfuhr Bedrängnis in der Provinz Asien. Es wird nicht gesagt, was das für eine Bedrängnis gewesen ist. Schon seit alten Zeiten haben die Schriftausleger immer wieder überlegt: Was kann das wohl nur gewesen sein? Wir wissen es nicht. Er ist jedenfalls angefochten, dieser große Mann Gottes. Wir fühlen ihm ein bißchen nach, denn es ist ja besonders angefochten, wer sich sagen muß, er sei in eine schwierige Situation geraten wegen seines Glaubens. Paulus sagt: „Die Last, die wir zu tragen hatten, war so groß, daß es über unsere Kraft ging." Es ist also nichts Besonderes, wenn wir in eine Lage kommen, wo wir denken, es geht über unsere Kraft. Das ist alles schon vor uns erlebt und erlitten worden, am intensivsten gewiß von unserem Herrn und Heiland selbst.

Die Last des Paulus forderte ihn so sehr, daß er sagte: „Wir verzagten am Leben." Er hatte keinen Lebensmut mehr! Das muß man mal ganz bewußt hören. Dieser Mann Gottes, ein Auserwählter, ein Zeuge Gottes, verliert den Mut zum Leben. Ich finde, daß dies ehrliche Eingeständnis des Apostels noch nach Jahrtausenden tröstet. Ich bin so dankbar, daß das Wort Gottes uns nichts vormacht, sondern eine Analyse des menschlichen Denkens und Empfindens der Gläubigen bringt, das wirklich tröstet und wegweisend ist.

Paulus – also ein Betroffener. „Ich hatte keine Hoffnung mehr", sagte er, „mit dem Leben davonzukommen." Wenn ein solch Großer im Reiche Gottes mit seiner Kraft nicht auskommt, dann ist es ja kein Wunder, wenn es auch uns oft so scheinen will, als gingen die Belastungen weit über unsere Kraft. Aber nun macht Paulus eine Erfahrung, die in gleicher Weise unsere geistliche Erfahrung werden kann: Das Leben zerbricht nicht! Der Herr hält es fest!

Glaube wird bedrängt, aber er wird auch vertieft. Glaube wird immer wieder neu geschenkt. Darüber wacht unser Herr. Wir dürfen einander helfen, indem wir uns betend tragen und unseren Gott immer wieder bitten, uns doch seine ganze Liebe und Treue zuzuwenden. Es ist mein Gebet, daß Gott Sie reich segnen möge, damit auch Sie in Ihrer Bedrängnis, in Ihren Schwierigkeiten nicht nur seufzen, sondern sich freuen können, weil Ihr Glaube vertieft wird.

5. Juni

„Denn Gott hat uns nicht berufen zur Unreinheit, sondern zur Heiligung. Wer das nun verachtet, der verachtet nicht Menschen, sondern Gott, der seinen Heiligen Geist in euch gibt."

1. Thess. 4, 7–8

Ein Student war Christ geworden. Er fragte einen älteren Freund, der schon längere Zeit in bewußter Christusnachfolge lebte, worauf es im Leben eines Christen besonders ankomme. Der Freund sagte: „Es kommt darauf an, Gottes Willen zu erkennen und zu tun. Der Wille Gottes aber ist unser Heiligung. Und Heiligung heißt unter anderem, ohne Unzucht zu leben!" Der Student erwiderte: „Also stimmt's doch, daß Christen ein verklemmtes Verhältnis zur Sexualität haben!" Der Ältere sagte: „Das gerade nicht. Christen bejahen die Sexualität. Aus der Bibel wissen sie jedoch, daß mit Gottes Hilfe Ordnung ins Geschlechtsleben gebracht werden kann. Um diese göttliche Ordnung geht's." Die beiden haben sich dann noch mit dem Kapitel des Neuen Testaments beschäftigt, dem unser Textwort entnommen ist.

Als Paulus den Brief an die Thessalonicher schrieb, waren die Glieder der dortigen Gemeinde noch nicht lange Christen. Sie kamen aus einer Gesellschaft, in der Keuschheit eine unbekannte Tugend war. Da die Christen weiter in dieser Umwelt lebten, standen sie ständig in der Gefahr, in die alte Lebensweise zurückzufallen. Es war ja nicht leicht, auf einmal als falsch zu bezeichnen, was man bisher für richtig hielt. Es war nicht leicht, auf einmal nicht mehr mitzumachen, was alle anderen für selbstverständlich hielten.

Vieles erinnert auffallend an unsere Zeit. Das Ehegelöbnis galt damals sehr wenig, und die Ehescheidung wurde sehr leicht gemacht. Auch heute steht die Ehe bei vielen Menschen nicht hoch im Kurs. Darum heiraten etliche erst gar nicht. Der Gang zum Standesamt und Traualtar wird für unnötig angesehen. Dennoch leben viele so, als wären sie verheiratet. Gott aber hat uns berufen zur Heiligung. Wer dies verachtet, der verachtet nicht Menschen, sondern Gott.

Wer sein Leben Christus anvertraut hat, der wird gleichsam ausgesondert für Gott und soll nicht länger in der Unreinheit leben. Damals in Thessalonich galt jemand als rückschrittlich, wenn er für sittliche Sauberkeit eintrat. Er stieß auf das Unverständnis seiner Umgebung. Heute ist es nicht anders. Daher ist es dringend nötig, den Menschen die kompromißlose Forderung christlicher Sittlichkeit entgegenzuhalten. Denn Christus hat uns zur Heiligung berufen. Als Gottes Eigentum geheiligt, müssen die Berufenen nun auch heilig leben. Die Kraft dazu finden sie weder in ihrem eigenen Wesen noch im eigenen Charakter. Nur der lebendige Gott selbst kann helfen und bewahren.

6. Juni

„Denn siehe, ich will einen neuen Himmel und eine neue Erde schaffen, daß man der vorigen nicht mehr gedenken und sie nicht mehr zu Herzen nehmen wird.“ Jes. 65, 17

Mit diesem Bibelwort ist gemeint, daß unsere Welt, die hier mit „Himmel und Erde“ bezeichnet ist, wunderbar erneuert werden soll. Das wird nicht die Neuschöpfung sein, von der im 21. Kapitel der Offenbarung des Johannes die Rede ist. Der Prophet öffnet sich vielmehr für eine Zeit des Heils auf der Erde. Die Erde ist dann durch den Eingriff Gottes befriedet. Es ist jene Zeit, die an anderer Stelle der Offenbarung (Kap. 20, 1–6) die Zeit des Tausendjährigen Reiches genannt wird. Der Prophet sieht ein Reich der Freude und Sorglosigkeit, wo keine Träne fließt und kein Seufzer ertönt.

Wie kommt es dahin? Wann ist es soweit? So wurde immer wieder gefragt, seit Menschen die prophetischen Worte hörten bzw. lasen. Das Reich Gottes wird einst aus der Verborgenheit seines gegenwärtigen Charakters weltweit hervortreten. Dann herrscht Jesus Christus, der Sohn Gottes, bis Gott ihm „alle Feinde unter seine Füße legt“ (1. Kor. 15, 25). So wird die Königsherrschaft Gottes vorbereitet. Sie ist das Endziel der Heilsgeschichte.

Weil auf die Heilige Schrift Verlaß ist, können Aussagen gemacht werden, die zwar keinen genauen Fahrplan der kommenden Entwicklung darstellen, aber doch die Zukunft erhellen. So bezeugt z.B. der Apostel Paulus ein „Reich Christi“ zwischen der Auferstehung der Gemeinde und der allgemeinen Auferstehung, dem „Ende“. Die allgemeine Auferstehung fällt, nach Aussagen der Offenbarung, mit dem Endgericht vor dem „großen, weißen Thron“ und dem Untergang der alten Erde zusammen (Offb. 20, 12–13). Also wird das Königreich Christi, das „Tausendjährige Reich“, noch auf der alten Erde errichtet. Sie aber ist erneuert, hat nie geahnte und gekannte Lebensbedingungen.

Im Tausendjährigen Reich wird der wiedergekommene Christus sich als der beste Gesetzgeber, Richter, Regent und Weltherrscher beweisen. Er wird die Probleme der Welt lösen und alles so überragend leiten, daß die Taten aller bisherigen Großen und Gewaltigen dahinter verblassen. Das alles geschieht noch im Rahmen der alten Schöpfung. Nachdem der Satan Jahrhunderte vor aller Welt gezeigt hat, wie er lügen und betrügen konnte sowie ganze Völker ins Verderben lockte, wird Gott nun in Christus beweisen, wie er segnen, retten und Frieden geben kann, und zwar ebenfalls auf dem Boden der alten Welt. Aber das ist noch nicht das Ende der Pläne Gottes mit dieser Welt. Zuletzt wird der Sohn, also der wiedergekommene Jesus Christus, das Reich dem Vater übergeben. Der Sohn unterwirft sich dem Vater, und die ewige Vollendung wird offenbar. Gott wird dann sein „alles in allem" (1. Kor. 15, 28).

7. Juni

„Wenn aber jener, der Geist der Wahrheit, kommen wird, wird er euch in alle Wahrheit leiten. Denn er wird nicht aus sich selber reden; sondern was er hören wird, das wird er reden, und was zukünftig ist, wird er euch verkündigen." Joh. 16, 13

Vielleicht kennen Sie Menschen, die früher nichts von Jesus Christus wissen wollten und möglicherweise gegen ihn waren, sich nun aber für ihn einsetzen und ihn lieben. Was bewirkte die Wende im Leben dieser Menschen? Wie kommt einer dahin, in Jesus den Sohn Gottes zu erkennen?

Es ist der Heilige Geist. Er enthüllt, was vorher verhüllt war. Der Heilige Geist bewirkt, daß ein Mensch seine Sünde erkennt und bekennt. Er begreift: Eigentlich habe ich in Ewigkeit keine Chance, heil davonzukommen. Doch Jesus hat die Strafe, die ich verdient hätte, auf sich genommen. In der Bibel findet sich in diesem Zusammenhang der Ausdruck „gerechtfertigt". Der Tod Jesu rechtfertigt den Menschen, das heißt, er wird nun von Gott so angesehen, als hätte er zuvor keine Sünde getan.

Nicht der Mensch entdeckt die Wahrheit, sondern Gott schenkt sie uns. Durch den Heiligen Geist gelangt sie zu uns. Darum ist es ein Unrecht, dieses Geschenk nicht anzunehmen oder es zu mißachten.

An vielen Stellen der Heiligen Schrift werden die Gläubigen aufgefordert, den Geist nicht zu dämpfen. Mit anderen Worten: dem Heiligen Geist Raum zu geben und der Mahnung des Heiligen Geistes zu folgen. Hörend, z.B. in der Predigt, oder lesend, etwa beim Bibellesen, können alle Christen die Stimme des Heiligen Geistes wahrnehmen. Allerdings gelingt es uns ja schon in der Kommunikation von Mensch zu Mensch, gelegentlich auf „Durchzug" zu schalten. Jemand sagt uns etwas, wir aber nehmen es nicht bewußt auf. Entweder weil wir mit anderen Dingen beschäftigt sind, oder weil wir nicht hören wollen, was uns gesagt wird. Gott schenke uns, daß wir der Stimme des Heiligen Geistes gehorsam werden und nicht auch ihm gegenüber auf Durchzug stellen!

Als noch viel großartiger empfinde ich, daß der Heilige Geist nicht nur Aufschluß gibt über uns selbst, sondern daß er uns Aufschluß schenkt über Jesus. Der Heilige Geist läßt uns erkennen, wie groß Jesus ist, wie treu er ist und wie geduldig. Wir erkennen voller Freude, daß Anfang und Ende in seiner Hand liegen.

Die Größe Jesu besteht darin, daß er unerschöpflich ist. Es sollte darum das Gebet eines gläubigen Menschen sein und bleiben: „Herr, offenbare mir immer wieder neu deine Wahrheit. Laß mich wissen, was ich zu tun und zu lassen habe. Und gib du bitte zu meinem Wollen auch das Vollbringen. Amen."

8. Juni

„Geht hinein durch die enge Pforte. Denn die Pforte ist weit, und der Weg ist breit, der zur Verdammnis führt, und viele sind's, die auf ihm hineingehen. Wie eng ist die Pforte und wie schmal der Weg, der zum Leben führt, und wenige sind's, die ihn finden!" **Matth. 7, 13–14**

Es ist ein Vorrecht, von Jesus Christus auf den schmalen Weg gerufen zu sein. Wenn er uns nicht zutrauen würde, daß wir auf diesem Weg vorankommen, dann hätte er uns nicht gerufen. Alle, die auf dem schmalen Weg gehen, sind zum ewigen Leben verordnet. „Ewiges Leben" beginnt nach dem Neuen Testament nicht erst nach dem Tode. „Ewiges Leben" hat jeder in dem Augenblick, indem er Jesus Christus sein volles Vertrauen schenkt. Aber in der Formulierung „Weg, der zum Leben führt" ist auch an das Ende des Weges gedacht. Der schmale Weg endet nicht im zeitlichen Licht, sondern im Licht der Ewigkeit.

Welch ein Vorrecht ist es doch, zu der kleinen Schar der Auserwählten zu gehören! Es scheint eigentlich paradox zu sein, daß die wenigen, die auf dem schmalen Weg gehen, andere Menschen auffordern, den breiten Weg zu verlassen und ebenfalls auf den schmalen Weg zu kommen. Selbst wenn noch viele Millionen der Einladung Jesu folgen, bleiben die Christen noch lange in der Minderheit.

Täglich müssen wir uns entscheiden, ob wir auf dem schmalen Weg bleiben wollen. Dieser Weg ist in der Regel beschwerlicher als der bequeme breite Weg. Da erinnert sich z.B. ein Angestellter plötzlich, daß er bis zu einem bestimmten Tag eine Arbeit ausführen sollte, um die er gebeten worden war. Als Christ müßte er nun eigentlich seinem Chef sagen: „Entschuldigen Sie, daß ich die Sache vergessen habe." Das wäre eine Entscheidung, die eines Menschen würdig ist, der auf dem schmalen Weg ist. Statt dessen zu sagen: „Ich bin nicht fertig geworden. Geben Sie mir noch ein paar Tage, und es ist geschafft", obwohl die Arbeit noch gar nicht begonnen wurde, ist eine Lüge. Sie verschafft einem zwar Luft, aber wer so redet, begibt sich auf den breiten Weg.

Oder ein anderes Beispiel. Vier Frauen aus einer Nachbarschaft stehen zusammen und reden miteinander. Sie ziehen über eine fünfte her. Eine der vier Frauen weiß genau: Was da gesagt wird, stimmt nicht. Sich für die abwesende Frau einzusetzen, ist möglicherweise nicht einfach und sollte doch für eine Christin selbstverständlich sein, denn das heißt „auf dem schmalen Weg“ sein. Und nur der schmale Weg hat Verheißung. Alle Verbreiterung führt zur Verdammnis. Wir wollen alles in unserer Macht Stehende tun, um weder nach rechts noch nach links abzuweichen. Durch uns soll der schmale Weg nicht breiter werden!

9. Juni

„Paulus sprach zu ihnen: Liebe Männer, ich sehe, daß diese Fahrt nur mit Leid und großem Schaden vor sich gehen wird, nicht allein für die Ladung und das Schiff, sondern auch für unser Leben.“ Apg. 27, 10

Es ist eine spannende Geschichte, die uns da der Arzt Lukas übermittelt. Als das Schiff, auf dem Paulus mitreiste, seeklar gemacht wurde, warnte er vor kommenden Gefahren. Doch die Seeleute mißachteten seine Warnung. Nun, einmal war Paulus ein Gefangener, zum anderen eine Landratte; welcher Seemann hört schon auf einen solchen Laien? Aber er machte ihnen deshalb keine Vorwürfe. Im Gegenteil: Er kümmerte sich weiter um sie. Und das war nötig, wie diejenigen unter Ihnen sicher wissen, die die letzten Kapitel der Apostelgeschichte kennen.

Paulus hatte auf vielen Reisen Erfahrungen gesammelt und sogar schon einige Schiffbrüche überstanden (2. Kor. 11). Er hatte gelernt, die Jahreszeit, den Wind und die Wellen zu beobachten. Gott schenkt seinen Kindern manche Erfahrungen im Leben. Das gilt nicht nur für Reisende. Das gilt sicher auch im Berufsleben oder überhaupt im Alltag. Wir sollen von den Erfahrungen, die Gott uns geschenkt hat, profitieren. Wenn andere guten Rat ablehnen, ist das nicht unsere Schuld. Man erteilt einem anderen ja gelegentlich in bester Absicht einen Rat. Der aber schlägt ihn aus und macht doch, was er will. Wie reagieren Sie dann eigentlich?

Ich sehe bei Paulus etwas, was ich für mich übernehmen möchte. Um andere zu warnen, reicht die eigene Erfahrung wohl aus. Aber um andere aufzumuntern, die in schwieriger Lage sind, dazu bedarf man als Tröstender selbst der Stärkung. Paulus war durch einen Boten Gottes daran erinnert worden, daß Gott auch im Unwetter gegenwärtig ist (Apg. 27, 23–24). Hat Gott nicht auch uns schon oft einen Boten oder eine Botschaft gesandt, gerade auf gefährlicher Fahrt oder auf unbekannten Wegen? Wenn Gott mich auffordert, keine Furcht zu haben, dann glaube ich, daß er meine Lage so ändern kann, daß ich wohlbehalten durch die Schwierigkeiten hindurchkomme. Ich will das den Verzagten, die mir begegnen, viel überzeugender vermitteln als bisher.

Falten Sie doch jetzt mit mir die Hände: „Lieber himmlischer Vater, im Namen Jesu kommen wir zu dir und möchten dir danken, daß du in vielen Gefahren über uns deine bewahrenden Hände gehalten hast. Wir wollen dir danken für manche Erfahrung, die wir auf unserer Lebensreise machen konnten. Wir wollen dir danken für Erfahrungen anderer Menschen, durch die uns geholfen wurde. Laß, lieber Herr, solche Erfahrungen wie die des Apostels Paulus auch tief in unser Gedächtnis hineinsinken, damit wir in einer Stunde, da uns Gefahr droht, uns ähnlich hindurchtragen lassen wie er. Wir preisen dich, den Herrn über Leben und Tod, und rühmen deinen Namen. Amen.“

10. Juni

„Und ich sage euch auch: Bittet, so wird euch gegeben; suchet, so werdet ihr finden; klopfet an, so wird euch aufgetan. Denn wer da bittet, der empfängt; und wer da sucht, der findet; und wer da anklopft, dem wird aufgetan.“ Luk. 11, 9–10

Es gibt Menschen, für die ist Gott eine Art „Weihnachtsmann“. Sie erbitten etwas und erwarten von ihm, daß er es gibt. Andere behandeln Gott wie einen „Automaten“. Man steckt oben eine Münze hinein und zieht unten etwas heraus. Also, man betet und hat im nächsten Moment in Händen, worum man gebeten hat. Solche Leute machen es sich sehr einfach. Ihr Tun und ihre Erwartung haben nichts mit dem Beten gemeinsam, zu dem Gott selbst einlädt und ermuntert. Wir werden nie lernen, wirklich abhängig von Gott zu werden, wenn seine Antworten schnell kommen und alles sehr leicht geht. Ich denke, Gott will uns deutlich machen, daß er kein „Wünscheerfüller“ ist. Er ist keine Schachtel, auf die wir irgendein Etikett kleben können und sie, wann immer es uns paßt, öffnen und herausnehmen dürfen, was wir wollen. Seine Wege sind nicht unsere Wege.

Aus der Seelsorge wissen wir, daß mancher Christ es nie richtig gelernt hat zu beten. Das stellt sich spätestens in irgendeiner Lebenskrise heraus, wenn ihm sein Leben unnütz erscheint und alles um ihn herum dunkel bleibt. Dann hat er den Eindruck, daß keines seiner Gebete erhört wird.

Erleben eigentlich nicht alle Beter irgendwann, daß das, worum sie bitten, nicht gegeben wird? Wenn Sie diese Frage bejahen sollten, wäre das noch lange kein Grund, das Beten aufzugeben. Wenn Ihr Gebet nicht ausgesprochen selbstsüchtig oder töricht ist, dann beten Sie weiter! Seien Sie getrost, und rechnen Sie damit, daß Gott immer hört, wenn ein Mensch sich im Glauben an ihn wendet. Gott sagt zwar nicht gleich „Ja“ auf jede unserer Bitten, aber manchmal scheint es so, als flüstere er uns zu: „Ich tu's nicht heute, was du da willst. Versuche es doch später noch einmal.“ Oder: „Überdenke mal deinen Wunsch.“ Niemals wird er uns auffordern, mit dem Beten aufzuhören. Er möchte, daß wir ihn anrufen. Aber wir sollen unsere Wünsche und Bitten ernsthaft überdenken. Dadurch lernen wir mehr über Gott und seinen Willen. Vielleicht werden wir auch dahin geführt, uns intensiver mit seinem Wort zu beschäftigen.

„Bittet, so wird euch gegeben; suchet, so werdet ihr finden; klopfet an, so wird euch aufgetan." Vielleicht kann uns das in der Zukunft helfen, ein neues Verhältnis zum Gebet zu gewinnen. Wenn du lange genug anklopfst, dann wird er aufstehen und dir geben, gerade wegen deines andauernden Betens. Gott ist jedoch nicht zu überreden oder zu zwingen. Es gilt, Vertrauen zu lernen und damit zu rechnen, daß Gott seinen Weg mit uns geht.

11. Juni

„Der Gott des Friedens aber, der den großen Hirten der Schafe, unsern Herrn Jesus, von den Toten heraufgeführt hat durch das Blut des ewigen Bundes, der mache euch tüchtig in allem Guten, zu tun seinen Willen, und schaffe in uns, was ihm gefällt, durch Jesus Christus." Hebr. 13, 20–21 a

Es ist für uns als Christen notwendig, ständig daran zu denken, daß wir in höchstem Auftrag leben und tätig sein können. Wir müßten uns sicherlich viel öfter diesen Segenswunsch zurufen: „Gott rüste dich mit allem Guten aus, um seinen Willen zu tun. Er schaffe in dir, was vor ihm wohlgefällig ist." Das „Gute" ist der Wille Gottes. So jedenfalls sieht es die Bibel. Gut ist im Leben eines gläubigen Christen nur, was dem Willen Gottes entspricht.

Schwierig ist es, daß wir diese Aussage vielleicht mit dem Verstand bejahen, aber daß unser Herz dagegensteht. Manchmal ist es auch umgekehrt: Wir können biblische Wahrheiten mit dem Herzen bejahen, aber der Verstand steht entgegen. Da möchte einer gern den Willen Gottes erfüllen, und es läuft doch alles schief. Er möchte den anderen lieben, aber der Unmut wächst, wenn er nur den Namen dieses anderen hört. Da möchte einer unter dem Beistand Gottes etwas tun, aber es geht gründlichst daneben. Was soll man da tun? Wie kann man da nachhelfen?

Ich möchte mich an diesem Tag ganz neu darüber freuen, daß Christus in den Menschen wirksam ist, die ihm vertrauen. Er wirkt durch seinen Heiligen Geist. Die Frage ist: Lasse ich ihn wirken? Ich will diese Frage nicht schnell mit einem „Ja" beantworten. Es ist nämlich gar nicht so einfach, in höchstem Auftrag zu handeln. Viel einfacher ist es, nach eigenen Vorstellungen und Plänen voranzugehen oder sich des Rates eines anderen Menschen zu versichern. Das muß natürlich nicht immer falsch sein. Gott kann tatsächlich den Rat eines anderen Menschen gebrauchen, um mich auf den richtigen Weg zu bringen.

Vor Gott wird Bestand haben, wozu Christus sein „Ja" sagt. Wo er dabei ist und ich in seinem Auftrag arbeiten kann, da darf ich auch mit seiner Hilfe rechnen. Und wer Schwierigkeiten hat, das zu glauben, wer unter der Eintönigkeit seines Dienstes oder unter der Sinnlosigkeit seiner Arbeit leidet, der darf doch Kraft für seinen Beruf erwarten und erbitten. In einem gewissen Sinne gilt das übrigens auch für Leute, die nicht mehr berufstätig sind. Sie haben ebenfalls noch ihre Tätigkeitsbereiche; Bekannte, mit denen sie zusammen sind, Menschen, mit denen sie reden, Angehörige, für die sie Verantwortung tragen. Auch da können wir uns zurufen: Gott mache euch tüchtig in allem Guten, zu tun seinen Willen, und schaffe in uns, was ihm gefällt durch Jesus Christus.

12. Juni

„Deine Augen sind zu rein, als daß du Böses ansehen könntest, und dem Jammer kannst du nicht zusehen! Warum siehst du dann aber den Räubern zu und schweigst, wenn der Gottlose den verschlingt, der gerechter ist als er?" Hab. 1, 13

Wenn man einmal die Werte erfassen würde, die Tag für Tag von Dieben, Betrügern und Hehlern entwendet werden, es kämen unvorstellbare Summen zusammen. Und das, so will es scheinen, desto mehr, je besser es einem Volk geht. Sind die Menschen in großer Armut und Not aufeinander angewiesen, helfen sie sich. Geht es ihnen zu gut, dann wächst die Zahl der Diebe, Betrüger und Hehler. Der Gottlose raubt – und Gott sieht zu. Die Gottlosen nehmen solches Geschehen zum Anlaß, um zu fragen: „Wo ist nun euer Gott? Wo ist der, der euch hilft aus aller Not?“ Auch der Glaubende selbst kommt ins Fragen. Er gerät in Anfechtungen und steht oft fassungslos vor den brutalen Ergebnissen gottlosen Handelns.

Wichtig erscheint mir, daß wir Christen in dieser Zeit ein Vorbild sind. Wir dürfen nicht in den Fehler verfallen, nur auf unsere Kraft zu vertrauen, auf unser Wissen, auf unser Können. Möge unser Leben von dem Wissen geprägt sein, daß wir alles von Gott zu erwarten haben. Und wenn uns dann irgend etwas bedrücken sollte, können wir uns in unsere Belastung hinein sagen lassen: Unser Gott kennt das, er sieht das, er weiß das. Er erwartet, daß wir treu zu ihm stehen und nicht aufgeben. Dann wird er sich in der Stunde zu uns wenden, die er für die richtige hält. Wir haben die Verheißungen unseres Gottes, daß er diejenigen, die ihm vertrauen werden, nicht verlassen will.

Ich möchte uns aufrufen, ganz bewußt das Tun der Völker zu registrieren und Gott zu bitten, daß er sich erbarme. Der Schrei nach Gerechtigkeit in unserer Welt ist unüberhörbar. Der Ruf nach Frieden und Freiheit will nicht mehr verstummen. Mir scheinen diese Überlegungen wichtig, wenn es darum geht, ein Buch wie das des Propheten Habakuk zu verstehen. Da ist nicht nur von geschichtlichen Kräften die Rede, die längst vergangen sind. Da wird uns nicht nur der schonungslose Augenzeugenbericht eines Mannes vermittelt, der vor Tausenden von Jahren gelebt hat. Je mehr ich mich mit diesem Text beschäftige, desto stärker gewinne ich den Eindruck, daß die Welt so anders gar nicht geworden ist. Die menschliche Einstellung zu Gott und Welt, zu Freund und Feind ist nicht grundsätzlich anders als zur Zeit des Propheten Habakuk. Trostreich ist eigentlich nur, daß Gott von allem Unrecht Notiz nimmt. Und der Gott, der das Unrecht registriert, der weiß auch, wo seine Kinder gehorsam sind und nach seinen Vorstellungen handeln.

13. Juni

„Wie stimmt Christus überein mit Beliar? Oder was für ein Teil hat der Gläubige mit dem Ungläubigen?“ 2. Kor. 6, 15

Diese Frage ist aus einem Schriftabschnitt, in dem der Apostel Paulus die Gemeinde in Korinth vor jeder Form von Götzendienst warnt. Schnell kann ein christusgläubiger Mensch sich mit einem ungläubigen Menschen zusammentun, obwohl eigentlich der Gläubige kein Teil hat mit dem Ungläubigen, so wenig, wie Götzen etwas zu tun haben mit dem Tempel Gottes.

Was meint der Apostel Paulus, wenn er sagt, Christus stimme nicht überein mit Beliar? Paulus hätte an der Stelle auch fragen können, wie Christus mit dem Teufel übereinstimme, denn Beliar ist ein spätjüdischer Teufelsname, vielleicht sogar ein Hinweis auf den Antichristen, der als Werkzeug des Satans am Ende der Tage erscheinen wird. Entweder man vertraut Christus, oder man öffnet sich dem Teufel. Wer aus der Gerechtigkeit lebt, die Christus schenkt, kann nicht mehr willentlich die Ungerechtigkeit fördern oder Freude haben an irgendwelchen dunklen Machenschaften bzw. Entscheidungen, die von der Macht der Finsternis, also vom Teufel, bewirkt sind.

Weil weder Christus noch der Teufel unmittelbar zu sehen sind, gilt es, den Geist zu prüfen, aus dem heraus eine Sache geschieht. Das sollten z.B. zwei junge Menschen wissen, die sich für ihr Leben verbinden. Wenn der eine bereits von Christus erleuchtet lebt, der andere aber abergläubisch ist und vielleicht gerade deshalb noch keinen Zugang zu Christus gefunden hat, dann kann man nur warnen und sagen: Ihr beide gehört nicht zusammen. Wie können ein Mensch, der Christus gehört, und einer, der nichts von Christus wissen will, miteinander glücklich werden?

Es macht mich immer wieder betroffen, wenn ich sehe, wie leichtfertig manche Menschen, die als Christen leben wollen, mit Praktiken des Teufels umgehen. Wer sich Jesus Christus ausgeliefert hat und weiß, daß er den Gläubigen auf Schritt und Tritt zur Seite stehen will, der sollte z.B. kein Horoskop lesen, denn wie stimmt

Christus mit der Astrologie überein? Es gilt aufzumerken und auch nicht spaßeshalber mal reinzuschauen; mit dem Teufel ist nicht zu spaßen. Für einen Christen sollte es selbstverständlich sein, daß die schwarze Katze, die ihm über den Weg läuft, ihm nicht Schaden bringen kann. Denn wie stimmen der Glaube an Christus und der Aberglaube überein?

Beliar und Christus stimmen eben nicht überein, und darum wollen wir heute aufs neue den Entschluß fassen: Ich gehöre zu Christus. Ich will ihm vertrauen. Ich weiß, daß mir seine ganze Liebe und Fürsorge gilt.

14. Juni

„Denn er hat einen Tag festgesetzt, an dem er den Erdkreis richten will mit Gerechtigkeit durch einen Mann, den er dazu bestimmt hat, und hat jedermann den Glauben angeboten, indem er ihn von den Toten auferweckt hat.“ Apg. 17, 31

Es ist gut, sich von Zeit zu Zeit daran zu erinnern, daß alle Menschen dem Tag entgegengehen, an dem Gott das Verborgene im Menschen durch Jesus Christus richten wird. Keine schönen Aussichten. Es wird kein Gericht in unserem Sinne mehr geben mit Staatsanwalt, Richter, Zeugen usw. Dennoch wird der ganze traurige Verbrechenskatalog menschlicher Untaten zur Sprache kommen, von Kain an, dem ersten Mörder, bis zu den Ehebrechern, Betrügern und Dieben, die sich noch am Tag vor der Wiederkunft Christi schuldig machen. Vor allem aber wird es dann um die Frage gehen, wie alle diese Verbrechen geschehen konnten. Es wird sichtbar werden, daß Menschen schuldig wurden, weil sie von Gott abgefallen waren und ohne ihn lebten. Als die Sünde vor allen erweist sich dann die, nicht an Jesus Christus, den Erretter der Menschen, geglaubt zu haben (Joh. 16, 9).

Alles Gericht hat Gott seinem Sohn übertragen. Er ist der Mann, den der Höchste bestimmt hat, den Erdkreis zu richten in Gerechtigkeit. Er ist der Richter der Lebendigen und der Toten. Der

Maßstab, nach dem gerichtet wird, ist das Wort Gottes. „Wer mich verachtet", hat Jesus gesagt, „und nimmt meine Worte nicht an, der hat schon seinen Richter: Das Wort, das ich geredet habe, das wird ihn richten am Jüngsten Tage" (Joh. 12, 48).

Alles wird dann offenbar werden, selbst das Verborgenste der Seele. Da wird der Herr in eines jeden Augen und ein jeder in seine Augen sehen. Da wird der Richter mit flammenden Blick das Innerste jedes einzelnen blitzartig durchschauen (Offb. 1, 14). Da wird Christus jede Sekunde des Lebens der Menschen mit heiliger Rücksichtslosigkeit restlos ans Licht ziehen.

Gerichtet werden alle Menschen aller Länder und aller Zeiten, die bis zum Beginn des Tausendjährigen Reiches lebten, mit einigen Ausnahmen: Nicht gerichtet werden die alttestamentlichen Heiligen, die Glieder der neutestamentlichen Gemeinde und die Erretteten der Trübsalszeit. Sie wurden schon bei der ersten Auferstehung auferweckt (Offb. 20, 4–5), waren also schon vor dem Richterstuhl Christi (2. Kor. 5, 10). Auch dort konnte nichts verborgen werden. Aber alle kamen durch, denn das hatte Christus ja versprochen: „Wer mein Wort hört und glaubt dem, der mich gesandt hat, der hat das ewige Leben und kommt nicht in das Gericht, sondern er ist vom Tode zum Leben hindurchgedrungen" (Joh. 5, 24).

15. Juni

„Ich bin der gute Hirte und kenne die Meinen, und die Meinen kennen mich, wie mich mein Vater kennt, und ich kenne den Vater. Und ich lasse mein Leben für die Schafe."

Joh. 10, 14–15

Diese biblische Aussage versteht man besser, wenn man die Bräuche des damaligen Palästina kennt. Da wurde schon ein Junge zur Herde mitgenommen. Er wuchs mit der Herde auf und lernte alle Arbeiten kennen, die später ein Hirte zu verrichten hatte. Er lernte z.B., sich frühzeitig auf das Vieh einzustellen. Er lernte die Tiere zu pflegen und zu lieben. Und nicht selten ist es geschehen, daß ein Hirte im Kampf mit Räubern oder wilden Tieren sein Leben für seine Schafe gegeben hat.

Hirten im Nahen Osten waren Jahrhunderte hindurch Vorbilder der Selbstaufopferung. Ständige Wachsamkeit, furchtloser Mut und geduldige Liebe waren unerläßliche Eigenschaften eines guten Hirten. Eine Herde weidete niemals ohne Hirten. Das Verhältnis zwischen dem Hirten und seinen Schafen war damals ganz anders als bei uns heute. Der Schäfer Palästinas behielt seine Herde häufig jahrelang und gab den Tieren Namen, auf die sie hörten. Meist handelte es sich dabei um Namen, durch die die Eigenart der Tiere gekennzeichnet wurde, wie z.B. Braunbein oder Schwarzohr. In Palästina gingen die Hirten auch sehr oft vor den Schafen her, um sicher zu sein, daß der Weg ungefährlich war.

Diese damals allen bekannten Tatsachen nimmt Jesus zum Vergleich. Er sagt: „So, wie ein guter Hirte für seine Schafe zu sterben bereit ist, so bin ich es für euch. Ihr seid und bleibt ständig bedroht, aber ich setze mich für euch ein. Ich will euch wirklich helfen, auch wenn es mein Leben kostet." Wir wissen heute, daß Jesus tatsächlich sein Leben drangegeben hat, um der Menschheit zu helfen. Darum heißt er ja auch der gute Hirte. Jesus ist der Inbegriff der Selbstaufopferung, dem alle seine Schafe namentlich bekannt sind. Er, der gute Hirte, ruft seine Schafe mit Namen und führt sie hinaus. Er geht vor ihnen her, und sie folgen ihm, denn sie kennen seine Stimme.

Jesus ist auf dieser Erde gewesen und kennt die Verhältnisse der Menschen. Er kennt ihre Freuden, ihre Leiden, ihre Stärken und ihre Schwächen. Er weiß, daß wir ohne ihn den richtigen Weg nicht finden werden. Darum ermuntert er uns: „Folgt mir nach, wie Schafe ihrem Hirten nachfolgen. Ihr dürft sicher sein, daß ich euch nicht in die Irre führe oder ihr an einer steilen Stelle abstürzt, denn ich gehe voraus."

Ich wünsche mir für mein geistliches Leben, daß ich auf die Stimme meines Hirten reagiere und bitte ihn, mir das Ohr und Herz freizuhalten, damit ich seinen Ruf nicht überhöre.

16. Juni

„Es war nichts dahingefallen von all dem guten Wort, das der Herr dem Hause Israel verkündigt hatte. Es war alles gekommen." Jos. 21, 45

Wie oft haben wir schon anderen etwas versprochen und nicht gehalten! Wie oft hat man uns etwas versprochen, es aber nicht gehalten. Vermutlich würden wir auf einer Liste mehr Beispiele von unerfüllt gebliebenen Versprechungen zusammenbringen als vom gehaltenen Wort. Zu Recht ist daher immer wieder gewarnt worden, etwas zu versprechen, wenn man nicht genau weiß, daß man sein Wort auch halten kann.

Bei Gott ist es anders. Er hält seine Versprechen. Das heutige Bibelwort bezeugt uns die großartige Erfahrung: „Es war nichts dahingefallen von all dem guten Wort, das der Herr dem Hause Israel verkündigt hatte. Es war alles gekommen." Als Josua das sagte, schaute er auf Jahrzehnte seines Glaubens und Dienstes zurück. Nähe, Führung und Hilfe Gottes waren für ihn Glaubenserfahrungen, die durch nichts erschüttert werden konnten. Gott hatte dafür gesorgt, daß Israel nach seiner vierzigjährigen Wüstenwanderung endlich alles Land hatte besetzen dürfen, das den Vätern versprochen worden war. Ferner hatte Gott reichliche Versorgung im neuen Land versprochen. Auch dies Versprechen hielt er. Daß Israels Feinde nicht stärker sein sollten als das Volk Gottes, war ebenfalls von Gott versprochen und gehalten worden. Israel erwies sich allen Feinden gegenüber als stärker.

Aber nicht nur im Buch Josua ist von Gottes Versprechungen die Rede. Die ganze Bibel ist eigentlich das Buch der großen Versprechungen. „Verheißung" und „Evangelium" sind die wichtigsten Worte, die sich in der Bibel immer dort finden, wo von solchen

Versprechungen die Rede ist. Ausgehend von den ersten Blättern der Bibel, dem Schöpfungsbericht, der verspricht, daß die Welt sehr gut sei, weil sie aus Gottes Güte stammt. Und weiter über Abraham, dem versprochen wird, in seinem Namen würden alle Menschen der Welt gesegnet werden (1. Mose 12, 3). Den in Ägypten versklavten Stämmen des Gottesvolkes wird die Befreiung versprochen und der Auszug in ein Land, in dem Milch und Honig fließen. Josua erinnerte sein Volk daran, daß keines dieser Versprechen unerfüllt geblieben ist. Alles ist eingetroffen, wie Gott es versprochen hatte.

Paulus schrieb einmal den Galatern, daß sie „Kinder der Verheißung" seien (Gal. 4, 28). Was dem Abraham, Isaak und Jakob verheißen wurde, gilt in ungleich größerem Maße dem Gottesvolk des neuen Bundes, der Gemeinde Jesu. Eine Vielzahl von Verheißungen ist noch nicht erfüllt. So stehen z.B. die Wiederkunft Christi noch aus und das Sichtbarwerden des Reiches Gottes. Am Ende des Neuen Testamentes steht das vielleicht ungeheuerlichste Versprechen: Die Verheißung eines neuen Himmels und einer neuen Erde mit einer neuen Stadt, in der Gott unter den Menschen wohnen wird (Offb. 21 und 22).

17. Juni

„Es ist aber der Glaube eine feste Zuversicht auf das, was man hofft, und ein Nichtzweifeln an dem, was man nicht sieht."

Hebr. 11, 1

Es fällt nicht nur dem Menschen unserer Tage, es fiel den Menschen zu allen Zeiten schwer, etwas geistlich zu bewältigen, was nicht zu sehen ist. Das ist mit ein Grund, warum in unsere immer denkfauler werdende Zeit solch ein Überangebot von Bildern strömt. Weil sehr viele Menschen nicht mehr sachlich denken können und keine Zeit finden, um sich z.B. mit einem Buch zu beschäftigen, kommt ihnen das Bild entgegen, besonders in Film und Fernsehen. Wir als Christen wagen es immer wieder, an das

Denkvermögen der Menschen zu appellieren. Gott selber tut das auch in seinem Wort.

Glaube ist ein Nicht-Zweifeln. Das heißt nicht, daß nicht auch einmal Gedanken in das Herz hineinkämen wie: ,,O Gott, wo bist du? Herr, hast du mich jetzt verlassen? Hast du deine Hand von mir abgezogen?" Glaube hat die Kraft, auf solche Fragen Antworten zu suchen und zu finden. Der Glaubende weiß: ,,Gott zeigt sich mir in irgendeiner Weise." Es steht zwar im Hebräerbrief, daß man nicht zweifeln soll an dem, das man nicht sieht. Man könnte denken, beide Aussagen seien Gegensätze. Kann man Gott sehen oder nicht? Wie zeigt er sich denn? Mit den leiblichen Augen kann man Gott nicht sehen, aber mit einer inneren Schau kann ich einen Eindruck von Gott bekommen, so daß ich felsenfest weiß: Er ist! Es gibt ihn! Dieser Glaube, diese Überzeugung kann so stark werden, daß ich als einzelner, umgeben von Hunderten, die nicht glauben, meinen Glauben bewahre. Dann bin ich mir der Nähe Gottes bewußt, als sähe ich ihn, obwohl ich ihn mit meinen leiblichen Augen nicht sehe. Das ist ein ganz wunderbares Erlebnis. Man kann Gott nicht erklären oder beschreiben. Aber wir können ihn bezeugen! Wir können sagen, was er mit uns gemacht hat, wie er führt und wie er uns bewahrt.

Wenn ich Gott vertraue, verlasse ich mich darauf, daß Gott Kräfte in mir weckt, die ich nicht habe. Vertrauen, sagt die Bibel, wird belohnt. Das Wort ,,Vertrauen" ist im Neuen Testament eng verbunden mit Glauben und Treue, jedoch dürfen die beiden nicht gleichgesetzt werden. Aus dem Glauben entspringt nämlich die Tat des Gehorsams, während das Vertrauen sich vorwiegend in der Not beweist, dann, wenn ich nicht selber handeln kann oder vielleicht sogar auf eigenes Handeln verzichten muß. Vertrauen ist die Erwartung, daß der Helfer eingreifen wird.

Ich möchte Ihnen Mut machen, daß Sie sich nicht durch Zweifel in Anfechtung versetzen lassen, sondern von Gott erbitten, daß er Ihnen Glauben schenke, der stärker ist als jeder Zweifel.

18. Juni

„Der Herr ist meine Stärke und mein Schild; auf ihn hofft mein Herz, und mir ist geholfen.“ Ps. 28, 7 a

Im Alten Testament wird uns erzählt, wie der Königssohn Jonathan mit seinem Waffenträger in einer bestimmten Kampfsituation dem feindlichen Herr der Philister entgegengeht. Es ist nicht Neugier oder Übermut, sondern Gottvertrauen, das die beiden in den Kampf ziehen läßt. Bald gibt es die erste Feindberührung, und sie besiegen einige der Philister. Daraufhin kommt es im Heer der Philister zu einer großen Verwirrung. Die Bibel sagt: „Und so geschah ein Gottesschrecken“ (1. Sam. 14, 15). Es entsteht ein Getümmel. Die Philister verlieren die Übersicht und töten sich gegenseitig. Dann schlagen sich ihre Bundesgenossen auf die Seite Israels. So kommt es zu einem großen Sieg des Gottesvolkes.

Dieser Bericht zeigt, daß es bei der Hilfe, die Gott gewährt, nicht auf riesige Armeen ankommt und sicher auch nicht auf ausgeklügelte Waffensysteme. Es kommt vielmehr darauf an, dem lebendigen Gott zu vertrauen. Der Begriff der Hilfe zieht sich durch die ganze Bibel. Besonders in der Ankündigung des großen Friedenskönigs Jesus Christus, der allein der Welt den ersehnten Frieden bringen kann, heißt es: „Siehe, dein König kommt zu dir, ein Gerechter und ein Helfer“ (Sach. 9, 9). Das wird ein Herrscher sein, der nicht nur fordert und seinem Volk Lasten auferlegt, sondern er kommt, um zu helfen.

Der beste Helfer ist also Jesus Christus. Die Aussagen des Neuen Testaments bestätigen das. Unser Glaube an den Sohn Gottes hilft. Dennoch ist es oft nicht leicht, durch Glauben Hilfe zu erfahren. Das können wir ehrlich eingestehen. Auch dafür hat die Bibel Beispiele. Als einmal der Vater eines besessenen Jungen zu Jesus kommt, weiß er zwar, daß Jesus helfen kann; er will es glauben. Andererseits sitzen ihm so viele Zweifel im Gemüt, daß er nichts weiter sagen kann als: „Ich glaube; hilf meinem Unglauben!“ (Mark. 9, 24).

Das kann man übrigens auch heute noch beten. Der kleinste Funke unseres Vertrauens reicht Gott, um einzugreifen. Er freut sich, wenn wir ihm ehrlich begegnen und ihm sagen: „Wir möchten so gerne glauben, daß du helfen kannst. Wir glauben, daß du allmächtig bist, aber der Unglaube schwächt uns und will immer wieder unseren Glauben töten. Herr, erbarme dich unser!"

Wir sind ja keine Glaubenshelden. Uns ist nicht ein für allemal geholfen. Auch Christusmenschen brauchen immer wieder neu Gottes Hilfe. Darum beten sie auch: „Sei du, Herr, unsere Hilfe!" Eine Christin, der ich persönlich viel verdanke, hat einmal gesagt: „Wir klagen laut, aber wir rühmen so leise. Wir klagen lange, und wir rühmen zu wenig." Wie recht hat sie! Dabei haben wir doch wirklich genügend Gründe, laut und klar den Gott zu rühmen, der unsere Hoffnung ist, unsere Hilfe und unser Heil.

19. Juni

„Denn wir sind sein Werk, geschaffen in Christus Jesus zu guten Werken, die Gott zuvor bereitet hat, daß wir darin wandeln sollen." Eph. 2, 10

Neulich hörte ich, daß ein Mann, dessen Mutter im Sterben lag, bei Bekannten anrief, um einen Termin zu verschieben. Statt den besorgten Sohn zu trösten, hat die angerufene Person minutenlang nur die eigene Krankengeschichte erzählt.

So ist das oft. Einer ist in großer Sorge und sucht Trost, der aber, der trösten sollte, berichtet über seine eigenen Sorgen. Ist das nur Gedankenlosigkeit, oder ist es Selbstsucht? Wer weiß, daß er durch Jesus Christus errettet ist, der kann von solcher Gedankenlosigkeit und Selbstsucht befreit werden.

Wir sind sein Werk, geschaffen in Christus Jesus zu guten Werken, die Gott im voraus bereitet hat, damit wir sie tun. Das bedenken wir zu selten. Gott hat längst die Voraussetzungen geschaffen, damit wir handeln können. Unser Gott befähigt uns, das Gute zu tun, und führt uns zu dem Menschen, der unsere Hilfe braucht. Gott kennt Orte, Zeit und Umstände, die unseren Einsatz erfordern. Wer innerlich davon überzeugt ist, daß er irgendwo helfen soll, es dann aber nicht tut, unterläßt nicht nur eine Hilfeleistung und macht sich vielleicht sogar strafbar; er ist zugleich durch sein Nichttun Gott gegenüber ungehorsam.

Es gibt ja Christen, die meinen, sie könnten sich mit dem Tun guter Werke ihre Rettung verdienen nach dem Motto: „Wenn man hier hat Gut's getan, nimmt ein' Gott in Gnaden an." So ist es nicht! Vielmehr umgekehrt: Wir sind von Gott neugeschaffen worden zu guten Werken. Keine noch so guten Werke können einen Menschen mit Gott versöhnen. Doch sobald ein Mensch mit Gott versöhnt ist, wäre es um seinen christlichen Glauben schlecht bestellt, wenn er sich nicht in guten Werken äußern würde.

Woher soll ich nun aber wissen, was Gott „zuvor bereitet hat"? Woher kann ich erfahren, was ich in dieser oder jener Stunde meines Lebens zu tun habe? Grundsätzlich erfährt man das durch die Heilige Schrift und in der Glaubensverbindung mit Jesus Christus. Er schärft das Gewissen, er schärft den Blick, er zeigt die Möglichkeiten, und er gibt die Kraft, das Gute zu tun. Dies wird uns nicht gelingen durch seelische Klimmzüge oder geistige Kraftakte, sondern nur, wenn wir uns von Gottes Liebe getragen wissen und uns bewußt bleibt, daß er es eigentlich selbst ist, der das gute Werk tut. Er läßt es sich aber in seiner unbegreiflichen Güte gefallen, daß ich sein Werkzeug sein kann.

20. Juni

„Freut euch, daß ihr mit Christus leidet, damit ihr auch zur Zeit der Offenbarung seiner Herrlichkeit Freude und Wonne haben mögt." **1. Petr. 4, 13**

Angesichts dieses Bibelwortes für den Tag müssen wir registrieren, daß es für die Gemeinde Jesu Verfolgung gibt. Es gibt sie, seit es die Gemeinde Jesu gibt. Und sie wird nicht aufhören, solange die Gemeinde Jesu existiert, d.h., bis ans Ende der Tage. Verfolgung ist ihr verheißen. Wer nicht selbst leidet, kann oft nicht verstehen, woher die Märtyrer so viel Kraft zum Durchstehen haben. In der Sicherheit eines freien Landes kann man kaum begreifen, daß die Empfehlung des Apostels Petrus aus alter Zeit in unseren Tagen wortwörtlich erfüllt wird.

Uns ist ja nicht das Wort „Martyrium“ fremd, sondern die Sache selbst. Dem, der nach den Worten Jesu lebt, kann Martyrium nicht fremd sein. Jesus sprach davon. Er sagte, daß nur der sein Jünger sein könne, der bereit ist, sein Leben bis zum Letzten für ihn einzusetzen. Es gibt keine Nachfolge Jesu ohne Bereitschaft zum Martyrium. Und doch leben wir heute ganz anders. Wir rechnen nicht damit, daß das Leben mit Jesus seinen Preis kosten könnte. Wir haben das Martyrium aus unserem frommen Denken ausgeklammert. Wir wollen im Glauben leben, ohne zu leiden.

Das biblische Wort für den Tag macht Mut, vor dem Leiden um des Glaubens willen nicht zu fliehen. Kleine Formen der Verfolgung gibt es ja auch unter uns. Wir wollen uns nicht schämen, wenn man uns als Christ kennt. Wir wollen nicht untertauchen, uns nicht feige vorbeidrücken, sondern zu unserm Herrn stehen. Junge Leute machen uns das manchmal vor. Sie lassen sich von ungläubigen Lehrern oder Schülern verspotten, weil sie sich auf die Seite Jesu gestellt haben und weil es unter Umständen bekannt ist, daß sie in einen Bibelkreis gehen oder sich während der großen Pause zum Gebet treffen.

Petrus war der Ansicht, Verfolgung sei etwas Unvermeidliches. Christliche Grundsätze sind eine Herausforderung für alle, die nicht Christ sein wollen. Das liegt sicherlich nicht an uns, sondern an der geballten Kraft der Botschaft. Verfolgt werden nur wirkliche Christen. Wer als Christ mit der Welt oder mit seinen Verfolgern Kompromisse schließt und Unterschiede zwischen christlicher und nichtchristlicher Lebensführung herunterspielt, der wird ganz bestimmt nicht verfolgt. Wer seinem Herrn Jesus Christus durch dick und dünn treu bleibt, auf den wartet unvorstellbare Freude, wenn Jesus die von ihm versprochene neue Welt aufrichtet.

21. Juni

„Aber ich habe gegen dich, daß du die erste Liebe verläßt. So denke nun daran, wovon du gefallen bist, und tue Buße und tue die ersten Werke.“ Offb. 2, 4–5 a

Bei manchem Gläubigen kühlt das Verhältnis zu seinem Herrn ab. Nach der Bekehrung war er in einem unheimlich gefühlvollen Überschwang. Er hätte alles für seinen Heiland tun können. Das Herz war bereit, sich immer neu begeistern zu lassen. Auch das Zusammensein mit anderen Christen fiel gar nicht schwer. Alles lief eigentlich prächtig. Aber nun ist die Zeit der ersten Begeisterung vorbei. Was hat die Liebe getötet? Vielleicht die Rastlosigkeit im Dienst, die Überbetonung des eigenen Standpunktes oder einfach fehlende Wachsamkeit gegenüber Bestrebungen des Satans?

All das, was vorher die Gemeinschaft auszeichnete, nämlich Ursprünglichkeit, Herzlichkeit, vertrauensvolle Zuwendung zueinander, ist nun ersetzt durch Kaltherzigkeit, Antipathie und Langeweile. Jesus steht nicht mehr an der ersten Stelle. Man ordnet ihm nicht mehr alles andere nach. Man gibt nicht ihm allein die Ehre. Man sieht ihn nicht mehr als die Quelle aller Freuden. Der Glaubende legt keinen Wert mehr darauf, seinem Herrn zu gefallen. Aus der Herzensbindung wurde ein sachlich kühles Verhältnis.

Da Jesus dazu auffordert, die ersten Werke zu tun, ist offensichtlich eine Rückkehr möglich. Immer stehen in der Bibel neben den Gerichtsworten auch die Gnadenworte. Sofort nach dem erschrekkenden Satz „Ich habe gegen dich“ bietet der Herr einen Weg heraus aus dieser ungeistlichen Situation. Eine dreifache Aufforderung ergeht an die Gemeinde, die nicht mehr in der ersten Liebe steht: Denke daran – Tue Buße – Tue die ersten Werke!

Denke daran, wovon du gefallen bist. Erinnere dich, wie schön es war, als du mit Jesus zusammengekommen bist, als du von ihm hörtest, als du anfingst, ganz bewußt in seiner Nachfolge zu stehen.

Tue Buße, d.h. ändere deinen Sinn. Sieh von dir ab. Vergiß einmal das, was du für außerordentlich wichtig hältst. Nimm dir Zeit und erforsche dein geistliches Leben sehr gründlich. Mach dir klar, warum es dazu kommen konnte, daß du die erste Liebe aufgegeben hast. Laß dir die Menschen zeigen, denen du mit negativen Gedanken oder mit ungeistlichen Taten begegnet bist. Wo es möglich ist, mache entstandenen Schaden gut.

Tue die ersten Werke. Lebe wieder in brennender Liebe zum Herrn und zu den Glaubensgeschwistern. Wer sich das Staunen über Jesus und seine unendliche Vergebung und Freundlichkeit aufs neue schenken läßt, der kommt auch wieder in die unmittelbare, ganz feste, innige Verbindung zu seinem Herrn.

22. Juni

„Denn das Wort Gottes ist lebendig und kräftig und schärfer als jedes zweischneidige Schwert und dringt durch, bis es scheidet Seele und Geist, auch Mark und Bein, und ist ein Richter der Gedanken und Sinne des Herzens." Hebr. 4, 12

Im Worte Gottes liegen Leben und Kraft, weil es von Gott selbst stammt. Wer nicht bewußt die Ohren davor verschließt, fühlt sich angesprochen und gestärkt oder zum Widerspruch gereizt. Das Wort Gottes konfrontiert Menschen mit Fragen, denen sie nicht ausweichen können: Woher komme ich? Wohin gehe ich? Warum lebe ich?

Im Worte Gottes finden wir aber auch Sätze wie diesen: „Wer an den Sohn glaubt, der hat das ewige Leben. Wer aber dem Sohn nicht gehorsam ist, der wird das Leben nicht sehen, sondern der Zorn Gottes bleibt über ihm" (Joh. 3, 36). Solche biblischen Worte erfreuen und stärken den Glaubenden, den Nicht-Glaubenden regen sie auf oder sie lassen ihn kalt. Ein Atheist spricht dann rasch von christlicher Anmaßung oder lieblosem Erwähltheitsanspruch. Diesen Widerspruch gilt es zu ertragen, denn wenn einer wirklich hinhört auf das Wort Gottes, dann kann er nicht ohne Reaktion bleiben.

Unzählige Menschen bezeugen, daß Gottes Wort Leben und Kraft gibt. Wer tut, was Gott sagt, wird darum auch befähigt, entsprechend zu handeln. Die Kraft des Wortes Gottes ist im Alltag zu erfahren. Sie ist richtungweisend in Stunden der Enttäuschung und Verzagtheit. Sie ist erfahrbar, nicht nur in einem einzelnen Leben, sondern auch in der Geschichte der Völker. Wo immer die Menschen Gottes Wort ernst nahmen, geschah etwas. Als Martin Luther die Bibel ins Deutsche übersetzte und sie den einfachen Menschen zugänglich wurde, war der Siegeszug der Reformation unaufhaltsam.

Gottes Wort macht vor niemandem halt. Das Wort dringt durch. Es scheidet Seele und Geist. Im griechischen Text steht: es scheidet Psyche und Pneuma. Psyche, die Seele, war bei den Griechen Urgrund des Lebens. Pneuma, der Geist, galt als Kennzeichen der Menschen und war ihnen allein vorbehalten. Mit Hilfe des Geistes vermögen die Menschen zu denken und über das Irdische hinaus auf Gott zu blicken. Sicher wollte der Schreiber des Hebräerbriefes damit sagen, daß das irdisch-leibliche Leben des Menschen und seine geistige Existenz der Prüfung durch Gottes Wort unterliegen. Es ist ein Richter der Gedanken und Sinne des Herzens und reicht bis in den emotionalen Bereich des Menschen hinein, in seine Gefühle und Triebe, und es reicht hinein in den intellektuellen Bereich, in dem Verstand, Einsicht und Wille vorherrschen.

Mich bereichert diese Erkenntnis. Wie gut sind wir als Christen doch dran. Der große allmächtige Gott dringt mit seinem Wort in das Innerste meines Geistes, meiner Seele und meines Körpers. Diesem Wort will ich mich auch heute aussetzen.

23. Juni

„Folgt mir, liebe Brüder, und seht auf die, die so leben, wie ihr uns zum Vorbild habt.“ Phil. 3, 17

Da muß einer schon wirklich vorbildlich leben, damit er das sagen kann. Ich weiß nicht, wer von Ihnen den Mut hätte, anderen zu sagen: „Kommt, folgt meinem Vorbild nach!“ Paulus konnte das sagen. Er orientierte sich seinerseits an Christus als einem unübertrefflichen Vorbild.

Für den Glaubenden ergibt sich eine lange Kette von Vorbildern aus den Zeiten der Väter des Glaubens über Christus selbst hin zu denen, die ihm nachfolgen. Ich möchte Sie jetzt nicht aufrufen, Vorbilder zu suchen, sondern selbst Vorbild zu sein oder zu werden. Dabei beziehe ich mich auf eine Aussage des Apostels Paulus. Er hat seinem jungen Mitarbeiter Timotheus zugerufen: „Sei bei den Gläubigen ein Vorbild“ (1. Tim. 4, 12).

Er sollte z.B. ein Vorbild im Wort sein. Damit ist das Reden gemeint. Wieviel Unheil ist schon durch unbedachtes oder undiszipliniertes Reden angerichtet worden. Da wird im falschen Augenblick oder hinter dem Rücken geredet. Überlege dir, wie du redest, wann du redest, was du redest.

Sei auch ein Vorbild in deinem Lebenswandel. Unsere Taten sprechen lauter als unsere Worte. Viele Menschen wirken außerordentlich segensreich, weil ihr Lebenswandel mit dem übereinstimmt, was sie sagen.

Sei ferner ein Vorbild im Glauben. Ich soll mich nicht gläubiger geben, als ich bin. Zum Glauben gehören Höhen und Tiefen. Jeder Glaubende kennt Zeiten, in denen es leichter ist, Gott zu vertrauen, aber auch Zeiten der Anfechtungen und des Zweifels. Wir können Glauben nicht machen. Glaube ist ein Geschenk. Aber wir können Glauben erbitten und sagen: „Herr, du hast das gute Werk in mir begonnen. Du hast mir Glauben geschenkt. Jetzt laß diesen Glauben auch wachsen. Erhalte ihn mir, besonders dann, wenn es dunkel und trübe wird. Amen.“

Auch sei jeder ein Vorbild, der eine besondere Gabe hat. Timotheus hatte die Gabe, durch Handauflegung Segen zu vermitteln. Andere haben andere Gaben. Ich weiß nicht, welche Gabe Sie haben. Jedem gilt die paulinische Aufforderung: Laß nicht außer acht die Gabe, die dir gegeben ist!

Gott schenke Ihnen und mir viel Kraft dazu, vorbildlicher zu leben. Möge die Gemeinde insgesamt wieder mehr Vorbildcharakter haben, damit viele Menschen den Wunsch bekommen, so zu leben wie die Nachfolger Jesu Christi.

24. Juni

„Aber der Herr nahm mich von der Herde und sprach zu mir: Geh hin und weissage meinem Volk Israel!“ Amos 7, 15

Es ist geheimnisvoll, wie Gott sich seine Boten erwählt. Bei Amos konnten weder Herkunft noch Bildung, weder Titel noch wissenschaftliche Stellung imponieren. Ein unbekannter Viehzüchter war er. Nebenbei züchtete er noch Maulbeeren, vielleicht deshalb, weil der Erlös der verkauften Tiere nicht reichte. Diesen unbekannten, aber unbestechlichen Mann erwählte sich Gott.

Das ist bis heute so geblieben. Ganz selten konnte Gott bedeutende und einflußreiche Persönlichkeiten gebrauchen. Es sind die Stillen im Lande, die unbekannten und unbedeutenden Menschen, auf die er seine Hand legt und die er in besonderer Weise beauftragt.

Als Amos zum Propheten berufen wurde, ging es Israel sehr gut. Vielleicht fiel es daher dem Volk Gottes so schwer, hinter den Worten des Amos Gottes Stimme zu erkennen. Israel schwelgte im Luxus und vergaß darüber seinen Schöpfer und die Mitmenschen. Sie übertraten Gottes Gebote und mißachteten damit seinen Willen. Sie häuften Schuld auf Schuld. Und sie ließen sich von falschen Göttern verführen.

Amos warnt sein Volk und sagt: ,,Gott hat euch nicht ins Leben gestellt, damit ihr euren Luxus genießt und es euch gutgeht auf Kosten anderer. Ihr sollt von seinen Wundertaten in aller Welt erzählen. Wenn ihr nur für euch dahinlebt und tut, was euch gefällt, dann wird das Gericht über euch kommen, schneller als ihr denkt." Amos sprach von handfesten geschichtlichen und politischen Erschütterungen, die bevorstanden.

Wenn man einmal die neun Kapitel des Amos in einer Übersetzung aus unseren Tagen liest, wird man überrascht sein, wie viele zeitlose Aussagen dieses Buch enthält. Mir will es nicht gelingen, es abzutun als eine Aussage, die zeitlich gebunden ist und heute nichts mehr vermitteln kann. Amos hat Aussagen gemacht, die durchaus auch einem Menschen unserer Tage unter die Haut gehen. Denn alles, was Amos an Mißständen geißelte, finden wir irgendwo auf der Welt bis in unsere Tage, manches sogar im eigenen Volk, manches auch in der eigenen Kirche und im eigenen Leben.

Amos hat sein Volk damals geradezu beschworen, zu dem Herrn zurückzukehren. Ich möchte das jetzt auch tun in der Hoffnung, daß doch einige darauf achten, die im Innersten ihres Herzens wissen, daß sie es nötig haben zu sagen: ,,Herr, ich suche dich, ich brauche dich, ich möchte deinen Willen gerne tun. Vergib, daß ich bisher so sehr nach eigenem Gutdünken lebte. Ich will ganz dir gehören und mit dir leben. Amen."

Nehmen Sie doch eine solche Einladung nicht als eine unbequeme Mahnung, wie es Israel damals tat. Sehen Sie hinter solchen Ausführungen die freundliche Einladung unseres großen Gottes.

25. Juni

„Und er ist die Versöhnung für unsre Sünden, nicht allein aber für die unseren, sondern auch für die der ganzen Welt.“

1. Joh. 2, 2

Im alten Israel wußte man: Sünde verhindert den Zugang zum lebendigen Gott. Um dieser Schwierigkeit zu begegnen, kam es zur Opferfrömmigkeit. Durch das Opfer sollte die Gemeinschaft mit Gott wiederhergestellt werden. In eine Welt, der diese Zusammenhänge bewußt waren, trat Christus. Und nach seiner Auferstehung von den Toten seine Lehre, seine Botschaft. Diese war revolutionierend. Nicht das Blut von Tieren, so lehrten die ersten Christen, versöhne die Menschen mit Gott, sondern das Blut Christi. Sein Tod am Kreuz ist die Versöhnung für die Sünden der Menschen, auch für unsere Sünden.

Der neutestamentliche Ausdruck „versöhnen“ ist inhaltsreich. Da ist einmal daran zu denken, daß Gott, der zuvor durch die Sünde beleidigt wurde, versöhnt oder besänftigt wird. „Versöhnen“ heißt aber auch vergeben. Der Apostel Paulus schrieb einmal: „Gott versöhnte die Welt mit sich selbst“ (2. Kor. 5, 19), d.h., er vergab die Sünde. Doch „versöhnen“ hat noch eine dritte Bedeutung. Wer sündigt, dem haftet fortan der Makel der Schuld an. Er bedarf gleichsam der Desinfektion von dieser Sünde. Nur so kann er erneut Zugang zu Gott erlangen. „Versöhnt“ oder „versühnt“ heißt dann: Ein Mensch ist von der Befleckung der Sünde gereinigt, er hat wieder Gemeinschaft mit Gott.

Wie ein roter Faden durchzieht der Gedanke an das weltweit wirksame Rettungswerk Gottes das Neue Testament. Gott hat die Welt so sehr geliebt, daß er seinen einzig geborenen Sohn sandte (Joh. 3, 16). Jesus vertraut darauf, daß er alle, die ihm glauben, nach sich ziehen wird, wenn er erhöht wird (Joh. 12, 32). Gott will, daß allen Menschen geholfen werde und sie zur Erkenntnis der Wahrheit kommen (1. Tim. 2, 4). Mit Christus begann gleichsam eine „Aktion Weltversöhnung“.

Tatsächlich lassen sich Tag für Tag, Woche für Woche rund um den Erdball Menschen mit Gott versöhnen. Sie akzeptieren im Glauben, daß es einen Gott gibt, daß ihre Sünde sie von Gott trennt und daß Jesus Christus an ihrer Stelle gestorben ist. Sie akzeptieren, daß die dankbare Anerkennung des Opfertodes Jesu Christi sie freimacht von aller Sünde. Mehr noch, wer Jesus Christus Vertrauen schenkt, der wird befähigt, die Sünde nicht mehr zu suchen und zu lieben, sondern sie zu verabscheuen.

Versöhnung ist nicht nur etwas für unsere kleinen, oft abgeschlossenen Kreise, sondern für die ganze Welt. Und viele hätten es nötig, deren Leben sinnlos erscheint und deren Seele ausgedörrt ist.

26. Juni

„Denn ich fürchte, wenn ich komme, finde ich euch nicht, wie ich will, und ihr findet mich auch nicht, wie ihr wollt, sondern es gibt Hader, Neid, Zorn, Zank, üble Nachrede, Verleumdung, Aufgeblasenheit, Unordnung.“ 2. Kor. 12, 20

Es ist enttäuschend, wenn eine Gemeinde sich dienen läßt, die Geduld des Seelsorgers in Anspruch nimmt und sich freut über Zeichen, Wunder und Taten, die den Dienst der Verkündigung begleiten, und dann doch nicht vorbehaltlos auf der Seite des Gottesmannes steht. So war es in Korinth.

Wenn man nicht aus der Stille des Gebetes heraus den Korintherbrief liest, könnte man richtig ärgerlich werden über eine so unverständige Gemeinde. Fangt man aber an nachzudenken, entdeckt man sehr bald, daß sich vieles von dem, was damals geschah, auch heute noch immer und immer wiederholt. Lernen die Menschen, auch die Christen, denn gar nicht aus?

Es gibt ja so vieles, was über uns Macht gewinnen will, oft schneller, als wir denken. Zum Beispiel Hader und Streit. Gemeint ist Rivalität, Konkurrenz und Zwietracht, weil man sich über Stellung und Ansehen nicht einigen kann. Oder Neid, dieses schreckliche Bohren im Gemüt, weil einem anderen etwas gehört, was man selbst gern hätte. Es soll Christen geben, die neidisch sind, weil sie sehen, wie Gott andere segnet. Davor bewahre uns Gott!

Auch Zorn ist ein ganz unchristliches Wesensmerkmal. Da explodiert einer unvermittelt und ist nicht mehr Herr seines Willens. Die Folge ist eine Vergiftung der Seele. Nein, es ist kein Ruhmesblatt, wenn wir uns zu Worten oder Taten hinreißen lassen, die wir später bereuen. Zank ist ebenfalls ein unchristliches Verhalten. Wer nur seinen Standpunkt als richtig angesehen haben will und die Meinung anderer Menschen nicht gelten läßt, der sorgt sehr schnell für Zank.

Dann ist da noch die üble Nachrede und die Verleumdung. Ein anderer wird dabei herabgesetzt, oder man macht ihm unberechtigte Vorwürfe, und das in einer Situation, in der er sich selbst nicht verteidigen kann. Er ist solchem Handeln wehrlos ausgesetzt. Verleumdungen vergiften die Atmosphäre für lange Zeit. Darüber hinaus nennt Paulus die Angeberei und die Unordnung. Beides soll in der Gemeinde Jesu nicht sein.

Paulus beschönigt in seinen Ausführungen nichts. Im Gegenteil, er versetzt sich in die Lage der Briefempfänger und sagt: „Mancher mag ja nun meinen, ich habe mich selbst verteidigt, aber das ist nicht meine Absicht gewesen. Denn wenn zwischen Gott und mir alles in Ordnung ist, kümmert es mich nicht, was Menschen über mich sagen."

Können Sie, der Sie als Nachfolger Christi leben wollen, auch so sprechen? Nie kommt es darauf an, was Menschen über uns reden. Entscheidend ist unser Verhältnis zu Gott!

27. Juni

„Wir denken ohne Unterlaß vor Gott, unserm Vater, an euer Werk im Glauben und an eure Arbeit in der Liebe und an eure Geduld in der Hoffnung auf unseren Herrn Jesus Christus.“ 1. Thess. 1, 3

Die Gemeinde in Thessalonich zeigte, daß das Bekenntnis zu Gott Konsequenzen hat. Die Männer und Frauen dort haben das Wort Gottes aufgenommen, obwohl sie in großer Bedrängnis waren. Sie erfuhren, daß der Heilige Geist Freude schenkt, wenn man sich mit dem Wort Gottes beschäftigt. Der Heilige Geist sorgt für geistliches Wachstum. Er kommt mit dem einen Menschen schneller zum Ziel, mit einem anderen langsamer. Wirksamer Glaube braucht Zeit. Menschliche Ungeduld oder freundliches Nachhelfen-Wollen sind fehl am Platz.

Paulus sieht die Thessalonicher im Geist vor sich und lobt sie wegen ihrer „Arbeit in der Liebe“. Das ist mehr die praktische Seite des Glaubens, die in der Gemeinde sichtbar werden muß. Es sind die Bemühungen, in Liebe anderen Menschen zu helfen und ihnen selbstlos zur Seite zu stehen. Solche Liebe kostet Mühe, Zeit und Kraft. Sie rechnet mit Enttäuschungen.

Und dann kommt zu dieser vorbildlichen Gemeinde etwas hinzu, was heute in der Christenheit leider durchaus nicht mehr selbstverständlich ist, nämlich die Hoffnung auf die Wiederkunft Jesu Christi. Das ist das Ziel, dem die Gemeinde entgegenglaubt. Sie soll dabei nicht müde werden und nicht vorzeitig aufgeben, sondern ausharren in der Hoffnung auf unseren Herrn Jesus Christus. Das Wissen: „Jesus kommt wieder!“ war schon immer eine sehr starke Motivation für lebendige Gemeinden.

Welche Erfahrungen tragen eine lebendige Gemeinde? Bei den Thessalonichern war es das beglückende Wissen: „Wir sind von Gott erwählt.“ Darum war die Verkündigung des Evangeliums für sie etwas ganz anderes als irgendein religiöser Vortrag. Sie erfuhren, daß hinter diesen Worten Kraft steckt. Das aber lag nun weder an den Worten noch an dem Redner, sondern an dem

Heiligen Geist, der die richtigen Worte schenkte. Wo Verkündigung in der Kraft des Heiligen Geistes geschieht, da wirkt sie eine Gewißheit des Glaubens bei allen, die zur Gemeinde gehören.

Ich wünsche Ihnen, daß Sie sich von Gott gebrauchen lassen, um Vorbild in Ihrer Gemeinde zu werden. Ihr Vorbild wird anstecken, und vielleicht kommt es dann sogar dazu, daß Ihre Gemeinde noch für viele Menschen in der näheren und weiteren Umgebung Vorbildcharakter gewinnt.

28. Juni

„Erzählet unter den Heiden von seiner Herrlichkeit, unter allen Völkern von seinen Wundern!“ Ps. 96, 3

Vielleicht sollten wir gelegentlich einmal daran denken, wie es wäre, wenn man in einem Land lebte, in dem es nicht möglich ist, im Rundfunk die christliche Botschaft weiterzugeben. Oder man stelle sich vor, wie es wäre, man lebte in einem Land, in dem die Regierung kein Papier bewilligt für den Druck von Bibeln, christlichen Büchern oder Zeitschriften. Sehr schnell würden wir dann wieder den Wert christlicher Medien schätzen!

Als einzelne und auch als Gemeinden sollten wir dankbarer die Angebote nutzen, die unser Gott uns in die Hand legt, von der Bibel- und Traktatverbreitung oder dem Einsatz christlicher Filme bis hin zu den noch nicht ausgeschöpften Möglichkeiten, die uns die elektronischen Medien bieten.

Mission über Medien ist möglich! Das ist nicht für jeden selbstverständlich. Es liegt zum einen daran, daß viele Christen ein gebrochenes Verhältnis zur Evangelisation und Mission haben. Zum anderen daran, daß man sich damit abgefunden hat, daß die öffentlich-rechtlichen und privaten Rundfunk- und Fernsehanstalten kein Instrument der Kirche sind. Die bibelgläubige Gemeinde Jesu jedoch darf nie vergessen: Mission über Medien ist möglich. Der ERF beweist das seit mehreren Jahrzehnten. Aber auch andere Medien ermöglichen Mission, wie zum Beispiel das Buch oder die Zeitschrift.

Es zeigt sich allerdings, daß die Gemeinde Jesu in den letzten Jahrzehnten viel versäumt hat. Zu selten reagieren Christen auf gute Sendungen, zu selten protestieren sie über schlechte. Bisher hat sich die Gemeinde auch nicht darum gekümmert, ob junge, gläubige Menschen beruflich in den Bereich der Medien hineinkamen, um an den verschiedenen Plätzen Verantwortung zu tragen.

Die Evangelisation oder Mission über die Medien muß daher gefördert werden. Und zwar von Kirchen, Gemeinden und Einzelpersonen. Es sollte in unseren Kreisen bekannt werden, wieviel Zeit, Kraft und Geld aufgewandt werden muß, um christliche Hörfunkprogramme oder christliche Filme zu produzieren. Wichtig ist ferner, daß die Gemeinde diese christliche Medienarbeit, ähnlich wie die missionarischen Bemühungen im In- und Ausland, durch Fürbitte begleitet und durch Opfergaben ermöglicht.

In vielen Gemeinden und Gemeinschaften wird um eine Erwekkung gebetet. Wir Medienleute sind zutiefst davon überzeugt, daß Gott die Medien mit gebrauchen kann, um Menschen anzusprechen. Aber wir werden unseren Auftrag nicht erfüllen können, wenn uns die Gemeinden nicht mit großer Treue und mit wachsendem Interesse zur Seite stehen.

29. Juni

„Zieht an die Waffenrüstung Gottes, damit ihr bestehen könnt gegen die listigen Anschläge des Teufels. Denn wir haben nicht mit Fleisch und Blut zu kämpfen, sondern mit Mächtigen und Gewaltigen, nämlich mit den Herren der Welt, die in dieser Finsternis herrschen, mit den bösen Geistern unter dem Himmel.“ Eph. 6, 11–12

Die beiden Männer, die auf einem Flug nebeneinander saßen, hatten sich nur kurz begrüßt, sonst aber nicht miteinander gesprochen. Sie waren auf dem Weg von Amerika nach Asien. Jeder beschäftigte sich mit seiner Lektüre. Zur Mittagszeit fragte die Stewardeß die Fluggäste nach ihren Wünschen. „Ich möchte nichts essen", sagte der eine Herr, „ich faste." – „Mir brauchen Sie auch nichts zu bringen", sagte der andere, „ich faste auch." Erstaunt sahen sich die beiden an. „Sind Sie auch Christ?" fragte der eine den anderen. „Nein", antwortete der, „im Gegenteil!" – „Wie ist das zu verstehen?" wollte der Christ wissen. „Die christliche Kirche ist ein großer Betrug. Ich wurde zwar christlich erzogen, und wir haben auch viel gebetet zu Hause; allerdings kann ich mich nicht erinnern, daß meine Gebete erhört wurden. Erst seit ich zum Satan bete, kriege ich, worum ich bitte."

Der Christ war erschüttert. Zum ersten Mal traf er ein Mitglied einer sogenannten satanistischen Vereinigung. „Aber warum fasten Sie dann?" fragte er. – „Wir beten und fasten", sagte der Satansanhänger, „damit zehn führende und weltbekannte Christen zu Fall kommen!" – Das Gespräch brach ab. So bewußt hatte der Christ „die Macht der Finsternis" noch nie gespürt. Er selbst betete und fastete dafür, daß das Evangelium in den Gebieten der Erde gehört und akzeptiert werden würde, wo man bisher noch nichts von Jesus Christus weiß.

Schon Paulus ermunterte die Christen in Ephesus, darauf vorbereitet zu sein, sich geistlich mit den christus-feindlichen Kräften auseinanderzusetzen. Der Satan wird nichts unversucht lassen, die Oberhand zu behalten. Er wird versuchen, Menschen zu seinen Anhängern zu machen oder ihnen einzureden, es gebe ihn gar nicht. Von ihm zu reden sei mittelalterlich und rückständig. Gebildete werden nicht müde zu behaupten, das Reden von Licht und Finsternis sei ein Rückgriff auf vorchristliche Philosophien. Das unheimliche Aufblühen des Aberglaubens und okkulter Praktiken sprechen jedoch eine andere Sprache. Der Satan bleibt der „altböse Feind", wie Luther ihn schon nannte, mit immer neuen Einfällen, sehr zeitgemäß und oft der Zeit voraus.

„Ist der Satan nun besiegt oder nicht?" fragen sich jetzt vielleicht manche Christen. „Die Schlacht ist entschieden durch den Tod und die Auferstehung des Herrn Jesus Christus", heißt die Antwort, „aber noch wogt der Kampf. Auch der bereits besiegte Gegner hat noch viel Macht. Beendet wird dieser Kampf erst, wenn Jesus wiederkommt und seine Gemeinde zu sich ruft" (s.a. 1. Kor. 15, 51 ff.). Bis dahin gilt es, wachsam zu sein!

30. Juni

„Die Frucht des Lichts ist lauter Güte und Gerechtigkeit und Wahrheit." **Eph. 5, 9**

Heilige sind Menschen, die dadurch, daß sie ewiges Leben durch den Glauben an Jesus Christus bekamen, eine ganz neue Dimension gewonnen haben, eine Ewigkeitsdimension. Aber deshalb sind ihnen die kleinen Dinge des Lebens nicht etwa unwichtig. Im Gegenteil, weil sie Ewigkeitsmenschen sind, schauen sie mit ganz besonderer Sorgfalt auf die scheinbar kleinen Dinge. Der Ruf im Herzen des Erneuerten: „Lebe so, wie Gott es haben will" soll eigentlich eine ständige Begleitmelodie sein. Ob wir wirklich als Erneuerte leben, zeigt sich an zwei Stellen. Einmal in unserem verborgenen Umgang mit Gott, zum anderen in unserem Umgang mit den Menschen. Der Umgang mit den Menschen hat für den erneuerten Menschen eine ganze Reihe von Kennzeichen, z.B. die Wahrheit.

Wahrheit und Lüge stehen sich in unserem Leben oft gegenüber. Es sähe in mancher Gemeinde besser aus, wenn es keine Falschheit mehr gäbe. Es schmerzt mich zutiefst, daß auch ein Gotteskind nicht frei davon ist, unter bestimmten Bedingungen die Wahrheit zu verdrehen und eine Halbwahrheit weiterzugeben. Die halbe Wahrheit aber ist eine ganze Lüge! Auch über den Geist des erlösten Menschen will der Teufel immer wieder Macht gewinnen. Gerade Christusmenschen, die von den sogenannten groben Sünden befreit sind, stehen in der Gefahr, „kleine", unscheinbare Sünden zu begehen.

Wir wissen aus dem Neuen Testament, daß es keine kleinen und großen Sünden gibt. Sünde ist Sünde. Ich denke, wir verstehen uns, wenn ich dennoch von schwerer wiegenden Sünden spreche, etwa von der Ehebrecherei oder einem großen Betrugsmanöver. Davon sind viele Erlöste frei. Aber die sogenannten kleinen Sünden, z.B. eine Lüge, die eine Peinlichkeit glätten oder aus der Verlegenheit heraushelfen soll, die scheint erlaubt. Es ist ebenfalls eine Lüge, wenn wir ungewollt die Unwahrheit sagen und später den Fehler erkennen, ihn aber nicht korrigieren. Man sagt ja manchmal was hin, und ein paar Minuten später wird's einem bewußt: „Stimmt ja gar nicht." Dann müßte man als Gotteskind eigentlich die Sache korrigieren. Wenn man das nicht tut, lügt man. Selbst eine in guter Absicht ausgesprochene Unwahrheit ist eine Lüge. Das Kennzeichen eines erneuerten Menschen ist und bleibt die Wahrheit.

Lüge bewirkt Vertrauensverlust, Mißtrauen und Trennung. Dort, wo man wirklich zu einer lebendigen Gemeinschaft kommen will, muß man auf Masken verzichten, auf Schein und Täuschung. Es ist so wichtig, daß wir gegen den Zeitgeist schwimmen, der von vornherein mit der Lüge rechnet. Jesus Christus stellt seine Jünger in diese Welt von Lug und Trug und sagt ihnen: „Lüget nicht!"

Juli

1. Juli

„Der Herr aber wandte sich zu ihm und sprach: Geh hin in dieser deiner Kraft; du sollst Israel erretten aus den Händen der Midianiter. Siehe, ich habe dich gesandt!“ Richt. 6, 14

Mehr als 1000 Jahre vor Christi Geburt wurde Israel von seinen Nachbarn hart bedrängt. Die politische Lage des Landes war hoffnungslos. Die Wirtschaft lag darnieder. Allgemeine Mutlosigkeit machte sich breit. In dieser Zeit, in der jeder nur an sich dachte, erwählte sich Gott Gideon. Der sollte nicht länger nur für sich und seine Familie sorgen, sondern Israel von den Feinden befreien. Er sollte für Frieden und Ordnung im Lande sorgen. Das war ein schwerer Auftrag. Gott hat dem Gideon gesagt: „Geh hin in dieser deiner Kraft; du sollst Israel erretten aus den Händen der Midianiter.“ Doch wie Gideon das anstellen sollte, sagte Gott in der Stunde der Berufung nicht. Mit eigener Kraft sollte Gideon für Gott kämpfen. Doch Gideon kam sich gar nicht kraftvoll vor. Im Gegenteil. Er fragte also Gott: „Warum gerade ich?“ Da hörte er Gottes Zusage: „Ich will mit dir sein“ (Richt. 6, 16). Jeder Mensch, der bewußt mit dem lebendigen Gott lebt und sich auf ihn verläßt, hätte diesen Satz sicher schon gern einmal gehört.

„Ich will mit dir sein!“ Wer das hört, gewinnt neue Zuversicht. Es wird ihm neue Kraft geschenkt. Jeder, der beauftragt ist, hat ja eine bestimmte Aufgabe vor sich, und manche Aufgabe ist sehr groß. An die Erfüllung des Auftrages geht der Beauftragte im Namen Gottes. Das zu wissen hilft. Wie froh wird Gideon gewesen sein, daß Gott, der ihn beauftragte, ihn mit diesem besonderen Versprechen stärkte. Nun, da die Feinde heranziehen, kann Gideon sagen: „Eigentlich geht es ja nicht gegen mich oder mein Volk. Der Feind bekämpft Gott. Gott selbst ist herausgefordert.“

Sie und ich leben nicht mehr im Zeitalter der Richter. Was haben uns solche alten biblischen Berichte zu sagen? Die Geschichte der

Gemeinde Jesu zeigt, daß bis in unsere Tage hinein Menschen zu besonderen Diensten berufen werden. Der Auftrag, vor den sich mancher Berufene gestellt sieht, mag anderer Art sein als der des Gideon. Doch auch wer in unseren Tagen berufen wird, erschrickt vielleicht erst einmal. Aber dann wird ihm klar: Ich muß meine Gaben und Kräfte einsetzen! Froh wird ein Berufener nur dann, wenn er dem Ruf gehorsam ist. Wir können es ebenfalls, denn Jesus Christus ist so freundlich, uns unserer Berufung gewiß zu machen.

2. Juli

„Ein gelassenes Herz ist des Leibes Leben; aber Eifersucht ist Eiter in den Gebeinen.“ Spr. 14, 30

Isaak, einer der jüdischen Stammväter, war jemand, den Gott großgemacht hatte. Er war von Gott über die Maßen reich gemacht worden. Er besaß Herden von Kleinvieh und von Rindern sowie zahlreiches Gesinde, so daß seine Nachbarn, die Philister, neidisch auf ihn wurden (1. Mose 26, 14). Gott segnete den Isaak, und seine Nachbarn beneiden ihn. Neid richtet sich also nicht nur gegen den Erfolgreichen oder Besitzenden. Neid ist letztlich Unzufriedenheit mit Gott und Aufbegehren gegen ihn. Er hat verteilt, was der Neider für sich beansprucht.

Wie wirkt sich der Neid der Feinde Isaaks aus? Sie schütten die Brunnen, die die Knechte seines Vaters vor Jahren gegraben haben, mit Schutt zu. Im Vorderen Orient ohne Wasser leben! Was nützt da nun die große Herde? Die Wasserquelle ist versiegt. Das haben sich die Neider teuflisch ausgedacht. Tatsächlich liegt der Ursprung des Neides im Teufel (Jak. 3, 14–15). Das Verhalten der Neider ist eine teuflische Gemeinheit. Isaak und seine Knechte brachen ihre Zelte ab, um in einer anderen Gegend Fuß fassen zu können. Selbst bei der Regierung des Landes fand Isaak keinen Schutz. Auch dem Landesherrn war Isaak, dieser „Zugereiste“, zu mächtig geworden (1. Mose 26, 16).

In mühseliger Arbeit werden die verstopften Brunnen noch einmal ausgegraben, wohl um für den bevorstehenden Umzug die Trinkwasserversorgung zu sichern. Zugleich bereitet ein Trupp die Wasserversorgung in dem Gebiet vor, in das Isaak zu ziehen beabsichtigt. Aber „der Neid, der rasche Arbeit tut", hält die Feinde wach. Die Neider Isaaks sind stärker als er und seine Knechte. Sie nehmen auch den neuen Brunnen in Besitz. Isaak ist wieder ohne Wasser. Ein weiterer Brunnenbau wird in Angriff genommen. Dazu lesen wir im Alten Testament: „Darüber zankten sie auch!" Das muß man sich einmal vorstellen: Das Vieh brüllt vor Durst, und Isaak und seine Leute ziehen offensichtlich den kürzeren. Alle Arbeit ist vergeblich.

Isaak, der Mann Gottes, zieht weiter und fängt noch einmal an, nach Wasser zu graben. Da endlich geben die Feinde auf. Segen und unermüdliche Arbeit sind also kein Gegensatz. Menschen, die Gottes Segenskraft kennen, lassen sich so bald nicht entmutigen. Isaak sagt: Jetzt hat der Herr uns freien Raum geschaffen, daß wir uns im Lande ausbreiten können; nun ist alle Drangsal vorüber. – Es ist etwas Großartiges, so finde ich, daß Isaak über den zugeschütteten Quellen nicht bitter wurde. Denn er wußte: Wenn Gott die Bosheit meiner Neider zuläßt, hat er besseres Wasser für mich bereit.

Wie weit reicht Ihr Gottvertrauen? Lassen Sie den Glauben nicht fahren, daß Jesus Ihre Not kennt und Sie durch alle Bosheit anderer Menschen hindurch zum „frischen Wasser" führen wird.

3. Juli

„Aber in dem allen überwinden wir weit durch den, der uns geliebt hat." **Röm. 8, 37**

Heute möchte ich mich an Christen wenden, die darunter leiden, daß es in ihrem Glaubensleben immer wieder zu einem Auf und Ab kommt. Wenn wir ganz ehrlich über unser Leben nachdenken, müssen wir vielleicht zugeben, daß manches Ab nicht nötig wäre.

Als trostreich empfinden es viele, wenn sie entdecken, daß die Intervalle zwischen Ab und Ab immer länger werden. Solche Menschen erfahren die Tragkraft des Glaubens. Sie lernen den Sieg kennen und die Niederlage vermeiden.

Gott gibt seinen Kindern in der Tat Sieg. Darüber berichtet in einzigartiger Weise der Römerbrief, im besonderen das 8. Kapitel. Paulus schreibt: „Aber in dem allen überwinden wir weit durch den, der uns geliebt hat." Hier werden diejenigen angesprochen, die sich als Geliebte Gottes wissen. Wir gewinnen einen überwältigenden Sieg. Das sind wirklich herrliche Aussichten.

Doch als Christen wissen wir sehr wohl, daß es noch Widerstände und Schwierigkeiten gibt. Paulus wollte nicht sagen, daß angesichts des Heilsplanes Gottes kein Widerstand von Menschen und Mächten mehr zu fürchten sei. Er meinte vielmehr, daß der Sieg über die gegenwärtigen und kommenden Anfechtungen gesichert ist. In Römer 8, Vers 35, finden wir eine siebenfache Aufzählung von Ereignissen, Lebenslagen, Gefährdungen und Realitäten, denen auch der christusgläubige Mensch ausgesetzt sein kann. Dabei entdecken wir, daß es durchaus nicht nur der Satan selbst ist, der uns angreift, sondern daß es eine ganze Reihe von Mächten und Kräften gibt.

Da ist zum Beispiel die Trübsal. Das griechische Wort bedeutet ursprünglich: Beengung oder Bedrängnis; etwas, das den Menschen in seinem Menschsein einengt. Dabei kann es sich z.B. um Kriegsnot, Krankheit, Furcht oder Traurigkeit handeln. Alle Trübsal stellt eine ständige Versuchung zur Trennung von Gott dar. Aber, so sagt Paulus, die Liebe Christi ist so stark, daß sie die Trübsal besiegt. Trübsal erprobt und bewährt den Glauben. Sie treibt uns ins Gebet und verbindet so mit Christus. Dabei lernen wir, unser Vertrauen nicht auf uns selbst zu setzen, sondern auf den lebendigen Gott. Aus der Heiligen Schrift wissen wir auch, daß jede Trübsal zeitlich begrenzt ist und der Herrlichkeit Gottes weichen muß (2. Kor. 4, 17).

Was kann uns scheiden von der Liebe Christi? Jesu segnende Liebe will alle Bereiche unseres Lebens umfassen. Er, der Herr, möchte uns mit Kraft und Sieg beschenken, Tag für Tag, Woche für Woche, Jahr für Jahr. Gott segne Sie!

4. Juli

„Dennoch bleibe ich stets an dir; denn du hältst mich bei meiner rechten Hand, du leitest mich nach deinem Rat und nimmst mich am Ende mit Ehren an." Ps. 73, 23–24

Vor kurzem wurden wir angerufen. Ein Ehemann teilte uns mit, daß seine Frau schon seit Tagen im Koma liege. Sie habe zwei Tumore im Kopf. Seine Stimme zitterte. Er sprach davon, daß seine vier Kinder nach ihrem Tode ohne Mutter seien. Er suchte Trost und Rat. Wir kennen wohl alle solch unsagbar traurigen Fälle. Gott erspart auch seinen Kinder dunkle Wege nicht. Doch das ist nicht erst heute so. Schon immer hat Gott seine Auserwählten besondere Wege geführt.

Je länger ich mit Menschen zusammenkomme und ihnen hier und da als Seelsorger dienen darf, will es mir scheinen, daß häufig gerade die Menschen schwere Wege geführt werden, die den lebendigen Gott kennen. Auch sie sehnen sich nach einer Führung, die ohne große Belastungen bleibt, und bitten Gott um ein entsprechendes Handeln. Ich kenne in meinem Herzen auch den Wunsch, Gott vorzuschlagen, was er am besten mit mir tun sollte. Und ich bin oft erschrocken, wenn ich feststelle, daß er mich ganz andere Wege führt, als ich sie plante. Darum bin ich dankbar, daß er immer wieder neu meine Bereitschaft weckt, ihm zu vertrauen und zu folgen.

Glauben kann man nicht horten. Auch die Israeliten konnten das nicht mit dem Manna, der Himmelsspeise, nach dem Auszug aus Ägypten. Sie konnten nur immer etwas für den Tag bewahren. Alles, was sie darüber hinaus festhalten wollten, wurde schlecht. Unser Glaube muß uns ebenfalls jeden Tag neu geschenkt werden.

Einer, der das schmerzhaft am eigenen Leib erfuhr, war Asaph. Viele kennen eines seiner Lieder, das als Psalm 73 bekannt ist. Dort denkt Asaph über das Glück der Gottlosen nach und fragt sich, ob es wirklich sinnvoll ist zu glauben, angesichts der Ungerechtigkeit der Welt. Er fragt: „Was habe ich eigentlich davon, daß ich so lebe, wie es Gott gefällt? Mir geht es nicht sehr gut, während die Gottlosen alles haben." Asaph begnügte sich aber nicht mit einer oberflächlichen Betrachtung, sondern ging den Dingen auf den Grund. Er sagt später: „Dennoch bleibe ich stets an dir; denn du hältst mich bei meiner rechten Hand, du leitest mich nach deinem Rat und nimmst mich am Ende mit Ehren an."

Ich möchte mit Ihnen beten: „Vater im Himmel, ich danke dir für dein heiliges Wort. Danke, daß dein Wort mir hilft, ehrlich vor dir zu sein. Bitte vergib mir, daß ich an manchem Tag meine Sorgen größer werden ließ als den Glauben. Danke, daß du wegräumen willst, was mich von dir trennt, damit dein Trost in meinem Herzen Platz hat. Amen."

5. Juli

„Danket dem Herrn; denn er ist freundlich, und seine Güte währet ewiglich." Ps. 107, 1

Manchen Menschen fällt es schwer, sich gegenseitig Dank zu sagen. Vielleicht danken wir alle viel zu wenig. Zu vieles ist uns selbstverständlich. Die Männer der Bibel hatten ganz klare Vorstellungen, wofür sie danken konnten. In Psalm 105 z.B. wird dafür gedankt, daß Gott Wunder tut. Es wird gedankt für seine Macht und daß er in aller Welt richtet. Es wird gedankt für seinen Bund und sein Wort. Es ist sicher mehr als ein Zufall, daß auf diesen 105. Psalm, den Dankpsalm, der 106. folgt, eine große Auflistung göttlicher Gnadenerweise und zugleich der unbegreiflichen Reaktion des Gottesvolkes im Undank.

Heute an diesem Tag soll der Undank in unserem Herzen keinen Raum haben. Wir wollen ganz bewußt der Aufforderung der Bibel folgen: „Danket dem Herrn", denn er hat uns beauftragt, er führt uns und versorgt uns. Es macht mich sehr froh zu wissen: Ich kann Gottes Werkzeug sein, weil er mich beauftragt hat, seinen Namen bekanntzumachen und in seinem Namen etwas zu tun. Dafür danke ich ihm. Er führt wunderbare Wege. Und nicht wenige sind es, die erfahren haben, daß dies auch gilt, wenn Gott durchs finstere Tal führt.

Wir freuen uns und danken Gott, weil wir wissen: Er vergibt die Schuld. Darum schickte er Jesus, damit Menschen vom Bösen erlöst werden. Sie sollen frei werden und ihrer eigentlichen Bestimmung entsprechend leben können. Der Beter, der christusgläubige Mensch, dankt dafür, daß Gott so freundlich ist, denn Gott füllt aus, was mangelhaft ist. Wie begrenzt sind wir doch in unserem Denken und Tun. Der Egoismus spielt immer wieder eine entscheidende Rolle. Es gilt, die eigene Mangelhaftigkeit zu erkennen und Gott zu bitten, daß er schenkt, was wir selbst uns nicht geben können. Und wunderbarerweise: Gott tut das, denn er ist freundlich.

Wir dürfen froh sein, daß es in aller Welt Menschen gibt, die sich an diesen Herrn binden, der ja ein lebendiger Herr ist, weil er uns in dem auferstandenen Jesus Christus begegnet. Der frohmachende Glaube an den lebendigen Herrn gibt eine Hoffnung, die nicht zuschanden werden läßt. Aus diesem Glauben wachsen Mut, Zuversicht und Freude. Dieser Glaube orientiert sich an Gottes Wort. Hier findet er die Versprechungen seines Herrn, dessen Liebe nie aufhört.

Ich will Gott danken, denn das verbindet mich mit ihm und stärkt den Glauben. Dankbarer Glaube öffnet Ohr und Herz und befähigt zu gehorsamem Tun. Danken und Glauben sind wie Ruf und Echo. Ich trage meinen Dank zu Gott als frohen Ruf und empfange neuen Segen, gleichsam als göttliches Echo.

6. Juli

„Wie ihr aber in allen Stücken reich seid, im Glauben und im Wort und in der Erkenntnis und in allem Eifer und in der Liebe, die wir in euch erweckt haben, so gebt auch reichlich bei dieser Wohltat.“ 2. Kor. 8, 7

Paulus macht den Korinthern klar, daß es ihnen in jeder Lage bessergeht als den armen Christen in Mazedonien und Jerusalem. Er setzt aber nicht damit ein, von Geld oder Opfergaben zu reden, sondern er spricht zunächst vom Glauben. Paulus sagt den Korinthern, sie hätten eigentlich alles im Überfluß: das kraftvolle Wort, die Erkenntnis, den guten Willen und die gegenseitige Liebe. Aufgrund dieses geistlichen Reichtums, so meinte er, könnten sie nun auch reichlich geben.

Ich habe manchen Menschen kennengelernt, der so an seinem Geld klebt, daß man ihm am liebsten den Befehl geben möchte: Trenne dich doch von deinem irdischen Besitz, gib doch etwas weg, und es geht dir viel wohler. Aber das wäre nicht biblisch, das wäre nicht christlich. Liebe kann man nicht befehlen. Opferbereitschaft kann man nicht machen. Wer zum Opfer bereit ist, tut das, weil Gott ihm in besonderer Weise Gnade erwiesen hat und ihm gezeigt hat, daß es mehr gibt als die vergänglichen irdischen Werte, an die sich unser Herz so schnell hängt.

Gott lasse uns von diesen Empfehlungen, die Paulus der Gemeinde in Korinth gab, lernen. Gott schenke uns, daß wir es uns nicht nur vornehmen, anderen zu helfen, sondern daß wir auch zur Tat kommen! Unser Gott ist so freundlich. Er verlangt nicht mehr von uns, als wir tun können.

Manchmal gibt es unter Christen eine Art Übereifer. Man nimmt sich mehr vor, als man kann und gibt Versprechungen, die man ohnehin nicht halten kann. So sollte es unter uns nicht sein.

Gern ziehe ich ein Resümee für mich selbst, aber auch für Sie, wenn Sie wollen: Sehe ich eigentlich nur, was mir fehlt, oder gebe ich von dem, was mir anvertraut ist, gerne an andere ab? Bin ich mir dessen bewußt, daß Gott gerade auf dem Gebiet des Opferns keine Angeber braucht und keine Theoretiker? Er wird mich nicht messen an dem, was ich nicht habe, sondern an dem, was ich habe. Bedenke ich immer wieder neu, daß Geld für die Sache Gottes keinem Menschen gehört, auch keiner Gruppe oder Institution, sondern dem Herrn selbst? Und verhalte ich mich entsprechend?

Ich wünsche Ihnen, daß Sie erstmals oder neu entdecken, wie gut es ist, wenn wir bedenken, daß auch unser Geld etwas mit dem Glauben zu tun hat. Ich wünsche Ihnen Gottes Segen und die Erfahrung, daß unser Gott sich über die Treue seiner Kinder freut.

7. Juli

„Ich bin darin guter Zuversicht, daß der in euch angefangen hat das gute Werk, der wird es auch vollenden bis an den Tag Christi Jesu." Phil. 1, 6

Paulus lobt die Philipper, weil sie sich „vom ersten Tag an" für die Verbreitung des Evangeliums eingesetzt haben. Deshalb konnte die Gemeinde dort auch wachsen. Und deshalb konnte Paulus auch seiner Überzeugung Ausdruck geben, daß Gott das Werk, das er bei den Philippern durch den Glauben begonnen hatte, zu Ende führen wird.

Wenn man in manche christliche Gemeinde hineinschaut, möchte man ja denken, es sei schon alles zu Ende. Da ist kein lebendiger Glaube mehr. Da fehlt die Freude. Da setzt sich keiner ein. Einzelne sind zwar noch missionarisch gesinnt, aber sie haben anderen in der Gemeinde gegenüber große Schwierigkeiten und stoßen auf Unverständnis. Dabei ist es so wichtig, daß unser Herr Leute hat, die sich für die Verbreitung der Frohen Botschaft einsetzen: die z.B. auf christliche Radiosendungen hinweisen, die christliche Zeitschriften oder Bücher verteilen, die in der Fußgängerzone einen Stand aufbauen und Vorübergehende auf den christlichen Glauben aufmerksam machen. Bewährt hat es sich darüber hinaus,

Nachbarn oder Kollegen, die noch keine Christen sind, auf eine christliche Freizeit mitzunehmen.

Die Weitergabe des Evangeliums ist deshalb eine so großartige Sache, weil man zwar beteiligt ist, aber doch im Innersten weiß, es kommt auf mich gar nicht an. Gott ist es, der den Glauben beginnt. Er ist es auch, der seine Sache zu Ende führt, selbst wenn sich einzelne oder gar eine ganze Gemeinde seinem Walten entgegenstellt. Er führt seine Sache weiter bis zu dem Tag, an dem Jesus Christus wiederkommt.

Kann man eigentlich Gottes Werk hindern? Die Gefahr besteht. Darum wird der Glaubende in der Heiligen Schrift wiederholt gewarnt vor Trägheit, Stillstand, Rückfall in alte Lebensgewohnheiten und vor der Gefahr, sich bösen Kräften und Mächten zu öffnen. Alles ungeistliche Handeln, wie Neid, Lüge oder mangelnde Vergebungsbereitschaft, hindert das Werk Gottes.

Gott ist am Wirken. Überall ist das Wort der Wahrheit im Evangelium da und bringt Frucht. Wir wollen sein Wachstum in unserem Land und Leben an diesem Tag nicht hindern. Im Gegenteil, vielleicht fällt uns ein, wo bzw. wem gegenüber wir uns für die Verbreitung des Wortes der Wahrheit einsetzen können. Ich wünsche Ihnen einen von Gott begleiteten Tag, der Sie erfahren läßt, was es bedeutet, wenn wir das Wort der Wahrheit im Evangelium hören und befolgen.

8. Juli

„Ich bete darum, daß eure Liebe immer noch reicher werde an Erkenntnis und aller Erfahrung, so daß ihr prüfen könnt, was das Beste sei, damit ihr lauter und unanstößig seid für den Tag Christi.“ Phil. 1, 9–10

Es geht nicht darum, daß man viel Gutes tut, viel Liebe erweist und auf diese Weise meint, Gottes Willen zu tun, sondern: Wer

Gottes Willen erkennt und sich danach richtet, dessen Liebe wird immer reicher und tiefer.

Was will Gott? Diese Frage hat schon manchen tief bewegt. Wohl dem Glaubenden, den diese Frage nie losläßt. Wohl der Gemeinde, die sich von dieser Frage leiten läßt. Im gemeinsamen Gebet gibt Gott Antwort auf die Frage: Was willst du, Herr, was sollen wir tun?

Die Gemeinde in Philippi hatte in Paulus einen, der sie in treuer Fürbitte begleitete. Heute kann diese Rolle auch ein Gebetskreis übernehmen, der sozusagen der Motor der ganzen Gemeinde ist.

Es ist ja nicht damit getan, daß sich ein Mensch einmal für Christus entscheidet, und meint, damit wären alle Fragen im Glaubensleben entschieden. Immer wieder neu ist unsere Entscheidung gefragt, auch die Entscheidung, wie man leben soll. Wissen, wie man leben soll, sich richtig entscheiden – das gelingt, wenn ich mich nach dem erkannten Willen Gottes richte. Da wird zwar nicht alles gelingen, was ich mir vorgenommen habe, da ist nicht alles richtig, was ich tue. Noch viel schlimmer: Ich werde Schuld in meinem Leben und auch Schuld im Leben meiner Gemeinde entdecken. Aber ich erfahre auch: Entscheiden, wie ich leben soll, das heißt, mit jeder erkannten Sünde vor Jesus hinzutreten und zu sagen: „Lieber Herr, das war nicht in Ordnung. Jenes war nicht richtig. Vergib mir bitte. Bringe doch bitte in Ordnung, was ich verdarb, und hilf mir, es das nächste Mal besser zu machen." Solches Beten erhört unser Herr Jesus Christus. Daher muß ich keine Sorge haben, wie ich einmal vor ihm bestehen werde, selbst wenn er in der nächsten Stunde wiederkäme.

Wer sich führen läßt von Jesus, wer Lebensführung erfährt durch Jesus, der wird in dieser Welt seinen Weg zwar immer wieder einmal korrigieren müssen, aber die Richtung stimmt auf der Straße in die Ewigkeit. Wenn wir uns vom Höchsten beraten lassen, werden wir nicht nur seine Führung erfahren, sondern dann können wir auch festbleiben. Das ist die Erfahrung der Glaubenden durch die Jahrhunderte: Sich an Gott hängen, sich allein an ihm orientieren, das hilft dem Gemüt, das festigt den Charakter, das stärkt den Willen.

9. Juli

„Aber der Herr, dein Gott, wollte Bileam nicht hören und wandelte dir den Fluch in Segen um, weil dich der Herr, dein Gott, liebhatte.“ 5. Mose 23, 6

Eine der eigenartigsten Geschichten des Alten Testaments ist die von Bileam. Er war ein heidnischer Wahrsager, der in Pethor am Euphrat wohnte. Eines Tages kamen Boten aus dem fernen Moab zu ihm und baten, er möge ihnen im Kampf gegen die Israeliten beistehen. „Verfluche Israel“, so lautete der Auftrag. Doch Gott beauftragt den Bileam, Israel nicht zu verfluchen, weil es von ihm gesegnet sei (4. Mose 22, 12). Darum lehnt Bileam zuerst auch die Einladung der Moabiter und Midianiter ab. Doch diese lassen nicht locker. Hochstehende Persönlichkeiten bedrängen Bileam, ihrer Bitte zu entsprechen und Israel zu verfluchen. Der Hellseher wird schließlich schwach. Er folgt den Abgesandten nach Moab. Doch Gott gestattet ihm nicht, sein auserwähltes Volk zu verfluchen. Er muß es vielmehr segnen. Die ihn fürs Verfluchen bezahlten, müssen nun sogar die Segenswünsche mitanhören.

Daß sich ein Fluch in Segen verwandelt, galt in jener Zeit nur für Israel. Alles, was nicht zum Volke Gottes gehörte, blieb vom göttlichen Segen ausgeschlossen. Es gilt, neu zu erfassen, was auf solchem Hintergrund die Botschaft von Christus bedeutet. Er beseitigt alles Dunkle, er besiegt das Unheil, er hebt den Fluch auf, der auf der ganzen gottlosen Menschheit liegt. Er wendet sich den Menschen zu, geht ihnen nach, hilft ihnen, liebt sie. Im Neuen Testament heißt es: „Er schenkt seine Gnade.“ Gnade, das ist die völlige, bedingungslose Liebe Gottes, auch zu solchen, die ungeliebt von Menschen sind oder sich vielleicht sogar zu denen zählen, die sich von anderen verwünscht sehen. Es gehört ja zu den traurigsten Entdeckungen eines Menschen, wenn er erfährt, daß er nicht gewollt oder unerwünscht ist. Doch das Blut Jesu ist stärker als jeder Fluch, der auf einem Leben lastet. Jesu Blut floß am Kreuz, weil Gott den Menschen nicht anders zeigen konnte, wie sehr er sie liebt.

Sollten Sie jemand sein, der den Eindruck hat, daß auf seinem Leben ein Fluch lastet oder er unerwünscht ist oder einer, den niemand mag, dann ist auch für Sie Hoffnung da. Wo Jesus einzieht, da hat das Böse seine Macht verloren. Jesus zerstört jeden Fluch und nimmt allem Bösen, ja, dem Bösen, dem Satan selbst, die Macht. Dazu ist er gekommen. Auch Sie können Hoffnung haben. Fürchten Sie sich nicht länger. Wenden Sie sich diesem Jesus zu. Sprechen Sie mit ihm wie zu einem Freund. Beten Sie ihn an. Klagen Sie ihm Ihr Leid und Ihre Not. Halten Sie nichts zurück. Bitten Sie ihn, durch die Kraft seines Blutes alles wegzunehmen, was an Ihnen verflucht ist, und Ihnen seinen Segen zu schenken. Wenn er Sie segnet, heißt das, Sie werden seine Zuwendung erfahren.

10. Juli

„Ein Törichter glaubt das nicht, und ein Narr begreift es nicht." Ps. 92, 7

Gott selbst bringt alle Versuche, ihn zu beweisen, zum Scheitern. Er möchte, daß wir nicht über ihn spekulieren, sondern Vertrauen zu ihm fassen. Wir wollen aber nicht verschweigen, daß der Zweifel an Gottes Wirklichkeit, besonders in Zeiten schwerer Anfechtungen, niemandem erspart bleibt. Wer jedoch dem Zweifel standhält, dessen Gewißheit ist stärker als jeder Zweifel und dauerhafter als jede Unsicherheit. Gott kann uns eine Glaubensgewißheit schenken, die niemand rauben kann. Wer sein Leben in dem Glauben aufbaut, daß Jesus für seine Sünde und Schuld gestorben ist, wer gelernt hat, in Gott den lieben Vater unseres Herrn Jesus Christus zu sehen, der kann zu Gott sagen: „Lieber Vater". Und er wird seines Glaubens gewiß.

Der glaubende Mensch hat aber trotzdem an den gleichen Schwierigkeiten zu tragen wie jeder andere auch. Nirgendwo steht geschrieben, daß wir aufgrund unseres Glaubens vor persönlicher Not, großem Leid oder gar einer Katastrophe verschont bleiben. Nein, wir sollten nicht so tun, als sei der Glaube ein Freifahrtschein in die besseren Lebensbedingungen. Es geht dem Glaubenden zwar nicht besser, aber er hat es besser. Er weiß sich in jeder Lebenslage von Gott umgeben: „Von allen Seiten umgibst du mich", heißt es in Psalm 139, „und hältst deine Hand über mir."

Wir können etwas über Gott aussagen, weil wir in unserem Leben erfahren haben, daß er wirksam geworden ist. Wir werden allerdings nur so viel über Gott aussagen können, wie menschlicher Erfahrung zugänglich ist. Gott erweist sich uns als Wirklichkeit, indem er in der lebendigen Begegnung mit dem biblischen Wort für uns gegenwärtig ist. Niemand sollte sich dadurch erschüttern lassen, daß Gott sich ihm einmal so offenbart und ein anderes Mal so. Wir kriegen Gott in keine Schablone, und das ist auch gut so. Jeder, der eine Erfahrung mit Gott gemacht hat, hat etwas von Gott gefunden, das sich nicht in menschlichen Begriffen ausdrükken läßt. Darüber kann man nur mit denen reden, die ihrerseits Gott erlebt haben.

Ich möchte mit Ihnen beten: „Herr, wie sind deine Werke so groß. Deine Gedanken sind sehr tief. Wie wunderbar bist du, o Gott, daß du mich Einblick nehmen läßt in deine Gedanken und daß es möglich ist, sich an dich zu wenden. Ich danke dir, daß du anders bist als alles, was ich mir vorstellen kann. Vielen Dank, daß du, der große, hohe, majestätische und heilige Gott, dich mir kleinem Menschen zuwendest und mein Leben sinnvoll machst. Ich preise dich. Amen."

11. Juli

„Hütet euch aber vor den Menschen; denn sie werden euch den Gerichten überantworten und werden euch geißeln in ihren Synagogen.“ Matth. 10, 17

Es vergeht leider keine Woche, ohne daß wir von Christenverfolgungen irgendwo in der Welt hören. Das soll uns aber nicht erschrecken oder verwundern. Der Herr Jesus hat in seiner sogenannten Abschiedsrede gesagt: „Wenn euch die Welt haßt, so wißt, daß sie mich vor euch gehaßt hat“ (Joh. 15, 18).

Seit es Christen gibt, sind sie verfolgt worden. Sie werden sich auch künftig dem Unverständnis und dem Haß der Welt gegenübersehen. In der Bibel werden einige Gründe genannt, warum es zu Verfolgungen kommt.

Ein Grund ist zum Beispiel, daß Christenverfolger kein Verständnis dafür haben, daß Christen sich nicht „in dasselbe wüste, unordentliche Treiben“ stürzen wie die Gottlosen (1. Petr. 4, 4). Die Welt lehnt alles ab, was ihr nicht wesensgemäß ist. Sie fordert unbedingte Gleichförmigkeit im Denken und Handeln. Obwohl Christen oft die loyalsten Staatsbürger sind, passen sie vielen Regierungen einfach nicht ins Konzept.

Ein anderer Grund ist der Unglaube. Christenverfolger anerkennen Jesus nicht als den Sohn Gottes. Sie glauben darum auch nicht an einen liebenden „Vater im Himmel“ oder an den „Vater unseres Herrn Jesus Christus“.

Jedem aufrichtigen Jünger stellt sich natürlich die Frage, wie er sich einmal verhalten würde, sollte er verfolgt werden. Wir wissen nicht, was noch auf uns zukommt, doch wenn wir je in eine Verfolgung kämen, dann sollte uns dies nicht unvorbereitet treffen. Ich habe von indischen Christen gehört, die mit einer Verfolgung rechnen. Durch intensives Bibelstudium bereiten sie sich bewußt auf diese Zeit vor.

Der Herr Jesus Christus wollte seine Jünger vor dem Glaubensabfall bewahren. Darum hat er mit ihnen über die Taktik des Feindes gesprochen. Keiner muß nun aber darüber nachgrübeln, wie er sich in der Stunde der Bewährung verhalten wird. Jesus Christus selbst will dafür sorgen, daß wir ihm dann keine Schande bereiten. Er wird uns wissen lassen, was wir zu tun und zu sagen haben (Matth. 10, 19–20).

Wenn es jedoch im Plan Gottes liegt, uns vor Verfolgung zu bewahren, sollten wir ihn desto mehr um Kraft bitten, uns Tag für Tag zu bewähren und so leben zu können, daß andere Lust kriegen, auch Christ zu werden.

12. Juli

„Du sollst kein falsches Gerücht verbreiten; du sollst nicht einem Schuldigen Beistand leisten und kein falscher Zeuge sein.“ 2. Mose 23, 1

„Weißt du es genau?“ hatte ich den Übermittler der ungeheuren Nachricht gefragt. Da wurde so viel Negatives über einen bestimmten Menschen verbreitet, daß allein die Hälfte der Mitteilungen genügt hätte, um ihn für alle Zeit unmöglich zu machen. „Nein, genau weiß ich es nicht, aber ich habe gehört ...“ Als ich weiter auf meinen Gesprächspartner eindrang, um Einzelheiten zu erfahren, zuckte er auf einmal resignierend die Schultern und sagte: „Vielleicht ist ja auch alles nur ein Gerücht.“

Gerüchte verbreiten sich schnell. Sie haben die unangenehme Eigenschaft, sich hartnäckig zu halten. Ein Gerücht hat immer irgend etwas Falsches, Hinterhältiges, Gemeines und Verderbendes. Gerücht, das meint eigentlich „umlaufendes Gerede“. Was wird nicht alles geredet, besonders in Krisenzeiten oder wenn es einem schlechtgeht.

Gerüchten ausgeliefert zu sein, ist etwas Schlimmes. Wie schnell ist solch ein Gerücht in Umlauf gesetzt. Man hat irgend etwas mit halbem Ohr gehört und gibt es mit großer Überzeugung weiter. Schon ist ein Gerücht geboren. Gerüchte haben Menschen schon in den Tod getrieben. Schwierig ist es in der Regel, den Ursprung eines Gerüchtes zu ermitteln. Darum sollte man, wenn einen eine besonders markante Geschichte erreicht, deren Wahrheit man bezweifelt, einige Fragen stellen. Warum wird diese Sache mir jetzt erzählt? Warum sollte ich sie weitererzählen? Komme ich mir dabei wichtig vor? Woher kommt wohl diese Nachricht? Wenn ich die Quelle nicht sicher ausmachen kann, dann sollte ich vorsichtig sein.

Im zweiten Buch Mose heißt es: „Du sollst kein falsches Gerücht verbreiten." Diese Aufforderung wird erteilt im gleichen Atemzug mit zwei anderen Aufforderungen: „Du sollst nicht einem Schuldigen Beistand leisten und kein falscher Zeuge sein." Eigentlich sehr präzise. Wie schlimm, wenn man einem, der schuldig ist, ein Alibi verschafft. Solch falsches Zeugnis mag vielleicht jemanden schonen, aber dafür bringt es einen anderen ins Unglück. Ähnlich ist es auch mit den Gerüchten. Gerüchte schaden dem Nächsten. Vielleicht schaden sie auch mir selbst.

Manche sagen ja, daß an jedem Gerücht etwas Wahres dran sei. Merken Sie sich eins: Es gibt Gerüchte, die sind von vorne bis hinten erlogen, und es ist überhaupt nichts dran! Geben Sie keine Gerüchte weiter! Seien Sie auch kein Gerüchtemacher! Und sollten Sie je erleiden müssen, daß über Sie Gerüchte im Umlauf sind, dann können Sie sicher sein, daß Gott Sie hindurchtragen kann.

Wir wollen beten: „Lieber Herr Jesus, da ist so manches in Umlauf über uns und über andere. Laß uns bitte besorgt sein, daß wir nicht dazu beitragen, daß Gerüchte verbreitet werden. Wir danken dir, daß du ein freundlicher Gott bist, der uns die Kraft geben will, so zu leben, daß wir niemandem Anstoß geben. Amen."

13. Juli

„Fürwahr, meine Seele ist still und ruhig geworden wie ein kleines Kind bei seiner Mutter; wie ein kleines Kind, so ist meine Seele in mir.“ Ps. 131, 2

In mancher Gemeinde heißt es vor dem Gebet: „Wir wollen nun stille werden.“ Das heißt: Wir wollen abschalten, wir wollen einmal unsere Gedanken zur Ruhe kommen lassen und nicht selbst das Sagen haben. Wir wollen versuchen, Gottes Gedanken zu erfassen, die so viel höher sind als unsere. Schon in alter Zeit wußte man, daß zur Begegnung mit Gott Stille gehört. So heißt es etwa in Psalm 65, Vers 1: „Gott, man lobt dich in der Stille zu Zion.“ Vielleicht kommen wir deshalb manchmal nicht zum Lob, weil die Stille fehlt.

Die Bibel ist voller Aufforderungen, stille zu sein, zur Ruhe zu kommen, Gott die Möglichkeit einzuräumen, wirksam zu werden. In Psalm 37, Vers 7, heißt es: „Sei stille dem Herrn und warte auf ihn. Entrüste dich nicht über den, dem es gutgeht, der seinen Mutwillen treibt.“ Das heißt doch: Es geht unter Umständen sogar jemandem gut, der sich nicht an Gottes Ordnung hält. Sich darüber nicht aufzuregen und zu ärgern, muß immer wieder gelernt werden, denn die größte Aufregung bringt nichts. Wer seine Hoffnung auf Gott setzt, der kann beten wie David: „Fürwahr, meine Seele ist still und ruhig geworden wie ein kleines Kind bei seiner Mutter.“ Wenn ich in Gott gegründet bin, muß ich keine Angst haben, auch dann nicht, wenn sich die Masse gegen mich stellt. „Wenn sich auch ein Heer wider mich lagert, so fürchtet sich dennoch mein Herz nicht; wenn sich Krieg wider mich erhebt, so verlasse ich mich auf ihn“ (Ps. 27, 3).

Es sind nicht die Unfähigen oder Versager, die bewußt vor Gott stille werden, sondern es sind die, die Jesus Christus Mitte ihres Lebens sein lassen. In seinem Brief an die Korinther erinnert Paulus an das Gotteswort „Es werde Licht“. Er schreibt: „Gott hat einen hellen Schein in unsre Herzen gegeben, daß durch uns entstünde die Erleuchtung zur Erkenntnis der Herrlichkeit Gottes in dem Angesicht Jesu Christi“ (2. Kor. 4, 6).

Wenn man erst einmal still geworden ist vor Gott, sehnt man sich danach, in dieser Stille bleiben zu können. Wo Trubel und Hektik herrschen, hören wir nicht, was Gott uns sagen will. Das ist es also: Wenn ich stille vor Gott bin, kann er in mir wirken. Wenn ich stille vor Gott bin, kann er in mein Herz hineinlegen, was er für wesentlich hält. Schöneres könnte uns an diesem Tag nicht passieren.

14. Juli

„Aber nicht verhält sich's mit der Gabe wie mit der Sünde. Denn wenn durch die Sünde des Einen die Vielen gestorben sind, um wieviel mehr ist Gottes Gnade und Gabe den Vielen überreich zuteil geworden durch die Gnade des einen Menschen Jesus Christus." Röm. 5, 15

Gottes Gnade äußert sich darin, daß er seinen Sohn auf die Erde sendet, um den Menschen seine Gnade persönlich zu offenbaren. In Jesus Christus erscheint Gottes Gnade in ihrer ganzen Fülle auf Erden. Ganz besonders erweist Gottes Gnade sich in dem unschuldigen Leiden und Sterben des Heilandes, der um unsertwillen litt, um die Gunst und Gnade des Vaters für uns zu erlangen. Durch ihn haben wir Vergebung der Sünden und Hoffnung auf das ewige Leben. In der Vergebung und Hoffnung besteht für uns der wesentliche Inhalt der göttlichen Gnade. Gnade, das ist die geheimnisvolle Zuwendung Gottes zum Menschen.

Ja, es ist seine Gnade, daß ich Jesus Christus als Herrn meines Lebens erkannte und er mir geistliches Leben schenkte. Es ist seine Gnade, daß er mir den Glauben nicht nur gegeben, sondern bis zur Stunde erhalten hat. Es ist seine Gnade, daß mein Leben ein Ziel hat. Es ist seine Gnade, daß ich nicht allein durchs Leben gehen muß, sondern daß ich Menschen habe, die sich um mich kümmern und die mich lieben. Es ist Gottes Gnade, daß mein Leben eine neue Dimension gewonnen hat, daß ich nicht nur für den Tag zu leben brauche oder für den Beruf, sondern daß ich mich als sein Diener sehen darf, mit allem, was ich tue. Es ist seine Gnade, daß er mich beauftragt hat. Es ist seine Gnade, daß ich diesen Auftrag vernommen habe. Es ist seine Gnade, daß er mir hilft, diesen Auftrag zu erfüllen.

Es ist auch Gottes Gnade, daß ich sein Wort habe. Es ist seine Gnade, daß ich Augen habe, um dieses Wort zu lesen oder, wenn ich blind bin, Fingerspitzen, um in der Blindenschrift zu erspüren, was er mir sagen will. Es ist seine Gnade, daß er mir Ohren gibt zum Hören. Es ist seine Gnade, daß wir so viele Lieder haben, in denen von der Gnade gesprochen wird. Was ich vielleicht nicht verstehe, wenn es geredet wird, begreife ich möglicherweise, wenn es gesungen wird.

Seiner Gnade will ich mich jetzt anbefehlen, für diesen Tag, der vor mir liegt, für alle Tage, die noch vor mir sind, bis ich einmal vor seinem Thron stehen darf.

15. Juli

„Denn wir haben nicht einen Hohenpriester, der nicht könnte mit leiden mit unserer Schwachheit, sondern der versucht worden ist in allem wie wir, doch ohne Sünde.“ Hebr. 4, 15

Jesus Christus wird im Hebräerbrief als Hoherpriester bezeichnet. Ein Priester tut Mittlerdienste zwischen Menschen und Gott. In Jerusalem waren Jahrhunderte hindurch Hohepriester tätig. Sie hatten das Sühneopfer für die eigenen Sünden und für die des Volkes darzubringen und am Versöhnungstag die vorgeschriebenen Opferhandlungen zu vollziehen. Zur Zeit Jesu war der Hohepriester Vorsitzender des Hohen Rates und – abgesehen von der römischen Besatzungsmacht – auch politisch der oberste Führer des Volkes.

Wenn ein Jude das Wort „Hoherpriester“ hörte, so verband sich damit die Vorstellung: Es wird vom höchsten Würdenträger gesprochen, vom Führer des Volkes, vom Beauftragten Gottes. Ein jüdischer Hoherpriester wußte, was Macht bedeutet. Er kannte die

Gesetze und war oft sogar an ihrer Abfassung beteiligt. Das ganze Volk und der einzelne fanden beim Hohenpriester jedoch häufig nicht die erhoffte Hilfe und das erwartete Verständnis. Auf diesem Hintergrund muß man hören, was der Schreiber des Hebräerbriefes über Jesus Christus sagt: Mit ihm haben wir „nicht einen Hohenpriester, der nicht könnte mit leiden mit unserer Schwachheit, sondern der versucht worden ist in allem wie wir, doch ohne Sünde".

Jesus, dem menschgewordenen Sohn Gottes, ist nichts Menschliches fremd. Er kennt Armut und Reichtum, Erfolg und Mißerfolg, Anerkanntsein und Einsamkeit, Gesundsein und Leiden, Leben und Sterben. Darum kann man sich im Gebet an Jesus wenden und so sprechen, wie man mit einem Freund spricht. Er fühlt mit denen, die ihm vertrauen. Er leidet mit ihnen. Jesus kennt unsere Probleme, weil er dasselbe durchgemacht hat wie wir. Nichts Menschliches ist ihm fremd. Doch während wir manches Mal schon vor einer Versuchung schwach werden, hat er durchgehalten. Er blieb stark und fiel nicht in Sünde. Bei ihm wandte der Versucher alle Mittel an, die ihm zur Verfügung standen. Dennoch widerstand Jesus, obwohl er nicht nur den gleichen Versuchungen ausgesetzt war wie die Menschen, sondern noch viel schlimmeren.

Jesus hat für alle Menschen Verständnis, selbst für die, die meinen, niemand verstünde sie. Das ist etwas so Großartiges, daß uns eigentlich die Worte fehlen, es zu beschreiben. Weil Jesus versucht worden ist wie jeder andere Mensch, aber weil er durchgehalten hat wie ein Hoherpriester, deshalb – sagt die Bibel – kann er den Menschen helfen, welche Schwierigkeiten auch immer über sie kommen.

Ich möchte Ihnen und auch mir selbst Mut machen, damit zu rechnen, daß Jesus uns versteht. Was dieser Tag auch an Versuchung für Sie oder mich bereithält – wir werden bestehen, wenn wir uns an Jesus Christus wenden.

16. Juli

„Da lief Philippus hin und hörte, daß er den Propheten Jesaja las, und fragte: Verstehst du auch, was du liest? Er aber sprach: Wie kann ich, wenn mich nicht jemand anleitet? Und er bat Philippus, aufzusteigen und sich zu ihm zu setzen.“

Apg. 8, 30–31

Wir haben in der Geschichte des Schatzmeisters aus Äthiopien ein wunderbares Beispiel, wie man wachstümlich zu biblischem Verständnis kommen kann. Dieser Mann kehrt zurück von einer Bildungsreise aus dem fernen Jerusalem. Und da liest er, auf einem Wagen sitzend, die Schriftrolle des Propheten Jesaja. Er liest laut vor sich hin, wie das damals üblich war, ohne zu verstehen, was er liest. Er brauchte jemanden, der ihm sagt, was er eigentlich liest und was der Text aussagt. Er hat eine Schriftstelle aus dem Propheten Jesaja vor sich, Jesaja 53, jene berühmte Stelle, die auf den leidenden Gottesknecht hinweist, also auf Jesus, der am Kreuz gestorben ist als Lamm Gottes, das die Sünde der Welt trägt.

Es findet ein Lehrgespräch statt zwischen einem gebildeten Fremden aus Afrika und dem einfachen, schlichten Diakon Philippus. Dieser Bericht enthält übrigens einen Hinweis auf Christen, die mitunter Hemmungen haben, über ihren Glauben zu sprechen, weil sie sagen: „Ich bin ja nur ein einfacher Mann“ oder so ähnlich. Wie viele Hemmungen haben Menschen manchmal, obwohl sie gar keine zu haben bräuchten. Dieser sogenannte einfache Mann Philippus geht zu dem gebildeten Schatzmeister, heute würden wir „Finanzminister“ sagen, und hat ihm viel zu vermitteln. Philippus hatte den Mut, ihn zu fragen: „Versteht du auch, was du liest?“ Und der Gefragte hatte die innere Größe zu sagen: „Nein, ich verstehe es nicht. Bitte erkläre es mir.“

Ich weiß nicht, ob Sie schon einmal darunter gelitten haben, daß Sie niemand angeleitet hat, bestimmte Bibelstellen zu verstehen. Vielleicht haben Sie die Bibel zugemacht und gesagt: „Es ist eben doch ein sehr anspruchsvolles Buch. Ich verstehe es einfach nicht.“ Wem es so ergeht, der sollte darum bitten, daß Gott ihm jemanden in den Weg führt, der den Mut hat zu fragen: „Verstehst du auch, was du liest?“ Und wenn Sie so gefragt werden, dann antworten Sie ehrlich: „Nein, ich verstehe es nicht.“ Seien Sie ganz ehrlich, wenn es um Ihr Verhältnis zum Wort Gottes geht. Sie haben die Möglichkeit, im geistlichen Bereich zu lernen. Zwar sind die ersten Schritte mühevoll, aber wer nicht aufgibt, sondern dranbleibt, den kann Gott von einer Erkenntnis zur anderen führen.

17. Juli

„Fürchte dich nicht vor dem, was du leiden wirst! Siehe, der Teufel wird einige von euch ins Gefängnis werfen, damit ihr versucht werdet, und ihr werdet in Bedrängnis sein zehn Tage. Sei getreu bis an den Tod, so will ich dir die Krone des Lebens geben.“ Offb. 2, 10

Feindschaft gegenüber der Gemeinde Jesu ist nicht das Besondere, sondern das Normale. Der Feind der Gemeinde Jesu, der Satan, richtet sein ganzes Augenmerk darauf, die Gemeinde Jesu zu zerstören. Er möchte jeden einzelnen Jünger zur Strecke bringen. Ihm ist jedes Mittel recht. Helfer Satans finden sich schnell in der Absicht, der Gemeinde Jesu Schaden zuzufügen oder sie gar zu vernichten.

Doch so wenig der Teufel Macht haben konnte über Jesus, so wenig wird er die Gemeinde Jesu besiegen. So wenig wie Jesus vom Tod festgehalten werden konnte, so wenig wird seine Gemeinde vom Tod festgehalten. Immer hat Jesus das letzte Wort. Selbst wenn die Gemeinde hungern müßte, wird Jesus sie auf dem bittersten Weg begleiten und wird seine Nachfolger so stärken, daß sie fest mit ihm verbunden bleiben. Die Angriffe des Satans tun weh. Vor allem die besondere Waffe Satans, die Verlästerung oder Verleumdung, tut weh. Und wenn dazu noch Verfolgung kommt, dann ist das, menschlich gesprochen, wirklich bitter. Aber die Christengemeinde in Smyrna hat sich nicht gebeugt, ist keinen Kompromiß eingegangen. Sie hat Bedrängnis, Armut und Lästerung überstanden. Der erhöhte Herr läßt keinen Zweifel darüber, daß sie damit den Angriffen Satans widerstanden hat.

Woher nahmen die Christen der dortigen Gemeinde die Kraft zu solcher Treue? Sie hatten erfahren, daß alles Bittere, das Jünger Jesu um ihres Herrn willen durchzumachen haben, nicht zerstört, sondern innerlich wachsen läßt. Wer bei schwerer Wegführung nur die Menschen sieht, die ihm das Leid zufügen, und wer nur die Bosheit vor Augen hat, unter der er leidet, der wird die Erprobung nicht bestehen, sondern innerlich Schaden nehmen. Wer auf die Menschen und Verhältnisse sieht, geht unter. Wer aber im Glauben auf Jesus schaut, der kommt durch. Gott sorgt dafür, daß auch die Leidenszeit nur eine abgemessene Zeit ist, eine Zeit, die er bestimmt hat.

In der Gemeinde in Smyrna wußte man etwas von der „Krone des Lebens". Die Krone ist das ewige Leben bei Jesus, die noch verborgene Herrlichkeit, die bei ihm auf uns wartet. Das Wünschen der Gemeinde galt nicht vordringlich irdischen und vergänglichen Zielen, sondern dem Unvergänglichen. Sie wollten am Ende der Zeit, dann, wenn Gott seine neue Welt errichtet, in der Herrlichkeit Gottes leben. Mit allen Christen wußten die von Smyrna, daß „dieser Zeit Leiden nicht ins Gewicht fallen gegenüber der Herrlichkeit, die an uns offenbart werden soll" (Röm. 8, 18).

18. Juli

„Aber die Söhne Elis waren ruchlose Männer; die fragten nichts nach dem Herrn." 1. Sam. 2, 12

Die Geschichte des Vaters Eli und seiner Söhne Hofni und Pinhas ist eine der erschütterndsten des Alten Testaments. Versagen reiht sich an Versagen. Ein Fehler nach dem anderen wird gemacht. Ich denke, die Söhne konnten vor allem deshalb nichts Rechtes werden, weil sie selbstsüchtig und glaubenslos waren. Von Gott wollten sie nichts wissen. Über seine Ordnung und Gebote setzten sie sich hinweg. Sie vergriffen sich z.B. am Opfer, das Gott geweiht war. Und das war das Schlimmste, was man sich nur vorstellen konnte. Mit ihrem undisziplinierten Verhalten brachten diese mißratenen Söhne ihren Vater bewußt oder unbewußt in Mißkredit. Mancher mag sich fragen, was Eli denn hätte tun können. Man kann doch seinen Kindern den Glauben an Gott nicht aufzwingen, und vor allem nicht, wenn sie erwachsen sind.

Oft schneller, als ihnen lieb ist, tragen die jungen Menschen selbst die Verantwortung für ihr Leben. Jeder Mensch muß selbst entscheiden, ob er sein Leben mit oder gegen Gott führen will. Aber egal, wie sich unsere Kinder entscheiden, als Eltern haben wir die bleibende Verpflichtung, von Gott zu reden und unseren Glauben durch Wort und Tat zu bezeugen. Das ist gar nicht so einfach. Wir müssen Gott immer wieder bitten, daß er uns zu vorbildlichen Eltern macht.

Schlimm also, daß Hofni und Pinhas ihrem Vater nicht gehorchten. Vielleicht hatte Eli Fehler gemacht. Gott sagt, daß unser Leben mehr reden soll als unsere Worte. Andererseits sollen wir manchmal selbst dann noch reden, wenn wir denken, es habe ja doch alles keinen Sinn mehr. Ein anderes Mal wieder müssen wir schweigen. Falsch ist es aber in jedem Fall, dann zu schweigen, wenn geredet werden muß. Es ist falsch, durchgehen zu lassen, was unterbunden werden müßte.

Eli wußte, daß sich seine Kinder schändlich verhielten, und wehrte ihnen nicht. Er resignierte und sagte: „Ich kann machen, was ich will, die Söhne hören einfach nicht." Besser wäre gewesen, er hätte gebetet: „Herr, ich möchte nicht ungehorsam sein vor dir, schenke mir von Zeit zu Zeit eine Gelegenheit, zu den Herzen meiner Söhne sprechen zu können. Sie wollen nichts von dir wissen. Auf mich hören sie nicht. Ich möchte nicht schuldig werden an diesen Kindern oder vor dir." So könnten auch wir beten.

Erziehung heißt, für die Zukunft meiner Kinder alles tun, was in meiner Kraft steht, und alles andere Gott zu überlassen. Erziehung heißt auch, sich seiner eigenen Begrenzungen bewußt sein. Erziehung ist etwas, was uns immer wieder neu an unsere Grenzen führt, an die Grenze der Geduld, des Wissens, des Könnens und der Liebe. Erziehung heißt, die große Chance wahrnehmen, mein eigen Fleisch und Blut in der Ewigkeit wiederzusehen.

19. Juli

„Jerusalem, Jerusalem, die du tötest die Propheten und steinigst, die zu dir gesandt sind! Wie oft habe ich deine Kinder versammeln wollen, wie eine Henne ihre Küken versammelt unter ihre Flügel; und ihr habt nicht gewollt!" Matth. 23, 37

Der Blick des Volkes Gottes war getrübt. Anstatt sich im Denken und Tun wieder Gott zu nähern, hatten die Juden nichts Besseres im Sinn, als sich immer weiter von Gott zu entfernen. Die Unvernunft zeigt sich auch durch eine unrealistische Einschätzung der eigenen Möglichkeiten. Gott ließ so oft durch Propheten warnen, besonders im politischen Bereich, keine Fehlentscheidung zu tun. Aber Juda hatte eine schlafwandlerische Neigung, sich immer mit der falschen Seite zu verbünden. Hätte es doch auf die Worte der Boten Gottes gehört. Das Ende ist bekannt: Untergang!

Aber wie ist das nun mit uns? Da gibt es Menschen, die wollen nichts von Gott wissen. Wer unter dem bisherigen Verlauf seines Lebens seufzt oder wer vielleicht ganz woanders angekommen ist als dort, wo er landen wollte, der höre heute die freundliche Einladung, die Jesus durch uns Menschen weitergibt, nämlich zu ihm zu kommen. Bei ihm ist Schutz und Hilfe zu finden. Mit seiner Hilfe gilt es, das Leben zu ordnen.

Und wir Christen, die Gott lieben und ihm gehören, sollten uns ebenfalls ansprechen lassen. Wir verfallen ja oft in den Fehler, über Strecken unseres Lebens andere Herren zu erwählen als den lebendigen Christus. Wie rasch stärkt man sich dann aus „fremden Futtertrögen", anstatt Speise für Leib und Seele beim lebendigen Gott zu suchen und zu finden. Wer in der Christusnachfolge steht und diese Gefahr entdeckt hat, darf um Vergebung bitten für alles, was er gegen die Anweisung Gottes getan hat, und für alles, was er ohne Gebetsvorbereitungen begonnen hat.

Wenn ein Mensch nicht die Verbindung mit Gott pflegt, sieht er nicht die Ursachen und Zusammenhänge dessen, was um ihn herum vorgeht. Der Mensch entzieht sich so dem Einfluß Gottes. Das verstehen wir vielleicht besser, wenn wir daran denken, wie gut es doch ist, wenn uns ein Freund hilft. Wie inspirierend das sein kann! Pflege ich aber den Kontakt mit diesem Freund nicht mehr, dann hilft mir auch die beste Verbindung von früher nichts. Er kann mich dann nicht mehr inspirieren. Mit einem Freund muß man verbunden bleiben. Wenn das schon auf Erden gilt, wieviel mehr für unser Verhältnis zu Gott. Gott weist darauf hin, daß er sein Bündnis mit seinem Volk treu gehalten hat. Er garantiert, daß er seinen Bund mit allen, die ihm vertrauen, halten wird.

20. Juli

„Ein Vater der Waisen und ein Helfer der Witwen ist Gott in seiner heiligen Wohnung, ein Gott, der die Einsamen nach Hause bringt, der die Gefangenen herausführt, daß es ihnen wohlgehe.“ Ps. 68, 6–7 a

Viele Menschen sitzen Tag für Tag in ihrer Wohnung und sehnen sich danach, aus der Einsamkeit herauszukommen. Sicher ist die Einsamkeit auch Ursache, daß die Langeweile so im Anwachsen begriffen ist. Wenn Sie sich zu den Einsamen zählen, sind Sie jetzt besonders gemeint, denn der wunderschöne Satz aus Psalm 68 ist für Sie. Ich hoffe, daß er Sie zum Aufhorchen bringt und vielleicht auch tröstet. Er sagt Ihnen: Gott ist ein Gott, der die Einsamen nach Hause bringt.

Wenn Sie irgendwo einen Spaziergang gemacht haben, vielleicht in einem nahen Park, dann müssen Sie den Wunsch haben, wieder nach Hause zu gehen. Wer nicht den Wunsch hat, nach Hause zu kommen, wird nicht zu Hause ankommen. Angewendet auf unser Thema: Wer nicht den Wunsch hat, aus der Einsamkeit herauszufinden, der findet auch nicht heraus. Nun nützt uns in unserem Leben das Wünschen nicht immer etwas. Der Mensch, der von einem lebendigen Gott weiß, macht darum seine Wünsche zum

Gebet. Fangen Sie doch einmal an zu beten, wie z.B.: „Herr, führe du mich aus der Einsamkeit heraus!" Dann antwortet Gott Ihnen vielleicht, wie es auch im 68. Psalm beschrieben ist: „Macht Bahn dem, der durch die Wüste einherfährt."

Ist Ihre Einsamkeit nicht wie eine Wüste? Gott kennt diese Einsamkeit. Er kennt auch die Ursachen Ihrer Einsamkeit. Nun bereiten Sie sich darauf vor, Gott Bahn zu machen. Das heißt: Haben Sie den herzlichen Wunsch, ihm in Ihrer Einsamkeit zu begegnen! Sie sollten wissen, daß sehr viele vor Ihnen die Erfahrung gemacht haben, daß Gott aus jeder Notlage herausführen kann und ganz gewiß aus der Einsamkeit.

Wie macht Gott das denn? Er tut es, indem er aus seiner Unsichtbarkeit heraustritt. Der unsichtbare Gott ist an seinen Taten zu erkennen. Psalm 68 ist der Lobgesang von Menschen, die erfahren haben, daß Gott selbst viele Feinde besiegen kann. Fassen Sie doch Vertrauen, daß er die Macht hat, Ihre traurigen und wenig zielstrebigen Gedanken zu zerstreuen. Er kann Ihnen ganz sicher in Ihrer besonderen Situation helfen. Wir haben einen Herrn, der hilft. Schenken Sie ihm Ihr Vertrauen. Tag für Tag trägt er uns. Kraft und Trost sind auch für Sie bereit. Machen Sie diesem Herrn Bahn. Freuen Sie sich vor ihm. Loben Sie ihn, und seien Sie gewiß, daß er die Einsamen nach Hause bringt.

21. Juli

„Durch ihn haben wir auch den Zugang im Glauben zu dieser Gnade, in der wir stehen, und rühmen uns der Hoffnung der zukünftigen Herrlichkeit, die Gott geben wird." Röm. 5, 2

Im 5. Kapitel des Römerbriefes entfaltet Paulus den Gedanken, was es heißt, mit Gott Frieden zu haben. Es ist so, als hätten sich zwei feindliche Parteien gegenübergestanden, und auf einmal wäre ein Dritter gekommen und hätte gesagt: „Schluß, keine Feindschaft mehr. Ich nehme das auf mich, was euch trennt." Ein solcher Vermittler ist Christus. Natürlich hinkt dieses Bild von zwei sich befehdenden Parteien. Gott befehdet den Menschen ja nicht, sondern der Mensch ist es, der sich gegen Gott aufgelehnt hat. Gott hätte allen Grund, die, die gegen ihn kämpfen, zu schlagen, und zwar vernichtend zu schlagen. Aber das Gegenteil ist der Fall. Weil dieser einmalige Vermittler aufgetreten ist, sagt Gott zu uns Menschen: „Wenn ihr euch an diesem Friedensvermittler orientiert, werdet ihr begreifen, daß ich euch nichts Böses zugedacht habe, sondern Gedanken des Friedens habe. Ich will euch Zugang verschaffen zu meiner Gnade." Der biblische Ausdruck „Gnade" ist übrigens Inbegriff des ganzen Reichtums Gottes, und ist immer ein Hinweis auf seine Güte und Zuwendung.

Wir haben Frieden und sind unseres Heils gewiß. Der Friede mit Gott, den Jesus am Kreuz schuf, ist nicht ständigen Schwankungen unterworfen, etwa daß er heute bestünde und morgen verschwunden wäre. Jesus hat den Frieden ein für allemal am Kreuz abgeschlossen. So ist es auch mit der Gnade, in der wir stehen. Wir finden nicht heute Gottes Erbarmen und sind morgen wieder erbarmungslos allen möglichen Mächten ausgeliefert. Glaubende stehen in der Gnade.

Weil das so ist, rühmen sich die Jesusleute der Hoffnung auf die zukünftige Herrlichkeit, die Gott geben wird. Es ist Gottes Gnade, wenn ich entdecke: Es kommt nicht mehr auf meine Vergangenheit an. Vielmehr will Gott mir den Blick für die Zukunft öffnen, die er mir zugedacht hat. Die Hoffnung, die Jesus Christus den Menschen anbietet, ist eine unermeßlich große und frohe Hoffnung, neben der es nichts Vergleichbares gibt. Diese Hoffnung beginnt jetzt, heute, in diesem Augenblick, und reicht bis in alle Ewigkeit. Jesus Christus hat unsere Vergangenheit nicht gelöscht, um uns in der Gegenwart neuer Hoffnungslosigkeit und verzweifelter Selbstanstrengung zu überlassen. Er weiß, daß wir unser Leben nicht selbst neu gestalten können. Darum will er die Neugestaltung durchführen. Christen können mit Hoffnung leben, und diese auf Christus gegründete Hoffnung läßt nicht zuschanden werden.

22. Juli

„Ich habe den Herrn allezeit vor Augen; steht er mir zur Rechten, so werde ich festbleiben." Ps. 16, 8

Eine Frau, die noch nicht lange Christin war, sagte unlängst: „Am meisten fürchte ich mich davor, im Alltag zu versagen. Wie kann ich herausfinden, was Gott will und was ich mir nur selbst einbilde?" So oder ähnlich haben gläubige Menschen zu allen Zeiten gefragt. Im 16. Psalm finden wir eine hilfreiche Antwort: „Wer den Herrn allezeit vor Augen hat, kann festbleiben." Dieser Satz des Königs David hat die Christen schon sehr oft angesprochen.

An den Beginn seines Gebetes hat David ein Wort gestellt, das wir bis heute nicht hundertprozentig deuten können. „Miklam" steht dort, was Luther mit „güldenes Kleinod" übersetzte. Verständlicher ist es, von einem Lied zu sprechen, das ein Geschehen unauslöschlich festhält. Was wollte David für sich und glaubende Menschen festhalten? Er möchte, daß jeder, der es hört, begreift: Wer den Herrn allezeit vor Augen hat, kann festbleiben! Was bedeutet das?

Das ganze Glück für einen Menschen, der Gott vertraut, ist dieser Herr allein. Das Wort „Glück" schmeckt vielleicht manchem nicht so. Ich lasse es dennoch einmal stehen. Wollen nicht alle Menschen glücklich sein? Daran ist auch nichts verwerflich. Nirgendwo verbietet die Bibel ein solches Verlangen. Doch wird der aufmerksame Bibelleser merken, daß es Gott nie darum geht, nur um unser Glück besorgt zu sein.

In der Geschichte des israelischen Patriarchen Josef berührt mich immer wieder der Satz: „Der Herr war mit Josef, daß er ein glücklicher Mann war." Also können die Begriffe „Glück" oder „glücklich" tatsächlich auch Umschreibung für ein Leben sein, das rundum gut verläuft, Gott wohlgefällig ist, berufliches Gelingen hat und sich über Gesundheit und manches mehr freut. Nirgendwo in der Bibel finden wir einen Hinweis darauf, daß es Gott wohlgefällig ist, unglücklich zu leben.

Allerdings wird mit dem Wort „Glück" so viel Mißbrauch getrieben, deshalb erinnere ich daran, daß es in älteren Bibelübersetzungen heißt: „Ich weiß von keinem Gut außer dir", oder: „Das, was mir guttut, steht allein bei dir, o Gott." Verstoßen wir nicht allzuoft gegen diese geistliche Erkenntnis des David? Wir versuchen eben doch ein wenig nachzuhelfen, wenn wir meinen, etwas wäre gut für uns. Als Christen wissen wir allerdings, daß der Herr allein den Weg in die Zukunft sichert. Er öffnet die Augen für Wesentliches und Unwichtiges. Er weist dem, der ihn darum bittet, den Weg. „Das, was mir guttut", sagt David, „steht allein bei dir." Wer so spricht, drückt damit seinen Glauben aus. Er unterstreicht, daß er den Herrn vor Augen hat und darum getrost dem entgegengehen kann, was kommt.

23. Juli

„Wo ist solch ein Gott, wie du bist, der die Sünde vergibt und erläßt die Schuld denen, die übriggeblieben sind von seinem Erbteil; der an seinem Zorn nicht ewig festhält, denn er ist barmherzig!" **Micha 7, 18**

Dieses inhaltsreiche Wort des Propheten Micha kann uns durch diesen Tag begleiten. Wo ist solch ein Gott? Es gibt natürlich keinen Gott außer dem Vater unseres Herrn Jesus Christus. Alle meine Schuld, also meine Gottestrennung, vergibt er, wenn ich ihn darum bitte. Alle meine Sünden, also alle meine Auflehnung gegen ihn, meinen Eigenwillen, meine Zielverfehlungen, kann ich vor ihm ausbreiten.

Ein im christlichen Glauben bewährter Mann sagte mir einmal: „Je länger ich an Christus glaube und mich darüber freue, daß mir meine Sünden vergeben sind, desto empfindsamer reagiert mein Gewissen. Ich kann heute vieles nicht mehr tun, was ich noch tat, als ich gerade zum Glauben gekommen war." Die Erfahrung dieses Mannes wird sicher von vielen Christen geteilt. Es ist gut, wenn das Gewissen wach bleibt und immer wacher wird. Die umgekehrte Entwicklung wäre unheilvoll und besorgniserregend.

Wir haben einen großen Gott, aber wir bleiben kleine, schwache und fehlerhafte Menschen, denen es leichter fällt, etwas Schlechtes zu denken und zu tun, als dem Willen Gottes entsprechend zu leben. Ist es nicht so: Je mehr ein Mensch die Größe Gottes bestaunen lernt, desto schmerzhafter wird er sich seines Abstandes zu Gott bewußt. Ich habe mich auch manches Mal gefragt: Warum hat Gott mich erwählt? Warum hat er mir Glauben geschenkt? Solches Fragen, solches Neu-dankbar-Werden bewahrt vor Überheblichkeit. Schnell urteilt man ja über andere und fragt: Wie konnte der oder die nur so etwas tun? Bei solch einer Frage vergißt man schnell, daß es nur Gottes unbegreifliche Güte war, die uns vor ähnlicher Schuld bewahrte.

Das durch den Glauben an Christus gereinigte Gewissen reagiert immer empfindlicher. Der ständige Umgang mit Gottes Wort, anhaltendes Beten und die Gemeinschaft mit anderen Christen hält uns von Sünde und Torheit fern und hat bewahrende Kraft. Andererseits hat Gottes Wort detektivische Eigenschaften. Da mag äußerlich bei einem Menschen alles in Ordnung sein, aber beim Lesen eines bestimmten Bibelwortes wird ihm auf einmal bewußt: Du hast dich heimlich an dieses oder jenes gehängt, da sind unreine Gedanken, da ist Neid, da ist Sorgengeist.

Gott vergibt gern, das wissen wir aus der Bibel. Gottes Gnade, die uns durch die Vergebung zuteil wird, ist nicht ausschließlich ein Vorrecht oder ein Geschenk, sondern göttliche Gnade bedeutet zugleich auch Verpflichtung zu größerer Verantwortlichkeit.

24. Juli

„Wie kann ein Mensch sich Götter machen? Das sind doch keine Götter!“ Jer. 16, 20

Seit Gott die Menschen geschaffen hat, liegen einige seiner Geschöpfe mit ihm im Streit. Vor ca. 2500 Jahren wandte sich ein ganzes Volk gegen Gott. Es war ausgerechnet das Volk, das er sich vor allen anderen erwählt hatte. Die Israeliten waren es leid, nur immer einen Gott zu verehren, den sie nie sahen und den sie nie mit ihren leiblichen Ohren hören konnten. Darum schufen sie sich sichtbare Götzen aus Holz und Stein. Ihr Denken und ihre Lebenshaltung wurden gottlos.

Da sandte Gott ihnen den Propheten Jeremia. Er sollte sie warnen. Jeremia hatte eine lebensentscheidende Erfahrung mit Gott, dem Allerhöchsten, gemacht. Seither gab es für ihn keinen Zweifel an der Existenz Gottes. Darum wurde er nicht müde, die Israeliten immer wieder zu Gott zu rufen. „Man kann sich seine Götter nicht selbst machen“, sagte Jeremia, „was dabei herauskommt, sind keine Götter!“.

Ich will einmal versuchen, zu sagen, wie es in unseren Tagen aussieht, wenn man den Rat des Propheten mißachtet. Es gibt ja viele Götzen um uns herum. Da ist zum Beispiel der Götze Freizügigkeit: Es ist alles erlaubt, was gefällt. Oder der Götze Macht: Es ist alles erlaubt, was mir dient. Oder ich denke an den Götzen Wissenschaftsgläubigkeit: Alles ist machbar. Damit habe ich nur einige der vielen Götzen unserer Zeit genannt. Götzendiener sind alle Menschen, deren Lebenshaltung bejaht, was der lebendige Gott verneint. Jeremia warnt davor, solch ein Götzendiener zu sein.

Bewußte Gottlosigkeit schafft ein Vakuum besonderer Art. Kein atheistischer Gedanke kann trösten oder stärken, bleibende Freude bereiten oder Geborgenheit schenken. Jesus Christus muß an die Stelle des Vakuums treten. Durch ihn erfahren wir, wie der Mensch wirklich sein kann. Und wir erfahren, wer Gott ist. In der Glaubensverbundenheit mit Christus werde ich gestärkt für jeden neuen Tag. Ich brauche mir keine Götzen zu schaffen. Ich werde auch zunehmend davor bewahrt, im Menschen das höchste Wesen zu sehen. Alle bewußte Gottlosigkeit führt nämlich zu unguter Erhöhung, Selbstverherrlichung und Vergötterung des Menschen.

Ich habe in besonders schweren Phasen meines Lebens erfahren, daß auf Gott Verlaß ist, wenn ich Jesus Christus in meinem Denken und Wollen genügend Platz einräume. Ihm kann ich jederzeit vertrauen. Darum wünsche ich mir von Herzen, daß viele Menschen, die heute noch gegen Gott opponieren oder seine Existenz nicht wahrhaben wollen, bald erfahren, daß es im Leben nichts Größeres gibt, als von diesem Gott abhängig zu sein und von ihm gestärkt zu werden.

25. Juli

„Und Paulus sah eine Erscheinung bei Nacht: Ein Mann aus Mazedonien stand da und bat ihn: Komm herüber nach Mazedonien und hilf uns!“ Apg. 16, 9

Paulus und Silas werden sich viele Male gefragt haben: Wo will uns Gott haben? Was sollen wir tun? Es scheint, als habe Gott seine Hand zurückgezogen. Nirgendwo ist der Dienst der beiden gefragt. Nirgendwo können sie tätig werden. Es geschieht absolut nichts! Im Zickzack verläuft die Reiseroute. Der Heilige Geist hindert sie, etwas zu tun (Apg. 16, 6). Was ist das für eine Aussage! Die beiden marschieren weiter. Weite Strecken werden zurückgelegt. Sie möchten an anderer Stelle wirksam werden; irgendwo muß man sie doch wohl brauchen können. „Doch“, so lesen wir es in der Apostelgeschichte, „der Geist Jesu ließ es ihnen nicht zu“ (Apg. 16, 7).

Das sind schon seltsame Aussagen: vom Heiligen Geist gehindert – der Geist Jesu ließ es nicht zu. Könnten wir das so schnell sagen, wenn wir einige Zeit lang scheinbar erfolglos gearbeitet haben? Woher weiß man das eigentlich, ob einen der Heilige Geist hindert oder ob es nicht etwa eine falsche Planung war oder Trägheit oder Mißmut oder irgendeine Sünde? Wie erfahren wir, was der Heilige Geist will? Sicher nur durch ein intensives Gebetsleben, durch Verwurzelung in der Heiligen Schrift und durch Gespräche mit Brüdern und Schwestern. So nur konnte auch Paulus erfahren, was ihm sein Herr Jesus Christus zu sagen hatte. Es gibt einige Voraussetzungen, um zu erfahren, was Jesus uns durch seinen Heiligen Geist sagen will. Zum Beispiel völliges Vertrauen in die göttliche Führung; oder die Bereitschaft, auf eigene Vorstellungen, Pläne und Erwartungen zu verzichten; aber auch, sich durch

„verschlossene Türen" nicht entmutigen zu lassen. Wer wirklich vom Herrn abhängig ist, kann schließlich doch in der Gewißheit, daß ihn Gott berufen hat, seinen Weg gehen.

Paulus hatte nachts eine Erscheinung. Man kann hier auch von einer Vision sprechen oder einer Offenbarung. Wir können davon ausgehen, daß die Eingebungen, die einem Menschen als Offenbarung bewußt werden, nicht ohne jenen Heiligen Geist geschehen, von dem Paulus zuvor erfahren hatte, daß er auch verhindern kann. In einer bestimmten, gottgewollten Stunde beauftragt der Heilige Geist. Paulus sieht ganz deutlich, was Gott von ihm will. In welcher Abhängigkeit von seinem Herrn muß der Apostel gelebt haben! Er hat keinen Zweifel daran, daß Gott zu ihm gesprochen hat.

Wir wollen beten: „Herr, schenke mir doch eine ähnliche Abhängigkeit von dir, wie sie Paulus hatte. Und laß mich, wenn du dich mir offenbarst, deutlich wissen, daß du es bist, der zu mir spricht. Amen."

26. Juli

„Und der Herr erschien ihm im Hain Mamre, während er an der Tür seines Zeltes saß, als der Tag am heißesten war."

1. Mose 18, 1

Wer wie Abraham den inneren Kontakt mit Gott gefunden hat und bemüht ist, auf Gott zu hören, der bedarf keiner besonderen Gelegenheit und keiner heiligen Orte, um Gottes Offenbarung zu erleben. Heilige Stätten heiligen den Menschen nicht. Sie vermitteln ihm auch nicht Gottes Gegenwart und Offenbarung. Heilige Menschen heiligen durch ihr Sein und Leben jeden Ort zu einer Stätte der göttlichen Offenbarung. Und solche Menschen können Gott an jedem Platz erfahren, ihn sehen und ihn hören.

Für Menschen, die in ihrem Leben Raum haben für Gott, ist die Nähe Gottes nicht das Besondere, sondern das Eigentliche. Und was erfährt Abraham jetzt? Gottes Licht und Gottes Nähe, seine Offenbarung. Der Herr sagt: „Es ist ein großes Geschrei über Sodom und Gomorra, daß ihre Sünden sind sehr schwer." Sodom und Gomorra sind schon dem Untergang geweiht.

Wie mußte Abraham erschrocken gewesen sein, als ihm Gott deutlich machte, daß diese Städte keine Zukunft mehr haben. Abraham wird ein Sohn verheißen, ihm wird eine herrliche Zukunft eröffnet, und diese blühenden Städte sollen einfach untergehen? Da zeigt sich ein warmes, liebevolles Herz, das Verantwortungsbewußtsein zeigt für den Nächsten. Dieser Mann Gottes unterwindet sich, so lesen wir es in der Heiligen Schrift, mit Gott zu reden. Das heißt: Er wagt es, das Gespräch mit dem lebendigen Gott zu suchen. Bisher hatte Abraham nur in Gottes Heilsoffenbarung geschaut. Jetzt hatte er zum ersten Mal Teil an der Gerichtsoffenbarung Gottes. Es ist ergreifend, wie dieser Mann nun vor Gott hintritt und wie ein orientalischer Händler anfängt, mit ihm zu feilschen.

Da beweist Abraham eine Missionsgesinnung. Ihm ist nicht gleichgültig, was der andere macht und was aus ihm wird. Er ahnt bereits etwas von dem, was eigentlich die Gemeinde Jesu wissen muß: Gott will nicht den Tod des Sünders, sondern seine Rettung. Abraham geht in seiner Fürbitte bis an die Grenze dessen, was man Gott noch wagen kann zu fragen. Er tritt fürbittend vor Gott, weil er weiß, daß der Höchste in seinem königlichen Walten nicht um des Gerichtes willen Gericht androht. Die Gerichte der göttlichen Gerechtigkeit sind immer sittlich fundiert und ein Sprechen Gottes zur geschichtlichen Lage. Auch heute sollten wir Christen für die Menschen unserer Zeit beten. Kümmern wir uns um diese Welt!

27. Juli

„Da sprach sein Herr zu ihm: Recht so, du tüchtiger und treuer Knecht, du bist über wenigem getreu gewesen, ich will dich über viel setzen; geh hinein zu deines Herrn Freude!"

Matth. 25, 21

Jesus vergleicht das Gottesreich mit einem Mann, der ins Ausland reist. Vor Antritt der Reise ruft er seine Knechte zusammen und vertraut ihnen seinen Besitz an. Nach der Rückkehr erwartet der Besitzer, daß seine Knechte Rechenschaft darüber ablegen, was sie aus dem gemacht haben, was ihnen anvertraut wurde. Die Zeit der Abwesenheit des Besitzers ist für Jesus ein Bild für die Zeit zwischen seiner Himmelfahrt und seiner Wiederkunft. „Knechte", das ist ein Ausdruck für alle Menschen, die zu Christus gehören. Sie sind Beauftragte Gottes.

Dieser Besitzer steht in auffälligem Gegensatz zu den Herren dieser Welt, die nur nehmen und fordern – dieser Herr gibt. Er hat seine Beauftragten reich begabt. Er gibt zwar unterschiedlich, aber keiner geht leer aus! Was gibt er denn? Seine Knechte tragen z.B. sein „Bild". Sie sind nach seinem Ebenbild gestaltet, sie sind befähigt, Gott in dieser Welt bekanntzumachen und den Weg zu ihm zu weisen. Sie alle haben ein Herz, ein Lebenszentrum. Hier kann der Glaube Wurzeln schlagen oder der Zweifel wuchern. Alle Knechte sind begabt, wenn auch unterschiedlich.

Der Mensch, der die fünf Talente bekommt, beginnt sogleich zu wirken. Der zweifach Begabte verliert auch keine Zeit. Er hätte sich an der Frage aufreiben können, warum er nicht mehr bekommen hat. Aber das hat er nicht. Dankbar für das Empfangene geht er ans Werk. Ich finde es so nachahmenswert, daß die ersten beiden Knechte unverzüglich ans Werk gehen. Jeder von ihnen vermehrt die ihm anvertrauten Gaben.

Sein „Talent" läßt „wuchern", wer die Sache Jesu vorantreibt durch Wort und Tat, durch Bezeugen des Wirkens Gottes in aller Öffentlichkeit, durch Weitergabe der Bibel, durch Gebet, durch fröhliche Gemeinschaft glaubender Menschen untereinander oder durch Hilfe für Bedürftige.

Wir haben einen Gott, der gibt. Einen Gott, der zwar unterschiedlich, aber reichlich gibt. Einen Gott, der keinen seiner Beauftragten vergißt. Einen Gott, der eines Tages von uns wissen will, was wir mit dem bzw. aus dem gemacht haben, was er uns anvertraut hat. Wohl dem, der dann berichten kann, was den Herrn erfreut, und der hört, wenn der Herr sagt: „Du bist über wenigem treu gewesen. Ich will dich über viel setzen."

28. Juli

„So laßt uns nun nicht schlafen wie die andern, sondern laßt uns wachen und nüchtern sein." 1. Thess. 5, 6

Eines Tages waren Männer und Frauen der Gemeinde aus Thessalonich sehr aufgeregt, weil sie irgend jemand verunsichert hatte. Sie hatten immer geglaubt, daß sie möglicherweise die Wiederkunft Christi noch erleben würden. Aber, so fragten sie sich, was geschieht eigentlich, wenn wir schon vor der Wiederkunft Christi sterben?

Paulus schrieb ihnen, daß sie sich keine Sorgen zu machen bräuchten, denn wer bei der Wiederkunft Christi noch am Leben sei, habe den zuvor Entschlafenen nichts voraus.

Nun hätten die Thessalonicher natürlich gern gewußt, wann die Wiederkunft Christi passieren würde. Sie rechneten, sie spekulierten, sie stellten Theorien auf. Paulus warnte vor solcher Verwirrung. „Ihr aber, liebe Brüder, seid nicht in der Finsternis, daß der Tag wie ein Dieb über euch komme. Denn ihr alle seid Kinder des Lichtes und Kinder des Tages. Wir sind nicht von der Nacht noch von der Finsternis" (1. Thess. 5, 4–5).

Der 1. Thessalonicherbrief und der 2. Petrusbrief lassen keinen Zweifel daran: Christus kommt wieder! Welt, richte dich darauf ein! Ihr Menschen, ändert euren Sinn! Laßt euch zu Gott rufen! Ihr Christen aber vor allem: Wachet und seid nüchtern! Wer wacht, muß aufpassen. Er darf nicht schlafen. Er muß Augen und Ohren offenhalten. Er muß die Geräusche deuten können, die er hört. Blinder Alarm bringt nichts, und zu später Alarm ist ein Verhängnis.

Für Christen heißt das: bewußt auf die Zeichen der Zeit achten, also die Wiedererrichtung des Staates Israel, die anhaltenden Kriege, die Hungersnöte, die Inflation. Bei alledem soll sich die Gemeinde Jesu nicht bange machen lassen. Sie soll wach sein. Ich kann mich – geistlich gesehen – nicht alleine wachhalten, aber ich kann beten: „Herr Jesus, halte mich wach. Laß mich ein Kind des Lichtes sein, und laß mich wie ein Kind des Lichtes leben. Bewahre mich vor jedem Pakt mit der Macht der Finsternis. Amen."

Es hat sicher eine tiefere Bedeutung, wenn Paulus der Aufforderung „Wachet" noch eine andere hinzufügt: Seid nüchtern, d.h. seid besonnen! Im Neuen Testament ist das die dem Christen angemessene innere Haltung und Einstellung. Ein besonnener Christ läßt sich in seinem Urteil weder von irgendeinem Rausch noch von den scheinbar so gewichtigen und überzeugenden Realitäten dieser Welt bestimmen, sondern allein vom Willen und von der Offenbarung Gottes. Wir wollen uns in Zukunft mehr als zuvor von diesem Befehl der Heiligen Schrift leiten lassen: Seid wachsam! Seid nüchtern!

29. Juli

„So geh hin und versammle alle Juden, die in Susa sind, und fastet für mich, daß ihr nicht eßt und trinkt drei Tage lang, weder Tag noch Nacht. Auch ich und meine Dienerinnen wollen so fasten. Und dann will ich zum König hingehen entgegen dem Gesetz. Komme ich um, so komme ich um."

Esth. 4, 16

Die ganze Geschichte spielt etwa 500 Jahre vor Christi Geburt. Die Juden waren in der sogenannten Diaspora. Unter ihnen war ein Mann namens Mardochai, der sich jeder Versuchung entzog, einem Menschen zu gewähren, was nur Gott gebührt, nämlich eine besondere Verehrung. Mardochai gestaltete sein Leben im Vertrauen auf Gott. Darum bekam er eine Funktion im Plan Gottes mit seinem Volk, genauso wie Esther. Sie ist eine junge jüdische Frau, die Cousine jenes Mardochai. Offensichtlich ist Mardochai um vieles älter. Er vertritt nämlich die Stelle eines Pflegevaters.

Haman, der mächtigste Mann im Staat nach dem König, hatte einen Mordplan ausgeheckt. Er hat sich darüber geärgert, daß Mardochai ohne Ehrenbezeugung an ihm vorüberging. Darum wollte Haman Mardochai und sein Volk, die Juden, beseitigen (Esth. 3, 6). Der König durchschaut den teuflischen Plan nicht. Mardochai allerdings entdeckt, was Haman vorhat. Er sähe gern, daß der König selbst „Halt" gebietet. Doch wer hätte so viel Einfluß, den König umzustimmen? Mardochai weiß, daß höchstens Esther eine Chance hat, und spricht mit ihr darüber. Die aber ist selbst in einer mißlichen Lage. Seit 30 Tagen hat der König sie nicht mehr rufen lassen. Und ungerufen zu ihm zu gehen, das ist lebensgefährlich. Wer immer es wagte, unaufgefordert zu ihm zu gehen, war verloren, wenn der König ihm nicht das Zepter entgegenstreckte.

Esther wußte das und ist dennoch bereit, der Empfehlung Mardochais zu folgen. Sie bereitet ihre Mission sehr besonnen vor: Sie fastet. Wir wissen aus dem Neuen Testament, daß die Enthaltung von Speise und Trank geistliche Kraft schenkt. Esther fastet und sagt: „Ich bin bereit, das Äußerste zu wagen.“ Esther ist auch weise, denn sie kann warten. Sie läßt die Zeit reifen und Gott für sich arbeiten. Esthers Verhalten zeigt, daß es der Mensch nicht nötig hat, Gott vorzugreifen.

Diese Geschichte erinnert uns Christen an unseren Heiland, der noch in einer ganz anderen Weise Retter geworden ist. Esther rettete die Juden in Persien. Jesus Christus ist der Retter aller Menschen. Er kam nicht mit dem Leben davon, sondern er büßte sein Leben ein. Ihn konnte kein kluger menschlicher Plan retten, weil es Gottes Plan war, daß Jesus sterben mußte. Diese Botschaft von der Liebe Jesu wollen wir weitersagen. Diese wunderbare Botschaft von der Errettung soll keine geheime Nachricht bleiben, sondern sie soll in vielen Herzen Widerklang finden.

30. Juli

„Lobe den Herrn, meine Seele, und vergiß nicht, was er dir Gutes getan hat.“ Ps. 103, 2

Es gab Zeiten in deutschen Landen, da verkaufte man seine Kuh, um für den Gegenwert eine Bibel zu erstehen. So teuer – im wahrsten Sinne des Wortes – war den Menschen die Heilige Schrift. Sie wußten: Das ist das Buch, das wir brauchen, um im Leben klarzukommen und getrost sterben zu können. Was alles opfern doch auch heute noch Menschen in anderen Teilen der Welt, um an dieses Wort heranzukommen! Die Bibel ist das Buch, das wie kein anderes vom Vertrauen der Menschen zu Gott spricht. Sie ist voller Beispiele darüber. Gott will uns mit diesen Beispielen Mut machen, jene nachzuahmen, die vor uns geglaubt haben.

Wir wissen, daß die christliche Botschaft Freude bringt, daß sie gemeinschaftsstiftend ist, daß sie Trost gibt und Kraft. Das sind wertvolle und erstrebenswerte Ziele für alle, die leben, solange sie leben. Wer möchte nicht Freude, Friede, Kraft und Freiheit in seinem Leben haben? Aber wir wollen auch davon reden, daß der

Glaube noch eine größere Dimension hat und weit über dieses Leben und diese Zeit hinausragt. Beim Glauben geht es letztlich um die Fragen der Ewigkeit. Und das ist doch das Größte, das Eigentliche. Wir leben ja nicht nur für diese Welt, sondern für die kommende.

Jesus Christus ist – so lesen wir in der Bibel – der Zugang zu Gott. Niemand kommt ohne ihn zu Gott, dem Vater. Nichts hat Aussicht, von Gott anerkannt zu werden, das wir ohne Jesus tun. Nicht einmal richtig beten kann man ohne ihn. Ein Gebet im Namen Jesu dagegen steht unter den größten Verheißungen. Jesus sagte einmal: „Wenn ihr den Vater um etwas bitten werdet in meinem Namen, wird er's euch geben. Bisher habt ihr um nichts gebeten in meinem Namen. Bittet, so werdet ihr nehmen, daß eure Freude vollkommen sei" (Joh. 16, 23–24).

Es ist ja eigenartig, daß der Mensch dazu aufgerufen werden muß. Dabei freut sich doch eigentlich jeder von Herzen gern. Mir ist noch kaum ein Mensch begegnet, der sich nicht gerne freut. Und doch geben wir so vielen Dingen und Gedanken in unserem Herzen Raum, daß oft für die Freude, mit der Gott uns beschenken will, kein Platz bleibt.

In vielen Häusern gibt es eine Bibel oder sogar mehrere. Wenn wir die Heilige Schrift mehr lesen und entsprechend handeln würden – es könnte in mancher Familie und in manchem Leben besser aussehen. Machen Sie doch wieder einmal einen Versuch. Schlagen Sie Ihre Bibel so ziemlich in der Mitte auf, bei Psalm 103 – „Lobe den Herrn, meine Seele, und vergiß nicht, was er dir Gutes getan hat!"

31. Juli

„Die Liebe ist langmütig und freundlich, die Liebe eifert nicht, die Liebe treibt nicht Mutwillen, sie bläht sich nicht auf.“ 1. Kor. 13, 4

Der größte Prediger der griechischen Kirche im 4. Jahrhundert, Chrysostomos, hat zu dem Begriff „Langmut“ gesagt, daß dieses Wort in der Bibel immer dann benutzt wird, wenn einem Menschen Unrecht geschehen sei und es durchaus in seiner Macht gestanden hätte, sich zu rächen, er aber keinen Gebrauch davon machte. Es ist übrigens auch das Wort, das das Verhältnis Gottes zu den Menschen kennzeichnet. Gott ist so langmütig mit uns. Wie ist das bei Ihnen? Wenn Ihnen Unrecht geschieht, rächen Sie sich dann, oder lassen Sie es?

Wir können durch keine noch so große Willensleistung sanftmütig werden. Die Seele kann nicht geheilt werden, indem man versucht, das Böse aus ihr zu entfernen. Vielmehr muß etwas anderes in die Seele hineingegeben werden. Und zwar Liebe, diesen Geist Jesu Christi, damit Christus mit seinem Geist und mit seiner Liebe unseren Geist durchdringt. Dann erst wird alles in uns geheilt, gereinigt und verändert.

Es ist davon die Rede, daß die Liebe freundlich ist, also tätige Liebe. Jesus Christus tat freundliche Dinge. Er verbrachte viel Zeit damit, die Menschen glücklicher zu machen. Durch unsere Freundlichkeit können auch wir Menschen glücklicher machen. Wir haben ja manchmal unsere Not, mit einigen Menschen freundlich umzugehen. Da gibt es auch allerlei Typen. Aber wir sind ja gleichermaßen so eine Type. Andere brauchen Kraft, um mit uns freundlich umzugehen. Freundlich sein, das heißt eigentlich: Freude schenken.

Es heißt hier auch: „Die Liebe treibt nicht Mutwillen. Sie bläht sich nicht auf.“ Kennzeichen echter Liebe wäre es, in den Hintergrund zu treten. Ein Mensch, der wirklich liebt, ist stets mehr von seiner Unwürdigkeit als von seinen Verdiensten überzeugt. Wer aufrichtig liebt, ist eigentlich nicht davon angetan, daß er liebt, sondern er ist angetan von der Erfahrung, daß man ihm Liebe entgegenbringt. Wahre Liebe ist demütig. Sie weiß, daß alles, was sie zu geben vermag, niemals genug ist. Sie bläht sich nicht auf. Sie scheut sich vor Selbstzufriedenheit.

Diese ganze Aufzählung ist ja irgendwie vernichtend. Ich müßte jedes Mal neu zusammenzucken und sagen: Habe ich nicht, habe ich auch nicht, bin ich noch nicht. Aber nun möchte ja der Herr nicht, daß wir durch sein Wort alle Lust und Kraft verlieren. Er will uns zwar zur Selbsterkenntnis führen, aber dann auch den Weg in die Zukunft weisen.

Wir wollen beten: ,,Lieber Herr Jesus, was für ein Wunder, daß du dich noch nicht von mir abgewandt hast. Danke, daß du deine Liebe mir noch immer zuwendest und du noch immer Hoffnung hast, daß auch ich noch durch deine Kraft ein Liebender werde. Amen."

August

1. August

„So sage ich nun und bezeuge in dem Herrn, daß ihr nicht mehr leben dürft, wie die Heiden leben in der Nichtigkeit ihres Sinnes.“ Eph. 4, 17

Im Epheserbrief kommt Paulus einige Male darauf zu sprechen, welch ein Vorrecht es ist, als Christ zu leben. Der Brief ist, obwohl an Christen gerichtet, zugleich eine Einladung an alle, die noch ohne Christus leben. Mit Christus leben, das heißt, im Licht sein, Zukunft haben. Ohne Christus leben, das heißt biblisch: noch verfinsterten Sinnes sein, einfach so dahinleben.

Menschen, die ihr Leben führen, ohne nach dem lebendigen Gott zu fragen, werden über manches, was Paulus empfiehlt, lachen oder entrüstet sein. Christen aber werden daran erinnert, daß eine Entscheidung für Christus zugleich eine Scheidung bedeutet, nämlich die Scheidung von jenen, die partout gottlos leben wollen. Gott möchte ja, daß seine Kinder in dieser Welt Einfluß ausüben. Aber nicht in dem, was sie mit gottlosen Menschen gemeinsam haben, liegt ihr Einfluß, sondern in dem, was sie von ihnen unterscheidet.

Aus der Bibel wissen wir, daß die Menschen, bevor sie nach Gott fragen, durch ihre Entfremdung von Gott völlig verfinstert sind. Ihre Vernunft, die sie so hoch preisen, ist in den Augen Gottes gegenstandslos oder nichtig. Die eigentliche Wirklichkeit ist Gott. Wer von Gott nichts wissen will oder sich von ihm abwendet, sieht diese Wirklichkeit nicht. Nur dann, wenn der Mensch sich von Christus erleuchten läßt und ein Ziel hat, das über diese Welt hinausreicht, dann entspricht er dem Willen Gottes.

Der Apostel Paulus wendet sich im Epheserbrief an Menschen, die sich von ihrem alten Leben getrennt haben. Er ermutigt sie, ihr Leben nicht wieder von trügerischen Leidenschaften zerstören zu lassen. Die christusfeindliche Welt bietet so viel, was das Gewissen abstumpfen läßt und gierig macht. Wer sich mit Christus einläßt, dessen Gewissen wird nicht abgestumpft, sondern wach; bei dem wächst Verantwortungsbewußtsein. Wer mit Christus lebt, der kann sich einfach nicht mehr allen denkbaren Lastern hingeben, sondern er sucht Sauberkeit und Klarheit und freut sich der göttlichen Ordnungen. Wer mit Christus lebt, der kann auch nicht mehr gierig versuchen, dem Leben abzugewinnen, was nur immer abzugewinnen ist, möglichst zum eigenen Vorteil und zum Nachteil anderer.

Wir wollen beten: „Herr Jesus Christus, gib du mir doch die Kraft, daß ich als erneuerter Mensch leben kann. Laß deinen Heiligen Geist in mir wirksam sein. Halte du mich in deinem Licht. Dafür danke ich dir. Amen."

2. August

„Die Weisen müssen zuschanden, erschreckt und gefangen werden; denn was können sie Weises lehren, wenn sie des Herrn Wort verwerfen?" Jer. 8, 9

Als der Prophet Jeremia das Volk Gottes vor falschen Ratgebern warnte, herrschten schreckliche Zustände im Land. Gottes Volk warf seinen Glauben weg. Es war vielen Menschen zu mühsam, einem unsichtbaren Gott zu vertrauen. Sie wollten ihre Götter sehen, anfassen und schmücken können. Sie opferten einer Himmelskönigin mit dem Hintergedanken, dadurch eine Entschuldigung für größere sexuelle Freiheit zu haben. Sie brachten Opfergaben, die Gott gar nicht wollte, und verzehrten, was eigentlich geopfert werden sollte. Sie verunehrten das Haus Gottes. Keine Warnung der von Gott gesandten Propheten änderte ihre Gesinnung.

Die verruchteste Tat war eine Opferhandlung, bei der man seine eigenen Söhne und Töchter bei lebendigem Leib verbrannte, um so die Gunst der Gottheit zu gewinnen. Man opferte also die

Zukunft, um selbst leben zu können. Erinnert das nicht fatal an den hunderttausendfachen Mord an Ungeborenen im Leib ratloser Mütter in unseren Tagen?

Nicht nur heute, schon damals tanzte die Welt am Abgrund. Sie ahnt die unsichtbaren und unberechenbaren Kräfte Gottes. Doch statt diesem großen Gott zu gehorchen, tut man alles, um ihn zu erzürnen. Das Volk hielt am falschen Gottesdienst fest und war nicht bereit zur Umkehr. Viele unserer Mitmenschen dienen ihren Göttern in ähnlicher Weise.

Zu allen Zeiten war das Diabolische im Dienst falscher Priester und Propheten, daß sie ihr Volk über seine Blindheit, seine Verirrung und sein Unheil hinwegtäuschen. Statt offen von der Gefahr und dem Gericht zu reden, sprechen sie von Frieden, wo der Krieg droht. Sie segnen Wege, die in den Abgrund führen, und rechtfertigten eine Lebenshaltung der innerlichen Abkehr von Gott. Doch immer wieder ging es den richtigen Propheten und auch Jesus darum, daß es zu einem Einvernehmen zwischen Gott und den Menschen kommt. Dieses Einvernehmen ist die einzige Voraussetzung für ein wirklich harmonisches Verhältnis unter den Menschen.

Guter Rat im richtigen Augenblick ist Gold wert. Von wem lassen Sie sich beraten, wenn es um entscheidende Fragen geht? Aus welcher Geisteshaltung wird Ihnen geraten? Beraten lassen sollten wir uns nur von Menschen, die Jesus liebhaben und die wissen, daß Jesus Christus für sie gestorben und auferstanden ist. Beraten lassen sollten wir uns nur von Menschen, für die Gottes Wort die Basis ihres Denkens und Tuns ist. Menschen, die sich nicht selbst für weise halten, sondern Gott um Weisheit bitten.

3. August

„Denn ein Mensch, der da ißt und trinkt und hat guten Mut bei all seinem Mühen, das ist eine Gabe Gottes." Pred. 3, 13

Unser Wort für den Tag erinnert daran, daß in unserem Leben nichts selbstverständlich ist. Vor allem nicht Essen und Trinken, eine gesunde Verdauung, die Luft, die wir atmen, und das Wasser, das wir trinken. Es ist alles eine Gabe unseres Gottes. Wie gedankenlos nehmen wir doch vieles zu uns. Eigentlich ist heute nichts mehr selbstverständlich. Gerade die sogenannten Kleinigkeiten. Doch, was ist eigentlich klein, und was ist groß? Ist es eine Kleinigkeit, daß ich meine Augen noch nutzen kann, daß ich hören, schmecken und fühlen kann, oder gehören diese Alltäglichkeiten zu den großen Dingen? Ist nicht alles viel größer und bedeutsamer, als wir es im allgemeinen bedenken?

Warum nur muß mancher Mensch erst krank werden oder gar im Sterben liegen, bis er entdeckt, wieviel Schönes er in seinem Leben gehabt hat? Und vor allem, bis er entdeckt, daß nichts selbstverständlich ist? Wie flehen die Menschen in Krisen und Kriegszeiten um Ruhe und Ordnung und Frieden. Aber wenn wir über viele Jahrzehnte hindurch Frieden haben, wer dankt dafür? Wie mühsam hat mancher, der diese Zeilen liest oder hört, nach dem Krieg auf wenig Raum leben müssen. Heute hat er eine schöne Wohnung oder ein eigenes Haus. Wäre das nicht Tag für Tag Anlaß, Gott zu loben und zu danken?

Unserem Wort aus Prediger 3 gehen einige andere Sätze voran. Der Prediger sagt da: „Ich sah die Arbeit, die Gott den Menschen gegeben hat, daß sie sich damit plagen. Er hat alles schön gemacht zu seiner Zeit, auch hat er die Ewigkeit in ihr Herz gelegt; nur daß der Mensch nicht ergründen kann das Werk, das Gott tut, weder Anfang noch Ende. Da merkte ich, daß es nichts Besseres dabei gibt als fröhlich sein und sich gütlich tun in seinem Leben. Denn ein Mensch, der da ißt und trinkt und hat guten Mut bei all seinem Mühen, das ist eine Gabe Gottes" (Pred. 3, 10–13).

Ich habe eben eine Stelle zitiert, die einmalig in der Bibel ist: Gott hat den Menschen Ewigkeit ins Herz gelegt. Das hat er mit keinem Tier und mit keiner Pflanze getan. Das hebt den Menschen über alle anderen Schöpfungen hinaus. Wer das einmal erkannt hat, der wird eher guten Mutes sein, auch wenn er sich mit diesem oder jenem abplagen muß.

Ich möchte Sie herzlich bitten, doch einmal zu überlegen, wofür Sie in Ihrem Alltag danken können. Was machen Sie aus dem Leben, das Gott Ihnen anvertraut hat und für das er Ihnen jeden Tag gute Gaben zur Verfügung stellt?

4. August

„Denn Christus ist mein Leben, und Sterben ist mein Gewinn.“ Phil. 1, 21

Ich möchte daran erinnern, daß Paulus den Philipperbrief in der Gefangenschaft schrieb, und zwar in einer Stunde, in der er noch nicht wußte, ob er freikommen oder vielleicht zum Tode verurteilt würde. Er hatte davon gesprochen, daß er hoffe, in der Gefangenschaft nicht schwach zu werden und zu versagen. Er wollte so gerne, daß Jesus Christus durch ihn in aller Öffentlichkeit verherrlicht wird, sei es durch sein Leben oder durch seinen Tod. Die Beschäftigung mit dem Tod erwächst also bei Paulus nicht aus einer Stunde der Resignation, Schwachheit, Enttäuschung oder Verärgerung; vielmehr sieht er seinem Ende bewußt entgegen.

Er fährt in seinem Brief an die Philipper fort mit dem Gedanken: „Wenn ich aber weiterleben soll im Fleisch, so dient mir das dazu, mehr Frucht zu schaffen; und so weiß ich nicht, was ich wählen soll. Denn es setzt mir beides hart zu: Ich habe Lust, aus der Welt zu scheiden und bei Christus zu sein, was auch viel besser wäre; aber es ist nötiger, im Fleisch zu bleiben um euretwillen“ (Phil. 1, 22–24). Wie ehrlich und offen! Paulus weiß, die Situation ist schwierig, vielleicht über Strecken sogar aussichtslos. Da kommt doch der Gedanke auf, wenn ich jetzt sterben würde, wäre ich am Ziel.

Aber wem dann der Geist Gottes deutlich macht, daß er noch eine wichtige Aufgabe zu erfüllen habe, der sollte die Kraft in Empfang nehmen, die Gott vermittelt, und „ja“ sagen zu einer weiteren Strecke des Lebens. Solange Gott einen Menschen in einer schwierigen Lage beläßt, hat er besondere Absichten. Er will abhängiger machen von sich. Er will stärken. Er will den Angefochtenen von sich selber lösen, damit er nicht etwa auf den Gedanken kommt, sein Vertrauen auf sich selbst zu setzen. In alle Trauer und Schwierigkeit hinein kann Gott den Gedanken an die wichtige Aufgabe geben, zu der er berufen hat.

Vielleicht verlieren Sie deshalb so rasch den Mut, weil Sie sich um so viele irdische Fragen kümmern? Das verbietet Gott zwar nicht, im Gegenteil, er gibt selbst für solche Aufgaben Kraft. Aber wichtig ist doch, daß die unvergänglichen Kräfte geweckt und gefördert werden, daß Glaube wächst, daß die Freude aus der Verbundenheit mit ihm größer wird.

Ich wünsche Ihnen, in welcher Lage Sie derzeit auch sein mögen, daß Sie neuen Mut fassen, das Leben zu nutzen, selbst wenn Sie im Augenblick den Eindruck haben, sterben wäre ein Gewinn. Denken Sie an die wichtige Aufgabe, die Gott Ihnen geschenkt hat. Und wo immer es geht, versuchen Sie doch, unter den Menschen Glauben zu wecken und die Freude zu vermehren.

5. August

„Denn ihr seid alle durch den Glauben Gottes Kinder in Christus Jesus.“ Gal. 3, 26

In einem Leben, das von Jesus Christus bestimmt wird, ist er auch der Grund oder Mittelpunkt. Um ihn geht's. Ohne ihn, ohne diesen Christus, ist nichts gemacht, was gemacht ist. Er war bereits vor Grundlegung der Welt da. Christus ist der Grund, auf dem alles gründet. Er ist das A und das O, der Anfang und das Ende, der Erste und der Letzte. Und es ist in keinem andern Heil als nur in ihm. Wissen Sie, was das heißt? Das heißt: Ohne ihn ist Unheil.

Jeder Mensch, der Christus zum Zentrum wählt, kommt zu einem neuen Denken, kommt zu einer neuen Motivation. Ihm geht es dann in erster Linie um Gehorsam. Der Mensch, der Christus zum Mittelpunkt erwählt hat, der fragt: „Was willst du, Herr, daß ich tue?“ Und er hört die Aufforderung Jesu: „Wer sein Leben findet, der wird's verlieren, aber wer sein Leben verliert um meinetwillen, der wird's finden.“

Nur wenn der Mensch erneuert ist, hat er wirklich die Aussicht, von Gott bevollmächtigt zu werden, gesellschaftliche Probleme nachhaltig zu lösen. Überall, wo Menschen Probleme ohne Bindung an Christus lösen wollen, da schaffen sie meistens neue Probleme. Das sagt jetzt aber nichts aus über den ethischen Höhengrad irgendwelcher Menschen, die nicht an Christus gebunden sind und von ganzem Herzen das Gute wollen. Hier liegt einfach eine geistliche Gesetzmäßigkeit vor: Gott läßt sich nicht ins Handwerk pfuschen. Nur wenn der Mensch neu ist, kann er auch gesellschaftliche Probleme anhaltend lösen. Laßt uns das richtig sein, was wir im Glauben sind: Gottes Kinder. Hier ist gesagt, wie ich ein Leben vor Gott so führen kann, daß es von Christus bestimmt wird.

„Denn ihr seid alle durch den Glauben Gottes Kinder in Christus Jesus.“ Das schreibt der Apostel Paulus einer Gemeinde, das schreibt er Menschen, die wiedergeboren sind zu einer lebendigen Hoffnung. Ihnen also gilt diese Aussage. Im Glauben Gottes Kind sein, das heißt, man kann, ob man Mann oder Frau ist, Gott vertrauen, sich von ihm versorgen lassen und ihm gehorchen. Laßt uns doch das, was Christus uns gibt, hineintragen in diese unruhige Welt, die meint, mit Selbstvergottungsmodellen die Menschheit und ihre Probleme verändern zu können. Wir brauchen wieder Menschen, die sich bewußt an Jesus Christus binden und ihn zur Mitte ihres Lebens wählen. Wir brauchen Menschen, die andere darauf hinweisen, daß sich nur so das Leben wirklich lohnt.

6. August

„Denn Christus ist nicht eingegangen in das Heiligtum, das mit Händen gemacht und nur ein Abbild des wahren Heiligtums ist, sondern in den Himmel selbst, um jetzt für uns vor dem Angesicht Gottes zu erscheinen.“ Hebr. 9, 24

Bei den Juden ging damals der Hohepriester einmal im Jahr in das sogenannte Allerheiligste, ursprünglich ein Zelt, später Teil des Tempels. Dort versöhnte er Gott mit dem Volk durch Tieropfer, die dem Höchsten gebracht wurden. Nur einwandfreie, gesunde Tiere durften geopfert werden. Das Beste war gerade gut genug. Der Hohepriester nahm das Blut dieser Tiere und besprengte damit alles, was von Befleckung jeder Art gereinigt werden sollte. Gottes Volk wußte: Schuld wird nur vergeben, wenn dafür Blut geflossen ist (Hebr. 9, 22).

Und dann trat Jesus Christus in diese Welt. Er lebte, wirkte und starb für die Schuld der Menschen. Erfüllt vom Geist Gottes, brachte Christus sich selbst Gott dar als fehlerloses Opfer. Sein Blut reinigt uns innerlich von unserer Schuld. Dabei ging Christus nicht, wie der Hohepriester, in ein Heiligtum, das Menschen errichtet hatten. Er ging in den Himmel selbst, um für uns vor Gott einzutreten. Der Himmel ist eine andere Wirklichkeit, die wir mit unseren leiblichen Augen nicht sehen. In dieser unsichtbaren Wirklichkeit lebt Gott. Dorthin ging Jesus Christus, der vom Tode Auferstandene, bei seiner „Himmelfahrt“.

Vorstellen kann ich mir den Himmel nicht. Vorstellen kann ich mir auch Gott nicht. Ich könnte nicht beschreiben, wie der auferstandene Christus in der unsichtbaren Wirklichkeit Gottes aussieht und wirkt. Aber was er dort tut, das kann ich mir sehr wohl vorstellen: Er bittet Gott beharrlich darum, seinen Kindern gegenüber nicht seine Gerechtigkeit zu erweisen, sondern seine Barmherzigkeit. Christus kann dem himmlischen Vater sagen: „Ich habe die Strafe, die diese Menschen verdienen, bereits erduldet. Nun zeige du ihnen deine Barmherzigkeit.“

Wer noch zaudert, wem das alles unzumutbar erscheint, wer behauptet, so etwas sei undenkbar, der fange doch einmal an darüber nachzudenken, ob der Gedanke der Fürsprache wirklich so unbegreiflich ist. Während ich an diesen Fürsprecher erinnere, hoffe ich zutiefst, daß niemand, der von Christus weiß, dessen Liebe und Fürbitte mißbraucht, etwa mit dem Gedanken: „Es ist ja seine Aufgabe, für mich gutzusprechen." Wenn man weiß, daß man sein Leben der Fürsprache eines anderen verdankt, dann tut man doch alles, was möglich ist, um diesen Fürsprecher zu erfreuen, und man läßt alles sein, was ihn betrüben muß. Gott mache Sie in dem Glauben gewiß, daß wir einen Fürsprecher bei dem Vater haben – Jesus Christus.

7. August

„Aber Hiskia vergalt nicht nach dem, was ihm geschehen war; denn sein Herz überhob sich. Darum kam der Zorn über ihn und über Juda und Jerusalem. Da demütigte sich Hiskia darüber, daß sein Herz sich überhoben hatte, samt denen in Jerusalem. Darum kam der Zorn des Herrn nicht mehr über sie, solange Hiskia lebte." 2. Chron. 32, 25–26

Man sollte meinen, daß ein Mensch, der so unmittelbar das Eingreifen Gottes erlebt hat wie Hiskia, bereit wird zu einem tadellosem Leben. Leider aber verlief sein Leben ganz anders. Zuvor hatten sein Glaube und seine Freude andere angesteckt. Jetzt litt das ganze Volk unter seiner Undankbarkeit. Das menschliche Herz, wer will es ergründen? Wer wollte mit Hiskia ins Gericht gehen?

In jenen Zeitabschnitt gehört auch der erschreckende Satz des Chronisten: „Gott verließ Hiskia, um ihn zu versuchen, damit kundwürde alles, was in seinem Herzen war" (2. Chron. 32, 31). Im Jakobusbrief steht: „Niemand sage, wenn er versucht wird, daß er von Gott versucht werde. Denn Gott kann nicht versucht werden zum Bösen, und er selbst versucht niemand. Sondern ein jeder, der versucht wird, wird von seinen eigenen Begierden gereizt und gelockt" (Jak. 1, 13). Welche Begierde reizte Hiskia, welche Lust lockte ihn? Vermutlich war es Reichtum in Form der gefüllten Schatzkammer, die ihn überheblich stimmte (Jes. 39).

Gott läßt zu, daß derjenige versucht wird, der von ihm einen besonderen Auftrag bekommen hat. Sicherlich sollten wir viel mehr damit rechnen, um in der Stunde der Versuchung nicht überrollt zu werden. Im Neuen Testament heißt es: „Ihr Lieben, laßt euch durch die Hitze nicht befremden, die euch widerfährt zu eurer Versuchung“ (1. Petr. 4, 12).

Der Glaubende weiß, daß in dieser Welt noch eine andere Macht agiert: der Satan. Seit Jesu Tod und Auferstehen ist er zwar eine besiegte Macht, aber noch ist er nicht endgültig vernichtet. Ich halte es für den gelungensten Trick Satans, daß die meisten Menschen ihn nicht ernst nehmen. Doch wie ernst er zu nehmen ist, kann man daran erkennen, daß sogar Jesus von ihm versucht wurde. Vorbeizugehen scheint der Satan lediglich an solchen, die ohnehin unter Gottes Zorn stehen. Das sind alle, die nichts mit Jesus Christus im Sinn haben. „Wer an den Sohn glaubt“, heißt es im Neuen Testament, „der hat das ewige Leben. Wer aber dem Sohn nicht gehorsam ist, der wird das Leben nicht sehen, sondern der Zorn Gottes bleibt über ihm“ (Joh. 3, 36).

Der Satan hat zwar große Macht und geht voller List umher, aber das letzte Wort spricht Gott. Die Menschheit soll nicht unter seinem Zorn zittern. Er will vielmehr alle Welt seine Liebe sehen lassen. Unsere Sünde und alle Überheblichkeit gegen ihn soll nicht das Normale sein. Im Gegenteil. Gott will von aller Sünde freimachen. Dazu sandte er Jesus Christus.

8. August

„Die Zeit ist erfüllt, und das Reich Gottes ist herbeigekommen. Tut Buße und glaubt an das Evangelium!“ Mark. 1, 15

Gedankenverloren gehe ich eine Straße entlang, als ich plötzlich jemanden entdecke, den ich schon lange nicht mehr gesehen habe.

Ich rufe ihn, erst leise, dann laut, seinen Vornamen, seinen Nachnamen. Er reagiert nicht. Ich bin ganz enttäuscht, um so mehr, als es nicht möglich ist, dem Bekannten nachzurennen. Ein anderes Mal sehe ich den Bekannten wieder und rufe ihn. Er reagiert und bleibt stehen. Er versucht zu entdecken, wer ihn gerufen hat. Dann geht ein Ausdruck der Freude über sein Gesicht. Er kommt auf mich zu. Wir geben uns die Hand und sprechen miteinander. Freude auf beiden Seiten.

Ich möchte diese Erfahrungen aus dem Alltag ins Geistliche übertragen. Da ist es Gott, der ruft, und wir sind es, die gerufen werden. Wenn Gottes Ruf laut wird und der Mensch nicht reagiert, dann ist bei Gott Trauer. Wenn aber ein Mensch auf den Anruf Gottes hört, ist bei ihm Freude.

Wer den Ruf Gottes gehört hat und sich mit anderen zusammenschließt, die ebenfalls gerufen wurden, gehört zur Gemeinde Jesu Christi. Es ist ja nicht irgendein Ruf, den die Glieder der Gemeinde Jesu gehört haben, sondern ein ganz bestimmter, nämlich: Tut Buße! Ändert euren Sinn! Den Ruf zu hören, heißt biblisch gesehen zugleich auch zu gehorchen, zu tun, was Gott erwartet. Gott freut sich über jeden Menschen, der seinen Ruf hört und gehorcht.

Wer dem Ruf Gottes folgt, macht dann auch besondere Erfahrungen mit dem lebendigen Gott. Er entdeckt, daß dieser Gott sich um ihn kümmert. Er lernt, daß er diesem Gott vertrauen kann. Er weiß, daß er sich zu jeder Zeit an diesen Gott wenden kann. Am nachhaltigsten aber wirkt sich wohl die Erfahrung aus: Gott hat mir durch meinen Glauben an Jesus Christus die Sünde vergeben. Jetzt gehöre ich ihm in Zeit und Ewigkeit. Diese frohmachende Erfahrung beginnt mit dem Hören auf den Ruf: Tut Buße! Wer sich rufen läßt und wer bereit ist, seinen Sinn zu ändern, der wird nicht länger in der Gottlosigkeit leben wollen.

Ein Mensch, der den Ruf zur Umkehr hört, wird bereit, sein eigenes Ich nicht länger in die Mitte seines Lebens zu stellen; er möchte sich vielmehr an Jesus Christus orientieren. Die Bekehrung ist die willentliche Hingabe an Christus und der Schritt über die Linie in sein Kraftfeld. Darum geht es. Gott ruft und sagt: Du mußt nicht länger mit dir selbst rechnen. Du mußt auch nicht aus eigener Kraft leben, sondern du kannst Anschluß haben an die Kraft, die ich dir gebe. Ich lade dich ein. Komm, folge mir nach!

9. August

„Da sandte Amazja, der Priester in Bethel, zu Jerobeam, dem König von Israel, und ließ ihm sagen: Der Amos macht einen Aufruhr gegen dich im Hause Israel; das Land kann seine Worte nicht ertragen.“ Amos 7, 10

Was Amos erlebt, ist ein Kampf zwischen Prophet und Priester. Der Priester vertritt die Tradition, der Prophet bedeutet den Bruch, er ist der „Ketzer“. Das Land kann seine Worte nicht ertragen. Die Festgenossen von Bethel hatten für all das, was Amos verkündete, kein Ohr und keinen Sinn. Allezeit bevorzugen Menschen den üblichen Brauch. Kultische Frömmigkeit ist stets die bequemste, angenehmste und beruhigendste Frömmigkeit gewesen. Dabei kann der Mensch gewohnheitsmäßig leben, ohne sein Herz zu ändern. Er kann sich führen lassen ohne eigene Verantwortung.

Noch heute ist die „priesterliche Religion“ die, die der Menschheit in ihrem Wollen am meisten entspricht. Es kommt der menschlichen Natur entgegen, wenn es da jemanden gibt, der zwischen den Menschen und Gott vermittelt. Jesus hat später viel unmißverständlicher gesagt, was Amos damals schon mit zum Teil sehr harten Worten gesagt hat, nämlich: „Gott ist Geist, und die ihn anbeten, die müssen ihn im Geist und in der Wahrheit anbeten“ (Joh. 4, 24). Warum nur läßt sich das Volk nicht warnen?

Alt und jung, arm und reich haben keinen Respekt vor Gott, seiner Führung, seinen Geboten und seinen Boten. Das scharfe Auge des Amos sieht und verurteilt alle Mißstände des politischen, wirtschaftlichen und gerichtlichen Lebens. Man hat Amos vor allem als jemanden verstanden, der sich an die Besitzenden wendet, um den Armen Recht zu verschaffen. Denn ein traditioneller Kult ohne geistliche Kraft entmündigt und entwürdigt den Menschen, und Mißstände des Rechts- und Wirtschaftsleben erniedrigen vor allem den Armen. Dennoch versteht man Amos falsch, wenn man seine Worte nur als gegen die Reichen gerichtet hört. Auch die Armen sind gemeint. Auch sie kennen und lieben die Sünde; auch sie sollen sich bekehren, denn im Herzen sind sie nicht besser als die Reichen.

Amos wollte nicht nur politische, wirtschaftliche und juristische Gerechtigkeit. Ihm ging es darum, daß jeder einzelne im Volk sein Herz ändere und das wahre Leben suche. Niemand kann das wahre Leben finden ohne den Herrn des Lebens, Jesus Christus. Wer sich an ihm orientiert, ehrt Gott und achtet den Nächsten. Er hilft dem Benachteiligten und schweigt nicht zu erkanntem Unrecht. Und er verschafft der Sache Gottes den ihr gebührenden Platz in der Mitte des völkischen Geschehens.

10. August

„Ihr Frauen, ordnet euch euren Männern unter, wie sich's gebührt in dem Herrn. Ihr Männer, liebt eure Frauen und seid nicht bitter gegen sie." Kol. 3, 18–19

Viele Menschen vergessen, daß Ehe eine ständige Aufgabe ist und bleibt. Sehr viele meinen, wenn sie erst einmal geheiratet hätten, gehörten sie einander, und damit sei eigentlich das Ziel erreicht. Der Volksmund spricht davon, daß nun einer im „Hafen der Ehe" sei. Das heißt für viele Männer: Sie haben nun ihre Ordnung, ihre Regelmäßigkeit, sie werden versorgt und betreut. Und auch für viele Frauen bedeutet es, ausgesorgt zu haben, die Zukunft gesichert zu sehen und endlich nicht mehr ledig sein zu müssen. Geht man dem Wort „im Hafen sein" aber etwas nach, findet man ganz etwas anderes. Die Besatzung eines Schiffes, das im Hafen liegt, kann keinesfalls die Hände in den Schoß legen. Das Schiff muß ja entladen und wieder beladen werden. Manchmal wird es auch überholt. Kleinere oder größere Reparaturen werden ausgeführt.

Also das Im-Hafen-Liegen ist im Grunde genommen eine Zeit großer Aktivität.

Vielleicht nehmen wir das einmal als Bild für die Ehe. Liebe in der Ehe ersehnt ja jeder Verheiratete. Daß er dazu aber viel Zeit, Kraft und Phantasie zu investieren hat, ist ihm oft nicht klar. Es ist in der ehelichen Liebe nicht viel anders als sonst in der Welt: Man wird zwar gerne geliebt und läßt sich umsorgen, aber selbst zu lieben, das ist oft sehr viel schwerer. Wir wollen darum unmißverständlich sagen, daß die Ehe keine Gewähr dafür ist, lieben zu können und geliebt zu sein.

Es gibt nicht wenige, die heiraten, um ein bestimmtes Ziel zu erreichen, das mit Ehe eigentlich gar nichts zu tun hat. Nicht wenige heiraten nur, um nicht länger allein zu sein. Mancher sucht die Gemeinschaft mit dem Partner des anderen Geschlechts, um ein interessanteres Leben zu führen oder um gesellschaftlichen Anschluß zu gewinnen. Wer in die Ehe tritt, weil er für sich selbst etwas Besonderes erwartet, aber nicht für den, den er heiratet, der verfehlt das Ziel der Ehe.

Wenn wir es lernen, einander zu dienen, der Mann der Frau und die Frau dem Mann, dann können wir auch einander stützen, und zwar in guten wie in bösen Tagen. Einander dienen und stützen: Wo das ein Leben hindurch praktiziert wird, da wird man auch miteinander wachsen. Ich möchte Ihnen Mut machen, Jesus Christus in Ihrem Alltag mit einzubeziehen. Das können Sie durch einfaches Denken an ihn, wenn Sie ihn anbeten und sagen: „Herr Jesus Christus, ich brauche dich. Komm, hilf mir, hilf uns. Erneuere du unsere Ehe. Sei du mit unseren Kindern. Gib uns, was uns fehlt. Amen."

11. August

„Denn die Liebe Christi drängt uns, zumal wir überzeugt sind, daß, wenn einer für alle gestorben ist, so sind sie alle gestorben. Und er ist darum für alle gestorben, damit, die da leben, hinfort nicht sich selbst leben, sondern dem, der für sie gestorben und auferstanden ist." 2. Kor. 5, 14–15

Haben Sie sich auch schon einmal dabei ertappt, daß es Ihnen nicht soviel ausmacht, was Gott über Sie denkt, als vielmehr, was Menschen über Sie denken? Dabei ist es viel wichtiger, darauf bedacht zu sein, was Gott über uns denkt! Die Liebe Christi, von dem unser heutiges Textwort spricht, ist ein Appell zu geistlicher Disziplin und zugleich eine Erinnerung daran, die öffentliche Meinung nicht überzubewerten, sondern sich daran zu orientieren, wie Christus gewirkt hat. Er ist darum für alle gestorben, damit künftig keiner für sich selbst lebt. Darum ist es entscheidender, sich Gott gegenüber verantwortlich zu wissen als der öffentlichen Meinung.

Gelegentlich treffe ich auf Menschen, denen der Bereich, in dem sie wirken, nicht groß genug ist. Sie möchten gerne mehr Einfluß haben. Sie möchten mehr gelten. Neben all dem Bemühen, den eigenen Machtbereich zu vergrößern, bleibt keine Kraft und Zeit, im Glauben zu wachsen. Wenn wir nur um den Ausbau unserer Machtbefugnisse bemüht sind, hindern wir Gott, uns im Glauben wachsen zu lassen. Doch es ist viel besser, im Glauben Wachstum zu erreichen als eine Vergrößerung des eigenen Dienstbereiches.

Mancher stützt sich zur Erreichung seiner Ziele ja auf einflußreiche Menschen. Er ist dem einen oder anderen gefällig. Dabei ist es viel wesentlicher, vollkommen vom Heiligen Geist abhängig zu sein als von einer Persönlichkeit. So wenig ich mich von einer anderen Person abhängig machen soll, so wichtig ist es auch, den eigenen Posten nicht überzubewerten. Selbst wenn Menschen meine Position für sehr bedeutsam halten sollten, darf ich sie darin nicht stärken. Es ist von größerer Bedeutung, Christus jederzeit zu bezeugen, als eine angesehene Person in den Augen der Menschen zu sein.

Christus freut sich über unseren Einsatz. Er möchte fleißige und treue Mitarbeiter. Aber mancher rackert sich so ab, daß er keine Zeit mehr hat, seine Verbindung mit Gott zu pflegen. Doch es ist notwendiger, mit Gott zu leben, als für ihn zu arbeiten. Dem wird mancher zustimmen. Auch sonst enthält der christliche Glaube ja Wahrheiten, die beherzigenswert sind und die es lohnen, weitergegeben zu werden. Aber wehe dem Beauftragten Christi, der mit seinem Leben nicht abdeckt, was er predigt und sagt. Es ist viel wichtiger, die christliche Botschaft mit dem Leben weiterzugeben als nur mit den Lippen.

12. August

„Denn alle Schrift, von Gott eingegeben, ist nütze zur Lehre, zur Zurechtweisung, zur Besserung, zur Erziehung in der Gerechtigkeit, daß der Mensch Gottes vollkommen sei, zu allem guten Werk geschickt.“ 2. Tim. 3, 16–17

Wer die Heilige Schrift aufmerksam liest, gibt sich keiner Illusion hin über diese Welt und unsere Menschheit. Unheil steht ihr bevor. Die Menschen sind verloren, es sei denn, sie lassen sich erretten und aus dem Unheil herausführen. Gottes Wort zeigt diesen Weg zum Heil. Wer sich mit seinem Wort beschäftigt, wird befähigt, den Weg zur Rettung zu erkennen. Dazu sind nicht irgendwelche Taten nötig oder besondere geistige Erkenntnisse. Erwartet wird einzig und allein das Vertrauen auf Jesus Christus, der das Unheil der ganzen Welt auf sich nahm und durch seinen Tod am Kreuz überwand. Seither ist jeder, der diesem Jesus Glauben schenkt, dem Unheil entnommen und kann getrost in die Zukunft schauen.

Die Heilige Schrift ist die einzige Quelle, aus der wir etwas Authentisches darüber erfahren, was Gott will. Er will, daß allen Menschen geholfen werde und sie zur Erkenntnis der Wahrheit kommen. Gott will, daß alle Menschen, die die Wahrheit erkannt haben, zu seiner Ehre leben und zum Nutzen ihrer Mitmenschen.

Die Heilige Schrift verhilft dazu, ein Leben zu führen, das Gott gefällt.

Ein Mitarbeiter unserer Radiomission Trans World Radio in Indien wurde einmal in eine kleine Stadt gerufen. Als er sich dem Haus näherte, in das er kommen sollte, entdeckte er, daß es sich um den Wohnplatz eines Hindupriesters handelte. Mit leichter Sorge betrat der Mitarbeiter das Haus. Er war außerordentlich überrascht, als er an den Wänden des Arbeitszimmers dieses Priesters lauter Zettel mit Bibelworten sah. Mehr noch überraschte ihn, daß der Hindu diese Bibelworte auswendig kannte, Erkenntnis seiner Sünde hatte und wußte, daß er durch Jesus gerechtfertigt war. Voller Freude bezeugte er, in Jesus das ewige Leben gefunden zu haben. Der Mitarbeiter fragte überrascht, was er denn noch solle. „Taufen sollst du mich", sagte der Priester. Welche Freude war im Herzen beider über die Kraft des Wortes Gottes. Dort lag es nicht als Buch vor, sondern als Zettel an der Wand. Was tut's? Heilige Schrift ist Heilige Schrift, in welcher Form auch immer der Mensch sie in Händen hält. Die Heilige Schrift hilft dem Menschen, sich von Grund auf zu ändern. Sie belehrt, überzeugt, bessert und erzieht.

13. August

„Und als er vollendet war, ist er für alle, die ihm gehorsam sind, der Urheber des ewigen Heils geworden." Hebr. 5, 9

So wie zur Gottessohnschaft Jesu sein Gehorsam gegenüber dem Vater gehörte, gibt es auch für uns keine wahre Gotteskindschaft ohne den Gehorsam gegenüber Christus.

Nur auf dem Weg des Leidens und Sterbens konnte Jesus unser Heil erwirken. Nach seiner Vollendung, d.h. durch seine Auferstehung und Himmelfahrt, ist er der Urheber ewigen Heils geworden. Wenn ein Mensch nur für diese Welt lebt, nur seine 40, 60 oder 80 Jahre dahinlebt, dann bedeutet ihm diese Aussage wenig. Wer aber weiß, daß diese Welt nur ein Durchgang ist oder besser gesagt nur ein Vorspiel für das, was da kommt, der horcht auf und der atmet auf. Er weiß, daß das, was er in dieser Welt erlebt oder auch erleidet, eben nicht alles ist, im Gegenteil. Offensichtlich gefällt es Gott, gerade seine auserwählten Knechte solche Strekken zu führen, die allen Menschen als dunkle Täler oder als Leidensstrecken erscheinen.

Gott hat offensichtlich keinen besseren oder anderen Weg gewußt, um den Menschen für alle Zeit Heil zu bringen als den Leidensweg und das bittere Sterben seines Sohnes. Ich kann es mit dem Verstand nicht begreifen, daß Gott auch mit seinem eigenen Sohn keinen anderen Weg wußte, um ihn völlig gehorsam zu machen, als ihn den Leidensweg zu führen.

Der Gehorsam Jesu ist also die Ursache unseres ewigen Heils. Ewiges Heil – was ist das denn, ewig? Aus der Bibel wissen wir: Ewigkeit, das heißt ohne Anfang und ohne Ende. Eine solche Vorstellung geht ohne Frage über das hinaus, was wir Menschen denken können. Ich kann mir einfach nicht vorstellen, daß Gott immer war und immer sein wird. Und ich kann es mir auch nicht vorstellen, wie es sein wird, wenn ich zu neuem Leben erweckt werde und dann mit Christus allezeit bei Gott sein werde.

Sicher müssen wir an das Schöne denken und an das, was uns Freude macht, wenn wir Ewigkeit verstehen wollen, denn Gott hat große Herrlichkeit und Freude für alle bereit. Und er möchte, daß alle, die ewiges Leben haben, diese Freude nie wieder loswerden.

Ewiges Heil, das heißt Friede und Geborgenheit, keine Krankheit mehr, kein Tod, kein Leid, kein Geschrei, keine Tränen. Vorstellen kann man sich das nicht. Darum schenkt Gott uns auch den Glauben, der über alles Verstehen hinausgeht. Ich finde, es ist eine außerordentliche Güte unseres Gottes, daß er uns etwas ahnen läßt von dem, was er für die bereithält, die ihn lieben, die ihm vertrauen und gehorchen.

14. August

„Denn aus Gnade seid ihr selig geworden durch Glauben, und das nicht aus euch: Gottes Gabe ist es.“ Eph. 2, 8

Das Neue Testament versteht unter der Gnade Gottes immer sein unmittelbares Eingreifen, Helfen und Geben. In der Gnade stehen heißt in unmittelbarer Beziehung zu Gott stehen. Wenn er mir seine Gnade erweist, dann setzt er sich über alle meine begangene Schuld hinweg, um mir zu vergeben. Oft hat Gnade auch die Bedeutung von Begnadigung, von Erlaß der Schuld. Gnade bedeutet aber niemals bloßes Vergeben, sondern immer auch ein Sichgeben Gottes.

Der Apostel Paulus redet in allen seinen Briefen in immer neuen Wendungen von der Gnade. Wir merken, wie sehr dieser Begriff im Mittelpunkt seines Glaubens und Denkens steht. Paulus sagt von seinem Amt, er habe in ihm „zu bezeugen das Evangelium von der Gnade Gottes“ (Apg. 20, 24). Am Eingang seiner Briefe weiß der Apostel keinen schöneren Gruß als „Gnade sei mit euch“ (z.B. Röm. 1, 7). Und nun das Herzstück des Römerbriefes und der ganzen Reformation: „Wir werden ohne Verdienst gerecht aus seiner Gnade durch die Erlösung, die durch Christus Jesus geschehen ist“ (Röm. 3, 24). Der Grund unseres christlichen Lebens und die Wende der ganzen Weltgeschichte ist: „Es ist erschienen die heilsame Gnade Gottes allen Menschen“ (Tit. 2, 11). Die Gaben des Heiligen Geistes, die Charismata, heißen Gnadengaben, oder, weil sie aus Gnaden gegeben werden, „Gnadengaben“. Da diese Gaben verschieden verteilt werden, gilt die Mahnung: „Dient einander, ein jeder mit der Gabe, die er empfangen hat, als die guten Haushalter der mancherlei Gnade Gottes“ (1. Petr. 4, 10).

Wo Gnade ist, kann man aus dem vollen schöpfen. Gnade gibt dem Menschen etwas Strahlendes; sie beflügelt ihn, damit er mit göttlicher Leichtigkeit und unwiderstehlicher Siegesgewalt schwierige Aufgaben löst. Wem Gnade gegeben ist, d.h., wer unmittelbar vor Gott steht und mit ihm verbunden ist, der braucht sich nicht mehr anderen Ordnungen zu unterstellen. Denn das hieße, die Fülle, die von oben kommt, verscherzen. Es ist schon etwas Geheimnisvolles um die Gnade. Gott ist in seinem gerechten Zorn über die Unbußfertigkeit und den Ungehorsam der Menschen bzw. Nationen wie in seiner Gnade der geheimnisvolle, unbegreifliche Gott, dessen Ratschluß wir nur anbetend verehren, aber oft nicht verstehen können.

Die Gnade nimmt mir alle Angst, sie schenkt mir Ehrfurcht vor Gott. Gnade ist es, wenn ich am Ende eines Tages ein Ziel erreiche, wenn ich beruflich ein Ziel erreiche oder mit meiner Familie. Und seine Gnade ist es natürlich vor allem, wenn ich am Ende meines Lebens ans Ziel komme und einmal mit ihm vereint sein werde in Ewigkeit.

15. August

„Und es geschah eine Stimme zu ihm: Steh auf, Petrus, schlachte und iß! Petrus aber sprach: O nein, Herr; denn ich habe noch nie etwas Verbotenes und Unreines gegessen.“

Apg. 10, 13–14

In jenem Stadium des Aufbaus der christlichen Gemeinde, von der uns die Apostelgeschichte berichtet, hat es Gott gefallen, auf eine besondere Weise zu arbeiten. Gott gibt Petrus eine Vision. Es ist eine Stimme da, die zu ihm spricht. Petrus weiß genau, wer hinter dieser Stimme steht. Es ist der Herr! Der Herr verlangt von ihm, etwas ganz Bestimmtes zu tun. Petrus erscheint die Befolgung dieser Aufforderung völlig unmöglich. Obwohl er weiß, daß sich hinter der Stimme der Herr verbirgt, sagt er: „O nein!“

Petrus zeigt durch seine Reaktion, daß ihn etwas daran hindert, Gottes Wort zu erfüllen. Es ist ein ganz bestimmtes Vorurteil, das er hat. Er war aus dem Judentum gekommen und Christ geworden. Und er hatte noch Verbindung mit den Judenchristen in Jerusalem. Eine christliche Auffassung vom Leben bzw. eine Gemeindepraxis war erst im Begriff sich zu formen. Es gab noch keine festen Ordnungen für Christen. Und Nichtchristen – wie der Hauptmann Kornelius aus Cäsarea – gehörten noch nicht zur Gemeinde. Aber in jener Stunde ist Gott im Begriff, seine Gemeinde auszubauen. Jetzt beruft er nämlich zum ersten Mal einen Heiden in die Gemeinde hinein. Es ist also etwas ganz Neues, was dort in jenem Augenblick geschieht.

Petrus wohnte – während seines Aufenthaltes in Joppe – bei einem Gerber. Dieser Beruf galt als unrein, weil Gerber mit Tierkadavern umgingen. Bibelausleger nehmen an, daß dieser Gerber vielleicht bereits Christ war. Petrus war also zu diesem Mann gegangen. Das mag ihn viel Überwindung gekostet haben. Und nun kommt der Auftrag: „Du sollst von diesem unreinen Viehzeug essen." In einem Tuch, das er vor sich sah, lagen lauter Tiere, die nicht den Reinigungsvorschriften der Juden entsprachen. Nun war das ja eine Vision. In Wirklichkeit brauchte er die Tiere nicht zu essen. Nach jüdischem Verständnis durfte er an dieses unreine Viehzeug auch gar nicht heran. Petrus wird überlegt haben: Was soll denn das heißen? Was soll ich denn nun machen? Er hatte ein Vorurteil, und deshalb kommt es nicht gleich zu einer klaren Entscheidung in seinem Denken und Leben.

Ich möchte Sie ermuntern, immer wieder neu darum zu bitten, daß Sie ein feines Gespür dafür bekommen, was Gott von Ihnen will. Wir wollen hellwach sein, wenn eine Beauftragung Gottes an uns herangetragen wird, vielleicht über einen anderen Menschen. Dann wollen wir sagen: „Lieber Herr, ich bekenne dir, daß mir das Gehorchen oft nicht leicht fällt, aber ich will gehorsam sein, denn ich möchte nahe bei dir sein. Bitte hilf mir zu gehorchen. Amen."

16. August

„Danket dem Herrn aller Herren, denn seine Güte währet ewiglich." **Ps. 136, 3**

Wir sind erwacht, Gott schenkt uns wieder einen Tag. Erneut können wir seine Güte kennenlernen und uns sagen lassen, daß er uns liebt.

Unser Wort für den Tag ist aus Psalm 136. Den sollten Sie im Anschluß einmal lesen, am besten laut, damit Sie den Text besser aufnehmen können. Psalm 136 regt an zum Dankgebet. Wir können dem Herrn danken, der auch heute noch Wunder tut. Wir danken für den Kosmos, von dem wir ein winziges Teilchen sind. Wir danken für das Firmament, für Sonne und Mond, für das Land und das Meer. Wir danken für Bewahrung in Kriegszeiten, Katastrophen und Unfällen. Lassen wir uns nicht irritieren von den Stationen, die der Psalmist nennt, nämlich wichtigen Plätzen aus der Geschichte Israels. Die Orte und Ereignisse, die dort genannt werden, waren jedem Israeliten vertraut. Ersetzen wir diese Orte durch uns bekannte, z.B. das Dorf oder die Stadt, in der wir geboren wurden, zur Schule gingen, lernten oder studierten, heirateten, unsere Kinder bekamen oder unseren Lebensunterhalt verdienen.

Wie bewegend ist es doch, wie die verschiedenen Gedanken und Erinnerungen des 136. Psalmes ständig unterstützt werden durch den Satz: „Denn seine Güte währet ewiglich.“

Dankt dem Herrn für gute Gaben, denn „alle gute Gabe und alle vollkommene Gabe kommt von oben herab, von dem Vater des Lichts“ (Jak. 1, 17). Dankt für Frieden und Freiheit – seine Liebe hört niemals auf. Dankt für Taschengeld, Gehalt bzw. Lohn oder Rente, denn seine Liebe hört niemals auf. Dankt für liebe Menschen in der Familie und für Freundschaften, denn seine Liebe hört niemals auf. Dankt für die vielen, die unser Leben angenehm machen: den Kaufmann, den Briefboten, den Müllmann, den Straßenfeger, den Arzt, den Fürsorger, den Pfarrer. Gottes Liebe hört niemals auf, denn seine Güte währet ewiglich.

Er kann die Regierenden regieren. Er kann den Verhandlungspartnern auf nationaler und internationaler Ebene ehrliche Absichten und aufrichtige Verhandlungen schenken, denn seine Güte währet ewiglich. Er kann den Verantwortlichen in Politik und Wirtschaft Einsicht geben, mit den Vorräten der Erde so umzugehen, daß auch unsere Nachkommen noch leben können, denn seine Güte währet ewiglich. Er kann dort, wo heute noch Armut, Elend, Unterdrückung, Gemeinheit und Haß herrschen, veränderte Verhältnisse schenken. Israel dankte dem Herrn, „der an uns dachte, als wir unterdrückt waren, denn seine Güte währet ewiglich" (Ps. 136, 23).

Wer Gott vertraut und bereit ist, ihm für alle guten Gaben zu danken, für jeden Helfer, für jede freundliche Handreichung, der wird erleben, was Psalm 136 so eindrucksvoll sagt: Gottes Liebe hört niemals auf. Ich wünsche Ihnen eine solche Erfahrung und ein dankbares Herz an diesem Tag.

17. August

„Und ich ging an dir vorüber und sah dich an, und siehe, es war die Zeit, um dich zu werben. Da breitete ich meinen Mantel über dich und bedeckte deine Blöße. Und ich schwor dir's und schloß mit dir einen Bund, spricht Gott der Herr, daß du solltest mein sein." Hes. 16, 8

Gott hat einen Plan mit dieser Welt. Eine besondere Rolle in diesem Plan spielt das Volk Israel. Unter allen Völkern fiel Gottes Wahl gerade auf dieses Volk. Er erwählte Israel aus reiner Liebe. Um vor der Welt zu zeigen, wie ernst ihm seine Wahl ist, schließt Gott mit Israel einen Bund, einen Vertrag. Die beiden Vertragspartner sind allerdings recht ungleich. Da ist auf der einen Seite der große, mächtige Gott und auf der anderen das kleine, schwache Israel.

Der Prophet Hesekiel schildert das Verhältnis der beiden Vertragspartner in einer Geschichte. Schon gleich nach der Geburt wurde auf einem Acker ein kleines Mädchen ausgesetzt. Nicht einmal gereinigt hatte man das hilflose Wesen. Keiner hob das Bündelchen auf, das auf dem Feld lag. Jeder verachtete dieses Leben. Dann ging einer vorüber, der das Baby in seiner Not strampeln sah. „Du sollst leben!" sagte er, nahm das Findelkind auf und trug es an einen sicheren Ort. Dort ließ er es versorgen mit allem, was zum Leben nötig ist. Das Mädchen wuchs heran und kam zu höchster Schönheit. Doch hatte es nichts, um seine Blöße zuzudecken. Da erbarmte sich seiner, der es gefunden hatte. Er sah das Mädchen, liebte es und nahm es zur Frau.

Das Mädchen steht gleichnishaft für Israel, für das auserwählte Volk. Der Vorübergehende, der später der Bräutigam wird, steht für Gott. Hesekiel schildert dann weiter, wie dieser Bräutigam alles tut für seine Braut. Er versorgt sie aufs beste, kleidet sie entsprechend und führt sie schließlich zur Königswürde. Jeder aus dem Volk Gottes, der das Prophetenwort hörte, wußte, daß Israel nur durch Gottes Gnade etwas geworden war. Mancher mag sich über die ungleiche Partnerschaft im klaren gewesen sein. Kein Zweifel bestand sicherlich darin, daß man Verträge halten muß. Gott hielt seinen Bund, aber Israel nicht.

Wir hören diese Geschichte allerdings falsch, wenn wir uns über Israels Treulosigkeit entrüsten. Der tragische Bericht von Israels Untreue sollte uns vielmehr als Nachfolger Jesu ansprechen und zu schaffen machen. Mit Jesus hat Gott uns seinen ganzen Reichtum geschenkt. Er hat uns seine Liebe zugewandt und seine Treue erhalten. Was wir sind, sind wir durch ihn. Der Herr Jesus schenke es, daß wir die Treue unseres Gottes nicht mit Untreue vergelten und wir den Bund nicht brechen, den er auch mit uns geschlossen hat, als er uns erwählte und uns zurief: „Ich will, daß du lebst! Ich habe dich lieb!"

18. August

„Ich aber will zu Gott rufen, und der Herr wird mir helfen."
Ps. 55, 17

Der „Unterweisung Davids" in Psalm 55 spürt man ab, daß sie in großer Aufregung geschrieben wurde. Der Beter ist in Todesangst und bebt vor den Schrecken, die mächtige Feinde ihm bereiten. Der Beter spricht davon, daß er ruhelos klagt und heult. Mit anderen Worten: Er kann seine Tränen nicht zurückhalten und findet keinen Schlaf. Auch während des Tages überfallen ihn seine Ängste, und er fragt sich allen Ernstes, wie das wohl noch werden soll. Gott scheint ihm so fern zu sein. David fragt: „Hat Gott sich verborgen? Sieht er denn nicht, was sich da um mich herum zusammenbraut?“ Es sind ja nicht nur Gedanken, die den Beter überfallen. Es sind leibhaftige Feinde, die ihm gegenüberstehen. Er wird bedrängt von gottlosen Menschen.

Wie menschlich bringt uns Gott in seinem heiligen Wort doch die Probleme anderer Menschen nahe! Wie verstanden kann man sich da fühlen! Es macht mir auf einmal gar nichts mehr aus, daß ich durchschaut bin, daß all mein Mut nun nicht mehr ausreicht und daß auf meine Kraft, auf meine Einfälle, auf meine Erfahrung kein Verlaß mehr ist. Auch als Glaubender hat man Angst. Wir wollen das ruhig öfter einmal aussprechen, um nicht vor den Menschen, die nicht an Gott glauben, den Eindruck zu erwecken, als gäbe es für uns bestimmte Probleme gar nicht mehr.

Ja, ich möchte noch einen Schritt weiter gehen. Vielleicht läßt Gott es ganz bewußt zu, daß wir uns ängstigen, damit alles von uns abfällt, worauf wir uns noch etwas einbilden. Ja, damit wir uns ganz neu auf ihn besinnen und uns bewußt wird: Es gibt keinen anderen Helfer als ihn, den Herrn selbst. Und wenn er ferne zu sein scheint, so weiß er doch die Stunde, mir beizustehen.

Ich könnte mir vorstellen, daß es Gott gefällt, durch dieses Wort irgend jemanden zu trösten, der angefochten ist, der wirklich Angst hat, weil es praktisch keinen Ausweg mehr für ihn zu geben scheint. Das letzte Wort möchte ich hervorheben: Es scheint keinen Ausweg zu geben! Wir haben doch keinen Gott, der schläft oder schlummert! David wußte das schon. Er sagte: „Ich aber will zu Gott rufen, und der Herr wird mir helfen.“ Jawohl, auch der Glaubende kennt Angst und hat Angst, aber er muß nicht in der Angst bleiben. Das ist das Besondere, und das wollen wir uns in dieser Stunde frohen Herzens zurufen. Ich wünsche es auch Ihnen, daß Sie mit Jesu Hilfe Ihre Angst überwinden und sich über seine Siege freuen.

19. August

„Unser Herr ist groß und von großer Kraft, und unbegreiflich ist, wie er regiert.“ Ps. 147, 5

Bei ihrem spektakulären Vorbeiflug am Planeten Uranus hat die amerikanische Raumsonde „Voyager 2“ in wenigen Stunden und Tagen mehr Erkenntnis über diesen drittgrößten Planeten unseres Sonnensystems geliefert, als die Wissenschaftler in den 205 Jahren seit seiner Entdeckung erfahren haben. Die Sonde funkte entsprechende Daten zur Erde. Die Bilder brauchten zur Überbrükkung der riesigen Entfernung von knapp drei Milliarden Kilometern zwei Stunden und 45 Minuten.

Manchem wird solche Meldung einmal mehr Beweis dafür sein, daß den Menschen nahezu alles möglich ist, was sie erreichen wollen. Anderen sind solche Daten Hinweis auf die Größe des allmächtigen Gottes und seines Universums.

Ich gehöre zur zweiten Gruppe. Unser Herr ist groß und von großer Kraft. Ich staune über die Unermeßlichkeit des Weltalls, seiner Ordnungen und Gesetze. Ich staune aber auch über das, was der menschliche Verstand errechnet, erfindet und erprobt. Hinter allem sehe ich den Schöpfer. Er hat diesen Kosmos erschaffen. Er schuf auch den Menschen, dem er Geist, Seele und Leib gab. Kennzeichnend für einen Menschen ist, daß er glauben kann. Ich muß mich nicht als Zufallsprodukt sehen oder als Laune der Natur. Ich bin ein Geschöpf Gottes und, wenn ich an ihn glaube, ein Kind Gottes. Ich kann mit Gott reden, das heißt beten, ich kann etwas von ihm erbitten oder im Gebet für jemand anderen eintreten. Ich kann Buße tun, also meinen Sinn ändern. Und ich kann Gott danken und ihn loben! Loben ist das Rühmen der Herrlichkeit Gottes. Jeder Lobgesang ist eine Antwort auf die großen Taten Gottes. Die letzten fünf der 150 Psalmen sind solche Loblieder.

„Unser Herr ist groß und von großer Kraft, und unbegreiflich ist, wie er regiert.“ Diesem Vers voran gehen zwei interessante Aussagen. Einmal: Gott heilt die, die zerbrochenen Herzens sind und verbindet ihre Wunden. Zum anderen: Er zählt die Zahl der Sterne. Alle ruft er mit Namen. Diese beiden so unterschiedlichen Aussagen sollen daran erinnern: Der große Gott, der sich um das Weltall kümmert, der jeden Stern kennt, der kümmert sich auch um einen einzelnen Menschen in seinen Schmerzen, mit seinen Wunden. Das war für jene, die dieses Jubellied zuerst gesungen haben, Anlaß genug, um alle, die es hörten, mit einzuladen: Lobet den Herrn; denn unsern Gott loben, das ist ein köstlich Ding.

20. August

„Darum denke ich an die Taten des Herrn, ja, ich denke an deine früheren Wunder und sinne über alle deine Werke und denke deinen Taten nach. Gott, dein Weg ist heilig. Wo ist ein so mächtiger Gott, wie du, Gott, bist?“ Ps. 77, 12–14

In einzigartiger Weise zeigt das Gebet des Asaph, daß Gott bis in unsere größten Dunkelheiten hineinkommt. Er läßt uns aussprechen, was wir an Zweifeln und Bedenken haben. Er mutet uns Anfechtung zu, aber er läßt uns nicht los. Asaph ist nicht nur bei den negativen Erfahrungen seiner Vergangenheit stehengeblieben, sondern ihm ist offensichtlich eingefallen, wieviel er Gott zu verdanken hat und wie großartig Gott ihn geführt hat. Er steht allerdings noch immer unter dem Eindruck der Rätselhaftigkeit seiner Führung und der Größe Gottes. Noch immer bleibt ihm vieles unbegreiflich, aber aus der Klage wird eine Anbetung. Ihm wird bewußt: Es soll mich nicht mehr belasten und beschweren, was ich getan habe. Meine Unzulänglichkeit soll mich nicht mehr mutlos machen. Ich denke an die Wunder, die Gott gewirkt hat. Ich sinne nach über alle seine Werke. Jetzt haben Sorgen keinen Platz mehr.

Wenn man es richtig bedenkt, ist die Erlösungsgeschichte Israels ein einziger Weg des verborgenen Gottes mit seinen Erwählten. Aber es ist ein Weg, der aus der Verborgenheit in die Offenbarung führt. Mir ist dieser Weg Gottes mit seinem Volk wie ein Bild für mein eigenes Glaubensleben. Ich darf ein Beter sein, der sich von den Problemen und Schwierigkeiten seines Lebens nicht erdrükken läßt, der nicht nur klagt über alles, was er nicht versteht, sondern der sich voller Ehrfurcht Gott zuwendet und ihn anbetet.

Wir Menschen, die wir vom lebendigen Gott wissen, müssen sehen, daß die Wurzel unserer Zweifel in unserer Sünde liegt. Das gilt aber auch für die Menschen, die Gott noch fern sind. Gewinnen Sie Mut, dem wahren Gott zu vertrauen. Freuen Sie sich über ihn und seine Führung. Und wenn Sie diese göttliche Führung erfahren, dann schweigen Sie nicht von Gott. Reden Sie von ihm, damit auch andere ihn kennenlernen.

Ich möchte mit Ihnen die Hände falten und beten: „Gott, ich verstehe dich zwar nicht in allem, aber ich will dir vertrauen, selbst wenn in der Zukunft etwas geschieht, was ich nicht begreife. Du tust Wunder, heute wie zu aller Zeit. Vergib, daß ich denken konnte, du würdest deine Verheißungen in meinem Leben nicht erfüllen. Wo ist ein so mächtiger Gott, wie du bist? Ich will dir danken, daß du dich um mich kümmerst. Amen."

21. August

„Er, der in göttlicher Gestalt war, hielt es nicht für einen Raub, Gott gleich zu sein." Phil. 2, 6

Jesus hat einmal gesagt: „Ich und der Vater sind eins" (Joh. 10, 30). Das war auch sein Maßstab: die absolute Übereinstimmung mit Gott. Wer eine solche Übereinstimmung sucht, wird natürlich seufzend sagen: „Das geht doch nie!" Nein, wir schaffen es in der Tat nicht. Wir können aber Gottes Gebote und Ordnungen zum Maßstab nehmen. Und wir können lernen. Was gilt es denn vor allem zu lernen? Ich möchte lernen zu erkennen, was Gott will. Ich möchte, daß mein Erkennen und mein Wollen zu einem Tun zusammenwachsen. Denn was nützt alle Erkenntnis und alles Wollen, wenn keine Tat daraus erwächst?

Im Philipperbrief schreibt Paulus: ,,Jesus, der in göttlicher Gestalt war, hielt es nicht für einen Raub, Gott gleich zu sein.“ Er hatte also diese neue, andere Gesinnung. Die meisten Menschen bestehen leider auf ihren Vorrechten. Gilt das auch für Christen? Weitgehend ja. Wer nur sein Recht und seine Vorteile sucht, kann nicht dienen; er will herrschen. Das ist das Problem unserer Tage. Wir haben nicht genügend Menschen, die dienen. Zu viele wollen herrschen und Macht haben.

Wir müssen lernen zu verzichten. Verzicht hat immer etwas mit Opfer zu tun. Wenn wir von Opfer sprechen, dann denken wir vor allem an Jesus Christus, der sich für uns geopfert hat. Darum sagt Paulus auch, daß wir uns an ihm orientieren sollen. Obwohl Jesus Gott in allem gleich war und Anteil an Gottes Herrlichkeit hatte, bestand er nicht auf seinen Vorrechten.

Wenn hier zum Verzicht oder Opfer aufgerufen wird, dann hat das nicht nur etwas mit Spenden zu tun, so wertvoll sie auch sind. Opfer, das ist Verzicht auf etwas Wertvolles. Wer etwas opfert, der hat's hinterher knapper. Eine Opfergabe, die man nicht spürt, ist keine Opfergabe. Opfer ist keine althergebrachte menschliche Pflichtübung. Wir halten es hier mit Paulus: ,,Einen fröhlichen Geber hat Gott lieb“ (2. Kor. 9, 7).

Opfer ist immer Ausdruck und Auswirkung von Liebe. Weil Christus mich geliebt hat, hat er sich für mich geopfert. Und weil ich ihn liebe, darf ich etwas für ihn tun. Was ist angesichts seines großen Opfers schon der eine oder andere Verzicht in meinem Leben? Christen sollten da vorbildlich vorangehen und bereit sein, zu verzichten auf Geld und Zeit, auf Kraft und Bequemlichkeit. In unseren Landstrichen wird ja nicht das Opfer des Lebens erwartet, aber es gibt Christen in anderen Teilen der Welt, die ihre Liebe zu Christus durch den Verzicht auf das eigene Leben unter Beweis stellen.

Ich kann diese Überlegungen eigentlich nicht besser beenden, als den Ruf noch einmal aufzugreifen: ,,Orientieren Sie sich an Jesus Christus!“

22. August

„Euch aber lasse der Herr wachsen und immer reicher werden in der Liebe untereinander und zu jedermann, wie auch wir sie zu euch haben.“ 1. Thess. 3, 12

Vor geraumer Zeit ging eine Zeltmission in einer großen Stadt zu Ende. An einem Abend sprach der Redner über die Kraft der Liebe, die Christus uns schenkt und die wir weitergeben sollen. Eine Reporterin war an diesem Abend anwesend und hat während des Vortrags des Evangelisten Bilder gemacht. Das irritierte oder ärgerte wohl eine der Zuhörerinnen, denn sie zischelte der Reporterin entgegen: „Pssst...“ Sie tat das mit einem so bösen Gesicht, daß eine Christin, die den Vorgang beobachtete, der verärgerten Zuhörerin zurief: „Wo bleibt die Liebe, von der gerade die Rede ist?“ Erschrocken legte die so Gefragte ihre Hand auf den Mund und schaute beschämt und um Entschuldigung bittend zu der Reporterin.

Dieser Vorfall scheint mir bezeichnend. Da wird gerade über die Liebe geredet, und im selben Augenblick reagiert man schon wieder lieblos. Solches geschieht immer wieder auch in der Ehe, in der Familie, in einer Gemeinde und sogar in einer Synode. An herzlicher Liebe und Barmherzigkeit fehlt es oft vorne und hinten. Immer öfter ist zu beobachten, daß sich theologisch übereinstimmende Menschen mit Gleichgesinnten aus einer anderen Denomination besser verstehen als mit theologisch anders orientierten Menschen in der eigenen Denomination. Da ist vielleicht der Anhänger einer Freikirche mit dem Anhänger einer Landeskirche gemeinsam der Ansicht, daß die Zeit der Mission noch längst nicht beendet ist. Andere in derselben Gemeinde sind der Meinung, daß Mission herkömmlichen Typs längst überholt sei.

Was heißt dann „sich selbst zurücknehmen“? Heißt es, einfach den Standpunkt des anderen zu akzeptieren und meinen eigenen aufzugeben? Das ganz gewiß nicht. Ich denke aber, daß wir nie aufhören dürfen, aufeinander zu hören und wenigstens um Verständnis bemüht zu sein. Und wenn ich den Eindruck haben sollte, einem anderen fehlt es an herzlicher Liebe und Barmherzigkeit, dann soll der andere keineswegs den Eindruck bekommen, daß beides auch bei mir fehlt.

In Gott lieben wir den, dem wir für alles verantwortlich sind, von dem wir uns geliebt wissen und der uns die Kraft zum Lieben gibt. Darum können wir auch jemanden, der ganz anders eingestellt ist als wir, spüren lassen, daß wir ihn lieben und nicht unbarmherzig verurteilen. Mit einem anderen zusammenbleiben, solange es keine Differenzen gibt, das ist ja noch keine Liebe. Liebe ist das Stehen zum anderen auch dann, wenn er mir Probleme bereitet und unsere Gemeinsamkeit ernsthaft gefährdet ist.

23. August

„Denn es ist kein Ansehen der Person vor Gott.“ Röm. 2, 11

Keiner, der auf Gottes Seite steht, kann sich auf seiner Erlösung ausruhen! Nur das Evangelium gehört und geglaubt, aber nicht entsprechend gelebt zu haben, das ist ein Widerspruch in sich. Wir Christusnachfolger haben Gottes Anruf gehört. Wir haben unseren Sinn geändert. Anstelle des Gesetzes ist uns das Evangelium gegeben. Aus ihm entnehmen wir die Lebensregeln für das durch Jesus erneuerte Leben. Gott will uns helfen, ihn zu ehren und ihm Freude zu machen. Er schenkt Kraft, seinen Willen nicht nur zu erkennen, sondern auch zu tun. Gott will uns helfen, ihn und sein Wort zu verstehen und entsprechend zu handeln.

Wir alle brauchen diese Hilfe; jeder, der Bischof, der Pfarrer, die Diakonisse, der christliche Arbeitgeber bzw. Arbeitnehmer, der Mann und die Frau. Es gibt kein Ansehen der Person vor Gott. Jeder ist gleich bedürftig. Es gibt keinen Unterschied. Von Natur aus sind wir alle Sünder und stehen vor Gott nicht so da, daß er Gefallen an uns haben könnte (Röm. 3, 22–24).

Kann denn auch der ungläubige Mensch Gott wohlgefällig handeln? Dann etwa, wenn er etwas tut, was Gott ihm ins Herz geschrieben hat? Kann der atheistische Forscher zum „Heiler“

vieler Menschen werden, weil er ein besonderes Medikament entwickelte? Ja, er kann! Und auch ein unchristlicher Journalist kann wertvolle, aus dem christlichen Denken erwachsene Gedanken verbreiten. Nur die Regel ist das eben nicht.

Wir müssen wissen, daß sich an dem Tag, wenn Gott das Verborgene richten wird, niemand auf Gottes Güte und Nachsicht berufen kann. Das Gericht Gottes ist gerecht und läßt kein Ansehen der Person zu. Wie unser Herr Jesus dann urteilen wird, bleibt abzuwarten. Verloren ist keiner, der ihm vertraut hat (Joh. 3, 36), doch welchen Lohn er empfangen wird, ist offen (1. Kor. 3, 14).

Ich möchte einmal nicht beschämt sein an dem Tag, an dem Gott richten wird, was bis dahin verborgen war. Dann wird einiges zur Sprache kommen: Meine Einstellung zum Geld, zu Frau und Kindern, zu Vorgesetzten und Untergebenen. War ich selbstlos, oder tat ich nur so? Verurteilte ich den Neid bei anderen und war doch selbst neidisch? Predigte ich nur über die Früchte des Geistes, oder hatte ich sie? Kein Ansehen der Person vor Gott, d.h. also, es gibt keinen Sonderstatus für mich. Das heißt den Glauben nicht nur theoretisieren, sondern praktizieren, nicht predigen und selbst verwerflich werden. Überhaupt: Weniger reden, dafür mehr Jesus gemäß handeln.

24. August

„Neige mein Herz nicht zum Bösen, gottlos zu leben mit den Übeltätern; ich mag nicht essen von ihren leckeren Speisen.“
Ps. 141, 4

Dieser Gebetssatz ist Warnung und Mahnung zugleich. Gott wird angesprochen: Neige mein Herz nicht zum Bösen. Halte du es fest. Ich weiß, daß die Sogkraft des Bösen so groß ist. Der Psalm, dem das Wort für diesen Tag entnommen ist, zeigt auf, daß der Mensch sehr oft das Böse nicht allein tut, sondern mit einem oder mit mehreren anderen zusammen. Der Beter hat darum Angst davor, daß er sich mit einem Menschen einlassen könnte, der ihn mit „Leckerbissen“ verführt. Diejenigen, die uns verführen wollen, kennen unsere schwachen Stellen und wissen, womit sie uns beeindrucken können.

Solch einem Gebet gebührt auch Platz in unserem Leben! Vielleicht ist es sogar sehr, sehr nötig – dieses Gebet um Bewahrung vor Verführung zum Bösen in Wort und Tat. Wie kommt jemand heraus aus einer Verquickung, die ihm möglicherweise schon längst die Ruhe raubt? Treu sein im Beten. Wachsam sein im Reden. Und schließlich rückhaltlose Zuflucht suchen bei Gott. Wir sind als überzeugte Christen gut dran, denn es gibt geistliche Hilfe für den, der so betet. Gott läßt einen solchen Beter nicht allein.

Statt zu beten: „Neige mein Herz nicht zum Bösen“, kann man auch beten: „Herr, hilf mir, heilig, lauter und begnadet zu leben. Hilf, daß ich keine Hintergedanken habe und keine versteckten Motive mich leiten.“ Ich muß einfach wissen, daß sich oft auch im Denken eines glaubenden Menschen Klugheit, der Wunsch nach Prestige und das Sich-selbst-zur-Schau-Stellen vermischen. Wenn ich nicht bereit bin, mein Ich mit Christi Hilfe sterben zu lassen, d.h. mein Ich nicht länger im Mittelpunkt all meiner Überlegungen stehen zu lassen, dann wird mein Leben nicht gelingen.

Ich kann beten: „Herr, hilf mir, keine Heimlichkeiten zu haben, hilf mir, transparent zu leben und mich von dir erleuchten zu lassen.“ Es ist etwas Wunderbares, in Gottes Licht zu stehen. Mag er seinen Scheinwerfer auf mich richten, den Scheinwerfer seines Wortes. Sicher wird es Ihnen und mir nicht gelingen, allen zu gefallen. Irgend jemand wird immer meinen, etwas Böses über uns zu wissen, oder er wird uns verleumden. Wichtig ist, daß wir vor unserem Herrn bestehen. Er wird uns dann auch helfen, vor den Menschen zu bestehen.

Das gilt sogar für ganz schwierige und aussichtslos scheinende Situationen. Ich kann Gott bitten, daß er mir, was immer mir auch zugedacht ist, die Kraft erhält, ihn zu bitten: „O Gott, neige mein Herz nicht zum Bösen.“

25. August

„Ihr Heuchler! Über das Aussehen der Erde und des Himmels könnt ihr urteilen; warum aber könnt ihr über diese Zeit nicht urteilen?“ Luk. 12, 56

Am Ende der Tage wird Gott Gericht halten. Die Bibel gibt darüber hinreichend Auskunft. Mit derselben Deutlichkeit wird jedoch auch darauf hingewiesen, daß Gott die Menschen vor dem Gericht bewahren möchte. Dazu sandte er Jesus in diese Welt. „Wer an ihn glaubt“, so lesen wir im Neuen Testament, „kommt nicht ins Gericht.“ Gott sorgt dafür, daß diese Wahrheit immer und immer wieder den Menschen gesagt wird. Noch bietet er den Menschen seinen Frieden und das Bürgerrecht seines kommenden Reiches an. Er wird aufhören zu rufen, sobald die von ihm vorgesehene Vollzahl aus den Völkern gesammelt ist (Röm. 11, 25). Dann kommt der große Tag Christi, den alle Menschen, die bewußt in seiner Nachfolge stehen, schon heute sehnlich erwarten.

Wann wird der große Tag anbrechen? Jesus Christus hat uns verboten, das Datum wissen zu wollen. Doch hat er geboten, die in der Bibel genannten Vorzeichen zu beachten. Sieht man sie nicht? Will man sie nicht sehen? Jesus sagt: „Was viel weniger wichtig ist, das Wetter, das könnt ihr richtig beurteilen.“ Heute ist es nicht anders. Jeder kennt die Wetterzeichen. Viele unter uns können sagen, wann es regnen wird oder ob Sturm in der Luft liegt. Auch damals wußte man schon vieles. Doch obwohl die Menschen die Zeichen des Himmels so gut zu lesen verstanden, wollten sie die Zeichen der Zeit nicht verstehen.

Jesus war stets von dem Gedanken bewegt, daß die Zeit dränge. Es gibt Dinge, die der Mensch nicht aufschieben sollte, vor allem nicht, Frieden mit Gott zu finden. Was hindert den Menschen eigentlich, Frieden mit Gott zu schließen oder die Zeichen der Zeit richtig zu beurteilen? Sind es nicht Anmaßung, Verblendung und Stolz, die meinen, alles selbst zu wissen und der göttlichen Zeichen nicht zu bedürfen? Jesus nannte die Menschen seiner Zeit Heuchler. Angewendet auf unsere Zeit heißt das: Was nützt aller Fortschritt in der Meteorologie und den anderen wissenschaftlichen Bereichen, wenn man doch ins Unglück rennt, anstatt mit Gott ins reine zu kommen!

Das Ende ist nahe! Darum sprechen Christen auch ganz bewußt von der Endzeit. Endzeit ist es eigentlich, seit Jesus auferstanden ist. Aber Endzeit im engeren Sinn ist das letzte Wegstück der Weltgeschichte, bevor Jesus die Herrschaft über diese Erde antreten wird. Gottes Wort sagt, daß während dieser letzten Tage der Weltgeschichte bestimmte Entwicklungen eintreten: im Blick auf Israel, die Gemeinde Jesu, die Völkerwelt und die Natur. Das Eintreten dieser Entwicklungen ist Vorzeichen der Wiederkehr Jesu. Der Glaubende sieht hinter allem die ordnende Hand Gottes und sein zielgerichtetes Walten.

26. August

„So können auch wir getrost sagen: Der Herr ist mein Helfer, ich will mich nicht fürchten; was kann mir ein Mensch tun?"

Hebr. 13, 6

Ein Angestellter wird zu seinem Chef gerufen. „Warum will er mich sprechen?" fragt sich der Angestellte. Er wird weiß im Gesicht, fast ist ihm schlecht. Mit banger Erwartung nähert er sich dem Zimmer des Chefs. Warum ist ihm denn schlecht? Warum fürchtet er sich? Solange er nicht weiß, was der Chef von ihm will, ist eigentlich gar kein Grund zur Beunruhigung gegeben. Die Bibel nennt diese Furcht vor anderen „Menschenfurcht". Ein Wort des Neuen Testaments macht Mut, die Menschenfurcht mit Hilfe des Herrn Jesus Christus zu überwinden: „So können auch wir getrost sagen: Der Herr ist mein Helfer, ich will mich nicht fürchten; was kann mir ein Mensch tun?"

Der Herr ist mein Helfer! Das will ich mir sagen, wenn ich auf die Tür meines Chefs zugehe. Mein Herr wird mir die richtige Körperhaltung geben, wenn ich im Zimmer des Chefs stehe oder sitze. Er wird mir klare Gedanken geben. Er wird mir Geduld schenken. Er wird mich schweigen lassen, wenn es richtig ist, oder mich ermuntern, im entscheidenden Augenblick etwas zu sagen. Der Herr ist mein Helfer!

Oder wenn ich in einer Predigt, beim Hören einer christlichen Radiosendung oder beim Bibellesen entdecke, daß ich mich in bestimmten geistlichen Fragen anders verhalten müßte, ich mich aber vor diesem Wechsel fürchte, dann sollte ich diesen Satz hören: Ich will mich nicht fürchten! Ich will mich auch nicht davor fürchten, daß vielleicht andere Männer oder Frauen in der Gemeinde kein Verständnis für meine Entscheidung haben. Eventuell muß ich riskieren, daß man hinter meinem Rücken redet. Ich will es aber nicht um meinetwillen oder meiner Rechthaberei willen tun, sondern weil mir der Geist Gottes etwas klar gemacht hat.

Vielleicht sind Sie voller Furcht, wenn Sie auf eine Behörde müssen oder zum Gespräch mit einem der Lehrer Ihrer Kinder eingeladen sind. Auch dann gilt: „Wir dürfen getrost sagen: Der Herr ist mein Helfer, ich will mich nicht fürchten; was kann mir ein Mensch antun?“ Auch der Sachbearbeiter in der Behörde, der Amtsleiter, der Bürgermeister, der Landrat, der Minister, sie alle sind nur Menschen. „Der Herr ist mein Helfer, ich will mich nicht fürchten; was kann mir ein Mensch tun?“ Mit dieser frohen Glaubensgewißheit will ich durch den Tag gehen. Was für Menschen mir auch begegnen, ich brauche sie nicht zu fürchten. Was kann mir ein Mensch antun, wenn der Herr mein Helfer ist?

27. August

„Wir aber sind nicht von denen, die zurückweichen und verdammt werden, sondern von denen, die glauben und die Seele erretten.“ Hebr. 10, 39

Es gibt im Neuen Testament einen Brief, der in besonderer Weise erklärt, welch ein großes Vorrecht es ist, mit Jesus Christus verbunden zu sein. Ich meine den Hebräerbrief. In diesem Brief wird Christus beschrieben als der Unübertreffliche und als der, der sich in seiner großen Liebe zu den Menschen gewandt hat, um ihnen für immer zu helfen. Wer mit Christus lebt, soll Kraft empfangen für dieses Leben und Freude für das künftige.

Dennoch müssen im Einzugsbereich der Empfänger des Hebräerbriefes einige Menschen gelebt haben, die ihre eigenen Wege gingen und die vom Glauben abgefallen waren. Andere standen in der Gefahr, es ihnen nachzumachen. Darum enthält dieser Brief eine ganze Reihe von Ermahnungen zur Glaubenstreue. Die Christen werden z.B. aufgerufen, nicht ihre Versammlungen zu verlassen. Das hieße heute, treu die Gottesdienste und die übrigen Stunden einer christlichen Gemeinde zu besuchen. Sie werden außerdem aufgefordert, nicht vorsätzlich zu sündigen und geduldig zu sein.

Der Teufel sucht immer nach Möglichkeiten, um zu Fall zu bringen (1. Petr. 5, 8). Er kennt bei jedem von uns das Einfallstor und den Bereich des Lebens und Denkens, in dem wir am ehesten zu verwunden sind. Wir können dem Teufel keinen größeren Gefallen tun, als zurückzuweichen und das zu verspielen, was Christus für uns erworben hat. Es kommt gleichsam einer Unterstützung des Teufels gleich, wenn wir auf den Glauben verzichten und unsere Errettung vom ewigen Verderben für nichts erachten.

Es ist sicher erforderlich, von Zeit zu Zeit ganz bewußt zu sagen: Wir aber sind nicht von denen, die zurückweichen und verdammt werden, sondern von denen, die glauben und die Seele erretten. Wir – wer ist das eigentlich? Gedacht ist an die Gemeinde Jesu und die Schar der Menschen, die sich endgültig entschieden hat, mit Jesus und für Jesus zu leben. Es sind alle die Menschen, die wissen, daß sie mit ihrem Herrn rechnen können. Er läßt sie nicht los. Er gibt ihnen die Kraft. Er sorgt dafür, daß sie nicht vom Glauben abfallen und in den Unglauben zurückfallen.

Die christliche Hoffnung ist mehr als bloße Hoffnung. Sie ist eine feste Zuversicht. Wer sich noch einmal ganz intensiv mit dem beschäftigt, was Christus für ihn getan hat, der will sich nicht zurückziehen, denn der Glaubende kennt keinen Rückzug, sondern er sagt voller Freude: „Wir aber sind nicht von denen, die zurückweichen und verdammt werden, sondern von denen, die glauben und die Seele erretten."

28. August

„Gelobt sei Gott, der Vater unseres Herrn Jesus Christus, der Vater der Barmherzigkeit und Gott allen Trostes." 2. Kor. 1, 3

Im 2. Korintherbrief berichtet der Apostel Paulus von außerordentlichen Schwierigkeiten, die er zu überstehen hatte. Die Last, die er zu tragen hatte, war so groß, daß sie über seine Kraft ging. Er hatte keine Hoffnung mehr, mit dem Leben davonzukommen. Er fühlte sich wie einer, der sein Todesurteil empfangen hatte. Es war so schlimm, schreibt er, „daß wir am Leben verzagten". Einige Male war Paulus in seinem Leben in unmittelbarer Lebensgefahr. Aber in jener Situation, von der er den Korinthern schreibt, muß es besonders schlimm gewesen sein.

Wenn man den Brief des Paulus nach über 1900 Jahren liest, ist man noch immer beeindruckt von dem, was er durchzustehen hatte. Mich bewegt allerdings auch, wie dieser Brief beginnt. Nach den üblichen Einleitungssätzen und einem Segensgruß schreibt Paulus: „Gelobt sei Gott, der Vater unseres Herrn Jesus Christus, der Vater der Barmherzigkeit und Gott allen Trostes." Es hätte so nahegelegen zu schreiben: „Stellt euch vor, was mir passiert ist. Ganz grauenhafte Wochen liegen hinter mir. Ich hatte alle Lebensfreude und alle Kraft verloren." Doch nein: Paulus beginnt mit einem Lob Gottes, indem er den Vater Jesu Christi sieht, den Vater der Barmherzigkeit und Gott allen Trostes.

Hier drückt Paulus in wenigen Worten eine Grundwahrheit der Heiligen Schrift aus. Es gibt nur einen wirklichen Trost, das ist Gott selber. Er allein ist imstande, die Kraft darzubieten, die das Herz festmacht. Das gilt in allen Lebenslagen. In aller Trostlosigkeit gibt es nur eine Hilfe: Gott selbst. Gott will trösten und kann trösten. Paulus hatte das erfahren. Gott läßt seine Kinder in keine Schwierigkeiten geraten, mit der sie nicht, im Vertrauen auf ihn, fertig werden könnten. Gott überträgt seinen Kindern keine Aufgabe, die nicht mit seiner Hilfe bewältigt werden könnte. Wie viele Menschen sind mir schon begegnet, die überzeugt sind: Gott läßt nicht einmal das Leid im Leben seiner Kinder zu, ohne sie zu erleuchten, warum diese oder jene Lebenserfahrung notwendig ist. Dieselben Menschen haben auch bekannt, gerade im Leid seien sie in jeder Hinsicht gereift.

„Wir werden getröstet durch Christus", das steht über jeder freundlichen Führung, die wir erleben, über jeder lichtvollen und erleuchtenden Erkenntnis, die uns geschenkt wird, über jeder Gebetserhörung und über jeder Bewahrung. Und darum wollen wir dieses Wort jetzt zu unserem geistigen Besitz machen: Gelobt sei Gott, der Vater unseres Herrn Jesus Christus, der Vater der Barmherzigkeit und Gott allen Trostes.

29. August

„Seid allezeit fröhlich, betet ohne Unterlaß, seid dankbar in allen Dingen; denn das ist der Wille Gottes in Christus Jesus an euch." **1. Thess. 5, 16–18**

Viele Menschen kommen jetzt schon wieder aus den Ferien zurück. Andere genießen den Urlaub noch in vollen Zügen, aber auch für sie heißt es in Kürze: „Heimreise antreten". In der gewohnten Welt des Alltags wird dann noch einige Zeit vom Urlaub gesprochen. Wenn Freunde kommen, werden Prospekte gezeigt, Fotografien und Andenken. Mancher Urlauber hat nicht nur landschaftliche Schönheiten entdeckt und andere Sitten in anderen Ländern kennengelernt; er hat sich selbst neu entdeckt. Darüber wird leider fast nie gesprochen.

Dabei war, vielleicht noch vor wenigen Tagen, alles so klar: Man wußte, es müßte auf diesem oder jenem Gebiet anders werden. Da legte das Töchterchen seine Hand ganz fest in die des Vaters und sagte: „Ach, Vati, so möchte ich immer bei dir sein!" Und der Vater wußte in diesem Augenblick: Ich habe mich zu wenig um mein Kind gekümmert; das soll anders werden, wenn wir wieder zu Hause sind.

Frei von der Last des täglichen Kleinkrams, unbeschwert und erwartungsfroh entdeckte mancher vielleicht seinen Partner ganz neu und dachte: Warum ist er bzw. sie so nicht auch zu Hause? Da fingen manche wieder an, miteinander zu reden. Neue Eindrücke gaben neue Themen. Eine Urlauberin erzählte mir: „Ich entdeckte auf einmal, daß mein Mann auch über anderes reden kann als über Auto, Fußball und Beruf. War das schön!“

Manche waren sogar in einem Gottesdienst. In manchem Kurort sind die Kirchen ja besetzt. Ein Architekt meinte: „Ich wurde während der Urlaubstage dieses Sommers erneut froh, Christ zu sein. Ich wurde wieder beeindruckt davon, wie oft wir – bewußt oder unbewußt – von dem leben, was Menschen vor uns aufgrund ihres christlichen Glaubens geschaffen und gedacht haben. Ich wurde erneut dankbar, daß ich mit Jesus Christus einen Helfer habe, der meine Aufmerksamkeit nicht nur im Urlaub verdient, sondern jeden Tag neu.“

An einer Kirche las ich den Satz: Sprechen Sie mit Gott, bevor Sie die Kirche wieder verlassen! Ich möchte hinzufügen: Sprechen Sie mit Gott, beten Sie zu ihm, nicht nur in einer Kirche oder im Urlaub. Beten Sie immer wieder – jeden Tag. Die Bibel rät: „Betet ohne Unterlaß!“ Wer lange nicht gebetet hat, kann zum Beispiel mit dem Satz beginnen: „Gott, hilf mir, daß aus meinem Wollen ein Tun wird!“

Wer – aus welchem Grund auch immer – im Urlaub nicht abschalten konnte, wer nicht zu sich gekommen ist, der versuche es nachzuholen. Die Beschäftigung mit Jesus Christus und seiner guten Nachricht kann man jederzeit und überall beginnen.

30. August

„Aber ich will mich freuen des Herrn und fröhlich sein in Gott, meinem Heil.“ Hab. 3, 18

Vielleicht hat jemand von Ihnen schon einmal Zeit gefunden, die drei kleinen Kapitel des Habakuk-Buches zu lesen. Es werden ihm dann ja mancherlei Fragen entstanden sein. Zwei Kapitel hindurch lesen wir eine ganz erschreckende Aufzählung von Ereignissen, auch von Weherufen. Und dann kommt ein drittes Kapitel, psalmenartig geschrieben, eigentlich noch schwerer zu verstehen. Man muß es ein paarmal lesen, um überhaupt zu wissen, was man liest. Und dann scheint es, als wenn in die letzten Verse hinein ein Sonnenstrahl dringe.

„Ich will mich freuen.“ Man fragt sich, ob der Prophet sich nicht etwas zuviel zumutet. Wer kann denn das schon? So etwa auf einen Knopf drücken und sagen: „Alle düsteren Tage hinter mir will ich vergessen. Jetzt will ich mich freuen!“ Wäre ja schön. Aber so oberflächlich ist es sicher nicht gemeint. Wie kommt man dahin, so zu sprechen wie Habakuk, daß man eine lange Latte menschlicher Unzulänglichkeiten zu sehen bekommt und darüber spricht und trotzdem nicht resigniert, sondern gerade angesichts aller Düsterheit sagt: „Aber ich will mich freuen des Herrn und fröhlich sein in Gott, meinem Heil“?

Ich denke dadurch, daß man Gott und die Welt realistisch sieht. Viele von uns haben so etwas von einem Phantasten an sich. Sie sehen die Welt immer durch eine Brille, die sie sich selber gezimmert haben. Sie haben ganz bestimmte Vorstellungen, was Gott eigentlich tun müßte in dieser oder jener Situation. Sie wissen ganz genau, wie Gott mit diesem oder jenem Menschen verfahren müßte. Ich weiß nicht, ob Sie bereit sind, Gott und die Welt realistisch zu sehen. Das heißt zum Beispiel, das Wort der Bibel einmal sprechen lassen, ohne viel hineinzugeheimnissen.

Wir vergessen manchmal, daß die Gemeinde Jesu die „Stadt auf dem Berge“ ist, eine Minderheit, die umgeben ist von großer Gottlosigkeit. Aber ich will mich freuen, auch wenn ich sehe, wie mächtig die Gottlosen sind. Ich will mich freuen, auch wenn die Weltgeschichte dunkel ist und ich vieles nicht verstehe. Aber vor allem will ich mich freuen, weil ich glauben kann, daß Gott mit dieser Welt zum Ziele kommt. Ich will ganz realistisch dem entgegensehen, was da kommt, getröstet und gefestigt in meinem Herzen, daß ich einem Herrn gehöre, der meine Kraft ist und mein Heil. Darum will ich mich freuen.

31. August

„Glaubt ihr nicht, so bleibt ihr nicht.“ Jes. 7, 9 b

Dieses Wort rief der Prophet Jesaja seinem Volk und dessen König zu. Es war etwa um das Jahr 745 vor Christus. Damals kam Tiglat-Pileser III. auf den assyrischen Thron. Er begann eine Expansionspolitik, die alle Gegner erschreckte: Er überfiel die Nachbarstaaten und besiegte sie. In den eroberten Gebieten mußte der assyrische Staatsgott als erster der Götter verehrt werden. Die staats- und kulturtragende Oberschicht wurde verschleppt und durch eine fremde ersetzt. Angesichts dieser Bedrohung machten eine Reihe von Kleinstaaten den Versuch, sich gemeinsam gegen die Assyrer zu behaupten. Führend in dem anti-assyrischen Bündnis waren Syrien und Israel, der Norden des damals schon auseinandergebrochenen ehemaligen Reiches. Den Norden kennen wir als Israel, den Süden als Juda.

Der König von Juda, Ahas, weigerte sich, dem Bündnis Syriens und Israels beizutreten. Die Oberhäupter dieser beiden Staaten erklärten darum Juda den Krieg und zogen vereint im Jahre 733 vor Christus gegen Jerusalem. Sie wollten in Juda einen Mann ihres Vertrauens als neuen König einsetzen. Das war die Zeit, in der der Prophet Jesaja mit Ahas spricht. Der Prophet macht dem König Mut, auf Gottes Eingreifen zu vertrauen. Doch Ahas hört nicht auf den Rat. Er will einen Bundesgenossen, der seinen Feinden imponiert. Die Verhandlungen mit dem künftigen Verbündeten, dem assyrischen König, bringen noch keine sichtbare militärische Entlastung für Ahas. Er hat Angst vor den beiden Gegnern aus dem Norden. Aber Jesaja sagt ihm: „Deine Sorge ist unbegründet. Glaube doch dem lebendigen Gott, dann wirst du am Leben bleiben, und dein Volk wird weiter existieren!“

Aber Jesajas Bemühen ist umsonst. Ahas überhört auch die Warnungen. Wie leicht wäre es für ihn gewesen, darüber nachzudenken, was das Prophetenwort bedeutet: Bindet ihr euch nicht an den lebendigen Gott, dann seid ihr verloren. Doch König Ahas und sein Volk wollten greifbare Resultate. Den unsichtbaren Gott zu ehren, das fiel ihnen zu schwer. Sie wollten etwas Sichtbares anbeten. So bauten sie sich Götterbilder und beteten Bäume und Sträucher an. Ahas hatte sich entschieden, Gott nicht die Ehre zu geben. Das ist Unglaube! Unglaube hat immer böse Folgen, denn – so sagt der Prophet –: „Wenn ihr den Namen des Herrn nicht ehrt, dann seid ihr verloren.“

Was heißt das, Gott bzw. seinen Namen ehren? Das heißt: Ihm den ersten Platz einräumen in allem Tun. Es heißt, so zu leben, daß andere an mir erkennen, daß es einen lebendigen Gott gibt. Gott ehren, das heißt ferner, in der Bibel lesen und sich auf Gottes Wort verlassen. Ihn ehren heißt auch, mit Gott reden, also beten.

1. September

„Denn unser keiner lebt sich selber, und keiner stirbt sich selber. Leben wir, so leben wir dem Herrn; sterben wir, so sterben wir dem Herrn. Darum: wir leben oder sterben, so sind wir des Herrn.“ Röm. 14, 7–8

Aus der Bibel wissen wir, daß kein Mensch, der lebt, ohne Gottes Willen existiert. Gott will, daß menschliches Leben sinnvoll gestaltet wird. Er will Orientierung geben. Er will helfen. Im Leben kommt es darauf an, das richtige Ziel zu erkennen und zu erreichen. Mit Gott kommen wir ans Ziel.

Der Platz, wo ein Gott wohlgefälliges Leben eingeübt werden kann, ist die christliche Gemeinde. Hier können sich einzelne, Eheleute und Familien entfalten. Leider klappt in der Gemeinde oft nicht alles so, wie es sein könnte. Es gibt auch dort Fehlentwicklungen; manchmal aus Gründen, die nichtig sind. In der römischen Christengemeinde z.B. stritt man sich um die Beachtung oder Nichtbeachtung bestimmter Tage. Die einen hielten einige Tage besonders in Ehren, für andere bedeuteten diese Tage nichts. Der Apostel Paulus mahnt zur Eintracht und zur Verständigung. Jeder soll es so halten, wie es nach seiner Überzeugung richtig ist. Was immer auch in der Gemeinde geschieht – der einzelne steht und fällt dem Herrn. Es verbietet sich allerdings jede Art „geistlicher Selbstverwirklichung“. Paulus warnt davor, etwas zu tun, wenn man dadurch einen anderen in Gewissenskonflikte stürzt, selbst wenn man von der Richtigkeit des Tuns zutiefst überzeugt ist.

Wer das 14. Kapitel des Römerbriefes überdenkt, dem wird es leichter zu sagen: Ich will nicht nur darauf sehen, daß sich der andere ändert; ich will mich selbst ändern! Meine Einstellung bedarf der Korrektur.

Als Christen wissen wir, daß wir nicht nur für uns selbst leben. Und wenn wir eines Tages sterben, sterben wir nicht nur für uns selbst. Vielmehr, wenn wir leben oder wenn wir sterben, gehören wir dem Herrn! Das ist eine viel revolutionärere Aussage, als viele denken. Wer nämlich weiß, daß er im Leben und im Sterben zu Christus gehört, der muß auf keine ideologische oder psychologische Verführung hereinfallen.

Mit Christus leben oder Christus vertrauen, das heißt: Meine ganze menschliche Existenz, das Leben und das Sterben, ist dem Zufall entrissen. Ich wurde nicht zufällig geboren. Ich bin, weil Gott es will. Jesus wußte, woher die Menschen kommen und wohin sie gehen. Er erklärte recht deutlich, daß Menschen entweder Gott gehören oder in der Gottferne existieren müssen. Er ließ keinen Zweifel daran, daß er nicht wollte, daß auch nur ein Mensch in der Gottferne umkam. Darum baute er mit seinem Tod gleichsam eine Brücke zwischen den Menschen und Gott. Im Leben und im Sterben dem lebendigen Gott gehören – es gibt nichts Größeres!

2. September

„Du aber steh jetzt still, daß ich dir kundtue, was Gott gesagt hat.“ 1. Sam. 9, 27 b

Ist Ihnen schon einmal jemand begegnet, der sagte, Gott habe zu ihm gesprochen? Ich bekenne, daß es mir früher sehr zweifelhaft erschien, wenn einer behauptete, etwas von Gott gehört zu haben. Später habe ich jedoch Lebensführungen erfahren, in denen sehr deutlich wurde, daß Gott mir etwas sagen will. Ich habe darüber hinaus im In- und Ausland Menschen getroffen, die sich in ähnlicher Weise gewiß waren, daß Gott zu ihnen gesprochen hat. Wie geschieht so etwas?

Ich nehme für die Antwort Bezug auf ein alttestamentliches Geschehen aus dem 1. Buch Samuel, Kapitel 9. Hier lernen wir eine der Arten kennen, wie Gott zu Menschen spricht, nämlich durch andere Menschen. Der Prophet Samuel sagte, nachdem der junge Saul sein Gast war und die beiden schon manches miteinander besprochen hatten: „Du aber steh jetzt still, daß ich dir kundtue, was Gott gesagt hat." Hätte Saul in dem Moment kein Gespür dafür gehabt, daß hier wirklich etwas Unbegreifliches geschieht, hätte er vielleicht gelacht. Nein, Saul begreift, daß ihm jetzt etwas Wichtiges unter vier Augen gesagt werden soll. Als er innehält und zu hören beginnt, fängt Gott mit dem Reden an. Nicht durch überirdische Erscheinungen, unerklärliche Vorgänge oder geisterhafte Geschehnisse, sondern schlicht und einfach durch einen Menschen, von Gott autorisiert.

Möglicherweise sind Sie ein Mensch, der, ähnlich wie Saul, auch auf der Suche ist. Sicher nicht wie er nach dem verlorenen Vieh des Vaters, vielleicht aber auf der Suche nach einem Menschen, der Sie versteht? Vielleicht suchen Sie Geborgenheit? Vielleicht neue Kraft oder neue Einfälle? Vielleicht suchen Sie auch eine Antwort auf die Frage, warum dieses oder jenes in Ihrem Leben geschehen ist?

Unter Umständen begegnet gerade Ihnen heute jemand, der im Auftrag Gottes zu Ihnen sprechen will. Vielleicht möchte er Ihnen mitteilen, daß Sie im übertragenen Sinn zum König bestimmt sind. Im Neuen Testament ist davon die Rede, daß Gott sich Menschen erwählt, die zu Priestern und Königen werden sollen. Gott will Sie in seinen Herrschaftsbereich mit hineinnehmen. Er, der König aller Könige, will, daß Sie zu dem königlichen Priestertum gehören, das er berufen hat. Nach Gottes Plan wird diese Welt einmal vergehen, aber in seinen Gedanken ist bereits eine neue Welt geplant. Und die Bürger der neuen Welt werden jetzt ausgesucht.

Sehen Sie, das Ziel jener ewigen Herrlichkeit gibt einem Christen viel Kraft, hier in der Welt seinen Platz so einzunehmen, daß sich viele in seiner Umgebung wundern über die Geduld, Freundlichkeit und die Tatkraft. Vielleicht sollen Sie schon seit langem durch einen solchen Menschen gesegnet werden. Bitte, kommen Sie zur Ruhe, damit Gott Ihnen etwas sagen kann.

3. September

„Ich meine aber dies: Wer da kärglich sät, der wird auch kärglich ernten; und wer da sät im Segen, der wird auch ernten im Segen. Ein jeder, wie er's sich im Herzen vorgenommen hat, nicht mit Unwillen oder aus Zwang; denn einen fröhlichen Geber hat Gott lieb." 2. Kor. 9, 6–7

Ein chinesischer Hörer unserer Trans World Radio-Programme übersandte in einem Briefumschlag 100 Yemembi (ungefähr 25 Mark). Es war sein Dank für den Segen, den er durch die christlichen Radiosendungen empfangen hatte. Der Mann hatte diesen Betrag während eines halben Jahres angespart. Der Leiter unserer Geschäftsstelle in Hongkong – dorthin war der Brief gerichtet – war sprachlos. Die Mitarbeiterin, die den Brief geöffnet hatte, weinte tief bewegt, weil sie wußte, daß in der Gegend, in der der Briefschreiber lebt, ein Monatsverdienst für einen Werktätigen durchschnittlich etwa 80 bis 90 Yemembi ist. Der Mann schrieb dazu: ,,Ich fühle mich gedrungen, dieses Geld zu geben. Seit ich diesen Entschluß gefaßt habe, bin ich in meinem Herzen sehr glücklich. Darum bitte, nehmt diese Gabe an. Ich weiß nicht einmal, ob Ihr die 100 Yemembi in Hongkong verwenden könnt, aber bitte nehmt es!"

Der Mann erinnert mich an jene Witwe, die der Herr Jesus beobachtete, als sie zwei kleine Kupfermünzen in den Opferkasten warf (Mark. 12, 41–44). Er sagte seinen Jüngern bei der Gelegenheit: ,,Diese arme Witwe hat mehr in den Gotteskasten gelegt als alle, die etwas eingelegt haben. Sie hat von ihrer Armut ihre ganze Habe eingelegt, alles, was sie zum Leben hatte." Es bleibt verborgen, warum die Witwe opferte. Mancher bietet Gott etwas an, um ihn gnädig zu stimmen oder um etwas gutzumachen. Aber dann hätte Jesus diese Frau wohl nicht als vorbildlich hingestellt. Wir können sicher davon ausgehen, daß ihre Gabe Ausdruck ihres Dankes war gegenüber Gott, ihrem Schöpfer und Erhalter.

Der Mann in China fühlte sich ,,innerlich gedrungen". Glücklich machte es ihn, sich von dem gewiß nicht leicht verdienten Geld zu trennen. Er wird erlebt haben, was der Apostel Paulus den Korinthern schrieb: „Einen fröhlichen Geber hat Gott lieb."

Der Dienst des ERF ist nur möglich, weil diesem weltweiten Missionswerk regelmäßig Opfergaben anvertraut werden. Wir freuen uns, daß Männer und Frauen aus Stadt und Land die Arbeit unterstützen. Martin Luther sagte einmal: „Es ist eine große Gnade und christliche Wohltat, daß einer mit seinem Geld kann helfen, Kirchen und Schulen bauen." Das gilt auch heute noch. Es ist eine Gnade, daß Gott uns mit einsetzt, seine Botschaft – im wahrsten Sinne des Wortes – in alle Welt zu tragen.

4. September

„Ich will ihnen ihre Missetat vergeben und ihrer Sünde nimmermehr gedenken." Jer. 31, 34 b

Immer wieder schleicht sich in das menschliche Herz der Gedanke, Gott sei doch recht ohnmächtig. Er übt ja nicht einmal dann Vergeltung, wenn man ihn beleidigt. Gott kann wohl eine Weile die Bosheit der Menschen ertragen und schweigen. Aber niemand folgere daraus seine Zustimmung zur Sünde. Es bleibt kein Zweifel: Gott will die Sünde bestrafen. Gottes Langmut ist nicht Zeichen seiner Schwäche, sondern Beweis seiner Liebe. Schon im Alten Bund, aber auch in der neutestamentlichen Gemeinde, stehen einzelne Menschen in der Gefahr, ihre Meinung von und über Gott an die Stelle des Allerhöchsten zu setzen. Vorsicht! Man kann sich Gebote äußerlich aneignen. Man kann auf biblische Kenntnisse pochen oder auf eigene Leistungen, aber das Herz bleibt doch fern von Gott. Unser Herr will restlos ernst genommen sein. Geben wir ihm die Ehre, die ihm gebührt.

Was mir gelegentlich zu schaffen macht, ist die Vorstellung, daß auch Menschen, die Jesus Christus wirklich liebhaben, Pläne schmieden und Handlungen vollziehen, die ihres Glaubensstandes nicht würdig sind. In welchem krassen Gegensatz stehen oft Gottes Wunderwalten und unsere Kläglichkeiten. Der große Gott läßt so viele Wunder geschehen, daß man sie nicht zählen kann. Wir aber tun so viele Sünden, daß sie nicht zu überblicken sind. Wie hell leuchtet auf dem Hintergrund unserer mannigfachen Übertretungen das Bibelwort dieses Tages, ein Wort unseres Gottes: „Ich will ihnen ihre Missetat vergeben und ihrer Sünde nimmermehr gedenken."

Das war ursprünglich ein prophetisches Wort. Jeremia hatte es seinem Volk zugerufen, dem Volk, mit dem Gott einst am Berge Sinai einen Bund geschlossen hatte. Zwar hatte Gottes Volk allen Segen, alle Vorrechte dieses Bundes gern für sich in Anspruch genommen, aber unzählige Male in seiner Geschichte handelte es treuloser als die gottlosesten Heiden. So machte es sich vor Gott schuldig. Doch Gott ließ sein Volk nicht los. Er kündigte einen neuen Bund an. Der sollte nicht nur mit den Nachkommen Abrahams, Isaaks und Jakobs abgeschlossen werden, sondern mit allen, die nach dem Gesetz Christi – nach dem Gesetz der Liebe – leben wollen.

Wenn Sie ein Mensch sind, der weiß, daß er durch Jesus Christus Vergebung erfahren hat, dann freuen Sie sich. Jesus hat nicht nur Ihre Gottferne überwunden, sondern er hat auch die Kraft, das in Ordnung zu bringen, wodurch Sie sich Tag für Tag schuldig machen. Der Glaubende lebt, weil Gott vergibt. Mit diesem Herrn blicke ich getrost in die Zukunft.

5. September

„Ich hebe meine Augen auf zu den Bergen. Woher kommt mir Hilfe? Meine Hilfe kommt vom Herrn, der Himmel und Erde gemacht hat." Ps. 121, 1–2

Viele von Ihnen waren sicher schon mal in den Bergen oder haben Bilder von Bergen gesehen. Es ist ja ein Wunder der Schöpfung Gottes, solch ein Gebirge, Berg an Berg – für manche die Krönung der Schöpfung überhaupt. Früher waren solche Gebirgslandschaften – und heute sind sie es manchmal auch noch – voller

Gefahrenquellen mit ihren Schluchten und Höhlen. Noch im Mittelalter umgingen die Reisenden möglichst die bewaldeten Bergwege, und die Alpenpässe hatten, um der Gefahren willen, besondere Bewachung. Noch heute kann man an den alten Gebirgsstraßen frühere Wehr- und Wachtürme entdecken. Die Frage eines Menschen, der sich den Bergen gegenübersieht, ist also verständlich: Wer wird mir beistehen, wenn mir da etwas passiert, wenn da Wegelagerer sind oder ein Steinschlag kommt?

Es hat Gott gefallen, uns dieses Bild zu geben, damit wir es auch im übertragenen Sinne auswerten. Wir sprechen ja von den Bergen, vor denen wir stehen: Berge der Sorge, Problemberge, Arbeitsberge. Auch Krankheit, Leid und Tod können wie Berge vor uns stehen oder ein ungeliebter Beruf, eine Aufgabe, die uns überfordert, Probleme im zwischenmenschlichen Bereich – das alles können Berge sein, die schier unüberwindbar sind oder die uns gefährden, die wie ein ständiger Angriff wirken. Wer wird mir beistehen? Woher kommt mir Hilfe?

Meine Hilfe kommt von dem Herrn, dem Schöpfer des Himmels und der Erde.

Gott weiß Rat. Auch wir können sagen: Herr, du bist unsere Hilfe. Wenn wir keinen Ausweg mehr sehen, Gott weiß ihn wohl. Wenn wir keine Freude mehr haben, dann kann Gott sie doch noch schenken. Wenn wir ohnmächtig sind, bleibt Gott doch stark und hilft.

Mich hat oft getröstet, was Paulus seinem Mitarbeiter Timotheus sagte: „Der Herr wird dir in allen Dingen Verstand geben." Oder wir kennen das andere schöne Wort aus den Sprüchen: „Verlaß dich auf den Herrn von ganzem Herzen und verlaß dich nicht auf deinen Verstand, sondern gedenke an ihn in allen deinen Wegen, so wird er dich recht führen." Das heißt nicht, daß wir nicht nachdenken sollen. Aber wir brauchen nicht zu meinen, daß wir mit unseren klugen Gedanken die Entscheidungen herbeiführen könnten, die nötig wären. Gott muß uns erleuchten, er muß den Weg weisen, und dann wird die Entscheidung richtig werden. Lassen Sie sich neu davon ermuntern: Gott weiß Rat. Wir haben einen Herrn, der über allen Dingen steht, dem es ein Kleines ist, uns den richtigen Weg zu weisen.

6. September

„Legt von euch ab den alten Menschen mit seinem früheren Wandel, der sich durch trügerische Begierden zugrunde richtet.“ Eph. 4, 22

Der Brief an die Epheser ist, obwohl an Christen gerichtet, doch zugleich eine Einladung an alle, die noch ohne Christus leben. Mit Christus leben, das heißt: im Licht sein, Zukunft haben. Ohne Christus leben, das heißt biblisch: noch verfinsterten Sinnes sein, einfach so dahinleben. Zugegeben, der Unglaube hat eine verführerische Kraft. Das sehen wir in unseren Tagen sehr deutlich, obwohl das natürlich noch nie anders gewesen ist. Darum schreibt Paulus auch, daß die Christen nicht länger leben sollten wie Menschen, die Gott nicht kennen.

Menschen, die ihr Leben führen, ohne nach dem lebendigen Gott zu fragen, werden über manches, was Paulus empfiehlt, lachen oder entrüstet sein. Paulus erinnert daran, daß eine Entscheidung für Christus zugleich auch eine Scheidung bedeutet, nämlich die Scheidung von denen, die partout gottlos leben wollen. Gott möchte, daß seine Kinder in dieser Welt Einfluß ausüben. Das können sie, indem sie nicht so leben wie die Heiden, also die glaubenslosen Menschen.

Paulus geht davon aus, daß nur der die Welt richtig sieht, der Jesus kennt. Wer sich mit Christus einläßt, dessen Gewissen wird wach; bei dem wächst das Verantwortungsbewußtsein. Wer mit Christus lebt, der kann sich einfach nicht mehr allen denkbaren Lastern hingeben, sondern er sucht Sauberkeit, Klarheit und freut sich der göttlichen Ordnungen. Wer mit Christus lebt, der kann auch nicht mehr gierig versuchen, dem Leben abzugewinnen, was immer nur abzugewinnen ist, möglichst zum eigenen Vorteil und zum Nachteil anderer.

Paulus gebraucht in seinem Brief an die Epheser ein Bild. Er sagt: Weil ihr den früheren Lebenswandel aufgegeben und den alten Menschen abgelegt habt – also gleichsam ein altes, schmutziges Kleid ausgezogen habt –, hält Gott ein neues Kleid für euch bereit. Er will euch eine neue Gesinnung schenken. Mit anderen Worten: Gott will den Menschen gerecht machen, das heißt in einen Zustand versetzen, den der Mensch selber nie erringen könnte. Jesus Christus ist es, der gerecht macht. Er schenkt eine Entwicklung, die es dem Glaubenden ermöglicht, richtig zu denken und zu leben.

Lassen Sie sich einladen zu Christus. Greifen Sie zur Bibel. Prüfen Sie, ob es stimmt, was die Christen sagen. Haben Sie keine Angst, von Gott durchschaut zu werden. Erkennen Sie die gewaltigen Möglichkeiten, die im Evangelium liegen: Das Evangelium tröstet die Ungetrösteten, es hilft Lebenskrisen zu bewältigen. Das Evangelium ist eine Kraft für den Neubeginn unseres Lebens. Der Welt würde das Schönste fehlen, wenn das Evangelium nicht weitergegeben würde.

7. September

„Und vergib uns unsre Sünden; denn auch wir vergeben allen, die an uns schuldig werden." Luk. 11, 4 a

Es gibt wohl keinen Tag, an dem wir nicht zu beten hätten: „Vergib uns unsere Sünden." Trotz allen Bemühens, Gottes Ordnungen einzuhalten und seinem Wort zu gehorchen, versündigen wir uns – auch als Christen. Es ist zwar traurig, und am liebsten möchte man darüber schweigen, doch gerade Offenheit kann uns weiterbringen. Einmal wird nur in Gedanken gesündigt, ein anderes Mal mit Worten, häufig auch durch unser Tun oder Nichttun.

Vergebung, das ist eines der Zentralstücke unseres Glaubens. Wir kennen die Kraft und Bedeutung der Vergebung, aber warum merken dann andere so wenig davon? Anstatt den Menschen die Vergebung weiterzugeben, interessieren wir uns ungewöhnlich stark für ihre Sünden und ihre Fehler. Das ist eine der schlimmsten Sachen bei gläubigen Menschen. Wieviel Zeit kostet solcher Tratsch! Wieviel unberechtigtes Gelächter und wieviel lieblose Kritik wird dadurch herausgefordert! Die Sonne kann nicht anders als scheinen, der Vogel ist da zum Singen, die Blume muß blühen, zum Brennen gibt es das Feuer, und die Vergebung ist da zum Vergeben! Eine Vergebung, die nicht vergibt, ist keine Vergebung. Darum sieht die Welt so wenig vom Licht der Christen und spürt so wenig von ihrem Salz. Wir haben das neu zu lernen: Wenn wir um Vergebung bitten, müssen wir auch Vergebung gewähren.

Wenn uns gegenüber einer schuldig geworden ist, wissen wir ganz genau, was er wann und wo getan hat. Bei jeder möglichen und unmöglichen Gelegenheit erinnern wir uns daran. Vergessen fällt schwer, doch unser Herr Jesus erwartet von uns, daß wir vergeben. Er verbindet sogar das eine mit dem anderen und empfiehlt uns, Gott anzusprechen mit den Worten: ,,Vergib uns ..., denn auch wir vergeben.“ Keiner würde beten: ,,Vergib uns, auch wenn wir nicht vergeben.“ Zwar beten wir so nicht, aber wir handeln oft so. Wir erwarten sehr wohl, daß uns vergeben wird, denken aber oft gar nicht daran, denen, die an uns schuldig geworden sind, zu vergeben. Lassen Sie Vergebung nicht irgend etwas Abstraktes bleiben!

Zum Vergeben reicht keine bloße Willensanstrengung. Haß und Verbitterung erweisen sich als stärker. Aber wir können unseren Herrn Jesus Christus um Hilfe bitten: ,,Weil du, Herr Jesus Christus, meine Sünden vergibst, wenn ich darum bitte, darum gib mir doch Einsicht und Kraft, denen, die an mir schuldig geworden sind, auch zu vergeben. Amen.“

8. September

„Darum legt die Lüge ab und redet die Wahrheit, ein jeder mit seinem Nächsten, weil wir untereinander Glieder sind. Zürnt ihr, so sündigt nicht; laßt die Sonne nicht über eurem Zorn untergehen, und gebt nicht Raum dem Teufel.“ Eph. 4, 25–27

Mancher wird vielleicht nervös bei diesen vielen Erwartungen, die an Christen gerichtet werden. Andere mag es geben, die denken: „Wenn wirklich alle Menschen so lebten, wäre es eigentlich wunderschön.“ Und so ist es: Wie herrlich, wenn ich mit jemandem zusammenleben oder -arbeiten kann, von dem ich weiß, er belügt mich nicht. Wir brauchen wieder ein kontrollierteres Reden. Wie oft wird schlecht oder bewußt falsch übereinander geredet. Wie oft passiert es, daß in einem Büro oder in einer Werkstatt zwei beieinander stehen und über einen Dritten reden. Der neue Mensch, ein Christ also, soll weitergeben, was dem anderen nützt. Was geredet wird, soll gut und hilfreich sein. Deshalb muß ich noch lange nicht das, was schlecht ist, gut nennen. Aber das, was ich sage, soll stimmen.

Die Gemeinde Jesu besteht aus einzelnen Gliedern. Sie zu belügen ist ebenso töricht, als wenn ich mich selbst belüge. Christus, der die Wahrheit ist, will uns helfen, die Lüge abzulegen. Gebunden an ihn und abhängig von ihm gelingt es, die Wahrheit zu sagen.

Jede Lüge betrübt den Heiligen Geist. Jeder nicht besänftigte Zorn betrübt den Heiligen Geist. Jedes unkontrollierte Reden betrübt den Heiligen Geist. Im Neuen Testament lesen wir: „Betrübet den Geist nicht.“

Paulus sieht die Sache sehr realistisch. Daß einer zürnt, das kann man wohl kaum vermeiden. Immer wieder gibt es Anlässe. „Aber“, sagt Paulus, „wenn ihr zornig seid, dann macht es nicht noch schlimmer, indem ihr unversöhnlich seid.“ Es gibt so etwas wie einen selbstsüchtigen Zorn, bei dem ich mir Luft mache und auf den Putz haue. Das hilft eigentlich niemandem. Andererseits gibt es auch so etwas wie einen heiligen Zorn, z.B. dort, wo man sieht, daß einer dem anderen Unrecht zufügt.

Denken wir einmal an den Zorn, der auch in einer Ehe, in einer Familie, in einer Arbeitsgemeinschaft aufbrechen kann. Da sagt Paulus: „Bringt die Sache wenigstens in Ordnung, bevor ihr schlafen geht. Laßt die Sonne nicht untergehen, bevor ihr euch vergeben habt.“ Wenn man das nämlich nicht tut, dann gibt man dem Teufel Raum. Wir sollen nie vergessen, daß dem altbösen Widersacher Gottes und der Menschen immer dann eine Chance eingeräumt wird, wenn sich die Beziehungen zwischen den Menschen verschlechtern. Wenn nun aber die, die aneinandergerieten, wieder zueinanderfinden, noch bevor es Abend wird, dann hat der Teufel verloren.

9. September

„Seid nüchtern und wacht; denn euer Widersacher, der Teufel, geht umher wie ein brüllender Löwe und sucht, wen er verschlinge.“ 1. Petr. 5, 8

Eine Besonderheit unserer Zeit ist die Sehnsucht nach Erfahrung. Weil es im geistlichen Bereich vieler Menschen einen Verlust an Erfahrung gibt, machen sie sich auf und suchen Ersatz. Sie wollen vor allem auf tiefere Fragen eine Antwort finden. Dabei geschieht – man möchte es nicht für möglich halten –, daß Männer und Frauen dem Teufel ihre Seele verschreiben.

Warum ist Okkultismus gefährlich? Er ist gefährlich, weil jede okkulte Praktik ein Paktieren mit der Macht der Finsternis ist! Dr. Kurt Koch, der sich viel mit dieser Frage beschäftigte, sagte schon vor vielen Jahren: „Mit dem Okkultismus ist es ähnlich wie mit einer Handgranate. Wenn man sie abzieht, explodiert sie, ob man es aus Spaß macht oder im Ernst. Auch der Okkultismus explodiert, egal ob man sich seiner aus Spaß bedient oder im Ernst.“

Niemand sage, er wolle nur probieren, ob an dem allen etwas dran ist; denn der Teufel existiert wirklich und ist nach wie vor bemüht, so viele Menschen wie möglich zu verschlingen. Die teuflischste List ist ja, daß es dem Teufel gelungen ist, dem modernen

Menschen einzureden, es gäbe ihn nicht, er sei eine Erfindung der Kirche, um die Menschheit zu verdummen. Wer nicht mit einem lebendigen Gott rechnet, der in der unsichtbaren Wirklichkeit regiert, dem wird es auch schwerfallen sich vorzustellen, daß es einen Teufel gibt. Auch der ist natürlich nicht sichtbar. Er existiert in Dimensionen, zu denen wir mit unseren Sinnesorganen keinen Zugang haben.

Wer sich nun in der Vergangenheit okkult betätigt hat und seither spürt, daß er in ungewohnter Weise belastet ist, der suche unbedingt Hilfe bei einem erfahrenen Seelsorger. Damit meine ich Menschen, die an der Bibel orientiert sind, die dem Herrn Jesus Christus wirklich glauben und die diesen Glauben auch leben.

Wir erfahren es häufig in unserer Seelsorge, daß okkult belastete Menschen frei werden, manchmal allerdings unter großen Schwierigkeiten. Dann beginnt ein neues Leben. Der Apostel Paulus schrieb: „Ist jemand in Christus, so ist er eine neue Kreatur; das Alte ist vergangen, siehe, Neues ist geworden“ (2. Kor. 5, 17). Was Paulus den Korinthern damals schrieb, gilt auch heute noch. Wer von seiner okkulten Bindung loskommen will, bitte Jesus um Befreiung. „Dazu ist erschienen der Sohn Gottes“, sagt die Bibel, „daß er die Werke des Teufels zerstöre“ (1. Joh. 3, 8). Diese biblische Wahrheit gilt es heute wieder neu zu entdecken und zu betonen.

10. September

„Ich gedenke der alten Zeit, der vergangenen Jahre. Ich denke und sinne des Nachts und rede mit meinem Herzen, mein Geist muß forschen. Wird denn der Herr auf ewig verstoßen und keine Gnade mehr erweisen?“ Ps. 77, 6–8

Asaph bedrückt die Vergangenheit. Er denkt offensichtlich nur an das in der Vergangenheit, was ihm schwergefallen ist und ihn belastet. Eigentlich ist unser Denken so eingerichtet, daß wir gerade die Schwierigkeiten vergessen und uns später eher an das Gute erinnern. Oder sollte es das Kennzeichen eines glaubenden Menschen sein, daß er sehr intensiv in der Vergangenheit lebt?

Ich erinnere mich an einige Menschen, denen ich begegnete, bei denen ich oft den Eindruck hatte, daß sie sich selbst die Zukunft verbauen, weil sie von der Vergangenheit nicht frei werden. Ein älterer Christ z.B. erzählte immer davon, wie es war, als er damals in die Gemeinde kam. Oder eine Christin kam immer wieder darauf zurück, wie es früher war, als noch der andere Pastor in der Gemeinde war. Manche tun so, als sei die Vergangenheit eine „goldene Zeit" gewesen, als habe es keinen Krieg unter den Völkern gegeben, als wären alle Ehen glücklich gewesen, als hätte es keine unehelichen Kinder gegeben und keine Arbeitslosigkeit. War früher wirklich alles so wunderbar?

Jeder, der mit seinen Gedanken immer wieder in der Vergangenheit hängt, tut sich selbst den schlechtesten Dienst. Er blockiert sich nämlich und ist nicht offen für das, was Gott heute und morgen tun will. Was hat Asaph von seinem Klagen gehabt? Was habe ich davon? Wer klagt und nicht mehr aus der Vergangenheit herauskommt, der gewinnt auch keine geistliche Kraft, denn seine Vergangenheit ist unbewältigt.

Wenn wir von diesem rückwärtsgewandtem Denken nicht freikommen, verunehren wir Gott. Wir machen ihn gleichsam stumm. Und ein stummer Gott wäre das Ende unseres Glaubens. Trösten wir uns doch viel lieber mit Jesaja. Er sagte: „Kann auch ein Weib ihres Kindleins vergessen, daß sie sich nicht erbarme über den Sohn ihres Leibes? Und ob sie seiner vergäße, so will ich doch deiner nicht vergessen" (Jes. 49, 15).

Die Bibel kennt natürlich auch den belebenden Blick in die Vergangenheit. Wir denken an Psalm 103: „Vergiß nicht, was Gott dir Gutes getan hat." Wer so zurückdenkt, wird dankbar und gewinnt neuen Mut. Genau das ist es ja, was uns unser Glaube schenken will: Die Besinnung auf Jesus Christus, den Eckstein der Gemeinde und unseres Lebens. Er, der neue Kraft und neuen Mut schenken will, er, der gestern, heute und morgen derselbe ist.

11. September

„Darum werden wir nicht müde; sondern wenn auch unser äußerer Mensch verfällt, so wird doch der innere von Tag zu Tag erneuert. Denn unsre Trübsal, die zeitlich und leicht ist, schafft eine ewige und über alle Maßen gewichtige Herrlichkeit.“ 2. Kor. 4, 16–17

Wie sehr der äußere Mensch verfällt, entdeckt man besonders deutlich an alten Freunden, wenn man sie lange nicht mehr gesehen hat. Da sind Fältchen um Mund und Augen, graue oder schüttere Haare. Traurig registriert man vielleicht an sich selbst das Nachlassen der Augenkraft, des Gehörs oder des Erinnerungsvermögens. Der äußere Mensch verfällt. Anders übersetzt: er wird zunichte, er geht zugrunde. Paulus knüpft an die Aussage, daß der äußere Mensch zunichte wird, die Feststellung, daß der innere Mensch von Tag zu Tag erneuert wird. Das ist ein Satz, den so gewiß nur der christusgläubige Mensch übernehmen kann. Ein bewußter Christ weiß, daß mit seiner Wiedergeburt etwas Unvergängliches in ihn gepflanzt worden ist. Gott ist mit seinem unvergänglichen Geist dazugekommen.

Als Jesus Christus am Kreuz hing und sein Leib zugrunde ging, da legte er seinen Geist in Gottes Hände. Wenn wir einmal sterben, dann können auch wir unseren Geist Gott anbefehlen. „Geist“, das ist der Bereich, den Gott mit seinem Heiligen Geist beleben und erneuern will. Diese geistliche Erneuerung, die er uns Tag für Tag zuteil werden lassen will, ist etwas ganz Großartiges. Jeden Tag neu kann ein Christ die erneuernde Kraft des Heiligen Geistes am inneren Menschen erfahren. Der innere Mensch ist es, dem Gott in aussichtsloser Lage Mut zuspricht. Der von Gott täglich erneuerte innere Mensch ist es auch, der die Seele tröstet, wenn sie traurig ist, und der sie aufrichtet, wenn sie niedergeschlagen ist.

Der innere Mensch hat Gewissen. Das empfinde ich schmerzlich beim Übertreten göttlicher Gebote. Andererseits freut sich der innere Mensch über jeden Sieg in einer Stunde der Schwachheit oder Anfechtung. Weil Gott den inneren Menschen von Tag zu Tag erneuert, darum kann Trübsal einen Nachfolger Christi nicht überwältigen. Kein Leid kann so beschweren, daß ein Glaubender den Mut zum Weiterleben verlieren müßte. Zeitliche Trübsal, die dem äußeren Menschen wehtun mag, schafft dem inneren Menschen eine ewige und über alle Maßen gewichtige Herrlichkeit.

Wer weiß, daß der äußere Mensch verdirbt, der kann nicht länger mehr nur das Sichtbare sehen und sich von ihm imponieren lassen. Im Gegenteil: Er sieht gerade nicht auf das Sichtbare, sondern auf das Unsichtbare. Denn was sichtbar ist, z.B. der äußere Mensch, das ist vergänglich. Was aber unsichtbar ist, z.B. der innere Mensch, das ist ewig. Weil das so ist, darum ermuntert Paulus die Christen, nicht mutlos und müde zu werden.

12. September

„Der Gottlose flieht, auch wenn niemand ihn jagt; der Gerechte aber ist furchtlos wie ein junger Löwe.“ Spr. 28, 1

Es stellt sich bei unserem heutigen Bibelwort natürlich zuerst die Frage, ob der Gottlose wirklich flieht. Geht es ihm nicht viel mehr gut? In der Bibel selbst wird nicht verschwiegen, daß es dem Gottlosen wohlgeht (Psalm 73, 1–17). Vordergründig zumindest scheint die Gottlosigkeit ein lohnendes Geschäft zu sein. Ich kenne Dutzende von Menschen, die nicht nach Gott fragen. Und doch scheinen sie nicht auf der Flucht zu sein.

Bei diesem Wort aus den Sprüchen ist wohl nicht an eine Vertreibung zu denken. Es gibt auch eine „geistige Flucht“ bzw. eine „geistliche Flucht“. Die Rastlosigkeit vieler Menschen ist z.B. nichts anderes als „Flucht“. Doch ihnen kann geholfen werden, und sie können zur Ruhe kommen. Gott will die Schuld der Gottlosigkeit beseitigen. Das geschieht durch den Glauben an Jesus Christus.

Ja, unser Verhältnis zu Gott ist bestimmend. Das haben schon die gewußt, die vor uns lebten. In besonderer Weise war das dem Volke Gottes, den Juden, bewußt. Unter ihnen gab es immer wieder solche, die seit je den Wunsch hatten, Gott völlig gehorchen zu können und sein Gesetz nach bestem Wissen zu erfüllen. Die Bibel nennt sie „Gerechte". Seit Jesus Christus wissen wir jedoch, daß kein Mensch vor Gott ohne ihn gerecht sein kann. Der durch Sünde und Schuld entstandene Abstand zwischen Gott und dem Menschen ist zu groß. Keiner ist gerecht. Keiner lebt von vornherein so, daß er Gott gefallen könnte. Nur wer glaubt, daß Jesus Christus zur Vergebung der Sünde und Schuld gestorben ist, gilt wirklich vor Gott als „gerechtfertigt". Einen gerechtfertigten Menschen sieht Gott so an, als ob dieser Mensch nie gesündigt hätte!

Der Gerechte oder der gerechtfertigte Mensch, der an Jesus Christus glaubt und darum unmittelbaren Zugang zu Gott hat, der ist getröstet und furchtlos. Nur dieser Glaube bewahrt davor, irgendwann die „Flucht" anzutreten. Wer sich an Jesus orientiert, muß nicht fliehen. Er kommt bei ihm zur Ruhe und wird getröstet. Er kann gelassen dem entgegensehen, was kommen mag.

Wie kommt man dahin? Mancher hat es erfahren, indem er betete: „Herr, vergib, daß ich bisher auf der Flucht vor dir war. Danke, daß du mir meine Schuld abnimmst und mich zu einem Gerechten machst. Danke, daß du dafür sorgst, daß ich nicht weiter zu fliehen brauche, sondern bei dir Geborgenheit finde. Amen."

13. September

„Ich kenne deine Werke und deine Liebe und deinen Glauben und deinen Dienst und deine Geduld und weiß, daß du je länger je mehr tust. Aber ich habe gegen dich ..."

Offb. 2, 19–20 a

Im Plan Gottes mit dieser Welt ist die Gemeinde Jesu außerordentlich wichtig. Durch sie offenbart Gott seinen Willen. Darum möchte er, daß seine Gemeinde auf klarem Kurs ist und bleibt.

Ich könnte mir denken, daß es in Thyatira viel Heuchelei gab, daß man äußerlich eine blühende Gemeinde hatte, aber daß innerlich vieles hohl war, weil man Kompromisse einging. Der Erfolg im Geschäft war manchem Gemeindeglied wichtiger als der Gehorsam gegenüber Gott. Die Lust weniger Augenblicke wog für viele Gemeindeglieder höher als die ewige Herrlichkeit, die der Herr denen verheißen hat, die treu auf seiner Seite stehen.

Der Herr braucht eine Gemeinde, die bereit ist, sich von jeder Irrlehre zu trennen. Er braucht eine Gemeinde, in der mit Vollmacht das Evangelium verkündigt wird bis auf den Tag seiner Wiederkunft, aber keine Gemeinde, die Kompromisse eingeht. Der Herr braucht eine Gemeinde, die aus Liebe zu ihm bereit ist, ja zu sagen zu seinen Befehlen und nein zu den Verlockungen der Welt. Er braucht eine Gemeinde, in der man bereit ist, Gemeindezucht zu üben, um so gegen das Heidentum anzukämpfen und alles zu tun, was möglich ist, damit keine heidnischen Denkgewohnheiten und Praktiken in der Gemeinde Einzug halten, etwa mit dem billigen Trost: „Das tun ja alle."

Wir leben gegenwärtig in einer Zeit, in der sogar Gesetze geändert werden, weil dieses oder jenes von allen getan wird. Da wird es für Christen in einem zunehmenden Maße schwierig sein, sich als Überwinder zu bewähren. Ein Überwinder ist, wer bis zum Ende seines Lebens die Werke Christi zu tun bereit ist. Einer, der zwar seine Unvollkommenheit kennt und vielleicht auch unter seiner Mangelhaftigkeit seufzt, der aber immer wieder von seinem Herrn Kraft empfängt und diese Kraft einsetzt zur Ehre Gottes und zum Wohl seiner Mitmenschen. Entscheidend ist, daß das nicht nur hin und wieder geschieht, sondern daß sich der Glaube stets bewährt.

Überwinder wissen, daß Jesus Christus nicht einer von mehreren Erlösern ist oder der höchste unter vielen, sondern der einzige. Nur mit dieser Einstellung werden wir gegen die mancherlei Irrlehren unserer Tage ankommen können.

14. September

„Ich aber wäre fast gestrauchelt mit meinen Füßen; mein Tritt wäre beinahe geglitten. Denn ich ereiferte mich über die Ruhmredigen, als ich sah, daß es den Gottlosen so gut ging.“

Ps. 73, 2–3

Zwei Herausforderungen machen vielen Christen zu schaffen. Die erste ist das Wohlergehen vieler bewußt gottlos lebender Menschen. Die zweite Herausforderung stellen die körperlichen Beschwerden und das Leid oder gar das Siechtum christusgläubiger Menschen dar.

Psalm 73 zeigt wie kaum ein anderer Psalm, daß der christliche Glaube kein Kinderspiel ist, sondern das ganze Herz verlangt, den ganzen Einsatz. Er zeigt aber auch, daß nichts so trägt wie der Glaube an den, der Himmel und Erde und mein Leben geschaffen hat. Wer sich die Zeit nimmt und diesen Psalm aufmerksam liest, wird entdecken, daß Asaph, der Mann, der ihn schrieb, ein scharfer Beobachter war. Es entging ihm nicht, daß der Gottlose triumphiert und Erfolg hat und anscheinend auf der Sonnenseite des Lebens steht. Es verdroß den Asaph, daß der Glaubende demgegenüber im Nachteil zu sein scheint. Er ist geplagt, er hat nicht das Ansehen, er hat nicht den Erfolg.

Immer schon hatte der Unglaube eine schillernde, verführerische Kraft. Oft scheint es so, als sei der Weg der Gottlosen der bessere, der erfolgreichere, der mehr einbringende. Da sind z.B. ruhmredige Menschen, Gottlose, denen es so wohlgeht. Wir denken in diesem Zusammenhang vielleicht gleich an unseren Ausdruck „Wohlstandsbürger“. Da sind andere, die vor Gesundheit strotzen und in keiner Todesgefahr zu stehen scheinen, während man so viele christusgläubige Menschen kennt, dic leidend sind, vielleicht sogar den Tod vor Augen haben.

Asaph bleibt angefochten, bis es zu einem sehr starken geistlichen Erlebnis kommt. Er schildert es so: „So sann ich nach, ob ich's begreifen könnte, aber es war mir zu schwer, bis ich ging in das Heiligtum Gottes und merkte auf ihr Ende“ (Ps. 73, 16–17). In einer stillen Stunde im Tempel kann Gott zu Asaph reden und sein Herz stärken. Gott wendet seine Blickrichtung. Asaph sieht auf einmal vor seinem geistigen Auge das Ende der Gottlosen und ist erschrocken. So möchte er denn doch nicht enden. „Sie gehen unter und nehmen ein Ende mit Schrecken", beschreibt er im weiteren Verlauf seines Psalmes, was Gott ihn sehen läßt. So ist das also. Der Erfolg der Gottlosen und ihr offensichtliches Wohlergehen sind nur von kurzer Dauer und haben keinen Bestand. Gott hat das Leben der Menschen aber so angelegt, daß es eine ewige Dimension haben soll. Diese aber ist nur zu gewinnen durch den Glauben an den lebendigen Gott.

15. September

„Er ist zwar zuvor ausersehen, ehe der Welt Grund gelegt wurde, aber offenbart am Ende der Zeiten um euretwillen, die ihr durch ihn glaubt an Gott, der ihn auferweckt hat von den Toten und ihm die Herrlichkeit gegeben, damit ihr Glauben und Hoffnung zu Gott habt." 1. Petr. 1, 20–21

Die Christen sprechen vom Glauben als einer grundlegenden Lebenshilfe. Oft machen sie allerdings aus dieser Lebenshilfe ein Trostpflaster für ausweglos scheinende Situationen. Da sagt z.B. einer: „Auf Gott kann ich mich verlassen", aber in Wirklichkeit verläßt er sich auf ganz andere Dinge. Wie oft führen Christen Worte wie „Hoffnung" und „Zuversicht" im Munde und sind doch von Sorgen erfüllt. Sie machen sich schlaflose Nächte, zumeist weil sie ihrem eigenen Leistungsvermögen mißtrauen. Der eine bangt um seinen Arbeitsplatz, ein anderer um einen regenfreien Urlaub, ein Dritter um die Zukunft des Volkes oder der Kirche. Da meinen wir genug über die Hoffnung zu wissen und sind vielfach so hoffnungslos. Christliche Verkündigung wirkt vielleicht deshalb oft so unglaubhaft, weil viele, die der Verkündigung regelmäßig zuhören, so wenig Hoffnung haben.

Im 1. Kapitel des 1. Petrusbriefes, dem unser Wort für den Tag entnommen ist, werden wichtige Aussagen über Jesus Christus gemacht, der das Fundament unserer Hoffnung ist. Es wird von ihm gesprochen als dem, der die Menschen von den Fesseln der Sünde und des Todes befreit. Er ist ein unschuldiges, unbeflecktes Lamm, sagt Petrus. Und als solches starb er zur Vergebung der Sünde und Schuld. Dann spricht Petrus davon, daß Jesus Christus nach dem ewigen Ratschluß Gottes schon vor der Schöpfung der Welt ausersehen wurde zu dem Werk, das er vollbrachte. In der Regel denken wir zuerst an die Schöpfung und dann an die Erlösung. Petrus sagt, Gott ist zuerst der Erlöser, dann der Schöpfer.

Schließlich erklärt Petrus, daß Jesus Christus nicht nur das unschuldig geschlachtete Lamm ist, sondern daß er auch auferweckt wurde und triumphiert als einer, dem Gott Herrlichkeit verlieh. Im Neuen Testament werden Kreuzestod und Auferstehung nur selten getrennt. Nur selten wird das Opfer Jesu Christi ohne den Sieg Jesu Christi gesehen. Es ist die Herrlichkeit der Auferstehung, durch die wir Glauben und Hoffnung zu Gott haben.

So ist das also für einen Christen: Jesus Christus ist das Fundament der Hoffnung, und seine Auferstehung macht Gottes Herrlichkeit sichtbar. Gott hat tatsächlich das letzte Wort und nicht der Tod. Das zu wissen gibt mir begründete Hoffnung, daß alle Unruhe meines Herzens zwar verständlich und erklärbar sein mag, jedoch unnötig ist. Gott öffne uns das innere Auge für sein herrliches Angebot, uns durch den Glauben an Jesus Christus Hoffnung zu geben, die alle Unruhe des Herzens nimmt.

16. September

„Und Gott der Herr sprach: Es ist nicht gut, daß der Mensch allein sei; ich will ihm eine Gehilfin machen, die um ihn sei."

1. Mose 2, 18

Im Gespräch mit einer 30jährigen Frau kamen wir auf die Ehe zu sprechen. Ich fragte, warum sie denn nicht heirate. Die Antwort: „Ach, wissen Sie, ich habe so viele unglückliche Ehen gesehen, sogar in christlichen Kreisen, das alles hat mich wenig ermutigt.

Da lebe ich unverheiratet wesentlich sorgloser!" Mit dieser Meinung steht diese Frau nicht vereinzelt da. Viele denken heute so. Die Zahl der Alleinstehenden, der sogenannten Singles, wird immer größer.

Was mich an der Aussage der jungen Dame betrübt, ist der Hinweis auf die Christen und die Bemerkung, daß auch der christliche Glaube keine Garantie dafür sei, daß eine Ehe glücklich verlaufe. Da ist natürlich etwas dran. Der christliche Glaube als solcher macht noch keine Ehe glücklich. Aber der Glaube ist eine gute Voraussetzung dafür, daß Menschen, dic sich einmal liebgewannen und dann die Ehe eingingen, im weiteren Verlauf ihrer Ehe wirklich glücklich bleiben.

Ehe ist von Gott gestiftet. Er wollte nicht, daß der Mensch allein sei. Er wollte, daß aus zwei unvollkommenen Hälften ein Ganzes werde. Es gibt einfach keine andere Verbindung für Menschen, in der geistige, geistliche und körperliche Gemeinschaft so erfahren werden kann wie in der Ehe. Die Ehe ist ein Vorrecht, eine Gabe und eine Aufgabe zugleich. Man muß füreinander dasein, für den anderen tätig sein, mit ihm arbeiten, nicht zuletzt an der eigenen Seele und am eigenen Charakter. Gerade die Schwächen und Schattenseiten eines Wesens zeigen sich meistens noch nicht in der Zeit, in der man sich kennenlernt. Nachteiliges am Wesen des anderen entdeckt man in der Regel erst, wenn man längere Zeit mit ihm zusammenlebt. Dann heißt es, aufrichtig miteinander umzugehen und dem anderen ehrlich zu sagen, was einen stört und ärgert. Dabei sollte man nichts zu gering nehmen.

Auch als lediger Mensch kann man dem Willen Gottes gemäß leben, kann „fröhlich seine Straße ziehen" und ein dankbarer Mensch werden. Wir haben unzählige Beispiele dafür. Ich danke Gott, daß ich zu denen gehören darf, die sich über die Ehe freuen und ihm immer wieder danken für diese Stiftung. Ich danke auch für befreundete Ehepaare und für Verwandte, die als einzelne oder als Eheleute Einfluß auf mich gehabt haben bzw. noch haben. Und ich will danken für meine Kinder sowie für deren Kinder. Lassen wir doch das Danken zu einem Grundton unseres Lebens werden.

17. September

„Wenn du aber nicht gehorchen wirst der Stimme des Herrn, deines Gottes, und wirst nicht halten und tun alle seine Gebote und Rechte, die ich dir heute gebiete, so werden alle diese Flüche über dich kommen und dich treffen.“ 5. Mose 28, 15

Diese alttestamentliche Aussage gibt eine Beschreibung dessen, was es heißt, unter Gottes Fluch zu leben. Da gibt es Probleme über Probleme, da wird die Arbeit zum Fluch, da machen Hunger und Dürre zu schaffen, da gibt es Krieg und große Unwetter. Heute könnte man auch die Bedrohung unseres Klimas durch die Zerstörung der Ozonschicht oder die Luft- und Wasserverschmutzung nennen.

Glaubt ihr nicht, so bleibt ihr nicht. Seid nicht ungehorsam, denn dann seid ihr verflucht. Die Geschichte Israels zeigt, daß Gottes auserwähltes Volk nur zu oft nicht gehört hat und dann die Folgen dieses Ungehorsams zu tragen hatte: Verlust von Haus und Hof, Verlust lieber Angehöriger, Deportation. Gehorsam und Glaube gehören zusammen. Glaube ohne Gehorsam führt zu frommem Theater und Selbstbetrug.

So wie den Menschen des alten Bundes, den Israeliten, der Weg zum Leben und zum Tode, also Segen und Fluch vorgelegt wurde, können wir uns entscheiden zwischen dem schmalen und dem breiten Weg (Matth. 7, 13). Auf dem schmalen Weg sein, das heißt mit Jesus leben, Gott Gehorsam leisten. Auf dem breiten Weg sein, das ist das Leben ohne Jesus, ein Weg im Ungehorsam. Wer auf dem schmalen Weg ist, ist gerettet. Wer auf dem breiten Weg geht, ist ein Verlorener.

Gottes Volk ist kein Volk wie andere. Und doch dürfen wir mit einiger Berechtigung sagen, daß das, was Gott seinem Volk im alten Bund geboten und verboten hat, auch der Gemeinde des neuen Bundes gilt, wenngleich wir natürlich die göttlichen Ordnungen nicht mehr losgelöst von Jesus sehen können. Aber für das alttestamentliche Bundesvolk und für die Gemeinde Jesu gilt: Durch Gottes erwählendes Handeln ist sein Volk ins Leben getreten. Nur solange sich Gottes Volk ganz auf ihn verläßt, hat es Bestand. Es gibt kein Volk Gottes ohne den Glauben.

Die Gemeinde Jesu kann das große Bollwerk sein gegen den Verfall der Welt. Wohl der Nation, wohl dem Volk, in dem es ein „Volk Gottes", eine lebendige Gemeinde Jesu, gibt. Jesus hat seiner Gemeinde die Zusage gegeben zu helfen. Wenn Gottes Volk dem lebendigen Gott dient, dann bleibt es, dann bewahrt Gott sein Volk und segnet es, und das ist dann wieder ein Segen für Staat und Gesellschaft. Es ist eine große und entscheidende Zeit für uns Christen. Gott schenke es, daß all jene, die noch relativ träge sind und dahinschlummern, aufwachen und sich ihrer Aufgabe bewußt werden.

18. September

„Freuet euch in dem Herrn allewege, und abermals sage ich: Freuet euch! Eure Güte laßt kundsein allen Menschen! Der Herr ist nahe!" Phil. 4, 4–5

Obwohl Jesus geboten hat, nicht zu errechnen, wann er wiederkommen werde, haben verschiedene Christen immer wieder versucht, die große Stunde zeitlich festzulegen. Doch wir brauchen die Wiederkunft Jesu nicht zeitlich zu fixieren. Wir dürfen es auch nicht! Es genügt für uns zu wissen, daß der Herr kommen wird. Und wie die ersten Christen sagen auch wir: Der Herr ist nahe!

Unser heutiges Bibelwort weist aber nicht nur darauf hin, daß die Wiederkunft Jesu nahe bevorsteht. Der Text ist zuallererst ein Hinweis darauf, daß unser Herr Jesus Christus in der Nähe ist, daß er gegenwärtig ist. Er ist es als der Auferstandene. Als der, der in der unsichtbaren Welt wirkt, in die hinein wir nicht schauen können, aus der heraus er aber sehr wohl in unsere Welt eingreifen kann. Darum hat es durchaus eine Berechtigung, wenn wir beten: „Herr Jesus Christus, wir danken dir für dein Nahesein." Beides, das Wissen „Jesus kommt wieder" und der Glaube „Jesus ist gegenwärtig", hat Konsequenzen.

„Der Herr ist nahe“, darum kann ich mich jederzeit freuen. In unserem heutigen Bibelwort steht: „Freuet euch in dem Herrn allewege, und abermals sage ich: Freuet euch!“ Ist das etwa ein Befehl? Freude kann man doch nicht anordnen! Ist solches Reden nicht überzogen und wirklichkeitsfremd? Nein, denn hier handelt es sich um keinen Befehl, sondern um eine sehr freundliche Ermunterung. Gleichzeitig wird daran erinnert, daß Freude nicht nur ein bestimmtes Gefühl ist. Freude hat mit Glauben zu tun, der mich gewiß sein läßt: Christus ist mein Leben. Mit ihm kann ich rechnen, denn er gab die himmlische Herrlichkeit auf, um Mensch unter Menschen zu sein. Als Christ kann ich mich freuen, denn ich weiß, daß er mein Herr und Heiland ist. Mir ist ewiges Leben geschenkt. Wahrlich Grund zum Freuen!

Wenn ich mir bewußt bin, daß Jesus mich sieht und hört, wird vieles belanglos. Wir sind ja oft Gefangene unserer Gedanken und Taten. So fahren wir fest und kommen zum Leerlauf. Da kann sogar der Glaube an Kraft und Wert verlieren. Auf einmal entdekken wir vielleicht, daß immer noch Grund zur Freude besteht, denn Jesus ist da. Er ist stärker als alles, was uns gefangennimmt. Wir richten uns wieder nach vorn aus und „vergessen, was dahinten ist“ (Phil. 3, 13). Im Wissen „Der Herr ist nahe“ kehrt die Freude zurück. Die Freude am Herrn ist es, die uns stark macht (Neh. 8, 10). Je mehr einer sich über seinen Herrn freut und über das, was er tut, desto leichter fällt es ihm auch, sein ganzes Vertrauen allein auf Gott zu setzen.

19. September

„Ich denke doch, in keiner Beziehung hinter den ‚unvergleichlichen‘ Aposteln zurückgeblieben zu sein.“

2. Kor. 11, 5 (nach Menge)

In der Gemeinde zu Korinth gab es Menschen, die Christen verführen wollten. Und sie taten dies in einer sehr ruhmredigen Weise. Um seine Glaubwürdigkeit nachzuweisen, mußte der Apostel Paulus sich gewissermaßen selbst rühmen und mit jenen vergleichen, die die Gemeinde verführen wollten. Er entschuldigt sich deshalb auch mehrfach. Es lag ihm ja gar nicht, seinen Wert und seine Würde herauszustellen. Aber letztlich ging es nicht um ihn, sondern um das Ansehen Jesu Christi. Und darum wählt Paulus diesen etwas ungewöhnlichen Weg der Selbstdarstellung, sicherlich in der Hoffnung, sich so endlich Gehör zu verschaffen.

Die Gemeinde in Korinth ist recht wankelmütig. Sie erkennt weder den göttlichen Eifer des Apostels noch die List des Satans. Paulus möchte, daß die Korinther geistlich wachsen und sich der Nähe ihres Herrn bewußt werden. Er möchte, daß sie spüren, welche Kraft der Glaube bringt. Und er möchte, daß die Gemeinde rein bleibt, d.h. ihre Gedanken nicht beschmutzt, und sie sich durch nichts den Blick auf Jesus trüben läßt.

Leider begreift die korinthische Gemeinde nicht, daß Paulus offensichtlich eine tiefere Erkenntnis hat als sie. Sie erkennt weder seine lautere Absicht noch seine Selbstlosigkeit und Liebe zur Gemeinde. Die Korinther fallen dagegen herein auf den Selbstruhm der falschen Propheten, die durch ihre Selbstsucht zu einem Spielball der satanischen Macht werden. Dabei hatten die Korinther doch Paulus reden und beten hören. Sie hätten es eigentlich besser wissen müssen. Nun war er allerdings schon längere Zeit nicht mehr bei ihnen. Vielleicht sind inzwischen einige Personen zur Gemeinde gekommen, die Paulus noch nie gesehen haben. Das ist vielleicht der Grund, warum es den Verführern gelingt, die Gemeinde zu beeinflussen. Es gelingt dem Satan, die Korinther von ihrer geistlichen Geradlinigkeit abzubringen und sie zu manipulieren.

Ich bin zutiefst davon überzeugt, daß wir solche falschen „Diener“, nämlich Handlanger des Satans, auch heute unter uns haben. Es gibt einige typische Kennzeichen für solche Menschen. Sie zerrütten und zerstören die Gemeinde Jesu, setzen aber nichts Neues oder Besseres an ihre Stelle. Sie behaupten darüber hinaus, daß alle organisierten Kirchen Instrumente des Teufels seien. Ein anderes Kennzeichen solcher satanischen Helfer ist ihre Lieblosigkeit. Öffentlich ziehen sie über andere Männer und Frauen her, die Jesus liebhaben, und stellen unbewiesene Behauptungen auf.

Des weiteren ist ihre Unbelehrbarkeit, ihr Fanatismus, ein typisches Kennzeichen. Das ist oft nichts weiter als klarer Ungehorsam gegenüber dem Wort Gottes. Viele von ihnen lassen nicht das ganze Wort Gottes gelten, sondern suchen sich einige Stellen heraus, die ihnen gefallen und die das eigene Konzept unterstützen.

Einzelne Gemeinden und Gemeinschaften sind für solche Fanatiker anfällig. Da gilt es auf der Hut zu sein!

20. September

„Du aber hast's gesehen, auf daß du wissest, daß der Herr allein Gott ist und sonst keiner. Vom Himmel hat er dich seine Stimme hören lassen, um dich zurechtzubringen."

5. Mose 4, 35–36 a

Als vor etwa 3500 Jahren Israels 40jährige Wüstenwanderung endete, hielt Mose, der Gottesmann und Volksführer, eine bedeutende Rede. Mit einem geschichtlichen Überblick über Gottes Handeln und Helfen verband er die Aufforderung, Gottes Freundlichkeit zu sehen und seine Stimme zu hören. Mose sagte dem Volk: „Du aber hast's gesehen, auf daß du wissest, daß der Herr allein Gott ist und sonst keiner. Vom Himmel hat er dich seine Stimme hören lassen, um dich zurechtzubringen." Mit dieser Erfahrung verband sich für Mose der Glaube, daß Gott auch zukünftig reden würde.

Immer wieder haben einzelne Menschen Gottes Stimme gehört. Die meisten von uns mehr oder weniger indirekt. Man liest ein Bibelwort und spürt auf einmal den Anspruch Gottes. Man hört irgendeine Predigt und weiß: Hier läßt Gott dir etwas sagen. Oder man nimmt an einem Gespräch verschiedener Männer und Frauen teil, denen es um die Ausbreitung des Evangeliums geht, und erkennt plötzlich: Gott braucht diese Leute, um mir etwas zu sagen. Gott ist der eigentliche Redner, die Menschen sind nur Werkzeuge.

Daß einer überhaupt hört, was Gott sagt, gehört sicher mit zum Gewaltigsten überhaupt. Gott bedient sich seines Heiligen Geistes, um die Menschen zu erreichen. Wenn Gott spricht, kann der Mensch weghören oder zuhören. In der Bibel heißt es: „Wenn ihr doch heute auf seine Stimme hören wolltet: Verstocket euer Herz nicht“ (Ps. 95, 7–8). Trotz dieser Aufforderung hören viele Menschen Gott nicht. Sie reagieren überhaupt nicht auf das, was er sagt. Schlimm ist es, wenn Gott redet und einer genau weiß „Das ist Gottes Stimme“, aber nicht reagiert. Wenn Gott redet, der Mensch jedoch nicht hört, zieht der Mensch immer den kürzeren. Aber wenn der Mensch hört und tut, was Gott ihm sagt, dann kann Außerordentliches geschehen.

Die Versuchung, Gott nicht hören zu wollen, ist groß. Unbegreiflicherweise geschieht es immer wieder, daß Menschen, die Gott hören, der Meinung sind, sie hätten sich etwas eingebildet. Sie meinen, Gott könne sie doch gar nicht gemeint haben. Wohl aber dem, der sein Herz öffnet. Wohl dem, der auch bereit ist, zusätzliche Verpflichtungen auf sich zu nehmen. Wohl dem, der vielleicht auch fähig ist, auf etwas zu verzichten, was ihn hindert, Gott richtig zu dienen oder für die Mitmenschen dazusein. Wohl dem, der im Glauben mit Jesus Christus verbunden ist. Durch ihn haben wir Zugang zu Gott. Wer mit Jesus lebt, der steht unter dessen Zusage: „Wer mir vertraut, hört meine Stimme“ (Joh. 10, 27).

21. September

„Du hast ihn zum Herrn gemacht über deiner Hände Werk, alles hast du unter seine Füße getan.“ Ps. 8, 7

Was ist aus der wunderbaren Schöpfung geworden? Wir lesen von verschmutzten Meeren, abgeholzten Wäldern, ausgelaugten Äkkern. In vielen Teilen der Welt bringen die Felder zu wenig Ertrag. In manchen Gebieten gibt es andererseits Überproduktion, was auch immer die Gründe sein mögen.

„Du, o Gott, hast den Menschen zum Herrn gemacht über deiner Hände Werk, alles hast du unter seine Füße getan.“ Ich kann dieses Wort nicht nur im Blick auf die Umweltprobleme unserer Zeit lesen, um mit vielen zu beklagen, was die Menschen alles falsch gemacht haben. Ich muß einfach auch daran denken, daß diese Fehler erst gutgemacht werden können, wenn sich die Menschheit wieder an Jesus orientiert.

Manche, die sich Gedanken machen über die Vorgänge in unserer Welt, nicht zuletzt Menschen, die politisch tätig sind oder unsere Medien gestalten, maßen sich selbst gelegentlich Erlöserkräfte an. Sie möchten Befugnisse haben, wie sie eigentlich nur Gott hat. Sie wollen alles, was uns so bedroht und Angst macht, ändern. Sie hoffen, das aus eigener Kraft tun zu können. Sie appellieren an den menschlichen Verstand, an den guten Willen, an die Finanzen, an den Gesetzgeber. Manchmal hat man den Eindruck, je mehr zur Besonnenheit gerufen wird, desto schlimmer wird es. Doch Lösungen gibt es nicht ohne Erlösung! Die absolute Gerechtigkeit, die wir erstreben, wird uns erst geschenkt werden mit dem wiederkommenden Jesus Christus, wenn er als König aller Könige das Sagen hat.

Bis dahin will ich Gott danken, daß er den Menschen so viele Möglichkeiten gibt, daß er ihnen so große Gaben geschenkt hat und daß er ihnen Kräfte verleiht, die tatsächlich göttlichen Ursprungs sind. Aber ich will mich vor allem darüber freuen, daß ich einen Herrn habe, der der Herr aller Herren ist. Ihm bin ich verantwortlich. Auf ihn will ich hören. Das tue ich, indem ich sein Wort höre oder lese. Ihm will ich gehorchen; dazu gehört nicht nur der Wille, ich muß von ihm auch die Kraft erbitten, gehorsam zu sein. Zugleich will ich warten auf den Herrn, der kommen wird, um sein Friedensreich aufzurichten und dann endgültig alle Not dieser Welt zu beenden.

Bis Jesus wiederkommt, ist es mein Auftrag, die Erde dort, wo ich lebe, zu bebauen und zu bewahren. Ich hoffe, daß sich viele Menschen finden, die dies mit mir in der Verantwortung vor dem allmächtigen Gott tun.

22. September

„Dies war in früheren Zeiten den Menschenkindern nicht kundgemacht, wie es jetzt offenbart ist seinen heiligen Aposteln und Propheten durch den Geist; nämlich daß die Heiden Miterben sind und mit zu seinem Leib gehören und Mitgenossen der Verheißung in Christus Jesus sind durch das Evangelium.“ Eph. 3, 5–6

Aus der Bibel wissen wir, daß es ein auserwähltes, ein bevorzugtes Volk gibt, die Juden. Ihnen hat Gott von Anfang an erklärt, was er mit der Menschheit vorhat. Später erst wurde es anderen offenbart. Paulus lüftet das Geheimnis. Er sagt: Seit Christi Tod und Auferstehung sind die Juden nicht mehr bevorzugt, sondern jetzt können alle Erben des Gottesreiches werden. Man spürt förmlich, wie Paulus um Worte ringt. Er ist sich seiner Kleinheit bewußt und wundert sich, daß ausgerechnet er anderen Völkern den unermeßlichen Reichtum Christi verkünden kann.

Für den Apostel Paulus heißt „erben“ Anteil haben am ewigen und unvergänglichen Leben. „Wer an Jesus Christus glaubt, der hat geerbt, der lebt nicht mehr nur sein geschöpflich-endliches Leben. Er lebt vielmehr aus der nie versiegenden Kraftquelle des Schöpfers. Dadurch wird der christusgläubige Mensch nicht nur befähigt, das Leben vor dem Tode zu meistern. Mit Christus verbunden zu sein, beantwortet auch die Frage, was nach dem Sterben kommt. Wer zu Christus gehört oder – wie man es auch sagen kann – wer Glied an seinem Leibe ist, wer zur christlichen Gemeinde gehört, der ist Erbe des kommenden Reiches, der schönen, neuen Welt Gottes.

Nun gelten für alle, die zur Gemeinde Jesu gehören, die Verheißungen, die Gott seinem auserwählten Volk gab. Das ist die Frohe Botschaft. Wer also der Einladung folgt, sich in die Gemeinde Jesu rufen zu lassen, kann sich freuen. Er wird erleben, woran er bis dahin nicht einmal im Traum dachte.

Wer sich an Jesus Christus hält und ihm vertraut, ist „Erbe des Gottesreiches“, d.h. ihm gehört schon jetzt die ganze Freude, die alles Dunkel erhellt, und die Kraft, die über alles Schwere und Widerwärtige hinwegträgt. Aber nicht nur in diesem Leben will Christus helfen, nach Tod und Auferstehung soll der Christusverbundene mit hineingenommen werden in all das Schöne und Ungeahnte, das Gott für die bereithält, die ihm vertrauen.

Ich möchte mit Ihnen beten: „Lieber Vater im Himmel, wir möchten dir danken, daß wir durch Jesus Zugang zu dir haben, daß wir dich, den großen, gewaltigen, herrlichen Gott, Vater nennen dürfen. Du bist immer da. Du hältst dein Wort. Du bist treu. Du kannst alles. Und du wirst immer bleiben. Wir preisen dich und sagen dir Dank. Amen."

23. September

„Darum sollen wir desto mehr achten auf das Wort, das wir hören, damit wir nicht am Ziel vorbeitreiben." Hebr. 2, 1

Wiedergeborene Menschen haben ein großes Ziel. Dadurch, daß sie im Glauben wachsen und in der Heiligung vorankommen, sollen sie zur Vollendung gelangen. Das hat Auswirkungen für ihr Leben auf dieser Erde, auch im Verhältnis zu ihren Mitmenschen, und das hat Auswirkungen bis in alle Ewigkeit.

Was uns erschrecken läßt, ist jedoch, daß es im Glauben ein Vorbeitreiben am Ziel geben kann. Was kann uns denn helfen, dieser Gefahr zu entgehen? Erstens, offen dafür zu sein, daß Christus in uns Gestalt gewinnt. Unser ganzes Leben soll ja zu einem Zeugnis des Evangeliums werden, durch das andere Menschen den Weg zu Christus finden. Es gehört sicher zu den traurigsten Wahrheiten des christlichen Glaubenslebens, daß einer bekehrt und wiedergeboren sein kann und doch Gottes Wort überhört und in seinem Leben nicht verwirklicht. Da hat man dann ganz andere Vorbilder gefunden als Jesus Christus.

Wie ermunternd ist es dagegen, wenn man in der Gemeinde auf Männer und Frauen aufmerksam gemacht wird, von denen es heißt: Sie sind wirklich ein Vorbild des Glaubens in ihrer Geduld, im Ertragen der Leiden, im Blick auf ihre Hilfsbereitschaft und Freundlichkeit. Ich kann Gott darum bitten, daß er mir Gnade schenkt, Christus immer ähnlicher zu werden. Wer es mit seiner Nachfolge ernst meint, sollte nicht müde werden zu sagen: „Herr Jesus Christus, gewinne in mir Gestalt."

Eine weitere Möglichkeit, nicht am Ziel vorbeizutreiben, ist, aufs Ziel direkt loszugehen, das Ziel besser ins Auge zu fassen. In der Bibel hat Gott uns deutlich vorgezeichnet, wie wir zu ihm kommen können, also welchen Kurs wir steuern sollen, und er nennt auch die Gefahrenstellen. Da ist z.B. die Gefahr des erlahmenden Glaubens, die Gefahr, sich für Irrlehren zu öffnen, die Gefahr der Zeitvergeudung, die Gefahr, unnütze Dinge zu treiben oder die Gefahr, ungeistlich zu reden. Alles das macht die Bibel sehr deutlich, und sie warnt davor. Ich bin gut beraten, wenn ich darauf achte und mein Ziel ansteuere.

Drittens schließlich werden wir vor einem Vorbeitreiben am Ziel bewahrt, wenn wir mehr aufs Wort achten. Also nicht nur flüchtig die Bibel lesen und nicht nur diesen oder jenen Bibelspruch kennen, sondern mehr auf das Wort achten – intensiver, dringlicher, bewußter. Jesus Christus wird im Neuen Testament als die „unaussprechliche Gabe" bezeichnet. Daraus erwächst für seine Gemeinde eine unausweichliche Verantwortung. Wir haben auf sein Wort viel mehr zu achten, als wir es im allgemeinen tun. „Auf das Wort achten" ist die notwendige Voraussetzung, um im Glauben zu bleiben.

24. September

„So sind wir nun Botschafter an Christi Statt, denn Gott ermahnt durch uns." **2. Kor. 5, 20 a**

Menschen, die an Jesus Christus glauben und in einer christlichen Gemeinde ihre geistliche Heimat haben, sind Botschafter Christi.

Die Öffentlichkeit beurteilt die Sache des Christus nach seinen Botschaftern. Das vergessen manche Gemeindeglieder oft.

Die Nicht-Glaubenden sehen manchmal schärfer als die Christen selbst, was bzw. wer „Gemeinde am Ort" ist. Da wird gerangelt und gekämpft. Manchmal kann man darüber nur den Kopf schütteln. Und wenn gar eine Denomination meint, der andern voraus zu sein, dann gedeiht die Auseinandersetzung auf Gemeindeebene erst recht. Eine Gemeinde verlangt einen „Gehorsamsschritt", die andere „Treue zum Wort", wieder eine andere „Treue zu den Vätern". Alle drei haben berechtigte Anliegen, vielleicht sogar geistliche oder biblische Erkenntnisse, doch andere Gemeinden sind in ihren Augen nicht auf dem richtigen Weg. Diese Erkenntnisse aber so überzubetonen, daß man nur den eigenen Kreis gelten läßt und die anderen Kreise abqualifiziert, das ist Sünde! Gedenken Sie im Gebet aller Christusnachfolger in Ihrem Ort. Bitten Sie darum, daß solche Menschen die Kraft Christi neu erfahren und viel mehr als bisher bereit werden, Nicht-Glaubenden gegenüber zu bezeugen, wieviel Kraft der Glaube an Christus schenkt.

Gottes Verheißungen liegen auf der Gemeinsamkeit all derer, die der Heiligen Schrift uneingeschränkt vertrauen. Wo das geschieht, erkennt man die Bedeutung von Bekehrung und Wiedergeburt, da wird evangelisiert und missioniert, da wartet man miteinander auf die Wiederkunft Christi.

Viele Aufgaben brauchen dringend unsere Gemeinsamkeit: etwa die Betreuung der christusgläubigen Flüchtlinge in aller Welt; die Hilfsaktionen für Menschen; die Finanzierung des Baues von Bibelschulen und Krankenhäusern in der Dritten Welt; die theologische Ausbildung der evangelikalen Jugend. Neben der gemeinsamen geistlichen Basis geht es dabei immer wieder auch um Geld. Für hungernde Kinder in aller Welt stellen Gläubige viel Geld bereit, was durchaus richtig ist, aber für die Ausbildung künftiger Prediger und Evangelisten erhält man viel schwerer die erforderlichen Mittel. Und die Bedeutung der christlichen Medienarbeit sowie der Radiomission in vielen Sprachen wird von vielen auch nicht erkannt.

Dazu ist die ganze Gemeinde gerufen. Sie verfügt über genug Mittel. Sie muß nur lernen, diese Mittel gezielter einzusetzen. Laßt uns Weisheit für die Verantwortlichen erbitten! Gott möge ihnen und uns zeigen, was zu tun ist, damit die ganze Gemeinde zur „Einheit des Glaubens und der Erkenntnis des Sohnes Gottes" gelangt (Eph. 4, 13).

25. September

„Er vertraute dem Herrn, dem Gott Israels, so daß unter allen Königen von Juda seinesgleichen nach ihm nicht war noch vor ihm gewesen ist." 2. Kön. 18, 5

Seit Jahren hatte der assyrische König Sanherib jede Schlacht gewonnen. Ein König nach dem andern hatte in dem Gebiet, das man heute den „Nahen Osten" nennt, vor ihm kapituliert. Politische Bündnisse zerbrachen. Viele Rechnungen gingen nicht auf. Auch das kleine Königreich Juda hatte falsch disponiert. Sein Bündnis mit dem großen Ägypten brachte keine Hilfe. Auch Ägypten beugte sich vor der assyrischen Macht. Nun war jederzeit mit dem Fall Jerusalems zu rechnen. Man schrieb das Jahr 701 vor Christus. Da bieten zwei Männer, der Prophet Jesaja und der König Hiskia, im Glauben an den allmächtigen Gott dem erfolgreichen Gegner die Stirn. Sie tun es vor allem darum, weil die Assyrer nicht nur politisch neue Akzente setzten, sondern zugleich verlangten, daß neben dem Glauben an den allmächtigen Gott der offizielle Staatskult gleichberechtigt zu berücksichtigen sei.

Hiskia betet – die Belagerer ständig vor Augen – Gott als Herrn an, der mehr vermag als alle Könige auf Erden. Er weiß, daß dieser Gott der Schöpfer des Himmels und der Erde ist. Darum traut er ihm zu, Mittel und Wege zu finden, um denen zu helfen, die ihm vertrauen.

Das ist es, was auch heute wieder vonnöten ist. Wer wirklich erfahren will, daß Jesus Christus stärker ist als alle anderen Mächte, der vertraue ihm. Kennzeichen des Vertrauens ist, daß man keinerlei Vorbehalte hat. Man öffnet sich dem anderen bedingungslos. Man erwartet alles von ihm. Man macht keine Einschränkungen. Mit dem leisesten Zweifel beginnt das Mißtrauen. Unser Herr Jesus Christus fordert uns auf, ihm volles Vertrauen zu schenken, damit wir seine ganze Kraft und Macht erfahren.

Unserem Herrn dürfen wir vertrauen. Für einen Christen gibt es nichts Größeres, als von seinem Herrn abhängig zu sein. Unsere moderne Welt stellt Abhängigkeit gern als etwas sehr Negatives dar. Sehr viele Menschen halten es für unter ihrer Würde, von einem großen, allmächtigen Gott abhängig zu sein. Wir Christen sehen das anders. Ganz bewußt machen wir uns von Gott abhängig, weichen nicht von ihm ab und halten seine Gebote. Wir wissen, daß das Ordnungen der Liebe sind, Schutzmaßnahmen, die er in seiner Weisheit beschlossen hat, damit es den Menschen gutgehe.

Ich wünsche Ihnen eine ähnliche Lebenseinstellung wie Hiskia, und Sie werden voller Freude erfahren, daß der Herr, dem Sie sich anvertraut haben, Jesus Christus, wirklich stärker ist als jede andere Macht.

26. September

„Als es nun Abend wurde, sprach der Herr des Weinbergs zu seinem Verwalter: Ruf die Arbeiter und gib ihnen den Lohn und fang an bei den letzten bis zu den ersten.“ Matth. 20, 8

Das Gleichnis von den Arbeitern im Weinberg verdeutlicht Gottes ständige Einladung, seine unbegreifliche Güte und sein souveränes Handeln. Gott hat in sein Reich nicht nur „früh am Morgen“ eingeladen, als Jesus predigend und heilend das „Heilige Land“ durchzog. Seine Einladung hörten Menschen auch „um neun Uhr“, „mittags“ und „um drei Uhr“, also während der ersten Jahrhunderte, im Mittelalter und zur Zeit der Reformation. Wie spät mag es jetzt auf Gottes Uhr sein? Vielleicht ist es die Stunde, die im Gleichnis „fünf Uhr“ heißt? Jesus weist darauf hin, daß der Weinbergbesitzer – ein Bild für Gott – nichts unversucht ließ, um Mitarbeiter zu gewinnen. „Arbeitet in meinem Weinberg“, sagte er. Früher bezeichnete man gern die kirchliche Arbeit als „Arbeit im Weinberg des Herrn“ und lud ein zur Mitarbeit. Wir sollten diese Einladung ganz neu hören! Es ist nicht mehr viel Zeit!

Das Gleichnis zeigt auch, wie freundlich Gott handelt. Obwohl die Mitarbeiter keineswegs alle dasselbe leisten, erhalten sie den gleichen Lohn. Vor Gott zählt jeder Dienst gleich. Es kommt nicht auf das Ausmaß des Dienstes an, sondern darauf, daß die Eingeladenen in Treue ihre Pflicht tun. Mancher fragt sich vielleicht, ob es nicht ungerecht ist, daß diejenigen, die sich den ganzen Tag geplagt haben, mit derselben Bezahlung auskommen müssen wie diejenigen, die in letzter Stunde mit Hand anlegen. Sieht das nicht alles nach reiner Willkür aus? Keineswegs! Alle erhalten sie nur die Summe, die gerade für ein Existenzminimum reicht. Keiner kriegt mehr. Um sechs Uhr abends war Feierabend. Hätten alle, die lediglich eine Stunde arbeiteten, nur den Lohn für diese eine Stunde bekommen, wäre es so wenig gewesen, daß es weder für den Arbeiter selbst noch für seine Familie gereicht hätte. Darum erhält selbst der, der nur eine Stunde arbeitete, den Tageslohn. Das Gleichnis schildert daher die Tat eines gütig denkenden Mannes, der großmütig und voll Mitgefühl mit den Armen ist. So handelt Gott, sagt Jesus. So ist Gott, so gütig!

Im Gleichnis geht es letztlich aber nicht darum, daß Gott seinen Kindern nur dieses oder jenes Gute schenkt, sondern vielmehr um die Hereinnahme in Gottes Reich. Es geht darum, bei ihm zu sein, wenn er seine Herrschaft sichtbar aufrichtet. Lohn, das heißt also, angenommen zu sein von ihm, ewiges Leben zu haben. Dabei wird nun der Rahmen des Gleichnisses gesprengt, denn die von Jesus Christus Geretteten bekommen – im Vergleich zu den Arbeitern im Weinberg – ja nichts ausbezahlt. Für uns wurde vielmehr bezahlt. Christus zahlte mit seinem Leiden und Sterben am Kreuz! So beglich er die Sünde und Schuld, mit der ihm alle Gottlosen und Ungehorsamen Arbeit gemacht haben (Jes. 43, 24).

27. September

„Naht euch zu Gott, so naht er sich zu euch. Reinigt die Hände, ihr Sünder, und heiligt eure Herzen, ihr Wankelmütigen.“ Jak. 4, 8

Wer bewußt als Christ lebt, weiß, daß wir durch Jesus Zugang zu Gott haben, und uns ihm dadurch nahen können. Aber mit all dem, was wir schon längst wissen, ist das ja manchmal so eine Sache. Man gebraucht sein Wissen nicht. Was hilft es z.B., wenn ich schöne Spazierwege kenne, sie aber nie benutze? Was nützt es, wenn ich weiß, daß ein Krankheitsherd nur durch eine Operation beseitigt werden kann, mich aber nicht operieren lasse? So kann ein Ausweg, den man nicht ernst nimmt, zur Sackgasse, vielleicht sogar zur Todesfalle werden.

Wir wollen uns neu darauf besinnen, daß Jesus der Weg zu Gott ist. Er hat uns durch sein Sterben den Weg zu Gott gebahnt. Im gewöhnlichen Leben bedeutet Tod ja Ende und Zerstörung. Der Tod Jesu ist dagegen der Anfang von etwas völlig Neuem gewesen. Sein Tod bedeutet Leben für alle, die begriffen haben: Eigentlich hätte ich selbst sterben müssen. Meine Auflehnung gegen Gott, mein Versuch, ohne ihn fertigzuwerden, verdienen keine Schonung. Aber Gott liebt mich und will mir helfen. Darum verspricht er, daß Jesu Tod ein für allemal genügt. Ich brauche nun wegen meiner Sünden nicht zu sterben.

Ich will mich Gott nahen, denn er hat durch den Tod Jesu meine Sünde beseitigt. Darum kann ich mich ihm auch mit aufrichtigem Herzen nahen und beten: „Herr, du weißt, wer ich wirklich bin.“ Ich kann mich ihm nahen in der vollen Glaubensgewißheit: „Herr, du läßt mich nicht das bleiben, was ich bin. Du machst aus mir, was du willst.“

Zu Gott gelangt allerdings kein Unreiner. Darum ist es gut, daß Jesus den Glaubenden rein macht. Im Hintergrund dieser Aussage steht die Erinnerung an den Priester im alten Gottesvolk. Beim priesterlichen Ritual wurden die heiligen Gegenstände dadurch gereinigt, daß man sie mit dem Blut der Opfertiere besprengte. In einem Becken mit klarem Wasser wurden die Geräte danach gewaschen und gereinigt. Das war natürlich nur eine äußerliche Reinigung. Jesus dagegen reinigt innerlich, die Herzen und Gedanken; bildlich gesprochen auch die Hände. Das erlebt ein Geiziger, der sich freimachen läßt von seiner Bindung an den vergänglichen Reichtum. Das kann ein Zankwütiger erfahren, der nach seiner Hinwendung zu Jesus Christus bereit wird, anderen Menschen zu ihrem Recht zu verhelfen. Das wird die große Erfahrung für jeden, der mit seinem Triebleben nicht fertig wird und mit dieser Schuld vor Jesus tritt. Wir wollen uns Gott nahen und ablegen, was uns anklebt und bindet. Jeder, dessen Denken von Ungöttlichem in Anspruch genommen ist, suche die Reinigung, die Jesus anbietet.

28. September

„Siehe, wer halsstarrig ist, der wird keine Ruhe in seinem Herzen haben, der Gerechte aber wird durch seinen Glauben leben.“ Hab. 2, 4

Warum läßt Gott es zu, daß Unfriede, Unfreiheit und Ungerechtigkeit unsere Welt bedrücken? Darauf versucht der Prophet Habakuk zu antworten: Das Böse muß nach Gottes Willen ausreifen, damit die Menschen ein für allemal aufhören, ihre Hoffnung auf etwas anderes zu richten als allein auf den lebendigen Gott. Damit dieses Ziel erreicht wird, gebraucht Gott sogar seine Gegner, um die Welt – einschließlich seines Volkes – zu strafen und zu korrigieren. Diese Schau des Propheten Habakuk mögen manche Leute nicht teilen. Sie tun sie als alttestamentlich und überholt ab. Vor solcher Haltung kann man nur warnen. Wir bedürfen des Alten Testaments dringend, um den ganzen Ratschluß Gottes zu erkennen, denn dort wird von der Heiligkeit Gottes gesprochen, von seiner Erhabenheit und seiner Unausforschlichkeit.

Daß Gott in allen Gerichten, die er bisher sandte, immer auch Barmherzigkeit walten ließ, zeigt die Bibel viele Male. Die Sintflut z.B. überlebten Noah und seine Familie (1. Mose 9). Das

Gericht über Sodom und Gomorra ging an Lot und seinen Töchtern vorüber (1. Mose 19). Und am Ende dieser Zeit wird Gottes bewahrende Hand über allen sein, die auf der Seite Jesu Christi stehen und sich zu ihm bekennen. Das heißt allerdings, sich zu trennen von allem Unheiligen, von allem, was Gott mißfällt, und dazu beizutragen, daß Friede, Freiheit und Gerechtigkeit einkehren.

Gott, dem es gefallen hat, mir aufgrund meines Glaubens an Jesus Christus Frieden mit sich zu schenken, der will mir auch helfen, daß ich mit meinen Mitmenschen klarkomme. Gott, der mich befreit hat von meiner Schuld, dem ist es ein Kleines, mir so nachhaltig zu helfen, daß auch die größeren Probleme dieser Welt im Lichte Gottes gesehen und gelöst werden können. Wir beugen uns vor einem heiligen Gott, dem allein die Ehre gebührt und der alle Macht hat im Himmel und auf Erden. Dieser Gott führt die Welt nach seinem Plan zum Ziel. Das wußte schon der Prophet Habakuk.

Habakuk hatte seine Schrift damit begonnen, daß er niederschrieb, was ihn belastete. Er beendet seine Berichterstattung mit einem Aufblick zu Gott. Er macht uns Mut, trotz aller Probleme dieser Welt in der Gewißheit zu leben, daß Jesus Christus der Welt Heil bringen wird. Darum haben wir Grund, von Herzen getrost zu sein. Das ist doch eine Aussage, die auch den Glaubenden unserer Tage froh machen darf. Angesichts aller Probleme, angesichts all dessen, was wir nicht verstehen, bleibt dies unsere Hoffnung: Gott hat die Fäden der Weltgeschichte in seiner Hand. Er führt die Völker so, daß sie sein Heil sehen werden.

29. September

„Denn er hat seinen Engeln befohlen, daß sie dich behüten auf allen deinen Wegen.“ Ps. 91, 11

Er wollte die Straße überqueren. Vorsichtshalber schaute er noch einmal nach links, dann nach rechts. „Ein Fahrzeug lasse ich noch durch“, dachte er, „dann gehe ich hinüber.“ Doch kaum hatte er die Fahrbahn betreten, quietschten Bremsen. Am Arm spürte er einen heftigen Schlag. Der Fahrer eines Autos, das er übersehen hatte, konnte gerade noch bremsen. „Da haben sie aber Glück gehabt“, sagte ein anderer Fußgänger. „Das hätte schiefgehen können.“

Bewahrung wird häufig lediglich als „Glück“ oder „Zufall“ angesehen. Menschen, die in Ehrfurcht vor Gott leben, wissen es besser. Gott hat „dienstbare Geister“ (Hebr. 1, 14). Sie existieren in der unsichtbaren Wirklichkeit Gottes, in der Regel dem menschlichen Auge verborgen. In der Heiligen Schrift ist oft von Engeln die Rede, z.B. von ihrer Kraft, ihrer Schutzfunktion oder ihrer Gabe, durch schwierige Situationen hindurchzuleiten. Engel sind Boten Gottes. Sie sind dazu da, den Menschen zu dienen. Engel gibt es nicht schon von Ewigkeit her, wie wir es von Jesus wissen, dem Sohn Gottes. Wann die Engel geschaffen worden sind, ist uns unbekannt. Auf jeden Fall waren sie schon Zeugen der ersten herrlichen Schöpfung, über deren Schönheit sie jauchzten (Hiob 38, 7).

„Gott ist Geist“, sagte Jesus einmal (Joh. 4, 24). Auch Engel sind Geister, d.h., sie haben nicht Fleisch und Blut wie wir Menschen. Engel sind Gott ähnlich. Die Bibel nennt sie heilig, rein, demütig, mächtig, weise und stets gehorsam. Für die ersten Christen waren Engel etwas Selbstverständliches. Aufgeklärte Menschen unserer Tage können sich solche Wesen nicht vorstellen. Ihnen fehlt jeder Bezug zur Welt Gottes und zu seiner unsichtbaren Wirklichkeit. Alles, was zu sehen, anzufassen und zu beschreiben ist, scheint für sie das einzig Wahre zu sein. Doch nur mit dem Diesseits zu rechnen, ist eine Täuschung. Es gibt vieles, was die Grenzen der Erfahrung überschreitet.

Wenn Engel mit Menschen in Verbindung getreten sind, dann nahmen sie meist einen menschlichen Leib an. In der Bibel lesen wir von starken und mächtigen Engeln (2. Petr. 2, 11). David nannte sie die „starken Helden, die Gottes Befehl ausrichten“ (Ps. 103, 20). Bis in unsere Tage hinein wird die Wirksamkeit von Engeln erlebt. Der eine hat seine Beschützer gesehen, der andere nicht. Christlicher Glaube trägt und bewahrt und läßt uns ehrfürchtig teilhaben an Gottes großartigem, wenn auch oft nicht begreiflichem Tun. Nehmen wir doch dieses Wort aus dem 91. Psalm mit in den Tag: „Denn er hat seinen Engeln befohlen, daß sie dich behüten auf allen deinen Wegen."

30. September

„Er wird sich unser wieder erbarmen, unsere Schuld unter die Füße treten und alle unsere Sünden in die Tiefen des Meeres werfen." **Micha 7, 19**

Wenn Menschen einander Leid zufügen, schließlich aber merken, daß sie nicht ständig in Feindschaft miteinander leben können, versuchen sie, sich auszusprechen, vielleicht sogar zu versöhnen. Erschütternd ist, daß man dann gelegentlich den Spruch hören kann: „Vergeben will ich wohl, aber vergessen kann ich nicht."

Wenn unser Gott uns vergibt, dann ist die Schuld auch vergessen. Der Prophet Micha gebraucht in diesem Zusammenhang einmal ein Bild. Er vergleicht die Schuld wohl mit einem großen Stein, den man an einer tiefen Stelle versenken kann, in einem See oder einem Meer. Micha betet Gott an mit den Worten: „Er wird sich unser wieder erbarmen, unsere Schuld unter die Füße treten und alle unsere Sünden in die Tiefen des Meeres werfen."

Voraussetzung, um Vergebung zu empfangen, ist, daß sich ein Mensch bewußt an Jesus Christus wendet. Wiederholt wird in der Bibel dieser Ruf laut: „Wendet euch zu mir!" So sagt es auch der Prophet Jesaja im Auftrage Gottes. Wunderbarerweise heißt es aber nicht: „Wendet euch zu mir, und ihr werdet selig sein", sondern: „Wendet euch zu mir, und ihr seid selig." Wenn wir uns auf den Herrn konzentrieren, dann finden wir gerade das, was wir suchen. Menschen sind so oft verdrießlich gegenüber Gott, während er doch immerfort sagt: „Wendet euch zu mir, und seid selig." Mit anderen Worten: seid gerettet. Und „gerettet" ist wieder ein anderer Ausdruck für „Vergebung der Sünden empfangen haben“.

Unsere Schuld vor Gott nahm Jesus Christus auf sich. Als er unsere Sünde auf sich nahm, gab er dafür sein Leben. Das Kreuz Jesu ist die Offenbarung des Gerichtes Gottes über die Sünde. Das Kreuz war ein herrlicher Triumph, durch den die Grundfesten der Hölle erschüttert wurden. Nichts ist gewisser in Zeit und Ewigkeit als das, was Jesus am Kreuz vollbracht hat: Er schaltete die ganze Menschheit um in eine richtige Verbindung mit Gott. Er stellte das menschliche Leben auf dic Grundlage der Erlösung, d.h., er bahnte für jeden Menschen einen Weg zur Gemeinschaft mit Gott.

Der Kreuzestod ist Jesus nicht zufällig zuteil geworden. Er war zu diesem Zweck gekommen. Die ganze Bedeutung seiner Menschwerdung liegt im Kreuz. Sie geschah zum Zwecke der Erlösung. Gott ist Fleisch geworden, um die Sünde hinwegzunehmen. Das Kreuz ist die Darlegung von Gottes Wesen, der Mittelpunkt der durch Jesus geschaffenen Erlösung. Es ist für uns nur deshalb so leicht, die Erlösung zu erlangen, weil Gott sie so teuer erkaufte.

Oktober

1. Oktober

„So gibt es nun keine Verdammnis für die, die in Christus Jesus sind.“ Röm. 8, 1

Gott ist ein Gott der Ordnung. Alle Gesetzmäßigkeit des Ablaufs dieser Welt ist von ihm gegeben. Gott muß daher jeden bestrafen, der sein Gesetz übertritt. Das Gesetz kann also verurteilen, aber es hat nicht die Macht, Gerechtigkeit hervorzubringen. Nun tut Gott in seiner großen Güte etwas Wunderbares. Was dem Gesetz unmöglich war, tut er selbst, indem er Christus in diese Welt sendet. Jesus lebte unter den gleichen Bedingungen wie jeder Mensch, kam aber aus dem einzigen Grund, um das Verhältnis zwischen Gott und den Menschen wieder zu ordnen. Er stellte sich freiwillig unter den Zorn Gottes. Gott machte ihn, der von keiner Sünde wußte, für uns zur Sünde, damit wir von aller Schuld frei sind und Menschen werden, die Gott gefallen (2. Kor. 5, 21). Das alles tat Gott, „als aber die Zeit erfüllt war, sandte Gott seinen Sohn, geboren von einer Frau und unter das Gesetz getan, damit er die, die unter dem Gesetz waren, erlöste“ (Gal. 4, 4–5).

„In Christus sein“ – dieser Ausdruck macht ja manchem Mühe. Ich will versuchen, es zu verdeutlichen. Eine Zeitlang hatte ich die Garage für meinen Wagen gleich im Haus. Wenn ich dann mit meinem Auto in die Garage fuhr, dann war ich zwar noch im Auto, aber zur gleichen Zeit schon im Haus. Ich war also nicht mehr irgendwo auf der Straße, sondern daheim. – Ein Mensch, der in Christus ist, lebt gleichsam nicht mehr irgendwo, sondern er lebt in ihm. Er ist zwar noch ganz er selbst, aber doch in Christus. Er ist schon „im Haus“.

Seit Jesus für diese Welt starb, sind alle Menschen eingeladen, sich ihm zuzuwenden, d.h. ihr ganzes Denken auf ihn zu konzentrieren, sich an ihm zu orientieren, ihm Vertrauen zu schenken. Die Gerechtigkeit derer, die in Christus sind, besteht darin, daß sie nicht mehr für sich selber leben, sondern für den, der für sie gestorben und auferstanden ist. Das ist der große Unterschied zwischen Glauben und Unglauben. Wer weiß, daß ihm seine Sünde vergeben ist, der möchte für Christus dasein, der möchte ihm nachfolgen. Das hat allerdings Konsequenzen für jeden Tag und jede Stunde meines Lebens. Wer sich an Christus orientiert, kann nicht so tun, als sei der Mensch neben ihm Luft oder ein unwillkommener Weggenosse. Darum ist mir der christliche Glaube so wertvoll. Ich erfahre nicht nur, wie die Trennung zwischen Gott und mir überwunden werden kann, sondern ich lerne auch, wie die Trennung zwischen meinen Mitmenschen und mir überwunden werden kann.

2. Oktober

„Die Liebe erträgt alles, sie glaubt alles, sie hofft alles, sie duldet alles.“ 1. Kor. 13, 7

Ich muß bekennen, daß ich eine gewisse Scheu habe, in meiner Verkündigung das Wort „Liebe“ auch nur zu erwähnen. Zum einen deshalb, weil es so sehr vielschichtig und falsch gedeutet werden kann, und zum anderen, weil sehr viel darüber gepredigt wird und so gut wie nichts geschieht. Es ist wohl über kaum einen anderen biblischen Begriff so viel gepredigt worden wie über die Liebe. Aber was ist denn wirklich anders geworden? Sind Sie denn liebevoller geworden unter dem Wort?

Die Liebe nimmt Gott bei seinem Wort. Sie glaubt vorbehaltlos an seine Verheißung. Und die Liebe glaubt im Hinblick auf Mitmenschen. Die Liebe nimmt vom Nächsten stets das Beste an. Ich sage diesen Satz mit Zittern, denn ich entdecke bei mir auch nach vielen Jahren des geistlichen Dienstes noch immer einen Hang zum Pessimismus, weil ich einige Male reingefallen bin, wo ich von Menschen viel erwartete, und es dann nicht eintraf. Und dann trägt man diese Erfahrung so mit sich herum und sagt: Nächstes Mal passiert es bestimmt wieder.

Ich will mich daher ganz neu von diesem Wort fassen lassen, daß die Liebe vom Nächsten stets das Beste annimmt. Liebe hofft und duldet alles. Liebe gibt die Hoffnung nicht auf. Ertragen oder erdulden, das ist nichts Passives, sondern etwas Aktives. Gemeint ist hier jemand, der die Dinge überwindet und verwandelt, indem er einfach dem Herrn vertraut und sagt: „Ich muß ja nicht alleine die Dinge in Ordnung bringen. Ich bin nur ein Teil in diesem großen Königreich, in dem mein Herr und Meister König und Regent ist."

Ist es noch nötig, darauf hinzuweisen, daß ich diese Liebe nicht machen kann? Auch der heldenhafteste Anlauf in dieser Stunde, die Gott uns schenkt, würde nicht genügen, dieses alles zu haben oder zu bekommen. Ich kann nur mit meiner Mangelhaftigkeit, mit meiner Leere vor den Herrn hintreten und ihm sagen, wieviel mir noch fehlt und wie sehr ich mich danach sehne, doch wirklich ein königliches Kind zu sein. Ich kann ihm sagen: „Mein lieber Herr, die Liebe ist das Gütezeichen des Glaubens. Laß mich doch dieses Gütesiegel haben, daß doch Menschen merken: Der ist nicht so wie die anderen."

Liebe ist die höchste Gabe. Der Herr kann uns beständig machen in der Liebe. Er kann uns vollkommen werden lassen in der Liebe. Gott wird dafür sorgen, daß, wenn alles andere vergangen ist, die Liebe doch bleibt, weil unser Herr selbst die Liebe ist.

3. Oktober

„Das Lamm, das geschlachtet ist, ist würdig, zu nehmen Kraft und Reichtum und Weisheit und Stärke und Ehre und Preis und Lob." **Offb. 5, 12 b**

Es gibt nichts Größeres und Köstlicheres, als daß wir Gott von ganzem Herzen loben und anbeten. Lob erhebt den Menschen über sich selbst und seine Erfahrung hinweg. Der Blick des Lobenden geht in die Weiten und Tiefen des göttlichen Tuns. Suchen Sie sich den ehrenvollsten Platz in Ihrer Wohnung, wenn Sie mit

Gott sprechen, tun Sie es in der ehrerbietigsten Haltung, die Sie sich vorstellen können. Damit üben Sie sich in der Anbetung. Aber vergessen Sie auf der anderen Seite nicht, daß wir einen großen und gnädigen Gott haben, den wir letztlich an jedem Platz und in jeder Haltung anrufen können. Er bindet uns nicht an äußere Formen.

Mit der Kraft fängt unser heutiges Bibelwort an. Dann geht es weiter zum Reichtum, zur Weisheit und zur Stärke. Es geht von ihm aus Kraft und Reichtum. Das sind zwei Worte, die Bewegung und Geschehen ausdrücken. Christus ist die göttliche Kraft. Und wo Kraft ist, da geschieht etwas, da kommt etwas in Bewegung. Durch Christus ist etwas für uns geschehen. Er hat sich für uns in Bewegung gesetzt. Darum beten wir ihn an in seiner Kraft.

Es geht auch Reichtum von ihm aus. Ihm gehört alles, im Himmel und auf Erden, im Wasser und unter der Erde. Sein sind Silber und Gold. Er ist Herr über alles Geschaffene, das Sichtbare und das Unsichtbare. Das alles, diesen ganzen Reichtum, gab er einmal um unsertwillen auf. Er stieg in diese Armseligkeit der Welt herab. Aber mit der Himmelfahrt ist er wieder zurückgekehrt in den himmlischen Reichtum. Jesus besitzt die Mittel, um alles, was er versprochen hat, auch wahrzumachen. Darum bete ich ihn an.

Wenn ich Gottes Stärke preise, denke ich an seine Macht, das Böse zu besiegen. Ich freue mich dann darüber, daß der Sohn Gottes erschienen ist, um die Werke des Teufels zu zerstören. Und ich denke daran, daß es keine Situation gibt, der mein Herr Jesus Christus nicht gewachsen wäre. Seine Stärke ist imstande, alle Mächte zu überwinden, die sich gegen ihn oder gegen mich stellen.

Immer dann, wenn ich seine Weisheit und seine Stärke preise, nehme ich etwas vorweg von der vollkommenen Anbetung, die einmal sein wird, wenn die vollendete Gemeinde vor seinem Thron sagt: ,,Dir, o Herr, gebührt alleine Kraft und Reichtum, Weisheit und Stärke.“ Einmal werden sich alle Knie vor ihm beugen und ihm die Ehre geben!

4. Oktober

„Wer tut und macht das? Wer ruft die Geschlechter von Anfang her? Ich bin's, der Herr, der Erste, und bei den Letzten noch derselbe.“ Jes. 41, 4

Ich finde es anregend und aufregend, daß uns die Lektüre der Bibel hilft, Zusammenhänge der Geschichte besser zu erkennen sowie bestimmte Erscheinungen und Entwicklungen klarer zu beurteilen. Durch die Heilige Schrift lerne ich auch, vertrauensvoller in die Zukunft zu schauen. Ich lasse mir nicht so schnell imponieren von den Mächtigen dieser Welt. Zu rasch ist oft ihr Kommen und Gehen. Aus der Bibel weiß ich, daß der bekannte Satz „Männer machen Geschichte“ nicht stimmt. Gott ist der Herr der Geschichte. Selbst Mächte, die erklärtermaßen antigöttlich oder atheistisch eingestellt sind, haben eine Funktion in seinem Plan mit der Welt.

Der lebendige Gott ist es, der die Geschichte lenkt. Den einen Mächtigen ruft er, und den andern läßt er vergehen. Der Ausdruck „Herrscher von Gottes Gnaden“ ist also gar nicht so verkehrt, wenn man ihn richtig versteht. Herrscher über ein kleines oder großes Volk kann einer nur so lange sein, wie Gott in seiner Gnade es will. Die göttliche Macht ruft einen Herrscher, so wie Gott die Menschen am Tage ihrer Schöpfung ins Dasein rief.

Gott ist es daher auch, der ein Volk durch die Wirrnisse der Zeiten bringen kann. So wie damals der Erdboden erzitterte, wenn Weltreiche erschüttert wurden, so geht auch heute ein großes Stöhnen durch die Welt, wenn sich neue Ordnungen anbahnen, wenn Weltreiche von gestern zu unbedeutenden Nationen herabsinken und andere die Weltherrschaft antreten oder übernehmen. Damals wie heute kann man nicht gemächlich zuschauen, wenn die Welt im Umbruch ist. Furcht und Erschrecken lähmt manche Regierung und manches Volk, wenn es um die Beurteilung der politischen Lage und um Pläne für die eigene Zukunft geht.

Wohl dem Volk, in dem viele Menschen leben, die nach Gottes Willen fragen und die bereit sind, diesen Willen zu tun. Wohl der

Regierung, deren Männer und Frauen wissen, daß über ihnen ein allmächtiger Herr steht. Diesem Herrn sind sie verantwortlich. Vor diesem Herrn müssen sie einmal Rechenschaft ablegen über alles, was sie getan oder unterlassen haben.

Wir Christen sollten daher der Aufforderung des Neuen Testamentes folgen und für alle beten, die Regierungsverantwortung tragen (1. Tim. 2, 1–2). Darüber hinaus haben wir als Christen darauf hinzuweisen, daß man von einer Regierung nicht verlangen kann, was nur Gott zu geben vermag: die Gewißheit, daß meine Zukunft und die meines Volkes geklärt ist. Denn beides ist Gottes Sache. Nicht „Männer machen Geschichte", sondern Gott ist Herr der Geschichte. Ihm wollen wir vertrauen, was immer auch kommen mag.

5. Oktober

„Herr, wie sind deine Werke so groß und viel! Du hast sie alle weise geordnet, und die Erde ist voll deiner Güter."

Ps. 104, 24

Der 104. Psalm preist nicht nur den Schöpfer und Regenten des Alls. Es geht hier auch nicht nur um eine Erinnerung an vergangene Taten. Der Schöpfer ist noch immer am Wirken. Alles ist zu seinem Dienst bereit, damals wie heute: Wolken, Winde, Blitz und Donner (Ps. 104, 3–4). Der Mann, der diesen Psalm gebetet hat, hatte das Staunen nicht verlernt. Können Sie noch staunen? Wie herrlich hat Gott seine Schöpfung angelegt. Wie reich und groß sind seine Werke, die seine Weisheit bekunden: Licht, Wasser, Tiere, Pflanzen, Menschen, Tag und Nacht. Ich möchte Sie einladen, ganz neu den Schöpfer zu preisen und über seine Wundermacht zu staunen.

Was hat Gott an mir getan? Was hat er für mich getan? Noch ehe ich im Mutterleib gebildet war, hat er schon an mich gedacht. Sein Wille war es, daß ich leben soll. Deshalb danke ich ihm für mein Leben. Ich danke ihm dafür, daß ich in einem Gebiet der Welt geboren wurde, in dem alle Menschen satt werden können. Ich danke ihm dafür, daß er mir Verantwortungsbewußtsein schenkt, für andere zu sorgen, die weniger haben als ich. Ich danke ihm, daß er mich auch in den harten Zeiten des Krieges nicht aus dem Auge verlor und daß er mich in den kargen Nachkriegsjahren versorgte.

Gott läßt es immer wieder Frühling werden, Sommer, Herbst und Winter. Er hat mir Augen gegeben, damit ich mich darüber freuen kann, wenn sich die Ähren im Winde wiegen. Staunend läßt er mich an den Stämmen hoher Bäume emporblicken bis hinauf zu ihren rauschenden Wipfeln. Ich bin überwältigt, wenn ich die Berge in ihrer Majestät sehe. Ich werde mir bewußt, wie klein ich bin, wenn ich am Meeresstrand stehe.

Ich möchte Sie ermuntern, mit offenen Augen durch diese Welt zu gehen, nichts als zufällig zu nehmen, sondern hinter all dem – auch hinter dem Rätselhaften und hinter dem, was wir nicht verstehen – den Schöpfer der Welt zu sehen, ihn anzubeten und ihn zu preisen. Beten Sie doch jetzt mit mir: „Herr, öffne mir die Augen für alle deine Taten, die großen und die kleinen. Ich danke dir für alles, was du in dieser Welt tust. Ich danke dir vor allem auch für das, was du für mich getan hast und tust. Amen.“

6. Oktober

„Denn die Erde wird voll werden von Erkenntnis der Ehre des Herrn, wie Wasser das Meer bedeckt.“ Hab. 2, 14

Das ist eine Dimension, die selbst den Christen oft verlorengegangen ist. Es geht weder um den einzelnen Christen, noch geht es um irgendein Volk, in dem die Christen leben sollen. Es geht darum, daß Gott zu seinem Recht kommt, daß ihm Ehre gegeben werde. Alle Welt wird sein Wort hören! Überall werden Menschen ihm die Ehre geben. Es ist bewegend mitanzusehen, daß sich Christen überall in der Welt treffen, um diese Erfüllung des Wortes Gottes herbeizubeten und herbeizusehnen. Nicht zuletzt sollen auch missionarische und evangelistische Bestrebungen dazu dienen.

Jesus Christus ist der Wahrhaftige. Die Welt mit seinen Augen zu sehen, das verhilft zu einer realistischen Einschätzung unserer Mitmenschen und unserer Zeit. Das befähigt dann aber auch, die Gegebenheiten nicht einfach hinzunehmen, sondern der Welt zu sagen, daß nichts so bleiben muß, wie es ist. Christus kann etwas Neues schaffen. Durch ihn wird der Welt Heil geschenkt.

Ich trete aus dem Unheil der Welt heraus und in den Machtkreis des heiligen Gottes hinein, wenn ich an Jesus Christus, den Heiland, glaube und ihn als den Retter dieser Welt anerkenne. Das heißt dann freilich, sich zu trennen von allem Unheiligen, von allem, was Gott mißfällt, und Kraft zu erbitten, in dieser Welt mit dazu beizutragen, daß Friede, Freiheit und – soweit es an mir liegt – Gerechtigkeit herrschen. Wenn ich nicht im politischen Leben und damit in der Öffentlichkeit stehe, dann soll das wenigstens im Umgang mit anderen Menschen gelten! Gott, dem es gefallen hat, mir aufgrund meines Glaubens an Jesus Christus Frieden mit sich zu schenken, will mir auch helfen, daß ich mit meinem Mitmenschen klarkomme. Gott, der mich befreit hat von meiner Sünde und von meinem Hang zum Negativen, ist es ein Kleines, mir nachhaltig zu helfen, daß auch die größeren Probleme dieser Welt und meines Lebens in seinem Lichte gesehen und gelöst werden.

Wenn Gott sich mit einem sündigen Menschen verbindet, wenn er ihn rechtfertigt, dann steht dieser Mensch so da, als habe er zuvor nie gesündigt. Doch der, dem alle Sünde vergeben ist, vergißt nicht, wie er vorher gelebt hat. Er entrüstet sich daher nicht über diejenigen, die die Ungerechtigkeit der Welt vermehren, sondern trägt seinen Teil dazu bei, daß es gerechter zugeht, daß die Menschen sich ihrer Schuld bewußt werden und den Weg zu dem finden, der allein der Weg aus aller Ungerechtigkeit ist: Jesus Christus.

Wir beugen uns vor einem heiligen Gott, dem allein die Ehre gebührt und der alle Macht hat im Himmel und auf Erden. Dieser Gott führt die Welt nach seinem Plan zum Ziel.

7. Oktober

„Ich bitte aber, daß ihr mich nicht zwingt, wenn ich bei euch bin, mutig zu sein und die Kühnheit zu gebrauchen, mit der ich gegen einige vorzugehen gedenke, die unseren Wandel für fleischlich halten.“ 2. Kor. 10, 2

Haben Sie sich schon einmal darüber gewundert, daß Sie als Christ Angriffen anderer Christen ausgesetzt waren? Das gehört ja mit zum Traurigsten und ist für viele Nichtchristen Anlaß, sich von der Gemeinde Jesu fernzuhalten. Nicht erst in unseren Tagen ist es dazu gekommen, daß ein Christ den anderen angreift; das hat es leider schon immer gegeben. Das 10. Kapitel im zweiten Korintherbrief spricht von solchen Angriffen christlich gesinnter Menschen gegen den Apostel Paulus.

Es ist kaum zu fassen: Ein so großer Mann, der nun wirklich Bedeutsames getan hat, nicht nur für die christliche Kirche, sondern für die ganze Menschheit, wird schon zu Lebzeiten immer wieder mißverstanden und intensiv angegriffen. Vielleicht war diesen Gegnern die Vollmacht des Paulus unheimlich. Unter seiner Verkündigung geschah etwas. Da wurden Menschen zu neuem Leben geführt. Da erkannten gottlose Männer und Frauen, daß Christus wirklich lebt. Sie machten die Erfahrung, daß jeder, der sich an Christus orientiert, seine Existenz erneuert, daß wieder Hoffnung in ein solches Leben kommt. Und Paulus wäre kein Mensch gewesen, wenn es nicht auch etwas an ihm zu kritisieren gegeben hätte. Aber das, was man ihm vorhält, ist offensichtlich falsch. Man hält seine Lebensführung für „fleischlich“, d.h. für selbstsüchtig.

Es gibt Situationen, in denen ein Bote Gottes fürchtet, so zu reagieren, wie er es eigentlich gar nicht möchte, weil andere ihn dazu zwingen. Es lag dem Paulus gar nicht daran, seinen Mut oder seine Kühnheit unter Beweis zu stellen. Er läßt aber erkennen: Wenn ihr meint, ich sei ein Feigling und ein Schwächling, dann muß ich euch zeigen, daß das nicht stimmt.

Es gibt unter Christen gewisse Fanatiker, die vernünftigen Argumenten nicht zugänglich sind, die sich so verrennen in bestimmte Anschauungen, daß sie immer und immer wieder Streit bringen. Manche scheinen zu denken, daß unrichtige Behauptungen richtig werden, wenn man sie nur oft genug wiederholt. Hier erwächst sicher ein Auftrag für die Gesamtgemeinde Jesu, sich schützend vor die Männer und Frauen zu stellen, die einen besonderen Dienst tun, und nicht noch den „Dienst" von Kritikern und Mekkerern zu unterstützen. Wir wollen als Nachfolger Jesu zusammenstehen und darum beten, daß es in den Kirchen unseres Landes zu einem geistlichen Aufbruch kommt, damit noch viele Menschen erfahren, wie reich ein Leben ist, das sich an Jesus Christus bindet.

8. Oktober

„Und als er mächtig geworden war, überhob sich sein Herz zu seinem Verderben; denn er verging sich gegen den Herrn, seinen Gott, und ging in das Haus des Herrn, um auf dem Räucheraltar zu räuchern." **2. Chron. 26, 16**

Die Zeit ist vorbei, in der uns junge Könige imponierten. Trotzdem will ich etwas von einem König sagen, weil die Lehren, die wir aus seinem Leben ziehen können, unabhängig von seinem Stand sind. Ich will von Usija sprechen, einem Mann, der mit 16 Jahren König wurde. Sein Regierungssitz war Jerusalem. Er herrschte 52 Jahre. Die Bibel sagt von ihm: „Er tat, was dem Herrn wohlgefiel, ganz wie sein Vater Amazja getan hatte" (2. Chron. 26, 4). Was nicht über sehr viele Könige Israels und Judas berichtet wird, konnte dem Usija nachgesagt werden. Er tat, was dem Herrn wohlgefiel. Das mag darauf zurückzuführen sein, daß er einen sehr glaubensstarken und weisen Erzieher hatte namens Secharja. Die Bibel sagt von Usija, daß er unter dem Einfluß dieses Secharja Gott suchte und daß es zum Gelingen in seinem Leben kam, solange er den Herrn suchte.

Aber dann geschieht etwas, was man eigentlich nur mit größtem Bedauern lesen kann. Die Bibel sagt: „Und als er mächtig geworden war, überhob sich sein Herz zu seinem Verderben." Was war bloß in den Usija gefahren? Warum hat er sich an dem Herrn vergangen? War sein Lehrer Secharja womöglich inzwischen gestorben oder so alt geworden, daß sich der in den besten Jahren stehende Usija nichts mehr sagen lassen wollte? Hatte er schlechte Freunde? Hat ihm der Ruhm geschadet?

Spätestens an dieser Stelle sollten wir uns fragen, ob nicht ähnliches auch in unserem Leben passieren könnte. Kaum geht es einem gut, da vergißt man den, dem aller Segen zu verdanken ist. Mancher hat vielleicht eine einflußreiche Stellung und steht in der Gefahr, seinen Gott zu verlieren, weil er die Macht zu sehr genießt. Oder ich denke an erfolgreiche Menschen, die lange gearbeitet haben, bis sie es zu etwas gebracht haben. Aber dann wurde ihnen Gott immer weniger wichtig. Gott bewahre uns vor einem solchen Weg, erst erfolgreich und dann erledigt zu sein.

Meine lieben Freunde, dies ist eine Stunde der Selbstprüfung. Fragen Sie sich, ob nicht Gott selbst Sie heute warnen möchte. Hören Sie auf mit dem, was Sie gegen und ohne Gott tun. Überheben Sie sich nicht gegen Gott, ordnen Sie sich ihm vielmehr unter. Seien Sie ihm gehorsam. Haben Sie ihn lieb und bitten Sie ihn um Hilfe. Noch nie hat Gott eine solche Bitte abgelehnt!

9. Oktober

„Verlaß mich nicht, Herr, mein Gott, sei nicht ferne von mir!"
Ps. 38, 22

Wer hätte nicht schon eine Stunde erlebt, in der er gedacht oder vielleicht sogar gesagt hat: „Das Beste wäre, ich könnte sterben. Dann wäre alles zu Ende." Man fühlt sich elend, ausgelaugt, am Ende. Mancher befürchtet auch, Gott habe sich von ihm abgewandt. Wenn ein solches Wort in einer Stunde der Resignation gesprochen wird, ist es zwar verständlich, aber ganz gewiß nicht Ausdruck unseres Glaubens.

In Psalm 38 ist das Gebet eines Geplagten festgehalten, der sich von Gott gezüchtigt sieht. Er bittet, Gott möge ihn nicht länger peinigen. Nichts Heiles ist mehr an seinem Körper, keines seiner Glieder ist gesund. Er nimmt sein Leiden als Strafe. Er weiß, daß Gottes Hand schwer auf ihm lastet. Doch er begehrt nicht auf.

Der Kranke nennt seine Sünde nicht beim Namen, doch er weiß: Gott, das ist deine Antwort auf meine Schuld; du zeigst mir damit, wie sehr du mir zürnst! Mich erschüttert das Gebet dieses Kranken. Er ist zwar zutiefst bekümmert, aber nicht über eine göttliche Führung, die er nicht versteht; bekümmert auch nicht durch Schmerz und Elend. Seine Sünde drückt ihn! Er wälzt sie nicht ab auf andere Menschen, nicht auf seine Eltern, auf die Familie, nicht auf die Gesellschaft, die ihn allein läßt, nicht auf Ärzte oder Priester, die unfähig sind, ihm zu helfen. Er nutzt seine Krankheit zur Besinnung. Ehrlich bekennt er: „Das ist alles über mich gekommen um meiner Sünde willen."

Aber, und nun gilt es aufzumerken: Der Kranke weiß sich dennoch vor Gott gestellt. Er läßt sich durch die schweren Leiden nicht zur Bitterkeit gegen Gott führen. Er kennt seine Schuld. Menschen mögen ihn verlassen, sein eigenes Herz ihn verklagen – Gott bleibt sein Gott.

Die Folgen seiner Sünde muß der Mensch tragen. Aber der Sünder bleibt der von Gott Geliebte. Wer seine Sünde bekennt, dem wird sie vergeben. Das hat Gott versprochen! Der kranke Beter weiß das. Darum ruft er Gott an: „Aber ich harre, Herr, auf dich; du, Herr, mein Gott, wirst erhören" (Ps. 38, 16).

Wo Glaube und Freude in unserem Leben wachsen, da kann sich keine Dunkelheit halten, da sehen wir das helle Licht, das uns in Jesus Christus selbst entgegenkommt, der gesagt hat: „Ich bin das Licht der Welt. Wer mir nachfolgt, der wird nicht wandeln in der Finsternis, sondern wird das Licht des Lebens haben" (Joh. 8, 12).

10. Oktober

„Als nun Jesus ihren Glauben sah, sprach er zu dem Gelähmten: Mein Sohn, deine Sünden sind dir vergeben.“ Mark. 2, 5

Die Geschichte von der Heilung eines Gelähmten trug sich in Kapernaum zu. Jesus war in einem Haus, in das sich so viele Menschen hineingedrängt hatten, daß von draußen keiner mehr hinzukommen konnte. Als dann vier Männer mit einem Gelähmten kamen und keinen direkten Zugang zum Haus fanden, kletterten sie aufs Dach. Sie deckten einen Teil davon ab und ließen das Bett, auf dem der Gelähmte lag, hinunter. „Als nun Jesus ihren Glauben sah, sprach er zu dem Gelähmten: Mein Sohn, deine Sünden sind dir vergeben.“

Diese Begebenheit läßt etwas erkennen von der Notwendigkeit des anhaltenden Bittens. Die vier Männer müssen sehr glaubenstreu gewesen sein. Sie erhofften sich Hilfe durch Jesus. Wie enttäuscht werden sie gewesen sein, als die vielen Leute den Weg zu ihm blockierten. Aber sie haben nicht aufgegeben. Sie haben vielmehr etwas ganz Ungewöhnliches getan, um in die Nähe Jesu zu kommen. Viele von Ihnen werden wissen, daß die Bemühung der vier belohnt wurde. Jesus sagte zu dem Gelähmten: „Steh auf, nimm dein Bett und geh heim“ (Mark. 2, 11). Da stand der Mann auf, nahm sein Bett und ging vor aller Augen hinaus, so daß alle erschraken und sagten: „Wir haben so etwas noch nie gesehen.“

Als die Männer den gelähmten Freund zu Jesus brachten, hätten sie eigentlich erwarten können, daß die Leute zurücktreten oder daß Jesus, der doch alles wußte, sie zu sich hereingerufen hätte. Doch nichts von dem passierte. Gott möchte, daß wir glauben, daß er ganz genau weiß, was für uns das Beste ist. Haben wir wirklich gelernt, Gott zu vertrauen?

Es gibt Zeiten, in denen Gott unsere Gebete z.B. deshalb nicht beantwortet, weil er von vornherein weiß, daß wir ihm nicht die Ehre geben werden. Es geht in unserem Leben aber um Gottes Ehre und um seinen Ruhm; nicht weil er solchen Ruhm nötig hätte, sondern weil wir es nötig haben, ihn zu ehren. Wenn wir das nämlich nicht tun, verherrlichen wir uns selbst. Lassen Sie sich also nicht verdrießen, wenn Ihr Gebet nicht gleich erhört wird. Denken Sie daran, daß es Gründe haben kann, daß Gott Sie warten läßt.

Ich möchte mit Ihnen beten: „Himmlischer Vater, vergib mir, wenn ich im Rückblick auf mein Leben an den besonders schwierigen Führungen hängenbleibe und deine Wunder vergesse. Ich möchte mich neu und ganz bewußt deiner Führung unterstellen. Danke, daß du uns Jesus gesandt hast, damit wir erfahren, wie gütig und freundlich du bist. Lob und Preis sei deinem Namen. Amen."

11. Oktober

„Ich schäme mich des Evangeliums nicht; denn es ist eine Kraft Gottes, die selig macht alle, die daran glauben."

Röm. 1, 16 a

Das Evangelium ist die Botschaft vom Sohn Gottes, der durch die Auferstehung „Sohn Gottes in Kraft" wurde. Es handelt von dem neuen Zeitalter, das uns durch den Sohn Gottes gegeben ist. Daher spricht Paulus vom Evangelium als einer „Kraft Gottes zum Heil". Wer diese Kraft empfängt, entgeht dem Unheil. Unheil, das heißt: vergeblich leben, im Finsteren vegetieren, ständig Angst haben vor Gegenwart und Zukunft, geplagt werden von Fehlern und Schuld der Vergangenheit. Unheil, das ist auch: Zorn und Zank erleiden, in Unruhe und Unfrieden leben, Mord und Zerstörung mit ansehen müssen; es ist das mutwillige Zerstören von Sachen, das Quälen von Menschen und Tieren, die Zerstörung der Natur. Aus solchem Unheil will Gott herausführen. Mit unserer menschlichen Kraft gelingt es nicht. Dazu bedarf es des lebendigen Gottes.

Keiner bekommt allerdings ein Verhältnis zu Gott ohne Jesus. Jesus selbst hat einmal gesagt: „Niemand kann ohne mich zum himmlischen Vater kommen." Das heißt: Niemand wird Gott erleben, der sich nicht intensiv mit Jesus beschäftigt. Wer an Jesus glaubt, der empfängt die Kraft Gottes. Der Glaubende läßt sich auf das Evangelium ein. Er nimmt es von Gott entgegen. Der Glaubende erfährt, daß Christus, von dem das Evangelium spricht, tatsächlich Kraft gibt. Da kann es zum Beispiel passieren, daß ich eine Predigt höre, also eine Auslegung des Wortes Gottes, die mich während der folgenden Tage stärkt. Oder ich höre eine Liedstrophe, die von Jesus spricht. Sie dringt in mein Ohr und in mein Herz und begleitet mich den ganzen Tag, macht mich froh, nimmt mir die Last ab. Ich kenne viele, die durch einzelne Verse aus der Bibel so gestärkt worden sind, daß bei dem einen oder anderen sogar eine Lebenswende eintrat, ein Herausgeführtwerden aus dem Unheil.

Dieses Evangeliums schämen wir Christen uns nicht. Wir sprechen mit Freude davon, wie das ja auch sonst im Leben ist, wenn man über etwas sehr froh geworden ist. Ich sehe gar nicht ein, warum wir ständig über all das Unheil sprechen und nicht davon reden, daß es Heil geben kann, dann nämlich, wenn die Innenwelt des Menschen nicht länger zerstört und verschmutzt wird.

Wer sich mit Jesus einläßt, der ist gerettet in Ewigkeit. Wer das glaubt, der weiß: Es gibt nichts Größeres.

12. Oktober

„Petrus aber sprach: Silber und Gold habe ich nicht; was ich aber habe, das gebe ich dir: Im Namen Jesu Christi von Nazareth steh auf und geh umher!“ Apg. 3, 6

Da sitzt ein Mann, der sich noch nie hat bewegen können. Über 40 Jahre leidet er schon. Welch eine Plage muß es für ihn gewesen sein, ein Jahr ans andere gefügt zu sehen. Es bestand einfach keine Aussicht, daß sich bei ihm etwas ändern oder bessern würde. Tot zu sein, das wird ihm manches Mal als die beste der Lösungen vorgeschwebt haben. Aber noch lebte er, noch mußte er alles über sich ergehen lassen, was der Tag ihm abverlangte.

Da saß er nun, der Bettler, an der „Schönen Pforte“ des Tempels und streckte seine Hände aus. Der biblische Bericht sagt nicht, wie viele schon vorübergegangen sind bzw. dem Mann etwas gegeben haben. Sicher waren die Einnahmen noch nicht groß, als jenes besondere Ereignis sein Leben total veränderte. Jäh wurde der übliche Tagesrhythmus unterbrochen. Zwei Männer bleiben vor ihm stehen und sprechen ihn an. In dem Augenblick mag er erwartet haben, eine besondere Gabe zu bekommen. Doch Petrus sagte: „Silber und Gold habe ich nicht.“ Wir hören nicht, daß der hilflose Bettler besonders enttäuscht gewesen ist. Vielleicht ging es blitzartig durch sein Gemüt: Die kenne ich doch. Die habe ich doch schon gesehen. Vielleicht hat er im Nu erkannt, daß Männer vor ihm standen, die mit Jesus von Nazareth unterwegs waren. Tatsächlich, da sagte Petrus weiter: „Was ich aber habe, das gebe ich dir. Im Namen Jesu Christi von Nazareth steh auf und geh umher!“

Der Lahme erkannte, daß er sich nicht geirrt hatte. Das waren tatsächlich die Männer, die mit Jesus durchs Land gezogen sind. Er gehörte zu denen, die sich an dem Namen Jesus nicht stießen. Im Gegenteil. Er flößte ihm Vertrauen ein. Darum wehrte er sich auch nicht einen Moment, als Petrus ihn bei der Hand nahm und aufrichtete. Es fehlen uns die Worte, dieses Geschehen zu beschreiben. Da stand einer auf, der zuvor noch nie gestanden hatte. Was ist das für eine Freude!

Ich möchte daran erinnern, daß der Gelähmte für uns vielleicht auch ein Bild ist für Menschen, die geistlich gelähmt sind, die durch ihre Sünde gelähmt sind. Die Vorstellung, daß jemand sie im Namen Jesu anredet und bei der Hand nimmt, so daß sie wieder festen Boden unter die Füße kriegen, ist für mich ebenso atemberaubend wie eine körperliche Heilung. Vielleicht noch bedeutsamer, denn der Körper wird wieder krank, verfällt eines Tages und stirbt. Aber eine in Jesus Christus heil gewordene Seele oder besser gesagt: ein in ihm erneuerter Geist lebt in Ewigkeit.

13. Oktober

„Und er sprach: Der Herr wird aus Zion brüllen und seine Stimme aus Jerusalem hören lassen, daß die Auen der Hirten vertrocknen werden und der Karmel oben verdorren wird.“

Amos 1, 2

Von 787 bis 747 vor Christus regierte in Israel Jerobeam II. Israel war der nördliche Teil des ursprünglichen größeren davidischen Reiches. Aber David war nun schon fast zweihundert Jahre tot. Man hatte sich damit abgefunden, daß das Reich geteilt existierte. Während der Zeit Jerobeams II. wirkten die Propheten Amos und Hosea. Lachende Freude erfüllte das Land. Man mußte weit zurückdenken, wollte man einen König finden, der so voller Glück und im Frieden Israel regierte, der in ungebrochener Kraft alle Feinde besiegte und herrlich auf Israels Thron saß. Die Macht des Gegners, der von Damaskus aus regierte, war zerbrochen. Das Nachbarland Moab hatte sich willig gebeugt. Kein israelitischer Mann war in fernen Ländern gefangen.

Da paßte der seltsame Mann nicht hinein: Amos, der Hirte aus Tekoa, aus dem kleinen Nachbarland Juda. Für eine große Zeit ein kleiner Mann. Aber für Gott ist nicht die Größe der menschlichen Persönlichkeit entscheidend, sondern die Hingabe an seine Sendung und Offenbarung. Gott braucht für seine prophetischen Missionen nicht Träger der Geschichte, sondern von ihm erleuchtete Dolmetscher. Gott möchte, daß die Völker ihn in seiner Verborgenheit sehen. Er möchte, daß sie seine Heilsabsichten verstehen und ihm in freier Hingabe dienen. Der Mund der Propheten soll künden, was die Völker nicht sehen oder verstehen.

Amos sprach: „Der Herr wird aus Zion brüllen und seine Stimme aus Jerusalem hören lassen.“ Wie konnte es dieser Amos wagen, in einer so wunderbaren Zeit von Gottes Gericht zu sprechen? Anfänglich wird man ihm zugehört haben, denn er verkündete das Gericht über die Nachbarvölker. Doch als er begann, Israel, das Nordreich, und Juda, das Südreich, zu ermahnen, da verdarb er es sich, sowohl mit der Menge des Volkes als auch mit den Priestern, vor allem aber mit der Regierung, d.h. dem König.

Amos hält seinem Volk einen Spiegel vor. Wieviel Unrecht ist geschehen! Die Reichen schinden die Armen, üppige Schwelgerei auf der einen Seite und trostlose Armut auf der anderen. Schändliche Laster breiten sich aus, Ehen zerbrechen. Es ist unbegreiflich, daß nicht alle im damaligen Israel sofort ihre Herzen der Botschaft des Propheten öffneten. Doch wer läßt sich schon gerne die Wahrheit sagen? Wer glaubt schon einem solchen Mann, daß er berufen ist? Nur wer sich selbst eine unmittelbare Verbindung mit dem Höchsten erhalten hat, wer wirklich sein Wort liest und danach tut, wird ein Gespür für das entwickeln, was Boten Gottes zu sagen haben.

14. Oktober

„Alle eure Sorge werft auf ihn; denn er sorgt für euch.“
1. Petr. 5, 7

Wir hatten gerade eine Sitzung von Trans World Radio (TWR) in Amerika hinter uns und traten die Heimreise an. Als der Geschäftsführer des ERF und ich im Flugzeug Platz genommen hatten, besprachen wir noch einmal die wesentlichen Ergebnisse unseres Gespräches. Wir waren doch ein wenig erschrocken über all das, was sich TWR für die nächste Zeit vorgenommen hat.

Bei allem wollen wir uns an das Wort aus dem Neuen Testament halten: Alle eure Sorge werft auf ihn; denn er sorgt für euch. Ich liebe dieses Bibelwort. Es ist so verheißungsvoll. Wir dürfen alle Sorge auf unseren Herrn Jesus Christus werfen. Er sorgt für uns. Die Voraussetzung ist allerdings, daß wir uns unter die gewaltige Hand Gottes demütigen. Das gefällt uns nicht so sehr. Wer sich vor Gott demütigt, wird sich seiner Grenzen bewußt. Er erkennt seine Mangelhaftigkeit, und er entdeckt seine große Hilfsbedürftigkeit. Manchmal sorgt unsere Lebensführung dafür, daß wir demütig vor Gott niederfallen und sagen: „Herr, erbarme dich meiner. Danke, daß du mich bisher im Dienst für dich gebraucht hast. Tu es doch bitte auch weiterhin.“

Ich wünsche mir beim ERF auch weiterhin eine Mannschaft von Radiomissionaren, die in geistlicher Abhängigkeit von ihrem Herrn lebt und ihren Dienst tut. Für uns ist die Botschaft von Jesus Christus die wichtigste Sache der Welt. Darum sind wir dafür, daß über die Medien missioniert und evangelisiert wird. Es werden sicher noch mehr Menschen über die Medien zum Glauben finden als bisher, wenn Gott dazu seine Gnade schenkt und wir ihn darum bitten.

Eine der abenteuerlichsten Geschichten, die ich in der Arbeit des ERF bisher kennengelernt habe, hat unser afrikanischer Freund Stephen Boakye-Yiadom erzählt, der übrigens auch durch den Rundfunk zur Berufung kam und heute unsere Radiomissionsarbeit in Afrika leitet. Stephen bekam eines Tages einen Brief von einem Evangelisten. Dieser schrieb: „Dear Sir, ich höre immer Ihre Radiosendungen, und mit noch einigen anderen Brüdern haben wir hier das Wort des Herrn verkündigt und die Gläubigen hin und her versammelt. Wir haben jetzt 8 000 Leute beisammen und möchten gerne Ihrer Kirche beitreten." Nun mußte Stephen schreiben: „Wir sind keine Kirche, sondern arbeiten nur im Auftrag der Kirche Christi. Sie müssen sich schon Gemeinden suchen", und er nannte sogleich einige in Sambia und Zaire. Aber nun stellen Sie sich einmal vor, durch die Medienarbeit suchen 8 000 Leute eine Kirche!

Wir gehen keinem Hobby nach, sondern wir stehen in Gottes Dienst und Auftrag! Das macht getrost und zuversichtlich.

15. Oktober

„Und ich, liebe Brüder, konnte nicht zu euch reden wie zu geistlichen Menschen, sondern wie zu fleischlichen, wie zu unmündigen Kindern in Christus." 1. Kor. 3, 1

Als in der Gemeinde in Korinth Streitigkeiten aufbrachen, nennt Paulus das Übel gleich beim Namen. Er redet nicht um den heißen Brei herum. Das war ja nun wirklich kein Kompliment. Dabei ging es offensichtlich in Korinth um Fragen der geistlichen Erkenntnis. In diesem Zusammenhang wurden wohl einzelne Männer, die im Segen in der Gemeinde gewirkt hatten, gegeneinander ausgespielt: Apollos gegen Paulus und Paulus gegen Apollos.

Wo liegt wohl die tiefere Ursache der Meinungsverschiedenheiten, die das Wachstum der Gemeinde hindern? Es ist das Unvermögen einiger Menschen, in einer christusgemäßen Weise miteinander zu leben und umzugehen. Das ist natürlich erschütternd. Man denkt, daß gerade in der Gemeinde Jesu Rivalität, Eifersucht und Neid keine Rolle mehr spielen. Doch das Gegenteil ist offensichtlich der Fall. Grund genug für uns, die wir schon lange zur Gemeinde Jesu gehören, uns zu bemühen, so zu leben und zu reden, daß wir möglichst keinen Anstoß geben.

Ich möchte, daß meine Gemeinde wächst, daß jeder, der dazugehört, Früchte des Geistes zeigt, nämlich Liebe, Freude, Friede, Geduld und anderes mehr (Gal. 5, 22). Ich möchte auch, daß meine Kirche zahlenmäßig wächst. Es ist ein nicht zu überhörendes Alarmsignal, wenn Glaubensgemeinschaften an Zahlen immer kleiner werden. Da darf nicht die sonst in der Bibel gelobte kleine Zahl als Trostpflaster herhalten. Entschuldigungen wie Überalterungen oder Pillenknick und anderes sind ebenfalls unangebracht. Wenn in einer Kirche bzw. Gemeinde rivalisiert oder gestritten wird, kann's nicht vorangehen. Die Gemeinde Jesu ist der Raum, in dem Menschen anders leben als alle anderen. Es kann nicht vorangehen, wenn man feststellen muß: In dieser Gemeinde leben Menschen nicht aus dem Geist Gottes. Sie handeln vielmehr so wie alle anderen Menschen auch.

Wer sich jetzt betroffen fühlt, der danke Gott. Er bitte darum, daß ihn der Heilige Geist zu einem Gesinnungswandel führe. Jeder kann Gott bitten, ihm in der Kraft seines Geistes zur Seite zu stehen und ihn so zu führen, daß er einmal, am Ende aller Zeit, den versprochenen Lohn empfangen wird. Wer sich nicht angesprochen fühlt, der lese einmal 1. Korinther 3, die Verse 1 bis 9, vielleicht nach dem Text der Guten Nachricht.

Wir wollen beten: „Herr Jesus, du Herr der Gemeinde, vergib uns unsere ungeistliche Haltung. Nicht dieser oder jener soll recht behalten, nicht dieser soll sich bessern oder frömmer werden als jener. Wir wollen uns zusammen an dir, unserem Herrn, orientieren, dir den Vorrang geben und nicht einem Menschen aus unserer Mitte. Amen."

16. Oktober

„Der uns aber dazu bereitet hat, das ist Gott, der uns als Unterpfand den Geist gegeben hat." 2. Kor. 5, 5

In dem Augenblick, wo Gott uns ein neues Leben schenkt, verleiht er uns seinen Geist. Dann werden wir versiegelt mit dem Heiligen Geist, und fortan geschieht alles schöpferische Handeln in uns durch den Heiligen Geist.

Das Neue, das der Glaubende empfängt, ist nicht so sehr eine plötzliche Verwandlung seiner sittlichen Persönlichkeit. Was neu ist, ist die Gemeinschaft mit Jesus, daß ich auf einmal nicht mehr so drauflosleben kann, sondern frage: „Was sagt denn Jesus dazu?" Oder: „Wenn das jetzt Jesus sehen würde?" Und das, was ich vielleicht früher als eine Bedrohung empfunden habe, wird auf einmal ein unendlicher Trost für mich. Ich sage zum Beispiel: „Es ist doch wunderbar, daß ich ständig unter Aufsicht leben darf. Lieber Herr, sieh doch in mein Herz hinein und führe mich." Das ist doch ein wunderbarer, herrlicher Trost. Sein Geist will mir die Klarheit schenken, die ich brauche. Wenn ich dann neu hören lerne, wenn es mein Gewissen spürt und ich nicht mehr auf alle möglichen Stimmen hören muß, sondern auf ihn – was ist das doch für ein großer Fortschritt!

Wiedergeburt, das heißt nicht, daß ich nun völlig anders reagiere als die Menschen dieser Welt. Ich bin jetzt zwar nicht mehr „von" der Welt, aber ich bin immer noch „in" der Welt. Also Verlockungen, auf die andere hereinfallen, können auch mir zur Versuchung werden. Es wäre ja zu schön, wenn wir keine Fehler mehr machten, keine Niederlagen mehr hätten, keine Sünde mehr begingen. Wiedergeburt ist der Anfang des neuen Lebens, aber nicht die Vollendung. Und der Geist, der uns gegeben ist, ist das Angeld bzw. das Pfand. Oder mit einem Ausdruck aus unseren Tagen: Gott hat die erste Rate bereits gezahlt, sozusagen als Versprechen, daß es wirklich so kommen wird. Diese Rate ist dadurch gezahlt, daß er uns den Geist gegeben hat.

Ewigkeitshoffnung haben, heißt ahnen und schmecken, was kommt. Wissen Sie, das ist so ähnlich, wie wenn man sich der Küste nähert. Sind Sie schon mal da gewesen? Von weitem riecht man bereits, daß das Meer nahe ist. Diese Erfahrung möchte ich auf unsere biblische Aussage anwenden. Wenn Ewigkeit zu riechen wäre, dann würden wir jetzt schon empfinden können, daß wir uns ihr nähern. Und ist es nicht so, daß, wenn wir z.B. bestimmte Lieder singen, sie uns zutiefst packen? Oder wenn wir eine Bibelstelle hören oder Sätze in einer Predigt, daß wir vielleicht anfangen müssen zu weinen? Oder es ergreift uns zuinnerst, und wir spüren: Hier werden wir aus einer anderen Dimension angesprochen. Dann atmen wir Ewigkeitsluft.

17. Oktober

„Und der Herr sprach: Es ist ein großes Geschrei über Sodom und Gomorra, daß ihre Sünden sehr schwer sind.“

1. Mose 18, 20

Das ist äußerlich nicht zu sehen gewesen, denn die Bevölkerung war wohlhabend. Es fehlte an nichts. Sodom und Gomorra waren wasserreich. Die Menschen hatten wenig Sorgen. Und die Sorgen, die sie hatten, die bereiteten sie sich selbst. Ihre Lebenshaltung führte zu sexuellen Ausschreitungen, zur gleichgeschlechtlichen Liebe. Für diese Menschen war nichts mehr heilig. Sie brachen das Gastrecht. Sie neigten zu Streit und Gewalttat. Sie liefern uns bis in unsere Tage hinein eine Illustration dafür, was es heißt, wenn Menschen ohne Gott leben.

Abrahams Glaube ist nicht zerbrochen angesichts der Herausforderung, die Sodom und Gomorra an ihn stellten. In der letzten Stunde vor dem Gericht Gottes über diese beiden Städte wird Lot durch göttliche Kraft aus Sodom herausführt. Auch seinen engsten Angehörigen einschließlich der zukünftigen Schwiegersöhne wird die Rettung angeboten. Erschütternd ist, daß den letzteren das ganze Unternehmen lächerlich ist. Resultat: Keine zehn Gerechten sind in Sodom und Gomorra, sondern nur vier fliehen. Und von denen bleibt noch Lots Frau auf der Strecke, weil sie nicht gehorsam war. Sie war nicht bereit, auf Gottes Anweisung hin voranzuschauen, sondern drehte sich um und erstarrte. Entweder völlige Lösung von Sodom und Gomorra – oder Untergang mit ihnen.

Wie steht es um uns? Wir, die wir die Botschaft des Evangeliums weitertragen, sind wir bereit, wie Abraham die ganzen Konsequenzen zu ziehen und uns von Sodom zu lösen? Oder haben wir so ein bißchen den Geist von Lots Frau und bleiben doch noch mit der halben Seele in Sodom? Jeder, der zur Gemeinde Jesu gehört, hat erfahren, daß Gott sich offenbart. So wie Gott sich einst dem Abraham mitteilte, offenbart sich Jesus Christus seiner Gemeinde. Und je mehr die Glieder der Gemeinde Jesu danach streben, ihn zu verstehen, um so mehr werden sie von ihm erfahren. Wir können ihn hören, bildlich gesprochen. Schon mancher hat das erlebt, wenn er Gottes heiliges Wort gelesen hat.

Die Welt braucht die Botschaft von der ewigen Rettung durch Jesus Christus. Wir sollten uns nicht damit begnügen, daß wir sagen: „Ja, wir wissen das. Wir haben das alles ja schon so oft gehört.“ Aber haben wir so oft, wie wir von Jesus gehört haben, auch schon anderen von ihm erzählt? Machen wir den anderen klar, daß Jesus Christus gekommen ist für die Menschen aller Zeiten und aller Länder? Er hat für sie gelebt, für sie gelitten und ist für sie gestorben. Er allein kann der Welt Hilfe bringen.

18. Oktober

„So macht meine Freude dadurch vollkommen, daß ihr eines Sinnes seid, gleiche Liebe habt, einmütig und einträchtig seid.“ Phil. 2, 2

Wenn wir in unseren Kirchen, Freikirchen und Gemeinschaften nicht wieder dahin kommen, daß es zu einmütigen Beschlüssen kommt, dann wird es mit der christlichen Kirche weiter bergab gehen. Die Kirche Jesu ist kein Parlament, in dem man ständig Mehrheitsbeschlüsse braucht, sie ist vielmehr zur Einmütigkeit aufgefordert.

Es wird bei Beschlüssen sicher selten eine völlige Übereinstimmung der Gemüter geben, wenngleich auch das möglich ist. Ich weiß es zum Beispiel aus dem Vorstand des Evangeliums-Rundfunks. Dort kommt man nun schon seit einigen Jahrzehnten hindurch zu einstimmigen bzw. zu einmütigen Beschlüssen. Einmütig, d.h., daß sich vielleicht ein oder zwei der Stimme enthalten. Das aber in der Regel nicht deshalb, weil sie gegen einen Beschluß sind, sondern weil sie vielleicht eine bestimmte Entwicklung nicht mitgemacht haben oder ihnen Einzelheiten nicht bekannt sind und sie darum auch nicht mit vollem Herzen hinter einer Abstimmung stehen können.

Das ist schon etwas Großartiges! Sich selbst zurücknehmen, das schafft Raum für den Heiligen Geist. Man wird allerdings nicht automatisch „ein Herz und eine Seele“. Es braucht Bemühungen, Gebet und Geduld. Unlängst war ich an einer Aktion beteiligt, bei der drei verschiedene Partner sich auf eine gemeinsame Linie einigen wollten. Alle drei hatten total unterschiedliche Traditionen und auch unterschiedliche rechtliche Voraussetzungen. Die Verhandlungen zogen sich über zwei Jahre hin. Über Strecken sah es aus, als käme man nie zueinander, bis dann einer der älteren Brüder sagte: „Es muß doch eine Möglichkeit geben.“ Und dann sagte ein anderer: „Wir sind drei Partner, ein großer, ein mittelgroßer und ein kleiner. Wenn sich nun der große und der mittelgroße zurücknehmen und wirklich auf den kleinen eingehen, dann muß es doch eine Lösung geben.“ Und siehe da, es kam tatsächlich zu einer Lösung. Das Wunder geschah, daß nun der Kleine die Situation nicht für sich mißbrauchte, sondern sich seinerseits zurücknahm. Wir haben einmal mehr gesehen, daß das, was uns im Neuen Testament empfohlen wird, keine Theorie ist, sondern sich danach leben läßt!

Ich wünsche Ihnen, daß Sie in einer Luft, die immer eisiger zu werden scheint für die Gemeinde Jesu, treu und gewissenhaft Ihren Weg gehen können und von sich aus alles tun, damit Christen miteinander tätig bleiben können. Daß Sie andererseits den Mut haben zu erkennen, wo Kirche oder kirchliche Strukturen in der Gefahr stehen, das Eigentliche zu übersehen, zu vernachlässigen oder gar zu verleugnen. Gott schenke es, daß alle, die zu ihm gehören wollen, seinem Geist viel Raum geben, damit es zu einem gesegneten Miteinander kommt.

19. Oktober

„Darum, weil wir ein unerschütterliches Reich empfangen, laßt uns dankbar sein und so Gott dienen mit Scheu und Furcht, wie es ihm gefällt.“ Hebr. 12, 28

In Erfurt lebt ein heute über 90jähriger Mann. Als Kind und Jugendlicher erlebte er das Kaiserreich. Mit 20 Jahren war er Bürger der Weimarer Republik. Mit 30 wurde er Zeuge des Nationalsozialismus. An seinem 45. Geburtstag kamen die Amerikaner. Sie zogen bald wieder ab. Statt dessen kamen die Russen. Er lernte den Kommunismus kennen. Und jetzt – hochbetagt – ist er Bürger der Bundesrepublik. Ein Reich löste das andere ab. Ein paar Jahrzehnte herrschte jedes System. Dann wurde es erschüttert, vernichtet oder abgelöst. Aber das ist nicht alles. Der alte Herr traf in jungen Jahren eine bewußte Entscheidung für Jesus Christus. In einer Evangelisationsveranstaltung hat er aus der Einladung des Evangelisten den Ruf Christi gehört. Den wollte und konnte er nicht abweisen. Dabei half es ihm, daß der Redner kein Blatt vor den Mund nahm. „Wer Gottes Wort verachtet“, hatte er gesagt, „der geht einem schweren Gericht entgegen. Wer sich

Jesus Christus anvertraut, ist gerettet!“ Dieses Wissen, dieser Glaube an Jesus Christus, den Retter, hatte ihm Kraft geschenkt in all den Jahren der wechselnden Systeme.

Eine Welt, die nicht weiß, daß sie dem Gericht Gottes entgegengeht, hält nach keinem Retter Ausschau. Und darum versteht sie die Bedeutung der Sendung Jesu nicht. Gott sandte ihn zur Rettung der Welt. Inzwischen werden nicht nur der Retter und das Gericht in Frage gestellt, sondern Gott selbst. Der Bibelabschnitt, dem das Wort für den Tag entnommen ist, ist eine Warnung für das Leben insgesamt. „Sehet zu, daß ihr den nicht abweist, der da redet.“ Wer redet? Der Schreiber des Hebräerbriefes übermittelt Worte des Herrn Jesus Christus. Er ist es, der warnt.

Alle, die sich warnen lassen, können sich freuen. „Freut euch!“, heißt es an vielen Stellen der Bibel. Freut euch, ein Retter ist gekommen! Wenn ihr euch ihm anvertraut, habt ihr teil an einem Reich, das niemand erschüttert. Ihr seid dann, wie es an anderer Stelle der Bibel heißt, Gottes Hausgenossen. Sein Reich ist nicht von dieser Welt und darum, solange wir leben, mit unseren Augen nicht zu sehen. Und doch existiert es! Wer an Jesus Christus glaubt, wird hineingenommen, schon jetzt (Joh. 3, 36). Wenn der christusgläubige Mensch stirbt, tritt er ein in das unerschütterliche Reich, um zu sehen, was er in seinem Leben glaubte. Ich bin so dankbar, mein Leben nicht nur unter wechselnden Staatsformen verbracht zu haben. Ich bin so dankbar, nicht nur irgendwann einmal irgendwo begraben zu werden. Ich danke Gott, daß ich schon jetzt weiß, daß ich ein Bürger seines Reiches bin.

20. Oktober

„Was betrübst du dich, meine Seele, und bist so unruhig in mir? Harre auf Gott; denn ich werde ihm noch danken, daß er meines Angesichts Hilfe und mein Gott ist.“ Ps. 42, 6

Heute möchte ich mich besonders an all jene wenden, die schon einige Wochen, Monate oder gar Jahre hindurch krank sind. Ein

Mensch, dem Gott die Aufgabe anvertraut, körperlich krank durch dieses Leben zu gehen, wird früher oder später an eine bedeutungsschwere Wegscheide gelangen. Es ist der Punkt, an dem die Entscheidung fällt über heilbar oder unheilbar. Ist dieses Wort dann erst einmal gesprochen und vernommen, „unheilbar", dann bleiben eigentlich nur ein Sprung des Glaubens in das Erbarmen Gottes hinein oder resignierende Verbitterung.

Was für schwere Gewichte sind die Fragen, die dann innerlich Tag und Nacht umtreiben: Soll ich denn nie mehr leben dürfen wie andere? Meine Glieder nicht gebrauchen können? Meine Gaben nicht entfalten dürfen? Kann das Unfaßliche Wirklichkeit sein: lebenslang in allem, bis ins Persönlichste, fremden Händen und Blicken ausgeliefert zu sein, getragen oder im Rollstuhl herumgeführt, der Neugier der Menschen preisgegeben werden?

Vor einiger Zeit traf ich eine ERF-Hörerin, die nur noch unter Aufbietung aller Kräfte mit Krücken laufen kann, weil sie große Schmerzen hat. Ich fragte sie, ob es ihr nicht sehr schwerfalle, sich mit den Krücken fortzubewegen. Sie schaute mich eine Weile an, lächelte und sagte dann: „Es kommt nicht darauf an, ob mir das Laufen leicht- oder schwerfällt, sondern darauf, ob ich nahe bei Gott bin." Welch ein mutmachendes Zeugnis des Glaubens! Aber es gibt andere Menschen, die so nicht sprechen können. Dennoch gestattet Gott es mir, auf ihn zu warten und mit ihm zu rechnen. Und er verspricht, daß mein Warten nicht vergebens sein wird, sondern daß ich Hilfe empfangen werde, so daß ich am Ende doch danken kann.

Unser Herr Jesus Christus, der dem Tode die Macht genommen hat, will uns zur Seite stehen in gesunden und in kranken Tagen. Soviele Krankheiten es auch gibt – keine einzige liegt außerhalb der Macht Gottes. Das ist Trost, das ist Wegweisung und Kraftquelle für Unzählige, die in Schwachheit unterwegs sind oder in einem Bett liegen. Gott ist bei mir, auch gegen allen Augenschein. Wer gesund ist, der höre aber die Mahnung des Apostels Paulus: „Einer trage des andern Last, so werdet ihr das Gesetz Christi erfüllen" (Gal. 6, 2). Wir wollen uns nicht nur damit trösten, daß Gott schon für den Kranken sorgen wird – das wird er bestimmt –, sondern wir wollen uns auch fragen, ob wir nicht einen Beitrag leisten können.

21. Oktober

„Gelobt sei Gott, der Vater unseres Herrn Jesus Christus, der uns nach seiner großen Barmherzigkeit wiedergeboren hat zu einer lebendigen Hoffnung durch die Auferstehung Jesu Christi von den Toten.“ 1. Petr. 1, 3

In der frühen Christengemeinde hat es nicht lange gedauert, bis die Christen in aller Deutlichkeit erkannten, daß Jesus Christus tatsächlich der Hoffnungsbringer ist. Hoffnung, das ist dieses Wissen, mit dem lebendigen Gott im Leben und im Sterben verbunden zu sein, in dieser und in der künftigen Welt. Und wie ist das mit Christen, die die Hoffnung verloren haben? Ich hoffe, daß für Sie nicht gilt, was Paulus den Kolossern einmal schreiben mußte. Er machte sie darauf aufmerksam, daß derjenige keine Hoffnung hat, der vom Evangelium weicht (Kol. 1, 23). Wer Hoffnung bewahrt, der lebt in einer neuen Gesinnung und weiß, daß Hoffnung nicht zuschanden werden läßt.

Gott will durch die lebendige Hoffnung etwas vom Licht der Ewigkeit in unsere Welt hineinleuchten lassen. Das erlebte auch die Mutter eines 15jährigen Sohnes, der schwer verunglückte und wochenlang bewußtlos im Krankenhaus lag. Die Mutter hatte die Erlaubnis, an seinem Krankenbett zu wachen. Ständig schwankte ihr Herz zwischen der Erwartung, ihren Sohn wieder mit nach Hause nehmen zu können, und der Furcht, ihn zu verlieren. All die Fragen, die Menschen in solchen Stunden erleiden, blieben ihr nicht erspart. Warum gerade mein Sohn? Warum kann ich so wenig machen? Keiner der Ärzte konnte sie trösten. Sie berichtet, daß in einer Stunde äußerster Not etwas in ihrem Herzen anklang wie ein Glocke. Und auf einmal stand ihr ein Wort im Sinn, das Wort „Hoffnung“. Sie wußte, daß sich Hoffnung mit Jesus verbindet, und erschrak, daß sie über so viele Tage ihren Glauben nicht ernst genommen hat. Sie hatte so viel mit Gott gehadert, daß sie gar nicht mehr damit rechnete, daß er sie stärken könnte.

Diese Frau war eine Hörerin des Evangeliums-Rundfunks. Sie tat nun wieder, was sie zuvor so gern getan hatte: sie hörte die Sendungen. Und beim Hören auf das Wort Gottes und beim Mitsummen manchen Liedes kam ganz neue Hoffnung in ihr Herz hinein.

Christen sind aufgerufen, sich an den Maßstäben Jesu zu orientieren. Wir müssen uns aber nicht aus eigener Kraft verwandeln, sondern wir werden verwandelt und erneuert, indem wir glaubend empfangen, was Christus uns anbietet. Mit vielen Menschen erlebe ich das immer wieder im Gebet, indem ich in meiner Unvollkommenheit und Unfertigkeit vor Gott trete und bete: „Auch in meinem Herzen will sich der Undank und die Hoffnungslosigkeit regen. Verwandle du bitte meine Gedanken in Hoffnung und Dank. Amen."

22. Oktober

„Damit jetzt kund werde die mannigfaltige Weisheit Gottes den Mächten und Gewalten im Himmel durch die Gemeinde. Diesen ewigen Vorsatz hat Gott ausgeführt in Christus Jesus, unserm Herrn." Eph. 3, 10–11

Paulus lädt die Epheser ein, die Weitergabe der Frohen Botschaft nicht nur ihm zu überlassen; sie sollen selber zu Boten werden.

Es gab und gibt ja sehr viele ängstliche Zeugen Christi. Manche warten auf die geeignete Stunde, jedoch so lange, daß sie viele großartige Möglichkeiten verpassen. Paulus hat damals den Ephesern gesagt, daß jetzt die Zeit sei, von den Geheimnissen Christi zu erzählen. Wie nötig brauchen das Menschen in ihrer Verlorenheit und ihrer Orientierungslosigkeit. Viele wollen zwar nichts von Gott wissen, andere aber haben nie etwas von ihm gehört.

Es ist schade, daß viele diese einzigartige Botschaft nicht weitergeben, weil sie sich fürchten. Sie haben Angst, sich zu blamieren oder als rückständig zu gelten. Sie nehmen zwar gern die Hilfe des lebendigen Gottes in Anspruch in Stunden der Not, in Krankheit oder Trauer, aber sie behalten das, was sie mit Gott erfahren haben, lieber für sich selbst. Das ist nicht gut. Wir wollen es den anderen sagen. Jeder Christ ist beauftragt mitzuhelfen, daß die Zahl der Heiden nicht wächst, sondern abnimmt.

Bemerkenswert finde ich, daß Paulus, obwohl er im Gefängnis ist, davon reden kann, daß er die Frohe Botschaft voller Zuversicht weitergibt und daß er davon spricht, daß jeder voller Zuversicht zu Gott kommen kann, wenn er an ihn glaubt.

Unvergeßlich bleibt mir die Begegnung mit einem afrikanischen Bischof. Ich will versuchen, das, was er mir berichtete, mit seinen Worten nachzuerzählen: „Mein Vater ging öfter mit mir an den Fluß. Dort beteten wir vor einem der riesigen Bäume zu einem der großen Geister, von dem wir meinten, er wohne in den Zweigen. Eines Tages hörte mein Vater, daß sich im Nachbardorf ein Mann aus fernen Ländern niedergelassen habe. Der erzähle von dem großen Gott und wie man ihn finden könne. Mein Vater schickte mich in das Dorf, um zu lernen, was dort gesagt wird. Und ich lernte Lesen anhand des Markus-Evangeliums. Aber nicht nur das, ich lernte Jesus kennen und auch, wie man durch ihn Zugang findet zu Gott. Zurückgekehrt ins Heimatdorf, erzählte ich alles weiter, was ich gelernt hatte. Mein Vater wurde Christ und viele andere auch. Sie wollten nun dem großen Gott gehören. So wurden bei uns aus Heiden Christen."

Wenn man ihm zuhörte, verstand man, warum es etwas Großartiges ist, sagen zu können: „Ich war ein Heide, aber nun gehöre ich zu Jesus Christus."

23. Oktober

„Ich bin der Herr, dein Gott, der ich dich aus Ägyptenland, aus der Knechtschaft, geführt habe. Du sollst keine anderen Götter haben neben mir.“ 2. Mose 20, 2–3

Schon mancher hat gebeten, daß der Segen Gottes auf ihn kommen möge. Solche Bitte ist berechtigt. Gott möchte, daß wir ihn um Segen bitten. Es wäre allerdings gut, wenn wir gelegentlich darüber nachdenken, ob nicht unser Verhalten Gott hindert, seinen Segen auf uns kommen zu lassen. Gott hat seinen Kindern ganz klare Anweisungen gegeben. Wir erwarten in der Regel, daß andere Christen sich an diesen Regeln orientieren. Uns selber fällt es manchmal etwas schwerer. Diese Regeln faßt Gott zusammen in den Zehn Geboten. Das erste heißt: „Ich bin der Herr, dein Gott. Du sollst keine anderen Götter haben neben mir.“

Darf ich Sie einladen, mit mir zu fragen, inwieweit wir dieses Gebot erfüllen? Steht Gott wirklich an erster Stelle? Freue ich mich, daß er mein Gott ist? Wie gebe ich ihm Einfluß auf mein Leben? Wo versuche ich, etwas vor ihm zu verbergen? Schaffe ich Ruhe in meinem Leben, um Gott zu begegnen? Wieviel Zeit nehme ich mir für Gott, für sein Wort und das Stillesein vor ihm? Wie ehre ich Gott? Gibt es Götzen in meinem Leben, denen meine Hingabe, meine Liebe und mein Opfer gehören? Wenn ich sagen müßte: „Jawohl, es gibt Götzen in meinem Leben“, dann wäre es jetzt wichtig, Buße zu tun und zu sagen: „Herr, vergib mir, daß ich immer wieder etwas anderes an die erste Stelle rücke und nicht dich. Du sollst mein Herr und mein Gott sein.“

Wer Gott vertraut, der kann eigentlich gar nicht anders, als am Beginn eines Tages darum zu bitten, daß der Herr uns mit seinem Segen begleiten möge. Ein Christ freut sich, daß er allezeit von Gottes Gnade abhängig sein kann. Aber Gott hat uns auch unseren Verstand gegeben und ein Gewissen. Er hat uns die Möglichkeit geschenkt, im Glauben zu wachsen. Er hat uns zu verantwortlichen Geschöpfen gemacht. Wir sollen mit den Menschen, die er uns in den Weg stellt, so umgehen, daß wir ihm dadurch Ehre machen und daß unserem Nächsten geholfen wird.

Wir können Jesus Christus, der Herr über unser Leben sein will, darum bitten, uns die Kraft zu schenken, nach den ewigen Geboten des himmlischen Vaters zu leben. Aus eigener Kraft kann es keiner von uns. Aber mit Gottes Hilfe gelingt es, auf den Weg zu kommen, den er uns führen möchte. Es ist ein schmaler Weg, aber ein Weg, der zur Herrlichkeit führt.

24. Oktober

„Mein Sohn, wandle den Weg nicht mit ihnen, halte deinen Fuß fern von ihrem Pfad; denn ihre Füße laufen zum Bösen und eilen, Blut zu vergießen." Spr. 1, 15–16

Ich war ganz erschrocken, als ich diese Sätze neulich las. Ein ganz bestimmter junger Mann stand mir vor Augen. Ich machte mir Sorgen um ihn. Es schien mir, als sei die Warnung gar nicht 3000 Jahre alt, sondern erst gestern oder vorgestern geschrieben.

Da ist also irgendwo eine Bande entstanden, eine Gang, eine Gruppe. Sie lädt andere ein mitzumachen. Man hat vor nichts mehr Respekt, nicht einmal vor dem Leben anderer. Im Gegenteil, der Tod gilt als Gaudi.

Vielleicht liest oder hört jetzt einer diese Zeilen, der weiß, daß es unrecht ist, das Leben anderer zu gefährden. Möglicherweise behagt Ihnen das Zusammensein in der Gruppe längst nicht mehr. Das großartige Gefühl der Zusammengehörigkeit mit den anderen, das haben Sie schon längst nicht mehr. Wie oft macht man sich fertig. Und so richtig Stimmung kommt eigentlich nur auf, wenn wieder irgendein „Ding" gedreht werden kann.

Noch könnten Sie „nein" sagen, weil Sie zuinnerst spüren, daß der Plan nicht in Ordnung ist. Aber Ihnen fehlt der Mut zu sagen: „Ohne mich." Sie befürchten, daß man Sie auslacht, wenn Sie aussteigen würden. Aber was tut es denn eigentlich? Lieber auslachen lassen, als daß auf einmal das Blut unschuldiger Menschen an Ihren Fingern klebt. Haben Sie den Wunsch, aus dem Schlamassel herauszukommen? Was könnte geschehen, damit es besser wird?

Erstens, machen Sie sich selbst nichts mehr vor. Bedenken Sie Ihre Lage nüchtern und ehrlich. Fragen Sie sich: Lohnt es sich wirklich, mit den anderen weiter zusammenzubleiben?

Zweitens, fragen Sie sich, wem Ihre Ablehnung Gottes, Ihre Auflehnung gegen Staat und Eltern und Ihre Verachtung der Mitmenschen wirklich dient. Wird man angestaute Wut und Ärger los, indem man sich am Schwächeren vergreift?

Drittens, sagen Sie Gott, was Sie quält. Sie meinen, man könne Gott nicht sehen? Das ist richtig. Aber er kann Sie sehen. Und er kann Sie hören. Und zwar jederzeit, an jedem Ort.

Ich wünsche Ihnen von Herzen, daß Ihnen Angst und Not erspart bleiben. Gott möchte, daß Sie klarkommen. Er möchte, daß das Leben Freude macht und nicht eine ständige Last ist. Keine Last mehr haben zu müssen, ob sich das nicht auch für Sie lohnt?

25. Oktober

„Wie lieb sind mir deine Wohnungen, Herr Zebaoth! Meine Seele verlangt und sehnt sich nach den Vorhöfen des Herrn; mein Leib und Seele freuen sich in dem lebendigen Gott.“

Ps. 84, 2–3

Der 84. Psalm beschreibt die Wanderung eines Pilgers aus der Ferne nach Jerusalem mit ihren Anstrengungen und Gefahren. Im Geist sieht er die Mitte der Stadt, das Heiligtum, den Tempel. Er ist für ihn der Inbegriff des Geborgenseins. Der Weg in die Stadt Gottes führte offensichtlich durch ein Tal, das der Sänger als ein Tränental bezeichnet. Ob das für ihn nur ein Bild war oder ob er ein bestimmtes Tal auf dem Weg meinte, ist eigentlich unwichtig. Seit dieses Lied gesungen wird, wissen die Glaubenden, daß man mit Gott rechnen kann, auch auf dem Weg durch die öde Steppe.

Das, was also ursprünglich mehr oder weniger Beschreibung einer Wallfahrt war, wird jetzt zu einem Bild für das Leben. Der Wallfahrer bzw. der Wanderer ist der glaubende Mensch. Seine Wallfahrt ist das Leben.

In dem Bibelwort für den heutigen Tag entdecke ich die geistliche Erfahrung: Der Glaubende sucht die Nähe Gottes. Er findet die Orte der Nähe Gottes liebenswert. Gemeint sind Orte, die mit Menschenhand gebaut wurden. Einst war es die Stiftshütte, das große Versammlungszelt. Es wurde auf Befehl Gottes errichtet, damit sich die Israeliten versammeln konnten, um den Willen Gottes zu erfahren. Seit der Zeit des Königs Salomo war es der Tempel mit seinen Bauten.

„Wie lieb sind mir deine Wohnungen“, betet der Psalmist. Das ist sicher etwas, was viele Menschen heute gar nicht mehr verstehen werden. Man kann doch Gott überall anbeten, sagen sie, und das ist sogar richtig. Gott ist nicht an einen Ort gebunden, wenngleich es ihm gefallen hat, sich immer wieder gerade an den Plätzen zu verherrlichen und zu offenbaren, die zu seiner Ehre errichtet worden sind. Ich meine die Kirchengebäude.

Der Psalmist spricht auch vom Vorhof als einem Teil des Heiligtums, der dem Volk für Opfer und Gottesdienst, für Dank und Anbetung allein zugänglich war. An die Stelle des einen Vorhofs der Stiftshütte waren im Tempel Salomos zwei, im nachexilischen Tempel noch mehr Vorhöfe getreten. Aber seit Himmelfahrt und Pfingsten haben wir mit Jesus Christus unmittelbar Zugang „in das Heiligtum“ (Hebr. 10, 19). Ich kann, wo immer ich gehe oder stehe, mit dem lebendigen Gott sprechen. Ich habe unmittelbar Zugang zu ihm. Die heilige Stadt mit ihrem Tempel, die im 84. Psalm als Reiseziel anklingt, ist im Grunde genommen nur ein Bild für das ewige Jerusalem, für die ewige Herrlichkeit, der der Glaubende entgegengeht. Wer in Christus ist, der weiß, daß ihm das Höchste geschenkt wurde, was einem Menschen hier auf Erden zuteil werden kann.

26. Oktober

„Wenn du deine Gabe auf dem Altar opferst und dort kommt dir in den Sinn, daß dein Bruder etwas gegen dich hat, so laß dort vor dem Altar deine Gabe und geh zuerst hin und versöhne dich mit deinem Bruder und dann komm und opfere deine Gabe.“ Matth. 5, 23–24

Kein Lebensbereich bleibt von Spannungen verschont. Die Ehe nicht, der Kreis der Familie nicht, eine Arbeitsgemeinschaft nicht und auch nicht die Gemeinde Jesu. Das aber ist sehr übel. Wo dies vorkommt, tue man nicht so, als sei alles in Ordnung. Man schweige nicht einfach und tue so, als gäbe es die Spannungen nicht. Sprechen Sie darüber. Lassen Sie andere wissen, wie Sie darunter leiden.

Wenn zwei in Spannung leben, vielleicht in einem heimlichen Kampf, in einer ständigen Rivalität, und dann zum Gottesdienst gehen, aber so tun, als sei nichts geschehen, handeln sie dem Wort Gottes entgegen. Oder: Wer im Unfrieden lebt und eine Opfergabe für die Sache Christi zur Verfügung stellt, vielleicht eine namhafte Summe für die Evangelisation oder für eine christliche Hilfsorganisation, und dabei den Anschein erweckt, als sei alles in Ordnung, handelt auch dem Wort Gottes zuwider.

Der Herr Jesus Christus sagt: Bevor du ins Haus Gottes gehst, bevor du opferst, denke erst einmal darüber nach, was dein Bruder oder deine Schwester gegen dich hat. Beachten Sie das bitte, Jesus sagt nicht: Werde dir dessen bewußt, was du gegen den Bruder hast, sondern überlege, was er an dir auszusetzen hat! Eingeschlossen darin liegt also die Überlegung: Du hast ihn bedrückt, du hast ihn beleidigt, du hast ihn verleumdet, du hast ihn übervorteilt. Sie denken vielleicht: Aber der oder jener hat mir doch das größere Unrecht zugefügt! Woher wissen Sie das? Warum denken und sagen Sie das? Warum vergessen Sie nicht, was Ihnen angetan wurde? Jesus rät: Vergib! Trage nichts nach!

Wenn Sie Christ sein wollen, hören Sie auf, zum Gottesdienst zu gehen, von Ihrem Glauben zu reden oder etwas zu opfern, wenn

Sie nicht zuvor klare Verhältnisse geschaffen haben! Bitte warten Sie nicht, daß man Sie um Vergebung bittet, fangen Sie an! Wenn Ihr Verhältnis zum Nächsten erst einmal geklärt ist, dann hört Gott gern, was Sie ihm zu sagen haben. Dann können Sie voller Freude und Zuversicht im Gebet vor ihn treten. Dann sind auch Ihr Gottesdienstbesuch und Ihre Spende keine Heuchelei!

27. Oktober

„Als aber Petrus noch ratlos war, was die Erscheinung bedeute, die er gesehen hatte, siehe, da fragten die Männer, von Kornelius gesandt, nach dem Haus Simons und standen an der Tür.“ Apg. 10, 17

„Als aber Petrus noch ratlos war“, steht in unserem Wort für den Tag. Ich bin dankbar, daß die Bibel das so ehrlich berichtet. Dreimal hatte der Herr zu Petrus gesprochen. Mancher von uns gäbe sonst was dafür, wenn er bezeugen könnte, daß der Herr dreimal zu ihm gesprochen hat. Bei Petrus hat er's getan. Und was ist die Folge? Er ist sich nicht im klaren! Warum denn nicht? Weil er nicht nahe bei seinem Herrn ist, weil er nicht gleich gehorsam ist, weil er um seinen guten Ruf fürchtet. Er spürt, Gott bereitet irgend etwas Außergewöhnliches vor. Da denkt er: „Bloß ich nicht, bloß nicht mit mir. Da sind doch noch so viele andere da.“ Sein Denken ist blockiert. Der Heilige Geist kann nicht in ihm und mit ihm arbeiten. Die Folgen sind: Unruhe und Ungewißheit.

Eigentlich sollte in einem Christenherzen immer Gewißheit sein. Weil Gott uns nämlich Heilsgewißheit geschenkt hat, können wir fröhlich unsere Straße ziehen und unserem Herrn in jeder Lage vertrauen. Aber in dem Augenblick, wo wir nicht nahe bei ihm sind, kehrt Unruhe ins Herz zurück. Wenn wir uns angesichts einer veränderten Bedingung in unserem Leben nicht ganz nahe an Jesus Christus halten, sondern uns von ihm entfernen, dann müssen wir uns auch nicht wundern über die Ungewißheit, die in unser Herz kommt.

Jeder, der den Eindruck hat, daß Gott im Begriff sei, ihm eine Veränderung zuzumuten, z.B. an einen anderen Platz zu gehen, wird ganz gewiß auch die Erfahrung der Beauftragung oder Berufung machen. Während Petrus noch immer über die Erscheinung nachsann, sprach der Geist zu ihm: „Siehe, drei Männer suchen dich; so steh auf, steig hinab und geh mit ihnen und zweifle nicht, denn ich habe sie gesandt" (Apg. 10, 19–20). Nun gibt es ganze Gewißheit. Jetzt muß Petrus also nicht mehr grübeln. Gott spricht ein viertes Mal zu ihm. Diesmal so, daß es kein Entrinnen gibt. Petrus erfuhr eine ganz klare Beauftragung.

Wunderbar, daß der Geist Gottes etwas ganz deutlich machen kann. Ich warne aber davor, vorschnell zu sagen: „Der Herr – oder: Der Geist hat zu mir gesagt ..." Wir sollten das mit großer Keuschheit tun und mit heiligem Respekt. Und bevor wir so etwas laut sagen, immer überlegen, ob wir's uns nicht selbst eingebildet haben bzw. ob wir das nur gedacht oder gewünscht haben. Aber wenn wir wissen, daß uns der Herr etwas gesagt hat, dann wollen wir das auch festhalten, d.h. bezeugen und entsprechend handeln.

28. Oktober

„Darum laßt uns nicht mehr einer den anderen richten; sondern richtet vielmehr darauf euren Sinn, daß niemand seinem Bruder einen Anstoß oder Ärgernis bereite." Röm. 14, 13

Mitunter greifen sich Menschen, die von sich behaupten, Christen zu sein, in einer so unschönen Weise an, daß einem Hören und Sehen vergehen kann. Das scheint zwar zutiefst menschlich zu sein, doch ist das keine Entschuldigung für solches Verhalten. Im Neuen Testament stößt man darum auch immer wieder auf Anweisungen, wie wir miteinander umzugehen haben.

Wie kommt es dazu, daß man so schnell geneigt ist, den Bruder zu richten? Jesus hat das sehr anschaulich geschildert. Er wies darauf hin, daß ein Mensch eher den Splitter im Auge des anderen sieht als den Balken in seinem eigenen Auge. Das ist natürlich eine bewußte Übertreibung. Wer kann schon einen Balken in seinem Auge haben! Und doch denke ich, bedarf das Bild keiner großen Auslegung. Die negative Kleinigkeit im Wesen oder Charakter des anderen fällt uns auf und führt uns zur Kritik. Die großen Verknotungen im eigenen Gemüt werden gerne übersehen oder bagatellisiert.

Bringt schon der Richtgeist so viel Kummer, so ist es mit der anderen Sünde nicht weniger schlimm. Paulus spricht davon in der Frageform: „Warum verachtest du deinen Bruder?“ Wer sein eigenes Wesen und seine Charaktereigenschaften vergoldet, beim anderen aber alles schrecklich findet, der verachtet den anderen. Es gibt sogar besondere Formen, wie man den anderen verachten kann, etwa indem man ihm sein geringes Herkommen vorwirft oder seine fehlende Bildung. Ganz herzlos gehen Menschen miteinander um, wenn sie dem anderen erklären, wie unvorteilhaft er aussehe oder wie unscheinbar seine Erscheinung sei. Es gibt kein Gebiet des Lebens, auf dem man den anderen nicht verachten kann. Da bildet sich einer ein, begabt zu sein, und verachtet den Unbegabten. Dabei übersieht er ganz, daß jede Gabe eine Gabe Gottes ist. Wenn man also den anderen aufgrund seiner mangelnden Begabung verachtet, dann verachtet man Gott, der den anderen eben weniger begabt geschaffen hat oder mit ganz anderen Begabungen.

Hier gilt es aufzupassen. Paulus erklärt: Wir werden alle vor den Richterstuhl Gottes gestellt. Dann werden wir Rechenschaft darüber abzulegen haben, warum wir den Bruder oder die Schwester so gerne richteten bzw. verachtet haben. Von Zeit zu Zeit wird es daher nötig sein, den Inhalt unseres Denkens und Redens zu kontrollieren. Jesus will uns Mut machen, uns so zu sehen, wie wir wirklich sind, den anderen aber so zu sehen, wie wir gern gesehen werden möchten. Und das gilt für alle Bereiche unseres Lebens.

29. Oktober

„Nicht allein aber das, sondern wir rühmen uns auch der Bedrängnisse, weil wir wissen, daß Bedrängnis Geduld bringt, Geduld aber Bewährung, Bewährung aber Hoffnung."

Röm. 5, 3–4

Gottes Führung im Glaubensleben eines Menschen erfolgt vielfach ganz anders, als man sich das vorstellt oder erwartet. Mancher wird ja außerordentlich schwere Wege geführt. Auch Paulus blieb vor kaum einer Widrigkeit verschont. Trotzdem sagt dieser Mann: „Wir rühmen uns auch der Bedrängnisse, weil wir wissen, daß Bedrängnis Geduld bringt." Paulus wußte etwas davon, daß Trübsal, Anfechtung und Bedrängnis den Gerechtfertigten in seinem Glauben gefährden können.

Die Wahrheit des Evangeliums scheint ja manchmal paradox zu sein und widerspricht dem menschlichen Augenschein. Hier wird ein großer Unterschied sichtbar zwischen Menschen, die glauben, und solchen, die keinen Glauben haben. Christuslose Menschen in der Bedrängnis resignieren, werfen die Flinte ins Korn oder lehnen sich auf. Der Glaubende aber sagt: Bedrängnis bringt Geduld. Man muß dafür nicht erst ins geistliche Leben hineinschauen. Ein Mensch, der nicht gefordert wird, bleibt unreif und beschäftigt sich im besten Falle mit sich selbst. So ist es offensichtlich Gottes weises Erziehungsmittel, daß er Menschen in Bedrängnisse führt, um ihnen Geduld beizubringen.

Diese Geduld und Bereitschaft, etwas zu ertragen und nicht gleich zu resignieren, bewirkt Bewährung. Prüfen Sie sich einmal im Blick auf die Erwartungen, die Sie an andere haben, z.B. an Ihren Ehepartner, an Ihre Kinder, im Beruf usw. Sie werden merken, daß man Bewährung erlernen kann. Am besten aber, das sagt uns Paulus, lernt sich Bewährung durch Geduld.

Diese Aufzählung in unserem Bibelwort darf nun aber nicht so verstanden werden, als gäbe es mehrere unterschiedliche Stufen des Glaubens; also erste Stufe Bedrängnis, zweite Stufe Geduld und dritte Stufe Hoffnung. Nein, so ist es nicht. Paulus will vielmehr sagen, daß die Gnade Gottes dafür sorgt, daß der Glaube unter dem Druck der Anfechtungen über sich selbst hinauswächst. Gott segnet gerade die Angefochtenen.

Die neutestamentliche Hoffnung gründet sich auf Jesus Christus. Sie läßt nicht zuschanden werden. Sie ist Gewißheit über etwas, was in der bevorstehenden Zeit auf uns wartet. Gott weckt unser Verlangen und unsere Sehnsucht nach der künftigen Herrlichkeit, die er uns versprochen hat. Und diese Hoffnung ist nichts Ungewisses, sondern die tiefste Gewißheit, daß wir der Herrlichkeit Gottes entgegengehen.

30. Oktober

„Er sendet sein Gebot auf die Erde, sein Wort läuft schnell."
Ps. 147, 15

Überall auf der Erde ist ein Kurzwellensender zu hören, wenn er mit der nötigen Stärke und auf der richtigen Frequenz sendet. Das Signal eines 50-Kilowatt-Senders geht dabei in einer Sekunde siebenmal um den Globus! An diese Tatsache muß ich denken, sooft ich das Psalmwort lese oder höre: „Er sendet sein Gebot auf die Erde, sein Wort läuft schnell." In über 100 Sprachen sendet allein unsere Radiomission Trans World Radio in dieser Woche wieder das göttliche Wort in viele Länder. Da läuft das Gebot Gottes – im wahrsten Sinne des Wortes – schnell um die Erde.

In der Zeit der Entstehung der ersten christlichen Gemeinde in Jerusalem erreichte Gottes Wort Tag für Tag Menschen. Manchmal waren es einzelne, ein anderes Mal Tausende. Das Wort bewegte die Hörer so stark, daß sie sich ihrer Sünde bewußt wurden, um Vergebung ihrer Sünde baten, die von Christus zugesagte Errettung erfuhren und darum von Gott in die gerade entstehende Gemeinde hineingeführt wurden.

Das Wort für den Tag ist einem Psalm entnommen, der Gottes Größe lobt. Der Blick des Beters richtet sich zum Firmament. Die für uns nicht zu zählende Zahl der Sterne ist Gott bekannt. Mehr noch: Jeder Stern hat einen Namen. Der große Herr, der die Vielzahl der Sterne schuf, vergißt kein Glied seines Volkes. Doch nicht allein die Sterne schaut der Psalmist an und bekennt, daß ihm alles das, was da am Firmament geschieht, unbegreiflich erscheint. Er erinnert sich auch der Schöpferkraft Gottes. Er ist fasziniert davon, daß noch auf der Höhe der Berge, wo keiner mehr Gras sät, Weidefläche für das Vieh ist. Wunderbar erscheint es dem Beter, wie Gott für den Wetterhaushalt sorgt. Inzwischen haben die Menschen ja vieles erforscht. Man weiß, wann und wie es zur Wolkenbildung kommt, wann es Regen gibt, wann Schnee. Aber daß es immer wieder Wolken über uns gibt, daß es schneit, daß es regnet oder die Sonne scheint, das bleibt doch geheimnisvoll genug und Grund, Gott zu loben.

Alles Geschehene in der Schöpfung ist Wirkung des göttlichen Wortes. Sein Wort läuft schnell. Es war in den Jahrtausenden vor uns wirksam und ist es bis heute. Es ist etwas Gewaltiges, dieses Wort unseres Gottes. Durch sein Wort schuf Gott die Welt. Durch sein Wort erhält er auch die Welt. Sein Wort richtet er an Menschen, die in ihm ihren Schöpfer erkennen. Es ist so wunderbar, daß ich diese kurze Andacht nicht anders abschließen kann als mit dem Wort, das den Psalm 147 einleitet und auch ausklingen läßt: „Halleluja! Lobet den Herrn!“

31. Oktober

„So habt nun acht, daß ihr tut, wie euch der Herr, euer Gott, geboten hat, und weicht nicht, weder zur Rechten noch zur Linken.“ 5. Mose 5, 32

Zwei Tennisspieler – Weltklasse – stehen sich gegenüber. Sie kennen natürlich die genauen Regeln, nach denen gespielt wird. Die Zuschauer kennen sie auch. Ein Schiedsrichter paßt auf, daß die Regeln eingehalten werden. Wenn sich jemand von ihnen eigene Regeln schaffen würde, er würde sich sofort unmöglich machen. Ebenso auch bei anderen Sportarten, dem Fußball etwa.

Die Vorstellung, daß einige in jeder Mannschaft sich eigene Regeln machen, ist lachhaft. Gäbe es dennoch solche Spieler, sie müßten die Mannschaft sofort verlassen.

Eigenartig – was wir für Sport und Spiel gelten lassen, sollte im Leben keinen Wert haben? Tatsächlich hat ja unsere noch teilweise vom Christentum geprägte Gesellschaft Regeln, bewährte Traditionen sowie Erfahrungen und nicht zuletzt bestimmte Gesetze. Auf ihre Einhaltung wird geachtet. Wer sie übertritt, wird bestraft. Wo kämen wir auch hin, wenn jeder sich seine eigenen Regeln und Gesetze schaffen würde! Die Staaten brauchen heute zur Regelung ihrer Ordnungen ganze Gesetzeswerke mit vielen Paragraphen. Das gefällt manchem nicht. Es gibt Reformversuche, Abänderungsvorschläge, doch Besseres ist letztlich auch nicht in Sicht.

Im Grunde genommen könnten es die Menschen sehr einfach haben. Gott hat ihnen die Zehn Gebote als Orientierungshilfe gegeben. Viele Menschen haben sich bemüht, diese Gebote auszulegen und allgemein verständlich zu machen. Martin Luther schuf dazu zum Beispiel den Katechismus. Frühere Generationen bekamen mit Hilfe des Katechismus Zugang zu den Geboten. Es wurde viel auswendig gelernt. Das ist heute weitgehend verpönt. Wer kennt die Gebote Gottes noch? Eine Welt, die Gottes Ordnung ablehnt, schafft sich ihre eigenen Ordnungen. Ob sie damit besser fährt? Keineswegs!

Wir sind gut beraten, wenn wir den Zehn Geboten wieder Beachtung schenken. In der Bibel stehen sie im zweiten Buch Mose, im 20. Kapitel. Kundenfreundliche Buchhandlungen besorgen einem sicher auch einen Katechismus. Übrigens meinte Luther, daß gerade die besten und nützlichsten Lehrer gut genug seien, um den Katechismus zu erklären. „Aber", so sagte er, „sie sind selten, denn bei dieser Arbeit ist kein Ruhm und Glanz zu gewinnen." Wie kaum ein zweiter sah Luther die Zehn Gebote als den absolut unentbehrlichen Maßstab menschlichen Handelns. Und es verdroß ihn nicht, daß es offensichtlich sehr schwer ist, die zehn Sätze zu erfüllen. Er wußte: Die Zehn Gebote decken nicht nur Taten des Menschen auf, sondern auch die Gesinnung des Herzens. Darum wollte er mit der Hilfe seines Herrn Jesus Christus ,,immerdar Schüler“ bleiben. Wir sollten auch zu solchem Lernen bereit sein. Menschen, die sich an Gottes Ordnung orientieren, gehört die Zukunft!

November

1. November

„Jesus spricht zu ihr: Ich bin die Auferstehung und das Leben. Wer an mich glaubt, der wird leben, auch wenn er stirbt.“ Joh. 11, 25

Nichts ist so gewiß wie unser Sterben. Alle müssen wir sterben, früher oder später. Das ist todsicher. Aber die vorletzten Dinge sind für viele so schön, daß sie keinen Gedanken an die letzten Dinge verschwenden. Auch wer mit Jesus verbunden ist, muß sterben. Lazarus z.B. starb, ohne daß Jesus das verhindert hätte. Er unternimmt nichts. Als Jesus schließlich kommt, sagt Marta zu ihm: „Herr, wärest du hier gewesen; mein Bruder wäre nicht gestorben.“

Die Menschen haben damals nicht erkannt, was Jesus mit dem Besuch in jenem Trauerhaus wagte. Er war nämlich nach Judäa zurückgekommen. Dort suchte man ihn, und dort hatte er die meisten Gegner. Jesus wagt sein Leben, um dem Todgeweihten zu helfen. Als Marta und Maria begreifen, daß Jesus helfen will, machen sie ihn darauf aufmerksam, daß der Leichnam ihres Bruders schon in Verwesung übergegangen sei.

Jenes Geschehen ist für mich wie ein Bild unserer Zeit. Muß man nicht über manches Leben, über manche Ehe oder Familie schreiben: „Es stinkt.“ Und ist es anders, wenn man manchen Wirtschaftszusammenhang untersucht oder das Treiben in der Politik sieht? Doch, wie weit fortgeschritten die Verwesung auch sein mag, wenn Jesus das lebensweckende „Komm heraus!“ spricht, dann werden die Ketten des Todes gesprengt. Seine Liebe ist stärker als alle Verwesung und stärker als der Tod.

Die Erweckung des Lazarus wurde eingeleitet durch die Feststellung Jesu: „Ich bin die Auferstehung und das Leben. Wer an mich glaubt, der wird leben, auch wenn er stirbt.“ Weil allein Jesus den

Tod überwunden hat, bindet uns auch der Glaube an ihn, den Auferstandenen und Lebenden. „Wer an den Sohn glaubt, der hat das ewige Leben“ (Joh. 3, 36). Hinter dem offenen Grab des Lazarus kommt gleichsam das gesprengte Grab von Ostern in Sicht.

Wenn Jesus vom ewigen Leben spricht, dann klingt noch ein anderer Gedanke mit, nämlich: Wer nicht an ihn glaubt, der ist verloren. Verloren aufgrund der Sünde und Schuld. Die Bibel geht sogar so weit zu sagen, daß, wer ohne Jesus lebt, schon tot ist, auch wenn er noch lebt. Andererseits gilt: Wer im Glauben an Jesus stirbt, der soll leben. Was an ihm unvergänglich ist, wird über das Grab hinaus existieren.

2. November

„Das Himmelreich gleicht einem König, der seinem Sohn die Hochzeit ausrichtete. Und er sandte seine Knechte aus, die Gäste zur Hochzeit zu laden; doch sie wollten nicht kommen.“

Matth. 22, 2–3

Haben Sie schon einmal ähnliches erlebt? Sie hatten jemanden eingeladen, und der kam nicht. Erst schaut man auf die Uhr, wartet, dann stellt sich Verärgerung ein, weil der Gast oder die Gäste einen so lange warten lassen. Schließlich ist man traurig. Alles war vorbereitet, man hatte es so gut gemeint, aber alle Mühe war umsonst. Man blieb allein.

Wenn damals zur Zeit Jesu die Einladung zu großen Festen erging, wurde der genaue Zeitpunkt noch nicht angegeben. Das geschah erst, nachdem alle Vorbereitungen getroffen waren. Dann wurden die Knechte nochmals ausgeschickt, um den Gästen die endgültige Aufforderung zu kommen zu übermitteln. So hatte auch der König in dem Gleichnis schon lange vor der Festlegung des endgültigen Termins die Gäste eingeladen und sie, nachdem alle Anforderungen und Vorbereitungen getroffen waren, nochmals benachrichtigt. Er hat jedoch kränkende Absagen von ihnen erhalten. Matthäus unterstreicht die ablehnende Haltung der Gäste mit den Worten: „Doch sie wollten nicht kommen."

Wie traurig muß der König in unserem Gleichnis gewesen sein. Wie traurig muß Jesus selbst gewesen sein, daß man seiner freundlichen Einladung nicht folgte. Sonst hätte er das Gleichnis wohl nicht erzählt. Mit den eingeladenen Gästen im Gleichnis meint Jesus die Juden. Lange zuvor hatte Gott sie aufgefordert, sein erwähltes Volk zu sein. Doch als Gottes Sohn in die Welt kam und sie aufgefordert wurden, ihm nachzufolgen, wiesen sie diese Einladung verächtlich ab. Daraufhin wandte Gott sich mit seiner Einladung an die Menschen auf den „Straßen". Damit sind die Heiden gemeint, also alle Nichtjuden.

Bis heute wirbt Jesus durch seine Boten in aller Welt um das auserwählte Volk Gottes. Zugleich aber werden auch alle Nichtjuden eingeladen. Noch hat die große Hochzeit nicht stattgefunden. „Hochzeit" ist ja nur ein Bild für die Herrlichkeit der neuen Welt, die Gott schaffen wird. Dann erst werden alle, die der Einladung Jesu gefolgt sind, erkennen, was Gott denen bereitet hat, die ihn lieben. Allerdings beginnt das Reich Gottes schon hier und jetzt. Wer der Einladung Jesu gefolgt ist und ihm vertraut, der ist in dieses Reich Gottes hineingenommen und soll schon während seines Erdenlebens einen Eindruck von dem bekommen, was Gott vermag.

3. November

„Und ich habe ihnen die Herrlichkeit gegeben, die du mir gegeben hast, damit sie eins seien, wie wir eins sind."

Joh. 17, 22

Im Glauben leben heißt Anteil haben an der Herrlichkeit Gottes. Die Bibel spricht von Herrlichkeit, wenn sie zum Ausdruck bringen möchte, daß Gott in einem Licht wohnt, in das kein Mensch eindringen kann. Gott herrscht in einem Bereich, der weder vorstellbar noch beschreibbar ist. Die Bibel spricht von Gottes

Herrlichkeit im Gegensatz zu allem Nichtgöttlichen. Von Gottes Herrlichkeit kann man nicht sprechen, ohne auf Jesus Christus hinzuweisen, der die Herrlichkeit Gottes verließ, um Mensch zu werden. Er wurde Mensch, um allen Menschen zu helfen. Diese Hilfe wurde nur dadurch möglich, daß Jesus die Strafe auf sich nahm, die eigentlich jeder von Gott unabhängig lebende Mensch verdient – den Tod! Doch Gott ließ Jesus nicht im Grab. Jesus überwand den Tod. Er konnte auferstehen und wurde mit neuem Leben erfüllt. Dann ging er in die Herrlichkeit Gottes zurück. Doch bevor das geschah, betete Jesus für alle Menschen, die ihm je vertrauensvoll nachfolgen würden. Jesus sagte: „Ich habe ihnen die Herrlichkeit gegeben, die du mir gegeben hast, damit sie eins seien, wie wir eins sind."

Die Verbundenheit Jesu mit seinem himmlischen Vater ist für ihn Inbegriff der Herrlichkeit. Diese Herrlichkeit, dieses Einssein mit Gott, will Jesus seinen Nachfolgern schenken. Tatsächlich wird ja etwas von dieser Herrlichkeit offenbar, wenn unterschiedlich gesinnte und erzogene Christen beisammen sind. Nicht etwas rasch Vergängliches verdient die Bezeichnung „herrlich". Wir sind manchmal recht oberflächlich in unserem Denken und reden von einem herrlichen Sonnenaufgang, vielleicht auch von einem herrlichen Bauwerk oder von irgendeiner Musik, die uns erfaßt. Herrlich ist eigentlich nur die innige Verbundenheit eines Menschen mit Gott. Da weiß man auf einmal: Ich gehöre Gott. Gott hat mich gewollt. Er will mir Weisung fürs Leben geben. Er will Trost spenden, wenn nötig auch Gedanken oder Handlungen korrigieren.

Wir, die wir etwas wissen davon, daß Nachfolger Jesu Anteil haben an seiner Herrlichkeit, sollen es anderen sagen und ihnen den Weg zur Herrlichkeit weisen. Sie können ebenfalls mit dazu beitragen. Bitten Sie Christus, daß er sie brauchen möge, andere zur Herrlichkeit zu führen. Wir wollen in diesem Zusammenhang daran denken, daß „in Herrlichkeit leben" nicht nur in der Stunde des Todes verwirklicht wird oder gar nach dem Tode, sondern daß wir es hier schon, in dieser Zeit und in dieser Welt, erleben dürfen.

4. November

„Wenn ihr doch heute auf seine Stimme hören wolltet!"
Ps. 95, 7 b

In Südamerika lieben viele Menschen ein Wort über alles: „Manana", zu deutsch: morgen. Manche haben dort geradezu eine „Morgen-Philosophie" entwickelt. Warum soll man sich beeilen? Man schafft es doch morgen auch noch! Warum soll man gerade heute eine bestimmte Arbeit beginnen? Das geht doch auch morgen noch! So wird dieser Begriff, der zuerst nach heiter-gelassener Lebensbewältigung aussieht, geradezu zum Fluch, denn am nächsten Tag kann man wiederum „morgen" sagen. Morgen, morgen, morgen. Darüber vergehen Wochen und Monate.

Diese Lebenshaltung gibt es übrigens auch bei uns. Manche meinen sogar, sie sei christlich. „Sorget nicht für morgen", hat Jesus gesagt. Mit anderen Worten: Bekümmert euch nicht darum, was morgen sein wird. Das heißt aber keineswegs, man solle nicht mit ganzem Herzen gerade jetzt beginnen, was in dieser Stunde getan sein will.

Von Tag zu Tag schiebt man die Entschuldigung oder eine Entscheidung vor sich her. „Das machen wir schon noch", heißt es dann. Aber das klärende Gespräch mit dem Kollegen, die versöhnende Geste gegenüber dem heranwachsenden Kind, der dringend erforderliche missionarische Vorstoß in der Gemeinde? „Nur keine Eile! Warum denn heute? Es ist genug, daß jeder Tag seine Plage habe. Morgen ist doch auch noch Zeit!" Aber morgen kann ich – wie beruhigend ist das! – wieder „morgen" sagen. Doch viel besser, als es morgen erledigen zu wollen, ist, es heute schon zu tun! Heute das versöhnende Wort sprechen, heute den anstehenden Besuch machen, heute den Kontakt mit den Kindern pflegen.

Wenn ich spüre, daß ich in der Gefahr stehe, mir nur etwas vorzunehmen, aber nie auszuführen, dann muß ich Jesus Christus um Kraft bitten, damit es von einer guten Absicht auch zur wirklichen Tat kommt. Von Tag zu Tag lebt der Christ von dem Angebot einer Kraftzufuhr stärkster Art. In der Abhängigkeit von Christus gelingt, was ich alleine nicht kann. Christus ist es, der mir die Liebe schenkt, die mir das versöhnende Wort ermöglicht. Christus ist es, der mir die Weisheit schenkt, meine Zeit so einzuteilen, daß die Familie nicht leer ausgeht. Christus ist es, der mir helfen will, daß ich mit meinen Kollegen oder in der Familie in einer gereinigten Atmosphäre leben kann.

Wer das einmal erkannt hat, der wartet nicht erst, daß ihm morgen diese Kraft zuströmt. Er sagt: „Herr Jesus Christus, nimm mir die Angst davor, heute schon etwas zu ändern oder anzupacken. Bewahre mich davor, daß ich etwas, was ich jetzt tun kann, auf morgen verschiebe. Ich danke dir, daß du es tun wirst. Amen."

5. November

„Laß meine Seele leben, daß sie dich lobe, und dein Recht mir helfen." Ps. 119, 175

Der Mann, dem wir Psalm 119 verdanken, sehnte sich nach dem kommenden Heil. Er erwartete, daß Gott es schenken würde. Er wollte leben, um Gott zu preisen. Darum sagte er: „Laß meine Seele leben, daß sie dich lobe." Im selben Psalm sagt dieser Mann: „Meine Zunge soll singen von deinem Wort; denn alle deine Gebote sind gerecht" (Ps. 119, 172). Dieser Vers spricht vom Singen zu Gottes Ehre. Doch dürfen wir ganz gewiß auch an das „Sagen" denken. Nicht jeder kann ja Gottes Wort gesungen vermitteln. Aber jeder, der Gottes Wirklichkeit erfahren hat, kann ihn im Wort bezeugen.

Darum schreibt Paulus in seinem Brief an die Römer: „Denn wenn man von Herzen glaubt, so wird man gerecht; und wenn man mit dem Munde bekennt, so wird man gerettet" (Röm. 10, 10). Man versteht diesen Vers eigentlich nur richtig, wenn man auch den vorangehenden Vers auf sich wirken läßt: „Denn wenn du mit deinem Munde bekennst, daß Jesus der Herr ist, und in deinem Herzen glaubst, daß ihn Gott von den Toten auferweckt hat, so wirst du gerettet."

Der christliche Glaube hat es elementar mit einem Ereignis der Vergangenheit zu tun. Mit einem einmaligen Ereignis, dem Ostergeschehen! Durch seine Auferstehung erwies sich Jesus als der Herr. Der Auferstandene zeigte seine Macht auch über den Tod. Dieser Todesüberwinder ist Herr der Gemeinde Jesu und der ganzen Welt. Das soll nicht nur Herzenswissen der Glaubenden sein, das sollen sie auch bekanntmachen vor aller Welt. Die einmalige Heilstat Gottes berührt das Herz des Glaubenden und öffnet seinen Mund. Der Glaubende darf die große Tat Gottes nicht für sich behalten. Sie muß bekanntgemacht werden. Glaube und Bekenntnis gehören zusammen.

Wer nicht tiefer vertraut ist mit den Geheimnissen Gottes, dem mag das Ganze erscheinen wie ein Spiel mit Worten. Tatsächlich aber werden hier große geistliche Wahrheiten ausgesagt. An der Auferstehung Jesu war kein Mensch beteiligt. Sie war allein Gottes Werk. An die Auferstehung zu glauben, ist in gleicher Weise durch keinen menschlichen Kraftakt möglich. Glaube ist ein Geschenk Gottes. Und dann auszusprechen, daß dieser von Gott auferweckte Jesus der ist, der jeden, der glaubt, rettet, ist wiederum durch keinen Willensakt möglich.

Das Bekenntnis des Mundes und der Glaube des Herzens sind für Paulus nichts Äußerliches. Im Gegenteil, sie geben dem Innerlichsten und Tiefsten im Christentum Ausdruck. Die Auferstehung ist für Paulus das Zentrum des Christentums. Und was so zentral ist für unseren Glauben, darüber kann der Glaubende nicht schweigen. Denn einen auferstandenen Herrn haben heißt ja auch am Auferstehungsleben teilhaben! Ich wünsche Ihnen und mir die Freude, unseren auferstandenen Herrn Jesus Christus allezeit zu bekennen.

6. November

„Und es wird gepredigt werden dies Evangelium vom Reich in der ganzen Welt zum Zeugnis für alle Völker, und dann wird das Ende kommen.“ Matth. 24, 14

Die Weltpolitik wird immer verworrener. Kirchen und mancherlei Hilfswerke werden nicht müde, die Bevölkerung zur Hilfe aufzurufen. Evangelikale Hilfswerke bemühen sich ebenfalls, Not zu lindern, wo immer sie in der Welt bekannt wird.

Auf dem Hintergrund des Sterbens unzähliger Millionen von Menschen sind die Machtkämpfe von Parteien und gesellschaftlichen Gruppen, die Forderungen nach höheren Löhnen und verkürzter Arbeitszeit Beispiele krassester Ichsucht. Wie einfallslos sind politische Führer, die meinen, nur dann eine ausreichend große Gefolgschaft zu haben, wenn sie das menschliche Bedürfnis nach mehr Bequemlichkeit und Haben-Wollen schüren. Wer noch immer nichts Besseres zu bieten hat als ein weiteres „Wir fordern“, muß sich fragen lassen, ob er über genügend Qualifikation verfügt, um in der Öffentlichkeit tätig zu sein.

„Wir geben, teilen und verzichten“, das sind politische Parolen, die wir brauchen. Es fehlen Programme, die verdeutlichen, daß nur dann Hoffnung auf eine erträglichere Zukunft besteht, wenn Menschen auch verzichten und abgeben lernen.

Es ist offensichtlich, daß solch eine Einstellung nicht ohne Bindung an den lebendigen Gott möglich ist. Darum werden wir von der Radiomission nicht müde, zu Gott zu rufen. Die Aufforderung „Ihr Menschen, besinnt euch!“ dringt Woche für Woche in über 100 Sprachen zu vielen Millionen von Hörern. Die Radiomission wird dadurch zum verlängerten Arm für alle Menschen, die dem Missionsbefehl Christi folgen und das Evangelium, die frohe Botschaft von Jesus Christus, in alle Welt tragen.

Viele erfahren täglich, daß Christus Menschen verwandelt. Und das muß so bleiben. Darum verzichten viele Christen auf manche Annehmlichkeiten und stellen das freigewordene Geld für die

Arbeit der Radiomission, aber auch zur Linderung der Not in Afrika und anderswo zur Verfügung.

Den Hungernden muß geholfen werden! Aber den geistlich Unterernährten auch! Wenn endlich die vielen, die nur immer mehr haben wollen, von Christus erlöst sind, dann ändern sich die Zielvorstellungen. Dann werden Kräfte und Gelder frei zur Hilfe in aller Welt. Das aber ist nur möglich, wenn mehr Menschen als bisher sich für ein Leben mit Jesus Christus entscheiden und ihm gehorsam werden!

7. November

„Und als er bat, ließ sich der Herr erbitten und erhörte sein Flehen und brachte ihn wieder nach Jerusalem in sein Königreich. Da erkannte Manasse, daß der Herr Gott ist.“

2. Chron. 33, 13

Der Bericht über König Manasse im 2. Buch der Chronik unterscheidet sich wesentlich von dem Bericht über Manasse im 2. Buch der Könige. Auch der Bericht im Buch der Chronik verschweigt zwar nicht, daß Manasse tat, was dem Herrn mißfiel. Er trieb Götzendienst, war abergläubisch, verführte Juda, und zwar so, daß das Volk nicht mehr die Stimme des Herrn hörte, wenn Manasse redete. Gott hat darum getan, was er angedroht hat: Der König von Assur kam, nahm Manasse gefangen, fesselte ihn und brachte ihn in Ketten nach Babel. Aber das ist nicht alles. Im Buch der Chronik wird geschildert, was danach geschah und welche geistlichen Erfahrungen Manasse nach seiner Sinnesänderung machte.

Was muß das für eine Ernüchterung gewesen sein zu entdecken: Ich habe über Jahrzehnte meines Lebens falsch gehandelt und mich gegen den lebendigen Gott versündigt. Nun steht Manasse das Wasser bis zum Halse. Heimat und Thron sind weit weg. Freunde und Ratgeber haben sich in alle Welt zerstreut. Er ist allein mit seinem Gewissen und dem lebendigen Gott. Als Manasse in Angst war, flehte er zum Herrn. Er demütigte sich vor dem Gott seiner Väter.

Wenn sich jemand vor Gott demütigt, dann darf er auf Gottes Erbarmen hoffen. Als Manasse mit Gott sprach, ließ sich der Herr erbitten und erhörte sein Flehen. Er brachte ihn wieder nach Jerusalem in sein Königreich. Nicht immer kommt jemand, der sich vor Gott beugt, dorthin zurück, wo er hergekommen ist. Manchmal führt Gott ganz andere Wege. Aber niemand bleibt sich selbst überlassen, wenn er sich dem lebendigen Gott zuwendet. Gott leitet. Er macht es wohl. Gott will sich im Leben eines jeden Menschen verherrlichen.

Aus der Seelsorge weiß ich, daß es etwas Großartiges ist, wenn ein Mensch auf einmal merkt, daß es einen lebendigen Gott gibt. Manasse hat eine solche Sinnesumwandlung erfahren. Manches konnte er zwar wiedergutmachen, was durch sein gottloses Leben verwirkt war, aber letztlich haben seine zu spät begonnenen Bemühungen nicht genug bewirkt. Das Volk hat sich von seinem widergöttlichen Leben nicht zu Gott zurückführen lassen. Das zeigte sich gleich nach seinem Tod. Unter seinem Sohn Ammon gelangte die Abgötterei wieder zur vollen Blüte.

Darum ist es sicher gut, wenn auch Sie bereit werden, Ihren Sinn sehr bald zu ändern und nicht erst so lange zu warten, bis es zu spät ist. Sie werden dann erkennen, daß Gott sich um Sie kümmert und Sie fortan zu seinem Volk gehören. Orientieren Sie sich an Jesus Christus. Er ist die Tür zum lebendigen Gott.

8. November

„Gerechtigkeit erhöht ein Volk; aber die Sünde ist der Leute Verderben.“ Spr. 14, 34

Jeder will Gerechtigkeit. Eigenartigerweise verlangt alle Welt diese Gerechtigkeit von anderen Menschen oder anderen Völkern. Für sich selbst und für das eigene Volk werden Ausnahmeregelungen gesucht. Wenn ein anderes Volk unrecht handelt, weiß man es sofort und stellt es groß heraus. Aber über das eigene Unrecht wird lieber geschwiegen. Wir müssen – zumindest als Christen – endlich aufhören, Schuld und Unrecht nur bei anderen zu suchen und zu sehen. Das Gegenteil von Gerechtigkeit ist nicht einfach nur Ungerechtigkeit, sondern Sünde. Und Sünde, das ist Trennung von Gott und Auflehnung gegen ihn. Dort aber, wo sich Menschen gegen Gott auflehnen, haben sie außerordentliche Schwierigkeiten, das richtige Verhältnis zueinander zu finden. Die von allen geforderte Nächstenliebe ist ohne die gelebte Liebe zu Gott nicht erreichbar. Beides gehört zusammen. Davon wird heute in der Öffentlichkeit nicht gern gesprochen.

Weil viele in dieser Welt meinen, ohne Gott oder gar gegen ihn besser leben zu können, darum herrschen Haß und Lüge, Gewalt, Mord und Machtgier. Einen schlechten Dienst erweisen uns alle Meinungsmacher aus der Politik und von der Presse, aus Funk und Fernsehen, die Sünde nicht mehr Sünde nennen. Fragwürdig ist auch das Verhalten von Lehrern, die so tun, als sei das Wort „Sünde" eine Erfindung der Kirche, die ja sowieso immer der Zeit nachhinke.

Ein aussichtsloser Kampf? „Aber die Sünde ist der Leute Verderben", das gilt für die Innen- und für die Außenpolitik. Gott kann einem Volk nur in dem Maße zur Seite stehen, wie es bereit wird, den Kampf gegen die Sünde aufzunehmen. Jeder Kampf gegen die Sünde aber bleibt aussichtslos, wenn nicht eine Besinnung auf Jesus Christus erfolgt, eine Hinwendung zu ihm. Wer sich, etwa im Gebet, Jesus Christus zuwendet, braucht seine Sünde nicht länger zu verschweigen. Er kann sie beim Namen nennen. Und das hat eine heilsame Wirkung: Wer seine eigene Sünde erkennt und auch den Mut hat, sie vor Gott beim Namen zu nennen, der wird sich bemühen, begangenes Unrecht wieder gutzumachen. Er bittet Jesus und alle, an denen er schuldig geworden ist, um Vergebung.

Dabei darf es nicht nur bei symbolischen Gesten einiger Großer aus der Politik, Wirtschaft und Kultur gehen. Erst wenn viele aus einem Volk die Vergebung der Sünde suchen, dann kann Gott weiterhelfen oder, wie es in der Bibel heißt, erhöhen. Das aber ist die Voraussetzung dafür, daß es im Leben eines Menschen und im Leben eines Volkes gerecht zugeht.

9. November

„Darum, solange wir noch Zeit haben, laßt uns Gutes tun an jedermann, allermeist aber an des Glaubens Genossen.“

Gal. 6, 10

In diesen Worten des Apostels Paulus an die Christen in Galatien liegt ein ganzes Programm. Christen sollen Gutes tun; und sie sollen es gleich tun – nämlich solange es Zeit ist. Wer weiß denn, wie lange er Zeit hat, etwas Gutes zu tun? Wie schnell ändern sich z.B. wirtschaftliche Verhältnisse; wie schnell wird alles anders durch Krankheit oder Tod! Zwar sollen wir dafür Sorge tragen, daß möglichst jeder Notleidende, dem wir begegnen oder von dem wir hören, unsere Hilfe erfährt, vor allem aber brauchen in Not geratene Mitchristen unseren Beistand.

Viele Menschen unterstützen eine soziale Organisation, deren Hilfe allen gilt, die in Not sind, z.B. in einem Erdbeben- oder Überschwemmungsgebiet irgendwo in der Welt. Die ganze Bevölkerung ist zur Mithilfe aufgerufen, und viele lassen sich erfreulicherweise tatsächlich motivieren. Das ist gut so, denn so kann vielen geholfen werden.

Als Christen sind wir weitgehender verpflichtet. Wir sollen gerade dort helfen, wo keine der bekannten nationalen oder internationalen Organisationen tätig wird. Zum Beispiel dort, wo christliche Minderheiten bedrängt oder Christen grausam verfolgt werden.

Darüber hinaus ist unsere Hilfe gefragt, wo die Masse der Hilfsbereiten keinen Notstand erkennt: im geistlichen Bereich. Menschen, die hungern, blind sind oder die ihr Haus verloren haben, kann man fotografieren. In Informationsbriefen wird auf sie aufmerksam gemacht; doch Seelen, die sich nach geistlicher „Speise“ sehnen, sind nicht zu fotografieren. Aber auch sie brauchen Hilfe, vielleicht gerade unsere! Darum werden wir ermahnt: Tut Gutes an jedermann, allermeist aber an denen, die mit uns durch den Glauben verbunden sind.

Hilfe brauchen Bibelübersetzer, Bibelverteiler, Bibellehrer und -schüler, Missionsgesellschaften in allen Teilen der Erde, einschließlich der weltweiten Radiomission. Hilfe brauchen auch Seelsorgezentren, christliche Nachbarschafts-, Schüler- und Studentenzentren, Evangelisten und Lehrer – alle, die unzähligen geistlich Notleidenden dienen.

Tut Gutes an jedermann, allermeist aber an des Glaubens Genossen, und das, solange noch Zeit ist. Mancher hat diesen Satz nicht nur gehört als Zitat aus längst vergangener Zeit, sondern als Aufforderung des lebendigen Gottes. Und das ist das Bewegendste, was uns beim Lesen oder Hören des Wortes Gottes passieren kann!

10. November

„Es sind verschiedene Gaben; aber es ist ein Geist. Und es sind verschiedene Ämter; aber es ist ein Herr. Und es sind verschiedene Kräfte; aber es ist ein Gott, der da wirkt alles in allen.“ 1. Kor. 12, 4–6

Gott hat uns dieses Leben geschenkt, und er hat es groß angelegt. Er hat keine andere Möglichkeit, sich mit uns in Ewigkeit zu verbinden, als daß er uns diesen Umweg über die Erde zumutet. Für manche ist das ein froher Weg, sie gehen ihn gerne, sie genießen jedes Jahr. Für manche ist es ein Weg der Qual. Warum für die einen schön, für die anderen schwer? Das sagt uns Gott bis jetzt noch nicht. Aber er hat es in seiner Weisheit so eingerichtet, daß er uns gesehen hat, bevor wir im Mutterleib bereitet worden sind. Können Sie sich das vorstellen? Gott möchte, daß wir uns dessen bewußt sind: Wir sind seine Schöpfung. Einmalig. Unverwechselbar.

Was unser Gott geschaffen hat, das will er auch erhalten. Und das tut er auf dem Weg eines ganz besonderen Beschenkens. Es wäre doch ganz interessant, was einzelne Menschen sagen würden auf die Frage, womit sie sich begabt sehen. Der eine würde an geistige Gaben denken, der andere vielleicht an handwerkliche, manche würden auch das Geistliche betonen.

Zur Begabung gehört natürlich auch Fleiß, aber Fleiß nützt wenig, wenn man keine Begabung hat. Ich muß ja auch nicht gerade das machen, wozu ich nicht begabt bin. Wichtig wäre, daß man einmal sagt: „Lieber Vater im Himmel, wenn das so ist, daß ich eine Gabe habe, welche ist es denn? Womit hast du mich begabt?“

Gott schenkt vielfältige Gaben. Und Gott will, daß die Gaben, die er uns gegeben hat, anderen dienen. Er möchte, daß seine Gaben in der Gemeinde zur Entfaltung kommen und nicht etwa zum Ruhm des einzelnen.

Ich finde, daß in mancher Gemeinde oft deshalb sehr viel Traurigkeit ist, weil wir unsere Gaben nicht erkannt haben und darauf warten, daß andere, die Gaben haben, sich um uns kümmern und ihre Gaben an uns verschwenden. Wir nehmen dann gern an, ohne zu bedenken, daß es eigentlich erst richtig froh macht im Leben, wenn man seine Gaben auch an andere weiterreichen kann.

Wenn Sie wissen, daß Gott Sie begabt hat, dann danken Sie ihm auch dafür. Freuen Sie sich, daß Gott Sie berufen hat als ein Original. Freuen Sie sich, daß Gott Sie begabt hat als ein Original. Und rechnen Sie damit, daß Gott Sie bestätigen wird als ein Original, wenn Sie sein Original sein wollen. Gott segne Sie!

11. November

„Und seine Jünger fragten ihn und sprachen: Meister, wer hat gesündigt, dieser oder seine Eltern, daß er blind geboren ist?“
Joh. 9, 2

Krankheit und Sterblichkeit weisen uns auf die Geschichte des Sündenfalls. Dabei läßt der urgeschichtliche Bericht aus dem 1. Buch Mose, Kapitel 3, erkennen, daß es nicht nur um körperliches Leiden und Sterben geht. Der ganze Mensch krankt in allen Bereichen und in allen Beziehungen. Schwach sein, krank sein, Sünder sein und sterben müssen bilden eine Linie, die sich vom Sündenfall durch die ganze Menschheitsgeschichte hindurchzieht. Darum sind wir alle mitbelastet, wenn auch unterschiedlich schwer.

Niemand lebt außerhalb der Schuld. Das dürfen wir aber nicht so mißverstehen, als ließe sich jede Krankheit unmittelbar auf eine Sünde im Leben des Erkrankten zurückführen. Dem wird in der Geschichte vom Blindgeborenen nachdrücklich widersprochen. Johannes schildert einen dreifach belasteten hoffnungslosen Fall: blind, blind geboren, Bettler.

Es gibt tapfere Menschen, die ihr Blindsein meistern. Aber alle, die das Vorrecht haben, sehen zu können, ahnen zumindest, wie schwer das Leben sein muß, wenn man nicht sehen kann. Doch nun sogar blind geboren! Das war nach dem damaligen Verständnis ein Hinweis auf ein besonders belastetes Leben.

Die Juden brachten Krankheit und Sünde wie selbstverständlich miteinander in Verbindung. Manche behaupteten, ein Mensch wie dieser Blinde habe bereits vor der Geburt gesündigt. Andere waren der Ansicht, die Krankheit sei von den Eltern auf das Kind vererbt. Die geistreichen Überlegungen der nicht Betroffenen helfen dem Blinden nicht. Er leidet weiter und lebt nur von den Almosen der Sehenden.

Dann aber tritt Jesus an ihn heran, der Hoffnungsbringer. Jesus weiß, daß es einen Zusammenhang zwischen Krankheit und Sünde geben kann (Joh. 5, 14). Beim Blindgeborenen aber sagt er nicht, daß Gottes strafende Gerechtigkeit Grund des Leidens sei. Er erklärt vielmehr: „Weder er selbst ist schuld an seiner Blindheit noch seine Eltern. Dieser Mensch ist blind, weil an ihm die Macht Gottes sichtbar werden soll."

Mit diesem Jesuswort fällt Licht auch in manche andere Dunkelheit. Wenn einer fragt „Hat mein Leben noch einen Sinn?", lautet die Antwort Jesu wie einst bei dem Bettler: Du bist dazu da, damit Gott an dir zeigen kann, wie er wirkt.

12. November

„Danket dem Herrn; denn er ist freundlich, und seine Güte währet ewiglich." Ps. 118, 1

In der Bibel wird uns mitgeteilt, daß der Dank zu den elementarsten Äußerungen des Menschen gehört. Das gilt für das Alte und Neue Testament. Der Apostel Paulus erinnert daran, warum wir so dankbar sein können. Er fragte einmal: „Was hast du, das du nicht empfangen hast?" (1. Kor. 4, 7). Dankbarkeit ist daher auch die Grundhaltung der Frömmigkeit, des Glaubens und des Bekennens, weil der Mensch in Gott den Geber aller guten Gaben sieht.

Wenn man die biblischen Aussagen über den Dank genau untersucht, wird einem klar: Wer nicht dankt, der weist letztlich Gott ab und der dient ihm auch nicht. Wir sollten daher sehr, sehr zurückhaltend davon sprechen, daß wir Christen sind, wenn wir nicht öfter danken. Es paßt einfach nicht in das Leben und Denken eines Christen hinein, wenn er einstimmt in die üblichen Klagelieder. Wie viele Sorgen machen sich die Menschen. Es gibt kaum einen Tag, wo nicht in der Zeitung vor irgend etwas gewarnt wird; mal ist es die Zahnpasta, mal die Margarine oder eine Farbe zum Fensterstreichen. Ich will mich darüber keineswegs lustig machen, aber viele Nachrichten werden von bestimmten Menschen mißbraucht, um uns Angst zu machen. Wir Christen müßten eine ganz andere Angst haben, nämlich die, daß die Welt den Ruf unseres Gottes überhört. Wenn die Welt eines Tages erschüttert wird, und davon geht die Heilige Schrift aus, dann ist nicht das das Besorgniserregende, sondern daß ein menschliches Herz sich von Gott nicht verwandeln ließ.

Der Gedanke der Dankbarkeit zieht sich erfreulicherweise durch die ganze Heilige Schrift hindurch. Besonders in den Psalmen wird oft zum Dank aufgerufen. Wenn man z.B. Psalm 106 oder Psalm 118 liest, dann wird einem bewußt, warum die Männer der Bibel den Mut hatten, andere zum Danken aufzufordern. In beiden Psalmen ist davon die Rede, daß Gott große Taten getan hat. „Wer kann die großen Taten des Herrn alle erzählen und sein Lob genug verkündigen?“ Die Beter aus alter Zeit wußten: Die ganze Welt hat der große Gott erschaffen. Er erhält sie auch. Das steht fest, trotz Baumsterben, Verschmutzung der Flüsse usw. Wir wollen uns nicht irritieren lassen, trotz furchtbarer Entwicklungen, die es unbestreitbar gibt. Sie zeigen uns, wohin die Menschheit kommt, wenn sie sich nicht mehr dem großen Gott verantwortlich weiß.

Dankbarkeit ist für die Seele, was die Vitamine für den Körper sind. Darum wollen wir dankbarer sein bzw. werden. „Danket dem Herrn; denn er ist freundlich, und seine Güte währet ewiglich!“

13. November

„Wer wird aber den Tag seines Kommens ertragen können, und wer wird bestehen, wenn er erscheint? Denn er ist wie das Feuer eines Schmelzers und wie die Lauge der Wäscher.“

Mal. 3, 2

Als der Prophet Maleachi seine Botschaft verkündete, sprach er von einem Boten, der dem Allherrn den Weg bereitet. Die Menschen seiner Zeit konnten noch nicht wissen, von wem er redete. Aber die frühe Gemeinde war sich darüber klar, daß Maleachi von Jesus gesprochen hatte. Ist beim Propheten Maleachi nur von einem Boten die Rede, so sagt der Herr Jesus: „Darum seid bereit! Denn des Menschen Sohn kommt zu einer Stunde, da ihr es nicht meint.“ Welche Konsequenz kann der Glaubende oder muß er daraus ziehen, daß er die Stunde der Wiederkunft Jesu nicht kennt? Die einzige Konsequenz ist die, sein ganzes Leben eine Vorbereitung auf das Kommen Jesu sein zu lassen und jeden Tag und jede Stunde bereit zu sein, ihn zu empfangen.

Viele Menschen leben in einer falschen Haltung vor der Wiederkunft Jesu. Wie sähe denn die richtige Gesinnung aus? Immer wieder müssen wir uns sagen lassen: „Siehe, er kommt!“ Das Kommen des Erhofften und Erwarteten ist nicht einfach eine Versetzung der Gemeinde in das selige Glück, in ein Paradies im Sinne menschlicher Erfüllungssehnsucht. Die Nähe des Heiligen hat noch immer Furcht und Schrecken erweckt. Die Heiligkeit Gottes wird mit dem brennenden Feuer verglichen, mit der Glut des Schmelzers, der das Edelmetall reinigt und mit der ätzenden Lauge des Wäschers. Was sich den Plänen und Absichten Gottes widersetzt, wird in Rauch und Asche vergehen. Es wird ausgeschmolzen und als Fremdkörper ausgestoßen.

Die Verkündigung und Verheißung des Kommens des Herrn wird also zu einem Bußruf, zu einem Ruf zu gründlicher Änderung des Lebens. Noch steht das Gericht aus. Noch haben die Menschen Zeit. Wir auch. Es ist allerdings eine gefährliche Täuschung zu meinen, daß wir schon noch genug Zeit hätten. Wenn Jesus kommt, soll er Sie und mich in einer Lage vorfinden, die beweist, daß wir uns bemühten, der uns gestellten Aufgabe gerecht zu werden. Wer Sorge hat, daß seine Kraft dazu nicht reicht, darf den Herrn Jesus um Hilfe bitten.

Wir wollen beten: „Lieber Herr Jesus Christus, mache mich zu einem Menschen, der vertrauensvoll die Zukunft erwarten kann, weil er seine Vergangenheit an dich abgetreten hat. Hilf mir doch, so zu leben, daß ich die Ungerechtigkeit in dieser Welt nicht vermehre, sondern mich nach besten Kräften bemühe, sie abzubauen. Dir gehört die Zukunft, dir vertraue ich. Danke, daß ich auf deine Wiederkunft voller Freude warten darf. Amen.“

14. November

„Freuet euch in dem Herrn allewege, und abermals sage ich: Freuet euch!“ Phil. 4, 4

Ich erinnere mich eines frühen Kindheitserlebnisses. Da lagen mein jüngerer Bruder und ich schon im Bett. Es war schon spät. Irgend etwas hatte mir Furcht eingejagt. Die Eltern waren nicht da. Ich machte kein Auge zu und zitterte vor mich hin. Dann endlich – die Zeitspanne erschien mir endlos – hörte ich die Schlüssel meiner Eltern in der Tür. Das Wissen: Sie sind wieder da! ließ alle Spannung auf einmal weichen. Ich schlief ein, ohne noch mit den Eltern gesprochen zu haben. Am nächsten Tag erst sprachen wir über die Angst und wie unnötig sie gewesen sei. Das war ein hilfreiches Gespräch. Ich weiß, daß ich danach nie wieder solche Angst hatte. Mir war bewußt geworden: Die Eltern kommen wieder. Sie sind nahe, selbst wenn sie mal aus der Wohnung gehen.

Ich möchte diese Erfahrung zu einem Bild machen. Wir Menschen sind ja auch oft wie die Kinder voller Angst. Wir warten und zittern vor uns hin. Wenn doch einer käme, der unsere Probleme lösen könnte. Da sagt uns die Bibel: Jesus kommt. Er ist schon auf dem Weg. Er ist nahe. Dieser Ausdruck ist doppeldeutig im Neuen Testament. Er heißt: Jesus ist gegenwärtig. Er ist hier, selbst wenn ich ihn nicht sehe. Und er wird sichtbar für alle Welt wiederkommen. Seine Wiederkehr steht nahe bevor. Dies beides ist Anlaß und Ursache zu großer Freude. Freut euch darüber, daß Gott wiederkommt! Freut euch bei jeder Gelegenheit, immer wieder neu! Solche Freude ist die beste Medizin gegen allen Frust.

Für mich ist es Realität, daß Christus in einer anderen Dimension lebt, in einem anderen Wirklichkeitsbereich. Tausendfach haben Menschen aller Zeiten bestätigt, daß Christus ihnen geholfen hat und wie froh sie nach solcher erfahrenen Hilfe geworden sind. Ich will mich nicht frustrieren lassen von der Wegstrecke, die noch vor mir liegt. Mein Leben hat ein Ziel, und mit Gottes Hilfe kann ich es erreichen. Ich kann Gott einladen, mir zur Seite zu stehen, damit ich das Ziel nie aus den Augen verliere. Was ist das für ein

Ziel? Es geht darum, bei ihm anzukommen, am Ende zu hören, daß das Leben nicht auf Sand gebaut war.

Wenn Paulus sagt: „Freuet euch in dem Herrn allewege“, dann handelt es sich dabei um eine Erinnerung, daß trotz aller Dunkelheit, trotz allen Frustes, trotz vieler ungelöster Probleme in Jesus Christus Geborgenheit ist. Er ist der Felsen, auf den man bauen kann.

15. November

„Ich kenne deine Werke: Du hast den Namen, daß du lebst, und bist tot.“ Offb. 3, 1 c

Dem Geist Gottes macht ein einzelner Christ nichts vor und auch eine ganze Gemeinde nicht. Der Geist Gottes durchdringt alles, er deckt alles auf. So macht der Geist Gottes zum Beispiel der Gemeinde in Sardes klar, daß sie Leben nur dem Namen nach hat.

Wie mag es in dieser Gemeinde zugegangen sein? Ob es zu einer besonderen Form der raffinierten Heuchelei gekommen war? Man gab sich fromm und sprach vor allem fromm, liebte aber die Sünde? Oder war es mehr eine Eitelkeit und Einbildung, daß man meinte, einen gewissen geistlichen Stand zu haben, und sich auch entsprechend ausdrückte und fromme Lieder sang, daß es aber bei näherem Hinsehen vorn und hinten fehlte? Oder hatte der Geist Gottes ganz einfach einer Schar von Menschen klargemacht: Ihr habt ja gar keinen richtigen Glauben, sondern ihr lebt nur hinter der glänzenden Attrappe einer Religiosität.

Das Verhängnisvolle ist, daß diese Gemeinde nur einen Namen hat. Sie gibt sich den Anschein, als ob sie lebe. Sie glaubt das vielleicht selbst. Aber es ist nichts hinter allen Lippenbekenntnissen. Was ist das – eine Gemeinde, die nur den Namen hat und nicht auch dem Wesen nach zu Christus gehört? Es ist eine Kirche, in deren Schoß Schein-Christentum gedeiht. Wir dürfen nicht, wie die Leute in Sardes, Religiosität mit Glauben verwechseln. Religion hat noch manch einer, aber Glaube an den gekreuzigten und auferstandenen Herrn, das ist doch etwas anderes. Das wirkt sich aus im Denken und Handeln.

Der Geist Gottes deckt den Zustand der Gemeinde auf. „Ich kenne deine Werke", das heißt, der Geist Gottes weiß alles, was aus dem Lebenszusammenhang mit Christus gewachsen, und auch das, was nicht daraus gewachsen ist. Wie manche Gemeinde unserer Tage wird sich da angesprochen wissen! Zwar läuft alles – das Gemeindeprogramm und die Gottesdienste, besondere Veranstaltungen, die verschiedenen Dienst- und Arbeitsgruppen. Aber bei näherem Hinsehen entpuppen sich die Aktionen nur als religiöser Betrieb. In den verschiedenen Arbeiten ist der tiefe Zusammenhang mit Jesus selbst verlorengegangen. Es ist doch erschütternd, daß solche Selbsttäuschung überhaupt möglich ist.

Jeden Tag sollte uns diese Frage umtreiben: Haben wir am Ende auch nur den Namen, daß wir leben, sind also nur scheinbar am Leben?

16. November

„Und damit ich mich wegen der hohen Offenbarungen nicht überhebe, ist mir gegeben ein Pfahl ins Fleisch, nämlich des Satans Engel, der mich mit Fäusten schlagen soll, damit ich mich nicht überhebe." 2. Kor. 12, 7

Ich habe manchen Prediger und Evangelisten kennengelernt, der immer wieder unerträgliche Leiden hatte oder der mitansehen mußte, wie seine Ehefrau oder eines seiner Kinder Jahr um Jahr geplagt wurde. Wieviel ist für sie gebetet worden, und doch ist keine Änderung eingetreten. Ich sage es mit Zurückhaltung, aber ganz bewußt: Vielleicht läßt Gott solche Lebensführungen zu, damit gerade die besonders Gesegneten unter seinen Boten sich ihrer Schwachheit bewußt bleiben.

Paulus wußte, daß die großartigen Offenbarungen, die er hatte, schon Grund genug wären, sich über andere zu erheben. Bei anderen Gottesmännern sind es statt der Offenbarungen vielleicht große Versammlungen, die sie anzusprechen haben. Ähnliches gilt für erfolgreiche Buchautoren oder Artikelschreiber. Mancher von ihnen macht schmerzliche Erfahrungen, die ihn davor bewahren, sich zu überheben. Paulus schreibt: „Damit ich mich nicht überhebe, ist mir gegeben ein ‚Pfahl im Fleisch'." Was ist darunter zu verstehen?

Bibelausleger weisen darauf hin, daß im Altertum Verbrecher manchmal auf spitze Pfähle gespießt wurden. Einen Schmerz oder eine Behinderung, fast wie durch solchen Pfahl, spürte Paulus offenbar in seinem Leibe. Die wirkliche Krankheit kennen wir nicht. Welche Krankheit es auch gewesen sein mag, Paulus betete, daß dieser „Pfahl" von ihm weiche. Doch die Gebete wurden nicht erhört. Gott erspart auch seinen Kindern nichts, wohl aber macht er sie fähig, Schweres durchzustehen und zu überwinden.

Paulus ergänzt seine Aussage noch. Er sagt von dem „Pfahl im Fleisch", der ihm gegeben ist, daß er „des Satans Engel" sei, „der mich mit Fäusten schlagen soll, damit ich mich nicht überhebe". Paulus bringt also seine Krankheit mit den Machenschaften des Satans in Zusammenhang. Wir haben kein Recht, Abstriche an dieser Aussage zu machen. Es wäre aber auch nicht richtig, auf dieser einen Bibelstelle eine Lehre von der Krankheit aufzubauen und zu meinen, es käme nun grundsätzlich jede Krankheit vom Satan. Krankheit kann ein Angriff aus der Finsternis sein, den Gott zuläßt. Krankheit kann auch eine Folge des gestörten Verhältnisses zu Gott sein. Krankheit kann darüber hinaus eine von Gott verordnete Erziehung sein. So war das z.B. beim König Hiskia (2. Kön. 20, 1–11).

Paulus blieb zwar leidend, aber er blieb auch begnadet. Darum konnte er weiterarbeiten, trotz körperlicher Schmerzen, seelischer Anfechtungen und vieler Widerwärtigkeiten. Die Verlegenheiten des Menschen, der Gott vertraut, sind und bleiben Gottes Gelegenheiten, sich diesem Menschen zu offenbaren.

17. November

„Denn dazu ist Christus gestorben und wieder lebendig geworden, daß er über Tote und Lebende Herr sei.“ Röm. 14, 9

Hier ist interessanterweise nicht nur von Menschen die Rede, die während ihres Lebens an Jesus Christus geglaubt haben. Hier ist von allen Menschen die Rede. Zweierlei wird ausgesagt. Erstens: Christus ist Herr über alles Leben. Er sieht alles Lebende. Das heißt, auch ich lebe unter seinen Augen. Ich kann ihm, dem auferstandenen gegenwärtigen Herrn, ebensowenig ausweichen wie meinem Schatten. Ich kann nichts tun, was er nicht sieht. Zweitens: Nicht einmal durch den Tod ändert sich etwas an seiner Gegenwart. Leben wir hier mit dem unsichtbar gegenwärtigen Jesus, so werden wir ihn nach dem Sterben wirklich lebendig gegenwärtig sehen. Der Tod ist kein Abgrund, sondern das Tor zu Jesus Christus.

Was weiß man über jenes „unbekannte Land“, das vor den Menschen liegt, die gestorben sind? Aus der Heiligen Schrift können wir auf jeden Fall schließen, daß es im Totenreich verschiedene Orte gibt: den Ort der schon Seligen und den Ort der schon Unseligen.

Den Ort der schon Seligen – der durch den Glauben an Jesus Christus Geretteten – bezeichnet die Bibel z.B. mit Abrahams Schoß (Luk. 16, 22) oder Paradies (Luk. 23, 43). Den Ort der schon Unseligen, den Hades, das Totenreich, beschreibt die Bibel mit folgenden Ausdrücken: Finsternis, Gefängnis, Kerker. Zwischen dem Ort der Geretteten und dem Ort der Nichtgeretteten ist eine große Kluft. Keine Brücke verbindet. Die Kluft ist unübersteigbar.

Ein tieferer Einblick in das ganze Gebiet ist uns nach Gottes Ratschluß verschlossen. Darum sollte man sich vor allen Spekulationen hüten. Was dann wirklich geschieht, wenn einer seine Augen geschlossen hat und seine irdische Hülle erkaltet, darüber können wir der Bibel keine genauen Einzelheiten entnehmen. Es ginge wohl auch jede Aussage über unser Verstehen hinaus. Ich kann deshalb nur daran erinnern, daß die Heilige Schrift davon ausgeht, daß unser Geist, das also, was unser ureigenstes Wesen ausmacht, nicht vergeht und wir einmal, am Tage der Auferstehung, mit einem neuen Leib überkleidet werden (2. Kor. 5, 2).

Was mich an dem Bibelwort für diesen Tag so froh und zuversichtlich stimmt, ist, daß der Tod Jesu und seine Auferstehung etwas zu tun haben mit meinem Tod und mit meiner Auferstehung. Darum kann Paulus sagen: „Dazu ist Christus gestorben und wieder lebendig geworden, daß er über Tote und Lebende Herr sei."

18. November

„Gott ist unsre Zuversicht und Stärke, eine Hilfe in den großen Nöten, die uns getroffen haben." **Ps. 46, 2**

Eine besondere Form, Gott zu preisen, ist, im Namen Jesu zu evangelisieren. Das bedeutet, es darf einer zu den verlorenen Menschen unter allen Völkern den Namen Jesu tragen, damit sie die rettende Nachricht hören, daß sie durch das Blut Jesu Christi erlöst sind. Keiner braucht mehr zu verzweifeln über seine Schuld. Allen bietet Gott seine Liebe an. Jeder Mensch soll gerettet und damit gerecht werden in dem Namen Jesu Christi und durch den Geist Gottes. Gott läßt Frieden verkündigen und bietet allen die Versöhnung an, damit sie durch den Glauben an Jesus Christus Vollmacht empfangen, Gottes Kinder zu werden. Es darf inmitten einer Welt, in der scheinbar der Satan das Heft in der Hand hat, der Sieg des Gekreuzigten proklamiert werden. Diesen Jesus hat Gott auferweckt. Dafür sind wir alle Zeugen. Und weil wir einen lebendigen Jesus Christus haben, darum können wir von ihm sprechen als unserer Zuversicht und Stärke.

Wer seine Hoffnung auf Jesus Christus setzt, angesichts des Vergehens der Welt, wer sich bei ihm geborgen weiß, der kann etwas anfangen mit dem Worte Gottes, mit der Bibel. Eine der Redewendungen, die immer wiederkehrt im Neuen Testament, ist, daß wir „in Christus“ sein sollen. In der Bekehrung wird der Gläubige bereits umgewandelt nach dem Bilde seines Erretters. Er tritt ein in das volle Erleben seines Herrn, übernimmt die Einstellung und Maßstäbe seines Herrn und wird durch den rettenden Glauben in eine geistliche Entscheidung hineingeführt, in der er seiner inneren Natur nach völlig erneuert wird. Er wird mit Christus gekreuzigt, mit Christus begraben und mit Christus auferweckt. Er zieht Christus an, denn er ist in Christus getauft worden. Darum hält er sich fortan für tot der Sünde, für lebendig Gott gegenüber. Seitdem lebt Christus in ihm. Das ist die tiefe Bedeutung der Christusähnlichkeit.

Das Neue Testament läßt uns nicht im Zweifel darüber, daß Gott uns durch Christus rettet, damit wir neugeschaffen werden nach dem Bilde seines Sohnes. Es ist ganz gleich, welchen Ausdruck der Heiligen Schrift wir bevorzugen: eine neue Schöpfung werden in Christus, neu geboren werden oder hineingeboren werden in die Familie Gottes. Es geht immer um dasselbe. Wir sollen neu erschaffen werden nach dem göttlichen Vorbild. Wir sollen Gottes Bild an uns tragen. Wir sollen dem göttlichen Beispiel folgen. Wir sollen der Sünde gegenüber dieselbe Einstellung einnehmen wie Gott. So, wie wir es an unserem Meister gesehen haben.

19. November

„Und er ist darum für alle gestorben, damit, die da leben, hinfort nicht sich selbst leben, sondern dem, der für sie gestorben und auferstanden ist.“ 2. Kor. 5, 15

Wir Radiomissionare gehören zu den glücklichen Menschen, die Woche für Woche erfahren, was es bedeutet, wenn Jesus Christus das Leben von Menschen erneuert. Wir erfahren es durch Briefe, Telefonate und Gespräche. Wir erleben, daß Jesus eine Kraft hat, die sich auswirkt, nicht nur in unserem Land, sondern rund um den Erdball. Ich denke z.B. an eine siebzigjährige Frau aus Indien, die zum ersten Mal Gottes Wort hörte, als ihr Enkel am Radio drehte und planlos eine interessante Station suchte. „Halt“, rief die Großmutter, als sie ein Lied hörte, das zu ihrem Herzen sprach. Anschließend entfaltete ein Redner ein Wort der Heiligen Schrift, das die Frau so ansprach, daß sie von da an den Sender regelmäßig hörte. Nach einiger Zeit öffnete sie ihr Herz für Jesus!

Wer sich mit Jesus einläßt, wird im Innersten seines Wesens davon überzeugt, daß er verloren ist, wenn er sich nicht von ihm retten läßt. Er erkennt, daß es unvergleichlich besser ist, von Gott angenommen zu sein, als von ihm verstoßen zu werden. Er möchte mit niemandem mehr tauschen, nachdem er sich von Gott begnadigt weiß und Christi Liebe erfahren hat.

Es ist überwältigend, Christus am Werk zu sehen. In Simbabwe z.B. lebt ein Mann, der einen Bibelfernkurs über unsere Sendungen hörte und das begleitende Material ausgefüllt hat. Das ging bei ihm viel schneller als bei anderen. Man spürte ihm eine gewisse Ungeduld ab. Er hatte den Kurs entsprechend schnell durch und schrieb dann: „Schickt mir doch was anderes.“ Jetzt schickte man ihm einen Jüngerschaftskurs. Den hatte er ebenfalls schnell durchgearbeitet. Danach schrieb er: „Habt ihr nicht noch etwas?“ Nun blieb man eine Weile in Korrespondenz miteinander. Es dauerte gar nicht lange, als er schrieb: „Schickt doch mal jemanden hierher zu mir. Ich brauche eure Hilfe.“ So ging ein Mitarbeiter unseres Büros dorthin. Der ehemalige Bibelfernkursteilnehmer führte ihn in eine Versammlung mit 120 Personen! Dieser eine zu Christus gekommene Mensch war so gepackt und begeistert vom Evangelium, daß er es einfach vielen anderen erzählen mußte.

Das so mitzuerleben, wie Christus in aller Welt wirkt und sich dabei eines technischen Instruments, des Radios, bedient, wünschen wir uns auch für die Zukunft. Wenn Sie mithelfen können durch Ihr Interesse, Ihre Liebe und Gebete und vielleicht auch durch Ihre Gaben, damit dies alles weiterläuft, wollen wir das Unsere tun. Bleiben Sie an unserer Seite. Bitten Sie Gott, daß er uns Weisheit schenkt. Wir versprechen Ihnen, daß wir auch an Sie denken wollen in Liebe und im Gebet. Gott segne Sie!

20. November

„Wer gestohlen hat, der stehle nicht mehr, sondern arbeite und schaffe mit eigenen Händen das nötige Gut, damit er dem Bedürftigen abgeben kann.“ Eph. 4, 28

Hier stehen sich im Neuen Testament Diebstahl und Arbeit gegenüber. Mancher mag sich fragen, ob Paulus nicht zu hart ist, zu konsequent. Er sagt bei anderer Gelegenheit: „Wer nicht arbeiten will, der soll auch nicht essen“ (2. Thess. 3, 10). Paulus geht davon aus, daß viele Diebe faul sind und nicht erarbeiten wollen, was sie zum Leben brauchen. Hier ist natürlich nicht von Leuten die Rede, die gern arbeiten wollen, aber keine Arbeit finden. Auch nicht von solchen, die ihr ganzes Leben lang gearbeitet haben und jetzt von ihrer Rente leben. Angesprochen sind diejenigen, die es sich bequem machen, während andere arbeiten, oder die davon leben, daß andere für sie mitarbeiten. Interessant ist ja, daß unsere Sprache manchen Diebstahl verharmlost. Es heißt dann nur: „Etwas mitgehen lassen“, oder „das oder jenes konnte ich nicht stehen lassen“. Eigentlich kann man es nicht verstehen. Es geht uns so gut wie nie zuvor, und trotzdem wird so viel gestohlen.

Was muß das für eine Gemeinde gewesen sein, deren Gliedern Paulus sagt: „Wer gestohlen hat, der stehle nicht mehr.“ Haben dort Menschen zu Christus gefunden, die früher Diebe waren und die als Gemeindeglieder das Mausen nicht lassen konnten? Es sieht fast so aus. Wir müssen aufpassen, daß wir nicht dem Teufel Raum geben, indem wir uns am Eigentum anderer vergreifen. Das nicht zurückgegebene Buch, das nicht zurückgebrachte Salz oder der geliehene Zucker. Alles nur Lächerlichkeiten, Pfennigartikel heute, nicht wahr? Aber wer zum Nachbarn geht, um zu borgen, dann jedoch vergißt wiederzubringen, was er geborgt hat, der stiehlt.

In der damaligen Gemeinde in Ephesus hat es Probleme mit der Ehrlichkeit gegeben. Es ist offensichtlich so gewesen, daß auch damals mancher „neue Mensch“ nicht bis ins Innerste erneuert war. Doch Jesus Christus möchte, daß der neue Mensch ihm völlig vertraut und sich nicht an dem vergreift, was anderen gehört. Interessant ist, daß zur damaligen Zeit besonders große Städte, Häfen und städtische Bäder bevorzugter „Arbeitsplatz" der Diebe waren. Das ist ja in unserer Zeit so ähnlich.

Paulus schreibt: „Wachsen in allen Stücken kann nicht, wer für sich nutzt, was anderen gehört." Das fängt übrigens schon an bei der Zeit des anderen, beim Auto des anderen oder den Gedanken des anderen. Man kann sehr schnell für sich nutzen, was einem anderen gehört, so daß also nicht nur stiehlt, wer einen silbernen Löffel mitgehen läßt. Diebstahl hindert geistliches Wachstum. So etwas sollte es unter Christen nicht geben, sondern statt dessen dienende Liebe, Hingabe und die Bereitschaft, sich eher von etwas zu trennen, als es unbedingt haben zu müssen.

21. November

„Glaubst du, König Agrippa, den Propheten? Ich weiß, daß du glaubst. Agrippa aber sprach zu Paulus: Es fehlt nicht viel, so wirst du mich noch überreden und einen Christen aus mir machen." Apg. 26, 27–28

Sicher haben der Gouverneur Festus, König Agrippa und seine Schwester Berenike dem Apostel abgespürt, was es heißt, an Jesus Christus zu glauben. Paulus rollte ja noch einmal die ganze Geschichte des Volkes Israel vor seinen Zuhörern auf, sprach von den Hoffnungen, die seit Moses und Prophetenzeiten im Volke wachgeblieben waren. Er erinnerte daran, daß dieses Volk einen Erlöser erwartete, einen Messias, der nicht nur äußerlich Ordnung und Frieden schaffen, sondern auch dafür sorgen würde, daß die Seele zur Ruhe kommt. Paulus hatte dann in überzeugender Weise davon gesprochen, daß dieser erwartete Friedenskönig mit Jesus Christus bereits gekommen sei. Es hätten sich zwar die politischen Hoffnungen nicht erfüllt, aber sonst sei alles in Erfüllung gegangen, was Menschen nur hoffen konnten. Blinde seien sehend geworden, Lahme hätten wieder gehen können, Menschen mit allerlei Krankheit seien gesund geworden, Hungrige seien gespeist worden und Belastete mancherlei Art seien frei geworden, verzagte Menschen seien wieder froh geworden, Deprimierte hätten neuen Mut und Schuldige Vergebung empfangen.

Glaube an Christus, das hatte Paulus dargestellt, bedeutet Kraftzufuhr stärkster Art für Geist, Seele und Leib. Sicherlich war den drei populären Zuhörern ihre gesellschaftliche Stellung im Wege. Möglicherweise hatte Paulus Seiten ihres Lebens und Wesens getroffen, die schon lange nach Antwort schrien. Sie werden sich ihre Gedanken gemacht haben, daß ein so angesehener Gelehrter wie Paulus klipp und klar sagte: Es gibt nichts Wichtigeres im Leben, als Christ zu werden und zu sein. Die drei haben nichts Unrechtes an seiner Lehre gefunden. Kein Wunder, daß Agrippa zugab: „Es fehlt nicht viel, so wirst du mich noch überreden und einen Christen aus mir machen."

Vielleicht sind Sie jemand, der zu Christus gefunden hat und darüber glücklich geworden ist, der aber seinen Glauben zu sehr im geheimen betreibt. Warum machen Sie sich nicht einmal Gedanken darüber, vor wem Sie Christus bezeugen sollten? Seien Sie gewiß, daß Gott Ihnen die richtigen Worte dafür schenkt und daß Ihr Gegenüber möglicherweise auch sagt: „Es fehlt nicht viel, und du machst noch einen Christen aus mir." Vielleicht bekennt ein anderer später sogar: „Durch dein Zeugnis, durch das, was du gesagt und gelebt hast, habe ich zu Christus gefunden."

Derjenige, dem Sie Christus bezeugen sollten, wartet vielleicht schon auf Sie. Zögern Sie nicht länger. Helfen Sie, daß auch andere zu Christus finden und bei Christus bleiben!

22. November

„Darum laßt uns dem nachstreben, was zum Frieden dient und zur Erbauung untereinander. Zerstöre nicht um der Speise willen Gottes Werk. Es ist zwar alles rein; aber es ist nicht gut für den, der es mit schlechtem Gewissen ißt.“

Röm. 14, 19–20

In jeder Gemeinde werden Starke gebraucht, die sich um des Schwachen willen beugen. Wer dies tut, ordnet sich Christus unter. Er wird sozusagen der Diener des anderen und kann ihn erbauen. Frieden und Erbauung sind für Paulus zwei Begriffe, die zusammengehören, wobei der Friede die Voraussetzung ist für die Erbauung.

In der Sprache des Neuen Testamentes ist Erbauung eines der Worte, welche das ganze Evangelium enthalten. Gott möchte, daß seine Gemeinde wie ein Bau wächst. In der Gemeinde soll ein Mensch neben dem anderen stehen, so wie beim Bauen ein Stein neben den andern gesetzt wird, bis der Bau fertig ist. Darum müssen alle trennenden Unterschiede wegfallen. Wir haben ganz neu zu lernen, einander zu ertragen, so wie ein Stein den anderen zu tragen hat.

Gott verlangt vom Menschen einen Glaubensakt; kann der Mensch ihn nicht mehr vollziehen, ersetzt der Mensch ihn durch ein dem Glauben unangemessenes Handeln. Und solches Ersatzhandeln ist gleichsam eine Verweigerung des Gehorsams und ein Verstoß gegen Gottes Ehre. Mancher, der sich mühen sollte, um in das Wort Gottes einzudringen, es aber längst aufgegeben hat, hat sich irgendwelchen Ersatzglauben geschaffen und klammert sich nun daran, eben an irgendeine Speise oder an ein Getränk oder an das Verurteilen einer bestimmten Einstellung des anderen. Man meint zwar, daß die eigene Ansicht Glaube sei, aber in Wirklichkeit hat das nichts mit dem Glauben zu tun. Unser Handeln soll aus dem Glauben erwachsen, aber Glaube ist keine Aufstellung von Katalogen, was andere dürfen oder nicht dürfen.

Die Starken dürfen von dem Schwachen nicht sagen: Er ist in seinem Christentum nicht ganz frei. Und die Schwachen sollen nicht richten. Sie sollen nicht von dem Starken sagen: Dieses oder jenes ist in ihrem Christentum nicht ganz ernst zu nehmen. Der Schwache soll sich nicht zum Herrn über den Glauben und das Handeln des anderen machen. Eigentlich hat der Starke mit seiner Freiheit recht. Aber wenn der Starke den Schwachen dazu verführt, wie ein Starker zu handeln, und der Schwache innerlich unfrei ist bei seinem Tun, dann macht sich der Starke schuldig. Der Starke steht nicht bei Christus, wenn er seine Stärke rücksichtslos gebraucht. Aber der Schwache soll sich nicht in seiner Schwachheit sonnen und sagen: Ich bin nun einmal so, und es steht ja sogar in der Bibel, daß die anderen sich nach mir zu richten haben. Die Schwachen können stark werden in Christus! Sie können sich an Christus orientieren und in seinen Fußstapfen wandeln.

23. November

„Gott aber ist nicht ein Gott der Toten, sondern der Lebenden; denn ihm leben sie alle.“ Luk. 20, 38

Wir kamen vom Friedhof. Vor wenigen Wochen noch waren wir mit dem Heimgegangenen zusammengewesen. Nie wieder werden wir ihn treffen, jedenfalls nicht auf dieser Erde. Im Tode hört etwas für immer auf. Es geht etwas zu Ende, was niemals wiederkehrt. Nicht nur ein Leib liegt da im Grab, sondern das ganze reiche Seelen- und Gemütsleben.

Der Apostel Paulus hat in seinem Brief an die Christen in Rom unter anderem geschrieben: ,,Denn unser keiner lebt sich selber, und keiner stirbt sich selber. Leben wir, so leben wir dem Herrn. Sterben wir, so sterben wir dem Herrn. Darum: Wir leben oder sterben, so sind wir des Herrn“ (Röm. 14, 7–8).

Der Tod ist also nicht das Letzte. In jedem Fall ist der christusgläubige Mensch in Gottes Hand. Dieses Leben, dieses ganze

Weltzeitalter ist nur eine Durchgangsstation. Wenn Jesus Christus auf diese Erde zurückkehrt, werden alle auferstehen, die ihm gehören. Dann hat der Tod endgültig ausgedient. Auferstehen werden alle, welche „gewürdigt“ werden, wie Jesus es sagte.

In Gottes kommender neuer Welt werden alle die leben, die sich zu Lebzeiten an Christus gebunden haben. Im neuen Äon wird alles ganz anders sein. Da gibt es keinen Schmerz mehr, kein Leid und keinen Tod. Der Unterschied der Geschlechter wird aufgehoben sein. Es kommt dann nicht mehr darauf an, ob jemand männlich oder weiblich ist; es wird keiner heiraten oder sich heiraten lassen.

Alles, was uns hier in dieser Welt wesentlich erschien, wird in der Auferstehung unwesentlich sein. Dann, wenn uns unvergängliches Leben zuteil werden wird, werden andere Maßstäbe gelten. Im Mittelpunkt der neuen Welt steht Jesus wie die Sonne, die alles andere überstrahlt.

Das alles soll also anfangen, wenn Christus wiederkommt. Bis dahin gilt: Im Sterben geht der Christ in das verborgene Leben mit seinem Herrn Jesus Christus ein. In der Auferstehung wird dieses verborgene Leben wieder enthüllt, und dem Leben wird neue Gestalt geschenkt.

Ich will eine ganz neue Zuversicht gewinnen aus dieser frohmachenden Zusage unseres Herrn Jesus Christus: „Gott aber ist nicht ein Gott der Toten, sondern der Lebenden, denn ihm leben sie alle.“

24. November

„Ich streckte meine Hände aus den ganzen Tag nach einem ungehorsamen Volk, das nach seinen eigenen Gedanken wandelt auf einem Wege, der nicht gut ist.“ Jes. 65, 2

In der Bibel ist an einigen entscheidenden Stellen von der ausgestreckten Hand oder den ausgestreckten Händen Gottes die Rede. Dieser Ausdruck ist natürlich nur ein Bild. Gott ist nicht ein Mensch wie wir mit Händen und Füßen. Aber wer sich von Gott angenommen weiß, wer zu Gott eine persönliche Beziehung gewonnen hat, dem ist es, als habe ihn Gott mit liebenden Armen umfangen.

Tragisch ist es, wenn Gott die Hände ausstreckt und dennoch auf Ablehnung stößt. Dazu sagte der Prophet Jesaja im Auftrage Gottes das obengeannte Wort, das sich an Gottes auserwähltes Volk, die Juden, richtete. Ich denke aber, daß derjenige falsch beraten ist, der meint, ihn ginge das Wort nichts an. Lassen wir uns sagen, worin diese Ablehnung besteht. Ablehnend, ungehorsam ist ein Volk, das nach eigenen Gedanken wandelt, auf eigenen Wegen geht. Es ist natürlich kein Wunder, daß ein Volk wie unseres sich kaum bereit erklärt, auf Gottes Wegen zu gehen, wenn selbst Gottes auserwähltes Volk Freude daran hatte, eigene Wege zu gehen. Ungehorsam ist es, wenn Menschen denken, daß sie klüger sind als Gott oder daß eigene Wege eher ans Ziel führen als die Bereitschaft, auf Gott zu hören und seine Wege zu gehen.

Die ausgestreckte Hand – das ist gleichsam ein Symbol für Frieden, Beendigung des Kampfes, für Versöhnung und neue Hoffnung. Die ausgestreckte Hand ist etwas Schönes. Sie ist ein gutes Zeichen. Sie lädt ein. Sie tröstet.

Gott streckt noch immer seine Hände aus. Er hat jeden einzelnen Menschen so lieb. Darum gab er sein Bestes und Höchstes hin. In Jesus stirbt Gott gleichsam selbst. Das Großartige ist jedoch, daß wir nicht von einem toten Gott sprechen müssen, sondern daß wir wissen, daß dieser gekreuzigte Jesus auferstanden ist.

Wer sich den ausgestreckten Händen des Höchsten anvertraut, der hat Hoffnung für die Zukunft, obwohl er weiß, daß diese Welt mit all ihrem Elend und Kummer vergehen wird. Im Glauben geht er zugleich einer herrlichen Zukunft entgegen, einer Zeit, in der Gott einen neuen Himmel und eine neue Erde schaffen wird (Jes. 65, 17 ff.).

Noch ist die Hand Gottes ausgestreckt. Ich will mich neu ergreifen lassen und hören, was Gott mir sagt. Ich will ihn bitten, mir Kraft zu schenken, ihm zu gehorchen, damit ich sicher wohne und alle meine Sorgen bei ihm ablade und dann kein Unglück zu fürchten habe.

25. November

„Der Herr behütet dich; der Herr ist dein Schatten über deiner rechten Hand.“ Ps. 121, 5

Aus dieser Bibelstelle ersehen wir: Gott begleitet uns wie unser Schatten. Das muß man sich mal vorstellen. Lieber würde ich das noch umgekehrt sehen. Ich möchte sein Schatten sein. Wir brauchen uns also nicht fürchten, denn Gott begleitet uns wie unser Schatten. Die Schrift ist voller Worte wie dieses hier: „Fürchte dich nicht, denn ich habe dich erlöst, ich habe dich bei deinem Namen gerufen. Du bist mein!“ Da hat der Prophet bereits vorhergesehen, was kommen würde mit Jesus, dem großen Erlöser. Auch Jesus ist nicht müde geworden, denen, die ihm zuhörten, zu sagen: „Fürchte dich nicht!“

Jesus hat damals mit diesem Ruf getröstet. Und weil er ein auferstandener und lebendiger Herr ist, tröstet dieser Ruf auch heute noch. Wenn man diesen Worten nachsinnt „Fürchte dich nicht, denn ich habe dich erlöst“, dann heißt das doch: Ich habe schon alles erlitten, was auch du erleiden könntest. Ich bin schon gestorben für dich. Du wirst zwar auch einmal sterben, aber du mußt nicht diesen bitteren Tod sterben, den ich für dich erlitten habe. Ich habe dich erlöst, ich habe dich freigemacht. Ich will deine

Sünde wegnehmen, deine Schuld begraben. Du gehörst mir. Du mußt keine Furcht mehr haben.

Ich könnte mir denken, daß mancher ältere oder jüngere Mensch seinen Herzschlag spürt, wenn ihn ein solches Wort Gottes erreicht. Ich denke, daß uns in der Tat der Ruf Gottes in einer ganz besonderen Weise erreichen kann. Ich denke etwa an junge Menschen, die bei einem solchen Zuspruch „Fürchte dich nicht, denn ich habe dich erlöst" empfunden haben, daß Gott ihnen in einer ganz besonderen Weise bestätigt, daß er sie in seinen Dienst nehmen will. Jemand erzählte mir einmal, daß er, während dieses Wort laut ausgesprochen wurde, innerlich die Bestätigung und Gewißheit erhielt, daß er in den Missionsdienst gehen soll. Es ist ja etwas Wunderbares, wenn uns ein Wort unseres Gottes erreicht und dann alle Zweifel weg sind.

Zu spüren „Gott könnte mich dort haben wollen", kann manchmal auch Sorge im Herzen bereiten. Da können Beklemmungen über einen kommen. Aber denen sollten wir nicht Raum lassen, sondern wir wollen ganz bewußt hören: „Fürchte dich nicht!" Das hat der Herr Jesus Christus selbst gesagt! Sie brauchen keine Sorge zu haben, wie das alles laufen wird oder was da alles kommen kann. Haben Sie auch keine Sorge, daß Sie vielleicht überfordert werden könnten. Furcht ist immer objektbezogen. Man fürchtet sich vor etwas Bestimmtem. Gott aber sagt: „Ich nehme das weg. Fürchte dich nicht!"

26. November

„Ich nach Gottes Gnade, die mir gegeben ist, habe den Grund gelegt als ein weiser Baumeister; ein anderer baut darauf. Ein jeder aber sehe zu, wie er darauf baut." 1. Kor. 3, 10

Wir Christen glauben, daß Jesus Christus unser Fundament ist. Wie baue ich darauf, und zwar nicht nur für den Rest meines Lebens, sondern so, daß ich in der Feuerprobe des Weltgerichtes bestehe? Wir werden vor Material gewarnt, das verbrennt. Es wird uns Material empfohlen, das feuerfest ist. Was sind denn das für feuerfeste Stoffe? Paulus zeigt, daß es im wesentlichen um eines geht: daß Christus als Grund für unser Leben gewählt wird, und man dann auf ihm aufbaut, d.h. an ihn denkt, sich an ihm orientiert, von ihm spricht. Nur durch Christus finden sich die drei folgenden Elemente, ohne die frohes, auf die Zukunft ausgerichtetes Leben einfach nicht möglich ist.

Erstens: Jesus gibt Vergebung für die Sünden der Vergangenheit. Das ist ja die entscheidende Erfahrung im Leben der Christen. Vergebung der Sünden empfangen, das heißt zu entdecken, daß Gott der Freund des Menschen ist. Vergebung der Sünden steht am Anfang der neuen Existenz, die Gott allen verspricht, die sich im Vertrauen auf Jesus an ihn binden. Ohne Vergebung der Sünde gibt es keine wirkliche Freude.

Zweitens: Jesus gibt Stärke für die Aufgaben der Gegenwart. Heute versucht man ja auf allerlei mögliche Weise, die Aufgaben des Alltags zu bewältigen. Nachfolger Jesu wissen, daß nur er sie stark machen kann. Nur durch ihn werden sie so unabhängig, wie sie sein müssen, um in diesem Leben nicht Knechte irgendwelcher Mächte oder Menschen zu werden. Nur in der unmittelbaren Verbindung mit ihm gewinnen sie die Liebe und Kraft, die sie brauchen, um die Aufgaben des Tages zu meistern.

Und drittens: Jesus gibt Hoffnung für die Ungewißheit der Zukunft. Der Mensch mit Christus lebt nicht mehr allein in dieser Welt, deren Zukunft so viele Ängste bereitet. Mit Christus leben, das heißt unter der Kontrolle Gottes stehen. Mit Christus leben, das heißt damit rechnen können, daß alles, was mir widerfährt, zu meinem Besten dient. Mit Christus leben, das heißt sogar zu wissen, daß der Tod nicht das Ende ist, sondern das Tor zu größerer Herrlichkeit.

Eigentlich sollten diese Aussagen über Vergangenheit, Gegenwart und Zukunft für Christen selbstverständliches Wissen und Glaubensgut sein. An dem Tag, an dem Jesus wiederkehren wird, kommt es zu einer letzten Prüfung. Alles Böse und Unangemessene wird ausgelöscht werden. Es verbrennt wie Holz, Heu oder

Stroh. Was dagegen in seinem Auftrag und in der Abhängigkeit von ihm getan wurde, das bleibt bestehen. Jeder, der sich an Christus orientiert und ihm gehorcht, wird bestehen wie Gold, Silber und edle Steine im Feuer.

27. November

„Er antwortete und sprach: Du sollst den Herrn, deinen Gott, lieben von ganzem Herzen, von ganzer Seele, von allen Kräften und von ganzem Gemüt, und deinen Nächsten wie dich selbst.“ Luk. 10, 27

Ein Wasserrohr ist defekt. Irgendwo tropft es. Jemand stellt einen Eimer darunter. Der ist nach einiger Zeit voll, läuft über und überschwemmt die Wohnung. Schadhafte Wasserrohre lassen sich selbstverständlich nicht reparieren, indem man einen Eimer darunterstellt. Das ist natürlich nur ein Bild, ein Bild für uns und die gegenwärtige Lage der Gesellschaft. Wären es doch nur die Wasserleitungen! Doch im Staat ist vieles defekt. Darum haben wir überforderte Politiker, immer größer werdende Schuldenberge, ungelöste Probleme im Verkehr usw. Es tropft – bildlich gesprochen – an allen Ecken. Da hilft es nichts, „Eimer“ unterzustellen. Der eigentliche Schaden muß erkannt, begrenzt und behoben werden.

Wenn das doch beim Staat so einfach wäre! Schaden erkennen, das meint ja jeder zu können. Ihn zu begrenzen, so denken die meisten, dafür haben wir Fachleute. Und die Schadensbehebung? Ja, wen kümmert's eigentlich? Alle warten doch darauf, daß sich das irgendwie erledigt und andere sich um die Beseitigung des Schadens kümmern. Aber daß man selbst auch seinen Teil dazu beitragen kann, das ist den meisten nicht bewußt.

Es gibt zwar einige, die sich aufopfern und Schaden vom Volk abhalten wollen, aber ihre Zahl ist zu klein. Wir brauchen mehr Menschen, die die Ursache des Schadens erkennen und sie mit vereinten Kräften bekämpfen. Dieser Schaden ist meines Erachtens in erster Linie die Ichsucht, ein immer krasser werdender Egoismus, eine Lustmentalität. Gut – so denken viele Menschen – ist nur, was mir nützt und was mir Lust bereitet. Was gehen mich die anderen an? Wichtig ist, daß meine Kasse stimmt, daß ich meine Bequemlichkeit habe, daß ich mein Recht finde usw.

Ich denke, solche Haltung ist eine unmittelbare Konsequenz der Verabschiedung vom christlichen Glauben. Schon jetzt rächt es sich, daß Christus in unserem Volk so gut wie nichts mehr bedeutet und man fast ausgelacht wird, wenn man sich zu ihm bekennt. Nur noch an ganz wenigen Schulen findet eine klare, auf Christus bezogene Glaubensunterweisung statt, selbst wenn das Gesetz sie vorsieht.

Christus lehrt, Gott zu lieben und den Nächsten wie sich selbst. Wer Gott nicht liebt, dem fehlt die Voraussetzung für die Nächstenliebe. Dort, wo sich der Mensch nach Gottes Plan und Willen richtet und ihm gehorsam ist, da ist die Voraussetzung gegeben zur Nächstenliebe. Wenn in einem Volk einer den anderen achtet, dann muß einem um die Zukunft eines Volkes nicht bange sein.

28. November

„Aber du, Herr, mein Gott, mein Heiliger, der du von Ewigkeit her bist, laß uns nicht sterben; sondern laß sie uns, o Herr, nur eine Strafe sein, und laß sie, o unser Fels, uns nur züchtigen.“ Hab. 1, 12

Die Bibel ist voller Beispiele, daß Gott offensichtlich nicht immer gleich eingreift, wenn sich der Gottlose erhebt. Das muß doch einen Grund haben. Aus der ganzen Heiligen Schrift wissen wir, daß Gott keinesfalls machtlos ist, und daß er nicht etwa die Welt den Gottlosen zur Herrschaft übergeben hat. Warum dann also dieses Zusehen, dieses Schweigen, diese offensichtliche Inaktivität Gottes? Die Heilige Schrift läßt keinen Zweifel daran, daß es nicht die Gottlosen sind, die Gott in ihre Pläne einspannen können, sondern daß auch der Gottlose seine Funktion in Gottes Plan hat.

Immer hat Gott Mächte und Mächtige benutzt, um mit ihnen seine Ziele zu erreichen. In der Geschichte Israels waren es mal die Assyrer, mal die Perser, mal die Griechen oder Römer. Im Falle des Propheten Habakuk sind es die Chaldäer. Israel machte die Erfahrung, die auch manchem unserer Zeitgenossen nicht unbekannt ist: Es kommt ein starkes Volk aus der Ferne. Der Unterdrückte erwartete eine Veränderung seiner Verhältnisse zum Besseren. Doch der erhoffte Befreier entpuppt sich als neuer Unterdrücker. Der Sieger betet seine Waffen an, kniet vor seiner eigenen Macht, aber nicht vor Gott. Gott läßt das aber zu. Er läßt sein Werk in der Geschichte offensichtlich auch durch „Räuber" tun (Hab. 1, 13). Diese Erkenntnis kann dem Glaubenden Anfechtung bringen. Auch dem Habakuk ging es wohl so, denn er fragte seinen Gott, ob am Ende tatsächlich der Gottlose die Oberhand behält.

Wir können als Christen das Alte Testament nicht lesen, ohne an Jesus Christus zu denken und ihn mit einzubeziehen in unsere Überlegungen. Wie froh wäre der Prophet Habakuk gewesen, wenn er schon etwas von Jesus gewußt hätte. Er ahnte etwas vom Heil Gottes. Das zeigen die weiteren Verse und Kapitel des Buches. Obwohl er nicht den vollen Ausblick hat, den jeder Christ haben kann, wenn er sich mit dem Worte Gottes beschäftigt, ist doch sein Gottvertrauen unerschütterlich. Er weiß, daß die Macht der Gottlosen begrenzt ist. Ganz deutlich kommt das zum Ausdruck, wenn er davon spricht, daß es nicht Menschen sind, die Geschichte machen, sondern der Herr selbst.

Gott in seiner Güte ist langmütig. Er läßt einem einzelnen oder einem Volk Gnadenzeit. Er schafft Möglichkeiten zum Gesinnungswandel, zur Buße. Wir sind daher gut beraten, wenn wir uns gelegentlich überlegen, welche Funktion eigentlich die Gottlosen oder ein einzelner Gottloser in unserem Leben oder im Leben unseres Volkes haben. Gott hat – und daran läßt Habakuk keinen Zweifel – die Gottlosen ermächtigt, das Volk Gottes zu korrigieren.

29. November

„Und auch ihr habt nun Traurigkeit; aber ich will euch wiedersehen, und euer Herz soll sich freuen, und eure Freude soll niemand von euch nehmen.“ Joh. 16, 22

Wir Christen glauben, daß Jesus Christus nicht nur einmal auf diese Erde gekommen ist. Wir glauben, daß er wiederkommen wird. Alle Welt wird ihn dann sehen, und alle werden wissen, wer er ist. An diesen wiederkommenden Christus nachdrücklicher als sonst zu erinnern, ist Sinn der Adventszeit. Jesus Christus kommt wieder!

Adventszeit, das ist ja nicht nur eine Zeit gemütlicher Entspannung bei Tee und Plätzchen, Tannenduft und Kerzenschimmer. In der Erwartung des wiederkommenden Christus zu leben, das heißt vielmehr: In gespannter Erwartung auf das zuleben, was kommt. Oder noch besser: Auf den hinleben, der kommt, nämlich Jesus Christus. Adventszeit, d.h. nicht etwa beim Flakern der Kerzen zu träumen, sondern mit wachem Sinn erkennen, wie dunkel es in der Welt ist und bleibt, wenn die Menschen nicht endlich Christus als „Licht der Welt“ akzeptieren.

Friede, Freiheit und Brüderlichkeit, das sind heiß ersehnte Menschheitsziele; sie bleiben ohne Christus jedoch nur Träume. Bessere Verhältnisse können nur mit veränderten Menschen erreicht werden. Und nachhaltige Veränderungen der Menschen sind ohne Christus gar nicht möglich. Das ist ja das unüberbietbare Geschenk Gottes an die Menschen: Er kann sie verändern, wenn sie bereit sind, sich auf Christus einzulassen.

Christen müssen neu bereit werden, von dem wiederkommenden Herrn zu sprechen und der Hoffnung, die mit diesem Wiederkommen verbunden ist. Er macht alles neu. Jetzt schon fängt er damit an. Was gäbe das für Schlagzeilen, wenn wir unseren Glauben stärker in den Alltag hineintragen würden! Die Kirchen würden sich füllen, und Christus und seine Lehre würde zum Stadtgespräch werden. Jugendsekten und okkulte Zirkel müßten mangels

Beteiligung schließen. Wenn Christen stärker dächten: „Unser Herr kommt bald", würden sie auch zielgerichteter leben.

Unsere Zeit braucht Menschen, die sich darüber im klaren sind, daß unchristliche Gesinnung nicht weiterhilft. Große Aufgaben liegen noch vor uns. Sie anzupacken in der Gesinnung des Jesus Christus ist eine gute Voraussetzung dafür, mit den Herausforderungen der nächsten Monate und Jahre fertigzuwerden. Wie Christus gesinnt ist jeder, der nichts höher achtet als den lebendigen Gott, der die Lebenskraft in Anspruch nimmt, die Jesus ihm anbietet und der seinen Mitmenschen liebt wie sich selbst, d.h. ganz praktisch, der andere so behandelt, wie er behandelt werden möchte.

30. November

„So habe ich es nun für nötig angesehen, die Brüder zu ermahnen, daß sie voranzögen zu euch, um die von euch angekündigte Segensgabe vorher fertigzumachen, so daß sie bereitliegt als eine Gabe des Segens und nicht des Geizes."

2. Kor. 9, 5

Wer gibt, soll nicht geizen. Mancher Christ gibt widerwillig, wenn er überhaupt gibt. Wenn Paulus davon spricht, daß unsere Spende eine „Gabe des Segens" sein soll, dann will er darauf hinweisen, daß Gott mit dieser Gabe durch einen Menschen einem anderen Menschen etwas Gutes tun will. Gott bindet seinen Segen immer an einen bestimmten Menschen, eine Gruppe von Menschen oder an eine Gemeinde. Darum verwundert es nicht, daß mancher, der durch die Spende eines anderen gesegnet wurde und aus großer Not herausgeführt werden konnte, später nicht so sehr die Menschen sah, die ihm halfen, sondern bezeugte: „Hier hat mir Gott geholfen."

Doch manchmal sträubt sich der Mensch, eine Gabe des Segens weiterzugeben. Man fragt sich, warum so viele Menschen nicht gerne geben und lieber etwas oder alles zurückbehalten. Es gibt sicher eine Vielzahl von Gründen: Da ist zum Beispiel die Angst, es könnte irgendwann nicht mehr reichen. Deshalb sei es besser, man schaffte sich einen Vorrat an. Oder es ist einer erfüllt vom Wunsch nach Sicherheit. Das gilt besonders für Menschen, die eine ausgesprochene Liebe zum Geld haben. Sie denken, Geld ist das einzige, auf das man sich verlassen kann, vergessen aber, daß Gott allein unsere Sicherheit ist. Vielleicht wird einer auch deshalb daran gehindert, gern zu geben, weil er eine mangelnde Kenntnis der göttlichen bzw. geistlichen Ordnungen hat.

Noch immer gilt für den Glaubenden, daß Gott an erster Stelle zu stehen hat. Es war mehr als eine Gewohnheit und Tradition, daß die Juden Jahr für Jahr die „Erstlinge“ Gott opferten, also die ersten Früchte, das erste Getreide, das erste Vieh. Auch der letzte Israelit erfuhr auf diese Weise: Gott gehört an die erste Stelle in unserem Leben. Entsprechend lesen wir im Buch der Sprüche: „Ehre den Herrn mit deinem Gut und mit den Erstlingen all deines Einkommens, so werden deine Scheunen voll werden und deine Kelter von Wein überlaufen“ (Spr. 3, 9–10). Alles, was wir haben, ist von Gott. Darum gebührt ihm die Ehre.

Ich kenne eine Witwe, die schon wiederholt gesagt hat: „Wenn die Leute wüßten, wie glücklich das Geben macht, dann würden noch viel mehr Menschen viel mehr Gutes tun. Ich bin viel glücklicher beim Weggeben als beim Nehmen.“ Das ist eine tiefe geistliche Erkenntnis.

1. Dezember

„Laßt uns festhalten an dem Bekenntnis der Hoffnung und nicht wanken; denn er ist treu, der sie verheißen hat.“
Hebr. 10, 23

Der Mann, der den Hebräern geschrieben hat, feierte nicht Advent und Weihnachten wie wir. Aber er wußte, daß das zweite Kommen des Herrn Jesu, seine Wiederkunft, nicht fern ist und daß es gilt, sich als Glaubender darauf einzurichten. Er ahnte wohl auch, daß der Gemeinde noch einige Bewährungsproben bevorstehen, bis ihr Herr wiederkommt. Doch bei seinem Blick in die Gemeinde Jesu befällt ihn eine gewisse Sorge. Sind die Männer und Frauen, die versprochen haben, Jesus Christus treu zu sein, eigentlich vorbereitet auf das, was sie erwartet? Wie steht es um das innere Leben der Gemeinde? Wird nicht viel Kraft vergeudet und Zeit vertan? Über diese Fragen gilt es neu nachzudenken. Wie sieht es in meiner Gemeinde aus? Wie steht es um mich selbst? Bin ich im Glauben vorangekommen oder stehengeblieben?

Wir wollen am Bekenntnis der Hoffnung festhalten! Ich denke in diesem Zusammenhang an die vielen Menschen, die wie ich an Christus glauben. Mit meinem Christusbekenntnis stehe ich nicht allein. Alle, die zur Gemeinde gehören, bekennen: „Unsere Hoffnung ist Christus.“ Christen hoffen also nicht auf irgend etwas oder irgendwen, sondern auf ihren Herrn. Aber leider besteht die Gefahr, daß auch Christen von den Dingen dieser Welt so in Anspruch genommen werden, daß sie darüber die Welt Gottes vergessen und loslassen, was sie eigentlich festhalten sollen.

In unserer Zeit sind manche Kräfte gegen das Christentum angetreten. So massiv hat das noch keine Generation erfahren, seit Nachfolger Christi das Gesicht dieser Welt geprägt haben. Spott und Zynismus finden sich nicht nur in den Debattierrunden und Veröffentlichungen militanter und namhafter Atheisten. Bis in die

Schulklassen hinein dringt die Verächtlichmachung des Glaubens. Manche Christen sind zwar von außen nicht zu erschüttern, werden aber innerlich rasch wankend. Ein nicht erhörtes Gebet, mangelnde Gesundheit oder wirtschaftliche Schläge ließen schon manchen Glauben ins Wanken geraten. Am Bekenntnis der Hoffnung festhalten, das heißt, sich weder durch atheistische Argumente noch durch die eigene Gemütslage im Glauben erschüttern lassen.

Das christliche Bekenntnis ist nach neutestamentlichem Verständnis immer auch das Zeugnis lebendiger Hoffnung, geknüpft an die Person Jesu Christi. „Gelobt sei Gott, der Vater unseres Herrn Jesus Christus, der uns nach seiner großen Barmherzigkeit wiedergeboren hat zu einer lebendigen Hoffnung durch die Auferstehung Jesu Christi von den Toten" (1. Petr. 1, 3). Das Bekenntnis dieser Hoffnung ist eine der stärksten Antriebskräfte in unserem Glaubensleben. Wo man nicht von der Auferstehung Jesu weiß, da fehlt diese Hoffnung.

2. Dezember

„Sondern in allem erweisen wir uns als Diener Gottes: in großer Geduld, in Trübsalen, in Nöten, in Ängsten, in Schlägen, in Gefängnissen, in Verfolgungen, in Mühen, im Wachen, im Fasten." 2. Kor. 6, 4–5

Das sind keine Erweise, zu denen ich mich zwingen muß, sondern das sind Fähigkeiten, die Gott dem Geduldigen schenkt. Wenn hier von der Geduld die Rede ist, ist damit keine passive Geisteshaltung gemeint, ein Sich-gehen-Lassen nach dem Motto: „Da kann man halt nichts machen", sondern hier ist von einer Standhaftigkeit und Festigkeit die Rede, die das Auferlegte überwinden kann, weil sie sich von Christus abhängig weiß. Es ist von Geduld die Rede: von Geduld für göttliche Prüfungen, in die ein Mensch gerät.

Eine göttliche Prüfung, die einem auferlegt wird, kann irgendeine Trübsal sein, ein Kummer, der einen schwer bedrückt, etwas, was uns seelisch belastet. Es könnte auch sein, daß wir durch bestimmte Anforderungen so unter Druck gestellt werden, daß wir zu seufzen beginnen. Ferner ist die Rede von Not, die uns trifft, z.B. wenn wir Abschied nehmen müssen von einem lieben Menschen oder weil wir Schmerzen zu erdulden bzw. bei anderen mitanzusehen haben. Auch Ängste werden genannt. Dabei ist an Konflikte oder Erfahrungen gedacht, die uns dermaßen in die Enge treiben, daß alles aussichtslos erscheint.

Gott befähigt seine Mitarbeiter, in Extremsituationen durchzuhalten und sich als Diener Christi zu erweisen. Er schenkt Durchhaltevermögen, das gilt auch für innere Konflikte.

Es gibt im Neuen Testament einen Begriff, der zum Ausdruck bringt, wie sehr eine christliche Lebensführung alle Kräfte des Leibes, des Geistes und der Seele beansprucht. Dieses Wort heißt: Mühe. Auch in solchen Mühen, die Leib, Geist und Seele beanspruchen, können wir uns als Diener Gottes erweisen. Das gilt auch fürs Wachen, das heißt ein bewußtes Wachbleiben, etwa in einer Gebetsnacht. Bin ich bereit, auch mal eine Zeit, die eigentlich zur Ruhe bestimmt ist, für Christus zur Verfügung zu stellen?

Sie können Gott danken, wenn Sie jemand sind, der weiß, daß er von der Gnade lebt. Sie können danken, wenn Sie von Gott befähigt wurden, sich als sein Diener oder seine Dienerin zu erweisen. Aber Sie können auch bittend vor Gott treten, wenn Sie spüren, daß Sie viel mehr von der Gnade leben müßten. In diesem Sinne wünsche ich Ihnen Gottes Segen.

3. Dezember

„Und das ist sein Gebot, daß wir glauben an den Namen seines Sohnes Jesus Christus und lieben uns untereinander, wie er uns das Gebot gegeben hat.“ 1. Joh. 3, 23

Die vor uns liegenden Adventswochen und Weihnachtstage, vielleicht sogar der Jahreswechsel, bieten durch zusätzliche freie Tage eine gute Möglichkeit, sich im Glauben zu üben und in der Liebe zu reifen. Wir wollen lernen, fester zu glauben, aber auch zugeben, wenn uns Kleinglaube blockiert. Sogar Menschen, die in unmittelbarer Berührung mit Jesus lebten, haben den Mut gehabt zuzugeben, wie klein ihr Glaube mitunter war. Da war z.B. der Vater eines schwerkranken Jungen, der das Wort Jesu hörte: „Alle Dinge sind möglich dem, der da glaubt“ (Mark 9, 23). Wie gern hätte dieser Mann geglaubt! Er war ehrlich genug, dem Herrn Jesus zu sagen: „Ich glaube; hilf meinem Unglauben!“ Gott läßt ein solches Gebet nicht unerhört. Wer mutig und ehrlich Gott im Gebet anspricht, wird erfahren, daß sein Gebet nicht unerhört bleibt.

Wir wollen des weiteren lernen, treuer zu lieben. Mit der Liebe ist es aber ähnlich wie mit dem Glauben. Ich kann mir fest vornehmen zu lieben und werde vielleicht mit Schrecken entdecken, daß meine Kraft nicht reicht. Im Gegenteil, derjenige, dem ich eigentlich mit Liebe begegnen müßte, weckt so viel Ablehnung und Antipathie in mir, daß ich oft ganz beschämt bin. Da hilft nur eins: Ich muß wie ein Kind vor Gott treten und beten: „Lieber Vater im Himmel, ich weiß, daß ich die Probleme, die ich mit diesem oder jenem Menschen habe, nur dadurch lösen kann, daß ich den anderen liebe. Aber mir fehlt die Kraft zum Lieben. Schenke du sie mir doch. Amen.“ Viele Menschen haben bereits erfahren, daß die Liebe Brücken baut und wie eine wunderwirkende Medizin ist.

Die wachsende Ungerechtigkeit wird es uns allerdings schwermachen, anderen zu zeigen, daß Christen ihre Probleme in Liebe lösen. Die Bibel sagt, daß zum Ende der Welt hin die Menschen der Lüge eher glauben werden als der Wahrheit. In der letzten Zeit werden lügenhafte Kräfte am Werk sein, die auch Zeichen und

Wunder tun. Ja, einmal wird sogar ein Weltherrscher kommen, der Antichrist, und sich als Gott ausgeben. Doch seine Bemühungen werden zum Scheitern verurteilt sein. Gott selbst wird den Machenschaften dieser Verkörperung des Bösen ein Ende bereiten.

Wir wollen treuer lieben, sagten wir. Dabei geht es um die Liebe zu Gott und zu anderen Menschen. Man muß Gott und den Nächsten lieben wollen, zugleich aber wissen, daß die größte Willensanstrengung nichts nützt, wenn Gott die Liebe nicht ermöglicht.

4. Dezember

„Und ich sprach zu den Vornehmen und Ratsherren und zum übrigen Volk: Das Werk ist groß und weit, und wir sind auf der Mauer weit verstreut und fern voneinander. Woher ihr nun die Posaune tönen hört, dorthin sammelt euch zu uns. Unser Gott wird für uns streiten.“ Neh. 4, 13–14

Ich denke, es ist gut, wenn wir uns wieder einmal daran erinnern, daß man Freude zum Dienst gewinnen kann. Bei Nehemia entdekke ich drei Stationen, die schließlich zu der bekannten Aussage führen: „Die Freude am Herrn ist eure Stärke“ (Neh. 8, 10). Diese Freude entwickelt sich sicher nicht automatisch. Aber wenn man bereit ist, dem Herrn zu dienen, dann kann man sie gewinnen. Erstens durch gute Vorbereitung, zweitens durch willige Helfer und drittens durch anhaltenden Glauben.

Es ist Ihnen sicher bekannt, daß Nehemia zu denen gehörte, die fern der Heimat, sozusagen in der Gefangenschaft, leben mußten. Er hatte einen gewissen Freiraum, so daß das Wort „Gefangenschaft“ nicht ganz zutrifft. Er diente am Hof des persischen Königs und war eine geachtete Persönlichkeit. Aber fern der Heimat zu sein hat ihn sicher sehr belastet. Nehemia erfährt eines Tages eine Berufung. Er weiß ganz gewiß, daß ihn der Herr in seiner Heimat haben will, um die Stadt Gottes wieder aufzubauen.

Wenn auch wir von Gott in eine besondere Beauftragung genommen werden und uns freuen wollen, ist eine realistische Bestandsaufnahme vor Arbeitsbeginn und eine gute Vorbereitung unabdingbar. Dazu zähle ich, daß ich meiner Berufung gewiß bin. Wenn daran etwas ins Wackeln gekommen ist, dann darf ich meinen Herrn bitten: „Lieber Herr, ich bin eigentlich gar nicht mehr gewiß, ob du mich noch so brauchen willst. Mach mich doch meiner Berufung gewiß. Amen."

Wenn im Reiche Gottes gebaut wird, wenn wir also tätig sind, mag es sein, daß die Gegner der Sache Christi über uns lachen. Das kann man dann ertragen. Aber wenn die Gegner der Sache Christi über uns lachen, weil wir faul, träge und unglaubwürdig geworden sind, dann ist das eine Schande. Ich möchte heute diesen Ruf an Sie weitergeben, damit Sie Feuer fangen und auch in Ihrer Gemeinde sagen können: Kommt, laßt uns die Mauern Jerusalems wieder aufbauen, daß wir nicht ein Gespött werden für unsere Gegner.

Wenn ich mit dem Herrn rechne, mit ihm in Verbindung stehe im Gebet, wenn ich das Meine tue mit meinen Händen und mit den Werkzeugen, die Gott mir in die Hand gelegt hat, dann kann ich auch voller Vertrauen sagen: „Unser Herr wird für uns streiten." Er, mein Herr selbst, wird die Dinge in die Hand nehmen.

5. Dezember

„Jesus aber wandte sich um und sah sie nachfolgen und sprach zu ihnen: Was sucht ihr? Sie aber sprachen zu ihm: Rabbi – d.h. übersetzt Meister –, wo ist deine Herberge? Er sprach zu ihnen: Kommt und seht!" Joh. 1, 38–39 a

Jesus hatte seine Wirksamkeit kaum begonnen, als ihn zwei Männer hörten. Sie begriffen, daß Jesus aus der Herrlichkeit Gottes in die Dunkelheit dieser Welt gekommen war. Sie ließen sich erleuchten und folgten ihm nach. Nun waren sie schon Stunden miteinander gegangen und wurden müde. Da stellte sich die Frage, wo man über Nacht bleiben würde. Sie wußten nicht, wo Jesus wohnte, und fragten ihn.

Sie stehen noch am Anfang ihres Glaubens. Sicher ist ihnen ein Bett in der kommenden Nacht wichtiger als irgendein geistlicher Trost oder ein Hinweis auf Jesu göttliche Herrlichkeit. Jesus weiß, was die beiden brauchen. Er sagte ihnen: „Kommt und seht!“ Sie folgten seiner Einladung und wurden nicht enttäuscht. Wie mancher ruft heute: „Gott, wo bist du? Deine Herrlichkeit ist mir zu weit.“ Doch wer sich mit dem lebendigen Gott einläßt, der wird nicht enttäuscht werden. Er kommt an den Platz, den Gott ihm zugedacht hat.

Einer von den beiden, die damals mit Jesus gingen, hatte den Namen Andreas. Er traf am nächsten Tag seinen Bruder Simon und sagte dem: „Wir haben den Messias gefunden!“ Das ist der Friedefürst, auf den nicht nur die Juden warten, sondern alle Welt. Wer ersehnt nicht ewigen Frieden? Andreas führte Simon zu Jesus. Das wird mit ganz schlichten Worten erzählt. Es ist also möglich, daß ein Mensch dem anderen die Augen öffnet. Das ist übrigens etwas, was bis in die Ewigkeit zählt. Vieles von dem, was wir hier auf Erden tun und worauf wir uns etwas einbilden, bleibt völlig wertlos, gemessen an den Maßstäben der Ewigkeit. Aber einen anderen Menschen zu Jesus führen, das zählt.

Wer aus der Finsternis seines Lebens in Gottes Licht tritt, der erfährt seine Liebe, die nie versiegt oder aufhört. Gott will die erhalten, die er liebt. Er will nicht, daß sie verlorengehen, und errettet sie daher mit letztem Einsatz. Gott hat diesen Einsatz gewagt und für die Welt sein Bestes gegeben, nämlich denjenigen, der von Anfang an dabei war, seinen Sohn. Von ihm heißt es: Das Wort ward Fleisch und wohnte unter uns. Der am Anfang das erste Wort sprach, der wird auch das letzte haben. Sich ihm zuwenden, das ist das Höchste und Schönste, was ein Mensch tun kann. Diese Freude wünsche ich auch Ihnen!

6. Dezember

„Betet allezeit mit Bitten und Flehen im Geist und wacht dazu mit aller Beharrlichkeit im Gebet für alle Heiligen und für mich.“ Eph. 6, 18–19 a

Hier werden nicht nur die Christen zu selbstlosem Beten aufgefordert, an die der Brief ursprünglich einmal gerichtet war, sondern es ist eine Belehrung für alle, die dem Herrn Jesus nachfolgen. Ihnen wird gesagt: Betet für alle Heiligen, also für das ganze Volk Gottes, für die ganze Gemeinde Jesu und für den einzelnen Boten Gottes. Und indem ihr für einen einzelnen Boten Gottes betet, gedenkt ihr aller Boten Gottes. Eigenartigerweise wird nicht davon geredet, daß wir für uns selbst beten sollen, sondern es sind nur die vielen aus dem Volk Gottes genannt und der einzelne Bote, den das Volk Gottes in diese Welt hineinsendet.

Überall dort, wo noch geistliches Leben ist und Christen sich ihrer Verantwortung bewußt werden, fragen viele Gemeindeglieder, worin wohl ihre Mitarbeit bestehen könnte. Oft wird dann krampfhaft nach Gaben und Talenten gesucht. Meistens wird an etwas gedacht, das sich in der Öffentlichkeit entfalten kann, wie z.B. singen, laut beten oder reden. Es wird an den aktiven Dienst eines Diakons, einer Diakonisse oder irgendeines Leiters oder Ältesten gedacht. Die wenigsten Gemeindeglieder kommen eigentlich darauf, daß es keine aktivere Mitarbeit gibt als die Fürbitte. Das ist die wichtigste und selbstloseste Mitarbeit in der Gemeinde. Und deshalb ist sie so wirksam. Vor allem ist sie eine Mitarbeit, zu der jeder fähig ist, ob jung oder alt, ob gesund oder krank, ob begabt oder unbegabt. Fürbitte ist eine Mitarbeit, bei der man kein brillanter Redner zu sein braucht oder ein großer Formulierer. Es kommt nicht einmal darauf an, wie man aussieht. Jeder kann's.

Wie viele Dienste bleiben auf diesem Sektor ungeschehen! Über wieviel nichtiges Zeug unterhält man sich oft auf dem Heimweg von der Kirche, anstatt noch einmal für die Sonntagsschulhelfer oder für die Jugend zu beten. Wer betet denn schon für den Chorleiter, sofern die Gemeinde einen Chor hat? Wer betet für die

Frauenleiterin? Wer betet für den, der die Kirche sauberhält? Sie alle bedürfen der Fürbitte. Natürlich auch der, der am Wort dient.

Wir müßten als Glieder der Gemeinde Jesu viel häufiger unsere Blickrichtung ändern und dem Geist Gottes mehr Möglichkeit geben, durch uns zu wirken. Dazu ist die Fürbitte der beste Weg. Kein Pfarrer, kein Prediger, kein Missionar, kein Kirchenleiter, wie immer er sich auch nennt, kann im Segen wirken, wenn er nicht betend begleitet wird, und zwar vom selbstlosen Gebet der Gemeindeglieder, die nichts dafür bekommen und auch nichts erwarten. Interessant ist, daß die Fürbitte nicht nur die Menschen verwandelt, für die man betet, sondern daß Fürbitte auch den Beter selbst verwandelt. Gottes Geist verhelfe uns zu selbstlosem, eindringlichem und anhaltendem Beten!

7. Dezember

„Erforscht euch selbst, ob ihr im Glauben steht; prüft euch selbst! Oder erkennt ihr euch selbst nicht, daß Jesus Christus in euch ist? Wenn nicht, dann wärt ihr ja untüchtig.“

2. Kor. 13, 5

In der Gemeinde in Korinth ging es um handfeste Sünden. Da waren Menschen, die sich in sexuelle Sünden verstrickt hatten, und solche, die sich von falschen Aposteln beeinflussen ließen. Sie haben von ihren Sünden abgelenkt und Paulus beschuldigt, er sei gar kein Beauftragter des Christus. Seine Zurückhaltung, seine Geduld und seine Liebe legten sie als Schwachheit aus. Sie behaupteten, Christus rede gar nicht aus ihm.

Wie oft halten bis heute Menschen jemanden, der laut oder pathetisch predigt, für einen Bevollmächtigten. Es soll sogar Leute geben, die die Verkündigung eines Predigers danach beurteilen, wie oft er den Namen Jesus gebraucht. Wenn er recht oft „Jesus“ sagt, dann ist die Predigt ihrer Meinung nach in Ordnung; wenn er es seltener sagt, dann taugt die Predigt nichts. Doch so können wir nicht vorangehen! Christus zeigt sich ganz anders, als es der

Mensch, manchmal sogar der erlöste Mensch, wünscht. Er kommt in Schwachheit. Auch seine Boten machen mitunter einen schwachen, ohnmächtigen Eindruck.

„Erforscht euch selbst." Wer kann das schon? Viele wühlen in ihrer Seele oder ihrer Vergangenheit und werden nicht fertig mit ihrer Gegenwart bzw. haben eine unheimliche Angst vor ihrer Zukunft. Darum ist es gut, daß diese Aufforderung nicht nur bei der Selbsterforschung stehenbleibt. Es wird vielmehr gesagt: „Erforscht euch selbst, ob ihr im Glauben steht; prüft euch selbst!"

Selbstprüfung, das heißt: Vergeßt, wie ihr gern sein möchtet. Vergeßt, was Freunde über euch sagen. Vergeßt, was eure Gegner von euch behaupten. Prüft euch selbst! Das war nun ein seelsorgerlicher Rat des Paulus. Er bat die Christen in Korinth, anstatt ihm, dem Apostel, die Christusverbundenheit abzusprechen, lieber selbst einmal zu prüfen, wie es in ihrem Leben aussieht. Er sagte mit anderen Worten: „Kennt ihr euch wirklich so hinreichend gut, daß ihr genau wißt, daß Jesus in jedem von euch wohnt? Könnt ihr das wirklich vor aller Welt bezeugen, daß ihr im Glauben steht?"

Es gibt auch heute in vielen Gemeinden Menschen, die vorgeben, in der Vollmacht des Herrn zu handeln. Ihr Dienst gilt aber nicht dem Bau der Gemeinde, sondern der Zerstörung. Sie geben vor, im Namen des Heiligen Geistes zu sprechen, aber sie trennen die Gemeinde. Und der Heilige Geist ist kein Zerstörer. Er zerstört nur die Sünde und den Hang zur Sünde. Der Heilige Geist ist gleichsam der Kanal, durch den Gott sich offenbart. Durch die Wirkungen des Heiligen Geistes kann sich der Glaubende der Gegenwart des Herrn bewußt werden und lernen, sein Vertrauen ganz auf Gott zu setzen.

8. Dezember

„Denn dein ist das Reich und die Kraft und die Herrlichkeit in Ewigkeit. Amen.“ Matth. 6, 13 b

Wenn in der Bibel von der Herrlichkeit Gottes die Rede ist, dann weist dieses Wort darauf hin, daß Gott Herr über alle Götter ist (Ps. 95, 3).

Über die Herrlichkeit Gottes wird des weiteren gesagt, daß Licht das Kleid ist, das er anhat (Ps. 104, 2). Dabei darf man jedoch nicht die Vorstellung haben, Gott wäre in einer Lichterscheinung zu sehen. Es haben ja bedeutende Menschen eine Gotteserfahrung gemacht. Manche von ihnen bezeugten, daß sie eine Lichterscheinung gesehen hätten. Das Licht ist allerdings nicht Gott selbst, sondern es verhüllt ihn vielmehr. Ein Mensch kann ja nicht einmal in die Sonne schauen. Er könnte auch nicht Gott in seinem Licht sehen.

Licht hat etwas mit der Herrlichkeit Gottes zu tun. Das wird deutlich im Alten Testament. Es heißt dort einmal: „Mose konnte nicht in die Stiftshütte hineingehen, weil die Wolke darauf ruhte und die Herrlichkeit des Herrn die Wohnung erfüllte“ (2. Mose 40, 35). Auch die Visionen des Propheten Hesekiel zeigen, daß es einem Menschen einfach unmöglich ist, in das Licht zu gelangen, das von Gott ausgeht.

Es könnte in diesem Zusammenhang noch manches gesagt werden, doch ist die eigentliche Tiefe der Herrlichkeit Gottes erst in Verbindung mit Jesus Christus zu verstehen. Gott hat aus der Ewigkeit bereits seine Hand nach uns ausgestreckt und gesagt: Ich möchte dich für immer haben. Du sollst mir gehören. Ich lasse dich nicht in der Welt mit all ihrer Vergänglichkeit und mit all ihrem Schmutz.

Ich habe erlebt, an der Küste oder im Gebirge, daß sich ganz fremde Menschen ansprechen, wenn sie einen Sonnenaufgang oder Sonnenuntergang erleben. Dann hört man schon mal das Wort „herrlich“. Wenn etwas Irdisches und Vergängliches schon herrlich genannt wird, wieviel mehr sollten wir dann von dem reden, was nun wirklich unvergänglich ist und herrlich bleibt, ja vielmehr, dessen ganze Herrlichkeit wir erst später einmal sehen werden.

Ich schließe mit der frohen Zusage, daß Menschen, die Anteil haben wollen an der Herrlichkeit Jesu Christi, schon hier in dieser Welt etwas spüren können von dem Abglanz seiner Herrlichkeit. Sie bekommen Kraft, wo sie kraftlos sind, und ihnen fließt Freude zu, wo sie eigentlich freudlos sind. Hier schon, in dieser Welt, fängt etwas an, was zur Vollendung kommen wird in der Herrlichkeit. Daß Sie diese geistliche Erfahrung machen, wünsche ich Ihnen von ganzem Herzen.

9. Dezember

„Was wollen wir nun hierzu sagen? Ist Gott für uns, wer kann wider uns sein?“ Röm. 8, 31

Aus den Schriften des Paulus wissen wir, daß es in der unsichtbaren Wirklichkeit dieser Welt, also in der Dimension unseres Gottes, Helfer des Höchsten gibt, aber auch Helfer des Satans. Es ist deshalb ganz wichtig, daß wir unseres Glaubens gewiß sind, denn sehr viele Mächte und Kräfte stellen sich gegen einen Christusnachfolger. Sie wollen ihm rauben, was Christus ihm geschenkt hat. Glaubensgewißheit heißt: Ich bin mit dem in der unsichtbaren Wirklichkeit lebenden Christus verbunden. Darum kann ich mit anderen Christen sagen: „Wir wissen aber, daß denen, die Gott lieben, alle Dinge zum Besten dienen“ (Röm. 8, 28). Das ist so, weil Gott für uns ist. Er ist nicht bloß hin und wieder gnädig gestimmt, sondern „für uns“, das ist seine Grundeinstellung.

Obwohl wir manchmal darunter leiden, daß auch der Glaubende in eine Art Zerreißprobe kommt, wird uns doch durch die Glaubensgewißheit auch Glaubensfreude zuteil. Worüber? Über die große und unbegreifliche Liebe Gottes. Paulus schildert sie so: „Der auch seinen eigenen Sohn nicht verschont hat, sondern hat ihn für uns alle dahingegeben – wie sollte er uns mit ihm nicht alles schenken?" (Röm. 8, 32). Da ist es wieder, dieses „uns". Ursprünglich waren das alle „Geliebten und berufenen Heiligen in Rom", also Menschen, die bewußt in der Nachfolge Jesu standen. Inzwischen wissen wir, daß dieses Evangelium aller Welt gilt. Alle sind eingeladen, denn Christus ist für alle gestorben. Bedeutung hat sein Tod allerdings nur für denjenigen, der seine Erlösungsbedürftigkeit kennt, seine Sünde zugibt und der dann auch „Danke" sagt für die Vergebung, die ihm zuteil wird.

Ich wünschte, die Christen sprächen noch viel mehr von der Freude der Vergebung und darüber, was ihnen mit der Vergebung alles gegeben ist. Weil Gott um unsertwillen sein Liebstes nicht zurückhielt, können wir ihm vertrauen. Und wir können getrost die Zukunft erwarten, sogar in Zeiten der Krankheit oder wirtschaftlicher Verluste. Wer jedoch Gott und sein souveränes Verhalten und Regieren nicht zum Inhalt seines Glaubens macht, der muß letztlich in Enttäuschung und Verzagtheit enden. Aber Menschen, die im Vertrauen zu Gott leben, die bereit sind, für ihn und das Kommen seines Reiches zu leiden und zu kämpfen, die lernen es auch, im Glauben zu siegen. Anstatt dem Leben mit all seinen Rätseln und Geheimnissen zu unterliegen, reifen sie mehr und mehr zu Persönlichkeiten heran, die mit dem Apostel Paulus bezeugen können: „Ich habe Glauben gehalten!" In ihrem Leben siegt die Gnade über die Schuld, die Gotteskraft über die Schwachheit und die Ewigkeit über die Vergänglichkeit.

10. Dezember

„Zion, du Freudenbotin, steig auf einen hohen Berg; Jerusalem, du Freudenbotin, erhebe deine Stimme mit Macht; erhebe sie und fürchte dich nicht! Sage den Städten Judas: Siehe, da ist euer Gott; siehe, da ist Gott der Herr! Er kommt gewaltig, und sein Arm wird herrschen.“ Jes. 40, 9–10 a

Zum ersten Mal begegnet uns an dieser Stelle in der Bibel jener Wortstamm, aus dessen griechischer Übersetzung das Wort „Evangelium“ gebildet ist. Eine Freuden- und Siegesbotschaft überbringt der Prophet, damit wir sie aufnehmen und ausrufen mit Macht, soweit unsere Stimme nur reicht. Denn wo ist Zion? Wo ist Jerusalem? Überall da, wo Gottes Trost und Gottes Sieg geglaubt und verkündigt wird. Wohlan, du Volk des Herrn. Hebe deine Stimme auf und fürchte dich nicht. Freudenboten leben seinem Wort gemäß. Unerschrocken und fröhlich melden sie seinen Triumph an. Daß wir doch nicht so viel an seiner Wahrheit herumnörgeln möchten. Kritiker, Nörgler und Klageweiber gibt's auch ohne uns Christen in der Welt mehr als genug!

Uns ist geboten, fröhlich zu sein: „Siehe, da ist euer Gott.“ Er hat sich nicht ins Altenteil zurückgezogen. Es ist nicht wahr, daß er in dieser Generation vollends zu Grabe getragen wird. Er lebt und regiert und „sein Arm wird herrschen“. Nicht nur heimlich, so ganz im verborgenen. Sein ausgestreckter Arm wird aller Welt sichtbar sein. Es versteht sich, daß das keinen Menschen tröstet, der sich vor diesem Gott verstecken will. Ein schlechter Trost, mehr noch, eine Schreckensnachricht ist dies für alle, die sich ihm verweigern. Denn wenn Gottes Arm herrscht, heißt das, daß zur selben Zeit der Gottlosen Arm zerbrochen wird. Aber für alle, die auf ihn hoffen, ist es ein gewaltiger Trost. „Er kommt gewaltig“, sagt Jesaja, und keinen wird er vergessen, der dem Wort seiner Wahrheit geglaubt hat. „Siehe, da ist euer Gott.“ Es ist die hoffnungsvollste Sache der Welt, sich mit ihm einzulassen.

Wenn uns die Botschaft dieses Propheten heute bewegt und betrifft, dann vor allem deshalb, weil er uns das Heilsziel Gottes mit dieser Welt verkündigt. Seine Botschaft hat ein wahrhaft weltgeschichtliches Format. Jesus Christus, an dessen Geburt wir in diesen Tagen wieder besonders erinnert werden, wurde vom Propheten als „kommender Herrscher der Welt" gesehen. Was Jesaja voraussah, ist in der Weihnachtsnacht geschehen. Christus kam für uns auf diese Welt. Advent heißt: Ankunft. Er kommt. Wir dürfen uns neu daran erinnern, was er für uns getan hat. Advent, das heißt: Gott bietet uns überquellende Freude an und sieghaften Trost, der die ganze Welt umspannt.

11. Dezember

„Ich will euch, liebe Brüder, dieses Geheimnis nicht verhehlen, damit ihr euch nicht selbst für klug haltet: Verstockung ist einem Teil Israels widerfahren, so lange bis die Fülle der Heiden zum Heil gelangt ist." Röm. 11, 25

Wem es schwerfällt, an den lebendigen Gott zu glauben, dem wird es natürlich auch schwerfallen, Gottes geheimnisvolle Führung in der Geschichte Israels zu erkennen. Er wird sich sicherlich dagegen sträuben, wenn wir mit Aussagen der Bibel unterstreichen, daß das Geschick der Völker und Israels ineinander und miteinander verwoben ist.

Die geheimnisvolle Verwobenheit von Judentum und Christentum sieht man daran, daß durch die Ablehnung des Evangeliums von seiten der Juden für die Menschen aus anderen Völkern der Weg zu Christus frei wurde. Aber obwohl sich Gott aus anderen Völkern und Nationen seine Gemeinde erwählt, hält er doch seine Zusagen gegenüber seinem Volk. Und weil er die Vorväter der Juden erwählt hat, bleiben sie sein geliebtes Volk. Unser Gott hat in seiner unergründlichen Liebe und Treue das jüdische Volk nicht verworfen, obwohl die meisten Juden Jesus als den Messias ablehnen.

Die Bibel läßt keinen Zweifel daran, daß Israel am Ende errettet werden wird, daß Israel einmal den Platz einnehmen wird, den Gott ihm von Anfang an zugedacht hat. Es ist eine unendliche

Tragik, daß dieses auserwählte Volk in die Blindheit hineingerannt ist und daß jenes besondere Angebot, die Einladung Jesu, ausgeschlagen wurde.

Mancher fragt sich, ob Gott nicht irgendwann mit seinem Volk die Geduld verloren hat oder verlieren wird. Wer so im Blick auf Israel fragt, würde natürlich sehr gerne sehen, daß Gott im Blick auf das eigene Leben die Geduld nicht verliert. Wie oft hat auch mancher Christusnachfolger Gottes Geduld strapaziert. Christen leben aus der Vergebung und von der Chance eines Neuanfangs.

Juden und Christen haben ein gemeinsames Ziel. Für die Christen ist es die Wiederkunft Christi und für die Juden die Ankunft ihres Messias. Beide Wege enden auf jeden Fall im Ziel der souveränen Gottesherrschaft durch die Versöhnungstat Jesu Christi am Kreuz. An diesem Ziel angelangt, werden Juden und Christen, das ganze Volk Israel und die ganze Gemeinde Jesu, durch den einen, von Gott geschenkten Glauben in erfüllter Hoffnung und vollendeter Liebe Gottes verbunden, gemeinsam Gott in Ewigkeit ehren und loben.

12. Dezember

„Und alsdann werden sie sehen den Menschensohn kommen in einer Wolke mit großer Kraft und Herrlichkeit."

Luk. 21, 27

Es ist ein ernstes Wort aus dem Lukas-Evangelium, mit dem wir in diesen Tag gesandt werden. Wer sind diese „sie", von denen Lukas spricht? Es sind Menschen, die vor Furcht vergehen in der Erwartung der Dinge, die über die ganze Erde kommen sollen. Lukas weist darauf hin, daß die Kräfte der Himmel ins Wanken kommen werden, und dann werden sie den „Menschensohn in einer Wolke kommen sehen mit großer Kraft und Herrlichkeit".

Wir bekennen als Christen das Kommen Christi in die Welt, und wir bekennen zugleich seine Wiederkunft. In seiner ersten Ankunft hat Christus im Prinzip die volle Erlösung des Menschen und der Welt vollbracht. Der Heilige Geist wurde zu Pfingsten ausgegossen und schenkt uns durch Gottes Wort Gemeinschaft mit Christus hier und jetzt schon in seiner Gemeinde. Die zweite Ankunft Christi gründet ganz und gar in der ersten. Weil er im Prinzip die gefallene Schöpfung schon erlöst hat, wird er auch wiederkommen, um sein erlösendes Werk an Kirche und Welt vollkommen zu vollenden. Noch sind wir unvollkommen und gefangen von dem, was diese Erde prägt und kennzeichnet. Christus aber möchte, daß wir als solche leben, die nicht in eine leere, unsichere oder dunkle Zukunft starren. Wir wissen, wer kommt. Entsprechend gilt es zu leben!

Weil die Zukunft für den Glaubenden nicht ungewiß ist, darum müssen wir uns ganz anders rufen und fordern lassen als bisher. Reißt es mich noch vom Stuhl, wenn ich lese, höre oder verkünde: Jesus kommt wieder? Die Erwartung seiner Wiederkunft ist kein Traum und kein Phantom.

Die Glaubensaussage, daß Christus wiederkommen wird, hat Entscheidungscharakter. Es geht um Sein oder Nichtsein, um dauernde Gemeinschaft mit Gott oder dauernde Trennung. Und das gilt es zu bedenken, wenn wir heute in den Tag gehen mit dem Wort: „Sie werden den Menschensohn in einer Wolke kommen sehen mit großer Kraft und Herrlichkeit.“

Ich möchte mit Ihnen beten: „Herr Jesus, ich weiß, daß du wiederkommen wirst. Mach mich doch bereit für den Tag deiner Wiederkunft. Ich vertraue deinem Wort, das mir sagt, daß du mit großer Kraft und Herrlichkeit kommen wirst. Gib mir doch jetzt schon etwas von deiner Kraft. Ich weiß, daß du mich liebst, obwohl ich so mangelhaft bin. Und ich weiß, daß du auch für mich gestorben bist. Ich danke dir für deine Liebe und Treue. Amen.“

13. Dezember

„Wer nun mich bekennt vor den Menschen, den will ich auch bekennen vor meinem himmlischen Vater.“ Matth. 10, 32

Vor geraumer Zeit besuchte uns eine Hörerin, die aus einer Gegend kommt, wo es nicht selbstverständlich ist, sich öffentlich zu Christus zu bekennen. Sie ist die Gattin eines Akademikers und Mutter mehrerer Kinder. Hinter ihr lag eine schwere Operation. Durch Gottes Güte konnte sie genesen. Wie freute sie sich, einmal bei uns sein zu können. Sie strahlte so viel Freude aus, daß man geradezu angesteckt wurde. Sie bedankte sich für die Sendungen des ERF und erzählte, wie viele Anregungen sie für ihr Leben und für die Zusammenkünfte ihres christlichen Hauskreises aus den Sendungen empfange. Sie sagte auch, daß sie keine Gelegenheit auslasse, um auf diese Programme hinzuweisen. Sie war zu uns gekommen, um sich zu bedanken. „Ich habe vor 15 Jahren eine Begegnung mit Jesus Christus gehabt“, sagte sie. „Seither weiß ich, daß es ihn wirklich gibt. Ich habe seine Hilfe vielfältig erfahren und kann nicht mehr ohne ihn leben. Es betrübt mich, daß meine Angehörigen mich nicht verstehen. Vielleicht sehen sie an mir noch nicht deutlich genug, wie Christen leben sollen.“

Soweit diese Besucherin. Obwohl sie mit sich offensichtlich nicht zufrieden war oder vielleicht gerade deshalb, erschien sie mir vorbildlich zu sein in ihrem Glauben, ihrer Liebe und in der Bereitschaft, ihren Glauben zu bezeugen. Ich habe mich gefragt, wie es eigentlich mit meinem Glauben steht, mit meiner Liebe und Bereitschaft, Christus zu bezeugen. Dabei mußte ich an das Wort aus dem Matthäus-Evangelium denken: „Wer nun mich bekennt vor den Menschen, den will ich auch bekennen vor meinem himmlischen Vater.“

Ich will bezeugen, daß es einen Gott gibt, dem wir alle verantwortlich sind. Ich will bekennen, daß er uns seinen Sohn Jesus gesandt hat. Und das will ich nicht nur in den Weihnachtstagen tun, sondern auch im Neuen Jahr. Ich will bekennen, daß wir durch Jesus Zugang zu Gott haben. Ich will bekennen, daß Jesus für mich gestorben und auferstanden ist. Und ich will bekennen, daß er uns seinen Geist gibt, wenn wir ihm vertrauen.

In der Mitte all dessen, was wir weitergeben, steht die Botschaft vom Kreuz, die Botschaft von der Erlösung der Menschheit. Nur in der engen Anlehnung an Jesus Christus kann es in dieser Welt besser werden. Alle Weltverbesserung, die man losgelöst von Jesus erreichen will, ist zum Scheitern verurteilt. Da genügt es auch nicht, auf ihn als das leuchtende Vorbild hinzuweisen. Er ist mehr als das. Er ist unser Erlöser. Es ist tatsächlich möglich, Jesus Christus mutiger zu bekennen, wenn wir dazu von Gott die Kraft erbitten!

14. Dezember

„Seid getrost und unverzagt, fürchtet euch nicht und verzaget nicht vor dem König von Assur noch vor dem ganzen Heer, das bei ihm ist; denn mit uns ist ein Größerer als mit ihm. Mit ihm ist ein fleischlicher Arm, mit uns aber ist der Herr, unser Gott, daß er uns helfe und führe unsern Streit."

2. Chron. 32, 7–8 a

Im Jahre 701 v. Chr. belagerte der assyrische König Sanherib mit einem großen Heer die Stadt Jerusalem. Als König des kleinen Staates Juda regierte zu jener Zeit Hiskia. Tapfer und entschlossen bereitete er sich auf die Verteidigung der Stadt vor. Er verdeckte die Wasserquellen außerhalb der Stadtmauern, um den Gegner von der Trinkwasserversorgung abzuschneiden. Alle Lücken in der Stadtmauer wurden gefüllt, eine zweite Verteidigungsmauer und Beobachtungstürme errichtet. Die Armee wurde neu organisiert und bewaffnet. Doch das alles genügte dem gottesfürchtigen König nicht. Er wußte, daß sein treuester und verläßlichster Helfer der große lebendige Gott ist, dessen Eingreifen und Hilfe erfahrbar ist. Im Vertrauen auf diesen Gott rief er in einer entscheidenden Stunde seinem Volk das obengenannte Bibelwort zu. Hiskias Glaube war so überzeugend und ansteckend, daß alle, die ihn reden hörten, neuen Mut gewannen.

Seit es Menschen gibt, die über andere herrschen, hat es nicht an Versuchen gefehlt, Politik und Religion miteinander zu vermischen. Häufig ließen sich Könige sogar als Götter feiern. War das nicht der Fall, dann übernahm man die religiösen Vorstellungen dessen, der sich zuletzt als siegreich erwiesen hatte. Einer, für den das auch galt, war König Ahas, Hiskias Vater. Wie müssen daher alle gestaunt haben, als Hiskia zu Beginn seiner Regierungszeit den gottlosen Kultus seines Vaters abschaffte! Hiskia wußte, daß der lebendige Gott ein Größerer ist als alle Götter der Heiden. Voller Hingabe befreite der König sein Volk von allem, was die Hinwendung zu Gott hinderte.

Heute steht hierzulande kaum jemand in der Gefahr, sich vor heidnischen Gottheiten zu beugen. Dafür gibt es unzählige andere Kräfte und Mächte, die Menschen hindern, sich Gott zuzuwenden. Sie nehmen sehr häufig einen so hervorragenden Platz im Leben eines Menschen ein, daß sie größer zu sein scheinen als der lebendige Gott, dem viele nur noch einen Platz in der Kirche, im Kinderzimmer oder im Altenstübchen einräumen.

Gibt es in Ihrem Leben etwas, dem Sie bereitwillig Ehre erweisen oder das Sie über alles lieben? Als Jesus über diese Erde ging, wurde er nicht müde, die Menschen aufzufordern, dem lebendigen Gott nichts vorzuordnen (Joh. 12, 25), weder das eigene Leben noch andere Menschen, noch Dinge oder Gedanken. Er lehrte, daß es nichts gibt, das größer als Gott wäre.

15. Dezember

„Singet dem Herrn und lobet seinen Namen, verkündet von Tag zu Tag sein Heil!“ Ps. 96, 2

Seit der Auferstehung und Himmelfahrt Jesu geht die Welt ihrer Vollendung entgegen. Noch wissen die Christen ihren Herrn zur Rechten Gottes, d.h. an seinem Regierungssitz in der für unsere Augen nicht sichtbaren Wirklichkeit Gottes. Einst wird er jedoch von dort zurückkehren, und zwar sichtbar für alle. Darauf warten die Christen. Wer in der Erwartung der Wiederkunft Jesu lebt, kann gar nicht anders: Er muß Gott loben.

Noch leben die Christen in einer Spannung zwischen dem Neuen, das sie jetzt schon erfahren haben, und der Vollendung, die noch nicht geschehen ist. Sie hoffen auf die Zukunft. Und sie loben den Herrn, der Grund ihrer Hoffnung ist. Der Auferstandene kommt wieder. Wir werden ihn dann sehen, wie er ist. Das macht uns froh. Wer wenig von der Glaubensgrundlage der Christen weiß, wird sich fragen, woher diese Freude kommt. Warum können die Christen Gott für etwas loben, was noch aussteht?

Gott gibt uns mit seinem heiligen Wort zwar keinen Fahrplan für die letzte Phase der Welt. Doch er hat zugesagt, daß Jesus wiederkommt und daß dieses Ereignis für die Seinen Anlaß zur Freude sein wird. Die bevorstehende Wiederkunft Jesu ist in der Welt an unmißverständlichen Zeichen abzulesen: Kriege, Katastrophen, Verfolgung der Gemeinde Jesu, falsche Propheten und Messiasgestalten (Matth. 24). Christen loben ihren Herrn, weil er sie über den Lauf der Welt nicht im unklaren läßt. Sie loben nicht die Kriege. Sie verabscheuen den Krieg. Doch die Häufung der Kriege gibt ihnen zu denken. Christen loben auch nicht die Katastrophen. Sie loben den Gott, der ihnen sagt, daß Katastrophen ein Zeichen der bevorstehenden Wiederkunft Jesu sind. Wir loben Gott nicht, weil es Verfolgungen gibt. Aber wir loben ihn, weil jede Christenverfolgung Zeichen des wiederkommenden Herrn ist.

Die Zeichen der Zeit mahnen: Jesus, der auferstandene Sohn Gottes, kommt wieder. Darum loben die Christen ihren Herrn.

Wer Gott lobt, wendet sich ihm zu. Wer Gott lobt, der preist ihn für die großen Werke, die er ständig zur Erhaltung dieser Welt tut. Beim Loben geht es nicht wie beim Danken um etwas, was wir von Gott empfangen haben. Es geht vielmehr um Gott selbst, um seine Verherrlichung. Gott wird gelobt, indem sein Name offen ausgerufen und ausgesprochen wird. Überall soll man ihn auf diese Weise hören. Loben heißt anderen weitersagen, was man Gutes über einen weiß. Wenn Christen über Gottes freies und liebevolles Handeln mit seiner Gemeinde und der ganzen Welt sprechen, dann loben sie ihren Herrn. Und wir haben viel Grund, ihn zu loben!

16. Dezember

„Denn wir müssen alle offenbar werden vor dem Richterstuhl Christi, damit jeder seinen Lohn empfange für das, was er getan hat bei Lebzeiten, es sei gut oder böse.“ 2. Kor. 5, 10

Aus dem Neuen Testament wissen wir: Wer an Jesus Christus glaubt, der hat das ewige Leben und kommt nicht ins Gericht. Wiedergeborene Christen müssen aber vor dem Preisrichterstuhl unseres Gottes Rechenschaft ablegen über das, was sie gemacht haben. Auch in jener Stunde können sie sich getrost auf Jesus Christus verlassen. Er wird Rechenschaft von uns verlangen, was wir mit den Gaben gemacht haben, die er uns anvertraute. Die Frage ist dann, ob wir all das genutzt haben, was er uns gegeben hat.

Christus ist für mich gestorben. Damit hat er die Schuldfrage meines Lebens gelöst. Wissen Sie, daß unzählig viele Menschen in der westlichen Welt Tausende von Mark, Franken oder Dollar zahlen, um Klarheit in ihre Vergangenheit zu bringen? Aber sie kommen nicht klar, weil die Schuld ihr Leben belastet und Weichen gestellt sind, die kein Psychiater und kein Arzt mehr wenden kann, sondern die nur der lebendige Jesus in Ordnung bringen kann. Und wir als Christen sind so bevorrechtet. Die Schuldfrage unseres Lebens, die Schuldfrage meines Lebens ist gelöst.

Gott stellt uns nicht in eine neue Existenz wie einen Menschen, der noch nie Schlittschuh gelaufen ist und nun auf der Eisbahn seine Pirouetten drehen soll. Wenn der Herr mir neues Leben gibt, dann hilft er auch, mich in diesem neuen Leben zu bewähren. Wissen Sie, wie er das macht? Durch glückliche Führung der Umstände; indem er mir Menschen an die Seite stellt, mit deren Hilfe ich nie gerechnet hätte; indem er mich erleuchtet an Plätzen und zu Zeiten, wo ich es gar nicht gedacht hätte; indem er mir sicher auch Engelhilfe zur Verfügung stellt, seine Helfer aus der unsichtbaren Welt, die mich hier und da auffangen, bewahren und tragen. Gott hilft mir, als Erneuerter zu leben.

Das Wunderbare ist ja, daß wir durch den Geist, den er uns gegeben hat, allezeit getrost sein können. Und wenn Sie in eine Situation kommen, in der Sie meinen, Sie seien ungetröstet, oder wenn Sie sich nach Trost sehnen, dann sagen Sie: „Lieber Herr, im Heiligen Geist komme du jetzt zu mir und erfülle mich ganz. Tröste du mich doch, wie es dein Wort verspricht."

Ich wünsche Ihnen, daß Sie mit viel Freude in der Bibel lesen und immer wieder neu froh werden, wenn Sie das Ziel, die Ewigkeit, ins Auge fassen. Aber daß Sie, solange Sie hier auf der Erde sind, auch durch den Blick auf die Opfertat Jesu am Kreuz ständig neu dafür dankbar werden, daß Sie ein Versöhnter sind und daß Sie nicht müde werden, diese Botschaft im Auftrag Christi an andere weiterzugeben.

17. Dezember

„Darum will ich dir danken, Herr, unter den Heiden und deinem Namen lobsingen." **Ps. 18, 50**

In den weihnachtlichen Tagen singen wir viel von dem, der in diese Welt gekommen ist. In eine Welt des Unglaubens, der wachsenden Menschenverachtung und der Verhöhnung des lebendigen Gottes. Das soll uns aber nicht beeinträchtigen oder hindern, die Sache Gottes zu betreiben. Ich bewundere Paulus, der an die Menschen im heidnischen Rom eine Aufforderung des Alten Testamentes weitergab: „Freut euch, ihr Heiden, mit Gottes Volk!" Davon sind wir heute natürlich noch weit entfernt. Es geschieht eher das Gegenteil von dem, was Paulus empfohlen hat.

Vielleicht machen Sie sich einmal die Mühe und schlagen in Ihrer Bibel den Römerbrief, Kapitel 15, auf. Sie entdecken dann ab

Vers 9 eine eigenartige Häufung von alttestamentlichen Zitaten. Zum Beispiel dieses: „Lobet den Herrn, alle Heiden, und preist ihn, alle Völker!“ Warum sollen die Völker Gott preisen? Haben sie Ursache zum Lob Gottes? Ja! Paulus zitiert den Propheten Jesaja: „Es wird kommen der Sproß aus der Wurzel Isais und wird aufstehen, um zu herrschen über die Heiden; auf den werden die Heiden hoffen.“ Jesaja gab einen frühen Hinweis auf Jesus, der einmal als König aller Könige über diese Welt herrschen wird. Möglicherweise erkennen wir das im sogenannten christlichen Abendland nicht so deutlich wie Menschen in Mittelamerika, Asien oder Afrika. Dort finden inzwischen Tausende und Zehntausende Woche für Woche zum christlichen Glauben. Sie akzeptieren in Jesus Christus den Friedefürst der Welt.

Unsere Landsleute – und manchmal auch wir selbst – begnügen uns oft mit Vergänglichem. Manche sind nicht einmal mehr dankbar für den Freiraum und die Freiheit, die sie haben. Sie danken kaum für die Sicherheit, in der sie leben, oder für den Wert des Geldes. Viele ihrer Hoffnungen sind lediglich Erwartungen. Erwartungen an die Zeit, an die Umstände oder an andere Menschen. Die meisten hoffen auch auf Vermehrung ihres Besitzes, also ihres Wohlstandes. Das alles sind irdische Hoffnungen und Erwartungen.

Als Christ setze ich meine Hoffnung darauf, daß die Kraft Christi in mir wirksam wird. Und ich will glauben, daß viele von denen, die heute noch ohne Glauben an Christus leben, einmal ihr Herz für ihn öffnen werden. Jesaja sah das voraus. Er sagte: „Er wird kommen...; auf den werden die Heiden hoffen.“ Ist das nicht eine wunderbare Aussage? Selbst die Heiden werden eines Tages ihre Hoffnung auf Jesus setzen. Weil das so ist, will ich desto dankbarer sein, daß ich diese Hoffnung schon heute habe. Und ich will sie festhalten!

18. Dezember

„Du stellst meine Füße auf weiten Raum.“ Ps. 31, 9 b

Ein Journalist hatte einmal jahrelang als Namenschrist dahingelebt. Er genügte den Traditionen, d.h. er ging am Heiligabend in die Kirche und ließ seine Kinder taufen, aber das war auch alles. Dieser Mann kam eines Tages zum lebendigen Glauben an Christus und entdeckte, was er in seinem Leben bisher versäumt hatte. Beim Bibellesen stieß er eines Tages auf ein Wort aus Psalm 31: „Du stellst meine Füße auf weiten Raum.“ Später sagte er: „Das genau ist meine Erfahrung. Es ist, als hätte Gott mich aus der Enge in die Weite geführt. Es ist, als hätte ich vorher meine Hand vor die Augen gehalten. Nun erst sehe ich die ganze Welt in ihrer Fülle und Pracht.“

„Du stellst meine Füße auf weiten Raum“ – das hat ursprünglich David gesagt. Dieser Satz ist nicht etwa Ausdruck des Überschwangs, sondern eine ganz realistische Einschätzung der Situation. Eine ähnliche Aussage findet sich in Psalm 18 bzw. im 2. Buch Samuel, Kapitel 22. Es handelt sich dort um ein Danklied Davids, um eine Lebenserfahrung in Gedichtform, verfaßt am Ende seines Lebens. Da sagt David, dieser große jüdische König: „Er (also Gott) errettete mich von meinen starken Feinden“ (2. Sam. 22, 18). Das heißt nicht, daß er ohne Niederlage geblieben wäre, denn „zur Zeit seines Unglücks“ überwältigten sie ihn. Es gab also Rückschläge und Niederlagen. „Aber“, so sagt David, „der Herr ward mein Halt. Er führte mich hinaus ins Weite.“ Den Sieg erlangte er also nicht durch eine kluge Taktik, auch nicht durch einen wilden Rundumschlag oder durch eine Überlegenheit der Waffen. David sagt: „Denn mit dir (Gott) kann ich Kriegsvolk zerschlagen und mit meinem Gott über Mauern springen.“

Sie wissen sicher, daß diese Erfahrung nicht nur auf den Krieg beschränkt ist. David selbst hat entdeckt und vor sowie nach ihm viele andere, daß der Glaube in jeder Situation trägt. Doch wenngleich jeder, der Gottes Eingreifen erfährt, bestätigen kann, daß es übernatürliche Kräfte gibt, bleibt auch das andere wahr: Gott benutzt uns. Er gibt uns die Kraft und läßt uns dort hingehen, wo wir Erfolg finden. Und während wir unterwegs sind, schirmt er uns ab. Er sorgt dafür, daß wir mit unseren Händen und Gedanken das Richtige tun.

Lassen doch auch Sie sich herausführen aus aller Enge. Sie brauchen als Mensch, der sich Gott anvertraut hat, nicht mehr alles in eigener Regie zu tun. Sie müssen nicht einmal mehr Ihren Feinden gegenüber zornig reagieren und Böses mit Bösem vergelten, sondern können getrost abwarten, was Gott mit den anderen machen wird. Was ist das doch für eine Beruhigung: zu wissen, daß der große Gott selbst hinaus ins Weite führt!

19. Dezember

„Du, Tochter Zion, freue dich sehr, und du, Tochter Jerusalem, jauchze! Siehe, dein König kommt zu dir, ein Gerechter und ein Helfer, arm und reitet auf einem Esel, auf einem Füllen der Eselin.“ Sach. 9, 9

Wo gibt es eigentlich noch Könige? Nur noch in wenigen Ländern. Ihre Macht ist außerordentlich eingeschränkt. Am ehesten sind sie noch gut zu Repräsentationszwecken. Sie eignen sich auch, um dem Volk ein Vater- oder Mutterbild vor Augen zu führen, von dem die Regierenden für das Volk eine einigende und reinigende Wirkung erwarten. Statt uns aber einen König vorzustellen, sollten wir lieber an einen Staatspräsidenten oder Kanzler denken. An eine Person, in deren Händen sich die Regierungsgewalt konzentriert. „Siehe, dein König kommt“, das heißt nicht: Eine Gestalt aus dem Märchenbuch kommt oder eine bloße Repräsentationsfigur. „Dein König kommt“, das heißt in der Bibel: Es kommt der, von dem alle Gewalt ausgeht. Es kommt der Mächtige, derjenige, der in allen Kämpfen den Sieg behalten wird.

Von wem spricht der Prophet Sacharja denn nun aber? Das geschichtliche Bild, das er zeichnet, paßt nicht unmittelbar in seine Zeit. Es weist vielmehr in die Zukunft. Sacharja spricht von dem Messias, dem großen Heils- und Friedenskönig, den nicht nur

Israel seit Jahrhunderten erwartet, sondern auf den bewußt oder unbewußt Menschen aus allen Völkern warteten und bis heute hoffen. Der kommende Messias ist niemand anders als Jesus Christus, der Sohn Gottes. Der König des Volkes Gottes ist anders als die Könige der Nationen. Dieser König kam ,,in niedern Hüllen", nicht waffenklirrend und ordensgeschmückt. Er hat den Sieg errungen, aber er rühmt sich seiner Taten nicht. Er ist es wahrlich wert, daß man ihn hoch verehrt.

Wenn der Friedenskönig kommt, dann wird alle Unterdrückung und Ausbeutung aufhören. Wir sehnen uns nach diesem Reich der Gerechtigkeit und des Friedens. Was uns Gottes Wort in den vor uns liegenden festlichen Tagen sagen will, ist dieses: Der Messias und sein Volk gehören zusammen. Alle, die zu diesem Volk gehören, wissen, daß sie von sich aus wohl nicht aufgebrochen wären, um diesen großen König zu suchen. Wer im Volke Gottes lebt und auf den kommenden bzw. wiederkommenden Friedenskönig wartet, der weiß: Er gehört zu mir, weil ich zu ihm gehöre. Wenn der Messias kommt, dann ist die Geschichte am Ziel. Wir wollen uns an diesem prophetischen Wort nicht nur selbst freuen und stärken lassen, sondern es aller Welt zurufen: ,,Die Herren dieser Welt kommen und gehen; unser König kommt!"

20. Dezember

„Seht, welch eine Liebe hat uns der Vater erwiesen, daß wir Gottes Kinder heißen sollen – und wir sind es auch!"

1. Joh. 3, 1 a

,,Welche Gedanken verbinden Sie mit Weihnachten?" wurden Leute auf der Straße gefragt. Sie sollten ein Stichwort nennen. In den Antworten hieß es: Familie – Geschenke – Ruhe – Weihnachtsbaum – Freude – Friede. Kaum einer aber sagte: Rettung! Diese Antwort aber hätte ins Schwarze getroffen, denn tatsächlich feiern wir ja nur darum Weihnachten, weil Jesus Christus als Retter der Welt geboren wurde. An seine Geburt denken in diesen Tagen Millionen Menschen in aller Welt. Wer Weihnachten deshalb feiert, weil Jesus Christus geboren ist, der weiß auch, daß er in diese Welt gesandt wurde, weil Gott die Welt liebhat.

Die meisten Menschen wissen nicht, daß sie leben, weil es einen Gott gibt, der die Liebe ist. Gott will, daß alle Menschen erfahren, daß er sie liebt. Er hat die Menschen nicht ins Leben gerufen und sich danach nicht mehr um sie gekümmert. Doch leider suchen sich seine Geschöpfe „Väter" nach ihrem Geschmack, d.h., sie machen sich selbst ihre Götter. Dabei will Gott, daß die Menschen ihn nicht nur als ihren Schöpfer ehren, sondern als himmlischen Vater lieben lernen! Johannes schreibt: „Seht, welch eine Liebe hat uns der Vater erwiesen, daß wir Gottes Kinder heißen sollen – und wir sind es auch!" Johannes konnte das sagen. Und die, denen er ursprünglich seinen Brief schrieb, konnten es auch. Bis heute bezeugen viele Menschen in aller Welt: „Wir sind Gottes Kinder."

Was heißt das eigentlich, Kind Gottes sein? Aus der Bibel wissen wir, daß Gottlosigkeit die Menschen ins Unheil und Elend stürzt. Ohne Glauben an Gott ist die Menschheit verloren. Gott will aber nicht, daß alle seine Geschöpfe verlorengehen. Er will ihre Rettung. Darum sandte er Jesus. Wer Jesus als Retter akzeptiert, wer ihm Glauben schenkt, der kommt in eine innere Verbundenheit mit Gott. Er kann auf einmal glauben! Er bittet dann um Vergebung für alle Auflehnung gegen Gott. Und er dankt Jesus dafür, daß er Mensch wurde und die Brücke zu Gott gebaut hat. Wer Vergebung findet, dankt Jesus auch dafür, daß er starb, um die Macht der Sünde ein für allemal zu brechen.

Gott verhilft zu lebenswertem Leben. In diesem Sinn wünsche ich Ihnen ein Weihnachtsfest, das Ihnen neu bewußt macht, wie lieb Gott Sie hat und daß Sie als Kind Gottes leben können. Etwas Größeres und Schöneres gibt es nicht.

21. Dezember

„Und alsbald war da bei dem Engel die Menge der himmlischen Heerscharen, die lobten Gott und sprachen: Ehre sei Gott in der Höhe und Friede auf Erden bei den Menschen seines Wohlgefallens.“ Luk. 2, 13–14

Was für eine Aussage ist das doch in der Weihnachtsgeschichte! Das hat nichts mit Gemütlichkeit und Beschaulichkeit zu tun. Gott öffnet seine unsichtbare Welt und läßt Menschen einen Blick hineintun, oder umgekehrt, er entsendet aus seiner unsichtbaren Welt in unsere Welt die Boten, die das ungeheure Geschehen ansagen sollen. Nachdem der Engel des Herrn gesprochen hatte, wurde die Menge der himmlischen Heerscharen sichtbar. Was muß das für ein bewegender Anblick gewesen sein! Kein Wunder, daß die Hirten sich fürchteten. Welch ein Schrecken mag die nichtsahnenden Hirten durchdrungen haben, als plötzlich die himmlische Erscheinung vor ihnen stand.

Nicht nur die Hirten erschraken. Immer und immer wieder ist es seither zu einer Begegnung Gottes mit den Menschen gekommen. Nicht so gewaltig, wie es damals die Hirten in der Nähe von Bethlehem erlebten, und doch einschneidend. Wenn das Herz eines Sünders von göttlicher Klarheit erleuchtet wird, dann erkennt es plötzlich vor dem Licht Gottes seine ganze Unwürdigkeit, dann ist oft große Furcht da. Aber es ist eine heilsame Furcht, wenn ein Herz spürt, daß es vergehen müßte vor dem heiligen Auge Gottes. Dann ist der Weg zum göttlichen Frieden nicht weit.

Die erschrockenen Hirten hörten dann die Botschaft der Engel: „Ehre sei Gott in der Höhe und Friede auf Erden bei den Menschen seines Wohlgefallens.“ Mit welcher Aufmerksamkeit werden die Hirten der Botschaft der Engel zugehört haben und sie Wort für Wort in Herz und Sinn aufgenommen haben. Ich möchte in diesen Tagen diesen Hirten gleichen, die die Botschaft des Höchsten so begierig aufnahmen, daß sie danach gar nicht anders konnten, als weiterzusagen, was sie erlebt hatten. Wer den Spuren des göttlichen Wortes folgt, wie die Hirten, der wird den finden, der in der Heiligen Nacht als ein ewiger Erretter geboren wurde.

Weihnachten – das ist nicht ein Fest der Gemütlichkeit, der flimmernden Kerzen und der ausufernden Geschenke. Weihnachten, das heißt: Gott hat sich mit der Welt versöhnt. Darum dürfen alle, die Jesus Christus vertrauen, voller Freude sein, auch im tiefsten Elend, auch in großer Not. Vielleicht kann man sich gar nicht richtig freuen über Gott, wenn man nicht zuerst einmal Furcht vor ihm hatte. Doch Gott will nicht, daß wir ihn ehren, weil wir voller Furcht sind. Er möchte – im Gegenteil – alle Furcht nehmen und uns mit Freude erfüllen. Dabei gilt es zu bedenken, daß diese Freude aller Welt zuteil werden soll. Darum wurde es Weihnachten, damit sich die ganze Welt freuen kann.

22. Dezember

„Dies ist das Buch von der Geschichte Jesu Christi, des Sohnes Davids, des Sohnes Abrahams. Abraham zeugte Isaak. Isaak zeugte Jakob. Jakob zeugte Juda und seine Brüder."

Matth. 1, 1–2

Die Menschheit ersehnt nichts dringlicher als Frieden. Weihnachten, das ist das große Friedensangebot Gottes. Wir wollen heute über den nachdenken, der in der Bibel „Friedefürst" genannt wird, über Jesus Christus. Er kommt aus Davids Stadt (Luk. 2, 4) bzw. dem Stamm Davids (Jer. 23, 5). Die Bibel sagt darüber ganz Verläßliches. Man kann die Linie sogar noch weiter zurückverfolgen. Er ist ein Sproß Abrahams, des Stammvaters der Juden, in dem sich alle Verheißungen erfüllen. Gott hatte auf diesen Abraham bereits eine Fülle von Versprechungen gelegt. Er versprach ihm z.B., daß durch ihn nicht nur die Juden als Volk entstehen und gesegnet sein sollten, sondern alle Geschlechter auf Erden!

Es ist in diesem Zusammenhang sehr aufschlußreich, die beiden Stammbäume Jesu einmal näher zu studieren. Dabei wird man interessante Entdeckungen machen. Versuchen Sie es mal. Lesen Sie den Stammbaum Jesu, und finden Sie heraus, wie viele Namen Sie kennen. Schlagen Sie ruhig auch die biblischen Parallelstellen nach, und machen Sie sich bewußt, was über diese Namen gesagt wird.

Im ersten Kapitel des Matthäus-Evangeliums finden Sie den Stammbaum des Josef, im dritten Kapitel des Lukas-Evangeliums den der Maria. Im Stammbaum der Maria werden mehr die priesterlichen Menschen genannt, die es in der Familie gab. Die Reihe geht bis auf Adam zurück. Das ist zugleich als Hinweis darauf zu verstehen, daß Jesus der ganzen Welt gehört. Im Stammbaum des Josef dagegen ist mehr die königliche Abstammung nachgewiesen, denn wenn einer kommt, der König werden soll, muß er im allgemeinen ja aus einer königlichen Familie kommen. Beide Stammbäume haben auch Symbolcharakter. Sie sind eine Erinnerung daran, daß der erste Mensch bei seiner Erschaffung eine königliche Würde hatte. Diese Würde hat der Mensch verloren. Er hat sein Herkommen vergessen. Damit er diese Würde zurückgewinne, dazu ist Jesus Christus auf diese Erde gekommen.

Die christliche Botschaft sagt, daß mit Christus die Verheißung, daß einmal der große Erlöser, der „Messias", kommt, in Erfüllung gegangen ist. Zwischen dem Wort „Messias", das aus dem Hebräischen kommt, und dem griechischen Wort „Christus", gibt es eine unmittelbare Übereinstimmung. Als das Wort „Messias" in die griechische Sprache übersetzt wurde, hat man daraus „Christus" gemacht. „Messias" heißt eigentlich „der Gesalbte". Und „Christus" heißt auch „der Gesalbte". „Der Gesalbte" wiederum ist ein Hinweis auf einen Priester oder auf einen König. Jedes Mal, wenn wir „Christus" sagen, ist das ein Hinweis darauf, daß wir einen König anbeten, einen Gesalbten. Damit stellen wir uns in die Reihe derer hinein, die in ihm den großen Friedensfürsten, den Messias, sehen.

23. Dezember

„Und als die Engel von ihnen gen Himmel fuhren, sprachen die Hirten untereinander: Laßt uns nun gehen nach Bethlehem und die Geschichte sehen, die da geschehen ist, die uns der Herr kundgetan hat. Und sie kamen eilend und fanden beide, Maria und Josef, dazu das Kind in der Krippe liegen.“
Luk. 2, 15–16

Weihnachten – wir sprechen von Maria und Josef, der armseligen Herberge, den Engeln und vor allem natürlich von dem, der Mensch wurde, um allen Menschen zu helfen, von Jesus Christus, geboren in Bethlehem. Wir sprechen auch von den Hirten, wenngleich sie weniger beachtet werden. Dabei waren sie eigentlich die ersten, die dafür sorgten, daß andere Leute vom Weihnachtsgeschehen erfuhren.

Lukas berichtet, daß sie eilend zu Maria, Josef und dem Kind in der Krippe kamen. Eilend! So, als könnten sie etwas verpassen, vielleicht erfüllt von der Sorge: Am Ende ist der, den wir suchen, nicht mehr dort, wenn wir eintreffen. Ihr Bemühen wurde belohnt. Die Hirten hatten herausgefunden, daß der Bericht der himmlischen Boten stimmte: Christus, der erwartete Retter der Welt, war gekommen. Klein und hilflos, aber unübersehbar lag er in der Krippe. Lukas berichtet weiter: „Als sie es aber gesehen hatten, breiteten sie das Wort aus, das zu ihnen von diesem Kinde gesagt war“ (Luk. 2, 17).

Das ist ein wesentlicher Bestandteil des Weihnachtsgeschehens. Die Botschaft von der Geburt Jesu soll der Glaubende nicht für sich behalten, sondern weiterverbreiten. Ist es nicht erschreckend, wie wenige Menschen es den Hirten nachgemacht haben? Dabei hätte doch mancher berichten können von dem, was er gesehen und gehört hat. Oft ist es eher umgekehrt: Da hat zwar einer von Jesus gehört, hat vielleicht sogar erlebt, daß er hilft und welche Kraft von ihm ausgeht, aber er spricht darüber nicht. Liegt das an der Trägheit oder einfach daran, daß viele sich schämen, öffentlich von Jesus zu reden? Es gibt ja sogar Christen, die gar nicht daran denken, anderen von ihrem Herrn und Heiland zu sagen. Sie nehmen die großartigste Nachricht aller Zeiten für sich allein in Anspruch. Das aber darf nicht sein! Wir müssen anderen weitersagen, was wir mit Jesus erlebt haben bzw. was wir von ihm gehört haben. Wir dürfen einfach nicht schweigen.

Von Herzen wünsche ich, daß sich noch viele eilend aufmachen, um Jesus kennenzulernen, und von ihm berichten. Das ist auch in der Stille der Weihnachtstage möglich. Wir wollen nicht nur selbst auf Gottes Wort hören, um neue Kraft und neuen Mut zu bekommen. Wir wollen uns auch eilend aufmachen, um anderen von dem zu berichten, was Gott getan hat und für alle, die ihm vertrauen, noch immer tut.

24. Dezember

„Der von oben her kommt, ist über allen. Wer von der Erde ist, der ist von der Erde und redet von der Erde. Der vom Himmel kommt, der ist über allen." Joh. 3, 31

Wahrscheinlich ist uns der weihnachtliche Text des Lukas vertrauter: die Weihnachtsgeschichte mit Maria und Josef in Bethlehem, der Krippe und dem Stall sowie den Hirten. Der Evangelist Johannes beginnt sein Evangelium mit einem anderen Bericht von der Menschwerdung Christi. Er schildert auch, wie die ersten Jünger zu Jesus fanden, wie Jesus sein erstes Wunder tat und wie er sich mit einem Pharisäer über ganz entscheidende Fragen des Glaubens auseinandersetzt. Dann läßt er Johannes den Täufer zu Worte kommen. Was dieser große Wegbereiter Jesu gesagt hat, ist durchaus eine weihnachtliche Botschaft.

„Der von oben her kommt" – das ist Jesus Christus, an dessen Geburt und Menschwerdung wir zu Weihnachten denken. „Der vom Himmel kommt, der ist über allen", auch dieser Satz spricht von Jesus, aber nicht mehr von dem kleinen Kind der Maria und des Josefs, sondern von dem Gottessohn, dessen Wort und Tat die Menschen bis heute packt.

Gott hat schon vor der Zeitenwende Jahrhunderte hindurch den Retter angekündigt. Der letzte, der es tat, war Johannes der Täufer. Er war ein beeindruckender Mann mit einer aufrüttelnden Botschaft. Dennoch liefen ihm die Anhänger weg, als Jesus zu predigen begann. Johannes ist deshalb aber nicht neidisch geworden. Im Gegenteil, er sagte, daß er selbst nur einer sei, der „von der Erde" rede, und Jesus Christus sei der, der aus der unsichtbaren Wirklichkeit Gottes gekommen sei. Als er „von oben" auf die Erde herabgekommen war, bezeugte Jesus, was er bei Gott gesehen und gehört hat. Er redete die Worte Gottes.

Mit Jesus Christus ist das „Licht" in die Welt gekommen. Licht steht ja immer für Reinheit, Klarheit, für Friede und Freude. Bevor sich ein Mensch von diesem Licht erleuchten läßt, lebt er in der Finsternis. Aber das Licht behält den Sieg, denn ohne Licht gibt es kein Leben. Die vielen Kerzen, die zu Weihnachten brennen, sind nur ein schwacher Hinweis auf das Licht, mit dem Jesus die Dunkelheit der Welt überwindet.

Ich möchte mit Ihnen beten: „Herr Jesus, wir danken dir, daß du deine himmlische Herrlichkeit aufgegeben hast, um Licht in diese dunkle Welt zu bringen. Wir danken dir, daß keiner verlassen und verloren ist, wenn er sich dir zuwendet. Danke, daß wir dir gehören dürfen in dieser und in der zukünftigen Welt. Amen."

25. Dezember

„Wie viele ihn aber aufnahmen, denen gab er Macht, Gottes Kinder zu werden, denen, die an seinen Namen glauben."
Joh. 1, 12

Aus der Presse war zu entnehmen, daß nur noch etwa 50 Prozent der Bevölkerung weiß, daß Weihnachten ein christliches Fest ist. Fast die Hälfte der Bevölkerung hält es für ein Familienfest, das aus altem Brauchtum erwachsen ist. Andere halten es für ein Fest, an dem man sich gegenseitig Gutes tut. Wie ist es mit uns Christen? Für uns haben ja Weihnachten und „das Kind" etwas miteinander zu tun. Können wir noch so richtig ermessen, was das bedeutet? Was ist eigentlich das Kennzeichen eines Kindes?

Ein Kind ist zunächst einmal abhängig, aber es schämt sich seiner Abhängigkeit nicht. Ein Kind ist geborgen, und es freut sich seiner Geborgenheit. Wie wohl fühlt es sich z.B. in den Armen seiner Eltern. Ein Kind vertraut. Es ist bewegend zu sehen, wie ein Kind bis zu einem gewissen Alter seinen Eltern geradezu alles zutraut. Und ein Kind will gehorchen. Es will wissen, wo seine Grenzen sind. Es muß entdecken, daß nicht jedes Verbot ihm schadet, sondern auch helfen und bewahren kann.

Diese Kennzeichen könnte man eigentlich auch auf Jesus Christus anwenden, der ein Kind wurde, um der Menschheit zu helfen. Er ist abhängig von seinem himmlischen Vater, aber er schämt sich dieser Abhängigkeit nicht. Er ist geborgen in Gott, aber er gibt diese Geborgenheit auf, verläßt die himmlische Herrlichkeit und tritt in unsere Erbärmlichkeit ein. Er vertraut seinem himmlischen Vater in jeder Lage und ist gehorsam, gehorsam bis zum Tode am Kreuz.

Dieser Jesus ruft uns auf, umzukehren und gesinnt zu sein wie ein Kind, damit wir verstehen, was uns der Glaube anbietet (Luk. 18, 17). Wenn wir sein Angebot annehmen, sind wir „Gottes Kinder", ob wir biologisch nun noch im Kindesalter sind oder längst im vorgerücktem Alter.

Jesus kam auf diese Erde, um den Menschen ewiges Leben zu geben, d.h., um sie hier mit Freude zu erfüllen und ihnen in der neuen Welt zur Vollendung zu verhelfen. Gott will, daß die Menschen zu seinen Kindern werden. Das ist die gewaltige Aussage des Evangelisten Johannes. Menschen können Gott aufnehmen. Dann bekommen sie das Vorrecht, Gottes Kinder zu werden, und zwar dadurch, daß sie an seinen Namen glauben, ihm vertrauen, ihre Sünde erkennen und aufgeben. Man kann Gottes Kind werden, und wenn man es geworden ist, auch wissen: Nun bin ich Gottes Kind (Röm. 8, 16). Das ist keine weihnachtliche Jenseitsflucht, sondern der Kern unseres christlichen Glaubens. Es gilt, sich ganz neu darauf zu besinnen, um den Herausforderungen unserer Zeit gewachsen zu sein, um ein festes Fundament zu haben und um allem, was kommt, getrost entgegensehen zu können.

26. Dezember

„Und der Engel sprach zu ihnen: Fürchtet euch nicht! Siehe, ich verkündige euch große Freude, die allem Volk widerfahren wird." **Luk. 2, 10**

Wer sich der Botschaft der Heiligen Schrift öffnet, der gewinnt einen neuen Ausgangspunkt für sein Leben. Er begreift, daß die Geschichte der Welt und unseres Lebens nur verständlich wird, wenn man dahinter die Wirklichkeit Gottes sieht. Es gibt nicht zuletzt deshalb so viel Verzweiflung in dieser Welt, weil man sich die Führung des eigenen Lebens oder das Leben befreundeter Menschen nicht erklären kann. Aber da, wo man weiß, daß Gott in Liebe und Wahrheit handelt, dort erwächst Freude.

Wirkliche Freude – was ist das eigentlich? Wo Gottes Liebe lebendig ist, da kehrt diese Freude ein. Wenn der Engel sagt: „Siehe, ich verkündige euch große Freude", dann ist das die entscheidende Mitte der weihnachtlichen Botschaft. Ich bin immer ganz traurig, wenn ich Leute finde, die vor Weihnachten oder während der Weihnachtstage schon seufzen: „Ach, es war überhaupt nichts los!" und: „Furchtbar, dieses Fest!" Solche Leute haben das Beste nicht erkannt. Was ist denn das Beste an einem Weihnachtsfest? Es ist Jesus Christus. Er ist der Schlüssel zum Weihnachtsgeschehen. Wenn man ihn nicht hat, dann kann man nichts anfangen mit diesem Fest.

Jesus ist das Beste, weil er Menschen in unübertrefflicher Weise zeigte, daß Gott durch ihn handelte, wie das nie zuvor und hinterher wieder geschehen ist. Jesus zeigt, daß Gott handelt. Gott handelt auch an uns, obwohl wir so sind, wie wir sind. Und er will uns die Kraft geben, an anderen in seinem Namen und Sinn zu handeln, obwohl die anderen auch so sind, wie sie sind. Jesus ist auch deshalb das Beste, weil er die göttliche Herrlichkeit nicht festgehalten hat. Gott ließ es zu, daß Jesus sich entäußerte. Er hat sich entäußert zu unserem Heil.

Jesus ist das Beste, weil er den Menschen Anteil geben will an seiner göttlichen Herrlichkeit. Wenn von Gott und seiner Herrlichkeit gesprochen wird, dann ist das ein Hinweis auf seine Hoheit, auf seine Majestät. „Herrlichkeit", so hat einer gesagt, „das ist der alles Dunkel überstrahlende Lichtglanz, die alle Erdengröße überragende Majestät und die alle Finsternismächte niederwerfende Siegesgewalt." Als Jesus Mensch wurde, da konnten die Menschen etwas sehen von dem Lichtglanz Gottes, von seiner Majestät und von seiner Siegesgewalt. Darauf folgt bei Johannes die atemberaubende Aussage, daß alle Menschen, die diesen Jesus in ihr Herz aufnehmen, die Macht bekommen, seine Kinder zu werden. Sie sollen dann Anteil haben an seiner Herrlichkeit.

27. Dezember

„Jeder von uns lebe so, daß er seinem Nächsten gefalle zum Guten und zur Erbauung." **Röm. 15, 2**

Eigentlich möchten wir das ja, nicht wahr? Wir möchten so leben, daß der Nächste Gefallen an uns hat. Aber wenn wir ehrlich sind, haben wir doch sehr oft Gefallen an uns selber, an unserer Leistung, an unserem Aussehen, an unseren Verbindungen, an unserem Einkommen. Es ist eigenartig: Je stärker einer Gefallen an sich selber hat, desto schwächer ist die Hoffnung, die ihn durchs Leben trägt. Mein Leben wird nämlich in dem Maße hoffnungslos, wie ich mich selber in den Mittelpunkt stelle. Krasse Egoisten sind in der Regel auch Menschen, die keine Hoffnung haben. Hoffnung haben, das heißt: Ich weiß, ich komme mit Gottes Hilfe durch dieses Leben. Ich muß keine Angst haben, was auch immer passiert!

Der Apostel Paulus weist auf Jesus Christus als Vorbild hin und sagt: „Christus hatte nicht Gefallen an sich selber." Das ist das

Wunderbare, daß wir als Christen nicht nur von uns sprechen müssen. Wir können uns immer und in jeder Beziehung auf Christus besinnen. Christus soll und will unser Maßstab sein. Er hatte nicht Gefallen an sich selber. Wenn aber mein Ich trotz bester Absichten immer wieder Mittelpunkt sein will, dann kann ich wie ein Kind vor Gott treten und sagen: „Lieber Vater im Himmel, ich spüre im Innersten meines Herzens, daß ich viel Gefallen an mir selbst habe. Vergib mir das doch bitte. Und nimm mir das doch ab, denn ich möchte nicht hoffnungslos leben."

Wer nichts aus der Heiligen Schrift lernt, der kann eigentlich auch keine Hoffnung haben. Paulus sagt: „Denn was zuvor geschrieben ist, das ist uns zur Lehre geschrieben, damit wir durch Geduld und den Trost der Schrift Hoffnung haben" (Röm. 15, 4). Die Bibel ist voller Trost und Wegweisung. Aber wenn ich sie aufschlage und lese und doch nicht beherzige, was ich lese, dann kann ich nicht getröstet werden. Und wenn ich nicht getröstet werde, habe ich keine Hoffnung. Sehen Sie, das ist das wunderbare Angebot, daß Gott uns darauf hinweist, welche geistlichen Reichtümer sein Wort enthält, und daß wir Hoffnung haben, wenn wir uns auf sein Wort verlassen.

In wenigen Tagen hören wir wieder große Neujahrsbotschaften der Staatsmänner, obwohl jeder weiß: Auch im neuen Jahr wird die Hoffnungslosigkeit in aller Welt wachsen. Wie dankbar kann der sein, der Hoffnung hat in einer Zeit großer Hoffnungslosigkeit. Christen können hoffnungsvoll leben. Der Gott der Hoffnung trägt sie, gibt ihnen Frieden und Erwartungen in die Zukunft. Diese Freude, diesen Frieden, diese Kraft der Hoffnung wünsche ich Ihnen.

28. Dezember

„Seid so unter euch gesinnt, wie es auch der Gemeinschaft in Christus Jesus entspricht.“ Phil. 2, 5

Einzelne Christen tun oft in aller Stille einen hervorragenden Dienst, sind um Kranke bemüht, helfen Suchtkranken, ermutigen Verzweifelte, trösten Sterbende. Manche christliche Gemeinde ist wie eine Oase für Menschen, die aus den „Wüsten“ dieser Welt in sie hineingeführt werden und dort Heimat finden. Aber warum verändern wir Christen diese Welt nicht noch viel nachhaltiger? Haben wir zuviel mit uns selbst zu tun? Erlahmt unsere Liebe und Hilfsbereitschaft zu rasch? Wenn ja, warum? Geht es vielleicht zu oft um die Ehre und den Bekanntheitsgrad unserer Gemeinde bzw. Kirche?

Paulus schreibt als Gefangener an die christliche Gemeinde in Philippi. Er sieht, daß die Gemeinde alle Voraussetzungen hat, den Nichtchristen zu zeigen, welcher Unterschied zwischen Glauben und Unglauben besteht. Er zählt auf: Es gibt bei euch das ermutigende Wort im Auftrag Christi. Es gibt den tröstenden Zuspruch, der aus der Liebe kommt. Es gibt den Beistand des Heiligen Geistes. Es gibt herzliche Verbundenheit.

Aber offensichtlich gilt das nicht für alle. Es gibt einige, die zu sehr mit sich selbst beschäftigt sind, die nur möchten, daß man nach ihnen sieht, anstatt selbst zu lernen, sich um andere zu kümmern. Es gibt Angeber und solche, die immer recht haben wollen. Paulus bittet daher darum, daß in der Gemeinde alle dieselbe Gesinnung haben mögen, dieselbe Liebe, dieselbe Eintracht. Ausdrücklich muß er mahnen: „Tut nichts aus Eigennutz oder um eitler Ehre willen, sondern in Demut achte einer den andern höher als sich selbst, und ein jeder sehe nicht auf das Seine, sondern auch auf das, was dem anderen dient“ (Phil. 2, 3–4).

Aber wie kommt eine Gemeinde dahin, daß sie wirklich ihren Voraussetzungen gemäß lebt? Es gibt nur eine Antwort: Indem sie sich wieder und immer wieder an Christus orientiert. Ein Christ, der seiner Bestimmung gemäß leben möchte, muß sich in allem nach Jesus Christus richten. Er soll so gesinnt sein, wie Jesus Christus auch war. Keiner kann jedoch Christus ähnlich werden, wenn er ihm nicht gehorcht.

Ich möchte mit Ihnen beten: „Herr Jesus Christus, gib mir die innere Bereitschaft und den Willen, dir zu gehorchen. Verhilf mir zu deiner Gesinnung. Sei du Mitte meines Denkens, Wollens und Tuns. Bewahre mich vor Eitelkeit, Rechthaberei, Zanksucht und Ichliebe. Ich bete dich an als meinen Herrn. Amen."

29. Dezember

„Wer unter dem Schirm des Höchsten sitzt und unter dem Schatten des Allmächtigen bleibt, der spricht zu dem Herrn: meine Zuversicht und meine Burg, mein Gott, auf den ich hoffe." **Ps. 91, 1–2**

Ein Schirm war in alter Zeit Zeichen und äußerliche Darstellung von Macht und Ansehen. Der Diener hielt den Schirm über den Würdenträger. Er durfte dabei nicht mit ihm sprechen, es sei denn, der Würdenträger wandte sich an seinen Diener. Nun dreht Gott diese Erfahrung aus alter Zeit um und sagt: „Mit mir darfst du reden."

In unserem Psalm ist im übertragenen Sinn davon die Rede, daß Gott schirmen und schützen will, indem er einfach da ist. In gefährlichen oder schwierigen Situationen werden viele schon ruhig, sobald ihnen Menschen begegnen, denen sie vertrauen können. Ich denke etwa an den Kranken, dem sich die Schwester oder der Arzt naht, oder an einen Menschen, der sich bedroht sieht und auf einmal einem Polizisten begegnet. Er fühlt sich sofort geborgen und wie unter die „Fittiche" des Schutzmanns genommen. Wir haben einen Gott, der den beschirmt, der ihm vertraut, der den trägt, der sich tragen läßt, einen Gott, der mit dem spricht, der ihn anruft.

Man muß den allmächtigen Gott nicht mit den Augen sehen und kann ihn doch erleben und erfahren. Menschen, die unter den Flügeln Gottes geborgen waren und die seinen Schutz erfuhren, beteten ihn an mit den Worten: „Meine Zuversicht". „Zuversicht" ist ein sehr schönes deutsches Wort und heißt: Ich habe ein ganz festes Vertrauen darauf, daß etwas Gutes kommen wird. Dieser Gott, der mich beschirmt, weckt meine Zuversicht. Er möchte, daß ich in Zukunft etwas ganz Gutes von ihm erwarte, daß ich eine hoffnungsvolle Überzeugung habe. Es ist wichtig, daß Christen zuversichtliche Menschen sind. Sie, die selbst immer wieder Zuversicht gewinnen, können deshalb auch Zuversicht vermitteln – ja, sie sollen es sogar! So wie wir uns flüchten unter die zwar unsichtbaren und doch bergenden Flügel unseres Gottes, so sollen auch andere, denen die Zuversicht noch fehlt, durch unser Vertrauen Mut gewinnen für die Gegenwart und die Zukunft.

Der allmächtige Gott ist fähig, den ganzen Erdball zu umspannen und abzuschirmen. Wir wollen unter seinem Schirm getrost in die vor uns liegende Zeit gehen. Wir wollen nicht das Bedrohtsein des menschlichen Lebens fürchten. Er hat den Willen und die Macht zu schützen und durchzuhelfen. Die Verheißung der Segensfülle Gottes umschließt die gesamte Wirklichkeit, unser Äußeres und unser Inneres. Sie schenkt ein erfülltes Leben und endlich einmal am Ende das Schauen-Dürfen der göttlichen Welt.

30. Dezember

„In der Welt habt ihr Angst; aber seid getrost, ich habe die Welt überwunden." **Joh. 16, 33 b**

Nun ist das alte Jahr bald durchschritten, das neue liegt noch unbekannt vor uns. Manchen will die Angst beschleichen, wenn er an das Morgen denkt. Nichts Heldenhaftes umgibt den Menschen, wenn er die Angst spürt. Angst wird in uns geboren und drängt nach außen. Am tiefsten und stärksten empfinden wir sie, wenn es um unser Leben geht, um die Infragestellung des Daseins und das mögliche Ende, um den Gedanken daran, daß der Tod immer der

Stärkere ist. Keiner kann sich dieser Angst entziehen. Sie ist da und läßt sich mit den besten Methoden nicht wegwischen. Sie läßt sich nicht ablegen wie ein Kleidungsstück. Sie hat ihren Anker tief in unsere Seele gesenkt.

Jesus wußte das. „In der Welt habt ihr Angst", hat er gesagt. Selbst Jesus hatte Angst, denn er war Mensch aus Fleisch und Blut. Gethsemane und Golgatha waren Stunden der Angst. Auch Maria und Josef hatten Angst, als ihr Kindlein geboren war. Sie hatten Angst, als es auf die Flucht ging. Sie hatten Angst, als sie merkten, daß dieses Kind anders einschlägt als andere Kinder, so daß sie sich fragten: „Was soll aus diesem Kind noch werden?" Aber dieser Jesus, an dessen Kommen wir uns in den zurückliegenden Weihnachtstagen voller Dank erinnerten, hat uns gesagt: „Seid getrost, ich habe die Welt überwunden." Nicht wir müssen die Welt bezwingen. Er hat es getan. Und darum hat er auch die Kraft, uns die Angst zu nehmen.

Dafür rühmen wir ihn. Wir rühmen Gottes Güte und Treue. Auf Gott ist Verlaß. Weil wir uns auf ihn verlassen können, darum ist auch auf sein Wort, die Bibel, Verlaß. Unsere Sprache ist das Gefäß, das diesen Schatz empfängt. Prophetische und apostolische Stimmen haben dieses Wort weitergegeben. In seiner großen Güte gefällt es Gott bis in unsere Zeit hinein, in den Mund schwacher Menschen sein Wort zu legen und es mit Kraft zu erfüllen.

Das größte Geheimnis aber wird bleiben, daß dieses Wort Fleisch ward und unter uns wohnte, daß es in Jesus Christus zu uns gekommen ist. Seither kommt Christus allein durchs Wort. Er durchdringt alles, wenn er sich in unsere Seele senkt, gottlob auch unser eigenes Wort. Weil Gott spricht, wissen wir, daß vieles, was wir für groß halten, vor ihm klein ist, und daß mancher, der hier wunder was zu sein denkt, in Gottes Augen nichts ist. Ich wünsche Ihnen heute nicht nur einen sehr gesegneten Tag, sondern auch einen von Gott begleiteten Übergang ins neue Jahr und die Gewißheit seines Beistandes!

31. Dezember

„Sei mir ein starker Hort, zu dem ich immer fliehen kann, der du zugesagt hast, mir zu helfen; denn du bist mein Fels und meine Burg." Ps. 71, 3

Ich kann mir keinen besseren Ausklang dieses Jahres vorstellen als eine Besinnung auf Jesus Christus, den Herrn unseres Lebens. Ich tue das, indem ich gleichsam Rückblick halte. Wie habe ich die Tage des vergangenen Jahres genutzt? Habe ich nicht manche Stunde gedankenlos vertan? Was geschah an Bleibendem? Was war unnütz? Im Rückblick denkt man weiter daran, wieviel man doch getan hat, womit Gott betrübt wurde. Selbstkritisch muß ich eingestehen, daß ich ihn nicht so geliebt habe und nicht so treu war, wie ich es mir wünschte. Da kann man eigentlich nur bitten, daß Gott doch die Treulosigkeit vergeben möge.

Angesichts der Jahreswende halten wir aber nicht nur Rückblick. Wir wollen auch ganz bewußt unserem Gott Dank sagen. Wollen Sie mit einstimmen in den Dank für das, was Gott uns bis zur Stunde gegeben hat? Möge doch diese Andacht Sie ermuntern, Gott ganz bewußt zu danken.

Nun wird ja an der Wende vom alten zum neuen Jahr immer auch Ausblick gehalten. Ich tue das, indem ich in den 71. Psalm hineinschaue. Wir verdanken diesen Psalm einem Mann, der Gott völlig vertraute: „... der du zugesagt hast, mir zu helfen." Das muß man einmal ganz bewußt hören. Was unser Gott zusagt, das darf man wörtlich nehmen. Das soll man sogar wörtlich nehmen. Was er verspricht, das hält er auch. Darum sind wir gut beraten, in das neue Jahr zu gehen mit dem Bekenntnis: „Sei mir ein starker Hort, zu dem ich immer fliehen kann, der du zugesagt hast, mir zu helfen; denn du bist mein Fels und meine Burg."

Mir wird gerade zum Jahreswechsel immer besonders eindrucksvoll deutlich, wie viele Leute in den vergangenen Monaten wieder von der Bildfläche verschwunden sind, auf die man ein Jahr zuvor noch so große Hoffnungen setzte. Wie arm sind wir, wenn wir unsere Hoffnung immer wieder auf bestimmte Menschen setzen. Mein Bekenntnis ist: ,,Ich vertraue dir, Herr.“

Warum eigentlich kann man vertrauen? Der Beter des 71. Psalms spricht in großer Glaubensgewißheit. Es kommt darauf an, daß wir uns neu besinnen auf den Schöpfer, Herrn und Erhalter der Menschheit und der ganzen Welt. Unsere Zeit braucht Menschen, die neu bereit sind, dem Herrn aller Herren zu vertrauen. Ich wünsche Ihnen von ganzem Herzen, daß Sie auf Ihre Weise die Treue und Güte Gottes erfahren, auch in dem morgen beginnenden Jahr. Seien Sie gewiß, daß Gott hört, wenn wir ihn bitten: ,,Herr, bleib bei mir, auch im neuen Jahr! Amen.“

Verzeichnis der Abkürzungen

Apg.	Die Apostelgeschichte des Lukas
1./2. Chron.	Das 1./2. Buch der Chronik
Eph.	Der Brief des Paulus an die Epheser
Esth.	Das Buch Esther
Gal.	Der Brief des Paulus an die Galater
Hab.	Der Prophet Habakuk
Hebr.	Der Brief an die Hebräer
Hes.	Der Prophet Hesekiel
Jak.	Der Brief des Jakobus
Jer.	Der Prophet Jeremia
Jes.	Der Prophet Jesaja
Joh.	Das Evangelium nach Johannes
1.–3. Joh.	Der 1.–3. Brief des Johannes
Jos.	Das Buch Josua
1./2. Kön.	Das 1./2. Buch der Könige
Kol.	Der Brief des Paulus an die Kolosser
1./2. Kor.	Der 1./2. Brief des Paulus an die Korinther
Luk.	Das Evangelium nach Lukas
Mal.	Der Prophet Maleachi
Mark.	Das Evangelium nach Markus
Matth.	Das Evangelium nach Matthäus
Micha	Der Prophet Micha
1.–5. Mose	Das 1.–5. Buch Mose
Neh.	Der Prophet Nehemia
Offb.	Die Offenbarung des Johannes
1./2. Petr.	Der 1./2. Brief des Petrus
Phil.	Der Brief des Paulus an die Philipper
Philem.	Der Brief des Paulus an Philemon
Pred.	Der Prediger Salomo
Ps.	Der Psalter (Psalmen)
Richt.	Das Buch der Richter
Röm.	Der Brief des Paulus an die Römer
Sach.	Der Prophet Sacharja
1./2. Sam.	Das 1./2. Buch Samuel
Spr.	Die Sprüche Salomos
1./2. Thess.	Der 1./2. Brief des Paulus an die Thessalonicher
1./2. Tim.	Der 1./2. Brief des Paulus an Timotheus
Tit.	Der Brief des Paulus an Titus

Übersicht der Andachten nach Bibelstellen

1. Mose 2, 15	01.05.
1. Mose 2, 18	16.09.
1. Mose 18, 1	26.07.
1. Mose 18, 20	17.10.
1. Mose 22, 6	10.04.
2. Mose 20, 2–3	23.10.
2. Mose 20, 12	20.01.
2. Mose 23, 1	12.07.
4. Mose 13, 30–31	30.01.
5. Mose 4, 35–36 a	20.09.
5. Mose 5, 32	31.10.
5. Mose 23, 6	09.07.
5. Mose 28, 15	17.09.
Josua 21, 45	16.06.
Richter 6, 14	01.07.
Richter 6, 31	24.01.
1. Samuel 2, 12	18.07.
1. Samuel 9, 3	26.02.
1. Samuel 9, 27 b	02.09.
1. Könige 8, 66	26.05.
1. Könige 19, 4	05.04.
2. Könige 5, 2–3	31.01.
2. Könige 18, 5	25.09.
2. Chronik 14, 10	03.02.
2. Chronik 26, 16	08.10.
2. Chronik 30, 12	07.05.
2. Chronik 32, 7–8 a	14.12.
2. Chronik 32, 25–26	07.08.
2. Chronik 33, 13	07.11.
Nehemia 4, 13–14	04.12.
Esther 4, 16	29.07.
Psalm 1, 1–2	15.01.
Psalm 8, 5	05.01.
Psalm 8, 7	21.09.
Psalm 16, 4	22.04.
Psalm 16, 8	22.07.
Psalm 18, 50	17.12.
Psalm 28, 7a	18.06.
Psalm 31, 9 b	18.12.
Psalm 31, 16 a	23.04.
Psalm 34, 8	12.03.
Psalm 37, 7	23.05.
Psalm 38, 22	09.10.
Psalm 42, 6	20.10.
Psalm 46, 2	18.11.
Psalm 55, 17	18.08.
Psalm 68, 6–7 a	20.07.
Psalm 71, 3	31.12.
Psalm 73, 2–3	14.09.
Psalm 73, 23–24	04.07.
Psalm 77, 4	19.03.
Psalm 77, 6–8	10.09.
Psalm 77, 12–14	20.08.
Psalm 84, 2–3	25.10.
Psalm 90, 4	13.02.
Psalm 91, 1–2	29.12.
Psalm 91, 11	29.09.
Psalm 91, 15	04.01.
Psalm 92, 7	10.07.
Psalm 95, 7 b	04.11.
Psalm 96, 2	15.12.
Psalm 96, 3	28.06.
Psalm 103, 2	30.07.
Psalm 104, 24	05.10.
Psalm 106, 1	27.02.
Psalm 107, 1	05.07.
Psalm 118, 1	12.11.
Psalm 119, 7	03.06.
Psalm 119, 94	02.01.
Psalm 119, 175	05.11.
Psalm 121, 1–2	05.09.
Psalm 121, 4	03.03.
Psalm 121, 5	25.11.
Psalm 131, 2	13.07.
Psalm 133, 1	13.04.
Psalm 136, 3	16.08.
Psalm 139, 2–4	19.05.
Psalm 139, 17 a	10.01.
Psalm 141, 4	24.08.
Psalm 147, 1	04.03.
Psalm 147, 5	19.08.
Psalm 147, 15	30.10.
Sprüche 1, 15–16	24.10.
Sprüche 14, 30	02.07.
Sprüche 14, 34	08.11.
Sprüche 16, 2	05.02.
Sprüche 28, 1	12.09.
Prediger 3, 13	03.08.
Prediger 12, 13	26.03.
Jesaja 7, 9 b	31.08.
Jesaja 12, 2	29.05.
Jesaja 40, 9–10 a	10.12.

Jesaja 41, 4	04.10.	Lukas 2, 10	26.12.
Jesaja 41, 14	05.05.	Lukas 2, 13–14	21.12.
Jesaja 54, 10	14.02.	Lukas 2, 15–16	23.12.
Jesaja 60, 2	05.03.	Lukas 6, 47–48	02.03.
Jesaja 65, 2	24.11.	Lukas 8, 28	09.02.
Jesaja 65, 17	06.06.	Lukas 10, 27	27.11.
Jeremia 8, 9	02.08.	Lukas 11, 4 a	07.09.
Jeremia 16, 20	24.07.	Lukas 11, 9–10	10.06.
Jeremia 17, 14	02.04.	Lukas 12, 8	04.04.
Jeremia 24, 7	25.04.	Lukas 12, 56	25.08.
Jeremia 31, 34 b	04.09.	Lukas 15, 12–13	12.02.
Hesekiel 16, 8	17.08.	Lukas 19, 12–13	25.02.
Hesekiel 36, 27	08.02.	Lukas 20, 38	23.11.
Amos 1, 2	13.10.	Lukas 21, 27	12.12.
Amos 3, 2	14.01.	Lukas 23, 42–43	06.04.
Amos 7, 10	09.08.	Lukas 24, 31	12.04.
Amos 7, 15	24.06.	Johannes 1, 12	25.12.
Micha 6, 3–4	24.04.	Johannes 1, 38–39 a	05.12.
Micha 7, 18	23.07.	Johannes 3, 31	24.12.
Micha 7, 19	30.09.	Johannes 5, 24	04.05.
Habakuk 1, 1–2 a	15.05.	Johannes 5, 39	30.04.
Habakuk 1, 12	28.11.	Johannes 6, 68–69	18.03.
Habakuk 1, 13	12.06.	Johannes 9, 2	11.11.
Habakuk 2, 4	28.09.	Johannes 10, 14–15	15.06.
Habakuk 2, 14	06.10.	Johannes 11, 25	01.11.
Habakuk 3, 18	30.08.	Johannes 13, 7	17.03.
Sacharja 9, 9	19.12.	Johannes 14, 6	27.05.
Maleachi 3, 2	13.11.	Johannes 14, 16–17	07.02.
Maleachi 3, 10	20.05.	Johannes 14, 26	25.05.
Maleachi 3, 20 a	10.02.	Johannes 15, 11	07.04.
Matthäus 1, 1–2	22.12.	Johannes 16, 2	08.05.
Matthäus 5, 23–24	26.10.	Johannes 16, 8	28.05.
Matthäus 6, 13 b	08.12.	Johannes 16, 13	07.06.
Matthäus 7, 7	25.03.	Johannes 16, 22	29.11.
Matthäus 7, 13–14	08.06.	Johannes 16, 33 b	30.12.
Matthäus 7, 24	20.04.	Johannes 17, 6	10.03.
Matthäus 10, 17	11.07.	Johannes 17, 22	03.11.
Matthäus 10, 32	13.12.	Johannes 18, 36	18.02.
Matthäus 10, 38–39	12.05.	Johannes 18, 37	19.04.
Matthäus 20, 8	26.09.	Johannes 20, 30–31	16.02.
Matthäus 22, 2–3	02.11.	Johannes 21, 4	17.04.
Matthäus 23, 37	19.07.	Apostelgeschichte 3, 2	13.05.
Matthäus 24, 14	06.11.	Apostelgeschichte 3, 6	12.10.
Matthäus 24, 22	16.05.	Apostelgeschichte 6, 7	31.05.
Matthäus 25, 21	27.07.	Apostelgeschichte 8, 30–31	16.07.
Matthäus 26, 39 b	31.03.	Apostelgeschichte 10, 13–14	15.08.
Matthäus 27, 50	14.04.	Apostelgeschichte 10, 17	27.10.
Markus 1, 15	08.08.	Apostelgeschichte 12, 1–3 a	01.06.
Markus 2, 5	10.10.	Apostelgeschichte 12, 13–14	20.03.
Markus 8, 25	06.05.	Apostelgeschichte 16, 9	25.07.
Markus 10, 32	23.01.	Apostelgeschichte 17, 31	14.06.

Apostelgeschichte 24, 16 26.01.
Apostelgeschichte 26, 27–28 21.11.
Apostelgeschichte 27, 10 09.06.
Römer 1, 16 a 11.10.
Römer 1, 20 23.03.
Römer 2, 4 28.01.
Römer 2, 11 23.08.
Römer 5, 1 21.03.
Römer 5, 2 21.07.
Römer 5, 3–4 29.10.
Römer 5, 15 14.07.
Römer 8, 1 01.10.
Römer 8, 11 07.03.
Römer 8, 15 12.01.
Römer 8, 18 25.01.
Römer 8, 26 29.02
Römer 8, 28 29.04.
Römer 8, 31 09.12.
Römer 8, 33 30.05.
Römer 8, 37 03.07.
Römer 8, 38–39 04.02.
Römer 11, 25 11.12.
Römer 12, 2 21.05.
Römer 14, 7–8 01.09.
Römer 14, 9 17.11.
Römer 14, 10 22.05.
Römer 14, 13 28.10.
Römer 14, 15 22.01.
Römer 14, 19–20 22.11.
Römer 15, 2 27.12.
Römer 15, 13 23.02.
1. Korinther 1, 18 11.04.
1. Korinther 2, 1 01.02.
1. Korinther 2, 12 02.06.
1. Korinther 3, 1 15.10.
1. Korinther 3, 10 26.11.
1. Korinther 3, 11 15.02.
1. Korinther 3, 12–13 24.05.
1. Korinther 4, 1 14.05.
1. Korinther 8, 6 24.03.
1. Korinther 12, 4–6 10.11.
1. Korinther 13, 2 08.03.
1. Korinther 13, 4 31.07.
1. Korinther 13, 7 02.10.
1. Korinther 15, 14 16.04.
1. Korinther 15, 21 29.03.
1. Korinther 15, 43 21.04.
1. Korinther 15, 54–55 03.04.
2. Korinther 1, 3 28.08.
2. Korinther 1, 3–4 16.01.
2. Korinther 1, 8 04.06.
2. Korinther 2, 12 03.05.
2. Korinther 4, 7 13.03.
2. Korinther 4, 16 09.03.
2. Korinther 4, 16–17 11.09.
2. Korinther 4, 17 21.01.
2. Korinther 4, 18 19.01.
2. Korinther 5, 1 16.03.
2. Korinther 5, 4 11.02.
2. Korinther 5, 5 16.10.
2. Korinther 5, 10 16.12.
2. Korinther 5, 11 a 02.02.
2. Korinther 5, 14–15 11.08.
2. Korinther 5, 15 19.11.
2. Korinther 5, 20 a 24.09.
2. Korinther 6, 1 27.04.
2. Korinther 6, 2 b–3 28.04.
2. Korinther 6, 4–5 02.12.
2. Korinther 6, 15 13.06.
2. Korinther 7, 2 18.05.
2. Korinther 8, 7 06.07.
2. Korinther 9, 5 30.11.
2. Korinther 9, 6–7 03.09.
2. Korinther 9, 8 14.03.
2. Korinther 9, 10 09.05.
2. Korinther 10, 2 07.10.
2. Korinther 11, 5 19.09.
2. Korinther 11, 19 19.02.
2. Korinther 12, 6 06.02.
2. Korinther 12, 7 16.11.
2. Korinther 12, 20 26.06.
2. Korinther 13, 5 07.12.
2. Korinther 13, 11 a 07.01.
Galater 2, 11 22.03.
Galater 3, 26 05.08.
Galater 5, 5–6 26.04.
Galater 5, 13 17.01.
Galater 6, 10 09.11.
Epheser 2, 8 14.08.
Epheser 2, 10 19.06.
Epheser 2, 17 01.04.
Epheser 3, 5–6 22.09.
Epheser 3, 10–11 22.10.
Epheser 4, 17 01.08.
Epheser 4, 22 06.09.
Epheser 4, 25–27 08.09.
Epheser 4, 28 20.11.
Epheser 4, 29 15.04.
Epheser 4, 31 20.02.
Epheser 5, 9 30.06.
Epheser 5, 20 08.01.
Epheser 5, 22–23 02.05.

Epheser 6, 11–12	29.06.
Epheser 6, 18–19 a	06.12.
Philipper 1, 6	07.07.
Philipper 1, 9–10	08.07.
Philipper 1, 21	04.08.
Philipper 2, 1	27.03.
Philipper 2, 2	18.10.
Philipper 2, 3	01.03.
Philipper 2, 5	28.12.
Philipper 2, 6	21.08.
Philipper 3, 17	23.06.
Philipper 4, 4	14.11.
Philipper 4, 4–5	18.09.
Philipper 4, 6	21.02.
Kolosser 1, 5 b–6	11.03.
Kolosser 1, 13–14	28.03.
Kolosser 2, 3	01.01.
Kolosser 3, 18–19	10.08.
1. Thessalonicher 1, 2–3 a	11.05.
1. Thessalonicher 1, 3	27.06.
1. Thessalonicher 3, 12	22.08.
1. Thessalonicher 4, 7–8	05.06.
1. Thessalonicher 5, 6	28.07.
1. Thessalonicher 5, 16–18	29.08.
2. Thessalonicher 3, 1	18.04.
1. Timotheus 6, 17–18	29.01.
2. Timotheus 1, 9	06.01.
2. Timotheus 3, 16–17	12.08.
2. Timotheus 4, 7–8	28.02.
Titus 2, 11–12	09.04.
Philemon 7	17.02.
1. Petrus 1, 3	21.10.
1. Petrus 1, 20–21	15.09.
1. Petrus 1, 23	03.01.
1. Petrus 2, 9	24.02.
1. Petrus 4, 1–2	10.05.
1. Petrus 4, 13	20.06.
1. Petrus 5, 2–3	27.01.
1. Petrus 5, 5 b	18.01.
1. Petrus 5, 7	14.10.
1. Petrus 5, 8	09.09.
1. Petrus 5, 10	06.03.
2. Petrus 3, 9	08.04.
1. Johannes 2, 2	25.06.
1. Johannes 3, 1 a	20.12.
1. Johannes 3, 23	03.12.
Hebräer 2, 1	23.09.
Hebräer 2, 3	22.02.
Hebräer 4, 12	22.06.
Hebräer 4, 15	15.07.
Hebräer 5, 9	13.08.
Hebräer 9, 24	06.08.
Hebräer 10, 23	01.12.
Hebräer 10, 35	13.01.
Hebräer 10, 39	27.08.
Hebräer 11, 1	17.06.
Hebräer 11, 24–25	30.03.
Hebräer 12, 11–12	09.01.
Hebräer 12, 13	15.03.
Hebräer 12, 28	19.10.
Hebräer 13, 1	11.01.
Hebräer 13, 6	26.08.
Hebräer 13, 20–21 a	11.06.
Jakobus 4, 8	27.09.
Offenbarung 2, 4–5 a	21.06.
Offenbarung 2, 10	17.07.
Offenbarung 2, 19–20 a	13.09.
Offenbarung 3, 1 c	15.11.
Offenbarung 5, 12 b	03.10.
Offenbarung 5, 13–14	17.05.